U0844943

鹿 城 年 鉴

（2013）

鹿城区地方志编纂委员会
鹿　城　区　档　案　局　编
《鹿城年鉴》编辑部

《鹿城年鉴》获

第七届全国年鉴编校质量检查评比三等奖

方志出版社
Publishing House of Local Records

图书在版编目（CIP）数据

鹿城年鉴. 2013 / 鹿城区地方志编纂委员会, 鹿城区档案局,《鹿城年鉴》编辑部编. --北京 : 方志出版社, 2014.11

ISBN 978-7-5144-1449-3

Ⅰ.①鹿… Ⅱ. ①鹿… ②鹿… ③鹿… Ⅲ. ①区（城市）—温州市—2013—年鉴 Ⅳ. ①Z525.53

中国版本图书馆CIP数据核字（2014）第261050号

鹿城年鉴（2013）

编　　者：鹿城区地方志编纂委员会
　　　　　鹿城区档案局
　　　　　《鹿城年鉴》编辑部
责任编辑：刘方圆
出 版 人：冀祥德
出 版 者：方志出版社
　　　　　地址　北京市朝阳区潘家园东里9号（国家方志馆4层）
　　　　　邮编　100021
　　　　　网址　http://www.fzph.org
发　　行：方志出版社发行中心
　　　　　电话（010）67110500
经　　销：各地新华书店
印　　刷：温州市北大方印务有限公司
开　　本：889×1194　1/16
印　　张：29.5
字　　数：871千字
版　　次：2014年11月第1版　2014年11月第1次印刷
印　　数：0001～800册
ISBN 978-7-5144-1449-3/K・1187　定价：168.00元

・版权所有　翻印必究・

编辑说明

《鹿城年鉴》是中共鹿城区委员会、鹿城区人民政府主办的综合性地方年鉴，是集资料、信息和知识于一体的大型工具书，旨在为各级党政机关、研究部门和社会各界人士及中外投资者了解研究鹿城、开发建设鹿城提供全方位的信息，并为鹿城区逐年积累历史资料。

《鹿城年鉴（2013）》的编辑方针是：以马列主义、毛泽东思想、邓小平理论、“三个代表”重要思想和科学发展观为指导，深入贯彻习近平总书记系列重要讲话精神，坚持“道路自信、理论自信、制度自信”，特别记述2013年鹿城区认真学习贯彻中共十八届三中、四中全会精神，继续实现“创首善之区、建幸福鹿城”目标，着力“中国梦鹿城践行”“金融改革”“破难攻坚”“四边三化”“创省级文明生态区”等工作，加快经济转型和城市发展，推进中国特色社会主义在鹿城的新实践。

《鹿城年鉴（2013）》的框架由卷首、百科、卷尾3个部分组成，除特载、特辑等类目收录综合性文章外，百科类均采用类目、分目、条目三个层次记录，并以条目为主。

《鹿城年鉴（2013）》类目依次有特载、特辑、大事记、地理·环境、机构及其负责人、中国共产党鹿城区委员会、鹿城区人民代表大会、鹿城区人民政府、鹿城区人民政府——经济调节和市场监管事务、鹿城区人民政府——社会管理和公共服务事务、政协鹿城区委员会、民主党派·工商联、人民团体、军事、法治、农业、水利、工业、城乡建设、建筑业、交通、信息化与信息产业、商业、服务业、旅游业、金融业、房地产业、教育、科技、文化、卫生、体育、社会事务、街道·镇、人物、社情逸闻、附录、索引等，下设分目276个，条目1544条，全书共87.10万字。全书还插刊2013年鹿城区自然生态环境、人文景观、经济社会发展、人民生活和重要活动等图片资料。

《鹿城年鉴（2013）》特设鹿城便览并加注释，以便读者了解该年鹿城区的人口、面积、气象、经济、综合、教育、科技、文化、卫生、体育等情况。

《鹿城年鉴（2013）》所刊数据，除国家部门正式公布外，均由鹿城区供稿单位提供，以统计部门为准。遇到数据来源、统计方法有疑或口径不一，即着力考证核实，力求准确。

所用的照片，凡未注明时间的均为2013年摄制的。

《鹿城年鉴（2013）》所刊计量单位“亩”（1亩=666.67平方米），除农田土地面积沿用外，其他事项均以“平方米”或“公顷”计量。

《鹿城年鉴（2013）》所载人物，均为鹿城籍人或事情发生在鹿城境内的客籍人。凡入编的机关、企事业单位均为区属单位或驻区单位。收入范围以鹿城行政区域为界。

《鹿城年鉴》编辑部

2014年11月

鹿城区地方志编纂委员会

（2013年10月19日调整）

主　任：朱崇敏

副主任：洪文滨　徐　强　章月影

成　员：区委办、区人大办、区府办、区政协办、区人武部、区委组织部、区委宣传部、区委统战部、区委政法委、区委农办（区农林水利局）、区档案局、区经信局、区教育局、区科技局、区民宗局、区财政局、区人力社保局、区城管与执法局、区交通运输局、区文广新局、区卫生局、区人口计生局、区统计局、区环保局、区风景旅游管理局、国土资源鹿城分局、规划鹿城分局、区总工会、团区委、区妇联、区工商联、区文联等单位主要负责人、各街镇主任（镇长）

鹿城区地方志编纂委员会下设办公室，负责日常事务

办公室主任：单秀理

办公室副主任：王剑峰

《鹿城年鉴》编辑部

主　　编　金文平

副 主 编　朱凌云

审　　校　沈洪保

编　　辑　（以姓氏笔画为序）

朱凌云　汪德亨　金传坚　郑继坤

胡亭亭　戴增荣

彩页采编　刘瑛炜

编　　务　商　艳

地址：温州市鹿城区宽带路18号5楼

邮编：325000

电话：0577-88220111　88612633

邮箱：dfz@lucheng.gov.cn

撰稿人（以姓氏笔画为序）

于　丰　中国太平洋财产保险鹿城支公司
马欢欢　区信访局
王　凯　区人武部
王　玺　区民政局
王　静　市邮政局
王月湖　工商银行鹿城支行
王成森　区机械联合会
王琪琦　区服装行业协会
王琼玛　工商鹿城分局
王惠文　移动鹿城分公司
王辉煌　区台办、区台联
王璋弟　致公党鹿城总支
毛振兴　区疾控中心
厉绿茸　南汇街道
卢承承　区台办、区台联
叶　胜　九山学社鹿城基层委员会
叶　慧　民盟鹿城总支
叶力前　团区委
叶长春　区餐饮行业协会
叶心宇　区农林水利局
叶丽琼　区文联
叶国琴　区商业零售商会
叶碧茜　区编委办
吕绚梦　联通鹿城分公司
朱　进　市剃须刀行业协会
朱施琰　消防鹿城分局
朱凌云　区方志办
朱德君　双屿街道建设工作委员会
伍为民　市美容美发协会
伍育莹　区环保局
伍祥来　区农林水利局
刘　琰　区慈善总会
刘春光　区卫生局、区疾控中心
孙浙碧　市公园管理处
孙嘉遥　区机关事务管理局
苏天怡　区总工会
李　前　区外事办
李　艳　市会展行业协会
李　哲　区政协办
李文思　区房屋征收管理办公室
李冬冬　区安全生产监督局
李岳松　区委党史研究室
李晓策　区农林水利局
李紫怡　区新的社会阶层人士联谊会

李道章　区温瑞塘河管委会
李德省　区民族宗教事务局
杨丰粟　国土资源局鹿城分局
杨丽琴　区司法局
杨晓泉　松台街道
杨萌芝　区发改局（区物价局）
肖恩杰　民建鹿城基层委员会
吴丰瑜　区委政法委
吴芳芳　区委统战部
吴丽洁　区食品药品监管局
吴秀花　市图书馆
吴建亚　区纪委
吴敏乐　区金融协会
河永旺　区电子信息行业协会
何忠候　区残联
邱明达　区城管与执法局
余冰梅　区疾控中心
余德松　民革鹿城总支
邹立敏　区红十字会
邹园园　区社科联
邹泉全　区物业管理总公司
应　杰　区审管办
应天虹　农业银行鹿城支行
沈颖颖　市江滨路鹿城段工程建设指挥部
陆东翔　区科技局
陈　茜　中国人寿财产保险鹿城区支公司
陈　桑　市工艺美术行业协会
陈　舒　区人口计生局
陈　嫣　区侨联
陈玉洁　区人力社保局
陈芳芳　区检察院
陈郁芳　区金属商会
陈国琴　区党外知识分子联谊会
陈秉杰　区农林水利局
陈春燕　区广播电视新闻中心
陈继静　邮政储蓄银行鹿城支行
陈鸿升　区委老干部局
陈腾超　区人大常委会办公室
陈慧慧　区委宣传部
邵　颖　市打火机行业协会
邵澈尘　区风景旅游管理局
张　婷　区人防办（区民防局）
张成康　市文体用品商会
张克慧　中信银行鹿城支行

撰稿人（以姓氏笔画为序）

张纯纯　区药业协会
张祖南　区印刷行业协会
张旗成　区法院
林　玲　区档案局
林　胡　区府办
林　琦　区商务局
林张琦　市滨江商务区改建办公室
林雪静　区统计局
林淑乐　市粮食局
林程程　地税鹿城分局
金　红　农工鹿城总支委员会
金丹辉　区民政局
金仙康　双屿街道
金忠克　区关工委办公室
金依依　建设银行鹿城支行
金晓颖　兴业银行鹿城支行
金倩倩　区化工行业协会
金颖娅　藤桥镇
周小跃　市打火机行业协会
周围乐　区审计局
周青青　鹿城农商银行
周忠泽　滨江街道
周娇慧　区金融办
郑　重　区疾控中心
郑怀志　区委组织部
赵　欢　鹿城轻工产业园区管委会
赵一帆　区经济和信息化局
赵陈杰　区委办
胡　越　区公安分局
胡阿斌　温州市保险行业协会
胡荣辉　区印刷行业协会
胡剑珊　区安全生产监督局
胡红梅　平安银行鹿城支行
胡锦美　区眼镜行业协会
南　骏　区农林水利局
洪瑞榍　区化工行业协会
秦　臻　区侨办
秦声龙　区电镀行业协会
夏　谊　市摄影行业协会
钱伊甸　区医疗器械行业协会
倪玉兰　区国税局
徐如玉　区仓储公司
徐声海　电信鹿城分局
唐时钊　区新居民服务管理局

徐雪龙　七都街道

郭　静　区市场开发公司

郭作仁　区制革行业协会、区五金行业协会

郭和意　区经合办

翁依依　仰义街道

黄　彦　区住房和城乡建设局

黄　影　区教育局

黄金生　区农林水利局

黄海娜　温州银行鹿城管辖行

黄海燕　市家电电器商会

黄暖节　区文明办

黄颖洁　区妇联

曹碧如　区交通运输局

董　利　邮政储蓄银行鹿城支行

董翻身　市家电电器商会

谢小隆　武警鹿城中队

谢海峰　区农林水利局

蒋　樨　民进鹿城总支

蒋爱华　区文广新局

温文雅　市住房公积金管理中心鹿城管理部

虞杨杨　规划鹿城分局

虞海萍　区疾控中心

鲍海清　区农林水利局

蔡　丹　区法制办

蔡建德　鹿城城市发展有限公司

潘　昊　区财政局

潘中惠　市房产管理局鹿城分局

潘光荣　区旅馆协会

潘崇亮　市证券期货业协会

戴向前　区供销合作社

戴哲人　区直机关工委

戴倩倩　区鞋业协会

戴海帆　市菜篮子集团

戴蓓玮　区体育局

戴震宇　区工商联

鹿城便览

建区后建置沿革

年代	名称	隶属	下辖	更改说明
1984年12月	鹿城区	温州市	五马、鼓楼、洪殿、东风、海坛、朔门、蒲鞋市、小南、大南、松台、市中、西山、莲池、广化14个街道；新桥、南郊、黎明、城郊、双屿、仰义6个乡	浙江省人民政府浙政发〔1984〕269号：同意撤销温州市城区，设立温州市鹿城区，将新桥、南郊、黎明、城郊、双屿、仰义6个乡划归鹿城区管辖
1985年12月	鹿城区	温州市	五马、鼓楼、洪殿、东风、海坛、朔门、蒲鞋市、小南、大南、松台、市中、西山、莲池、广化14个街道；新桥、南郊、黎明、城郊、仰义5个乡；双屿1个镇	浙江省民政厅〔1985〕493号：同意双屿乡改为镇建制
1986年11月	鹿城区	温州市	五马、鼓楼、洪殿、东风、海坛、朔门、蒲鞋市、小南、大南、松台、市中、西山、莲池、广化、水心15个街道；新桥、南郊、黎明、城郊、仰义5个乡；双屿1个镇	温州市人民政府温政发〔1986〕271号：同意增设水心街道
1987年8月	鹿城区	温州市	五马、鼓楼、洪殿、东风、海坛、朔门、蒲鞋市、小南、大南、松台、市中、西山、莲池、广化、水心15个街道；南郊、黎明、城郊、仰义4个乡；双屿、新桥2个镇	浙江省民政厅浙民基字〔1987〕102号：同意新桥乡改为建制镇
1991年10月	鹿城区	温州市	五马、鼓楼、洪殿、东风、海坛、朔门、蒲鞋市、小南、大南、松台、市中、西山、莲池、广化、水心、景山16个街道；南郊、黎明、城郊、仰义4个乡；双屿、新桥2个镇	温州市人民政府温政发〔1991〕163号：同意建立景山街道
1992年10月	鹿城区	温州市	五马、鼓楼、洪殿、东风、海坛、朔门、蒲鞋市、小南、大南、松台、市中、西山、莲池、广化、水心15个街道；南郊、黎明、城郊、仰义4个乡；双屿1个镇	浙江省民政厅浙民基字〔1992〕38号：同意将鹿城区所属景山街道和新桥镇划给瓯海县管辖

年代	名称	隶属	下辖	更改说明
1993年3月	鹿城区	温州市	五马、鼓楼、洪殿、东风、海坛、朔门、蒲鞋市、小南、大南、松台、市中、西山、莲池、广化、水心、上陡门16个街道；南郊、黎明、城郊、仰义4个乡；双屿1个镇	温州市人民政府温政发〔1993〕36号：同意建立上陡门街道办事处
2000年1月	鹿城区	温州市	五马、鼓楼、洪殿、东风、海坛、朔门、蒲鞋市、小南、大南、松台、市中、西山、莲池、广化、水心、上陡门、南浦17个街道；南郊、黎明、城郊、仰义4个乡；双屿1个镇	温州市人民政府温政发〔2000〕19号：同意建立南浦街道办事处
2001年7月	鹿城区	温州市	五马、鼓楼、洪殿、东风、海坛、朔门、蒲鞋市、小南、大南、松台、市中、西山、莲池、广化、水心、上陡门、南浦17个街道；南郊、黎明、城郊、仰义、上戍、双潮、岙底7个乡；双屿、七都、临江、藤桥、4个镇	中华人民共和国国务院国函〔2001〕84号：同意将永嘉县七都镇、瓯海区的临江镇、藤桥镇、上戍乡、双潮乡、岙底乡划入鹿城
2001年9月	鹿城区	温州市	黎明、绣山、蒲鞋市、洪殿、南浦、江滨、南门、五马、莲池、水心、广化、黄龙12街道；南郊、仰义、双潮、上戍、岙底5个乡；双屿、藤桥镇、临江、七都4个镇	温州市人民政府温政发〔2001〕135号：同意撤销黎明乡、城郊乡建制，设立黎明、绣山、黄龙3个街道办事处；撤销五马、鼓楼、东风、海坛、朔门、蒲鞋市、小南、大南、松台、市中、西山、莲池、水心、上陡门14个街道办事处，组建新的五马、莲池、水心、南门、江滨、蒲鞋市6个街道办事处
2011年4月	鹿城区	温州市	黎明、绣山、蒲鞋市、洪殿、南浦、江滨、南门、五马、莲池、水心、广化、黄龙、七都、南郊、双屿、仰义16个街道、藤桥1个镇	浙江省人民政府浙政函〔2011〕151号、温州市人民政府温政函〔2011〕66号：同意撤销临江镇、上戍乡、岙底乡、双潮乡并入藤桥镇；撤销七都镇，设立七都街道办事处；撤销南郊乡，设立南郊街道办事处；撤销双屿镇，设立双屿街道办事处；撤销仰义乡，设立仰义街道办事处
2011年11月	鹿城区	温州市	五马、松台、滨江、南汇、双屿、仰义、七都7个街道和藤桥1个镇	温州市人民政府温政函〔2011〕220号：同意撤销南门街道、江滨街道建制，划入五马街道；撤销莲池街道、水心街道、广化街道建制，合并设立松台街道；撤销洪殿街道、蒲鞋市街道、黎明街道建制，合并设立滨江街道；撤销绣山街道、南浦街道、南郊街道建制，合并设立南汇街道；撤销黄龙街道建制，划入双屿街道

人口 全区岁末户籍总人口：73.42万人

单位	户数	人数	说明		
五马街道	78937	234674	全区户籍数	239914	户
七都街道	4068	12640	全区户籍人口数	73.42	万人
滨江街道	37041	113315	其中男	36.44	万人
南汇街道	32320	101356	女	36.98	万人
松台街道	42997	124185	非农业人口	55.63	万人
双屿街道	12651	42418	暂住人口总数	72.17	万人
仰义街道	5751	19894	其中男	36.44	万人
藤桥镇	26149	85672	女	36.98	万人

气象

一般气象	年降水量	1510.9 毫米
	年平均气温	19.3 摄氏度
	年日照时数	1663.2小时
极端气象记录	最低气温	−0.7 摄氏度（2013年 12 月 28 日）
	最高气温	39.4摄氏度（2013年 8月 8日）

区域 全区陆域总面积：294.38平方公里

单位	面积	说明
五马街道	7.24平方公里	全区7个街道，1个镇，80个社区居委会，141个行政村，15个农村新社区，5个股份合作社
七都街道	23.90平方公里	
滨江街道	16.07平方公里	
南汇街道	18.90平方公里	
松台街道	10.11平方公里	陆域总面积 294.38平方公里
双屿街道	25.50平方公里	岛屿面积 15.46平方公里
仰义街道	28.09平方公里	林地面积 139平方公里
藤桥镇	164.57平方公里	园地面积 约23平方公里

经济综合情况

主要指标	2013年全区生产总值	717.97亿元
	社会消费品零售总额	679.76亿元
	外贸进出口总额	38.86亿美元
	固定资产投资	263.15亿元
	财政总收入	40.27亿元
	城镇居民人均可支配收入	42569元
	农村居民人均纯收入	19391元
个体工商经济	在册个体工商户	57343户
	个体从业人数	167259人
	注册资金	192518万元

社会发展情况

教　育	2013年，全区有初中学校9所，在校生0.46万人；小学43所（含66个校区），在校生6.40万人。义务段入学率、三残儿童入学率均达100%，初中毕业生升入高中比率为98%。新建成广场路小学白鹿洲校区、鞋都三小。改扩建少艺校、南浦西校区、蒲鞋市桥儿头校区、建设小学小南校区，均竣工投入使用。现有幼儿园100所，在园幼儿3.29万人，幼儿入园率99.60%，创建浙江省等级幼儿园19所，等级幼儿园覆盖率达85% 全年创建市级绿色学校4所，中小学示范图书馆2所，数字化校园5所；10所学校转评为市义务教育三级学校，义务教育优质资源覆盖率达70%。全面完成市级信息化达标学校创建任务，各中小学新增图书22.20万册，生均图书拥有量达32.29册；所有公办学校仪器配备均达到省I类水平，实现校园安全监控系统全覆盖。鹿城区被评为全国社区教育实验区，藤桥镇被评为全国社区教育示范镇，率先启动“早教进社区”，社区教育课程《1—3岁婴幼儿亲子教育》被立为浙江省2013年十大社区教育特色课程建设项目
科　技	2013年，鹿城区顺利通过国家知识产权强县示范区考评，成为首批国家知识产权强县工程示范区单位。全年新增高新技术企业5家，共计38家；新增省科技型企业22家，共计97家；新增市科技创新型企业30家；新申报国家级贯标创建企业2家，1家企业通过国家知识产权贯标验收；新增各级专利示范企业11家；创成市级企业技术研发中心10家，省级高新技术企业研发中心2家，共计拥有企业技术研发中心65家。列入市级以上科技计划项目56项，获资金支持776万元，其中国家火炬计划1项，国家创新基金4项，省重大科技专项计划1项，省级农业科技成果转化资金项目3项。全年共签订技术合同32项，合同成交金额6718.25万元。全年专利申请量4206项，专利授权量3644项，授权量同比增长23.80%。2013年，区本级财政科学技术支出4235万元，同比增长10.90%，占全区公共财政预算支出达到3.90%
文　化	2013年，组织文化下乡活动，文艺下基层演出123场，观众10万多人次；放映公益性数字电影1516场，观众17.50万人次；送书下乡4万余册，共计40多万元。举办鹿城区第二届文化艺术节，成立鹿城区艺术总团。开展区域间文化走亲活动6场。着力编织文化服务网络，全年建成1个综合文化中心、1个区级图书馆、2个图书馆分馆、34个文化礼堂、21个社区文化服务中心，1个“浙江省文化示范村”、3个“温州市文化示范社区”、3个室内放映点和1个室外示范放映点。与南郊等3个派出所合作成立“警营图书流通点”，并在6个社区安装24小时图书自助借还机。积极打造文艺精品，全年获省级以上奖项14个，市、区级奖项13个，其中《江南花雨》获省级音乐创作（作曲）类金奖，同时完成“鹿城曲、瓯越情”文艺精品在央视十一频道的录播工作，共计6场。文化市场健康有序发展，全年文化主管部门出动执法人员1459人次，检查文化经营单位2075家次，立案查处73起，结案79起，收缴各类非法出版物34898册，光碟9921片
卫　生	2013年，全区有22所社区卫生服务中心、38所社区卫生服务站、79所村卫生室、34个医疗服务点。创成2家省级示范社区卫生服务中心，6家省级规范化社区卫生服务中心，2家二乙水平卫生院；12家单位创成省规范化预防接种门诊。建立城乡居民健康档案87.51万份，电子档案79.54万份，电子档案建档率99.70%。在全市率先开展全科医师签约服务，为辖区居民提供连续、稳定的契约式服务，全年共签约1万余重点人群，并在七都街道开展“老卫民”三位一体家庭医生式有偿签约服务。区疾控中心获得省级公共场所卫生技术服务资质，组建区食品安全检验检测中心。着力推进社会资本办医，全年共设置审批综合医院2家，门诊部15家，诊所66家。区人民医院迁建工程、区精神卫生中心迁扩建工程开工，江滨、洪殿、五马、上戍社区卫生服务中心乔迁新址。全员发动开展创卫行动，城区环境卫生持续改善，创成省级卫生区，创成七都、松台两个省级卫生街道
体　育	2013年，在国际、国内大赛上，鹿城籍运动员获得1个世界冠军，2个世界亚军和1个世界第三名；第十二届全国运动会上，收获6金5银5铜，战绩创参加历届全运会之最；市第十五届运动会上，鹿城区代表团共获金牌49枚、银牌23枚、铜牌30枚，奖牌总数达到102枚，总分958分；其中金牌和团体总分双双名列全市各县（市、区）榜首。成功承办“2013年温州龙舟文化节暨塘河龙舟拉力赛”，挂牌筹建“温州市鹿城区诸宸棋院”。全年建成12个室内外乒乓球室、5个标准篮球场、5个室外健身苑点、5条健身登山步道、5个体育休闲公园、1个沙土门球场、6个省级小康体育村、6个新型农村社区体育休闲广场。2013年通过省级体育强区复评

2013年1月17日，在温州广电中心举行鹿城区“十佳道德模范”颁奖典礼　　吴　莹摄

2013年3月2日，世界温州人大会代表合影

郑高华 摄

2013年3月15日，打造“新闻惠万家、文明进社区”为民服务品牌活动　　吴　莹　摄

2013年4月17日，东瓯王庙修建竣工典礼举行　　郑高华 摄

2013年7月3日，前非盟主席让·平为祖居开放仪式　　陈海滨 摄

2013年9月22日，九山路无车日活动　　金　钢　摄

2013年9月30日，在双屿客运中心举行双屿街道新居民志愿者服务活动启动仪式　　李盈盈 摄

2013年9月30日，新红日亭落成开张　　　　金　钢　摄

2013年11月19日，永嘉大师圆寂1300周年纪念大典暨永嘉大师塑像揭幕仪式在温州市宿觉名山广场举行

李文静 摄

世纪广场音乐喷泉　　　　周　密　摄

白鹿洲公园文化村夜景　　林　信　摄

1

2

温州实艺教育集团

温州实艺教育集团第一所幼儿园创办于1991年，是一所以优质教育为基础，以教科研为先导，以艺术教育、体育教育、快乐阅读、美式英语、国际象棋、礼仪品格教育为特色的教育集团。旗下实艺、实艺第二、实艺新府、实艺新城、瓯海潘桥实艺、洪殿中心、苍南实艺国际等7个幼儿园，实行统一规划、统一管理、统一教学、统一服务。特邀温大幼教专家戴聪聪教授担任集团高级顾问，高级教师林素云担任总园长，原温州市第二幼儿园园长、高级教师陈津津担任副总园长。在园幼儿2000多人，教职工人数280人。

3

4

集团在办园实践中，坚持以幼儿全面发展为中心，秉承“一日生活皆课程”的教育理念，将主题课程与多元课程相互渗透，将正式课程与非正式课程相互融合，特别是在幼儿终身发展的教育中，通过“养、教、训、化”的教育过程，不断启迪幼儿智慧、培养良好个性品质，助长幼儿创造思维。

集团教育教学成效显著，先后获得“全国最具特色优秀民办幼儿园”“全国百佳艺术教育机构”“全国先进民办幼儿园”“‘守诚信、重教学质量’双保障示范单位”“全国百佳优秀美术示范园”“全国国际象棋传统学校”“中国关心下一代爱心单位”“浙江省二级幼儿园”“浙江省绿色幼儿园”“温州市实施国家民办教育综合改革试点窗口学校”“温州市青少年校园足球定点学校”等称号。

5

6

7

1. 苍南实艺国际幼儿园（筹）
2. 实艺新城幼儿园
3. 实艺第二幼儿园
4. 实艺幼儿园
5. 瓯海潘桥实艺幼儿园
6. 实艺新府幼儿园
7. 洪殿中心幼儿园

此版照片由温州实艺教育集团提供

1

2

3

4

温州市鹿城区环境保护局

温州市鹿城区环境保护局位于车站大道554号C幢7楼，内设纪检监察室、办公室、法制宣传科、行政审批科、污染管理科、生态建设科6个科室，另有环境监察大队、环境监测站、污染减排核查核算中心3个直属事业单位，共有行政编制人员11名、事业编制人员80名。

2013年，鹿城区紧紧围绕生态创建、污染减排、重点行业和区域环境整治等中心工作，开拓思路，创新举措，克难攻坚，扎实工作，抓重点、攻难点、创亮点，在推进生态文明建设、解决突出环境问题，改善区域环境质量以及协调区域环境保护与经济社会发展等方面均抓出了显著成效：生态建设工作连续多年在全市考核中被评为优秀，“四大行业”整治工作上半年考核列三区两市第一；直属单位鹿城区环境监测站计量认证顺利通过省质量技术监督局专家组首次计量认证评审，共具备水和废水、环境空气和废气、噪声和振动、电离辐射、电磁辐射等五大类别项目75个不同参数的检测能力。

5

1. “低碳环保你我他，绿道骑行进万家”活动
2. 9月18日，市环保局郑建海局长到鹿城视察工作
3. 12月10日，王立彤、郑晓东视察河道整治
4. 利用生活废物共建环保社区——“6·5”环境日活动
5. 鹿城区环境保护局机关文化长廊一景

此版照片由温州市鹿城区环境保护局提供

鹿城区城市管理与行政执法局

鹿城区城市管理与行政执法局成立于2010年12月，下设9个职能科室、2个直属机构、4个直属中队、18个派驻街道（乡镇）中队以及5个局属事业单位，在编干部937人。2013年，围绕“六城联创”“两无三化”“四边三化”“三改一拆”等工作，成效显著。全年累计拆除违法建筑187.47万平方米，完成199条无违建道路、150个无违建小区和8个无违建社区创建工作；办理一般程序案件3418件，简易程序案件26万件，受理群众各类投诉13293件，各类审批3424件；修复道路、人行道面积47.1万平方米，施划机动车停车泊位1292个；改建提升垃圾坞2199座、公厕131座；新建公共自行车服务站点74处，新增公共自行车5000辆；建设滨水公园46个，新增绿地面积23.27公顷，人均增加4平方米，并通过省级园林城市创建验收。2013年，获省数字城管工作先进集体、市创建国家卫生城市工作先进单位、市“三改一拆”工作先进单位、市城管与执法工作先进集体、市城管与执法系统环卫工作先进单位、市城管与执法系统园林绿化工作先进单位等称号。

1. 城管执法队员分批参加军训
2. 局环卫处职工在处理生活垃圾
3. 局园林绿化处职工高空作业修剪绿化
4. 市委常委、区委书记王立彤在局长姜益祥陪同下督查指导工作
5. 局市政公用处职工翻修人行道
6. 执法人员拆除七都违建别墅

此版照片由鹿城区城市管理与行政执法局提供

1

温州市公安局鹿城区分局

2013年，鹿城公安分局按照“抓班子、带队伍、促工作、创一流”的工作思路，集全警之力，以“创三大新高、夺十项第一”的成绩，为“创首善之区、建幸福鹿城”做出贡献。全年警灯工程、大情报、做实基础、治赖追逃、打假专项、快速反应、视频监控应用、满意度增幅、取保候审专项整治等十项重要工作成效全市第一。以第一名成绩获全区“创满意”先进单位称号，被区人民政府授予集体三等功。强化特警和特警预备队建设，完善各类突发性事件处置预案，举办首次综合性实战演练。圆满完成了“两会”“龙舟文化节”等大型活动安保和重要警卫工作。积极推进“警灯进社区、进企业、进校园、进公园、进医院”。注重民生，务实进取，管理服务上新台阶。建立行政审批科，强化消防隐患整治，狠抓涉危物品管理，加强流动人口和出租房管理，创新推出居住出租房屋“两化一式”工作。刑事技术被评为全国刑事科学技术一级示范点。派出所“三室合一”规范化建设经验全市推广。开展纪律作风整治和警示教育活动，队伍管控水平始终保持全市第一，被评为全市公安队伍正规化建设先进单位。

2013年，全区命案侦防工作实现破案率100%，成效全市第一，打击成效创历史新高。全年信访总量、初信初访量分别同比下降41%和59.60%。

2

3

4

5

6

1. 5月13日，分局民警参加温州市公安机关首届警察运动会
2. 5月13日，公安部直属机关党委副书记徐慧、公安部第一研究所党委书记王刚和公安部第一研究所所长仇保利，在市委常委、公安局长黄宝坤和分局局长金国平陪同下，到分局情报信息大队考察调研
3. 7月17日晚，分局开展治安复杂区域大清查行动
4. 11月1日，市委书记陈一新在市委常委、鹿城区委书记王立彤和市委常委、公安局长黄宝坤及市委常委、秘书长仇杨均等陪同下到鹿城公安分局指导公安工作
5. 11月26日晚，在市区大剧院前广场举行市局警官艺术团文艺小分队赴鹿城站基层慰问巡演
6. 12月17日晚，市局党委委员、区委常委、分局局长金国平到鞋都第三期工业园区、双屿第二实验小学治安岗亭调研指导工作

此版照片由温州市公安局鹿城区分局提供

鹿城区

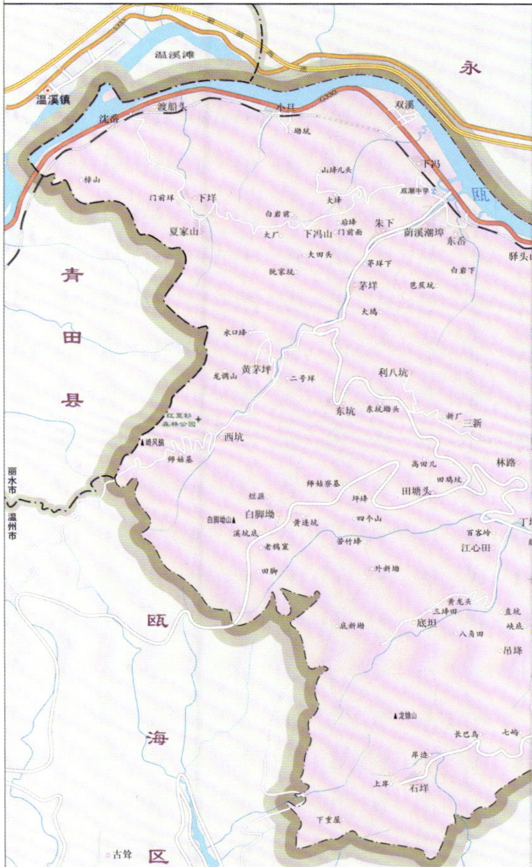

鹿城区行政区划表

鹿城区共辖7个街道、1个镇，80个社区、141个行政村

街道、镇	下辖		社区、行政村
五马街道	社区	17	八仙楼、谢池、朔门、墨池、百里坊、城西街、府前、鼓楼、花柳塘、白鹿洲、双莲桥、度师里、马鞍池、黎明西路、矮凳桥、十八家、安澜
松台街道	社区	12	广化、昌明、锦花、水心、菱藕、桂柑、庆年坊、郭公山、来福门、月湖、翠微、双桥
	行政村	3	水心、松台、双桥
滨江街道	社区	15	青园、芳园、绿园、蒲鞋市、蒋家桥、横河、洪殿、灰桥、陡门、浦东、新田园、杨府山、丰江、宏源、蒲源
	行政村	6	巽山、黎一、黎二、杨府山涂、蒲州、上蒲州
南汇街道	社区	12	清风、桥儿头、吕浦、春秋、南塘、火车站、绣山、开源、大自然、十里亭、三板桥、西屿
	行政村	14	南塘、灯塔、鱼鳞浃、里垟、龙方、德政、葡萄、东屿、前网、龙沈、划龙桥、上田、横渎、巨一
双屿街道	社区	9	牛岭、鞋都、营楼桥、垟田、新洋、黄龙、瓯浦垟、金竹、丁桥
	行政村	13	瓯浦垟、垟田、双岙、箬笠岙、牛岭、岩门、潘岙、屿头、正岙、上伊、前陈、嵇师、营楼桥
七都街道	社区	1	七都社区
	行政村	6	老涂、吟州、前沙、板桥、樟里、上沙
仰义街道	社区	3	仰新、临湖、沿江
	行政村	12	澄沙桥、渔渡、后京、前京、龙川、垟山、十里、河岙、钟山、陈村、林里、馒头驻
藤桥镇	社区	11	藤桥、南雅、藤南、新藤、上戍、戍浦、驿头、临江、江南、双潮、岙底
	行政村	87	南岸、樟村、金马、油岙、石垟、陈良、林山、石埠、新村、坑古、北岸、垟岸、下庄、埭马、底垟、后垟、底山根、上寺西、大塘、雅漾、上埠头、桥上、潮济、大潭、坎上、上桥、下岸、外垟、潮埠、竹桥、西湾、周徐、下巨、前林、渡头、营上、戴宅、方隆、岭下、山岸、东村、支岙、枫林岙、后支、前盈、驿头岙底、西洲、沙头、江南上村、郑大垟、和平、平山、横山、下湾、仁地、庄岩、巽岙、金岙、驿头山根、小岙、三新、林路、江池、田塘头、吊埠、丁埠头、呈岸、底坦、白脚坳、江心田、上皮山、东岙、小旦、朱下、茅垟、东坑、西坑、双溪、沈岙、下冯山、渡船头、下冯、下垟、蔚溪潮埠、夏家山、黄茅坪、利八坑

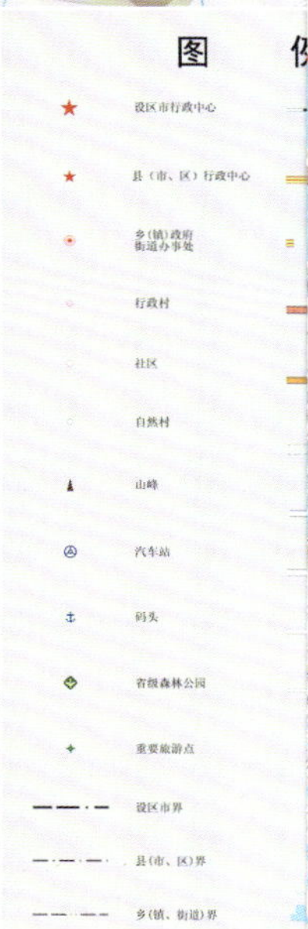

比例尺 1:4

注：本图界线不作划

基础地理底图资料由浙江省测绘与地理信息局

温州市勘察测绘研究院 编制 地图审核：浙S

温州市鹿城区民政局 2014年6月

目 录

特 载

特 辑

大事记

地理·环境

机构及其负责人

中国共产党鹿城区委员会

中国共产党温州市鹿城区纪律检查委员会

鹿城区人民代表大会

鹿城区人民政府

鹿城区人民政府——经济调节和市场监管事务

鹿城区人民政府
——社会管理和公共服务事务

政协温州市鹿城区委员会

鹿城区各民主党派·工商联

鹿城区人民团体

军 事

法 治

农　业

水 利

工 业

城乡建设

建筑业

交通・邮政

信息化与信息产业

商 业

服务业

旅游业

金融业

房地产业

教　育

科 技

文 化

卫 生

体 育

社会事务

街道·镇

人 物

社情逸闻

附 录

Catalogue

CPC Lucheng Committee

CPC Lucheng District Discipline Inspection Committee Lucheng People' s Congress

Lucheng People' s Government

Lucheng People' s Government ——Economic Regulation and Market Regulatory Affairs

Lucheng People's Government ——Social Management and Public Service Affairs

CPPCC Lucheng District Committee

Democratic Parties and the Federation of Industry and Commerce

Lucheng People's Organization

Military Affairs

The Rule of Law

Agriculture

Irrigation

Industry

Urban and Rural Construction

Architecture Industry

Transportation · Postal

Informatization and Information Industry

Commerce

Service Production

Tourist Industry

Finance

Real Estate

Education

Science and Technology

Culture

Hygiene

Sports

Social Affairs

Streets and Towns

Figures

Social Status and Anecdote Appendix

特 载

中共温州市鹿城区委工作报告（摘要）

坚持以改革统领全局奋力推进赶超发展再创辉煌（摘要）

——在区委八届六次全体（扩大）会议上的报告

（2013年12月30日）

温州市委常委、鹿城区委书记 王立彤

同志们：

这次区委全会的主要任务是：认真学习贯彻落实中共十八届三中全会和中央经济工作等有关会议、省委十三届四次全会、市委十一届五次全会精神，回顾总结今年工作，深刻分析当前形势，研究部署明年任务，以改革统领全局，奋力推进“赶超发展、再创辉煌”，全面加快“创首善之区、建幸福鹿城”。同时，审议通过《中共温州市鹿城区委关于认真学习贯彻中共十八届三中全会精神全面深化改革的实施意见》。

下面，我代表区委常委会向全会作报告，请大家审议。

一、今年以来的工作回顾

今年以来，区委坚持以中共十八大精神为指引，按照省、市党委政府的总体部署，深入贯彻市委“十大举措”，深化“创首善、争一流”，各项工作取得了新进展，为“赶超发展、再创辉煌”奠定了坚实的基础。预计，全年实现地区生产总值710亿元，增长5%；财政总收入41.1亿元，增长7%，其中公共财政预算收入22.2亿元，增长7%；固定资产投资263亿元，增长20%；社会消费品零售总额658亿元，增长7%；外贸出口总额35.6亿美元，增长—3.8%；城镇居民人均可支配收入42700元，农村居民人均纯收入19300元，分别增长9%和10%。

（一）一以贯之地落实好上级精神。认真学习贯彻中共十八大、中央有关会议和习近平总书记系列重要讲话精神，以及省、市委的系列重要部署，研究提出我区贯彻落实意见。我们坚定和自觉地贯彻落实省委书记夏宝龙今年多次对鹿城作出的重要指示精神，深化贯彻市委“八个深刻领会和全面把握”，扎实推动赶超发展以及双屿、仰义综合整治。我们坚定和自觉地贯彻落实市委书记陈一新对鹿城赶超发展提出的工作方针、目标、要求和重点，在区委八届五次全会上作出了“赶超发展、再创辉煌”的总体部署，明确了今后必须把握的“四项原则”，具体部署了八个方面重点举措，进一步提升了发展理念、完善了发展思路，推动全区上下把思想和行动统一到赶超发展的重大决策部署上来。

（二）振兴实体经济步伐加快。在较为复杂的发展形势下，推出振兴实体经济“1+10”等政策，深化固本强基和扶持中小企业发展各项举措，深入开展扶工兴贸、“双服务”、“三千”、驻企服务员等活动，经济呈现趋稳回暖态势。产业集聚平台加快建设，中国鞋都创成省级产业集聚示范区，鹿城轻工产业园区完成创建省级高新区申报工作，9个小微企业园建设全部选址落地。一批重大产业项目有序推进，工业性投资和工业现代化技改投资增速居全省同类地区前列，限上工业投资占限上投资比重、限上技改投资占限上工业投资比重实现“两个提升”。温商回归、招商引资和对台合作深入开展，成立温商服务中心，温州（七都）广场、全球温商总部家园等重大招商引资项目成功落地，对台民间交流合作领域不断拓展，本地企业与在外温商形成内外互动格局。

（三）经济转型升级扎实推动。服务业发展势头良好，城市新型经济加快发展，旅游人数和旅游业收入居全市首位。网络经济等新兴产业蓬勃发展，成立网络经济局，启动网络经济中远期发展规划编制，加快免费无线网络覆盖，建立全市首个外贸网商协会、外贸电商联盟、温州阿里网商学院“三位一体”运行平台。传统产业改造升级步伐加快，“四换三名”“三转一市”“强三优二”有机更新等有序推进，创成全国首批国家知识产权强区工程示范区，温州（鹿城）总部经济园创成省级现代服务业集聚示范区，浙江创意园、“黎明·92”文创园、欧洲城生活新天地等创成市级现代服务业集聚区。以双屿为重点的“减员增效”综合整治成效初显。加快农业“两区”建设，都市型农业稳步发展。金融综合改革、统筹城乡改革、民政综合改革、社会资本办医办学深入推进，鹿城农商银行完成改制并成为全省跨区域设立村镇银行最多的地方性法人银行，股改企业挂牌交易取得突破。

（四）城乡建设稳步推进。都市型功能区加快建设，七都城市新区征地拆迁和基础配套建设稳步推进，藤桥生态新区重大基础设施建设取得进展，以杨府山涂村为重点的滨江商务区建设取得突破，城市中央绿轴政策处理协同开展，旧城区、历史文化街区、旧片区改造和横渎河西、滨江西等城市综合体建设稳步推进。城市保障房加快建设，城中村改造和农房集聚建设全市领先，安置房建设提速增效。重大交通和市政项目建设进展顺利，市域铁路S1线、乐清港区铁路支线鹿城段的前期工作顺利开展，金温铁路扩能改造有序推进，绕城高速西南线鹿城段开工建设，仰义至双屿段公路改建等加快推进，瓯江路西延、广化路南延等市政道路开工建设。水利、电力、信息、能源等基础设施加快建设。双藤公路等项目列入省重点。开展破难攻坚八大行动，完善疑难化解“六项机制”，建立“攻坚护航”评价体系，历史遗留问题有序化解。

（五）城区环境持续优化。启动水环境治理，黑臭河、垃圾河整治有序推进，截污纳管和农村污水处理、生活垃圾集中处理稳步开展，化工、印染、造纸、合成革等行业深入整治，电镀行业整治入园全市率先完成，仰义制革基地综合整治做法在省委十三届四次全会上得到夏书记肯定。推进“三改一拆”“四边三化”“两无三化”“双清”及美丽乡村建设，园林绿化工作拓面提质，违法建筑拆除和无违建小区、无违建道路创建持续推进，乱搭建、乱堆放、乱圈占现象得到遏制，“三改一拆”做法在全省现场会上交流推广。深化“联创攻坚”，城市交通拥堵治理有序推进，公共自行车系统实现全市并轨扩容，打通了一批群众反映强烈的交通卡口和断头路，通过全国、省城市文明程度指数测评和园林城市省级验收、森林城市省级预验收，省级卫生区通过考核验收，节能减排和生态文明建设成效初显。

（六）民生和社会建设取得新的进展。精神文明建设和文化事业发展扎实推进，道德讲堂、文化礼堂等基层文化建设稳步发展，全国诗词大赛和中华龙舟拉力赛成功举办，“红日亭”团队荣获“最美浙江人”。省级教育现代化区加快创建，创成国家社区教育实验区。省级卫生强区通过市级初评，社会资本办医试点取得突破。通过省级体育强区复评。国家级计生优质服务先进区加快创建。城乡统筹的社会保障体系加快建立，城乡居民医保市域就医实现“一卡通”，社会养老服务体系从机构全覆盖向人群全覆盖拓展。残疾人庇护产品政府优先采购全省现场会在我区召开。人防（民防）、科协、社科联、档案、地方志、红十字、慈善等工作协调发展。新一轮殡葬改革全市领先。推进平安法治建设。着力化解互保联保风险，依法打击恶意逃废债务行为。完善社会治安防控体系。全面推进公共安全、信访秩序、宗教场所、网络舆情等重点领域整治，省市区挂牌信访积案全部化解，刑事和社会治安主要指标持续好转，平安大区实现“四连创”。

（七）中共建设切实加强。深入开展中共十八大精神和“中国梦”主题宣传教育活动，管好用好“两大舆论场”，“三微”网宣平台获省新闻信息技术进步奖。出台建设引领赶超发展干部队伍等系列文件，建立班子运行季度分析制度和后备干部一线锻炼制度，推行“实战练兵”“微信工作法”。机构编制实名制管理工作全市领先。推行基层党建“五星争创”，机关党建全面发展，“两新”党建拓面提质。社区组织选举和村级党组织换届选举全面完成，村级组织换届选举正全力攻坚扫尾。严格执行中央八项规定和省委“28条办法”以及市委“1+8”实施意见，深化“满意不满意单位”评选活动，率先开展社区“万能章”和无依据行政审批前置条件清理规范工作，机关房产改革有序推进，完成公务用车改革，“三公”经费支出下降11.2%。严格落实党风廉政建设责任制，惩防体系建设和违纪案件查处得到加强。人大、政府、政协各司其职、各负其责、各展其才，分工不分家，互相支持和配合；人大、政协树立一线意识，带头一线工作，追求一线作为，发挥一线作用。爱国统一战线进一步壮大，在全省率先成立网络界人士联谊会，多党合作事业、非公经济领域统战等工作走在前列，区侨联获“全国侨联系统先进组织”荣誉称号。党管武装工作得到新的加强。“双拥”、老干部、关心下一代、工青妇、侨务、对台、民族、宗教等工作得到强化，“创首善、争一流”的氛围更加浓厚。

二、2014年工作的目标要求（略）

温州市鹿城区人大常委会工作报告（摘要）

在温州市鹿城区第八届人民代表大会第二次会议上的报告

（2013年1月9日）

鹿城区人大常委会主任　吴海燕

过去一年的主要工作（略）

2013年主要工作任务

2013年是全面贯彻中共十八大精神的开局之年，是实施“十二五”规划承前启后的关键一年。常委会全年工作的指导思想是：在中共鹿城区委的领导下，以邓小平理论、“三个代表”重要思想、科学发展观为指导，深入学习和全面贯彻中共十八大精神，解放思想、开拓进取，服务大局、推动发展，关注民生、促进和谐，创新方法、提高能力，切实履行宪法和法律赋予的各项职责，为深入实施区委“三四五”总战略，加快“创首善之区、建幸福鹿城”做出积极贡献。

一、切实深化监督工作，在助推经济社会发展上有新成效

结合“十二五”规划实施和年度各项工作目标任务的落实，发挥人大职能优势，综合运用视察调研、执法检查、审议评议等常态手段，适时启用询问、质询等刚性手段，实行审议意见落实情况票决和通报制度，提高监督实效。一是着眼提高经济质效。实施对政府全口径预算决算的监督，加强对一般预算收支、基金预算收支、其他财政资金收支和政府负债情况的审查，督促防范政府性债务风险。监督计划、预算编制，开展以教育、卫生、民政部门为重点的部门预算细编的审查，监督预算执行，审查决算和审计工作报告，推进“阳光财政”体系建设。审查“十二五”规划实施中期评估报告，适时作出决议。监督政府性项目投资建设，关注生产性投资和招商引资，关注实体经济和税源经济发展。跟踪督办总部经济园建设议案，提高办理效果。加强对经济运行情况的研判，关注金融改革和中小企业融资难问题，督促政府健全复杂经济形势下的综合应对机制。调研现代服务业发展情况，督促政府制订和实施发展规划，健全工作机构，加快楼宇经济、电子商务发展，推进城市产业有机更新，巩固和提升商贸中心地位。二是着眼统筹城乡发展。监督城市环境整治提升和国家卫生城市创建工作，跟踪监督国家园林城市、森林城市、环保模范城市创建工作审议意见落实情况，助推幸福鹿城、美丽鹿城建设。监督“四旧”改造及市政基础设施建设，提升城市形象和品质。监督仰义至双屿段公路改建、104国道西过境公路改建、双屿至藤桥公路等工程建设，着力改善西部交通环境。关注生态文明建设，监督促进现代都市休闲观光农业发展。三是着眼推进社会建设。围绕增进民生福祉和创新社会管理，关注就业、就医、就学和保障等问题，专项监督社区居家养老服务工作，督促政府加快居家养老服务体系建设。专项监督教育工作，促进教育均衡化发展。监督少数民族工作，促进民族政策落实。进一步畅通群众诉求渠道，及时处理群众来信来访，积极解决群众最关心、最直接、最现实的利益问题。四是着眼推进法治建设。深入贯彻实施依法治国方略，加强对法院、检察院工作的监督，督促政府改进规范性文件备案审查工作，促进依法行政、公正司法。开展禁毒法、科技进步“一法两条例”执法检查，跟踪监督律师法、食品安全“一法两规”、浙江省温瑞塘河保护管理条例执法检查审议意见落实情况。积极承接省、市人大执法检查、立法调研任务。深入实施“六五”普法规划，监督推进公务员、青少年普法工作。关注基层民主法治建设和幸福社区创建，促进构建和谐、有序、民主的社区共驻共建机制。

二、充分发挥职能作用，在服务全区工作大局上有新作为

紧紧围绕区委决策部署和中心工作，认真行使法定职权，尽职尽责地发挥职能作用。一是依法行使重大事项决定权。建立健全重大事项调研、论证等一系列有助于正确决策的制度和程序，增强行使决定权的主动性和科学性。二是依法行使人事任免权。进一步完善人事任免程序，加强对任命人员的任后监督。三是强化基层人大职能作用。指导基层人大加快规范化建设，健全区街镇联动机制，加强街镇人大对政府及组成部门派出机构的监督。四是继续深化调研工作。围绕区委中心工作，就发挥人大在社会管理创新中的作用、街道构建经济管理体系、城区绿道网建设、科技大厦建设、民办教育发展、垃圾综合处置等课题开展调研。

三、积极创造履职条件，在发挥代表主体作用上有新提高

多途径提升代表素质，多制度规范代表工作，多形式搭建代表履职平台，多措施督办代表议案建议，支持和保障代表依法行使职权。一是加强代表专项培训。有重点、有针对性地加强代表培训，提高代表履职水平。二是健全代表工作机制。深化代表双联制度和履职承诺制度，建立跟踪落实机制。坚持代表述职和履职档案管理制度，落实代表履职情况公示制度。三是拓宽代表履职渠道。扩大闭会期间代表对常委会工作的参与，坚持邀请代表列席常委会会议，参与各类监督活动，多形式多渠道保障代表知情知政。加快代表之家、代表联络站、代表联系点规范化建设。四是强化议案建议督办。认真做好议案建议起草的组织工作，提高议案建议质量。坚持重点建议督办、集中评议等有效手段，实行议案办理情况票决制，提高议案建议落实率。

四、深入学习十八大精神，在提升人大工作水平上有新突破

把深入学习和全面贯彻中共十八大精神作为加强常委会及机关建设的首要任务，坚持以科学的思想理论体系指导人大工作。一是深化学习型机关建设。按照科学理论武装、善于把握规律、富有创新精神的要求，制订学习计划，创造学习机会，丰富学习内容，营造学习氛围，着力提升常委会组成人员和机关干部素质和能力。二是深化服务型机关建设。结合常委会内设机构调整，整合干部队伍，完善服务机制，改进服务方式，提高办文、办会、办事质量，为人大及其常委会依法履职提供坚强保障。三是深化创新型机关建设。进一步加强对人大制度、常委会工作、代表履职事迹的报道，健全监督公开制度，扩大全社会对人大工作的参与。加强理论研究，推进地方人大工作创新发展。

各位代表，加快发展重任在肩，转型赶超时不我待。让我们在中共鹿城区委的领导下，高举中国特色社会主义伟大旗帜，紧密团结在以习近平同志为总书记的党中央周围，以更加饱满的热情、更加坚定的信心、更加务实的精神、更加昂扬的斗志，同心同德，锐意进取，为全面开创人大工作新局面，加快“创首善之区、建幸福鹿城”而努力奋斗！

温州市鹿城区人民政府工作报告（摘要）

在温州市鹿城区第八届人民代表大会第二次会议上的报告
（2013年1月8日）
温州市鹿城区区长　朱崇敏

一、2012年工作回顾（略）

二、2013年政府工作重点

2013年是深入贯彻十八大精神、加快新型城市化步伐的推进之年。综合分析发展趋势，建议2013年全区经济社会发展的主要预期指标为：地区生产总值增长7%；财政总收入和公共财政预算收入各增长7%；外贸出口总额增长3%；社会消费品零售总额增长12%；城镇居民人均可支配收入和农村居民人均纯收入分别增长9%、10%。主要约束性指标为：单位生产总值能耗削减2.2%；二氧化硫、化学需氧量、氨氮、氮氧化物排放量分别削减2.5%、1.5%、2.0%、2.0%；城镇登记失业率控制在4%以内；人口自然增长率控制在5‰以内。

为力争实现上述目标，重点抓好六方面工作：

（一）主攻大平台大项目，力促有效投入稳步增长。以新型城市化为主导，以大项目大建设带动大投入大发展，通过优化平台、完善功能、强化攻坚推动城市能级提升，全社会固定资产投资增长15%以上，力争增长30%，投资总量达到310亿元。

优化城市发展空间。加快七都、藤桥两大新区、滨江等都市型功能区建设，全面拉开城市发展框架。着眼打造“瓯江地标”，开工建设七都岛超五星级宾馆，抓好温商总部大楼招商引资，推进纬一路等市政基础设施建设，加快土地统征，全力推进七都商业综合体建设。积极主动对接市级部门，加快政策处理工作，确保滨江商务区12个项目顺利推进。大力推进林里片区开发，抓好5万平方米房屋征收和6225亩土地预征。加快藤桥“四化”融合发展，以省级轻工园区为带动，加快低丘缓坡山地开发和藤桥综合项目等建设，推进城市功能全面向两翼拓展。

加快综合集聚区建设。按照八大功能区定位，抓好产业规划引导，实现优势互补、错位发展。紧盯175亿元的市级投资项目，按照无障碍施工的要求，主动配合推动南塘街改建区B、D地块、名城广场、温州国际会展中心三期、温州商贸城北片提升、南汇城市综合体等136个市级项目尽快落地。紧抓141.6亿元的区级重点建设项目，加快推进洞桥、岩门制革基地建设和横渎河西、滨江西片区等城市（商业）综合体项目，通过138个政府投资项目带动集聚区整体建设，打造功能清晰、配套齐全、特色鲜明的服务平台，形成更强的区域竞争力。

持续推进重大基础设施建设。突出抓好“十大建设工程”，开工建设瓯江西沿线等9个重大项目，加速推进总部经济园、鞋都三期出入口立交桥等10个续建项目，确保牛山北路道路拓宽、江滨A线东段、临江沙头产业基地等7个项目基本完工。加快铁路、公路等交通设施建设，配合推进市域铁路S1线工程，开工建设104国道温州西过境瓯江特大桥、缙云至苍南公路鹿城段（金岙隧道），扎实推进仰义至双屿段公路改建、双屿至藤桥公路、金温铁路扩能改造鹿城段等工程。全力抓好水利项目建设，开工滨江西防洪堤提升改造、独流入海一期、戍浦江河道整治等11个重点水利项目，实现瓯江南岸防洪堤全线闭合。

深入开展破难攻坚提速行动。大力推进土地开发提速，确保土地转而未供清理率和供而未用开工处置率均达到90%以上。按照三个“一个月”要求打好“安置提速”攻坚战，安置房开工15万平方米、竣工7万平方米，交钥匙739户。强力推进“拔钉清障”，完成温化生活区、江滨路鹿城段等重点区域“拔钉”任务。深化历史遗留问题化解，逐月排摸、层层梳理、限时办结，确保历史遗留化解率达到90%以上，保障项目建设顺利推进。

（二）加快转型升级步伐，经济发展保持稳中求进态势。坚持城市化和工业化良性互动、工业化与信息化深度融合，以发展现代都市农业为导向做精一产，以实施城市有机更新、依托科技进步为重点做优二产，以加快服务经济强区建设为主线做强三产，全力推进三次产业协调发展。

强化都市产业引领。大力发展楼宇总部经济，明确楼宇产业定位，坚持引大引强引优，抓好楼宇二次招商，重点引进现代金融、温商总部、智慧产业等优质企业，建立楼宇信息管理系统平台，打造一批金融楼、创意楼等特色楼宇。大力发展文化创意产业，加快科技与文化融合，积极创建省级科技与文化融合示范基地、省级文化创意产业先行区，创成国家知识产权强区。大力发展商圈经济，优化商圈布局和产业集聚，启动建设城市西部商业中心，以时尚化、休闲化、高端化为目标加快整合环五马商圈，全力抓好楼面资源整合和店面安置提速。提升发展现代物流业，引导物流企业做大做强，组建2家以上较大规模的龙头企业。大力发展休闲旅游业，促进生态旅游、智慧旅游、月光旅游融合发展。大力发展电子商务产业，实施电子商务骨干企业培育工程，鼓励支持电子支付平台、网络交易平台等建设，全力创建全国轻工类网批电子商务城和电子商务示范区。实施重点税源分级管理，推进第三方信息共享和协税护税网络建设，挖掘潜在税源，千方百计壮大地方财力。

振兴实体经济。加强政策引导，支持企业做强主业，回归实体，全力破解产业空心化、离心化难题。以温州创建全国质量强市示范城市为契机，全面提升质量建设水平。加快工业项目建设，推进美特斯邦威五星级酒店、川耕鞋业国际鞋类配套产品交易市场等建设。强化工业用地保障，落实土地二次开发优惠政策。深化“三保”倒逼机制，加强“六小”行业整治，加大对“低散乱”企业的管控和淘汰。加快传统产业改造提升，推进总部经济园二期建设，完成总部经济园一期企业入驻。深入实施农业农村五个“双百”工程行动计划，加大农业招商引资力度，重点加快农业“两区”建设，培育壮大农业龙头企业，推动现代都市农业发展。加快推进土地规模流转，确保20亩以上的土地规模流转率达到5%以上。

深入实施金融综合改革。稳步推进温州民间借贷服务中心试点，定期发布“温州民间借贷利率指数”。深化新型地方金融组织创新，新增民间资本管理公司、小额贷款公司各1家。加快区域资本市场培育，实施“民营企业上市培育工程”，重点扶持拟上市企业8家，完成股改2家。加快鹿城金融广场建设，抓好签约项目落地。加大农村金融改革力度，建设农村信用合作体系，建立农村产权交易平台。深化银行不良贷款化解百日攻坚行动，加强地方金融组织监管，成立金融仲裁院，建立小微企业再担保体系及风险控制体系，全力防范地方金融风险。深化与台港澳金融合作，积极引进国际投行、财团，推动金融改革创新。

深化“资本鹿城、回家发展”。贯彻实施招商引资一号工程，完善招商引资考核办法，制定温商回归奖励细则，争取引进50个以上较大规模的温商回归项目，引资总额比去年翻一番。主动对接世界500强企业和央企，优先引进技术含量高、产业链条长、带动能力强、符合产业导向的大项目、好项目。全力推进内外温州人良性互动，利用世界温州人大会等平台，加快鹿城人资本、商机、智力、企业家精神“四回归”。着眼打造两岸合作交流示范区，全面加强对台产业对接，重点加大对台金融、经贸、现代农业等招商力度，力争引进涉台项目5000万美元。

（三）全力保障和改善民生，切实提高群众幸福指数。围绕群众最关心、最直接、最现实的热点问题，切实办好民生实事，大力发展社会事业，不断增强群众的幸福感和安全感。

全面优化公共服务。全力推进省教育现代化区和全国社区教育试验区创建，深化民办教育综合改革试点，开工建设新田园一小，续建新桥头小学、南浦小学西校区，建成东屿小学、鞋都三小。扎实推进文化强区建设，成立区艺术总团，建成五马、滨江2个综合文化中心，启动藤桥省级中心镇综合文化中心建设。全力创建国家卫生城市，倡导全民健康理念，完善基层公共卫生服务体系，加快建设鹿城人民医院新院和公立示范化医疗康复中心。推进群众体育优质工程，完善公共体育设施，建成4个综合型农村体育休闲广场和2条以上登山步道。加快发展残疾人事业，深入开展省阳光庇护产品专产专营和政府优先采购试点。开展“加强和创新人口计生社会事务管理年”活动，完善计生利益导向与帮扶机制，健全计生优质服务体系，完成33个社区计生服务中心标准化建设，力争创成国家级计划生育优质服务区。

加强和创新社会管理。以幸福社区建设为载体，抓好城乡社区星级示范创建和社区换届试点，全力推进便民服务中心等“六大服务中心”建设。培育发展各类社会组织，确保登记类社团数量增长30%以上。健全突发性公共事件社会应急联动机制，提高应对各种突发事件和抗风险能力。加强新居民服务管理，落实积分制管理办法。不断提高就业和社会保障水平，完善工资支付保障机制，做好城乡居民基本医疗保障“三险合一”工作，开展全国医疗救助特重大疾病试点，完善社区居家养老服务照料中心管理。深化丧葬礼俗改革，严防“青山白化”现象回潮。注重信访源头治理，信访挂牌积案化解率达100%。强化食品安全监管，整合食品安全检验检测资源及信息发布平台，为居民科学、健康、理性消费提供服务。加强社会治安主体防控体系建设，启动临江、上戍、仰义派出所办公用房建设，完善“1311”警务机制。强力推进安全生产五大行动，建立健全基层消防管理组织，深化社会消防安全分级“户籍化”管理，确保实现平安鹿城建设“四连创”。

（四）加快“四旧”综合改造，整体提升城市形象。强化规划引领，优化城市布局，将旧居、旧村、旧厂房、旧市场划分为15个片区进行整体改造，统筹推进城乡一体发展。

加快旧居和旧村改造。紧盯城中村改造“3年基本完成、5年全面完成”目标，抓好城中村改造项目控规编制，出台《2013—2014年鹿城区保障性安居工程规划》，启动21个行政村1.4万户改造，拆除旧房面积200万平方米以上，新增建设面积300万平方米以上，拆除和新增面积均达到全区改造量的三分之一以上。加快公租房等保障房建设。坚持多村联合改造，6月底前全面推进片区统征统拆统建，做到整体规划设计、打包解决遗留、项目品质一流。

加快旧厂房和旧市场改造。以城市有机更新为重点，加快旧厂房改造，推广黎明工业区试点经验，强化旧厂房环境整治，加大吴桥工业区、鹿城工业区拆违力度，确保完成有机更新项目50个以上。鼓励企业实行“零地技改”，允许企业在合法合规和符合产业导向前提下，适当提高容积率。通过取缔合并、扶优扶强等方式，整合提升20个左右旧市场。

加强历史文化名城保护开发。以2014年底前创成国家历史文化名城为目标，加快东瓯园、夏承焘故居文保点腾空安置等5个重点项目建设。按照“修旧如旧、建新如故”的原则，主动配合市级部门，加强对朔门、庆年坊等历史文化街区保护性整治。进一步做好历史文化资源调查摸底，促进非遗项目保护传承。借鉴杭州背街小巷改造经验，在传承历史文化基础上充分挖掘商业价值，鼓励更多投资主体参与保护开发，增添历史文化元素。

完善城市开发建设机制。继续深化城市开发战略合作，积极拓展BT、BOT等建设模式。整合包装瓯江治理一期、戍浦江河道整治等项目，争取上级在资金、土地、政策等方面更大支持。以土地有形市场为平台，通过政府无形手段整合资源优化环境，实现土地升值，支持区域改造开发。创造条件吸引外资、民资、国资参与城市经营、“四旧”综合改造和地上地下空间开发，实现城市建设主体多元化、资金来源多渠道、投资经营方式多样化。拓宽投融资渠道，发行建设城投债，做好债务风险评估，努力降低政府负债风险。

（五）巩固深化生态文明建设，共建共享美丽新鹿城。以深入实施“六城联创”为载体，加大环境整治力度，加快美丽乡村建设，促进城市形象、品位、管理“三提升”。

开展环境大整治。深入实施“四边三化”行动，坚持绿化先行，完成绿地建设445.8公顷，改造山地公园3个，改扩建、新建滨水公园48个，基本建成主城区沿河绿道网，人均公园绿地面积提高到9.7平方米以上，城区绿地率、绿化覆盖率分别达到28%和30%以上。强势推进拆违，拆除违建100万平方米以上，确保主次干道无违建，基本实现主城区无违建目标。扎实推进市区交通畅通工程，加强停车引导和有序管理，开工建设广化路南延等3条主次干道，新增辖区公共停车泊位300个。抓好公共自行车服务系统扩容，推进城区自行车道建设，新增公共自行车5000辆和服务网点80处。开展道桥整治，大中修13条道路，加固维修12座桥梁，整治翻修30条背街小巷。整合提升30个再生资源回收网点，建成16个循环经济回收站（亭）。加大温瑞塘河综合治理，整治6条黑臭河道，完成15个片区截污纳管工程。大力开展节能减排，狠抓电镀、制革等六大行业整治。加快推进藤桥、七都等污水处理厂建设，提高垃圾和污水收集处理率，基本达到“三个100%”的要求。

全面加快美丽乡村建设。推进“三分三改”，在全区141个村建立股份经济合作社和土地合作社，6月底前全面完成股改、地改任务，基本完成户改。加快农房集聚建设，实现结顶35万平方米，新增农房集聚率5%以上，引导农民跨街镇集聚。抓好农村社区环境综合整治，完善藤桥、仰义等街镇公共配套设施，逐步建立适应城乡一体化的配套政策体系，全力打造清洁家园、美丽田园。

加强城市精细化管理。以实现“城市让生活更美好”为目标，关心关爱城市美容师，规划提升城市家居建设。加快数字城管“四级网络”建设，确保处置率、按期处置率分别达到98%和95%以上。制定城市精细化管理实施意见，对全区绿化、保洁、市政、广告等实施分类分级管理，建立区、部门、街镇、村居、网格责任人五级联动管理模式，实现“无缝化”管理。加快推进政府服务外包，优化提升公共服务质量。全力抓好智慧城区建设，重点建设‘无线鹿城”“数字鹿城”“智慧社区”“智慧景区”，推行4G城区试点，拓展城区信息化空间。

（六）深入开展“执行力建设年”活动，切实加强政府自身建设。执行力是政府工作的核心所在，也是落实各项决策部署的关键之举。今年将深入开展“执行力建设年”活动，以强有力的执行力度、执行深度、执行效度，不折不扣地落实党委决策和人大决议。

更加突出层层落责，确保执行有力。责任到位到人是强化执行的首要前提。强化勇于担当意识，无论是项目落地、信访维稳老大难，还是征地拆迁、拔钉清障硬骨头，区政府领导班子要身先士卒，冲锋在前，各级干部要事不避难，迎难而上，把执行力体现在全体干部的克难攻坚过程中。构建压力传递体系，进一步完善部门、街镇内部考核办法，按照岗位特点、职责层级细化分解全年目标任务，着力形成层层加码、人人有责的压力传递体系。完善责任追究办法，对年初立下的“军令状”实行全程记录、台账管理，对区委、区政府召开的各类会议落实情况加大督查，强化“落实事故”追究，对执行不力、绩效不高、政令不通的，要倒查责任，严肃问责。

更加突出规范办事，确保执行有章。依法廉洁从政是强化执行的基本要求。深化法治政府建设，按照法定权限行使职权，大力推进依法科学民主决策。加强行政执法，推进行政复议、行政调解等工作。自觉接受人大及其常委会的法律监督和政协的民主监督，不断提高人大代表建议和政协提案办理水平。加强统计基层基础建设，规范统计工作。依法加强档案、民族、宗教、外事、侨务、对台、红十字会等工作，支持法院、检察院依法履职。深入推进以完善惩防体系为重点的反腐倡廉建设，认真落实党风廉政建设责任制，严肃查处违纪违法案件。厉行勤俭节约，严格控制“三公”经费支出，把有限财力用到事关民生、事关发展的重点领域和关键环节。

更加突出力量整合，确保执行有方。发挥团队效应是强化执行的重要保障。继续深化“集团化领导、项目化经营、专业化综评、关联化承兑”模式。牢固树立全区一盘棋理念，强化大局观、统筹观，只要有利于鹿城发展，有利于项目推进，有利于民生改善，各部门、各街镇均要无条件支持、配合，形成紧密协作、上下联动的格局。全力推进行政服务提速提效活动，不断深化行政审批制度改革，重点完善并联并审制度，试行“网上提交、远程审批、就近取件”电子审批模式，为大投入大建设大发展大开“绿灯”。注重发挥“两代表一委员”、新闻媒体等社会各界的力量，拓宽建言献策渠道，完善政务信息平台，充分凝聚各界精英、市民群众的智慧结晶，共同推动经济转型、社会转型和政府转型。

各位代表，新的目标已经明确，新的形势催人奋进。站在新的起点上，让我们在市委、市政府和区委的坚强领导下，在区人大、区政协的监督支持下，以更加开阔的视野、更加昂扬的斗志、更加扎实的作风，紧紧依靠全区人民，求真务实，奋发进取，为全面加快“创首善之区、建幸福鹿城”而努力奋斗！

政协温州市鹿城区常委会工作报告（摘要）

在政协第八届温州市鹿城区委员会第二次会议上的报告
（2013年1月7日）
鹿城区政协主席　郑锦春

2012年工作回顾（略）

2013年工作意见

2013年，是深入贯彻落实中共十八大精神，全面实施“十二五”规划承上启下的关键之年，也是为“创首善之区、建幸福鹿城”奠定坚实基础的重要之年。新的一年，区政协将继续高举中国特色社会主义伟大旗帜，牢牢把握团结民主两大主题，按照中共鹿城区委的总体部署，解放思想、勇于担当，提振精神、奋发有为，团结动员广大政协委员和社会各界人士，努力在服务科学发展上有新作为，在改善民生福祉上有新亮点，在促进和谐稳定上有新举措，在加强自身建设上有新成效，为加快“创首善之区、建幸福鹿城”贡献智慧和力量。

（一）深入学习贯彻十八大精神，不断夯实共同的思想政治基础

中共十八大是在我国进入全面建成小康社会决定性阶段召开的一次十分重要的大会。我们要把学习宣传贯彻十八大精神作为首要政治任务，通过集中学习会、报告会、辅导讲座、分组讨论、交流心得体会等形式，组织和引导政协委员深入学习、准确领会、深刻把握十八大精神的内涵与实质，切实把大家的思想和行动统一到十八大精神上来。

要把学习贯彻十八大精神与学习贯彻《中共中央关于加强人民政协工作的意见》等重要文件精神结合起来，牢牢把握政协工作的正确方向，不断增强坚持走中国特色社会主义的道路自信、理论自信和制度自信。要把学习贯彻十八大精神与学习贯彻中央经济工作会议精神结合起来，切实按照中央提出的新的宏伟目标和战略部署来凝心聚力。要把学习贯彻十八大精神与学习贯彻中共鹿城区委八届四次全会精神结合起来，以区委全会作出的新决策、提出的新任务，作为

政协履行职能关注的重点，建睿智之言、献务实之策、谋创新之举。要把学习贯彻十八大精神贯穿于政协履行职能的各个环节，贯穿于政协常委会和各专委会、街镇联络组、委员小组的各项活动之中，切实把大家的智慧和力量凝聚到“创首善之区、建幸福鹿城”的重大部署和各项任务上来，以昂扬的精神状态投入到全面建成小康社会、加快推进社会主义现代化的伟大事业中。

（二）紧扣主题主线，着力推进经济社会科学协调发展

牢牢把握科学发展这个主题，紧紧抓住加快转变经济发展方式这条主线，着力推进政府转型、社会转型、经济转型，加快实现“创首善之区、建幸福鹿城”战略目标，是当前及今后一段时间我区经济社会发展的大局。区政协要充分发挥“人才荟萃、智力密集”的优势，认真履行职能，积极建言献策，主动服从和服务于这个大局。

要紧紧围绕事关鹿城发展全局的重大问题，如大都市核心区建设、服务经济强区建设、创新智城建设、生态文明建设等，深入进行专题协商、对口协商、界别协商，积极建言献策，为区委、区政府科学民主决策提供民意支撑和智力参考。要紧盯“十二五”规划实施和“六城联创”“两无三化”“村房两改”等重点工作，深入开展监督视察和参政议政活动，合力推进各项工作落实。要继续深化“访企扶工解难题”活动，经常深入企业走访调研，引导企业准确把握宏观经济形势，理清发展思路，力所能及地帮助企业解决一些实际问题，为促进鹿城经济平稳发展做出积极贡献。要继续做好提案工作，积极反映社情民意信息，切实发挥委员提案和社情民意信息对促进经济社会发展的独特作用。要进一步深化统一选派民主监督员工作，不断提高民主监督的组织化程度和规范化水平，切实发挥民主监督工作在督促部门改进作风、优化服务、依法行政、公正司法方面的独特作用。

（三）坚持履职为民，真情服务群众改善民生

我们要始终坚持政协的人民性政治本质，把服务人民群众作为政协工作的根本出发点和落脚点，把关注和改善民生贯穿于政协履职的各个方面，把重大民生决策作为政治协商的重要议题，把促进惠民政策的贯彻落实作为民主监督的重要任务，把群众最关心最直接最现实的民生问题作为参政议政的重要内容，无论专题协商、调研视察、撰写提案、反映社情民意，都要为反映民生、改善民生鼓与呼。

新的一年，要更加关注人民群众普遍关心的就业、教育、住房、物价、社会保障、医疗卫生、食品安全、环境污染等现实问题，察实情、讲实话、出实招，协助党委、政府把群众最关心的利益问题解决好、实现好、维护好。各专委会、街镇联络组、委员小组继续深化“委员为民服务”“委员进社区”等工作，经常组织委员开展慈善捐赠、爱心助学、走访慰问、扶贫帮困、送医送药等活动，主动为解决特殊性、个体性的民生问题多办实事、多做好事，尽到政协委员应尽职责，树立政协良好形象。

（四）突出团结民主，努力促进社会和谐稳定

积极为构建社会主义和谐社会发挥作用、贡献力量，是时代赋予人民政协的崇高使命。我们要坚持把团结和民主两大主题贯穿于政协工作的始终，认真研究社会建设面临的新形势新要求，积极探索现阶段做好群众工作的方法途径，力争在创新社会管理方式、促进和谐社会建设方面有所作为。

要充分发挥人民政协作为党和政府联系群众的桥梁纽带作用，建立健全委员联系群众制度，发动委员走进基层、走进群众、走进矛盾，主动协助党委政府作好沟通思想、理顺关系、化解矛盾、维护稳定的工作。积极发挥各民主党派、人民团体、无党派人士在政协组织中的作用，积极为他们知情问政搭建平台；积极办理各民主党派、人民团体和无党派人士的提案，反映他们提供的社情民意，为他们发挥作用创造民主宽松的环境。进一步加强与港澳同胞、台湾同胞、海外侨胞的联谊，促进交流，增进团结，扩大合作。加强与在外鹿城人的沟通联系，引导和鼓励他们回乡投资创业、发展慈善事业，促进在外温州人资本回归、人才回归，积极为家乡的发展建设尽心尽力。

（五）加强政协自身建设，不断提高政协履职水平

加强自身建设，是做好政协各项工作的基础。要切实改进委员服务工作，健全主席联系常委、常委联系委员制度，积极为委员知情知政、履行职能搭建平台，充分发挥委员在本职工作中的带头

作用、政协工作中的主体作用、界别群众中的代表作用；进一步完善委员管理办法，鼓励和引导委员参加各种会议和活动，在履行职能和服务人民的实践中增才干、做贡献。要重视专委会、街镇联络组、委员小组建设，建立健全“条块”联系制度，真正发挥它们的基础作用和整体力量。

要进一步推进“五型”机关建设，切实转变工作作风。只有转作风，才能看到真实状况，才会留下真实印象，才会激发真实感情，才会发现真实问题。因此，转作风，就要多察基层实情，多听群众心声，多问计谋于民；转作风，就要转出群众情怀、转出群众视野、转出群众标准，从而形成为民务实的价值导向，凝聚克难攻坚的智慧力量，为政协履行职能、开展工作提供强有力的保障。

各位委员，同志们！聚合力方可谱新篇，集民智才能成伟业。伟大的时代召唤着我们，宏伟的目标指引着我们，人民的期待激励着我们。在鹿城区转型跨越发展的征途上，我们倍感使命光荣、舞台广阔、大有作为。让我们高举中国特色社会主义伟大旗帜，以邓小平理论、“三个代表”重要思想和科学发展观为指导，深入贯彻落实十八大精神，在中共鹿城区委的坚强领导下，以更加振奋的精神、更加务实的作风，团结一心，锐意进取，为“创首善之区、建幸福鹿城”做出新的更大贡献！

特 辑

2013年鹿城区国民经济和社会发展统计公报

2013年，面对极为错综复杂的国内外经济环境，区委、区政府紧密围绕坚持“赶超发展，再创辉煌”的工作总基调，带领全区人民深入贯彻落实中共十八大精神，积极转变经济发展方式，进一步深化改革，着力改善和保障民生，强化经济运行调度，全区经济保持了稳步发展态势。

一、综合

国民经济稳步平缓发展。据初步核实，2013年，全区生产总值（GDP）717.97亿元，按可比价计算，同比增长4.5%，比上年回升0.6个百分点。分产业看，第一产业增加值1.66亿元，下降2.2%；第二产业增加值203.51亿元，增长3.5%，其中工业增加值154.61亿元，下降0.1%；第三产业增加值512.8亿元，增长5.0%。三次产业结构有所调整，由上年的0.3：28.6：71.1调整为0.2：28.4：71.4。第二、第三产业对全区经济的贡献率分别为22.8%和77.3%，依次拉动经济增长1.0个百分点和3.5个百分点。人均生产总值为98358元/人，比上年增长3.6%，按年平均汇率（1：6.1932）计算，合15882美元/人。

市场物价在调控中回落明显。2013年，居民消费价格指数（CPI）比上年上涨1.9%，涨幅较上年回落0.4个百分点；工业生产者出厂价格（PPI）和购进价格（IPI）分别下降1.6%和2.4%。

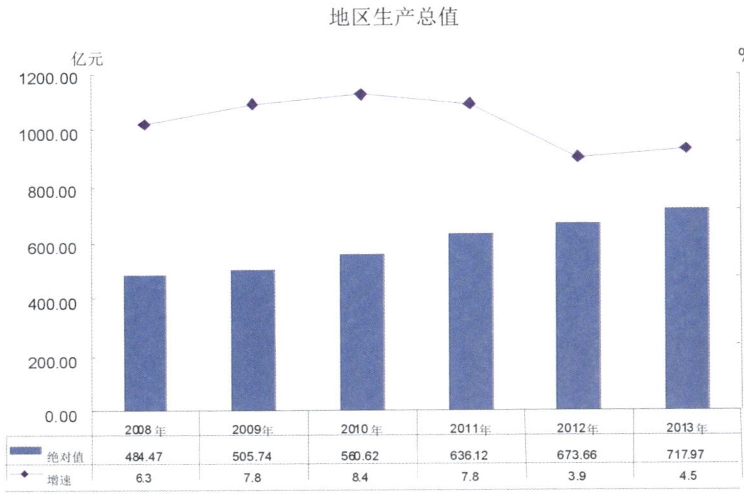

图1 地区生产总值

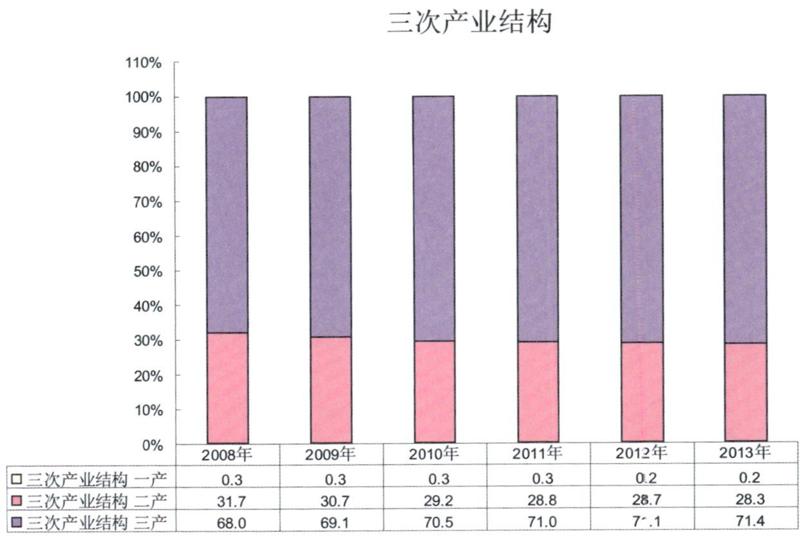

图2 三次产业结构

二、农业经济和新农村建设

农业生产结构继续调整。2013年，全区实现农林牧渔业总产值3.53亿元，按可比价计算，增长1.5%，增速较上年上升3.7个百分点。2013年，全区粮食作物播种面积49818亩，增长3.7%，亩产345公斤，下降14.2%，总产量17168.8吨，下降11.1%。

现代农业企业不断发展壮大。全区共计拥有19家市级以上农业龙头企业，2013年新增省、市级农业龙头企业各3家，培育省级示范社1家，市级示范社6家，新增无公害农产品4个，无公害整体认证总面积达8428亩。

农村基础设施建设持续完善。全区建设森林村庄30个，完成绿化造林2712.6亩，其中“四边”绿化完成森林通道建设总面积338.2亩。农村环境整治进展顺利。新增土地规模经营面积（单个项目20亩以上）5744亩，规模流转率为13.77%，新增土地流转面积5744亩，土地流转整村（社）推进数14个。完成森林绿道建设34.83公里其中新建绿道22.6公里，改建绿道12.23公里。

三、工业和建筑业

2013年，全区工业企业总产值537.45亿元，同比下降4.4%，比上年回升0.7个百分点。其中规模以上工业总产值280.45亿元，同比下降7.0%，增速比上年同期回落个1.5百分点。各类企业增长均偏弱，大中型企业生产状况好于小微型企业。分企业类型看，全区规上大型企业实现工业总产值57.88亿元，增长0.5%，中型企业实现产值117.04亿元，下降6.8%，小微型企业实现产值105.53亿元，下降10.9%。出口交货值降幅进一步扩大。全区规模以上工业完成出口交货值278.14亿元，下降11.9%，降幅比上年扩大4.7个百分点，外需总体依旧偏冷。较多行业增幅回落。分行业看，全区规上工业24个行业大类中12个行业总产值为负增长，12个行业总产值增速远低于全区平均水平。主导行业中，仅鞋革制品业总产值同比增长1.2%，服装制造业工业和装备制造业工业总产值同比分别下降51.3%和16.5%。战略性新兴产业增加值8.84亿元，同比下降2.2%，高新技术产业增加值8.14亿元，同比下降6.9%，装备制造业增加值13.3亿元，同比增长0.8%，新产品产值42.57亿元，同比增长30.6%。

全年规模以上工业企业实现利润12.29亿元，下降3.0%。其中，股份制企业1.46亿元，增长188.3%；私营企业8.44亿元，增长1.0%。工业企业产品销售率97.2%，比上年提高0.5个百分点。

2013年，建筑业企业保持平稳增长。全区拥有三级以上资质的建筑企业174家，比上年减少6家，实现总产值303.15亿元，增长22.2%，其中在外省完成产值110.43亿元，增长0.6%，占总产值的36.4%，比上年下降8.6个百分点。签订合同总额646.47亿元，增长20.5%，其中本年新签订合同总额323.67亿元，增长21.0%。房屋施工面积2402.81万平方米，增长13.9%。

四、固定资产投资

2013年，全区实现限额以上固定资产投资263.15亿元，同比增长20.3%，总量和增速分别居全市第五和第八。其中，限上项目投资完成171.21亿元，同比增长28.5%，投资结构有所优化，工业性投资比重上升，房地产开发投资比重有所下降。2013年，全区工业性投资31.66亿元，增长31.8%，工业投资占投资总额比重为12.1%，较上年提高1.1个百分点。工业技术改造完成26.86亿元，同比增长25.7%，占工业投资额的84.8%。服务业投资226.43亿元，同比增长16.2%，占全部投资比重的86%。2013年，受新开工项目土地购置费拉动增长，全年房地产投资呈现向好态势，完成投资91.94亿元，同比增长14.7%，占投资总额比重为34.9%，比重较上年下降1.7个百分点。

民间投资所占比重偏低，政府性投资依旧是全区投资的主体力

规模以上工业企业总产值

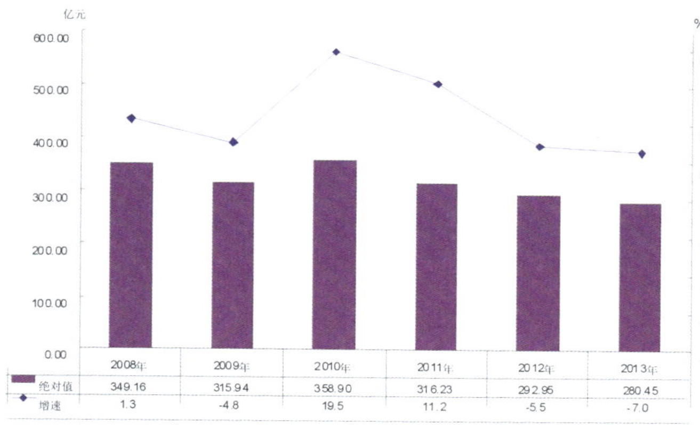

图3 规模以上工业企业总产值

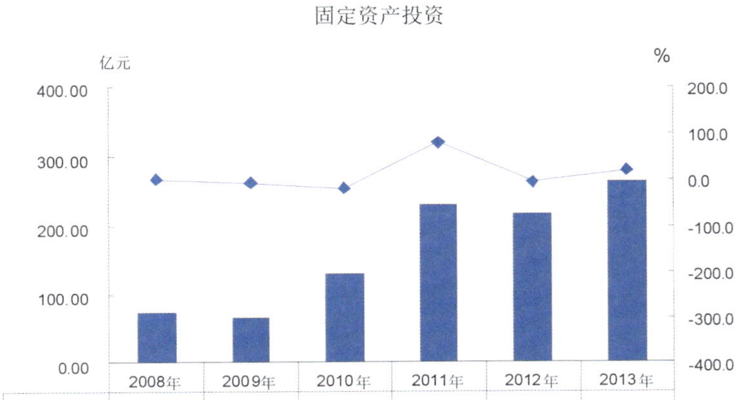

	2008年	2009年	2010年	2011年	2012年	2013年
绝对值	72.26	66.52	129.26	228.90	218.81	263.08
增速	0.0	-7.9	-19.7	77.1	-4.4	20.2

图4 固定资产投资

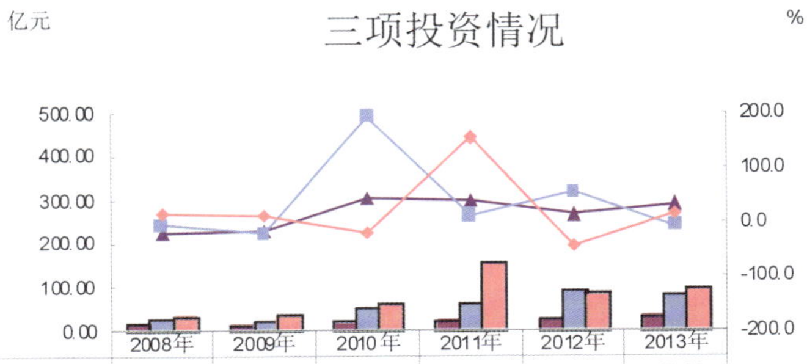

	2008年	2009年	2010年	2011年	2012年	2013年
工业性投资绝对值	13.29	10.82	15.51	21.37	24.01	31.66
基础设施投资绝对值	21.90	17.34	50.39	55.59	86.10	77.67
房地产开发完成投资绝?	30.58	33.83	59.91	151.21	80.17	91.94
工业性投资增速	-21.2	-18.6	43.3	37.8	12.3	31.8
基础设施投资增速	-6.3	-20.8	190.6	10.3	54.9	-9.8
房地产开发完成投资增速	15.6	10.6	-20.9	152.4	-47.0	14.7

图5 三项投资情况

量。政府性投资完成199.73亿元，增长27.5%，占全区投资比重为75.9%，民间投资完成62.6亿元，同比增长0.6%，占限上投资比重为23.8%低于全市平均34.4个百分点。

五、国内贸易、对外经济和旅游

2013年，全区社会消费品零售总额679.76亿元，增长7.0%。其中限额以上社会消费品零售总额193.48亿元，下降5.3%。

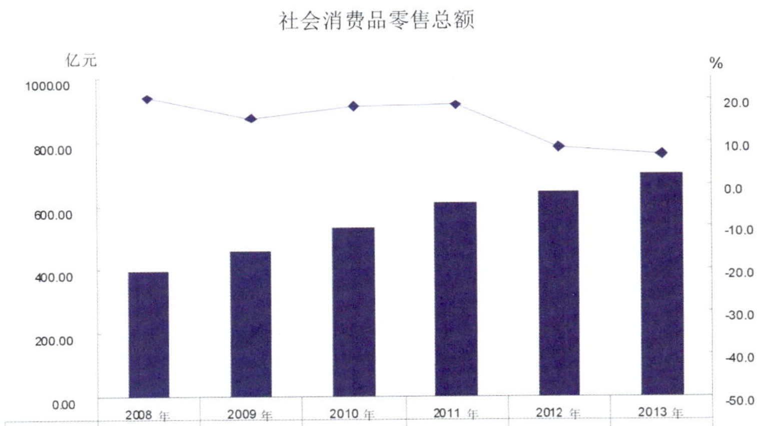

	2008年	2009年	2010年	2011年	2012年	2013年
绝对值	397.32	459.33	530.51	610.36	642.90	697.76
增速	20.3	15.6	18.4	18.6	8.8	7.0

图6 社会消费品零售总额

外贸出口压力依然较大。2013年，全区实现进出口总额38.86亿美元，下降5.6%，其中出口总额36.14亿美元，下降2.4%，增速为历年最低。从出口产品结构看，鹿城区出口仍以劳动密集型产品为主。2013年，服装、纺织品类分别出口3.53亿美元和1.35亿美元，依次下降12.7%和1.2%，鞋类、箱包分别出口20.25亿美元和1.15亿美元，依次增长10.9%和4.4%，四类产品出口合计26.28亿美元，占总出口额的72.7%。

全年新批外商投资企业8家，增长33.3%；实际利用外资3792万美元，增长48.5%；全区招商引资全年共引进项目73 个，到位资金44.72亿元，同比增长271.8%。其中温商（浙商）回归项目45个，实际到位资金24.09亿元，新引进的重大产业和机构人才类项目19个。

旅游业继续保持较快发展。2013年，全区接待游客达1338.67万人次，同比增长20.02%，实现旅游总收入137.70亿元，增长28.86%。全区现有旅行社93家，比上年增加3家；星级饭店25家，比上年减少4家，客房数4720间，比上年下降3.85；饭店客房出租率54.46%，比上年下降9.11个百分点。

六、财政和金融

财政状况平稳增长。2013年，全区财政总收入40.27亿元，同比增长4.7%，其中公共财政预算收入22.21亿元，同比增长7.0%。公共财政预算收入中，税收收入20.94亿元，同比增长6.8%。其中营改增工作成效显现，增值税4.74亿元，增长29.1%；营业税6.89亿元，增长2.7%；个人所得税1.4亿元，下降

出口总额

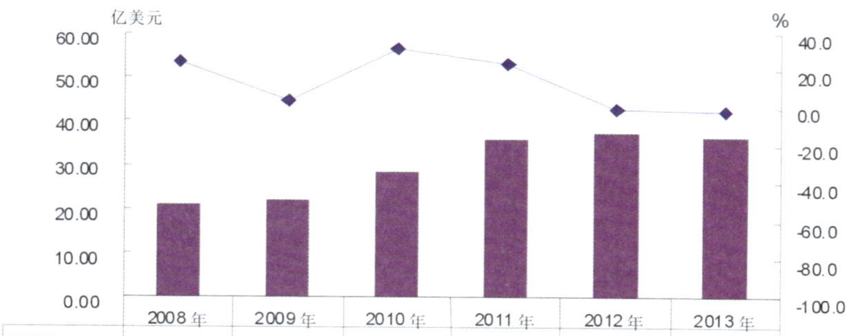

	2008年	2009年	2010年	2011年	2012年	2013年
绝对值	20.72	21.75	28.36	35.39	37.41	36.14
增速	25.3	4.0	32.1	23.9	-0.8	-2.4

图7 出口总额

27.1%；企业所得税2.67亿元，增长8.2%。

财政支出结构不断优化。全年公共财政预算支出28.82亿元，同比增长7.0%。其中一般公共服务支出4.73亿元，同比增长21.7%，民生九大类支出总额22.27亿元，同比增长2.5%，占支出总额的77.3%，比上年下降3.3个百分点。民生类支出中，农林水事务、医疗卫生、节能环保、城乡社区事务和教育等五类支出均呈现增长，分别增长34.8%、24.8%、17.4%、5.5%和4.8%。

财政收支

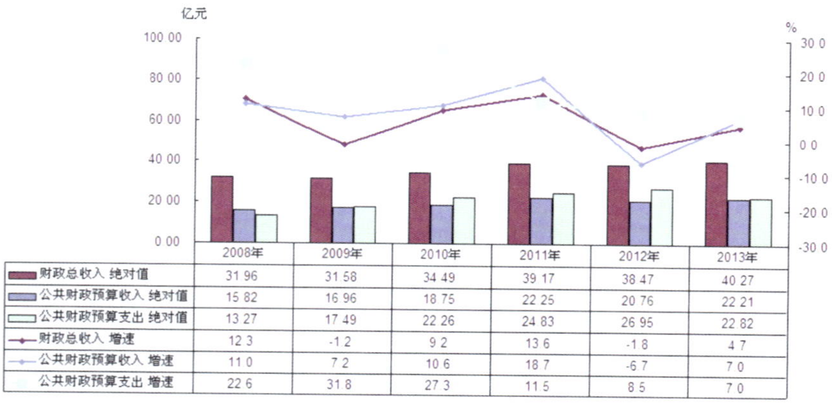

	2008年	2009年	2010年	2011年	2012年	2013年
财政总收入 绝对值	31.96	31.58	34.49	39.17	38.47	40.27
公共财政预算收入 绝对值	15.82	16.96	18.75	22.25	20.76	22.21
公共财政预算支出 绝对值	13.27	17.49	22.26	24.83	26.95	22.82
财政总收入 增速	12.3	-1.2	9.2	13.6	-1.8	4.7
公共财政预算收入 增速	11.0	7.2	10.6	18.7	-6.7	7.0
公共财政预算支出 增速	22.6	31.8	27.3	11.5	8.5	7.0

图8 财政收支

金融机构年末人民币存贷款余额

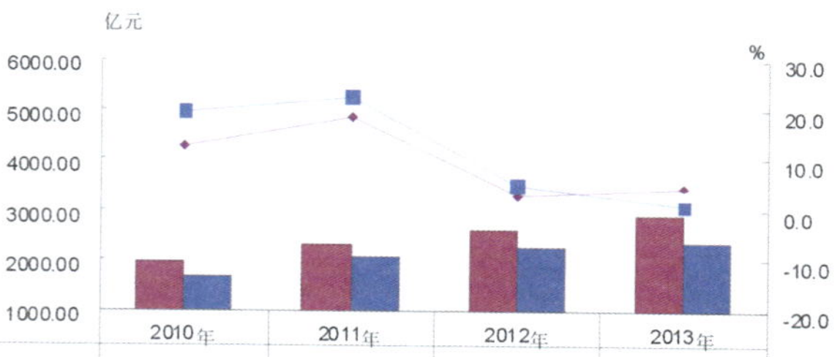

	2010年	2011年	2012年	2013年
金融机构本外币存款余额 绝对值	1955.18	2320.42	2584.54	2890.56
金融机构本外币贷款余额 绝对值	1669.52	2045.80	2253.66	2355.28
金融机构本外币存款余额 增速	12.4	18.7	2.6	4.5
金融机构本外币贷款余额 增速	19.7	22.5	4.8	1.0

图9 金融机构年末人民币存贷款余额

金融存贷款运行较为稳健。2013年年末，全区银行业金融机构人民币存款余额2890.56亿元，增长4.5%，增幅比上年回升1.9个百分点；人民币贷款余额2355.28亿元，同比增长1.0%，增幅比上年回落3.8个百分点，其中个人贷款971.99亿元，同比增长3.0%，企业贷款1322.36亿元，同比下降0.2%。

深化金融改革发展。温州民间借贷服务中心运行平稳，成交总额破10亿。2013年全年成交5234笔，金额6.52亿元，开业至今累计成交6073笔，金额10.08亿元。2013年新成立1家民间资本管理公司，注册资本金1亿元，已累计投资达6550万元；新成立农村资金互助会2家，累计发放互助金87笔，金融4352.25万元。

七、城市管理和环境保护

深化“联创攻坚”，“三改一拆”“四边三化”“两无三化”等工作取得阶段性成效。顺利通过全国、省城市文明程度指数测评和园林城市省级验收、森林城市省级预验收。完成绿化建设总面积443.27公顷，其中新增公园绿地面积311公顷，建成区绿地率30.8%，人均公园绿地面积11.2平方米，五大山体公园实现开园。数字城管全面覆盖，全年数字城管共受理11.88万件，已处置数11.81万件，平均处置率99.36%，按期处置率97.43%。城区市容环境得到整治提升，全年拆除违法建筑187万平方米，创成无违建道路37条，无违建小区150个，中心城区违建存量基本得以消除。深化“祛疤栽花”行动和户外广告专项整治工作，完成“祛疤栽花”项目9236个，累计面积192.69万平方米，拆除大型户外广告73

个、拆除户外设施3526个。引入民资率先在全市推出以“文明、健康、低碳”为主题的公共自行车服务体系，共建成260个公共自行车服务点，投放公共自行车10000辆，覆盖7个街道，率先实现24小时全天候借还车服务。

污染减排与治理深入推进。加大重污染高耗能行业整治，淘汰关停企业26家，整治提升13家。推进机动车排气污染防治，开展机动车环保标志发放工作，共发放环保标志10.02万个，11月25日起全面开展机动车环保标志管理，实施“黄标车”区域限行，全区环境空气质量优良率为64.9%。狠抓水环境治理，编制水环境治理规划，建设塘河地理信息系统，全面启动美丽浙南水乡建设“六大工程”，全域铺开辖区重要河段水质监测，加快推进27个片区污水管网整治，截污纳管工程实现建成区范围全覆盖，并向双屿、仰义等城区西片延伸，完成9条市级挂牌河道整治。西片污水处理厂生活污水处理量达到10.6万吨/日，新增污水处理能力0.76万吨/日。加强农村生活污水治理，藤桥镇后支村、江南上村、营上村、岭下村、渡头村、下巨村等6个村污水治理工程建成投用，新增农村生活污水处理能力580吨/日。城镇生活污水处理率达88.1%，生活垃圾无害化处理率达100%。超额完成年度节能减排任务，据初步测算，2013年全区化学需氧量（COD）削减率2.78%、氨氮（NH_3-N）削减率3.29%、二氧化硫（SO_2）削减率6.22%、氮氧化物（NOX）削减率6.19%，单位工业增加值能耗降低率6.7%，单位GDP能耗降低率2.3%。

八、教育和科学技术

省级教育现代化区加快创建。全区现有初中9所，在校生0.46万人；小学43（含66区），在校生6.4万人。义务段入学率、三残儿童入学率均达100%，初中毕业生升入高中比率为98.0%。新建成广场路小学白鹿洲校区、鞋都三小，改扩建少艺校、南浦西校区、蒲鞋市桥儿头校区、建设小学小南校区，均竣工投入使用。学前教育再创佳绩，现有幼儿园100所，在园幼儿3.29万人，幼儿入园率99.6%，创建浙江省等级幼儿园19所，等级幼儿园覆盖率达85%。

全年创建市级绿色学校4所，中小学示范图书馆2所，数字化校园5所；10所学校转评为市义务教育三级学校，义务教育优质资源覆盖率达70%。全面完成市级信息化达标学校创建任务，各中小学新增图书22.2万册，生均图书拥有量达32.29册；所有公办学校仪器配备均达到省I类水平，实现校园安全监控系统全覆盖。鹿城区被评为全国社区教育实验区，藤桥镇被评为全国社区教育示范镇，率先启动“早教进社区”，社区教育课程《1—3岁婴幼儿亲子教育》被立为浙江省2013年十大社区教育特色课程建设项目。

科技创新能力持续增强。开展国家知识产权强县工程建设，鹿城顺利通过国家知识产权强县示范区考评，成为首批国家知识产权强县工程示范区单位。全年新增高新技术企业5家，共计38家；新增省科技型企业22家，共计97家；新增市科技创新型企业30家；新申报国家级贯标创建企业2家，1家企业通过国家知识产权贯标验收；新增各级专利示范企业11家；创成市级企业技术研发中心10家，省级高新技术企业研发中心2家，共计拥有企业技术研发中心65家。列入市级以上科技计划项目56项，获资金支持776万元，其中国家火炬计划1项，国家创新基金4项，省重大科技专项计划1项，省级农业科技成果转化资金项目3项。全年共签订技术合同32项，合同成交金额6718.25万元。全年专利申请量4206项，专利授权量3644项，授权量同比增长23.8%。2013年，区本级财政科学技术支出4235万元，同比增长10.9%，占全区公共财政预算支出达到3.9%。

九、文化、卫生和体育

文化事业繁荣发展。组织文化下乡活动，组织文艺下基层演出123场，观众10万多人次；放映公益性数字电影1516场，观众17.5万人次；送书下乡4万余册，共计40多万元。举办鹿城区第二届文化艺术节，成立鹿城区艺术总团。开展区域间文化走亲活动6场。着力编织文化服务网络，全年建成1个综合文化中心、1个区级图书馆、2个图书馆分馆、34个文化礼堂、21个社区文化服务中心，1个“浙江省文化示范村”、3个“温州市文化示范社区”、3个室内放映点和1个室外示范放映点。与南郊等3个派出所合作成立“警营图书流通点”，并在6个社区安装24小时图书自助借还机。积极打造文艺精品，全年获省级以上奖项14个，市、区级奖项13个，其中《江南花雨》获省级音乐创作（作曲）类金奖，同时完成“鹿城曲 瓯越情”文艺精品在央视十一频道的录播工作，共计6场。文化市场健康有序发展，全年文化主管部门出动执法人员1459人次，检查文化经营单位2075家次，立案查处73起，结案79起，收缴各类非法出版物34898册，光碟9921片。

基本医疗和公共卫生事业稳定发展。全区共有22所社区卫生服务中心、38所社区卫生服务站、79所村卫生室、34个医疗服务点。创成2家省级示范社区卫生服务中心，6家省级规范化社区卫生服务中心，2家二乙水平卫生院；12家单位创成省规范化预防接种门诊。建立城乡居民健康档案87.51万份，电子档案79.54万份，电子档案建档率99.7%。在全市率先开展全科医师签约服务，为辖区居民提供连续、稳定的契约式服务，全年共签约1万余重点人群，并在七都开展“老卫民”三位一体家庭医生式有偿签约服务。区疾控中心获得省级公共场所卫生技术服务资质，组建区食品安全检验检测中心。着力推进社会资本办医，全年共设置审批综合医院2家，门诊部15家，诊所66家。区人民医院迁建工程、区精神卫生中心迁扩建工程开工，江滨、洪殿、五马、上戍社区卫生服务中心乔迁新址。全员发动开展创卫行动，城区环境卫生持续改善，创成省级卫生区，创成七都、松台两个省级卫生街道。

体育事业不断发展。在国际、国内大赛上，鹿城籍运动员获得1个世界冠军，2个世界亚军和1个世界第三名；第十二届全国运动会上，收获6金5银5铜，战绩创参加历届全运会之最；市第十五届运动会上，鹿城区代表团共获金牌49枚、银牌23枚、铜牌30枚，奖牌总数达到102枚，总分958分，其中金牌和团体总分双双名列全市各县（市、区）榜首。成功承办2013温州龙舟文化节暨塘河龙舟拉力赛，挂牌筹建温州市鹿城区诸宸棋院。全年建成12个室内外乒乓球室、5个标准篮球场、5个室外健身苑点、5条健身登山步道、建设5个体育休闲公园、1个沙土门球场、6个省小康体育村、6个新型农村社区体育休闲广场。2013年，全区通过省级体育强区复评。

十、社会保障和社会福利

社会保障体系逐步完善。2013年末，全区参加职工基本养老保险27.11万人，比上年增加2.28万人；职工基本医疗保险16.84万人，比上年增加0.58万；工伤保险参保人数25.76万人，比上年增加1.58万人；生育保险参保人数12.09万人，比上年增加1.13万人；失业保险参保人数12.69万人，比上年增加0.79万人；城乡居民基本医疗保障参保人数21.99万人，比上年增加0.18万人。

就业帮扶体系进一步健全。2013年新增城镇新增就业岗位3.41万个，城镇登记失业率1.37%，下岗失业人员再就业7445人。

社会救助体系建设日臻完善。全区新增养老床位数699张，累计5275张，每百位老人拥有床位数达到3.67张。农村“五保”和城镇“三无”对象全部实现集中供养。全年优待优抚对象2800户，低保对象4496户7845人，城镇低保对象月标准从每人580元提高到640元，农村低保对象月标准从每人380元提高到450元。全年共发放低保资金3680.21万元；发放困难群众物价补贴208.86万元；发放医疗救助资金1017.97万元，惠及5635人次。出台社会养老服务体系“1+5”系列文件和失独家庭扶助办法，设立居家养老服务工作专项经费，创成市级居家养老服务照料中心6个，成立全省首家特殊家庭依托中心和全国首个有法人资格的业主大会。全年办理结婚登记8318对，离婚登记1677对，办理事实收养54件。全年全区慈善总会共募集资金1131万元。

十一、人口和人民生活

2013年，全区辖7个街道、1个镇，80个社区、141行政村。全区土地面积294.38平方公里，年末户籍人口73.42万人，比上年增加0.84万人。其中男性人口36.44

城乡居民收入

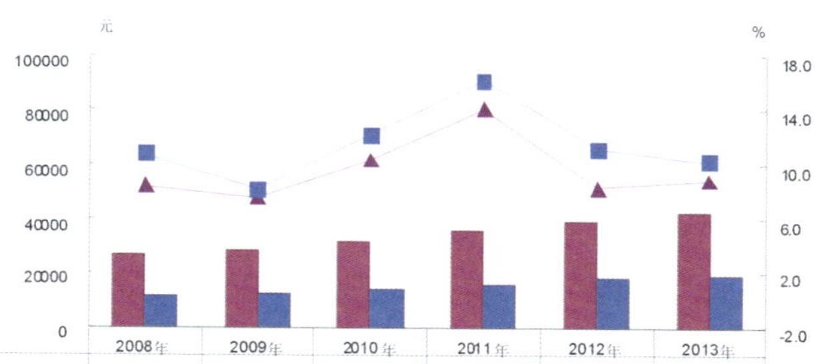

	2008年	2009年	2010年	2011年	2012年	2013年
城镇居民人均可支配收入 总量	26703	28699	31666	36123	39126	42569
农村居民人均现金收入 总量	11296	12211	13687	15895	17596	19391
城镇居民人均可支配收入 增速	8.4	7.5	10.3	14.1	8.3	8.8
农村居民人均现金收入 增速	10.7	8.1	12.1	16.1	11.1	10.2

图10 城乡居民收入

说明：1.本公报所列部分数据为年度初步统计数据

2.全区生产总值和各产业增加值绝对数按现行价格计算，增长速度按可比价格计算万人，女性人口36.98万人；非农业人口55.63万人；全年出生人口0.86万人，死亡人口0.37万人。年末暂住人口72.17万人。

全区当年出生人口计划生育率91.31%，当年含往年出生人口性别比106.77（女性为100），已婚育龄妇女综合节育率88.61%。

城乡居民生活水平继续提高。全区城镇居民人均可支配收入42569元，增长8.8%；农村居民人均纯收入19391元，增长10.2%。城乡统筹建设稳步推进，城镇与农村居民收入比优化为2.20。城镇居民人均消费支出27181元，增长1.0%，恩格尔系数为37.2%，比上年提高了0.3个百分点；农村居民人均生活消费支出12129元，增长4.1%，恩格尔系数为42.9%，比上年降低了1.4个百分点。

2013年鹿城区固定资产投资完成情况分析

2013年以来，区委区政府重视优化投资结构，深入实施省市扩大有效投资决策部署，全区固定资产投资保持稳步增长。下阶段，鹿城区要进一步注重投资增长质量和效益，提高实体经济投资、民间投资等占比鼓励民间投资、优化投资结构，促进投资转型。

一、2013年全区固定资产投资主要特点及存在的问题

（一）投资平稳增长，总量和增速居三区两市第3。

全年实现限额以上固定资产投资263.15亿元，同比增长20.3%。

1.横向比较：

限上投资总量低于乐清市（418.52亿元）和瑞安市（371.75亿元），位列第3。同比增速低于瓯海区（26.1%）和龙湾区（24.3%）居第3；工业投资完成额和增速均居第4。工业投资完成31.66亿元，同比增速为31.8%。工业技改投资完成26.86亿元，占工业投资比重为84.8%；服务业投资完成额和增速均居第3。全区完成服务业投资226.43亿元，同比增长16.2%。服务业投资占全区投资总额比重为86%；房地产开发投资完成92.02亿元，同比增长14.8%，完成额和增速分别居第4和第2位。2013年，全市完成限上投资2618.16亿元，同比增长24.1%，增幅较去年同期回落12.9个百分点。

2013年鹿城区固定资产投资完成及三区两市比较

表1

	总量（亿元）	位次	增速%	位次
限上投资	263.15	3	20.3	3
工业投资	31.66	4	31.8	4
工业技改投资	26.86	3	25.7	4
服务业投资	226.43	3	16.2	3
房地产开发	92.02	4	14.8	2
第三产业（不含房地产）	134.41	3	17.3	3

2.从全年增长轨迹来看，上半年增长21%，1—3季度增长19.6%，全年增长20.3%，全年增长呈趋稳态势。

（二）民间投资占比远低于全市平均水平，依然是政府性占主体地位的投资格局。

政府性投资主要体现的是社会效益和公共服务，对经济增长拉动最直接最有效的途径还是民间投资。2013年全区民间投资完成62.6亿元，同比增长0.6%，增速低于全市18.3个百分点。占限上投资比重为23.8%，低于全市平均34.4个百分点。政府性投资完成199.73亿元，增长27.5%，占全区投资比重为75.9%，政府性投资依旧是鹿城区投资的主体力量。

兄弟县市区中，龙湾、瓯海、瑞安、乐清民间投资占比分别在为50.7%、54.2%、75.6%和60.4%；政府性投资占比分别为49%、45%、24%和39%。

（三）制造业项目规模偏低且质量不高。

2013年全区工业投资完成31.66亿元，增长31.8%。增速高于限上投资11.6个百分点，高于全市平均2.8个百分点，高于全省平均16个百分点。但制造业项目普遍规模偏低且重速度轻质量的问题较为突出。全年制造业完成投资10.9亿元，增长48.4%。77个制造业投资项目中厂房建设占93.5%，技术改造和设备购置只占6.5%。全年完成投资不足100万元的30个项目其中18个项目全年投资额为0。从开工时间来看，开工时间在5年以上的项目占比41.6%，从投资的时间效率上来讲这部分项目谈不上是有效的投资。且制造业项目普遍规模偏低。77个制造业项目中计划总投资低于3000万元

的26个项目，占比33.8%。高新技术产业投资占制造业投资比重仅为4.8%。全市比较，鹿城区制造业投资仅高于洞头、文成和泰顺。

（四）服务业增速低于全市平均水平，生产性服务业占比仅二成。

2013年，全区服务业完成226.43亿元，增长16.2%。低于全市5.1个百分点。占限上投资比重为86%。总量和增速均居于三区两市第3。扣除房地产的服务业完成134.41亿元，增长17.2%。低于全市平均16.1个百分点。包括交通运输仓储邮政业、批发业、信息服务业、金融业、商务服务业、科研和技术服务等行业等在内的生产性服务业投资全年完成52亿元，占第三产业比重23.0%.

（五）新开工大项目占比回升，实物投资占比下降。

全区新增计划总投资亿元以上项目64个（不含房地产开发），个数增长39.1%。完成投资88.37亿元，同比增长54.8%，高于全市平均13.7个百分点。新开工亿元以上大项目完成投资占限上投资51.7%。比去年增长10.3个百分点。在报亿元以上项目50个（不包括房地产），其中本年完成投资不到1亿元的在半数以上。全区449个在报项目中亿元以下项目309个，占比68.8%。

扣除土地购置费后的全区实物投资187.4亿元，同比增长7.8%，实物投资占限上投资比重71.3%，较去年同期下降8.5个百分点。

二、鹿城区扩大有效投资面临的主要挑战

（一）投资持续高增长面临压力较大。

鹿城区当前投资基数大幅提高。近5年来，全区全社会固定资产投资总量从2009年的71.1亿快速跃升到2013年的263.1亿元，5年提升了近4倍。意味着2013年全市投资每增长1%的投资增量已相当于2009年的3倍，2014年将达4.5倍。2014年要继续保持20%的增速则总量要突破316亿元，不仅难度很大，其投资质量和效益也尚待研究。

（二）投资的宏观效率下降。

1.投资增速高于GDP增速。

固定资产投资与GDP增速（扣除价格因素）比较，也反映了投资的宏观效率下降现象。2013年我区固定资产投资增速20.6%，GDP增速为 4.5%，两者差距为16.1个百分点。

2.投资效果系数下降

固定资产投资效果系数是指报告期新增国内生产总值（本期国内生产总值比上期增加额）与同期全社会固定资产投资额的比率，即每1元固定资产投资带来多少元的国内生产总值增加额，带来的增加额越大，表明投资的作用越显著。2009—2010年在0.3—04之间，2012年0.17，2013年0.16。尽管今年我区投资处于平稳增长，总量居历史最高位，但投资效果系数下降幅度明显加大。

2009—2013年鹿城区固定资产投资完成情况

表2

年度	投资完成（亿元）
2009	71.10
2010	134.30
2011	234.00
2012	218.80
2013	263.10

三、当前鹿城区扩大有效投资的建议

下阶段，鹿城区应着力提高投资增长质量和效益，进一步优化投资结构，以有效投资促进经济增长。

一是要进一步激发民间投资活力。从投资主体角度看，民间投资是有效的，这是由私人产品的特点和民资天然的优势决定的。要以构建地方金融组织体系为突破口，积极吸引民间资本进入社会公用设施投资运营，形成多元化可持续的资金保障机制，为民间投资创造良好环境。鼓励民间资本进入金融、教育、医疗、养老服务业等行业。发挥部门和行业协会的作用，加强对民间投资的服务、指导和规范管理。

二是进一步扩大实体经济投资。对产出拉动最直接的是生产性投资，因此要加大兴实体促转型，深化政企联动，加快传统产业转型升级，实施创新驱动战略，引导创新要素向企业集中，推进科技孵化器等平台建设。把发展金融服务、总部经济、文化创意等新兴经济业态作为实现特色发展的突破口，推行“强二优三”“三转一市”，加快城市有机更新力度和都市农业发展。

三是要进一步发挥好政府主导性投资。从社会需要方面看，政府提供公共产品是有效的，这是由公共产品（服务）的非竞争性和非排他性决定的。要突出抓好重大发展平台和战略性基础设施项目，加快推进交通、水利、卫生等重点项目，建设一批民生工程，提升公共服务水平。以水环境治理为突破口，加快美丽水乡建设，推进“五水共治”。加大一批既可拉动投资和消费，又能增强城市综合承载能力，既有利经济发展，也有利于民生改善的项目，如地下管网和污水、生活垃圾的处理及再生利用等项目实施，同时要切实压缩一般性、重复、低效的政府性项目。

2013年鹿城区城镇居民收支情况分析

2013年，鹿城区加快城乡统筹发展步伐，一系列民生工程密集上马，创造条件吸引温商回归，努力发展实体经济，优环境抓投入促经济平稳运行，全力改善和提高城镇居民生活水平。全区经济逐步企稳回升的推动下，鹿城区城镇居民家庭收入继续保持稳步增长的势头，居民消费水平有所提高，生活质量不断改善。据区住户一体化抽样调查294户家庭收支统计资料显示，2013年城镇居民家庭人均可支配收入42569元，比上年增加3443元，同比增长8.8%；人均消费支出27181元，比上年增加269元，同比增长1.0%。

一、城镇居民收支的特点

（一）城镇居民收入持续增长

2013年，全区城镇居民从收入构成分析，四大类收入来源呈现“三升一降”的特点，城镇居民增收是工资性收入、经营净收入、财产性收入共同拉动的结果。

1.工资性收入平稳增长，是城镇家庭增收的主力军。2013年全区城镇居民工资性收入为23304元，比上年同期增加1501元，增长6.9 %；占家庭总收入的54.1%，仍占据居民收入中的主体地位。工资性收入保持增长的主要原因：一是区积极贯彻落实一系列稳定和促进就业的政策措施，努力促成就业面的总体平稳；二是近年来企业普遍逐步提高了工人的工资待遇，使企业在职职工的工资相应增加。

2.经营性收入平稳增长。全区城镇居民人均经营性收入9023元，比上年同期增加714元，增长8.6%，占城镇居民家庭总收入的21.0%。

3.财产性收入进一步增长。全年城镇居民人均财产性收入3211元，比上年同期增加398元，同比增长14.1%，占家庭总收入的7.5%。

4.转移性收入减少明显。全年城镇居民人均转移性收入7531元，比上年同期减少1414元，减少15.8%，占家庭总收入的17.5%。

（二）城镇居民消费支出小幅增长

全年城镇居民人均消费支出27181元，比上年同期增加269元，增长1.0%。从消费结构看，八大类消费支出呈现“五升三降”的态势，其中，食品同比增长1.9%，衣着同比减少2.4%，居住同比增长4.9%，家庭设备用品及服务同比减少15.2%，医疗保健同比减少18.9%，交通和通信同比增长4.4%，教育文化娱乐服务同比增长3.3%，其他商品和服务同比增长18.3%。

1.食品消费支出稳步增长。全年城镇居民家庭人均食品消费支出10121元，比上年同期增加187元，上升1.9%。恩格尔系数（食品支出占生活消费总支出的比重）为37.2%，比上年增加了0.3个百分点。食品消费支出增长的主要原因是，2013年食品价格持续上涨，从而带动食品消费支出增长。

2.衣着消费支出小幅下降。全年城镇居民人均衣着消费支出2399元，比上年同期减少59元，同比减少2.4%。

3.在居民可支配收入不断增加和改善居住条件需求的推动下，人均居住支出2867元，比上年同期增加135元，同比增长4.9%。

4.家庭设备用品及服务支出1520元，比上年同期减少272元，同比减少15.2%。

5.医疗保健支出大幅减少，保健消费日趋理性。全年城镇居民医疗保健支出830元，同上年同期减少194元，同北减少18.9%。

6.交通和通信消费小幅上升。全年交通和通信消费支出4581元，比上年同期增加191元，同比增长4.4%。

7.教育文化娱乐服务小幅上升，杂项支出大幅度增长。全年城镇居民人均教育文化娱乐服务支出3842元，比上年同期增长123元，同比增长3.3%。而杂项商品和服务人均支出1021元，比上年同期增加158元，同比增长18.3%。

二、建议

1.拓宽就业渠道，增加居民就业。一方面，一如既往地贯彻优环境抓投入促经济平稳运行，为实体经济生产发展排忧解难，克难攻坚帮助中小企业破解发展难题，稳定现有的就业岗位。另一方面，鼓励居民自谋职业，自主创业，帮助就业困难人员就业。同时，还要继续强化就业指导、劳动技能培训等工作，提高劳动者的综合素质，增强居民就业创收的能力。

2.全力以赴地扩大内需，充分挖掘居民有效消费需求。在居民可支配收入持续增长同时伴随着消费价格水平高位运行的情况下，需要引导居民合理消费，增强消费信心，提高消费预期，扩大内需，促进经济协调发展。

3.不断健全和完善社会保障体系。进一步推进和完善养老保险、医疗保险、失业保险等社会保险，不断扩大社会保障的覆盖面，适当提高保障标准，消除低收入群体居民消费顾虑。

2013年鹿城区农村居民收支情况分析

2013年，鹿城区以破难攻坚专项行动为举措，创造条件吸引温商回归，努力发展实体经济，优环境抓投入促经济平稳运行，以“三分三改”和农房集聚改造为抓手，加快推进城乡统筹发展，继续加快新农村建设步伐，加强农村基础设施和公共服务设施建设力度，全力提高和改善农村居民生活水平，全年全区农村居民纯收入增速加快，呈现出快速增长的势头，收入增长也带动了农村居民生活消费支出稳步增长。全年全区农村居民人均纯收入19391元，比上年增加1795元，同比增长10.2％（“同比增长”以下简称“增长”），人均生活消费支出12129元，比上年增加478元，增长4.1%，其中食品消费支出5204元，比上年增加39元，增长0.8％。

一、收入增长的主要特点

（一）工资性收入平稳增长。2013年，全区农村居民人均工资性收入11582元，同比增加1156元，增长11.1%，高于纯收入增幅0.9个百分点，占纯收入比重为59.7%。工资性收入高增长主要是由于今年企业普遍提高了员工的工资标准。

（二）家庭经营现金收入快速增长。2013年，全区农村居民家庭经营人均纯收入为3721元，同比增加750元，增长25.2％。家庭经营现金收入快速增长得益于创业环境的不断改善以及整体经济逐步企稳回升的推动。

（三）财产性收入呈现小幅下降。2013年，全区农村居民人均财产性收入2001元，同比减少60元，下降2.9%。

（四）转移性收入呈现小幅下降。2013年，全区农村居民人均财产性收入2087元，同比减少51元，下降2.4%。

二、生活消费支出的主要特点

随着全区农村居民纯收入持续增长，农村居民的消费水平也有所提高。全年农村居民人均生活消费支出12129元，增长4.1%。受物价上涨等因素影响，八大类支出呈现六升二降的态势。

（一）食品支出比重最大，支出略微增加。八大类消费支出中，占比重最大的是食品消费，人均食品消费支出5204元，较上年增加39元，增长0.8%。恩格尔系数（食品支出占生活消费总支出的比重）为42.9%，比上年减少了1.4个百分点。食品价格的大幅上涨是推动购买食品支出增长的重要因素。

（二）衣着消费支出小步增长。全年农村居民用于衣着的现金支出人均915元，增加44元，增长5.1%。

（三）居住消费支出小幅增长。全年农村居民用于居住的现金支出人均1202元，增加30元，增长2.6%。

（四）家庭设备用品消费快速增长。家庭设备用品及服务人均支出678元，较上年增加118元，增长21.1%。

（五）交通通讯消费稳步增长。交通和通讯消费支出2103元，较上年增加221元，增长11.7%。随着居民生活水平的提高，交通通讯消费稳步增长。

（六）文化教育娱乐消费小幅减少。文化娱乐教育服务费支出1265元，较上年减少55元，减少4.2%。

（七）医疗保健消费支出小幅减少。农村居民医疗保健人均支出461元，较上年减少32元，同比下降6.5%。

（八）其他商品和服务支出快速增加。全年农村居民用于其他商品和服务人均支出301元，较上年增加114元，增长61.0%。

三、当前农民增收中需关注的问题

全年全区农村居民增收形势总体较好，但也存在着一些需要引起关注的问题：

（一）工资性收入增收存在一定风险。工资性收入是全区农民收入的主要来源，然而原材料涨价、资金不足、用工成本上升等问题一直困扰着全区中小企业。发展企业的生产经营成本增加，利润空间将进一步被压缩，最终会影响农民工资收入的稳定增长。

（二）家庭经营增收基础不稳固。家庭经营收入是全区农村居民收入的另一主要来源，但全区农户非农家庭经营结构单一、层次低，并以第三产业为主，受宏观经济影响较大。而偏紧的货币政策使中小企业普遍出现了“钱荒”，贷款难直接制约了农村家庭经营非农产业的发展，因此增收基础不稳固。

（三）趋高的消费价格增加了农村居民的生活成本。从全年的数据看，农村居民的消费支出呈现出一定的增幅，虽然这一方面反映了农村居民生活条件的有所改善，但另一方面也反映物价上涨而推高支出增长，较高的物价增加了农村居民的生活成本。食品支出、日用消费品支出等构成农村居民生活成本，具有生活刚需的支出项目出现明显的增幅，加大了农村居民的生活负担，影响了农村居民生活质量的提高。

2013年鹿城区农业经济形势分析

2013年，鹿城区认真落实支农惠农强农政策，调动农民种粮积极性，大力推进农业科技创新，优化农业生产结构，培育发展特色产业。2013年全区农林牧渔业实现总产值35325万元，同比增长1.5%，实现增加值17041万元，同比增长0.6%。

一、农业生产基本情况

（一）种植业播种面积上升，单产下降。

2013年，全区农作物播种面积5639公顷，比2012年5374公顷增加265公顷。但是受夏季高温干旱和“菲特”台风影响，蔬菜、单季稻、连作晚稻等亩产下滑明显。

1.粮食生产。在种粮补贴政策鼓励下，种粮大户种粮积极性有所提高。2013年粮食作物播种面积3320公顷，比2012年增加116公顷。其中谷物播种面积增加104公顷，豆类减少2公顷，薯类增加14公顷。从亩产上看，除早稻亩产 414公斤，比上年增加4公斤外，其他粮食作物均有不同程度的减产，其中单季稻、连作晚稻减产较为明显，亩产依次比上年减少75公斤和148公斤。

2.经济作物。油料播种面积366公顷，比上年增加6公顷；甘蔗播种面积9公顷，比上年增加7公顷；中草药材播种面积130公顷，与上年持平；蔬菜播种面积1422公顷，比上年增加30公顷；果用瓜播种面积49公顷，比上年增加1公顷；花卉园艺播种面积70公顷，比上年减少16公顷。从亩产上看，油料、中草药材平均亩产比上年增加，甘蔗、蔬菜、果用瓜平均亩产比上年减少。

（二）林业快速增长

全年完成造林面积80公顷，幼林抚育400公顷，封山育林278公顷，零星植树4万棵。2013年林业产值实现80万元，同比增长20.9%，实现林业增加值43万元，同比增长15.8%。

（三）畜禽生产先缩后增

2013年上半年受“H7N9”禽流感、死猪事件的影响，生猪和家禽生产下降幅度较为明显，特别是家禽养殖业出现价格大跌、销售无量，严重影响养殖户经营信心。下半年生猪和家禽恢复生产，由于藤桥熏鸡生产需求量较大，家禽生产恢复较快，全年呈现较大的增幅。

1.生猪存栏上升，出栏略有下降。2013年末全区生猪存栏37174头，增长16.4%，出栏68012头，下降0.8%，猪肉产量5032.3吨，比上年增长3.8%。

2.家禽存栏、出栏均有较大幅度增长。2013年家禽年末存栏137.37万只，增长13.2%；出栏519.34万只，增长15.8%；禽肉5117.7吨，增长18.8%；鸡鸭鹅蛋产量1244吨，则比上年下降0.5%。

3.食草畜生产有升有降。2013年牛存栏599头，下降4.8%，出栏792头，增长44.8%；羊存栏1705只，增长11.4%，出栏3970只，增长39.4%；兔出栏362只，下降59.1%，存栏为零，退出饲养。

（四）渔业总产量稳定，分品种波动较大

全区淡水养殖面积1155亩，淡水捕捞渔船390艘，共780总吨位。2013年渔业总产量621吨，增长0.2%，其中鱼类494吨，下降11.8%，虾蟹类127吨，增长2.2倍。

二、需要关注的问题或建议

（一）从全区农业产值的构成看，种植业和畜牧业产值占农林牧渔业总产值的比重高达97.5%，其中种植业占39.9%，畜牧业占57.6%。因此做大做强农业种植业和畜牧业是我区农业经济可持续发展的前提与保障。

（二）农民增收压力较大。一是化肥、饲料等农业生产资料价格普遍上涨，土地流转租金和农业劳动用工上涨幅度较高，导致农业生产成本增加。二是农产品价格提升趋缓甚至回落，影响农民收益。三是受高温干旱和台风影响，农民损失惨重。四是受环境整治影响，藤桥镇养殖业启动专项治理行动，一批畜禽养殖户因退养家禽减少收入来源。

（三）政府要加大对农户帮扶力度。一方面，农村劳动力中较高素质的群体绝大部分已转移从事非农产业，留守在家中的农民普遍年龄偏大，文化素质偏低，需要农业专业人员更多的技术指导，推广普及科学种养殖技术，促进农业经济的健康发展。特别是种植户在防治病虫害、畜牧业规模养殖户防控畜禽疫病等需要大力支持。另一方面，灾后自救需要政府有效指导扶持。在灾害气候影响下，政府要积极引导采取有力应对措施，在紧迫情况下，如“菲特”台风过后，需要政府发动力量，提供有效的灾后自救，尽量减少损失。

（四）大力实施农产品品牌战略，打造特色农业基地。继续对大棚农业，规模饲养等进行跟踪扶持，引导和支持各合作社树立品牌意识，创建优质品牌。努力发展农副产品的精深加工，打造龙头产品。坚持以提高农产品质量和增加科技含量来培育品牌、打响品牌、发挥品牌效应，夯实增强农业产业链。

鹿城区小微工业企业发展情况分析

小微企业是工业经济发展的重要力量，在当前工业经济形势低迷压力下，小微企业的生存状况更加值得关注，本文对234户小微工业企业进行调研分析，主要涵盖了鞋革、服装、印刷和记录媒介复制业、装备制造业、橡胶和塑料制造业等26个行业，深入了解企业发展现状和存在的问题，积极建言小微工业企业又好又快发展。现将情况分析如下：

一、鹿城区小微型工业企业基本情况

（一）小微工业企业比重大。全区工业企业中，大中型企业占8.6%，小型企业占17.6%，微型企业占73.8%，可见鹿城区绝大

2013年鹿城区大、中、小微工业企业数及比重

表3

	企业数（个）	比重（%）
合计	3837	100.0
大中型企业	329	8.6
小型企业	677	17.6
微型企业	2831	73.8

2013年鹿城区各街道、镇小微工业企业数及比重

表4

地区	企业数（个）	比重（%）
五马街道	66	1.9
七都街道	20	0.6
滨江街道	421	12.0
南汇街道	592	16.9
松台街道	109	3.1
双屿街道	1296	36.9
仰义街道	442	12.6
藤桥镇	562	16.0
合计	3508	100.0

2013年鹿城区制造业小微工业企业数及比重

表5

行业	企业数	比重
鞋革制造业	1026	29.2
装备制造业	1378	39.3
服装制造业	220	6.3
印刷和记录媒介复制业	194	5.5
橡胶和塑料制造业	129	3.7
其他行业（21个）	561	16.0

多数企业为小微型企业，合计总量占91.4%。

（二）主要分布在五个街道（镇）。分地区看，小微工业企业数较多的是双屿街道、南汇街道、藤桥镇、仰义街道和滨江街道，分别占36.9%、16.9%、16.0%、12.6%、12.0%。

（三）行业集中在五大制造业。从行业看，全区小微工业企业主要分布在装备制造业（39.3%）、鞋革制造业（29.2%）、服装制造业（6.3%）、印刷和记录媒介复制业（5.5）、橡胶和塑料制造业（3.7%）等五大行业，企业总数占84.0%，另外21个行业企业数占16.0%，可见我区小微工业企业主要集中在装备制造业和鞋革制造业。

二、调研企业生产经营情况

（一）当前经营情况一般。68.4%的企业认为目前生产经营状况“一般”，9.0%企业认为情况良好，22.6%企业认为情况不佳。综合来看，小型企业情况略好于微型企业。

（二）生产成本提高，盈利空间缩小。调查显示，企业普遍认为“用工成本和原材料成本上升快”是小微企业当前面临的最突出问题，其中“用工成本上升快”获得66.2%的认同率，“原材料成本上升快”获得56.0%的认同率。

生产成本增加直接挤压企业利润空间，据统计，234家小微工业企业1—11月实现营业利润0.38亿元，同比下降1.2%，其中亏损企业达10.3%。另外，企业在资金、土地等方面的成本也是不断上升，这些因素导致小微企业盈利能力不断弱化。

（三）招工难困扰，发展前景期盼不高。企业用工情况很大程度上反映了经济发展前景，用工需求大说明经济未来向好，反之则表明经济处于不景气状态。调查显示，48.2%的小微企业都有用工需求。从巨前招工情况看，有招工需求并招到全部、大部分、少部分员工的比重分别为3.8%、23.9%、12.8%，有招工需求没能招到所需员工的占7.7%。目前无招工需求的企业中，小型企业占46.2%，微型企业占55.4%。

小微企业当前生产经营情况

表6　　单位：%

评价	良好	一般	不佳
全部企业	9.0	68.4	22.6
小型企业	11.8	69.9	18.3
微型企业	7.1	67.4	25.5

小微企业招工情况

表7　　单位：%

	有招工需求并招到全部所需员工	有招工需求招到大部分所需员工	有招工需求招到少部分所需员工	有招工需求没能招到所需员工	无招工需求
全部	3.8	23.9	12.8	7.7	51.8
小型	5.4	23.7	17.2	7.5	46.2
微型	2.8	24.1	9.9	7.8	55.4

小微企业今年向银行借款情况

表8　　单位：%

	有借款需求并全部借到	有借款需求大部分借到	有借款需求少部分借到	有借款需求没能借到	无需求（依靠自有资金）
全部	5.6	8.10	4.30	11.50	70.50
小型	10.80	10.80	7.50	11.80	59.10
微型	2.10	6.50	2.10	11.30	78.00

调查显示，企业主对发展前景期盼不高，预计下季度企业生产增速与本季度相比，预计加快的企业占1.3%，预计持平的企业占60.7%，预计减缓的企业占比为38.0%。

（四）资金紧张依旧，融资困难存在。资金紧张问题一直存在。调查显示，小微企业流动资金基本正常的占68.4%，资金宽裕的占1.3%，有20.9%的企业认为紧张（缺口1—20%），有9.4%的企业认为很紧张（缺口20%以上）。

企业流动资金紧张，融资困难现象依然存在。调查显示，18.4%的被调查企业有向银行融资，2.9%的企业有民间借贷。有银行借款需求的调查企业中，没能借到或少部分借到银行借款的企业比重占15.8%。此外，很多小微工业企业的融资成本依旧偏高，调查企业中认为企业融资成本上升的企业占借款企业的40.6%。

（五）税费负担重，政策惠及面有限。调查显示，44.9%企业反映税费负担较重，对企业生产经营活动有较大影响，34.7%企业认为今年企业的税费负担比往年有所增加，经营压力较大。

对于当前各级政府出台的关于小微企业的扶持政策，34.7%的企业表示享受过政策优惠，50.0%的调查企业表示知道政策但未享受过优惠，15.3%的企业表示根本不知道这些政策或者不完全知道，扶持政策受惠面范围较小。从企业最关注政府出台的扶持政策看，关注度最高的是财税优惠政策，占比为81.6%，其次是融资扶持政策，占比为19.4%，第三是企业发展扶持政策，占比为17.3%。

三、解决小微企业发展问题的对策

（一）加快转型升级。一是加大投入和研发力度，提高装备水平、改进工艺，提升传统产业产品附加值和整体竞争力；二是打造品牌效应，依托我区特色行业优势，走创品牌之路，摒弃假冒低劣产品，以过硬的产品质量开拓市场，取信市场。

（二）落实税收优惠政策。在税费减免政策执行中，还存在诸多人为裁量因素，且多数小微企业对政策不能准确把握，建议适当降低享受优惠政策限制条件，扩大政策惠及面。一方面要从地方税收政策方面予以倾斜，适当减免税收，另一方面要进一步细化政策条款，使符合条件的小微企业享受到更多税费减免政策。

（三）缓解融资压力。一是加快落实支持实体经济发展的“双十条”措施，建立长期稳定的政、银、企沟通渠道，缓解企业资金紧缺问题；二是建立小微企业贷款担保基金，以政府为主导，发挥中小企业行业协会的作用，帮助解决小微企业因缺乏抵押物导致融资难的问题。

（四）强化政府服务力度。一是继续推进政务公开，完善政府网站内容，方便企业政策咨询；二是进一步简化手续、减少审批环节，在行政服务中心开设服务窗口，集中行政、金融、财税等涉企部门对申报企业进行一站式服务。

（五）推动企业集群发展。发展产业集群，引导和推动小微企业走联合抱团发展道路。加快小微创业园区建设，引导小微企业从分散布局向工业园区相对集中，重点培育以创业为主的传统产业集聚园，实现“企业集聚、产业集群、要素集中、技术集成、服务集中”的创业园。

（说明：小微企业划分标准：从业人员1000人以下或营业收入40000万元以下的为中小微型企业。其中，从业人员300人及以上，且营业收入2000万元及以上的为中型企业；从业人员20人及以上，且营业收入300万元及以上的为小型企业；从业人员20人以下或营业收入300万元以下的为微型企业。）

大事记

1月

1日　鹿城区围棋协会和高雄市体育会围棋委员会缔结兄弟友好社团仪式在市区龟湖饭店举行。区委副书记洪文滨、区台办有关负责人出席了仪式。这是鹿城筹划对台民办交流十大结对交往活动之一。

1日　鹿城区新增16家社保刷卡点。全区除刚开诊的鞋都社区卫生服务中心外，其余21家社区卫生服务中心和38个社区卫生服务站均全部实现社保刷卡，507种基本药品和中医药诊疗都可以通过社保直接报销。

6日　鹿城法院向市民萧某夫妇送达一份“特殊意义”的裁定书，这是全国首份实现担保物权民事裁定书。萧某夫妇曾借给别人500万元，对方则拿房子作抵押，但对方后来不仅未按约支付他们利息，还“玩”起失踪。法院遂裁定准予对涉案房产采取拍卖、变卖等方式依法变价，申请人萧某夫妇对变价后所得价款在500万元范围内的钱优先受偿。拿到这份民事裁定书后，萧某夫妇可直接向法院申请强制执行。

7日—9日　中国人民政治协商会议第八届温州市鹿城区委员会第二次会议在鹿城文化中心举行。全区各条战线的269名区政协委员参加会议。

8日　温州之民信息服务有限公司获得由央行颁发的支付业务许可证牌照。这是全国第223张、浙江省第12张、温州市第1张该类牌照。

8日—10日　鹿城区八届人大二次会议在鹿城区文化中心召开，287名人大代表参加了会议，区政协委员、市人大代表、区有关部门负责人列席了会议。

9日　省委常委、纪委书记任泽民率省委省政府新春慰问团到温州开展慰问活动。慰问团在市、区领导陈金彪、陈晓民、王立彤等陪同下，慰问了温州边防站、驻温海军某部，温木材集团及部分因病致贫家庭、困难职工家庭、困难党员、残疾人家庭等。

12日　经省环保模范城市考核组考核、公示和审定，鹿城区获得“浙江省环境保护模范城市”称号。这张城市“绿色名片”，为温州市创建“六城联创”中的国家环保模范城市打下坚实基础。

15日　位于松台街道西北首的翠微山公园二期试开园，包括北入口广场及东部山体全部对市民开放。该公园总用地面积为8万平方米，设计突出自然生态，完善整体山体景观。

16日　据鹿城新闻网消息，第三届中国节庆创新论坛于2012年12月29日在北京闭幕，经过评选，全国90多项节庆荣膺“2012年节庆中国榜·最具区域文化特色主题节庆”，“鹿城区江心屿金秋文化节”名列其中。

16日　五马街文化提升工程东入口的“温州民俗十二月令”浮雕墙、“温州古城池坊巷图”铜铸地雕、石鼓及古色古香的背景墙已完工，进入试运行。

17日　由鹿城区委宣传部举办的“鹿城最美人物”评选系列活动，经基层推荐、部门初审、媒体展示、网络投票、组委会复审，产生了鹿城区首届“十佳道德模范”：红日亭爱心老人团体、温州市冬泳协会团体、林时春、陈加琴、林秀锋、高笑珍、黄大中、林德王、黄国藩、周莜秋。

18日　第三个“鹿城慈善日”活动在松台广场启动。启动仪式现场，鹿城区首个残疾人艺术团——“心灵馨”艺术团正式授牌成立，并为大家带来了精彩的慈善义演。

18日　省委省政府正式授

予鹿城区“浙江省示范文明城区”称号。这意味着温州正式拿到了创建全国文明城市的“入场券”。

20日 浙江省第八届“浙江骄傲”评选活动揭晓，鹿城区被评上“最美浙江人”的是“红日亭”爱心老人团体。

24日 鹿城区2012年度街道、区直部门党（工）委书记履行基层党建工作责任制专项述职会议，在区府会议室召开。会议要求述职人脱稿讲短话，并限时6分钟，超时以铃声提示。这在全市尚属首次。

25日 鹿城区微发布厅民生微博集聚平台正式运行。这是继“鹿鸣问政”网络平台后，市民的又一问政平台。同时，鹿城区实行网络发言人制度，如果网民的建议和投诉逾期未处理，网络发言人要被“红灯”警告，严重的还将被追究相关责任。

25日 中共温州黄龙集团有限公司委员会统战部成立。这是鹿城区首家企业党委统战部。

29日 鹿城区总工会举行“鹿城区优秀外来员工机票赠送仪式”，32名来自川、渝、贵籍的员工领到返乡的机票。这批新温州人都是企业一线生产技术能手、优秀员工和劳动模范。

2月

3日 鹿城籍的台湾著名歌手戴安邦因心脏病突发猝逝于台湾，享年52岁。戴安邦素有“台湾民歌王”之称，活跃于20世纪80年代。1989年参加央视春节联欢晚会，以一曲《外婆的澎湖湾》红遍大江南北。

6日 “2013年幸福温州江心屿西园迎春彩灯文化节”在江心屿西园北堤启幕亮灯，60组彩灯打扮江心屿。

14日 2013年“世界温州人大会鹿城乡贤聚会”在江心屿召开。会议以“凝聚、回归、共赢”为主题，邀请350多位海内外鹿城籍人士参加，同时开展了“思乡林”植树活动。

16日 鹿城区召开“经济工作暨重点建设会议”，贯彻落实中央、省经济工作会议精神，部署2013年经济和重点建设任务。

17日 大南欧乡法式铁板烧餐馆的开办申请获浙江省食品药品监督管理局的准予行政许可决定书。该店店主胡志华是一名台湾居民，也是市区首个申领到营业执照的台湾居民个体工商户。

18日 温州市政府公布首批温州市9个现代服务业集聚示范区名单，位于鹿城区的有：温州金融改革广场、温州现代农贸示范区、浙江创意园、温州文博城东区智库创意基地。

20日 温州市鹿城社会组织发展基金会在市行政审批中心民政窗口获得审批，这是民政部同意浙江省民政厅授权温州市民政局开展非公募基金会登记管理试点工作以来，温州市批准的首家基金会。温州市继深圳之后，为全国第二个拥有非公募基金会审批权限的城市。

3月

2日 浙江省“学习雷锋精神先进人物表彰大会”在杭州召开，以纪念毛泽东题词“向雷锋同志学习”发表50周年。会议期间，省委书记、省人大常委会主任夏宝龙接见了鹿城“红日亭”爱心老人代表，希望让红日亭的善与爱一代代传承下去。

4日 在东瓯王庙月光池施工中，挖掘出一个50厘米高，重达150公斤的青石香炉基座及部分瓦当，经考古所人员初步考证，这批文物有近400年历史，具有历史价值。

5日 国家文物局公布经国务院核定的第七批全国重点文物保护单位名单，鹿城区新石器时期的曹湾山遗址榜上有名，填补了全区无国家级重点文保单位的“空白”。

5日 纪念“三八”国际劳动妇女节文艺演出暨“十佳巾帼典范”颁奖典礼在区文化中心举行。朱彩霞等10位女性获“十佳巾帼典范”称号。

7日 鹿城区环境卫生管理处职工陈静被评为“全国环卫优秀工作者”，赴京接受表彰。

8日 鹿城区民政局给南塘5组团小区“业主大会”法人代表金巧姆，颁发“南塘5组团小区业主大会”牌匾，这是全国首个取得独立民事主体资格的业主大会。

18日 鹿城区召开精神文明建设暨“幸福社区”建设动员大会，并下发《关于开展“幸福社区”创建的实施意见》。

21日 中国共产主义青年团温州市鹿城区第九次代表大会在鹿城文化中心召开。近200名团员代表参加了大会。

24日 鹿城区“牵手”中国建筑国际集团有限公司，以“企业投资建设、政府组织回购、资金分期支付”的BT建设模式，签下56亿元的保障房“民生单子”。该项目涉及滨江街道黎二村5号、10号，南汇街道横渎河西A18—1、龙方村、E22，仰义街道洞桥二期等6个地块约140万平方米的保障房项目。

25日　第26届中国戏剧梅花奖终评名单公布，温州瓯剧团当家小生方汝将获梅花奖。

31日　鹿城区著名曲艺家陈忠达演唱的温州鼓词《武松醉打蒋门神》，在中央电视台第3频道综艺栏目中播出，亦是温州鼓词首次在央视演出。

31日　鹿城启动“瓯江书韵——2013年鹿城读书节”活动，并在4月至6月间，举办由六大活动板块、32项读书载体组成的系列活动。

4月

2日　温州市区六大山体公园同时开门迎客，其中位于鹿城区的有洞桥山公园、牛山公园和卧旗山公园。与以往开园仪式不同的是，不是由领导剪彩，而是由六位市民代表来剪彩。

3日　东瓯王墓文化公园开园。该公园位于双屿街道瓯浦垟村景山北麓，占地面积22.69公顷，是以东瓯王墓为主体，融东瓯文化、生态游憩功能为一体的纪念性公园。

9日—10日　浙江省“三改一拆”行动现场会在鹿城召开，由省政府党组副书记、省“三改一拆”行动领导小组组长王建满率领的全省200多名与会嘉宾实地考察鹿城“三改一拆”工作考察点。

11日　鹿城区被国家教育部命名为“全国社区教育实验区”，提前实现鹿城区“十二五”教育规划目标。此次浙江省仅有2个县（市、区）被列入全国社区教育实验区。

11日　温州市地方税务局鹿城税务分局率全市之先开通24小时自动办税系统。该系统借鉴银行ATM自助机24小时全天候无间断服务理念，填补“八小时工作制”外的盲点，在非工作时间和节假日期间，为纳税人提供一条方便、快捷的办税渠道。

11日　由省体育总会、省棋类协会主办，区体育局、市象棋协会承办的2013年浙江省象棋甲级联赛在鹿城开幕，共有杭州、宁波、温州、湖州、嘉兴、绍兴、金华、台州8支代表队参赛。参赛队伍中包括5名特级大师和9名国家大师。

14日　加拿大华人社团联席会主席、温州同乡会会长潘妙飞一行到鹿城考察，并同鹿城区侨联、侨办、招商局等单位有关人员进行交流洽谈。

15日　温籍著名音乐家缪天瑞铜像在温州大学校园落成揭幕。1908年出生于瑞安的缪天瑞，曾在温州师范学校任教。

17日　温州市首次举办温州建城纪念日活动，纪念鹿城建城2205年。近300名社会各界人士参加了温州建城2205年纪念活动。同时决定，每年农历三月初八为“温州建城纪念日”。

20日　“溯初亭”在温州大学天鹅湖畔落成，以纪念温州政治家和教育家黄溯初。

21日　鹿城区以101分的高分（验收合格成绩70分）成功通过国家知识产权强县工程试点区考核验收，并作为全省仅有的3家单位，被推荐至国家知识产权局参选国家知识产权强县工程示范县（区）。这是鹿城区知识产权工作取得的又一里程碑式成绩。

22日　下午，鹿城区世界读书日主题活动在松台街道桂柑社区举行。4月23日“世界读书日”前后，全区上下将开展“瓯江书韵——2013年鹿城读书节”系列活动。

22日　鹿城区全面暂停活禽交易。全区范围内所有农贸市场涉及鸡、鸭、肉鸽等活禽交易的118个摊位，已全部暂时关停。市民想吃禽类产品，可前往专卖店选购禽类加工产品。

23日　鹿城、台湾两地民间交流结对活动在鹿城区五马街道八仙楼社区举行。这次活动以“交流、互信、共赢”为主题，共有18家单位与台方单位进行结对签约，活动牵涉教育、文化、医疗、卫生、体育、农业以及社会养老、社区建设等多个区域，开展民间互动和项目合作。

26日　鹿城区庆“五一”职工文艺会演暨“十佳岗位能手”表彰大会在东南剧院召开，区四套班子领导及各街道、区直部门、社会工会干部、非公企业职工800余人参加了会议。王先豪等10位岗位能手获鹿城区“十佳岗位能手”称号。

26日　双屿街道“娘家人”调解服务中心成立。该中心分人民调解、劳动调解、警调调解、交调调解、司法调解、访调调解六大类，由村、社区、企业、学校等众多调解室组成，聘请在温州商会代表、辖区外地籍企业主代表以及外地籍企业管理代表共同担任“娘家人”调解服务中心协调员。

27日　鹿城区文联和区古道普查办组织区摄影、文学、美术、书法等艺术爱好者走进鹿城西部，开展“走文明古道，寻历史记忆”采风活动，以探寻历史古迹，挖掘生态资源。

28—30日　鹿城区大型音乐节——瓯江音乐节在江心屿阳光草坪举行，其间除每天9时到22时都有乐队不间断演出外，还设有天洲少儿音乐派、休闲驿站、寻宝行动、追市集、春天茶会、涂鸦世界等互动区域，让参与者全方位享受这次音乐盛会。

5月

1日　一款新型的便捷电瓶小巴在鹿城区亮相，引起市民关注。这是市交运集团为满足市民短距离的出行需求，真正体现社区通勤服务功能而推出的一项便民措施。

2日　杨府山社区近120名居民和共建单位参与社区献血活动。其中11名居民在义务献血的同时，加入了捐献造血干细胞的行列。

4日　鹿城区纪念“五四”运动94周年暨第二届“鹿城区十大杰出青年”颁奖典礼——“青春正能量”在温州广电传媒集团演播大厅举行。周选慈、陈辉、徐家晖、陶晓迪、王萧枫、金晓群、孙云、张海川、颜子禾、刘宇依在鲜花和掌声中依次走上领奖台，接受领导的颁奖。

7日　五马街道“青春我有我young——五马青年志愿服务站”成立，下辖的三支分队五马青年普法宣传队、五马青年维权岗、五马商圈志愿服务联络站接受授牌授旗。

7日　温州市鹿城区水利建设办公室挂牌成立，该办公室将承接九大水利工程，总投资额达59.48亿元。

10日　第113届广交会在广州落幕，鹿城区有98家企业参加了展览。此届参展企业技术含量高、有品牌、能满足刚性需求、市场定位准的产品成交活跃，增幅可观，计揽订单8015万美元。

14日　温籍语言学家著作展暨《温州方言文献集成》（一至三辑）首发座谈会在市图书馆举行。该集成主编是鹿城籍语言学家郑张尚芳、沈克成及顾问潘悟云等。就全国而言，着手整理地方方言文献的地级市，温州是第一家。

15日—16日　为庆祝第23 个全国助残日，鹿城区开展一系列助残活动，由区宗教界人士捐赠的价值4万元的100辆爱心轮椅，分送给鹿城区100位残疾人。“爱在蓝天下、传递真善美”助残公益活动在五马街道大南路举行，300多位残疾人家庭收到五马街道和苏宁电器捐赠的棉毯和电风扇；由区残联、区体育局联合举办的残疾人趣味运动会在少年宫举行，各街道和区肢残联轮椅俱乐部10支代表队、140名运动员参加了运动会。

16日　在区委统战部的牵头组织下，全区8个社区统战部与在温州的6所高校统战部签约结成对子，以实现优势互补、互动互促、共同发展。

17日　梅兰芳经典巨作《梅冬霓裳》在北京梅兰芳大剧院首演，担任该剧的剧本整理改编、统筹并为主题歌作词的是鹿城籍艺术家池浚。

22日　温州市“献血大王”胡富有获得“全国无偿献血促进奖”，成为浙江省唯一一位获此殊荣的无偿献血者。胡富有坚持献血22年，无偿献血12000毫升，并多次以长跑的形式辗转全国各地，宣传无偿献血。

22日　中国社会科学院考古研究所一行10余人在所长王巍带队下，到温州考察夏鼐故居等处。此行作为中国社会科学院国情考察活动项目之一，对长江流域文化遗产展示和利用现状进行调查，温州是浙江省第一站。

23日　区公安分局举行第二届特邀监督员聘任仪式，36名特邀监督员开始走马上任。此次受聘的监督员来自社会各个阶层，任期三年。

27日　温州市“文化礼堂”现场会在藤桥镇驿头社区召开。驿头文化礼堂分二堂四馆六廊，即礼堂、东瓯神堂；民族馆、中加友谊馆；程登云故居、让·平故居；村史廊、励志廊、文化廊、成就廊、民俗廊和民风廊。市委常委、宣传部部长胡剑谨到现场祝贺，并作了讲话。鹿城、瑞安、永嘉、龙湾、瓯海等地就做好文化礼堂建设工作进行了交流发言。

27日—6月15日　鹿城区高积分新居民的子女可持浙江省居住证前往居住地街（镇）新居民服务管理所提出申请，优先享受“入读指定公办学校”的待遇。此次鹿城区为新居民子女提供了指定区公办小学入学名额20名（具体分配名额由区教育局安排），按照新居民所得积分排名，前20名外来娃可到公办小学就读。

29日　中国第四届国际象棋特级大师超霸赛在海南省儋州举行，国内10名男子特级大师参加了超霸赛。经过9轮激战，头号种子鹿城籍名将丁立人以五胜四和积7分的佳绩，首次夺得该项赛事的冠军。

30日　省委党校领导干部进修班一行10余人到鹿城区考察鹿城“三改一拆”和温州市知识产权战略实施工作，作为进修班成员之一的市委常委、区委书记王立彤一同参加考察。考察团先后走访了汇昌河水上公园庄头村地段、东屿村、文化创意园、俊尔公司和知识产权服务园等地。

31日　温州市首家商会关工委——鹿城区金属商会关心下一代工作委员会正式揭牌成立。同时，区关工委、区文明办、区工商联等部门共同启动了庆“六一”“点亮心愿圆梦鹿城”主题教育活动，为留守流动等特殊困难孩子送去关爱。

6月

1日　鹿城区制定出台《鹿城区政务微信群管理办法（试行）》，以“微”模式推进“大”工作，“微信工作法”推动政府进入网络“秒时代”。该“办法”的出台，保障微信工作群方便、快捷、有序、高效运行。

1日　温州市德国华侨联合会会长陈勇等一行到七都街道投资考察，并举行招商引资推介会，与区侨联、七都街道等单位有关人员进行交流洽谈。

2日　鹿城区全面推行机关在职党员进社区志愿服务群众工作，各社区在依托社区社会组织的基础上，组建成各种文体类、服务类党员小组，各在职党员到社区报到后，都需认领或申报一些服务岗位和项目。在职党员在社区的表现情况还关系到干部提拔任用。

4日　省委“中国梦”宣讲团到鹿城区宣讲，省委党史研究室主任金延锋做专题辅导报告。区委理论学习中心组全体成员、区人大、区政协各委（办）主任、区直各单位主要负责人、各街镇党政主要负责人200余人参加了学习。

6日　“2013年中国（温州）世界吉尼斯高空钢丝争霸赛”在鹿城区江心屿举行，赛场设在共青湖距湖20米的高空，比赛距离为100米。参加争霸赛的有来自意大利高空钢丝表演艺术家泽瓦塔、韩国高空钢丝表演艺术家权元泰和中国高空钢丝表演艺术家艾斯凯尔。经过四轮的比赛，艾斯凯尔以30秒86的成绩创造了新的世界纪录。

7日　鹿城区属部门单位特约人员聘任仪式在区行政会议中心召开。全区28个区属部门单位聘请了188名党外人士担任特约人员。特约人员将通过参与聘请单位的有关工作，发挥监督、咨询、建言献策等作用。

9日　由市文明办主办、鹿城区委宣传部、区文明办承办的中华长歌行——“温州梦·端午情，我们的节日——端午节”大型活动在白鹿洲公园举行。同时，举行了屈原祭祀大典，活动还包含“传统文化”“文艺演出”“习俗互动”三大板块内容。

12日　2013年温州龙舟文化节暨塘河龙舟接力赛在会昌湖拉开序幕。经过近两个小时的比赛，19只龙舟竞赛队伍决出了胜负。港澳海外华人龙舟俱乐部、瑞安市汀田联大龙舟队并列冠军，瓯海区飞龙龙舟俱乐部和瓯海区将军龙舟俱乐部分别获得亚军和季军。

13日　鹿城农商银行正式挂牌。这是鹿城区首家成立的农村商业银行，标志着鹿城区农村金融改革迈出实质性的一步。

13日—20日　鹿城区组团赴印尼中爪哇省，参加第三届婆罗浮屠国际艺术节。鹿城艺术团带去反映中国江南风韵的歌舞《采茶舞曲》等节目，与来自世界各地的4500名艺术家一起表演。

15日　鹿城区出台《机关工作人员驾驶公务车辆严重违法行为责任追究办法》。该“办法”严惩七类违法行为，开展六种责任追究，对三类情节从重问责。出台公务车违法追究办法，这在全国尚属首例。

18日　鹿城区“全民禁毒宣传月”活动在九山公园启动，通过文艺表演、知识问答、书画表演等群众喜闻乐见的形式宣传禁毒知识。

19日　区人民法院举行金融审判庭成立一周年新闻发布会，现场发布一年来金融审判“白皮书”——《金融商事案件司法审查报告》。同时，该院首次尝试通过新浪官方微博“温州市鹿城区法院”对发布会进行微直播。

19日　由台湾三三交流会会长，台湾经济研究院董事长江丙坤率领的“2013年浙江·台湾合作周”的嘉宾们到鹿城区江心屿参观考察。市、区领导陪同参观。

21日　曾任第59届联大主席，前任非盟主席让·平和父亲程志平蜡像，在藤桥镇临江驿头村让·平祖居亮相，这组人物蜡像以1∶1的比例还原让·平携手父亲参加加蓬翁布埃集会时父子情深的动人景象。

25日　鹿城区在市体育中心举办“6·26”国际禁毒日宣传活动。活动上成立了鹿城区巾帼禁毒联盟。

27日　由鹿城区委、区政府主办的“瓯江书韵——2013年鹿城读书节”在市工人文化宫落幕。该读书节以“共享阅读快乐、共建幸福鹿城”为主题，历时百天，开展了书香鹿城、书香机关、书香校院、书香社区、书香家庭、书香企业六大板块共32项主题读书活动。

28日　温州市藤桥禽业股份有限公司在天津股权交易所挂牌上市。为解决企业融资难，加快上市步伐，鹿城区确定温州康宁医院、康奈集团、浙江长城减速机公司、南方游乐设备公司、浙江金华工贸公司和藤桥禽业6家公司为区级上市公司。

28日　广化南路（鹿城段）道路建设工程正式开工。广化南路是市重点城市道路建设项目，是连接鹿城西部和瓯海新区的主要城际交通动脉。

29日　以奥运冠军朱启南的名字命名的启南射击馆，在温州十七中开馆并投入使用。雅典奥运会射击世界冠军朱启南回到母校温州十七中参加开馆仪式。

29日—7月1日　中央电视台戏曲频道《快乐戏园》栏目组到鹿城区拍摄一场兼具地域特色与瓯越经典的综艺演唱会。演唱会由区文联、区文广新局和区戏剧家协会共同举办，设精品节目36个，以瓯剧、越剧为主打，其中穿插昆剧、京剧、黄梅戏等特色表演内容。

30日　由温州市委政研室牵头的县（市、区）联动调研活动走进鹿城，对鹿城区的“三改一拆”“即旧厂区城市有机更新”进行考察和研讨。省委宣传部常务副部长胡坚、省政府参事室党组成员章斐龙、浙江传媒学院党委书记奚建华等领导、专家一同参与，并提出了宝贵的意见。

7月

1日　鹿城区举行纪念中国共产党成立92周年暨“红七月、服务月”党员志愿活动。全区机关、两新、社区的25支党员志愿者服务队在闻宅步行街一字排开，开展为市民免费医疗体检、法律援助、有奖知识问答等一系列便民服务。

1日　鹿城区购买养老服务工作正式启动。如有需要的居民，可向所在社区申报，并填写鹿城区政府购买养老服务申请表，符合条件并通过评估的，将享受到政府“买单”的实惠。

3日　前非盟主席让·平携夫人和子女，到鹿城区省亲，在市委常委、区委书记王立彤，市政协副主席余梅生，区委副书记、区长朱崇敏的陪同下，到藤桥临江参观了让·平祖居和中加友谊馆，并为故居开放仪式剪彩。

5日　由鹿城区政府、市台办、浙江工贸学院联合主办的“温州2013年海峡两岸书画作品交流展”在市展览馆展出。台湾的32位书画家创作的100幅书法和国画作品，受到温州市民的欢迎。

5日　由中华诗词学会、市委宣传部、市旅游局、鹿城区委、区政府联合主办的“中国诗之岛——江心屿”杯全国诗词大赛拉开帷幕。

6日　鹿城区启动“千名干部进千企解千难”活动，组织区、街（镇）功能区两级班子成员、区直单位负责人、在职干部等936人，与900家企业结对，通过宣传政策、优化服务、减负减压、惠企扶企等方式，全面对接政府服务企业的“最后一公里”。

6日　鹿城区委、区政府在市人民大会堂举办“中国梦·创业梦”的创新驱动发展专题报告会，邀请阿里巴巴集团副总裁高红冰主讲“电子商务与创新驱动发展”专题讲座。区四套班子领导、区各街（镇）、部门主要负责人以及全区规模以上重点企业负责人、电子商务负责人等1000多人到场听会。

9日　在杭州举行的“最美激发梦想·最美浙江人”先进事迹报告会上，鹿城“红日亭”先进事迹报告团向人们讲述了“红日亭施粥摊”的事迹，并受到省委书记夏宝龙的接见。

11日　鹿城区召开2013年基层组织建设创先项目推介会，将目标锁定“楼宇商圈”专场，通过晾晒、比拼的形式，“晒出”楼宇商圈党建创建项目的亮点、特色。

12日　2012年度浙江省体坛十佳评选活动揭晓，鹿城地掷球选手郭晓敏获最佳非奥运动员奖。

15日　鹿城区举行“中国梦”主题宣讲暨“华盖时政轩”授牌仪式。

15日　由鹿城区体育局、教育局和鹿城区体育总会主办，鹿城区体育舞蹈协会承办的鹿城区首届青少年体育舞蹈锦标赛在百里路小学（百里校区）举行，共有各小学、培训单位等12支代表队200多名青少年参加。

17日　全国首个以个人名字命名的国际象棋棋院——诸宸棋院在建设小学大南校区举行授牌仪式，并在七都岛举行了棋院奠基仪式。国际棋联主席伊柳姆日诺夫，中国国际象棋协会主席杨俊安，市委常委、鹿城区委书记王立彤，中国国际象棋协会秘书长叶江川，副市长郑朝阳等参加了授牌和奠基仪式。

17日　鹿城区市场开发中心制定出台的《农贸市场经营户经营行为管理方法》已通过国家版权保护中心的审核，取得国家版权局颁发的作品登记证书。该“管理方法”已获国家版权保护。

17日　鹿城警方开展“平安13”攻防3号统一清查行动，千余警力参加。重点清查一批藏污纳垢、易设黄赌毒的出租房以及娱乐场所。

18日　南汇街道西屿社区开通“治安天气预报”频道，每周在社区发布1次“治安天气预报”，让社区居民及时掌握辖区治安动态。此举开创了“预警式”服务群众和社区的治安管理新举措。

19日　由省委宣传部主办的浙江省“最美激发梦想·最美浙江人”先进事迹报告会到鹿城区作巡回报告。全区600多名群众和干部聆听了钱海军、曹秋芳、叶凯境等6人的“最美事迹”。

19日　国网温州供电公司首个“消费维权服务站”正式落户鹿城供电营业厅，标志着温州供电公司与温州工商局联合构建起工商监管、行业自律和社会监督相结合的消费维权体系，也是温州市工商行政管理局大力推进“12315”行政执法体系“四个平台”建设的重要举措。

20日　鹿城区正式打响“创卫”百日攻坚战，大力整治市容环卫设施、集贸市场、废品收购行业、“五小行业”，并开展卫生社区创建，逐步向“卫生城市”迈进。

22日　鹿城区召开区委常委（扩大）会议半年度经济与维稳形势分析会暨百日攻坚工作汇报会。

25日　东瓯智库创意产业园获“温州市重点文化产业园区”称号。

26日　鹿城区第六次妇女代表大会在鹿城文化中心召开。来自全区各条战线和社会各界200多名代表参加了会议，市委常委、区委书记王立彤代表区四套班子向大会召开表示祝贺，并作了重要讲话，市妇联主席鲁爱民代表市妇联向大会代表祝贺，并作了发言。

26日　20时41分，双屿街道嵇师东路70号发生一起纵火案，造成1人死亡、13人受伤。

28日　鹿城区农业企业协会成立，藤桥禽业股份有限公司董事长张卢兄当选会长。

29日　鹿城区慈善总会为五马街道17个社区授牌，成立社区慈善义工活动基地，借助社区居家养老服务中心、残疾人就业基地等平台，推进慈善工作向社区纵深发展。

30日　松台街道和鹿城消防大队勤奋路中队举行“警营认亲”活动，该中队4名新战士和温州籍军属结下了亲人关系。街道与警营开展的“认亲”活动已有17年，先后有90名战士与松台街道90个家庭认了亲。

30日　在“八一”建军节前夕，省军区设立“八一”光荣榜，集中宣传立功的浙江籍官兵。鹿城籍军人吴旭明和李星星上榜。

31日　鹿城区鞋料商会挂牌成立。该会有会员单位539家，经营品种覆盖皮、革、鞋扣、鞋机以及各种鞋革辅料产品。

31日　由中国文联和中国舞蹈家协会联合主办的第七届“小荷风采”全国少儿舞蹈展演在北京闭幕，温州市少年艺术学校22名学生以舞蹈《百子纳福》获得最高奖项——“小荷之星”奖（金奖）。该节目由老师何力强精心编排，作品取材于“百子图”，着力以百子迎福，嬉春等意境动态，体现中国传统文化中喜庆、祥福的良好祝愿。

8月

2日　鹿城区委宣传部、区文明办授予双屿街道双岙村村委主任徐贤芳“鹿城好人”称号。

4日　第22届听障奥运会在保加利亚落下帷幕，鹿城籍听障游泳运动员徐家辉获得50米蝶泳金牌、100米蝶泳银牌、4×100米混合泳接力银牌和4×100米自由泳接力铜牌。

5日 温州医科大学虞师里社区“健康学校”挂牌成立，是温州市首个社区“健康学校”。该校将为社区老年居民建立健康档案，“量身定制”疾病预防措施。

5日 “鹿城曲瓯越情”第二集于下午16时36分在央视戏曲频道（CCTV11）播出。

5日 位于龟湖路的市区首家免费素食馆“雨花斋”开张，由一批素食志愿者与蒲鞋市社区联合设立。

7日 中国——东盟商务理事会正式发文，聘任康奈集团为中国——东盟鞋业行业合作委员会中方执行主席单位。康奈集团董事长郑秀康同时受聘为该委员会中方执行主席。

7日 由中央宣传部、中央文明办主办的中国文明网公布7月“中国好人榜”榜单，鹿城区推荐的助人为乐代表章效通登上7月“中国好人榜”。

8日 8月8日是第五个“全民健身日”。该日，在鹿城区会昌湖水上公园、九山河等水域分别举办了有27支龙舟参加的龙舟比赛、皮划赛友谊赛和有12支队伍参加的1000米、2000米游泳比赛。

8日 全区共有780家小餐饮有了临时身份证。区食品药品监督管理部门变堵为疏，对硬件基础条件难以达到要求的小餐饮发放餐饮服务临时许可证，以解决未取得餐饮服务许可证、从业人员未办理健康证、经营场所环境“脏乱差”等突出食品安全问题。

9日 鹿城区召开消防安全和安全生产隐患排查整治工作紧急会议，要求强化隐患排查整治，对查出的突出问题实行“零容忍”，对责任不落实的予以严肃处理。

10日 下午13时，央视国际频道（CCTV4）“外国人在中国”栏目播出题为“两代人的中非情”——前非盟委员会主席让·平专辑。让·平曾担任联合国大会主席、加蓬副总理兼外交部长，2008年成为非盟主席，在进一步推进中非关系中起到重要作用。

10日 “广元建设”杯2013年全国蹦床冠军赛暨系列赛在浙江安吉落下帷幕，鹿城籍运动员贾芳芳轻松摘得女子单挑冠军。

11日 在比利时结束的2013年世界航海模型（动力艇）锦标赛上，鹿城人潘磊夺得ECO—TEAM团体项目冠军和F1E—1KG项目亚军。至此，潘磊已夺得4次世锦赛冠军，11次夺得全国冠军，2次打破世界纪录。潘磊现为省体育职业技术学院海模队职业教练兼运动员。

13日 2013年江心屿金秋文化节的首场活动——“浪漫七夕·幸福鹿城”七夕主题文化活动在智慧谷创意园区拉开序幕。整个活动设置了七夕游园、特色市集、民俗展示、“非诚勿扰”情缘会、专场表演、木偶剧场等七大板块。

14日 省政协副主席、省委统战部长汤黎路到鹿城区调研检查和区统战工作常态化开展情况。汤黎路在市委常委、统战部部长陈作荣，市委常委、区委书记王立彤陪同下先后走访了庆年坊社区、桂柑社区。

16日 下午，鹿城区召开党外人士经济形势通报会。区政府向区属各民主党派基层组织、工商联、知（新）联会等党外人士通报2013年以来全区的经济形势，并听取党外人士对鹿城经济发展的意见和建议。

17日 第四届“棋城杯”沿海地区国际象棋大奖赛在鹿城区瓯昌饭店举行，来自全国300多名小棋手参加角逐。大奖赛还邀请了特级大师叶荣光、棋后诸宸、国家队总教练叶江川和世界冠军谢军，他们将和温州的小棋手们共同参加各种活动。

18日 省人民政府公布第一批浙江省珍贵古籍名录和第一批浙江省古籍重点保护单位。位于鹿城区域内的温州市图书馆馆藏的《六书故三十三卷六书通释一卷》等12部古籍榜上有名。

19日 经过3个多月紧张施工，五马街西入口改造工程竣工，一幅“温州古城池”三维地雕呈现在市民眼前。原在西入口的“五马奔腾”雕像移至五马休闲广场揭彩与市民见面。

19日 由演员陈坤发起的心灵公益建设项目“行走的力量”、第三季“行·静 喜马拉雅”之旅圆满落幕。从全国11万报名者选拔而出的17名志愿者徒步完成全程9天的珠峰东坡嘎玛沟环线走，回到拉萨。鹿城青年教师冯景奇是这17名志愿者之一。

27日 《鹿城区水环境治理规划（2013—2017）》通过了专家论证。鹿城区今后3—5年的水环境治理工作按此规划进行，将鹿城打造成城水相依、山水融合、人水和谐的美丽浙南水乡。

28日 在杨府山公园内，鹿城区第二批56支星级群众文体团队登上了“草根舞台”，歌舞、戏曲、魔术、武术等群文节目轮番上演，让观众感受到了群众文化的魅力。

29日　鹿城区举行“鹿城旋风2013”综合演练，省委政法委副书记、省维稳办主任刘树枝到现场观摩，市委副书记、市委政法委书记马晓辉出席并作重要讲话，市委常委、区委书记王立彤致辞。区四套班子领导出席观摩。

30日　鹿城区委八届五次全体（扩大）会议召开，区委书记王立彤代表区委常委会作工作报告，会议审议通过了《中共温州市鹿城区委关于全面实施创新驱动发展战略加快建设创新型城区的意见》。

30日　东瓯智库创意园特邀专家以“和合”文化视野下的温州精神为题，为温州市文化产业从业者带来一场精彩讲座。课堂以互动的方式，进行头脑创意风暴，激发创意新思维。

31日　鹿城区召开八届区政府第二次全体（扩大）会议。

9月

1日　浙江省温州市“华生源”餐厨废弃物处置基地在鹿城区藤桥镇沙头工业区奠基。这是温州市首个餐厨垃圾资源化利用和无害化处理项目，占地1.53公顷，总投资约2亿元。一期工程预计2014年2月底建成投产，每天可“吃”掉200吨餐厨垃圾。该项目建成投产后，将实现市区餐厨垃圾的“日产日清”，有效遏制“地沟油”回流餐桌。

1日　鹿城区与四川省阿坝藏族羌族自治州壤塘县开展对口支援。区委副书记、区长朱崇敏代表鹿城区接待壤塘县党政代表团，并就具体对口支援工作举行了座谈。

1日—10月8日　鹿城区全面开展食品安全“强网清源”集中行动，采取走访排查一次、分析梳理一次、重点企业约谈一次、联合执法一次、集中打击移交一批等“八个一”，确保行动取得实效。

3日　由鹿城区地方志编纂委员会编纂、区方志办承编的《鹿城年鉴（2011）》获“第七届全国年鉴编校质量检查评比三等奖”。这是区方志办首次参加该项评比活动。

5日　温州市委宣传部、市妇联追授鹿城区沈小平“最美温州人”“最美温州女性”称号，鹿城区委宣传部、区文明办也追授沈小平“鹿城好人”称号。9月3日上午，沈小平护送邻居小孩上学，途经飞霞南路时，一辆越野车失控，连撞两辆汽车后，向她们撞去，沈小平为保护小孩，被撞重伤，经抢救无效身亡。

8日　由浙江电视台教育科技频道、区委宣传部主办的“燃点斗志·牵手梦想”——“小强走浙江”到鹿城。活动通过义演义卖，帮助6位贫困学生圆求学梦。

9日　区招商局联合区审批中心，开通首个招商引资项目“审批绿色通道”。该窗口将专门服务招商引资工作。

9日　鹿城区2013年教师节庆祝表彰暨推进基础教育改革和发展动员大会在鹿城文化中心召开。会议表彰了2013年度鹿城区优秀班主任、优秀教师、优秀教育工作者以及尊师重教先进集体和个人。

9日　浙江长城减速机有限公司聘请国际著名的搅拌技术领域专家和权威——76岁的英国皇家工程院院士、伯明翰大学教授ALvin Nicnow为荣誉顾问，并请他到公司开展学术交流，指导生物发酵中的关键技术及搅拌器新产品开发。

12日　第12届全运会在沈阳落幕，浙江队收获35金20银39铜，在金牌榜上名列第七。其中，鹿城籍运动员获6金5银5铜，创历史最佳成绩。鹿城运动员朱启南获男子50米步枪三次冠军，吕志武获男子4×100米自由泳接力，4×200米自由泳接力和4×100米混合泳接力冠军，徐嘉余获男子100米仰泳，200米仰泳和4×400米混合泳接力冠军。

12日　2013年江心屿金秋文化节之“欢乐金秋购物节”开幕，全区36家商场、百货公司和餐饮企业参与。欧洲城“休闲购物生活新天地”的开街仪式成为该购物街的“重头戏”，这也是鹿城区当年打造的7条特色商业街的第一条。

12日　鹿城区科学技术协会在市区星河广场举行“全国科普日”宣传活动，通过科普挂图、文艺演出、技术咨询等喜闻乐见的方式，让群众接受科普知识，倡导健康文明的生活方式，提高科学素质。

16日　鹿城区举行中秋“三胞”及在外温商座谈会，市委常委、区委书记王立彤携区四套班子领导与众多港澳同胞、海外侨胞、台胞台属和在外温商代表等欢聚一堂，喜迎中秋佳节，畅谈乡情乡谊。

17日　鹿城籍企业家李海燕

在世界音乐之都维也纳金色大厅举办“歌从东方来”独唱音乐会，为海外的中国同胞及奥地利友人送上中秋的祝福。奥地利国会授予其“奥中文化艺术交流使者”奖状。

17日　鹿城公共自行车志愿服务联盟在星河广场成立，12680位志愿者组队“认领”246个全部服务站点，开展日常保洁、维护等志愿服务。

17日　“情满温州”迎中秋市民赏月会在市区闻宅步行街举行，上千名市民在欢愉中体味传统中秋的团圆味，在活动里拉近彼此的距离。

18日　由温州市鹿城区民营经济发展联会、温州银行共同推行的温商信用联盟卡在温州市鹿城工商分局举行首发仪式。该卡是鹿城区民营经济发展联会为会员服务的新举措，持卡会员可以享受银行授信、商务活动、生活消费等方面优惠的待遇。

18日　鹿城区总工会批准通过了南塘五组团业委会递交的成立业主工会委员会的申请，鹿城区南汇街道桥儿头社区南塘五组团业主工会委员会宣告成立。该工会成员共16人。南塘五组团继年初获全国首个民政注册社团法人后，又做了一项走在全国前列的事情。

18日　鹿城召开振兴集体经济动员大会，市委常委、区委书记王立彤在会上作重要讲话。区四套班子领导出席了会议。

18日　由区委宣传部、区文广新局主办的“共筑中国梦·共叙家乡情”迎中秋民族音乐专场在杨府山公园举行。近千名观众欣赏了民乐节目。

21日　全运会温籍冠军运动员回乡行晚会在温州东方高尔夫球场举行，朱启南、吕志武、徐嘉余三位冠军收到高尔夫球场颁发的荣誉会员证书，他们还为家乡的体育爱好者签名、留影。

21日　全省首个华侨投资建设的华侨爱国主义教育基地——鹿城区藤桥镇双潮爱国华侨纪念馆落成典礼举行。该馆投资500万元，坐落于双潮华侨公园，开放后，将展示近一个世纪以来双潮社区海外华侨的奋斗故事以及历史遗迹，也将为双潮华侨开展商贸洽谈、联谊交流提供功能齐全的活动场所。

23日　经国家知识产权局初审和专家组评审，鹿城区在全国首批22个试点县（区）中取得第三名的优异成绩，被国家知识产权局正式授予全国首批知识产权强县工程示范区。这是鹿城区继获浙江省知识产权示范城区后的又一荣誉。

23日　鹿城公共自行车实行一年来，共建成248个服务站点，6000辆自行车上街，发放借车卡11.5万张，总借车量达1120万人次，日均借车量约3.5万人次，以每天每车5.8次的平均使用率高居全省之首。

24日　省首届职工文化艺术节书法美术大赛开幕式暨颁奖仪式在温州展览馆举行。该大赛是全省首届职工文化艺术节九大项目之一，也是鹿城区2013年江心屿金秋文化节的重要组成部分。大赛于6月底启动以来，共收到近千幅作品，最终340余件作品入围，46件作品获一、二、三等奖。

25日　“净光塔塔砖交接暨拓片捐赠仪式”在市图书馆举行，市城建档案馆汤章虹移交林城银生前保存的280余件净光塔塔砖、瓦当等文物给妙果寺住持达照法师，并捐献林城银生前所拓拓片269幅给市图书馆。

25日　2013年全市“三改一拆”行动“互看互学”暨工作推进会启动，市委书记陈一新、市长陈金彪、市人大常委会主任陈笑华、市政协主席包哲东等市四套班子领导，同百余名考察团成员一起走进鹿城，查看松台街道双桥村和南浦街道南塘吴宅老村改造现场，比学“三改一拆”工作，感受鹿城一年来的变化。

27日　鹿城区组建温州市新田园小学（集团），该集团以温州市鹿城实验小学、温州市岠江小学、温州市蒲州育英小学、温州市光明小学等四所学校作为温州市新田园小学（集团）联盟学校。

29日　位于市中心的原人民大会堂、市工人文化宫开工改建，将用3年的时间建成名城广场，总投资为7.67亿元，开发规模为4.9万平方米。

30日　新“红日亭”举行落成交接仪式。新亭位于旧亭10多米处的南首，占地面积97平方米，工程总建筑面积132平方米，其中地下室建筑面积35平方米。

10月

7日　2013年第23号强台风“菲特”于1时15分在福建福鼎市沙埕镇沿海地区登陆，台风中心附近最大风力14级。受其影响，市区平均降水量达到100毫米，瓯江最高潮位达5.2米，创下历史之最。至上午7时，鹿城区已转移人口7600人，造成直接经济损失663万元，其中农林牧渔业直接经济损失200万元，工业交通运输直接损失120万元，其他经济损失343万元。农作物受损面积150公顷，停产工矿企业20个。西片藤桥部分村居受淹，城市被淹面积30平方公里。城区部分社区积水严重，最深处达1米，受灾人口15万人。

9日 《鹿城区流通环节散装食品管理办法试行》在全市率先出台，从而有效填补了自《中华人民共和国食品安全法》实施后全市在流通环节散装食品监管规范性文件上的空白。

9日 鹿城区离休老干部“绚霞”爱心服务队在省委组织部、省委宣传部、省委老干部局主办的“寻找最美老干部，同心共筑中国梦”活动中，获“最美老干部”团体称号，是温州市获此殊荣的唯一团体。

11日 永嘉大师塑像在“宿觉名山”前的松台广场树立。宿觉永嘉大师塑像高4.9米，象征大师在世49年，基高1.3米，代表大师圆寂1300年。

13日 七都街道卫生服务中心代表街道48位子女在外的老人与市中心医院签订了“社区家庭医生协议书”，由政府及老人协会买单，老人们只要支付一小部分费用，身边便有了一位健康“好卫士”。

13日 由区教育局授牌成立的鹿城早期教育指导中心在市区廪师里社区文体服务中心举行启动仪式，标志着全区早教进社区活动正式拉开序幕。

14日 鹿城区食品药品监督管理局推出“一站式服务”的餐饮行政审批运行新机制，涉及审批申请全区域受理、微信工作法、预约先期指导等举措。审批时间从12个工作日缩短至8个工作日。

15日 “玉清池”等16枚商标被区政府认定为第七届鹿城区名牌商标，“大红花”等17枚商标被延续确认为第七届鹿城区名牌商标。至此，区工商分局已培育鹿城区名牌商标142枚。

15日 浙江省律师协会授予浙江井朗律师事务所主任陈文俊“2010－2013年度浙江省优秀公益律师”称号。全市仅一人获此荣誉。

16日 鹿城区举行“千名干部进千企解千难”行动汇报会。会议强调，要始终坚持把企业帮扶作为当前经济发展的重中之重，精心组织、周密安排、狠抓落实，努力提振企业发展信心，确保“三千”行动取得实效，为全面振兴实体经济打下坚实的基础。

16日 省政协主席乔传秀一行在市领导陈一新、陈金彪、包哲东、仇杨均、余梅生等陪同下，到鹿城区看望鹿城籍省政协委员，并调研电子商务、实体经济等发展情况。

17日 鹿城市民监督团走进桂柑社区养老服务照料中心，学经验、话感受、提建议，合力打造居家养老“完美模式”。

18日 滨江街道东瓯智库创意产业开发有限公司、贝贝依依服饰有限公司作为鹿城8家企业代表在杭州参加浙江股权交易中心“创新板”开板仪式，成为该中心首批挂牌的475家“创新板”中的成员。温州市首批共有21家“小而优”的中小企业加入“创新板”。

18日 鹿城区人大常委会主任吴海燕率领鹿城区党政代表团到阿坝州壤塘县，开展鹿城、壤塘东西扶贫回访工作，并代表鹿城向壤塘县捐助帮扶资金300万元，用于帮助壤塘县改善农牧民居住、饮水、医疗条件等各类民生援建项目以及整修道路、扩建公路等基础设施项目建设。

21日 温州市第十五届运动会在市体育中心体育馆落下帷幕。在青少年部比赛中，鹿城队最终以242枚金牌、3908分，登上金牌榜和总分榜榜首。

21日 鹿城区与泰顺县开展山海交流合作活动，并向泰顺县捐赠山海协助结对资金120万元，用于帮扶泰顺欠发达村的基础设施建设、教育、劳务培训等。

21日 司法部部长、党组书记吴爱英在市委书记陈一新、省司法厅厅长赵光君、市委秘书长仇杨均及区长朱崇敏的陪同下，到鹿城调研司法行政工作。

21日 “温州电子信息城”在双屿物流中心试营业。这是温州首个集市场、物流、电商“三位一体”模式，以销售电子元件产品为主的专业市场。

22日 “中国诗之岛——江心屿杯”全国诗词大赛在温州和北京两地同时揭晓，经历4个月的评选，69件作品分获一、二、三等奖及优秀作品奖。

22日 滨江街道被国家卫生和计划生育委员会评为“第二批全国人口和计划生育依法行政示范乡镇（街道）”。温州市只有3个乡镇（街道）获此殊荣，鹿城滨江街道为其中之一。

24日 从勤奋路—百里路—江滨西路—车站大道—黎明路—人民路到雪山路，一条11.2公里长的橙色公共自行车道内环圈完成施工。该车道宽约2—2.5米，于3月启动建设，将改善市区骑行环境。

25日　“马孟容马公悫作品捐赠仪式”在温州博物馆举行，温州著名书法家马亦钊代表马氏家族向博物馆捐赠了自清道光以来马孟容、马公愚等马家历代书画名家作品及收藏品近千件。

26日　第十届中国艺术节暨第十四届文华奖在山东青岛落下帷幕，鹿城籍舞蹈家山翀主演的舞剧《铁道游击队》捧得文华大奖。上海昆剧团团长，鹿城籍名旦谷好好获2013年中国文化艺术节政府奖“文华表演奖”和“文华优秀剧目奖”。

31日　新华社、中新社、《浙江日报》、《钱江晚报》等10多家中央及省、市主流媒体走进后京电镀园区，开展“促进工业转型、升级高污染高耗能行业整治提升新闻采风”活动。

31日　区审批中心党代表工作室、区驻企办、双屿街道联合在鞋都文化广场举办驻企服务现场集中办公活动，将“连心桥”架到了企业“大门口”。

31日　由国家体育总局体操运动管理中心、中国健美操协会主办的为期4天的2013年“心桥杯”全国健美操冠军赛暨联赛总决赛在温州体育中心体育馆落幕。此次比赛共有全国各地大中小学院校及社会团体共100支代表队、1000多人参赛，其中包括8位世界冠军。

11月

1日　《鹿城区行政事业单位存量房产出租管理细则》正式实施，租赁双方从此“有章可循”。

2日　松台街道桂柑社区、郭公山社区、月湖社区顺利完成居民委员会换届选举工作，按照法定程序推选出新一届社区居委会成员，打响了鹿城区完成社区撤扩并后社区居委会换届选举工作第一炮。

5日　省委统战部副部长徐宇宁到鹿城区调研网络统战创新工作。徐宇宁在区委书记王立彤的陪同下，实地走访了鹿城网络界人士联谊会，并举行座谈，对鹿城区的网络统战工作给予肯定。

4日　区公共泊位管理服务中心的1000辆第三代改进型公共自行车陆续完成组装、验收，投入运营。

4日　“2013年温州市十大影响力政务微博”评选活动结果揭晓，“@平安温州”等10个政务微博最终脱颖而出，赢得了评委和网友们的青睐。“@温州鹿城发布”名列其中。

5日　温州市首家“婚姻家庭服务驿站”在鹿城区婚姻登记处正式成立。该驿站由鹿城区民政局和区妇联联合设立，即日起可为市民提供婚姻咨询、调解等帮助。

7日　全省残疾人庇护产品试点和庇护中心建设工作现场会在鹿城召开，省残疾副理事长陈王国、市残疾理事长夏克潘出席了会议。会后，中残联、省残联要各地积极借鉴“鹿城模式”。

7日　根据温州市中级人民法院的准予执行裁定书，区政府依法组织对双屿街道温化生活区危房改建范围内2户D级危房进行依法强制搬迁。该行动是《国有土地上房屋征收与补偿条例》颁布以来，鹿城区强制执行实施房屋征收补偿决定的首例。

7日　“对话留美精英——全美温州博士协会代表团返乡公益讲座”在市图书馆举行，林多樑博士、周健博士和林胜乐博士用浅显生动的语言向市民介绍美国教育、法律和经济的情况。该讲座由市侨联和《温州商报》主办。

9日，全美温州博士协会代表团与鹿城区科技工作者、商务、金融等部门及区高新技术企业和金融机构代表，围绕鹿城经济社会转型发展主题举行研讨会。

13日　鹿城区获省级“餐饮服务食品安全示范区”称号。

14日　温州环保达人白琼璟参加在波兰华沙举行的第十九届联合国气候变化大会，并在大会上发言，以自己打造中国首家“零排放”市场为例介绍碳汇造林“温州做法”，同时，讲述温州企业家参与低碳事业的故事。白琼璟参会资格是中国绿色碳汇基金会向大会申请的，他以志愿者代表的身份参加该次大会的志愿者专场及部分专题会议。

15日　松台街道组织开展首届全民终身学习活动周开幕式暨十八届三中全会学习会。全区各街道（镇）、社区的300多名机关干部参加了学习会。

15日　作为鹿城区第一家股改挂牌企业，藤桥禽业股份有限公司拿到了30万元股改挂牌政府奖励资金，这也是温州市发出的第一笔股改挂牌政府奖励资金。该公司于6月28日，率温州农业企业之先，在天津股权交易中心挂牌，是天交所唯一一家浙江企业。

18日　区人社局社保服务大厅开始增加业务办理时间段，除了正常的工作时间，在中午12点半至下午2点非工作时间段开放办理窗口。

19日 温州市一洲药品零售有限公司等15家药品零售商家成功挂上“明码实价示范店”牌子。至此，鹿城区“明码实价示范店”增为57家。

20日 2013年鹿城区第二届导游大赛决赛在广电中心演播大厅举行，20名复赛选手现场进行导游讲解、导游知识问答，才艺表演三个环节。最终产生了“鹿城区十佳导游”。

20日 《中国食品安全报》浙江站站长戴正聪一行3人到温州专题采访鹿城区食品安全监管工作。

22日 《鹿城区安置房统筹使用管理暂行办法》正式发布，为畅通安置提速“快车道”夯实了制度基础。该项举措在全市范围内尚属首创。

22日—26日 一年一度的浙江省农业博览会在杭州举行。鹿城区共有12家农业企业参展。藤桥牌熏鸡、山地乌骨鸡获农博会金奖，甜甜蜜蜜喜蜜、欧龙牌炝蟹、野生黄鱼获农博会优质农产品称号。

25日 第十二届中国（温州）合唱节开幕式暨专场音乐会在鹿城举行，全国近20个省、市、自治区的69支合唱团参加比赛。中国合唱协会理事长田玉斌在开幕式上致辞。音乐会还对获得中国合唱终身成就奖、杰出贡献奖，终身贡献奖的59位个人及优秀合唱团、优秀合唱团团长进行表彰。温州合唱团获优秀合唱团称号。

27日 《温州晚报》携手鹿城区委宣传部、区民政局、区慈善总会、区残疾人联合会、温广新闻综合频道推出鹿城区残疾人“十大自强模范”评选活动。

27日 浙江省音乐艺术权威奖项——首届“浙江音乐奖”颁奖盛典在浙江音乐厅举行，鹿城籍著名合唱指挥家邹跃飞凭借其在合唱领域的突出贡献，获得艺术成就奖。

28日 鹿城区劳动模范协会成立大会暨第一届会员大会在市工人文化宫召开，全区各级劳模代表120余人参加大会。会议审议通过了《温州市鹿城区劳动模范协会章程（草案）》等多个草案，选举产生协会第一届会长、副会长、理事。

29号 区侨联获“全国侨联先进单位”称号。

12月

1日 首届中国（浙江）全面小康论坛暨颁奖典礼在杭州举行，鹿城区获首届浙江全面小康十大示范县（市、区），这是温州市唯一获此殊荣的县（市、区）。

1日 由求是小康杂志社联合浙江日报报业集团共同举办的“首届中国（浙江）全面小康论坛暨颁奖典礼”在杭州举行。鹿城农商银行获首届浙江全面小康特别贡献企业奖 称号，成为温州市唯一获此殊荣的企业。

2日，在北京开幕的第九次全国归侨侨眷代表大会上，梁思礼等11人获中国侨界杰出人物称号。鹿城区七都侨界留守儿童快乐之家理事长周祥薇名列其中。

2日 由区文广新局、宗教局联合举办的纪念明代首辅黄淮活动在郭公山最胜寺居士林举行，并举行“黄淮纪念堂”开堂仪式。纪念堂内陈列有黄淮雕像、文集、家谱等珍品。

3日 “腾讯”“大浙网”一周年盛典峰会在杭州召开，鹿城区的“@温州鹿城发布”入选“浙江十大政务微博”。

4日 由市委宣传部、市司法局、市普法办主办，区委宣传部、区司法局、区普法办承办的“12·4”全国法制宣传日大型广场活动在松台广场举行，由此拉开2013年“12·4”全国法制宣传日系列宣传活动序幕。松台广场有54个职能部门180余名专业人士现场设点，接受市民的法律咨询。同时，还有法律知识竞答、法制漫画展及学生现场作画等活动。

5日 鹿城区已有93条道路完成空中供电管线“打包”入地工作。

7日 由区委宣传部、区社科联主办，鹿城农商银行承办的“瓯江讲坛”高端讲座在温州市人民大会堂四楼新闻发布厅举行。此次讲座特邀著名财经作家吴晓波教授主讲，主题为“十八届三中全会之后的经济改革”。

8日 上午6时，市环保局官方网站——“绿色温州”温州市环境空气质量指数（AOI）发布平台发布了12月6日14时—12月7日14时这一天内，温州市的空气质量指数为245，指数级别为五级，首要污染物为PM2.5，是以紫红色代表的“重度污染”。该指数当日全省排名第二。

9日 温州市鹿城区网络经济局正式挂牌成立。该局挂靠区商务局，以“虚拟机构，实体运行”的模式承担着拟定全区网络经济发展规划并组织实施，指导全区工商企业电子商务应用，培育重点电子商务企业和平台、扶持中小电子商务企业发展、推动电子商务产业园区建设等功能。

11日　鹿城法院召开新闻发布会，向社会公开解读该院搭建按揭贷款平台，破解网络司法拍卖一次性付款难题。这种“法银”直接对接的“鹿城模式”在省内尚属首创。

16日　五马街道“生育关爱幸福吧”正式启动，为育龄群众打造互助互享的全方位平台。该模式在全市尚属首创。

16日　应意大利2015年米兰世博会的邀请，作为中意文化交流活动，中国钢笔画艺术家、温州市鹿城区美术家协会常务副主席侯传芳将赴意大利举办钢笔画艺术交流展。12月13日—15日，侯传芳钢笔画艺术与两位意大利艺术家作品一起，在上海成功举办中意艺术家交流展预展。

17日　“马孟容马公愚艺术馆”在信河街飞鹏巷98号开馆，馆内展出了马氏家族珍藏的千余件藏品，包括书画、印章、手稿、信札、书籍等。

18日　鹿城区与阿里巴巴（中国）有限公司正式签订框架性协议，144家电商企业携手组建外贸电商运行平台。该平台为推动温州跨境电子商务工作发展开先河。

18日　全省首家温商服务中心在鹿城区行政审批中心开张，该中心将向回归温商、企业（组织）提供政策咨询、投资推介、信息服务以及项目受理和代办、诉求处理等综合性服务。

19日　第九届中国金唱片奖在北京揭晓，鹿城籍歌唱家吴涤清获得“流行类演员奖”、青年女歌唱家潘小芬获“美声类专辑奖”。

19日　由鹿城区风景旅游管理局推出的《鹿城智游》微旅行手册首发。该手册将旅游便民手册和网络视频与二维码“扫一扫”相结合，是以依靠手机看视频的方式了解鹿城实用旅游信息的智慧旅游手册。内容涵盖了鹿城旅游的精华景点、线路，并配合视频让游客更加直观地了解景点的相关信息。

20日　区广电新闻中心“记者帮忙团”——冬日送温暖活动正式启动。该活动联合温州市钢笔画研究会、区音乐家协会古琴分会、藤桥镇藤南社区共同举办。

22日　温州中加友谊馆、叶同仁中医药博物馆、瓯文化博物馆、洪殿社区生物标本展示馆、藤桥镇上埠头民俗博物馆、鹿城神韵贝螺展示中心等6家民办博物馆挂牌。这6家博物馆是鹿城区首批民办博物馆，均获得用于博物馆建设发展的奖励基金。

23日　康奈集团被全国总工会授予“全国厂务公开民主管理示范单位”称号。

23日　鹿城区公安分局出入境管理大队为70岁以上的老人开通绿色通道。这些老人可优先办理各类证照，无须排队；80岁以上老人还可享送证上门服务。

26日　鹿城区社会组织发展服务中心正式启用。该中心是温州市首家由政府委托第三方社会组织承接运营的社会组织服务平台，采用政府搭台、社会组织唱戏的操作模式，通过购买服务实现政府职能转移。

28日　温州各地迎来入冬以来的最低气温，鹿城区最低气温为-0.7摄氏度，入冬以来首次跌破零摄氏度。

30日　区委召开八届六次全体（扩大）会议，会议学习贯彻落实中共十八届三中全会和中央经济工作等有关会议、省委十三届四次全会精神，学习传达市委书记陈一新在市委十一届五次全会上所作的工作报告；回顾总结2013年工作，研究部署2014年任务；审议通过了《中共温州市鹿城区委关于认真学习贯彻中共十八届三中全会精神全面深化改革的实施意见》。

地理·环境

综 述

2013年，鹿城区耕地资源7.64万亩（其中水田4.91万亩、旱地2.73万亩）。全年最高气温出现在7月11日，为38.3摄氏度，最低气温出现在1月26日，为-0.8摄氏度，平均气温为19.3摄氏度。年内受“菲特”“苏力”“潭美”等几个强台风外围影响。年降水量为2194毫米。日照时数为1663.2小时。全区环境空气质量优良率为64.9%。酸雨量较2012年明显下降，霾的天气有较大幅度的增加，全年霾日数233天，但没造成重大的影响。

2013年，鹿城区的环境保护工作围绕生态创建、污染减排、重点行业和区域环境整治等中心工作，取得一定成效。水环境略有改善，但部分河段水质污染仍然严重。

全区完成13个省级绿色社区、15个市级绿色社区创建工作，完成10个市级生态村、8个区级生态村创建工作和7个行政村农村生活污水处理工程建设。

自然地理

【地理位置】 鹿城区地处浙江省东南沿海，瓯江下游内陆南岸。全境介于地理坐标北纬27° 58′ —28° 09′ 、东经120° 42′ —120° 47′ 。总面积294.38平方公里，东西长约41.43公里，南北宽约20.65公里。东接龙湾区，西南与瓯海区毗邻，最西与青田县相连，北濒瓯江与永嘉县隔江相望。

【地形地貌】 境内地貌由于受地质构造的影响，地势从西往东显梯形状倾斜。东部濒临瓯江，属冲积与海积平原，城区系瓯江下游平原，并分散着郭公、海坛、华盖、积谷、松台、巽吉、杨府等孤山与孤丘，多数在100米以下。海岸边是基石质和淤泥两种，有七都冲积沙洲，位于瓯江口。而西部系低山丘陵盆地区，占大部面积。

【郭公山】 别名西郭山，位于松台街道北部，突兀瓯江南岸，东西走向。长约0.08公里，均宽0.05公里，面积0.08平方公里，海拔17.20米。黄壤表土，旧时城跨其上，有岭名金锁岭。

郭公山　　胡明金 摄

【翠微山】 别名担水山，位于松台街道西部，东西走向。长约1.20公里，宽0.25公里，面积0.28平方公里。山麓有太平禅寺，因又称为太平山。该山系蚀余山丘，孤峙江岸，原与黄龙山相连，太平岭开为公路后，遂截然分开。表土黄壤。自然植被以茅草为主。绿化树木有樟、松、黑荆和喜树之类。

【积谷山】 别名飞霞山，位于五马街道东部。面积0.01平方公里，海拔38.7米。系蚀余山丘，表土黄壤。平面图呈谷囤形，故名。

积谷山　　宸　予摄

【松台山】　又名净光山，位于松台街道东部。长0.45公里，最宽处0.25公里，东西走向。面积0.09平方公里，最高点海拔39米。系蚀余山丘。盛栽黑松、雪松、金钱松等，亭台多所，梅、菊、紫薇等花木四时争艳。

松台山　　胡明金 摄

【海坛山】　其支阜称慈山，位于五马街道东北部。长约0.50公里，宽0.27公里，面积0.14平方公里。最高点54米。系蚀余山丘，表土黄壤。东麓地段在昔日为护城河上岸处，因而又名上岸山。该山濒临瓯江，树林茂密。

【华盖山】　别名资福山，亦作东山。位于五马街道东部，呈东南—西北走向。长约0.60公里，最宽处0.30公里，面积0.13平方公里，海拔56.80米。系蚀余山丘，表土黄壤。

华盖山　　古　月摄

【巽山】　又名巽吉山，位于滨江街道南北部。面积0.02平方公里，最高点海拔38米。山原名“巽山”，以地处“巽”位取义“吉祥”，因名。表土黄壤。植被有苦楝树、桉树、夹竹桃等。原旁有一小山，旧志称为“黄土”，为郡城“九山”之一。1952年，运其土石填塞百里坊（今称百里东、西路）河，夷为平地。

巽山　　宸　予摄

【杨府山】　别名瞿屿山，位于滨江街道北部。面积0.37平方公里，最高点海拔139.80米，系一蚀余山丘。表土黄壤。清乾隆《温州府志》载：“瞿屿山在城东二十里，独峙江滨。相传吴列女瞿素所居。”瞿屿之名缘此。北麓有杨府庙，背山面江，故山以庙名。

杨府山　　古　月摄

【西山】　位于松台街道南部，山之西南坡属瓯海区。面积约1.40平方公里；东部及北坡分属松台街道、双屿街道和瓯海区景山街道，面积约1.50平方公里。最高点海拔173米，旧称外营盘山。西山以位踞原永嘉郡城之西得名。东西走向，逶迤起伏，拥有10多个山头，各有名称。

【大球山】　位于滨江街道境内。平面图上似圆形，半径0.13公里。面积0.05平方公里，最高点海拔59米，系孤耸于平原之中的蚀余山丘，外形像半个大球覆扣地上，故名。20世纪90年代，因市政建设需要被炸去大半，仅剩残山，现为绣山公园。

【黄龙山】　又名白楼山，位于双屿街道西部，西南—东北走向。总面积0.29平方公里，海拔60米。山两侧各为黄龙、白楼等村庄，山名源此。表土黄壤。树木有松、桉、杨梅等。太平岭在山北麓。

【君子峰】　位于双屿街道南部，略呈东西走向。总面积2.33平方公里，海拔188米。表土黄壤。主峰突兀，高出诸山头，超俗拔群，故美称为君子峰，山以峰名。又习惯上沿山麓各处分别称作瓯浦山、马坑山、岭头山及渚浦山等。树木有松、杉、桉、水竹、毛竹和水果类的柑橘、杨梅等。山麓与太平山之间有梅屿岭，与西山之间有渚浦岭。

【卧旗山】　别名营盘背，位于双屿街道中部，濒临瓯江。面积0.12平方公里，海拔56米。表土黄壤。自然植被以松树为主。

【牛岭山】　位于双屿街道中部。面积0.16平方公里，海拔66米。表覆黄壤。东麓与卧旗山之间有一坡度很小的石路，名牛岭，山以岭名。植被以桉树、松树为主。

【下岭山】　位于双屿街道中部。面积0.06平方公里，海拔30多米。该山系崛起于平原中一座山屿。

东北隔温州—金华公路与牛岭山相对，下岭村坐落于北，山以村名。植被有水竹、松树等。

【屿头山】 位于双屿街道北部。面积0.05平方公里，濒临瓯江，海拔48米。以西麓屿头（自然村）得名。山上有多种种植园地。植被以桉、松树为主。

【大平山】 位于双屿街道南部。总面积1.24平方公里，海拔100米左右。表土黄壤。该山顶部地势平坦，故名大平山。山的两侧松树、水竹甚为茂密；梅屿岭、潦岭穿过山的东南、西北两侧，旧时皆为地方上交通要道。

【戴宅山】 位于双屿街道中部，东西走向。面积0.46平方公里，最高峰海拔96米。表土黄壤。南麓村庄名戴宅，山以村名。东端突出尖角山咀，群众习称戴宅钻儿。周围山麓大多辟为种植地。植被有松、杉、桉及毛竹等。

【石鼓山】 位于双屿街道中部，东西走。面积0.46平方公里，最高峰海拔152米。表层黄壤。石鼓岭过东北侧达仰义街道文武村。山以岭名，以其上有石形如鼓之故。植被以松树为主，间有农作物园地。

【嵇师尖】 位于双屿街道南部，西南坡属瓯海区郭溪乡。总面积1.27平方公里，海拔364米。黄壤表土。以东麓嵇师村庄得名。植被有松、杉、毛竹等。

【大岩山】 位于双屿街道西部。面积1.17平方公里，最高点海拔181.90米。表土黄壤。以山上巨石得名。植被有松、杉、毛竹等。

【官山】 位于双屿街道西部。面积2.13平方公里，最高峰海拔397米。该山许多地片在旧时属官家所有（意即政府所有），故名。表层黄壤，主峰周围土层较厚，颇多种园地。树林以松、杉、桉、毛竹等为主。

【白虎岩头】 山跨仰义、双屿两街道。面积0.41平方公里，最高峰海拔126.90米。山上巨石峥嵘，白岩似虎，故俗称白虎岩。黄壤表土，植被有松、枫、竹类等。

【洞桥山】 位于双屿街道中部。面积0.25平方公里。最高点海拔136米。表土黄壤，多裸露岩石。上多松树。洞桥原系东麓跨溪河的一座单孔拱形石桥的名称。1951年，改建为公路桥，桥名沿用。山以桥名。

【太山】 位于仰义街道中部。面积0.02平方公里，最高点海拔30米。表土黄壤。该山在瓯江之滨。屏障西侧诸村，故名泰山。省笔写成太山。植被以农作物为主。山麓桉树、水竹较多。东麓太山渡口、通永嘉县礁下村。

【黄山】 别名凤凰山，位于仰义街道中部。面积0.10平方公里，最高点85.40米。此山孤立平原之中。堪舆家谓系凤凰穴地，故美称为凤凰山，后省称作凰山，复由谐音演变成今名。山的南坡多岩石，可垦地少，上多松树；西北坡多种植园地。四周山麓植有水竹、桉树、杨梅。温金公路经过东麓。

【大茅平】 山跨仰义街道和藤桥镇上戍。总面积0.77平方公里，最高峰海拔297米。表层土为黄壤。相传山坪上多长茅草，故山以坪名。后省笔写成今名。山的西南、东北两侧有岭，名塘岭头（或塘岙岭）和官岭，通上戍。山上（仰义境内）有大笼川（自然村）。植被有松、杂树、竹类等。

【花尖山】 位于仰义街道中部。南北走向。面积 0.18平方公里，最高峰海拔227米。该山岩石嶙峋，土层浅薄，多灌木丛如杜鹃等。每逢早春，山花烂漫，花尖山之名源此。南麓辟为园地，种有番薯、茶叶等作物。

【五垄山】 位于仰义街道南部，南坡部分属瓯海区郭溪乡。面积1.01平方公里，主峰海拔475米。该山由五条山垄延伸布列而成，故名。表土黄壤，少量垦为种植园地。植被有松、灌木丛、毛竹等。西、南两侧各有岭通瓯海区郭溪乡的天长岭（山口）和宋岙底（自然村）。

【垟山】 位于仰义街道西部。面积1.03平方公里，最高峰海拔249米。表层覆盖黄壤土。山坡平缓处辟有梯田，种植水稻。俗称成片水稻田为田垟，故名垟山。山表土层较厚，多处辟为种植园地。植被有松、杉、毛竹等。

【大毛山】 别名长蛇山，位于仰义街道北部。南北走向。以山脊为界，西坡属瓯海区。总面积2.64平方公里，最高峰海拔242.3米。以山坡盛长茅草，得名大茅山。“茅”与“毛”普通话音近，遂于图上标为大毛山。又以山垄蜿蜒延伸似蛇行，故名长蛇山。山西北滨瓯江处又名石钟山，因一列巨石突起高达数十米，外形似钟而得名。石钟山翻水站即建于此。山之东南部昔有龙娘宫，曾是一方祷雨之所，故此处又名龙娘山。表土瘠薄，属黄壤。植被以松树、阔叶杂木、水竹、毛竹及杨梅等。亦有地块辟为种植园地。

【乌平山】 别名刀鹰岩山，位于仰义街道南部，面积0.82平方公里，最高峰378米。山顶巨石表面乌黑，平坦，故名乌平山。又以一扇岩石外形酷似老鹰（老鹰，温州方言称刀鹰）而称为刀鹰岩山。表土黄壤。山坡多种植番薯、茶叶等作物，亦有少数梯田种植水稻。植被有常绿叶树、阔叶树等。

【刀湾脑】 位于仰义街道南部，西北部属瓯海区。总面积1.63平方公里，最高峰海拔416米。表土黄壤。当地人以山峰形似表土斫柴刀头，俗称为刀弯脑，今名系谐音写法。山坡种植园地有番薯、茶叶等作物。自然植被有松、杂树等。东麓有竹类、柳杉和桉树等植物。

【崎风脑】 位于藤桥镇双潮西南部，与青田县交界，是凌云山向东北延伸的一支。主峰坡有师姑基、西坑两个自然村。有林业基地500亩。

【夏家山】 位于藤桥镇双潮西北部。东连下冯山，西接青田县界，北临瓯江。为低丘陵，最高处海拔348米。

【下冯山】 位于藤桥镇双潮北部，因村得名。东至下冯村，西接夏家山，南至黄茅坪，北达瓯江江岸。主峰海拔393米。

【尖头脑】 位于藤桥镇双潮东岙、荫溪潮埠两村之南。以山顶尖削得名。海拔327米。山南有龙泉头岗，东坡有芭蕉坑自然村，西坡有大坞自然村。植有松、杉等林木。

【龙娘山】 位于藤桥镇西部，石城门村西北面。相传山上原有龙娘殿，山以殿得名。海拔858米，为鹿城区最高峰。西北坡植被茂密，东南坡垦有番薯园地100多亩。南谷建有龙娘山水库。

【石鼓山】 位于藤桥镇南部底垟村境内。山上有石如鼓，故名。东临戍浦江。长1公里，宽0.70公里，海拔79米。山上植有松树，辟有茶园100多亩；山麓种植水竹。

【白脚坳山】 位于藤桥镇岙底西部，系凌云山迤东的一支，西南至东北走向，海拔400—600米，主峰海拔834米。

【岙头坪】 位于藤桥镇临江西南部，南坡属岙底。又山巅有小坪得名。海拔468米。山势较为平坦，植有松、杉等林木。

【大山头】 位于藤桥镇东北部。南坡属上戍，北坡属临江。以山巅有较大的平缓地得名。海拔457米。山上有松、杉及杂木，部分山地种植番薯、花生等作物。

【门前山】 位于藤桥镇临江东部江南上村与庄岩村之间。北濒瓯江，江南上村村民开门见山，故名。海拔200米。植被有林木柴草。

【科甲岭】 位于藤桥镇临江中偏东部，江南上村西侧。西南与门前山相连。山势平缓，仅高70米。北麓有渡口，对岸为永嘉县白垟下村。山以岭名。

【曹湾山】 位于藤桥镇坎上村北面。东南西三面沿戍浦江，北面是平原。以北麓有曹湾自然村得名；又因形似老鼠而俗称老鼠山。海拔57米。表层为黄土，种植蜜柑、番薯等作物。公路环绕山麓。

【上单山】 位于藤桥镇上戍北部。以山峰峭立得名，俗称上单尖。南起上桥村，北枕临江。海拔507.6米。山体多花岗岩，表层为黄土，植被有松树、柴草等。

【倒潭岩】 位于藤桥镇临江东部。北临瓯江，南连上单山。山中有一石岩，挺立在一深潭旁，岩影倒立潭中，故名。海拔465米。土质肥沃，植被有松木、杂树等。

【仙人头尖】 位于藤桥镇临江东部的沙头村西南侧，西接倒潭岩。山尖状似人头，故名。海拔364.30米。

【瓯江（鹿城段）】 浙江第二大河，发源于丽水市庆元县锅帽尖，干流长388公里，流域面积17958平方公里，流经鹿城区境内长度为53公里。从青田县石溪纳小溪流径温州的干流称瓯江，历史上曾名永宁江、永嘉江、温江、蜃江。梅岙以下河床才逐渐增大，江宽500—3000米，近海口区形成三角港，并纳楠溪江入海口。从源头到入海口，落差1250米。流经鹿城区的江面上，有西洲岛、江心屿和七都岛。瓯江年径流量195.5亿立方米，年平均含沙量在0.1公斤/立方米—0.2公斤/立方米之间。瓯江属强潮河，感潮河段长约90公里，平均潮差3.92米，最大潮差5.7米。最大表层涨潮流速2.59米/秒，落潮流速2.37米/秒（1959年5月龙湾断面实测）。

瓯江日出　　胡明金 摄

【戍浦江（鹿城段）】 瓯江下游主要支流之一，处于区境西北部，因下游段古称上戍浦而得名，又因系藤桥的主要河流，故别名藤桥江。发源于青田、瑞安、瓯海交界的奇云山北麓，经林垟乡过泽雅镇，称龙溪；东流至源口汇梅溪，转东北经戈恬、雅漾、藤桥垟岸汇葵溪，再经上戍在外垟埔口注入瓯江，全长44公里，流域面积247平方公里。上中游为山区，面积为225平方公里。占流域总面积91%，源口处集瀑、潭、泉、涧、滩、泷等景观，为瓯海西雁荡风景区。下游流域22平方公里，属境内。河道曲折蜿蜒，又受瓯江洪潮顶托、倒灌，洪水期常泛滥成灾。从外垟浦口至上游雅漾为感潮河，全长147公里，江面宽40—70米，水深1.2—3米，江底宽8—40米，水域现有10处小型水电站，容量为1525千瓦。

【温瑞塘河（鹿城段）】 聚瞿溪、雄溪、郭溪三溪之水，汇桐岭、岷岗、白云、大罗、吹台诸山溪流，至鹿城区南部的会昌湖，俗称上河厢，会昌湖至帆游桥称下河厢。鹿城段南郊十里亭村至南汇街道上田村，主干道长约4120千米，河床宽15—100米，水深1.5—6米，为境内至瑞安水路运输主干道。

【九山内河】 河自松台山脚落霞潭起，依九山南北路，东经胜昔桥、九山桥至百里西路，主道为南北走向。河长1050米，宽10—132米。原为海迹湖。历年来一直是温州人喜爱的天然游泳场所。

九山内河　　胡明金 摄

【九山外河】 河自任宅前的瞒鼓桥，往北流经清明桥、房管桥、农机桥、少年宫桥、游泳桥、体育馆桥、河通桥，到大桥头上游与勤奋河汇集，从勤奋水闸进瓯江。此河系古城区西向护城河。长1750米，宽15—27米，最窄处为1.5米。

九山外河　　寰 宇 摄

【葡萄棚河】 位于境内西南部，从东南向西北延伸，东南连各渎河，往十里亭、里垟殿、甲里桥、葡萄棚村、前黄村、台州桥，进西山河，全长2650米。过去西山河大部分洪水经葡萄棚河至各渎河从划龙桥过蒲州水闸进瓯江，勤奋水闸建成与勤奋河拓宽后，现葡萄棚河如遇洪水改为西北流向，往勤奋河南从勤奋水闸流入瓯江。河面宽35—70米，最窄处15米，河高约为1米，跨河桥梁5座。

【小南门河】 自解放南路广化桥始，往西向小南门跃进桥、内河公共码头，到温茶大桥与水心河连接，系古城南护城河。河长1300米，河宽15—60米，大部为30米，河高约2.50米，跨河桥梁3座，是航运、排涝相结合的河道。此河有东、西两端出口，东端经广利桥入花柳塘河，西端经水心河分别通往九山外河与勤奋河入瓯江。原小南门北岸建有内河客运公共码头，往西通三溪，往南通梧田、塘下、莘塍和瑞安城关，往东至龙湾，是区内主要内河运输码头。20世纪80年代初，随着公路发展，内河运输逐渐消失。

【勤奋河】 1964年7月，勤奋水闸建成并同时将勤奋河上游河道拓宽，并裁弯为直。上游从西山大河、往北过西山桥、新将军桥、将军桥、勤奋桥、涌金桥、半腰桥、粗糠桥、大桥头，经勤奋水闸入瓯江，全长3350米，河宽一般为42米，河高（吴淞）1.5—2米左右，过河桥梁8座。系境内主要泄洪主干河道。

勤奋河　　宸　予摄

【龟湖】 从南至北流向，区内主要排污河道，全长2300米，河宽20米，最窄处10米，河高（吴淞）2.5—3米，并建有单孔3.5米宽排污控制闸1座，定期将境内的各河段污水汇集至龟河后进瓯江。

龟湖　　亭　亭摄

【山前河】 从大南门（旧称瑞安门）广利桥从北向南，经解放南路西侧，通虞师里桥、南蝉桥、电化厂桥、洞桥、汇车桥，折东又过河屿桥、飞霞南路公路桥、经茶院寺入南塘河，河长为1400米，河面宽是10—12米。广利桥至南蝉桥420米的河段与洞桥上下100米河段处，现已填塞，其他一些河段亦有填堵，跨河桥梁7座。

【吕浦河】 自温瑞塘河米筛桥，从西向东，过吕浦桥、小坝节桥、医学院路咸与桥、洪殿河至黎明水闸排入瓯江。全长2800米，河面宽40米，最宽处50米，最狭26米，河高（吴淞）一般为1—2.5米，跨河桥5座。吕浦河是排洪、灌溉的主要骨干河道，又是三溪、小南门、梧田、瑞安到上陡门河入江的水运航道。供应区内市民饮用水的东向自来水厂，就设在左岸吕浦桥附近，水源取自吕浦河。

【双井头河】 河自医学院路支农桥起，和龟湖相通，自北向南，折东依学院路到双井头，转南过温州市气象台桥，东向自来水厂，入吕浦河，全长2450米。该河道从吕浦河到双井头河段宽约为25米，最宽为35米，沿医学院路一段仅7米，河底高程（吴淞）1.5米，跨河桥仅横渎桥1座。

【杨府山涂河】 坐落于杨府山西北麓，涂河纵横联网，不仅有南流向北，又有以西向东，起于西端黎明水闸外浦东面，向东流往上涂、下涂到上新田止，全长7200米，河宽约3米左右，跨河大小桥19座，中涂河段由黎二村水闸排入瓯江，其余由涵洞分别排入蒲州河与瓯江。

【划龙桥河】 自西往东流向，自温瑞塘河的丽田桥（原金龙桥）向东经划龙桥、上田大桥、老上堡、旺增桥、温强公路、中蒲州，从蒲州水闸流入瓯江，全长6150米。河宽40—45米，最窄处16米，河高（吴淞）2米左右，跨河桥梁6座。系温瑞塘河通龙湾状元镇瓯江水运航道。

【广化河】 从日陶厂南勤奋河（原横河）由南至北，经广化桥、烈士路浦桥，到广化水闸流入瓯江，全长1600米，河宽17.5米。最窄处13.5米，一般为15米，河高（吴淞）2米，跨河桥3座。

【会昌湖】 区内古城西南河流总称。唐会昌四年，太守韦庸重浚治之而名。源自瞿溪、雄溪、郭溪三溪之水。会昌湖河道为二。一称西湖，自瓯海区旸岙，下西山，往净水、将军桥，折北至勤奋水闸，湖长10.7公里。旸岙到新桥河段为新桥河；向东北至温瑞塘河，向北绕西山以下是西山大河；至将军桥到勤奋水闸称勤奋河，河宽50—150米，最宽为230米，水深2—6米。另一称南湖，以温瑞塘河北段为主。会昌湖地质上称之海迹湖，经历代人工围垦开拓而成。

会昌湖　　宸　予摄

【七都湖泊渠】 七都是瓯江下游泥沙淤积而成的中央涂，1300年—1000年前形成上沙、老涂，吟州的古沙群，200年—150年前而成的东江沙、前沙的沙洲，因沙洲的发育成长，汊道淤塞。《永嘉县志》载：清顺治十八年（1661）迁弃，“清康熙九年（1670）后复迁回。”旧属膺符乡第七都，俗称七都涂。

1956年，岛民把前沙、吟州、老涂界港汊筑坝堵浦，形成长2700米、宽150米七都湖（中心湖），可蓄水50万立方米。又疏浚旧河道，与七都湖沟相连，形成七都岛河渠水网，河道长22475米，一般水深2米，总蓄水量为64.84万立方米。其中，主河长2375米，平均宽度127米，支河长20200米，平均宽度15.20米。

其支河老涂有：秧子河、龙船河、江儿河、陡门河；上沙有：樟里河、高殿河、深水河、板桥河、涨浦河、水湫河；吟州有：东江河、横塘河、浦西河；前沙有：大段河、百三河、单百河、水流河、浮沙段河。

【葵溪】 俗称岙底溪。位于藤桥镇岙底中部、藤桥镇北部。清光绪《永嘉县志·叙水》载："葵溪，在泰清乡二十五都，水出夏岙。"夏岙即今小岙。葵溪源出白脚坳、田脚、黄连坑等山地，至丁埠头与林路、底坦、吊降等溪汇合，向东流经小岙、玉林、呈岸等地，东出藤桥镇的樟树，经垟岸注入戍浦江。长9公里，中下游最宽处50米，最窄处30米。受益农田1000多亩。

【南溪】 别名潮埠溪。位于藤桥镇双潮中部。明万历《温州府志》，清乾隆、光绪《永嘉县志》均作殷溪。主源西坑溪，源出双潮、五凤垟交界处，北流至茅垟村南部，汇合东坑溪，至潮埠北入瓯江。长8公里，最宽处约15米，茅垟村利用东坑溪水，灌溉农田约100亩，并建有胜利水电站。

【风门河】 风门河又名双屿河。位于双屿街道境内。东起南汇街道瓯浦垟村，西向延伸经营楼桥、垟田等村辖境，复折向北，沿温金公路西侧至岩门村入仰义街道境内，全长6公里，系常流淡水河。

河以东段经过双屿、南汇两街道接壤处的风门坳得名。又以流贯双屿街道平原全境被称为双屿河。风门河绝大部分系1949年后依靠人力挖成。1950年冬，温金公路双屿段动工建造，应群众要求，路基所需土方由两侧挖掘改为一侧挖掘，成为一段新河道。现在的风门河中南北向河段就是当时完成，其后仅稍予加宽加深。1952年春，风门坳河段动工挖成。1955年冬，最后完成垟田村境内一段。施工标准是面宽15米，底宽3米，深3米。正常水位深1.5米左右，宽4—6米。

风门河南通会昌湖，西接仰义水库与石钟山翻水站，沿途沟通纵横河道，构成一个完整的水利网系。

【双桥河】 位于南汇街道双桥村附近，故名。往北与浦桥河连接河道称为十八湾河，黄龙村附近岔道称为黄龙浃。长约2公里，宽约10米。

【水井】 相传晋时郭璞营造白鹿城时，为应着天上二十八颗宿星，曾开凿了28口井，素称"二十八宿井"。由于社会的发展和历史的变迁，部分水井的水质受到污染，有的水井已经废圮。

二十八宿井现状

表9

井名	地址	保存现状	井名	地址	保存现状
县前头井	原法院后面	污染	海坛山下井	七枫巷东端	水质清冽
角井	康乐坊东头	可饮用	三牌坊井	三牌坊西头	水质污染
双墙井	康乐坊173弄内	污染	桂井	桂井巷东头	污染
简讼井	小简巷东面	水质清冽	屯前街井	屯前街中段	井内已填塞
永宁坊井	永宁巷内	可饮用	三港殿井	百里西路172弄	可饮用
华盖山炼丹井	县前头1号东首	可饮用	下岩石井	郭公山下	污染
奎壁井	县学前军分区内	可饮用	白鹿庵井	水门底	水质清冽
八轮井	瓦市殿巷东头	可饮用	积谷山下冽井	中山公园春草池边	可饮用
天宿井	横井巷中段	可饮用	应仙井	应道观巷40号	已废
义井	谢池巷东头	井内已填塞	施水寮井	施水寮巷内	已废
金沙井	松台山东麓	已废	仙人井	松台上巅	污染
甜井	甜井巷中段	污染	铁栏井	铁井栏7号	可饮用
府署井	东公廨巷中	可饮用	八角井	松台广场	污染
道署井	市政府大院内	已废	墨池	墨池坊	可饮用

据2004年调查，二十八宿井中水质较好或尚可饮用的有15口，污染的7口，已废的6口。

【七都岛】 位于区内东部江中，系瓯江下游呈椭圆形的冲积岛。东西长6公里，南北宽3.10公里，江岸总长度18.40公里，总面积12.70平方公里。岛周围水深2—11米，东南浅，西北深。地势平坦，海拔平均3米，最高不超过4米。耕地1.13万亩，属淡涂泥田。植物区系丰富，维管束植物84科239属347种。河渠密布，主干河道21条，老涂、吟州、樟里、板桥、上沙与前沙中间隔一条浦，1956年，岛上居民筑坝堵浦进行合围，成为淡水湖。岛受瓯江径潮、潮水双重作用，潮汐属不规则半日潮，农历八月十五日左右潮最高，极限纪录为6.33米。遇台风暴雨，极易造成全岛淹水、交通隔绝。七都大桥建成后，使岛陆贯通。

【江心屿】 位于瓯江下游，城区北面江中。据古书载，江心孤屿系两个小岛，中贯川流，中川有小山，称孤屿，岛因此而名。宋绍兴间蜀僧青了奉诏填塞中川，将两岛连一体，建中川寺于其上。屿上有东、西两山，东山海拔高25米，西山海拔高20.30米。屿的南侧江中有象岩、狮岩两礁石，上设灯桩。西部滩涂属河海混合相的淤泥、亚黏土组成。由于瓯江河流变迁，港口治理，西北部泥沙不断淤积延伸。1979年后，有关部分进行扩建，屿东西长2780米，南北宽200—370米，总面积达0.71平方公里。

【西洲岛】 位于瓯江中游藤桥镇，岛形椭圆形，岸线长4200米，东西长2000米，南北宽1000米，面积1.90平方公里。西部一山丘临江兀立，名鹤楼山，海拔74米。岛上有3座小山，有烽火台、龙王寺、天王寺、湖中亭。山植有松林，坡辟有梯田。东部系江流泥沙冲积平原，沙质土壤。

自然资源

【土地】 2013年，鹿城区总面积为294.38平方公里。有耕地资源7.64万亩（其中水田4.91万亩、旱地2.73亩）、园地0.43万亩、林地15.56万亩、草地1.46万亩、城镇村及公矿用地10.09万亩、交通运输用地1.41万亩、水域及水利设施用地6.15万亩、其他土地0.82万亩。年内，减少耕地1069.20亩，其中国家基建用地67.8亩，城镇村工矿用地1001.40亩。

【矿产】 鹿城区境地处环西太平洋东南沿海中生代火山岩带，广泛出露中生代次山——侵入岩。区内矿产资源有铅锌矿、多金属矿、镜铁矿、金矿、伊利石矿、钾长石矿、高岭土、花岗石、泥炭、气点等。矿产地19处，以伊利石为优势矿种，主要在藤桥镇双潮渡船头村。曹平——丘山铅锌矿可供少量开采，主要在藤桥镇和仰义街道。

【水文】 2013年，境内河道属瓯江流域，流域面积3649平方千米。鹿城区内共有省级河道一条（瓯江），长为74.86千米市级河道28条，长为36.18千米；县级河道31条，长为73.25千米；县级以下河道298条，长为347.56千米；河流总长度531.9千米，河网密度5.50千米/平方千米，径流总量8.20亿立方米，径流总量为195.50亿立方米。主要支流有戍浦江等。

【森林】 2013年，全区森林面积1.13万公顷，活立木蓄积40万立方米，森林覆盖率39.32%。全年完成人工造林面积2712.60亩，其中城市绿化300亩，公路绿化156亩，江（河）绿化75亩，平原片林（苗圃）绿化400亩，村庄绿化202.60亩，山地造林1579亩。森林树种有乔灌木1016种，隶属112科；其中被子植物972种，隶属103科；裸子植物44种，隶属9科；主要经济作物有杨梅、瓯柑、茶树、乌桕、板栗、山鸡椒、柿、枇杷等13种。主要造林绿化树种有松木、柳树、樟树、鹅掌楸、枫树、木荷、枫杨、白花泡桐、红豆杉等16科、23种。珍稀树种有受国家一级保护的世界濒危树种红豆杉、受国家二级保护的濒危树种鹅掌楸、受国家二级保护的濒危树种香果树和湿地树种红树林等。

【海洋生物】 境内水产资源有鱼类111种，隶属13目33科83属，主要有鲥鱼、中华鲟、香鱼、凤鲚、短尾鲚、鳜鱼、棘头梅头鱼、黄姑鱼、弹涂鱼、脊尾白虾、刀额新对虾（蚕虾）、中华鳖、大鲵（娃娃鱼）等。而淡水养殖有草鱼、鲢鱼、鳙鱼、鲫鱼、鲤鱼等。全年淡水产品产量621吨。

另据河口段型水生生物洄游性特征，瓯江水域有鳗鱼汛（冬春）、蟹苗汛（春夏）、子鲚汛（夏）、香鱼汛（秋冬）、青蟹汛等。

气 候

【概况】 2013年，鹿城区的气候特点是：平均气温略偏高，降水量偏少，日照时数偏多。年初，全市持续阴雨，日照少、湿度高，气温较低。初春，天气持续晴朗，气温快速回升。3月中下旬，气温维持较高水平。春季中期，降水较少，日照较为充足。初夏，梅雨期多暴雨天气。梅雨结束后的夏季，受副热带高压控制，多晴热高温天气，出现干旱。夏季及初秋多台风外围影响，秋季中期的10月上旬及中后期受“菲特”台风正面袭击，造成严重灾害。冬季初期，多晴好天气，但在向冬季中期过渡时段内的较强低温过程使局部蔬菜产生冻害，高海拔区域的一些供水设施受冻损坏。

全区降水量各地基本上较平均值偏少。各时期中偏少最多的是夏季到秋初，其间降水的显著偏少。

全年平均气温总体上略偏高，但与历年平均值相比，冬季偏低，夏季偏高，夏季高温造成一定的热害，冬季低温导致了一些局部冻害。

【气温】 2013年，全区平均气温为19.3摄氏度，较历年平均值偏高0.8摄氏度。从月季变化上看，2013年最低月平均气温出现在1月，1月—7月月平均气温保持稳定较快地升高，7月—8月略有升高，8月—12月保持稳定较快地降低。从各月份的距平上看，2013年12月偏低最多，4月、11月、1月略偏低，其他月份均偏高，其中以8月偏高最为明显。全区2013年各月平均气温与历年同期平均值的比较情况见下表：

2013年鹿城区各月平均气温与距平

表10　　单位：摄氏度

月份	1	2	3	4	5	6	7	8	9	10	11	12	年平均
2013年	8.20	10.20	13.80	17.10	22.30	26.00	29.70	30.00	26.50	21.90	15.80	9.70	19.30
历年	8.70	9.90	12.70	17.30	21.80	25.20	28.70	28.40	25.80	21.40	16.10	11.00	18.50
距平	−0.50	0.30	1.10	−0.20	0.50	0.80	1.00	1.60	0.70	0.50	−0.30	−1.30	0.80

2013年，全区的极端最高气温为39.4摄氏度，出现在8月8日，最低气温为12月28日的-0.7摄氏度2013年的年平均气温与历年的比较情况见下图。

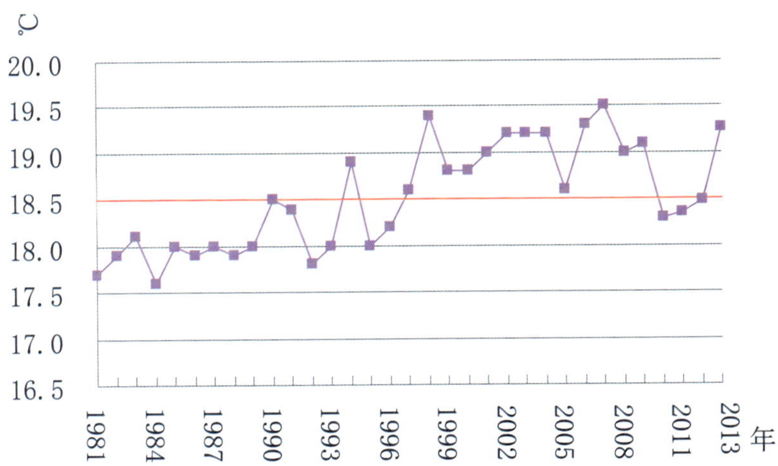

图11 1981—2013年鹿城区历年平均气温演变

【降水】 2013年，全区年降水量为1510.90毫米，最大日降水量为214.30毫米，出现在10月7日、8月22日，分别在“菲特”“潭美”台风影响期间出现。总降水量在地域上的分布大致呈南部由中间向东西两侧递减，北部由北向南递减的分布趋势。从各月份的距平上看，2013年除10月显著偏多、12月明显偏多外，2月、4月、5月、6月、11月基本接近历年同期平均值，7月、8月、9月显著偏少，1月、3月明显偏少。全区的各月降水量及其与历年同期平均值的比较情况见下表：

2013年鹿城区各月降水量与历年同期平均值比较

表11　　　　单位：毫米

月份	1	2	3	4	5	6	7	8	9	10	11	12	年
2013年	22.60	97.60	104.20	118.10	204.00	257.90	62.30	181.60	65.90	230.80	69.10	96.80	1510.90
历年	66.50	77.90	146.10	139.60	191.80	270.80	196.00	253.70	216.40	80.90	71.50	55.30	1766.50
距平	−43.90	19.70	−41.90	−21.50	12.20	−12.90	−133.70	−72.10	−150.50	149.90	−2.40	41.50	−255.60

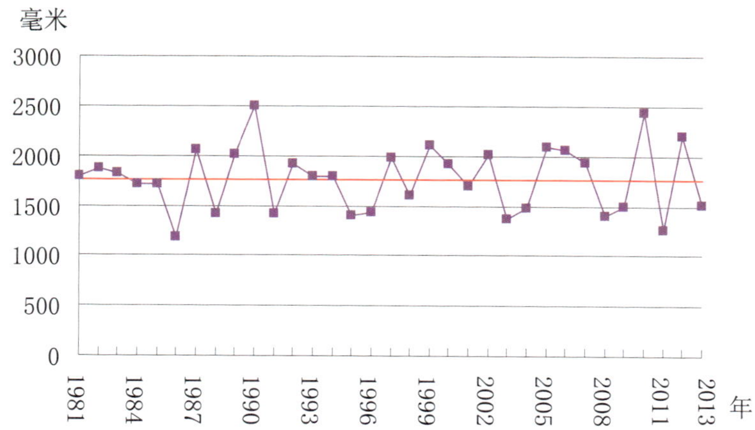

图12 1981—2013年鹿城区历年降水量演变

【日照】 2013年，鹿城区总日照时数为1663.20小时，各地日照时数均较历年平均值偏多，日照总时数在地域上的分布大致呈海岛多大陆少、平原多山区少、南部多北部少的分布趋势。

月季变化上看，全年中3月、7月、8月、9月、10月偏多；2月、5月偏少；其他月份基本接近历年同期平均值。各月的变化，总体上呈单峰型，峰值在7月，但向两侧呈波动递减。各月的日照时数及其与历年平均值的比较情况见下表：

2013年鹿城区各月日照时数和历年同期平均值比较

表12　　　　单位：小时

月份	1	2	3	4	5	6	7	8	9	10	11	12	年
2013年	99.90	37.00	142.70	121.30	99.10	115.70	240.00	209.60	166.50	187.70	118.10	125.60	1663.20
历年	98.70	91.80	99.00	119.00	126.30	119.10	193.90	179.60	154.00	149.40	119.40	119.80	1570.00
距平	1.20	−54.80	43.70	2.30	−27.20	−3.40	46.10	30.00	12.50	38.30	−1.30	5.80	93.20

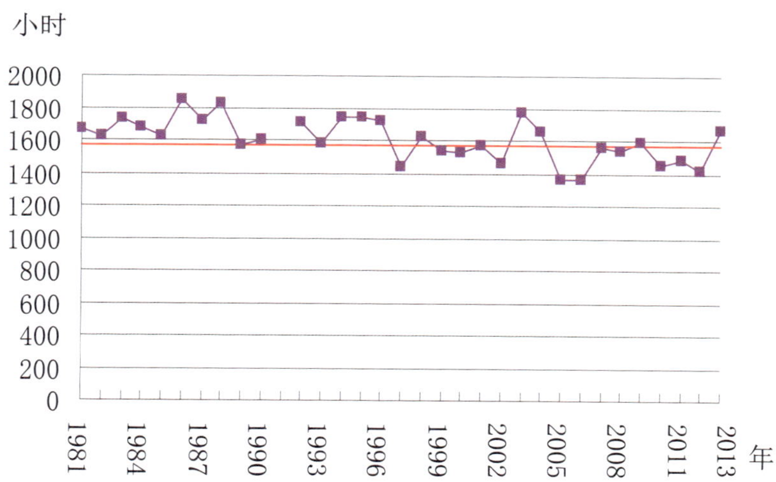

图13 1981—2013年鹿城区历年日照时数演变

【强对流】 3月初，鹿城区受冷空气影响，气温下降较快，最低日平均气温降达7.6摄氏度；过程最低气温降达3.9摄氏度，分别出现在2日和3日；局部山区的最低气温降达−2摄氏度以下。各地气温从3日白天开始快速回升，8日最高气温达29.8摄氏度，日平均气温达18.5摄氏度，中下旬气温一直在围绕均值上下波动，趋势较为平稳，该期间内全区日平均气温只有一天低于10摄氏度，为8.9摄氏度。

【倒春寒】 4月5日—7日，全区受冷空气影响，5日各地出现中到大雨，各地在本次过程中的最低日平均气温均出现在7日，为12.1摄氏度，大部分地方维持在11摄氏度以上，各地均没有出现连续3天日平均气温低于11摄氏度的天气，没有达到倒春寒标准，所以总体影响较小。

【梅雨期】 6月上旬后期，鹿城区进入多雨期，其中6月11日—14日降水最为集中，其间普遍出现大雨，局部暴雨，该4日内过程降水量普遍达到70—110毫米，个别站达到160毫米。其中，以13日降水量最大，该日各地普遍出现大到暴雨。15日后，全区转入副热带高压边缘影响，总体以多云天气为主，气温升高，但多局部雷阵雨。15日—21日的降水均为短时阵性降水，具有时间短局地差异大的特点。

【热带风暴“苏力”】 于7月8日8时，在台湾省台北市东偏南方向约2540公里的西北太平洋洋面上生成，生成后强度快速发展，至10日2时发展成超强台风。“苏力”生成后一直稳定向西北偏西方向移动，于13日3时在台湾新北市和宜兰县交界处登陆，8时进入台湾海峡，16时在福建连江县黄岐半岛再次登陆，后先向偏西方向移动，后向西北方向移动，强度快速减弱，于14日3时进入江西省，5时减弱为低压。

受台风“苏力”外围影响，全区出现较为明显的降水和大风过程。7月12日20时—7月14日20时，全区雨量44.7毫米。台风“苏力”给全区农业、水利、交通、电力等基础设施造成一定损失。

【热带风暴“潭美”】 于8月18日2时，在台湾省台北市东偏南方向约730公里的西北太平洋洋面上生成，于22日傍晚前后擦过台湾北部沿海，22日02时40分前后在福建省福清市沿海登陆，登陆时近中心最大风力35米/秒（12级），中心气压958百帕，登陆后穿过福建中北部于22日下午进入江西省境内，并于23日05时减弱为热带低压。

台风“潭美”主要有以下几个特点：一是生成源地近。“潭美”生成于距离台湾省台北市东南方向约780公里的洋面上，较2013年第7号台风“苏力”生成地偏近约1800公里。二是初期路径较复杂。“潭美”刚生成时向偏东方向移动，造成这种少有的路径是由于其当时受到一个东海热带低压的影响即“双台风效应”。三是与西南季风相结合。“潭美”生成于季风槽，与西南季风结合紧密，水汽输送条件较好，导致带来的降水较强。四是云系范围广。“潭美”云系横亘2000多公里，影响范围广。

“潭美”给全区带来了风力强、降雨大、潮位高的影响。同时，“潭美”带来的雨水，使旱情得到基本解除。

【热带风暴“菲特”】 于9月30日20时在菲律宾以东洋面生成，生成后向偏西方向移动，强度逐渐加强，10月1日17时加强为强热带风暴，3日5时加强为台风，4日17时加强为强台风，于7日1时15分在浙闽交界处（福鼎沙埕镇）登陆，登陆时强度为强台风，中心气压955百帕，近中心最大风力42米/秒（14级）。

10月6日08时—8日08时，鹿城区平均雨量为216.10毫米，同时，受台风“菲特”影响，沿海及沿海平原地区普遍出现10—12级大风。

“菲特”强台风的正面袭击，给全区农业、水利、交通、电力等基础设施造成一定损失，其中农林牧渔业直接经济损失200万元，工业交通运输直接损失120万元，其他经济损失343万元。农作物受损面积150公顷，停产工矿企业20个。西片藤桥部分村居受淹，城市被淹面积30平方公里，城区部分社区积水严重，最深处达1米，受灾人口15万人。

物　候

【概况】 物候是生物的周期性现象（植物的发芽、开花、结果、候鸟的迁徙，某些动物的冬眠等）与季节气候的关系。过去人们借以物候现象开始农事活动，如梨始花，就作为早稻播种时节的标志；朴树始花，即可进行早稻浸种催芽；柑橘开花，就进行大田插秧；海桐盛花，种麻时间到了等等。物候还可以预测一些害虫活动，并对养蜂、林业、医学、运输业也有一定的参考价值。同时，也受纬度、海拔、地形等地理因素的影响，所以在物候的观察、应用上，也就有一定的局限性。

【鹿城主要农时】 四月下旬，早稻插秧，播种黄麻，割油菜子。五月上旬，早稻插秧后期，中旬，甘薯作垄压藤。五月下旬至六月上旬，早稻分蘖盛期。五月底至六月中旬，二季茶采收。六月中旬，早稻杨花。七月下旬至中旬，早稻开始收割，荸荠下种。七月中旬，收获席草。七月底到八月下旬，种植黄豆，菱角上市。八月上旬至下旬，晚稻分蘖盛期，薯块膨大。八月底至九月初，种白菜。九月上旬至下旬，甘薯始收。九月上旬至十月上旬，收芋艿。十月上旬，播种冬菜，中下旬播种油菜，菱角盛收。十月上旬至十一月下旬，摘蜜柑。十月下旬至十一月下旬，晚稻收割。十一月初至十二月，冬种麦。十一月中旬至十二月底，种大麦。

物候历

表13

物候季	月份	物候现象	平均日期（日/月）	最早日期（日/月）	最晚日期（日/月）	多年变幅（天）	主要农事
初春	二月	桧柏发芽	17/2	9/2	26/2	17	—
		侧柏盛花	24/2	10/2	5/3	17	—
		山桃始花	25/2	10/2	11/3	29	—
		终霜	25/2	19/2	3/3	11	—
		垂柳发芽	28/2	14/2	14/3	28	—
	三月	梅盛花	1/3	20/2	9/3	25	平整秧田
		玉兰盛花	2/3	21/2	11/3	18	—
		白蚁出飞	4/3	17/2	20/3	31	—
		樱桃始花	4/3	18/2	15/3	25	—
		枫杨发芽	5/3	28/2	13/3	18	—
		雷电始动	5/3	14/2	29/3	43	—
		粉蝶始见	13/3	1/3	25/3	25	—
		水蜜桃始花	14/3	5/3	23/3	18	—
		垂柳始花	15/3	3/3	27/3	24	—
仲春	三月	樟叶落	17/3	11/3	1/4	21	早稻浸种催芽
		朴树始花	21/3	18/3	25/3	7	—
		梨始花	25/3	21/3	29/3	8	早稻播种
		榆发芽	25/3	11/3	10/4	30	—
		碧桃始花	27/3	14/3	1/4	18	—
	四月	法国梧桐展叶	3/4	27/3	10/4	14	早茶采收
		荠菜始花	4/4	30/3	8/4	9	—
		紫藤始花	6/4	1/4	12/4	11	—
		枫杨始花	8/4	1/4	15/4	14	—
		蛙始鸣	12/4	6/4	23/4	17	—
		紫燕始见	13/4	5/4	20/4	15	油菜终花
季春	四月	樟叶盛	16/4	1/4	1/5	30	冬小麦扬花
		柳絮飞	16/4	4/4	28/4	24	—
		鸢尾始花	19/4	12/4	26/4	14	—
		蔷薇盛花	20/4	17/4	22/4	5	—
		梧桐放叶	21/4	16/4	26/4	10	—
		荷叶生	25/4	17/4	4/5	17	—

续表13

物候季	月份	物候现象	平均日期（日/月）	最早日期（日/月）	最晚日期（日/月）	多年变幅（天）	主要农事
	五月	柑橘盛花	26/4	22/4	30/4	8	早稻插秧
		海桐盛花	27/4	18/4	7/5	19	播种黄麻割油
		黄檀发芽	2/5	22/4	12/5	20	菜籽
		苦楝始花	2/5	25/4	12/5	17	—
		石榴始花	4/5	27/4	10/5	13	—
		枇杷果黄	9/5	1/5	18/5	17	—
季春		苦楝花残	10/5	7/5	13/5	6	—
		黄瓜上市	10/5	1/5	19/5	18	—
		百合始花	11/5	2/5	20/5	18	—
		夹竹桃始花	19/5	11/5	26/5	15	—
		杏实熟	20/5	17/5	22/5	5	—
		大山朴盛花	24/5	16/5	1/6	10	早稻插秧后期
		山桃果熟	31/5	23/5	8/6	15	甘薯作垄压藤
		女贞始花	7/6	29/5	15/6	17	早稻分蘖盛期
		紫李实熟	7/6	5/6	11/6	8	二季茶采收
初夏	六月	杨梅成熟	8/6	30/5	17/6	18	—
		玉瓯始花	8/6	1/6	14/6	13	—
		蜀葵花到顶	15/6	10/6	19/6	9	—
		蝉初鸣	17/6	10/6	23/6	13	—
	六月	梧桐始花	20/6	15/6	25/6	10	—
		黄檀始花	25/6	17/6	2/7	15	早稻扬花
		梧桐盛花	16/6	23/6	28/6	5	—
仲夏		葡萄成熟	6/7	1/7	12/7	12	早稻开始收割
	七月	甜瓜成熟	12/7	7/7	15/7	8	荸荠下种
		莲始花	20/7	29/6	5/8	36	收获席草
		茭白拔节	22/7	15/7	29/7	14	—
		紫薇始花	11/8	28/7	25/8	28	种植黄豆，
		枫杨落果	15/8	8/8	21/8	13	菱角上市
	八月	梧桐实熟	18/8	8/8	21/8	13	—
		鸡冠出顶	18/8	5/8	1/9	25	晚稻分蘖盛期
		木槿始花	20/8	2/8	1/9	35	薯块膨大
		木槿盛花	7/9	24/8	1/9	7	种白菜
季夏	九月	鸣蝉绝响	15/9	5/9	24/9	19	甘薯始收
		木芙蓉始花	30/9	20/9	10/10	20	收芋艿
	十月	丹桂始花	7/10	4/10	9/10	5	播种冬菜
		黄檀叶落	7/10	2/10	12/10	10	—
		榔榆始花	9/10	3/10	14/10	11	播种油菜
初秋		黄檀实熟	15/10	10/10	20/10	10	菱角盛收
		橘实黄	17/10	10/10	23/10	13	—
		燕南飞	17/10	14/10	20/10	6	—
		梧桐叶落	30/10	6/10	23/11	48	摘蜜柑

续表13

物候季	月份	物候现象	平均日期（日/月）	最早日期（日/月）	最晚日期（日/月）	多年变幅（天）	主要农事
仲　秋	十一月	菊始花	4/11	22/10	17/11	26	—
		水杉叶全变色	5/11	11/10	1/12	50	—
		苦楝叶落	8/11	24/10	22/11	29	晚稻收割
		榔榆实落	18/11	1/11	4/12	32	—
		槭叶变红	19/11	2/11	1/12	22	种冬麦
季　秋	十二月	女贞实熟	7/12	30/11	14/12	14	种大麦
		垂柳叶黄	7/12	7/11	2/1	16	
冬　季	十二月	樟树果熟	9/12	6/12	12/12	6	—
		枫叶全红	12/12	4/12	20/12	16	—
		全钱松叶全变色	12/12	28/11	24/12	27	—
		枇杷盛花	15/12	6/12	22/12	17	—
		初霜	18/12	9/12	26/12	17	—
		初雪	20/12	13/12	26/12	13	—
	一月	山茶始花	1/12	24/12	12/1	19	—
		腊梅始花	2/1	9/12	26/1	48	—
		池塘有时有冰	7/1	29/12	16/1	18	—
		垂柳叶落尽	9/1	18/12	30/1	43	—
		腊梅盛花	10/1	2/1	17/1	15	—
		玉兰始花	13/1	2/1	25/2	24	—
	二月	终雪	14/2	4/2	24/2	20	—
		梅始花	20/1	10/2	1/3	20	—

说明：记录年份为1961—1978年（资料来源于1998版温州市志）

水环境

【概况】 2013年，全区地表水质量基本稳定，温州市三大入海河流之一的瓯江（鹿城段）水质仍保持良好。平原河网以劣Ⅴ类水质为主，部分河段污染严重，已丧失使用功能。集中饮用水源水源地水质达标率为100%。近岸海域水体仍呈富营养化。全区监测区内地下水水质较上年保持稳定。地表水主要污染物为氨氮、总磷、生化需氧量等，内河水体溶解氧含量普遍偏低，生活型有机污染特征明显，说明大部分河流受生活污水、垃圾的污染，但局部河道也受到工业、农业废水的污染。另外，平原河网水体流动性差，自净能力弱，水域污染的分布是以城市或城镇为主体向外扩散，河网上游和水库的水质较好，流经城市中下游河段，水质较差，部分河段水质污染严重。

【入海河流——瓯江（鹿城段）】 瓯江（鹿城段）长53公里，水质较好，小旦断面为Ⅱ类，定类项目为高锰酸盐指数、总磷；杨府山断面为Ⅱ类水，定类项目为溶解氧、高锰酸盐指数和氨氮，各断面均能满足功能要求。

【城区内河】 城区内河包括温瑞塘河（鹿城段）和城区河网。温瑞塘河（鹿城段）北起公共码头，南止丽田，正常平均宽度60米。城区河网主河道长4.5公里，内河正常水位黄海标高2.72米，蓄水量250万立方米，年流量1亿立方米。据监测资料显示，除九山站位为Ⅳ类水外，其他站位均为劣于Ⅴ类水，所有断面水质均不能满足功能要求，主要污染物为氨氮、总磷。

【饮用水源】 鹿城区备用水源地瓯江山根，12次监测有11次水质符合Ⅲ类水标准（6月粪大肠菌群指标超标）。根据水务部门提供资料，本年度市区未从山根水源地取水。

大气环境

【概况】 2013年，鹿城区各环境空气污染物年均值均达到国家《环境空气质量标准》（GB3095—1996）二级标准。主要污染物是可吸入颗粒物；酸雨污染较2012年明显缓解。

【环境空气质量】 2013年，市站站位环境空气质量优的天数为56天，良的天数为175天，轻度污染的天数为91天，中度污染的天数为22天，重度污染的天数为5天，严重污染的天数为0天，有效天数为349天，优良率为66.19%；南浦站位环境空气质量优的天数为38天，良的天数为161天，轻度污染的天数为112天，中毒污染的天数为18天，重度污染的天数为8天，严重污染的天数为0天，有效天数为337天，优良率为59.05%；全区环境空气质量优良率为64.90%。

【可吸入颗粒物】 2013年，温州市区环境空气可吸入颗粒物日均值浓度范围为0.007—0.296毫克/立方米，日均值浓度达标率为85.50%；年均浓度为0.095毫克/立方米，超标，高于2012年（0.086毫克/立方米）。

【细颗粒物（PM2.5）】 2013年，开始监测环境空气中PM2.5，全年可吸入颗粒物日均值浓度范围为0.01—0.20毫克/立方米，日均值浓度达标率为75.30%；年均浓度为0.058毫克/立方米，超标。

【酸雨】 2013年，境内降水pH值年均值4.52，年酸雨率85%，较2012年明显下降。但根据国家对“两控区”酸雨污染控制的要求，评价鹿城区属中酸雨区。

【生态创模】 2013年，发挥综合协调职能，以生态系列创建工程为载体，统筹城乡环境建设。

【声环境】 2013年，鹿城区声环境质量较2012年有所改善，区域噪声为54.80分贝， 比2012年降1.10分贝，交通噪声68.10分贝，比2012年降0.80分贝。

环境监管和污染整治

【重污染行业整治】 2013年，鹿城区电镀园区在通过市政府验收的基础上，建立电镀行业长效管理机制，积极推行电镀企业刷卡用水系统建设，进一步强化92家电镀企业用水总量控制，巩固电镀行业整治成果，并在后京电镀园区建立环境教育基地，打造电镀行业整治提升示范园区。截至年底，已淘汰关停15家化工企业、8家印染企业、3家造纸企业，淘汰关停完成率100%；列入整治提升的5家化工企业、5家印染企业通过预验收，年底前通过区政府验收、申请市级验收。

【大气污染防治】 2013年，推进挥发性有机物（VOCs）治理。1家化工企业已完成治理等待监测验收，2家化工企业已签订治理合同，淘汰关停1家工业VOCs排放企业（氧化铝）和3家其他大气重污染行业企业（造纸）。推进餐饮油烟治理。完成90家试点餐饮企业油烟在线监控监测系统安装。推进燃煤锅炉综合治理。淘汰燃煤锅炉4台，基本完成1台大型燃煤锅炉烟尘深度治理。开展机动车环保标志发放工作，共发放环保标志100180个，完成全市40多万辆机动车环保标志发放任务的近四分之一。自11月25日起，全面开展机动车环保标志管理，实施“黄标车”区域限行。

【水环境治理】 2013年，全区市、区两级挂牌的34条整治河道中，垃圾河已全部完成清理，共清理垃圾1.97万吨、淤泥1.62万平方米；29条黑臭河全部完成污染源调查和整治方案编制。同时，加快推进疏浚清淤、生态修复等工程，其中已完工23条，还在继续施工6条。

机构及其负责人

中共温州市鹿城区第八届委员会

书　记：王立彤
副书记：朱崇敏　洪文滨
常　委：王立彤　朱崇敏
　　洪文滨　林时进
　　李道骥　王　丹（女）
　　王　造（—2013.2）
　　徐　强　项伟胜
　　伍　挺
　　金国平（2013.2—）
　　陈云源（—2013.2）
　　陈志坚　胡慧雷
　　张　清（挂，—2013.7）
　　林　莹（女，挂，—2013.9）
　　张　敏（2013.2—）
　　邱向真（女）
　　黄专途（女，挂，2013.9—）

中共温州市鹿城区纪律检查委员会

书　记：王　丹（女）
副书记：郑建西　胡希求
常　委：范小微（女，—2013.3）
　　高广跃（—2013.2）
　　贾钧钦（—2013.9）
　　方新云（2013.9—）
　　张　胜（2013.7—）
　　陈　立
　　金　靖（2013.7—）
宣传教育室主任：
　　叶如金（女，—2013.3）
　　江　增（2013.4—）
党风廉政建设室主任：
　　张映雪（女，—2013.7）
　　詹小红（女，2013.7—）
干部管理室主任：
　　林　克
办公室主任：
　　姜善义（2013.3—）
　　麻剑玲（—2013.3）
信访室主任：潘云良
执法监察室主任：
　　金　靖（—2013.7）
　　张映雪（女，2013.7—）
纠正部门和行业不正之风室主任：
　　金　靖（—2013.3）
　　姜善义（2013.0—2013.7）
纪检监察室主任：吴宏志
行政效能监察室主任：
　　姜善义（—2013.7）
　　詹小红（女，—2013.7）

中共温州市鹿城区委工作部门

办公室

主　任：夏理勇
副主任：黄浩宇
　　张　靖（2013.2—）
　　吴祝凡（2013.4—）
　　吴恺娃（女，2013.7—）
　　林仕德　李成献

组织部

部　长：陈云源（—2013.2）
　　张　敏（2013.2—）
常务副部长：林建华
副部长：王建中（兼）
　　周　园（女，兼）
　　陈丽蓉（女，兼）
　　王秀娟（女，兼）
　　戴海波　陈胜利

非公有制经济组织和社会组织工作委员会

书　记：戴海波（2013.7—）
副书记：陈胜利（—2013.7）
　　马绍兴（2013.7—）

宣传部

部　长：徐　强
常务副部长：陈建光（—2013.2）
　　金龙伟（2013.2—）
副部长：吴　昊
　　吴东来（兼）
　　王剑波（兼）

统战部

部　长：胡慧雷

常务副部长：胡胜发
副部长：陈颖萍（女，兼）
陈金敏（—2013.2）
金龙伟（兼，—2013.2）
徐向阳（2013.2—）
何学标（兼）
施文明（兼，2013.2—）
伍丽燕（女）

政法委员会
书　记：洪文滨（兼）
副书记：王　造（兼，—2013.2）
项伟胜（兼）
金国平（兼，2013.2—）
谢成龙　杜建设、
余国仁（2013.7—）

综合治理委员会办公室
主　任：（暂缺）
副主任：夏怀明

维稳办公室
主　任：杜建设
副主任：林光明（—2013.3）
张小庆（2013.3—）

政治处
主　任：陈朔霄（女，—2013.3）

农　办
主　任：罗静方
副主任：王理凑（—2013.2）
姜锦谷（2013.2—）
郭文明（2013.3—）
陈　敏（—2013.11）
金松琴
陈　洁（—2013.3）
谷建勇　叶俊杰

直属机关工作委员会
书　记：周　园（女）
副书记：章　国（2013.2—）
毛德好
纪工委书记：
章　国（2013.2—）

老干部局
局　长：陈丽蓉（女）
副局长：金英明（—2013.2）
苏鎏安（2013.2—）

党校（行政学校）
党校校长：
陈云源（兼、—2013.2）
行政学校校长：
项伟胜（兼、—2013.2）
常务副校长：
甘卫康（—2013.2）

区委台湾工作办公室
（政府台湾事务办公室）
主　任：陈颖萍（女）

党史研究室
主　任：郑　坚（—2013.2）
张　靖（2013.2—）

保密局
局　长：陈　遗（女）

机要局
局　长：罗　起

区委督考办
主　任：吴恺娃（女、2013.7—）
副主任：吴恺娃（女、—2013.7）
林盈盈（女）

信访局
局　长：黄浩宇
副局长：曾奇凡（2013.4—）
张乘燕（女）
董一凡

区编办
主　任：王秀娟（女）
副主任：胡筱莉（女，—2013.2）
李大都
叶正茂（女，2013.3—）

精神文明建设指导委员会办公室
主　任：吴东来
副主任：程哲龙（—2013.2）
虞林新
陈忠信（—2013.9）
凌建飞（2013.3—）
厉　震（2013.9—）

档案局（档案馆）
局　长：单秀理
副局长：王剑峰

区关心下一代工作委员会办公室
办公室主任：
马尘扬（女，—2013.2）
石笑茹（女，2013.3—）

鹿城区第八届人民代表大会常务委员会

主　任：吴海燕（女）
副主任：陈　洁（女）
肖石龙　林瑞荣
王长青　项旭光
朱启龙
委　员：王　敏（女）
叶　青　叶必庆
叶晓挺　庄建华
孙国勇　李跃胜
应　真（女）　张　勇
陈月玲（女）
陈宏强　陈增斌
林秀春　林建华
季洪杰（—2013.9）
金浙瓯（—2013.3）

胡美珠（女）
柳晓忠
诸葛要武（女）
黄品寿
章　胤（—2013.3）
葛成福　谢　伟
谢云周　褚　坚（—2013.3）
党组书记：吴海燕（女）
副书记：（暂缺）

人大常委会工作部门

办公室
主　任：叶必庆
副主任：潘小琴（女）

法制工作委员会
主　任：谢　伟
财经工作委员会
主　任：黄金鹏

科教文卫宗侨工作委员会
主 任：林秀春（—2013.2）

城市建设管理与农村工作委员会
主　任：柳晓忠（—2013.12）

农村和资源保护工作委员会
主　任：柳晓忠（2013.12—）

城建环境保护工作委员会
副主任：李利法（2013.11—）

代表工作委员会
主　任：葛成福

鹿城区人民政府

区　长：朱崇敏
常务副区长：项伟胜
副区长：项伟胜　伍　挺
张　清（挂，—2013.7）
林　莹
（女，挂，—2013.9）
黄专途
（女，挂，2013.9—）
郑晓东
章月影（女）
杨德听　胡明亮
林世南
党组书记：朱崇敏
副书记：项伟胜

政协第八届鹿城区委员会

主　席：郑锦春
副主席：陈国琴（女）
庄建中
胡小萍（女）
王丽丽（女）
胡海峰
邵豪哲（兼）
常务委员：王　要　王璋弟
厉睚强　叶　亮
叶建华
叶剑秋（女）
朱　海
池春燕（女）
孙宏建
杜丽丽（女）
李祥水
杨淑清（女）
何学标　张　炜
张　斌　张俊杰
张海猛
陈　熙（女）
陈　静（女）
陈云烽　陈世尧
陈晓丰（女）
陈淑萍（女）
林章平　周建春
郑菜毅　项德光
胡胜发
柯　苗（女）
徐国明
徐晓君（女）
翁学院
黄克敌（女）
黄爱月（女）
黄旋旋（女）
蒋　晖（女）
蒋　樨（女）
蒋剑锋　戴冶明
秘书长：卜红升
党组书记：郑锦春
副书记：（暂缺）

政协工作部门

办公室
主　任：（暂缺）
副主任：朱谧娜（女）

学习文史委员会
主　任：黄克敌（女）

提案委员会
主　任：李祥水

文教卫体委员会
主　任：陈晓丰（女）

社会法制委员会
主　任：陈淑萍（女）

港澳台侨委员会
主　任：徐国明

经济科技委员会
主　任：张俊杰

人口资源环境委员会
主　任：徐晓君（—2013.2）
　　　　褚　坚（2013.3—）

鹿城区人民法院

院　长：周　丰
副院长：戴　巧　孙　宏
　　　　金献华
　　　　方旭东（2013.2—）
党组书记：周　丰
党组副书记：戴　巧
纪检组组长：刘　俊（2013.2—）
政治处主任：
　　　　方旭东（2013.2—）
　　　　蔡谢群（女，—2013.2）
执行局局长：
　　　　陈朝晖（—2013.2）
　　　　赵雄伟（2013.2—）

鹿城区人民检察院

检察长：张纯亮
副检察长：林景龙
　　　　吴金飞（女）
　　　　连昕鸣
　　　　林　芹（女，2013.2—）
党组书记：张纯亮
党组副书记：林景龙
纪检组长：
　　　　林　芹（女，—2013.2）
　　　　陈朝晖（2013.2—）
政治处主任：
　　　　刘　俊（—2013.2）
　　　　程坚毅（2013.2—）
反贪污贿赂局局长：
　　　　程坚毅（—2013.2）
　　　　谷旭东（2013.2—）
反渎职侵权局局长：
　　　　张慧敏（—2013.2）
　　　　周红雨（女，2013.2—）

区人民政府工作部门

办公室（法制办、人防办、外事办）
主　任：苏爱光
副主任：林巧荣　林毅
　　　　赵小松　叶正化
　　　　王　俊、
　　　　金浙瓯
　　　　（2013.03—2013.11）
　　　　陈丹舟（—2013.03）
　　　　项巨澜　陈幼彦
　　　　刘玉东
　　　　肖忠格（—2013.3）
　　　　周　鹏（2013.3—）
　　　　章富华（兼）
　　　　陈康亮（兼）
　　　　全一凡（兼，2013.2—）
党组书记：苏爱光
纪检组组长：陈丹舟（—2013.3）
　　　　陈幼彦（2013.3—）

法制办公室
主　任：林巧荣
副主任：胡　栩（女，2013.3—）

人民防空办公室（民防局）
主　任：赵小松
副主任：陈荣光（—2013.3）
　　　　樊忠良

外事办
主　任：林　毅

发展和改革局（物价局）
局　长：滕美华（女）
副局长：姜锦谷（—2013.2）
　　　　王　毅（2013.2—）
　　　　王小恩（2013.3—）
　　　　吴金林（2013.3—）
　　　　安建光（—2013.2）
　　　　叶光华
党组书记：滕美华（女）
党组副书记：姜锦谷（—2013.2）
纪检组组长：沈红艳（女）

重点办
主　任：叶光华

经济与信息化局
局　长：王庆顺
副局长：王小恩（—2013.3）
　　　　陈晓梅（女，2013.3—）
　　　　余　骋（—2013.3）
　　　　王镇彪（2013.03—）
　　　　杨明明（女，2013.3—）
党组书记：王庆顺
纪组组长：
　　　　陈晓梅（女，—2013.3）
　　　　马建峰（2013.3—）

教育局
局　长：林宣富
副局长：池春燕（女，—2013.2）
　　　　白劲松　周文林
　　　　林如辉（2013.3—）
党委书记：林宣富
党委副书记：成小华
纪委书记：
　　　　夏和平（女，—2013.2）
　　　　成小华（2013.3—）

科学技术局
局　长：黄凌萍
副局长：董小华（—2013.3）
　　　　陈丹舟（2013.3—）
　　　　柴一峰
党组书记：黄凌萍
党组副书记：陈丹舟（2013.3—）
纪检组组长：刘起南

民族宗教事务局

局　长：金龙伟（—2013.2）
　　　　施文明（2013.2—）
副局长：刘静海（女，—2013.2）
　　　　何志权
党组书记：金龙伟（—2013.2）
　　　　　施文明（2013.2—）
纪检组长：陈晓乐

监察局

局　长：郑建西
副局长：范小微（女，—2013.3）
　　　　高广跃（—2013.2）
　　　　张　忠（2013.3—）

民政局（移民办、老龄委办、社工办）

局　长：陈黎华
副局长：陈　敏（2013.11—）
　　　　郑光亮
　　　　陈　杰（—2013.3）
　　　　胡小洁（女，2013.3—）
　　　　严良明（—2013.3）
　　　　黄坚靖（2013.3—）
党组书记：陈黎华
党组副书记：陈　敏（2013.11—）
纪检组长：
　　　　胡小洁（女，—2013.3）
　　　　伊晓岳（2013.3—）

移民办

主　任：（暂缺）
副主任：严良明（—2013.3）
　　　　施苏程（2013.3—）

老龄委办

主　任：陈荣光（2013.3—）

社工办

主　任：（暂缺）
副主任：黄坚靖

公安分局

局　长：王　造（—2013.2）
　　　　金国平（2013.2—）
政　委：刘国珍
常务副局长：娄剑辉（—2013.2）
　　　　　　周晓之（2013.2—）
副局长：杨乃亢　王　强
　　　　夏晓峰　张　皓
　　　　徐知竑　徐怡骅
　　　　徐向东
　　　　曾仁海（挂，2013.2—）
党委书记：王　造（—2013.2）
　　　　　金国平（2013.2—）
副书记：刘国珍
　　　　娄剑辉（—2013.2）
　　　　周晓之（2013.2—）
纪委书记：胡　茫（—2013.2）
　　　　　欧永元（2013.2—）

司法局

局　长：张维忠
副局长：张小庆（—2013.3）
　　　　胡　栩（女，—2013.3）
　　　　严良明（2013.3—）
　　　　叶志升（2013.3—）
党组书记：张维忠
纪检组组长：张小庆（—2013.3）
　　　　　　陈朔霄（2013.3—）
政治处主任：孙　彤

财政局

局　长：胡向阳
副局长：陈宇开　渠　奕
　　　　陈　辉（2013.3—）
总会计师：徐　丹（女，2013.3—）
党组书记：胡向阳
纪检组组长：孙丽娟（女）

区人力资源和社保局

局　长：王建中
副局长：唐晨曦　毛显华
　　　　任飞燕（女，—2013.3）
　　　　陈　煦（女，2013.3—）
党组书记：王建中（—2013.7）
　　　　　吴晓贵（2013.7—）
党组副书记：唐晨曦
纪检组组长：朱　若（2013.3—）

区住房和城乡建设局

局　长：朱国榜
副局长：吴柏松　周海龙
　　　　丁云准　全国栋
　　　　徐建斌
　　　　张品珠（女，2013.3—）
　　　　周　驰
党委书记：朱国榜
党委副书记：吴柏松
纪委书记：
　　　　张品珠（女，—2013.3）
　　　　祝海潮（2013.3—）
总工程师：周　驰

区城市管理与行政执法局（环卫处、市政公用管理处、园林绿化管理处）

局　长：姜益祥
副局长：郑向远（2013.7—）
　　　　叶志升（—2013.3）
　　　　俞照华
　　　　邹本笃（—2013.4）
　　　　刘玉和　徐怡骅
党组书记：姜益祥
党组副书记：郑向远（2013.7—）
纪检组组长：黄金武（2013.9—）

环卫处

主　任：袁　松
副主任：陈传烨

市政公用管理处

主　任：谷文彤

园林绿化管理处

主　任：李鲁琥

交通运输局

局　长：王　炯
副局长：金长康
　　胡玉飞（2013.3—）
　　陈高珊（女）
党组书记：王　炯
总工程师：胡玉飞（—2013.3）
　　范大军（2013.3—）
纪检组组长：林　剑（2013.3—）

农林水利局

局　长：罗静方
副局长：王理凑（—2013.2）
　　姜锦谷（2013.2—）
　　郭文明（2013.3—）
　　陈　敏（—2013.11）
　　金松琴
　　陈　洁（—2013.3）
　　谷建勇
　　方学优（女，2013.3—）
　　叶俊杰
党组书记：罗静方
副书记：王理凑（—2013.2）
　　姜锦谷（2013.2—）
纪检组组长：叶俊杰

商务局

局　长：陈国光
副局长：王烨、郑小野（女）
　　陈维新（2013.9—）
党组书记：陈国光
纪检组长：韩春晨

文化广电新闻出版局

局　长：季新扬
副局长：侯捍文
　　陶玉燕（女）
　　王正良（2013.3—）
党组书记：季新扬
纪检组长：
　　侯捍文（—2013.03）
　　叶如金（女，2013.3—）

卫生局

局　长：潘一凡
副局长：林卫卫（女）
　　王璋弟
党委书记：潘一凡
纪委书记：
　　陈素月（女，—2013.2）
　　叶善新（2013.3—）

人口和计划生育局

局　长：滕　森
副局长：苏銮安（—2013.3）
　　焦丽珍（女）
党组书记：滕　森
纪检组组长：陈文斌

审计局

局　长：潘明勋（—2013.2）
　　吴雷雨（2013.2—）
副局长：甘卫康（2013.2—）
　　陈维新（—2013.9）
　　柴一蝉
党组书记：潘明勋（—2013.2）
　　吴雷雨（2013.2—）
党组副书记：甘卫康（2013.2—）
纪检组组长：
总审计师：戚于挺（2013.9—）

统计局

局　长：徐向阳（—2013.2）
　　李江涛（2013.2—）
副局长：黄建双（—2013.3）
　　叶连敏
党组书记：徐向阳（—2013.2）
　　李江涛（2013.2—）
纪检组组长：
总统计师：
　　叶连敏（女，—2013.3）
　　李臣庚（2013.3—）

环境保护局

局　长：徐一峰
副局长：谷朝霞
　　（女，—2013.2）
　　吴金林（—2013.3）
　　范小微（女，2013.3—）
　　贝苏临
　　池　滨（2013.3—）
党组书记：徐一峰
党组副书记：
　　谷朝霞（女，—2013.3）
　　范小微（女，2013.3—）
纪检组组长：陈加进

人民政府侨务办公室

主　任：陈金敏（—2013.2）
　　徐向阳（2013.2—）

安全生产监督管理局

局　长：张海云
副局长：池　滨（—2013.3）
　　张青松（2013.3—）
　　张于进（2013.3—）
党组书记：张海云
纪检组长：张于进（—2013.3）
　　蔡丽云（2013.3—）

食品与药品监督管理局

局　长：全一凡
副局长：叶洪康　胡　谦
党组书记：全一凡

体育事业发展局

局　长：张德跃
副局长：李云鹏（—2013.3）
　　王维荣
　　杨明明（女，—2013.3）
　　徐永华（2013.3—）
党组书记：张德跃
党组副书记：李云鹏（—2013.3）
纪检组组长：李云鹏（—2013.3）
　　徐永华（2013.0—）

机关事务管理局
局　长：吴祝凡（—2013.2）
　　　　陈建光（2013.2—）
副局长：徐永华（—2013.3）
　　　　张青松（—2013.3）
　　　　李云鹏（2013.3—）
　　　　詹里勋
党组书记：吴祝凡（—2013.2）
　　　　　陈建光（2013.2—）
党组副书记：李云鹏（2013.3—）
纪检组组长：徐永华（—2013.3）
　　　　　　程苏胜（2013.3—）

风景旅游管理局
局　长：吴法照
副局长：毛群希（女）
　　　　董晓来（—2013.11）
党组书记：吴法照
纪检组长：（暂缺）

国内经济合作办公室
主　任：姜扬烽
副主任：戴红红（女）
　　　　徐无为
党组书记：姜扬烽
党组副书记：戴红红（女）
纪检组组长：戴红红（女）

行政审批管理办公室
主　任：陈康亮
副主任：李和忠（2013.2—）
　　　　陈滨海
党组书记：陈康亮
纪检组组长：郑　霞（女）

新居民服务管理局
局　长：章富华
副局长：郭乐平　夏晓峰
纪检组组长：于　敏

供销合作社
主　任：王朝光
副主任：陈伯聪、胡建华
纪委书记：李建中

农村合作经济组织联合会
主　任：王朝光
副主任：李建中　陈伯聪
　　　　胡建华　金松琴
　　　　李　俊
　　　　陈胜珠（—2013.11）

金融办
主　任：张香梅
副主任：姜　辉　林祝波

广播电视新闻中心
主　任：吴　昊
副主任：曾荷绿（女）
　　　　陈瓯莉（女）

区土地储备中心
主　任：陈　峰

市公用事业开发公司
总经理：丁云准

物业管理总公司
总经理：全国栋

鹿城区人民武装部

政　委：陈志坚
部　长：徐道友
副部长：凌王兴
第一书记：王立彤
书　记：陈志坚
副书记：凌王兴

鹿城区各民主党派、工商联

中国国民党革命委员会温州市鹿城区总支部委员会
主　委：庄建华
副主委：周丽峰
　　　　郑蓓蕊（女）　陈云烽

中国民主同盟温州市鹿城区总支部委员会
主　委：应　真（女）
副主委：杜丽丽（女）
　　　　林　珊（女）
　　　　陈兴良　张晓海（女）

中国民主建国会温州市鹿城区基层委员会
主　委：邵豪哲
副主委：蒋　晖（女）
　　　　杨明明（女）、朱小顺

中国民主促进会温州市鹿城区总支部委员会
主　委：蒋　樨（女）
副主委：周建春
　　　　蔡妙妙（女）
　　　　金晓群（女）

中国农工民主党温州市鹿城区总支部委员会
主　委：褚　坚
副主委：杨淑清（女）
　　　　胡方金
　　　　陈立新（女，—2013.10）

中国致公党温州市鹿城区总支部委员会
主　委：王璋弟

副主委：蔡喜莲（女）　刘明达

九三学社温州市鹿城区基层委员会

主　委：孙国勇

副主委：蒋剑峰

潘东波（—2013.10）

叶连敏（女，2013.10—）

舒蓓蕾（女，2013.10）

党外知识分子联谊会

会　长：陈国琴（女）

常务副会长：胡胜发

副会长：谢　伟　周锦春

陈　静（女）

单晓雷

新的社会阶层人士联谊会

会　长：陈时升

副会长：王小伦　翁学院

潘秀萍（女）

卓予拉　金国达

林其勉　潘东兰（女）

林　挺

网络界人士联谊会

会　长：高　雷（2013.9—）

副会长：黄学敏（2013.9—）

欧阳厚增（2013.9—）

白炳卫（2013.9—）

王青山（2013.9—）

胡　亮（2013.9—）

朱　武（2013.9—）

工商联合会（总商会）

主　席：李跃胜

副主席：何学标

石笑茹（女，—2013.3）

陈　洁（2013.3—）

陈光力（兼）

潘建中（兼）

奚德驹（兼）

廖　跃（兼）

庞　健（兼）

叶　亮（兼）

叶建林（兼）

孙宏建（兼）

朱爱武（女，兼）

张周芳（女，兼）

李艾黎（兼）

杨小理（兼）

杨剑平（兼）

陈　锵（兼）

陈宏强（兼）

陈时升（兼）

郑秀东（兼）

郑莱毅（兼）

黄伟胜（兼）

蔡春潮（兼）

会　长：李跃胜

副会长：周赛珍（女，兼）

谢卫国（兼）

赵景温（兼）

田志胜（兼）

张俊晖（兼）

陈寿清（兼）

奚德平（兼）

陈　骞（兼）

王真云（兼）

陈建生（兼）

黄秀曼（兼）

单忠节（兼）

徐承东（兼）

严章章（女，兼）

黄　晨（兼）

范小青（兼）

朱永光（兼）

徐礼渊（兼）

党组书记：何学标

鹿城区人民团体

总工会

主　席：胡海峰（兼）

副主席：叶　青　林章平

卢小敏（女）

党组书记：

胡海峰（兼，—2013.2）

叶　青（2013.2—）

党组副书记：叶　青（—2013.2）

共青团鹿城区委员会

书　记：陈　钷

副书记：黄旋旋（女）

妇女联合会

主　席：陈月玲（女）

副主席：汪筱萍（女，2013.7—）

郑　佳（女，2013.3—）

陈　煦（女，—2013.3）

党组书记：陈月玲（女）

归国华侨联合会

主　席：蒋　晖（女）

副主席：陈光建（兼）

邵　武（兼）

朱志群（兼）

吴晓斌（兼）

王湘信（兼）

周祥薇（兼）

秘书长：陈　嫣（女）

文学艺术界联合会

主　席：陈世尧

副主席：程苏胜（—2013.3）

陈　杰（2013.3—）

卢桂芳（女，兼）

吴　广（兼）

马胜凯（兼）

吕相国（兼）

应　真（女，兼）

周建树（兼）

残疾人联合会

理事长：谢云周

副理事长：刘速勇、叶　琍（女）

科学技术协会

科协主席：黄凌萍
党组书记：黄凌萍
副主席：何国华　董小华
王小恩（兼）
王璋弟（兼）
谷建勇（兼）
周文林（兼）

红十字会

会　长：吴文玲（女，兼）
副会长：杨静雯（女）
林仕德（兼）
陈幼彦（兼）
陈胜利（兼）
吴　昊（兼）
池春燕（女，兼）
陈　杰（兼）
渠　奕（兼）
王璋弟（兼）
叶建林（兼）
杨立忠（兼）
林永森（兼）
谢仁兴（兼）

社会科学联合会

主　席：王剑波
副主席：甘卫康（兼）
陈胜利（兼）
周文林（兼）
陈宏强（兼）
李岳松（兼）

街道·镇

五马街道（鹿城五马中心商贸区）

书　记：陈胜军
副书记：胡俊武　南胜国
马成钢
朱　若（—2013.3）
林建勇
王赛娜（女，2013.3—）
纪工委书记：张　凯
党工委委员：张　凯
张　哲（—2013.3）
章生良　叶学理
金飞漫（女）
王赛娜（女，—2013.3）
陈迎芳（女）
戴光斌（2013.3—）
夏阵雨（2013.3—）
殷旭方（2013.3—）
陈文广（—2013.9）
林孟闯（2013.10—）
李忠洁
李月波（—2013.12）
李宓隆（2013.12—）
金红斌（—2013.12）
主　任：胡俊武
副主任：章生良
王赛娜（女，—2013.3）
刘益铭　周　密
朱丽丽（女）
邵　舟（女）
王永标　毛新奇
夏阵雨（2013.3—）
殷旭方（2013.3—）
卞苏贵（2013.11—）
左　亮（2013.3—）
建工委主任：南胜国
社工委主任：马成钢（2013.2—）
人大工委主任：诸葛要武（女）
人大工委副主任：谷建龙（—2013.3）
戴美琴（女）
政协联络组组长：章　军
政协联络组副组长：刘世华
人武部部长：张　哲（—2013.3）
戴光斌（2013.3—）

七都街道（鹿城七都城市新区）

书　记：贾志文
副书记：叶恒坚
章　国（—2013.2）
王文君　李常春
叶庆国
曾奇凡（—2013.4）
向　东
纪工委书记：
麻剑玲（女，—2013.3）
谢　炬（2013.4—）
党工委委员：
麻剑玲（女，—2013.3）
谢　炬　吴照林
龚占山
汪筱萍（女，—2013.7）
朱小秋（女，2013.7—）
滕自立
主　任：叶恒坚
副主任：吴照林　许振辉
吴　浩　张崇波
陈小微（女）
陈滢冰（女）
社工委主任：章　国（—2013.2）
李常春（2013.3—）
建工委主任：王文君
人大工委主任：
张琳玮（2013.4—）
人大工委副主任：
方刚祖（—2013.3）
政协联络组组长：朱　克
人武部部长：龚占山

滨江街道（鹿城滨江商务区）

书　记：卢更生
副书记：朱建光
郑乐斌（—2013.7）
陈禾禾（女）
贾钧钬（2013.9—）
邹海鹏（—2013.3）
张　胜（—2013.7）
李良俊
苏士永（2013.9—）
纪工委书记：
马建峰（—2013.3）
苏士永（2013.4—）

党工委委员：
马建峰（—2013.3）
王宜旺
苏士永（—2013.9）
黄金武（—2013.9）
谢　璇（女）
叶笑敏（女，2013.9—）
陈可浩　端木敏克
叶展宇（—2013.12）
主　任：朱建光
副主任：黄丽丽（女）
杨　力
叶笑敏（女，—2013.9）
吴进洪　黄锦辉
陈旭忠　张青锋
何栩栩（女）
陈仁俊（2013.2—）
季克杰（2013.4—）
陈良福（2013.9—）
建工委主任：郑乐斌（—2013.7）
贾钧钬（2013.9—）
社工委主任：陈禾禾（女）
人大工委主任：李　跃
人大工委副主任：谢雪莲（女）
政协联络组组长：李嘉昌
政协联络组副组长：丁敬洪
人武部部长：王宜旺
人武部副部长：陈　志

南汇街道（鹿城南汇现代商贸区）
书　记：周基斌
副书记：叶浪克
周伟斌（—2013.2）
安建光（2013.2—）
章　胤（—2013.2）
邹海鹏（2013.3—）
黄飞达（2013.3—）
吴旭东（2013.9—）
叶善新（—2013.3）
方新云（—2013.9）
纪工委书记：林　敏
党工委委员：
林　敏
林　剑（—2013.3）
蔡精国　黄甘宏
张鹏程　贾　嘉
陈苾怀（女）
覃春燕（女）
吴旭东（—2013.9）
叶正茂（女，—2013.3）
黄飞达（—2013.3）
王　磊（2013.3—）
陈宏余（2013.11—）
吴　坚　陈忠建
周世森（—2013.2）
林发中（—2013.12）
施一斌（2013.11—）
张方晨（2013.12—）
街道党工委委员：
姜善义（兼，—2013.3）
郭文明（兼）
主　任：叶浪克
副主任：林　剑（—2013.3）
蔡精国　贾　嘉
吴旭东（—2013.9）
叶正茂（女，—2013.3）
黄飞达（—2013.3）
占鹏程
叶佩玲（女）
谢　芳（女）
陈先进
傅云云（女，2013.2—）
詹　强（2013.2—）
黄甘宏（2013.3—）
社工委主任：章　胤（—2013.2）
邹海鹏（2013.3—）
建工委主任：周伟斌（—2013.2）
安建光（2013.2—）
人大工委主任：洪　静（女）
人大工委副主任：胡小和
政协联络组组长：周金清
政协联络组副组长：
王晓敏（女，—2013.2）
人武部部长：黄甘宏（—2013.3）
王　磊（2013.3—）

松台街道（鹿城松台休闲文化区）
书　记：项晓晓（女）
副书记：吴雷雨（—2013.2）
陈翔俊（2013.2—）
王　毅（—2013.2）
李利法（2013.2—2013.11）
董晓来（2013.11—）
张　靖（—2013.2）
肖忠格（2013.3—）
伊晓岳（—2013.3）
戴雄飞
余　骋（2013.3—）
纪工委书记：张　博
党工委委员：张　博
王镇彪（—2013.3）
周增兴　杨　文
周晓晨　赵金銮
徐淑淑（女）
厉　震（—2013.9）
潘小雷（2013.9—）
赵子方（—2013.12）
陈向军　钱　军
主　任：吴雷雨（—2013.2）
陈翔俊（2013.2—）
副主任：王镇彪（—2013.3）
周晓晨　赵金銮
方学优（女，—2013.3）
潘小雷（—2013.9）
叶晓清（—2013.9）
占志清
蔡　洋（2013.3—）
支圣宪（2013.9—）
杨丽霞（2013.9—）
石月林（2013.11—）
建工委主任：
王　毅（—2013.2）
李利法（2013.02—2013.11）
董晓来（2013.11—）
社工委主任：张　靖（—2013.2）
肖忠格（2013.3—）

人大工委主任：王　敏（女）
人大工委副主任：
胡　谦
丁　龙（—2013.3）
政协联络组组长：
李利法（—2013.2）
政协联络组副组长：
吴秀珍（女，—2013.2）
丁　龙（2013.3—）
人武部部长：周增兴
人武部副部长：金忠胜
主任助理：支圣宪（—2013.9）

双屿街道（鹿城双屿都市经济区）

书　记：邱向真
副书记：施文明（—2013.2）
章　胤（2013.2—）
顾武军
陈翔俊（—2013.2）
周松平（2013.3—）
王正良（—2013.3）
金　生　韦龙成
黄建双（2013.3—）
纪工委书记：杨雄文
党工委委员：杨雄文　徐海文
蔡丽云（—2013.3）
蔡丽萍（女）
祝海潮（—2013.3）
郭炳长　蔡海波
陈　龙
戴志光（2013.9—）
周小侠（—2013.9）
龚金涛（—2013.9）
李长康（2013.10—）
庄志丹（2013.11—）
街道党工委委员：陈　铣（兼）
主　任：施文明（—2013.2）
章　胤（2013.2—）
副主任：祝海潮（—2013.3）
张　忠（—2013.3）
徐海文（2013.3—）
周笑美（女）
陈　策　黄　静（女）
江　增（—2013.4）
卢　克
朱小秋（女，—2013.7）
邵新城
金怡然（女，2013.2—）
温和（2013.3—）
林建永（2013.3—）
陈祥武（2013.3—）
社工委主任：陈翔俊（—2013.2）
周松平（2013.3—）
建工委主任：顾武军
人大工委主任：叶晓挺
人大工委副主任：黄丽容（女）
政协联络组组长：
周培华（—2013.2）
政协联络组副组长：
吴守标（—2013.2）
人武部部长：
徐海文（—2013.3）

仰义街道（鹿城仰义都市休闲区）

书　记：周　岷
副书记：陈　辉（—2013.11）
金浙瓯（2013.11—）
林明武　陈跃龙
凌建飞（—2013.3）
张琳玮（女，—2013.04）
吴荣华
狄登云（2013.9—）
纪工委书记：卞晓明
党工委委员：卞晓明
狄登云（—2013.9）
李　东（女）
谢忠祥
马绍兴（—2013.7）
施苏程（—2013.3）
李一平
吴志平（2013.3—）
张　甲（2013.7—）
何　军（—2013.9）
张　正（2013.10—）
街道党工委委员：侯超万（兼）
主　任：陈　辉（—2013.11）
金浙瓯（2013.11—）
副主任：狄登云（—2013.9）
谢忠祥（2013.3—）
夏海燕（女）
彭琦瑜（女）
林　晓（女）
葛光凡
林　慧（女，2013.2—）
何素丰（女，2013.3—）
建工委主任：林明武
社工委主任：陈跃龙
人大工委主任：邹安宁
政协联络组组长：谢剑光
政协联络组副组长：阮金平
人武部部长：
谢忠祥（—2013.3）
吴志平（2013.3—）

藤桥镇（鹿城藤桥生态新区）

书　记：吴晓贵（—2013.7）
张维凯（2013.7—）
副书记：张维凯（—2013.7）
郑乐斌（2013.7—）
郑向远（—2013.7）
周松平（—2013.3）
许卫疆
肖达统（2013.3—）
邹本笃（2013.4—）
李爱国
陈　众（2013.9—）
纪（工）委书记：叶玉峰
党（工）委委员：
叶玉峰　李亦君（女）
丁淑慧（女）
陈　众（—2013.9）
肖达统（—2013.3）
黄建勇
林一俭（2013.3—）
蔡云云（女，2013.9—）
陈　峰　南鹏程

施一斌（—2013.11）
庄志丹（—2013.11）
林日亮（—2013.11）
徐松华（2013.11—）
林丐孟（2013.11—）
功能区党工委委员：
蔡金榜
戴志光（—2013.9）
人大主席：金浙瓯（—2013.11）
人大副主席：
姜小蓉（女，—2013.3）
程晓敏
镇长（主任）：
张维凯（—2013.7）
镇长候选人（主任）：
郑乐斌（2013.7—）
副镇长（副主任）：
肖达统（—2013.9）
林一俭　邵小林
蔡云云（女，—2013.9）
王军霞（女）
诸建鹏　夏甘平
武连春

副镇长候选人（副主任）：
李　策（2013.9—）
杨建勇（2013.9—）
严求真（2013.9—）
功能区副主任：
蔡金榜
戴志光（—2013.9）
建工委主任：
肖达统（2013.9—）
社工委主任：
郑向远（—2013.7）
邹本笃（2013.9—）
政协联络组组长：
李和忠（—2013.2）
政协联络组副组长：
陈　众（兼，2013.3—）
人武部部长：黄建勇
镇长助理：
李　策（—2013.9）

中国共产党鹿城区委员会

综 述

2013年，是鹿城艰难转型、负重前行的一年，也是攻坚克难、稳步前行的一年。鹿城区坚持以中共十八大精神为指引，按照省、市党委政府的总体部署，深入贯彻市委“十大举措”，深化“创首善、争一流”，各项工作取得了新进展，为“赶超发展、再创辉煌”奠定了坚实的基础。全年实现地区生产总值718亿元，同比增长4.50%；财政总收入40.30亿元，公共财政预算收入22.20亿元，分别同比增长4.70%和7%；固定资产投资263亿元，同比增长20%；社会消费品零售总额实现679.80亿元，同比增长7%；城镇居民人均可支配收入4.26万元，农村居民人均纯收入1.94万元，分别同比增长8.80%和10.20%。获全国首批国家知识产权强县工程示范区等6张国家级“金名片”，创成流动人口服务管理等11个省级先进（示范）区，跻身中国（浙江）全面小康十大示范县（市、区）。

加快振兴实体经济步伐，推出振兴实体经济“1+10”等政策，深化扶工兴贸、“三千”[①]、驻企服务员等活动，下派驻企服务员3810名，建立四套班子领导挂钩走访银行制度，实行律师免费组案帮扶制度，为173家企业解决14亿元的融资问题，市对区驻企服务抽查满意率100%。加快产业集聚平台建设，中国鞋都创成省级产业集聚示范区，鹿城轻工产业园区申报省级高新园区，温州（鹿城）总部经济园创成省级现代服务业集聚示范区，浙江创意园、“黎明·92”文创园、欧洲城生活新天地等创成市级现代服务业集聚区，小微企业园落地9个、开工4个。大力推动温商回归，成立全省首家温商服务中心，启动全球温商总部家园建设，对台民间交流合作领域不断拓展，工业性投资、温商回归投资、争取上级资金、用地指标数量和投资总量均创鹿城历年新高。

2013年，推进“四换三名”“三转一市”等转型升级综合举措，完成个转企2168家、规下转规上55家、规转股13家，区域资本市场挂牌企业数全市第一。推行“强三优二”有机更新，完成更新项目90个，建成6个文创产业园，新增注册资本金100万元以上文创企业131家，文创产业产值全市第一。服务业发展势头良好，城市新型经济加快发展，旅游人数和旅游业收入居全市首位；创成税收亿元楼4幢、千万元楼23幢，形成五马、大南、欧洲城、南汇等四大现代商贸集群。网络经济等新兴产业蓬勃发展，成立网络经济局，建立全市首个外贸网商协会、外贸电商联盟、温州阿里网商学院“三位一体”运行平台，实现网络销售额42.30亿元，同比增长51.10%，网络经济考核“三区两市”第一。以双屿为重点的减员增效综合整治成效初显。加快农业“两区”建设，都市型农业稳步发展。

稳步推进城乡建设，滨江商务区城中村拆迁、核心区征地、商务区建设三线并进，杨府山涂村、市政道路、CBD地块均有序推进；城市中央绿轴整个区块房屋征收及土地报征前期工作顺利推进；双屿鞋都产业群、中央涂区块、丰门河治理等6个重点区块全面启动。七都城市新区征地拆迁和基础配套建设稳步推进，藤桥生态新区重大基础设施和农聚

① “三千”：指“千名干部进千企解千难”专项行动。

房建设率先结顶，旧城区、历史文化街区、旧片区改造和横渎河西、滨江西等城市综合体建设稳步推进。金温铁路扩能改造有序推进，绕城高速西南线鹿城段开工建设，仰义至双屿段公路改建等加快推进，瓯江路西延、园区路等13条市政道路开工建设，完成续建市政道路7条。双藤公路等6个项目被列入省重点项目。城市保障房建设全面推进，拆除城中村旧房142万平方米、累计260万平方米，城中村改造户数2.66万户。开展破难攻坚八大行动，完善疑难化解“六项机制”，建立“攻坚护航”评价体系，历史遗留问题有序化解。

2013年，启动8年计220亿元的浙南水乡八大工程，完成23条黑臭河、5条垃圾河整治，截污纳管工程从建成区全覆盖向全域覆盖延伸，主城区主要河道黑臭现象基本消除。完成仰义制革基地428家企业综合整治。全面推进“三改一拆”等工作，拆违完成率173.6%，创成无违建道路37条、无违建小区150个，率先创成“无违建社区”8个。五大山体公园全部开园，新增绿地面积445.80公顷、完成率138.50%，人均绿地面积达11.2平方米。通过全国、省城市文明程度指数测评和园林城市、森林城市、卫生区省级验收以及全国卫生城市省爱卫办第二次暗访城区，环境持续优化。

2013年，深化落实五大国家级改革试点，金融综合改革稳步发展，鹿城农商银行完成改制并成为全省跨区域设立村镇银行最多的地方性法人银行；股改企业挂牌交易取得突破，民间借贷服务中心借入借出登记量和成交量均居全市第一。民办社会事业改革取得突破，诸宸国际象棋学院等民办事业全面兴起；推进养老产业市场化，成立全市首家由民建公助的华康养老俱乐部，居家养老服务机构实现社区全覆盖；成立全省首家特殊家庭依托中心，残疾人庇护产品政府优先采购做法全国推广。推进政社分开试点，成立全市首家专业社工机构，率先清理规范167项社区无依据行政审批前置条件事项，社区协商议事会等4项工作在全省交流推广。幸福社区创建数占全市的25.5%，创成数、创建率均居全市第一，桂柑社区获全市唯一的“五星级幸福社区”称号。

民生和社会建设取得新的进展，文化事业繁荣发展，文化礼堂等基层文化建设扎实推进，全国诗词大赛和中华龙舟拉力赛成功举办。省级教育现代化区加快创建，创成国家社区教育实验区。省级卫生强区通过市级初评，社会资本办医试点取得突破。通过省级体育强区复评。国家级计生优质服务先进区加快创建。城乡统筹的社会保障体系加快建立，城乡居民医保市域就医实现“一卡通”。推进平安法治建设，公共安全、信访秩序、宗教场所等重点领域整治全面推进，平安大区“四连创”。

加强党的建设，深入开展中共十八大精神和“中国梦”主题宣传教育活动。管好用好“两大舆论场”，“三微”网宣平台获省新闻信息技术进步奖，鹿城获“全国网络履职绩效十佳”称号。出台建设引领赶超发展干部队伍等系列文件，建立班子运行季度分析制度和后备干部一线锻炼制度，推行“实战练兵”“微信工作法”。推行基层党建“五星争创”，机关党建全面发展，“两新”党建拓面提质。社区组织选举和村级党组织换届选举全面完成，村级组织换届选举基本完成。严格执行中央八项规定和省委“28条办法”以及市委“1+8”实施意见，深化“满意不满意单位”评选活动，率先开展社区“万能章”和无依据行政审批前置条件清理规范工作，机关房产改革有序推进，“三公”经费支出下降11.2%。严格落实党风廉政建设责任制，惩防体系建设和违纪案件查处得到加强。

区委重要会议

【区委八届五次全体（扩大）会议】 8月30日召开。会议认真贯彻中共十八大、省委十三届三次全会和市委十一届四次全会精神，回顾总结2013年以来的工作，研究部署下半年任务。审议通过了《中共温州市鹿城区委关于全面实施创新驱动发展战略加快建设创新型城区的意见》。全会由区委常委会主持。区委委员、候补委员，区纪委委员，区人大常委会主任、党员副主任，区政府党员副区长、区长助理，区政协主席、党员副主席，区直各单位主要负责人，各街镇书记、主任（镇长）、社工委主任、建工委主任、人大常委会主任（主席）、政协工作组组长、纪（工）委书记，市直驻鹿机构主要负责人，部分党代表参加会议。

【区委八届六次全体（扩大）会议】 12月30日召开。会议认真学习贯彻中共十八届三中全会、省委十三届四次全会、市委十一届五次全会精神，回顾总结2013

年以来工作，研究部署2014年任务。审议通过了《中共温州市鹿城区委关于认真学习贯彻中共十八届三中全会精神 全面深化改革的实施意见》。全会由区委常委会主持。区委委员、候补委员，区纪委委员，区人大常委会主任、党员副主任，区政府党员副区长、区长助理，区政协主席、党员副主席；区直各单位主要负责人，各街镇书记、主任（镇长）、社工委主任、建工委主任、人大常委会主任（主席）、政协工作组组长、纪（工）委书记，市直驻鹿机构主要负责人，部分离退休老干部，部分党代表参加会议。

政策研究

【构建调研大格局】 2013年，协同市委政研室举办市区联动调研暨“三改一拆”（旧厂区城市有机更新）工作研讨会，鹿城区旧厂区城市有机更新的做法获得省、市有关领导专家的肯定，并被省“三改一拆”办公室作为典型推广，在人民网及《今日浙江》《温州日报》《温州政研》等媒体刊物上头版刊出。突破课题研究传统方式，善于借助外力，加强与浙江工贸技术学院合作，就《鹿城区企业电子商务应用与发展对策》等重大课题联合开展调查研究。主动牵头，联合区人大、政协等调研力量强、业务水平高的部门，开展减员增效、水环境治理、鞋业产业整合提升等课题调研。

【课题调研】 2013年，组织开展课题调研，收集到区党政领导重点调研课题17篇、党政系统课题103篇。《鹿城双屿综合整治工作调研报告》《当前网络问政存在的困难与对策建议——鹿城“三微”全媒体平台的实践与思考》等在《温州政研》刊发，市委、市政府主要领导批示肯定。精心挑选课题参加省市调研成果评选，共有2篇调研报告获温州市党政系统优秀调研成果评选优秀奖，3篇调研报告获温州发展研究奖三等奖。组织鹿城区2012年党政系统的调研成果评选，评出一等奖5名，二等奖10名，三等奖20名。

【编印刊物】 2013年，选准事关区域发展的重大课题、典型经验以及外市经验的比较分析材料，编印《决策参考》12期，《时政参考》15期，为领导决策、推动工作提供信息服务。

组织工作

【概况】 2013年，鹿城区有基层党委99个，地方党委派出工委9个，党总支51个，党支部1780个，党员30414名。其中，行政村党委2个，党总支4个，党支部135个，农村党员4098名；非公企业党委6个，党总支5个，党支部696个，企业党员4799名。

【基层党建立体化考核机制】 2013年，围绕形成基层组织建设工作“抓书记、书记抓”格局和重点工作“项目化运作、品牌化管理”模式，建立基层组织建设立体化考评模式，基层党建责任制进一步得到落实。对领导干部年度考核引入党代表询问，1月7日《中国组织人事报》对鹿城区这一典型做法进行了宣传报道。注重完善基层组织建设立体化考评办法，出台《关于进一步强化抓基层党建工作责任制的实施意见》等文件，落实好“联述联评联考”制度，建立书记脱稿述职、党代表现场询问、党员群众评议立体化考评机制，并召开4场基层党建创先项目推介会，将基层组织建设考核与领导干部年终考核进行挂钩。同时，建立基层党建例会制度，每季度召开1次不同主题的基层党建汇报会，进一步强化书记抓基层党建第一次责任人意识，促进比学赶超。

【基层服务型党组织建设】 以“立足实效、追求品质”为指导，以服务居民好做法评选等活动为载体，扎实推进基层党组织服务品牌建设。6月3日，全市第二季度基层组织建设工作例会暨基层服务型党组织建设现场推进会在鹿城区召开，充分肯定该项工作成效。进一步完善基层党组织星计划管理体系，结合“五星争创”活动，评选出20个五星级基层党组织，并涌现出“空巢老人幸福岛”等数十个服务好做法。继续深化社区“六有”服务体系。依托红色服务月、亲自服务月等载体，打造党员（青年）志愿者工作室等“四室两栏两网一屏一博”服务阵地，全区累计开展各类社区服务活动1757场，实现为民服务活动常态化。深入推进街坊党建工作。通过以民俗叫法为党支部命名、创设“开放式组织生活会”以及开展街坊老照片、千字文、老故事征集等“街坊文化寻根”活动，强化街坊党员角色意识，并涌现出了黎明西路社区“三色坊”等街坊党建品牌。创设“党代表360直通车”“党代表行业工作室”服务载体。依托党代表工作室，开展“高举火炬展风采”等活动，以接访走访、询问督查等形式，联系服务群众2万余人次，打造出松台街道党代表360直通车、七都街道党代表“顾问团”、五马街道党代表年会制度等党建品牌。

【城乡社区发展新格局】 2013年，以加强社会组织、社区带头人队伍建设为抓手，逐步形成“互促互进、共建共享”的城乡社区发展新格局。加强社区带头人队伍建设，下发《社区负责人岗位胜任度测评工作指导意见》，抓好社区班子后备人选确定与培育工作，并结合社区组织换届工作，选出一支热心事业、乐于奉献的社区带头人队伍。以网格化管理推进便民服务体系构建，通过制作发放网格员便民服务卡，建立《网格工作日志》、召开网格民情分析会等制度，推进便民服务体系构建。如在青园、菱藕等社区试点编印1万多份《社区居民一本通》，方便居民享受社区服务。加强社会组织建设，以志愿者服务培育拓展出数十个如红心服务社、同心书画社等的各类社区团队组织，并在南汇街道南塘社区实行业委会登记制度，成立了全国首个直接在民政注册的具有社团法人资格的业主委员会。开展“政社分开、善政善治”试点工作，通过对五马、松台街道社区进行事项梳理，撰写调研文章，为下一步严格实施社区办理事项准入制度打下坚实基础。

【党员队伍建设】 2013年，紧扣“党的群众路线教育实践活动”主线，围绕“细胞工程”，夯基础、强队伍、促活力，形成党员队伍建设新风貌。开展党员先锋指数考评工作。结合“五星争创”、在职党员进社区等活动，在全区机关事业单位、农村、社区、两新组织全面开展党员先锋指数考评，着力抓好党员互评环节简化与考评结果公示，提升可操作性。创设街镇干部“三六”服务群众新机制。出台街镇干部队伍建设“1+3”文件，实施攻坚护航等六项转变作风举措，推行民情微博等六项干部工作制度，开展党员徽章闪光行动等六大基层党建行动，创设“我要上前线”活动载体，实行后备干部、年轻干部“捆绑式”克难攻坚，不断加强党员干部做群众工作能力。鹿城区松台街道双桥村党员干部攻坚组推行“五百工作法”推进拆迁工作，受到市里肯定。开展在职党员“融社区、建家园、展风采”活动。市、区两级在职党员进行联动，深入对接需求，发挥个人特长，提供菜单式服务。全年共计开展活动513场，参与的党员达5927人次，惠及群众12万余人次。实施党内“金太阳”工程。2013年，共拨付党内关爱基金73万元，关爱困难党员、老党员352人次，并将党内关爱向在基层一线干事创业、攻坚破难的优秀干部予以倾斜，考虑提拔重用。开展党员电教片拍摄制作工作。将区“服务居民十大好做法”创先品牌等好做在拍摄制成电教专题片在“瓯江先锋”频道上播出，实现区本级力量制作电教片零的突破。

【两新党建工作】 2013年，全面推进不同类型、不同领域两新党建工作。以社区、工业园区、商圈、楼宇、专业市场等重点领域划分工作单元，按照“区域统筹、整合资源、优势互补、共建共享”的工作理念，实现两新组织党建抱团发展，有效提升党组织的覆盖面。全区5045家非公企业中，单独组建党组织517个，组建联合支部196个，党的组织覆盖4849家非公企业，党组织覆盖率达96.11%；621家社会组织，单独组建党组织137个，组建联合支部31个，覆盖590家社会组织，组建率达到95.01%。加强出资人队伍、书记队伍、指导员队伍和入党积极分子队伍建设，开展“青春党建”工作，提出了以牢牢把握“关注青年、关心青年、关爱青年，倾听青年心声，鼓励青年成长，支持青年创业”这一主题，通过在青年员工队伍中开展党的建设，不断增强党建工作对青年的吸引力、影响力和凝聚力，组织优秀青年企业家参与省、市“红色接力”活动。进一步深化设岗定责、承诺践诺、志愿服务等活动。借助社区党组织、两新片组，整合志愿服务者

7月1日，鹿城区志愿者合作服务组织成立仪式举行　　区组织部提供

资源，结合党员先锋指数考评办法，引导和带动党员青年服务企业、服务社会、服务群众，彰显党建青春活力。

【村社组织换届工作】 2013年，全区141个村已有137个村完成党组织选举，12个市级试点村于10月底全部完成换届；65个城市社区全部完成党组织选举，村社组织换届工作扎实推进。旗帜鲜明地加强党的领导，坚持“书记抓，抓书记”，抓好责任倒逼，逐层逐人落责。抓好人选导向，结合届末考核，抓好选谈话，严把人选关，坚持好中选优，并通过制作换届专题动漫、换届宣传卡，树立正确选人导向。建立及时研判机制，依托换届专题微信群，快速研判，解决问题。推行组团包村机制，在重点村全面推行“区级领导+部门领导+街镇领导+驻村攻坚组+工作方案+现场应急处置力量”的“六个一”工作模式，做到重点对象、关键人员选前训诫教育全覆盖。做好分类指导和培训。区街两个层面共组织了115场培训，培训干部2600多人次。

村干部苏志强到程成俊村民家夜访，并召集邻居们宣传政策法规及社区建设工作
区组织部提供

【党员干部现代远程教育】 以基层站点设备更新为契机，夯实硬件基础。全面完成远教基层站点设备更新工作。对基层站点的网络线路、站点场所、播放设备等进行检查，并为每个基层站点购置、配备远教专用电脑，实现全区216个基层站点基础设施的全面更新；对部分制度牌老化、遗失的站点进行更换、配齐。根据各基层站点硬件设备、学用成效等情况，继续做好对全区216个站点进行划分星级、分类管理。做好电视专题片的拍摄工作，以“一个做法、一部片”的形式，完成《服务居民十大好做法》系列电教片拍摄工作，其中《鹿城区松台菱藕社区开设时间银行》获全市第七届优秀党员教育电视片评比二等奖。

【党代表作用探索】 组织党代表参加区2013年党建工作例会，并将党代表询问引入书记抓党建工作述职、年中督查询问、领导班子考核，作为增强党工委书记履职的责任意识与质量意识。1月7日，《中国组织人事报》对鹿城区这一典型做法进行了宣传报道。以“社区百忙官”“新连心”“柯大姐”及教育系统等党代表工作室为依托，建立“走访—收集—梳理—交办—督办—反馈”全程服务机制，形成党代表全员参与、全程服务、全面覆盖的360度立体型为民服务体系，实现与群众需求的无缝对接。组织20名党代表到嘉兴、省委党校接受教育培训。组织开展丰富多彩的党代表活动。如在区审批中心党代表工作室开展“联审联批”活动，在松台街道开展党代表“高举党旗展风采、为民服务争先锋”活动。出台《街道党员代表会议制度》文件，落实街道党员代表会议制度。拍摄党代表工作室系列专题片。

5月23日五马街道党代表在纱帽河开展民意收集活动　区组织部提供

宣传工作

【概况】 2013年，全区宣传思想文化工作扎实推进理论、舆论、文化、文明建设，为“创首善之区、建幸福鹿城”提供了强大的思想保证、舆论支持、文化条件和精神动力。

【“中国梦”主题教育活动】 2013年，鹿城区委宣传部在全区开展“中国梦”主题教育活动，开设专题专栏，举办大型图片展，开展主题宣讲等形式，举办“中国梦”主题精品微型党课比赛，承办市民宣讲团海选暨草根名嘴大赛，并利用“华盖词场”平台，创新推出“华盖时政轩”市民宣讲新模式，尝试以百姓来讲百姓事，百姓说给百姓听的方式宣讲，在全区掀起学习宣传“中国梦”主题教育活动的热潮。

6月9日，中国梦主题精品微型党课颁奖晚会
区宣传部提供

【精神文明建设】 2013年，鹿城区创成市级幸福社区13家，占全市25.5%，名列全市第一，桂柑社区获全市唯一“五星级幸福社区”称号。创成省级文明镇1个、省级文明村6个、市级文明村12个，评选“十星级文明户”746户。推荐市级文明单位15家，并组建学雷锋志愿服务总队鹿城支队，志愿者人数达6968名。开展“道德讲堂”建设，设立区机关道德讲堂总堂，全区“道德讲堂”授课200余场。

【文化发展】 2013年，编制2013—2017年文化产业发展规划，加快重点文化产业园区建设，成立黎明92文化产业集聚区建设协调领导小组，东瓯智库被评为第二批市级文化产业园区，智慧谷文化园进行规划调整和申报市级文化产业园区。全年申报市级重点文化企业16家，新增申报市级文化产业专项资金扶持企业30多家。加大扶持文艺精品创作，全年获国家级奖项81项，省级奖项155项，其中《江南花雨》获省级音乐创作（作曲）类金奖。实施惠民“三下乡”活动，全年送书下乡4万余册，下基层演出123场，放映公益性数字电影1516场，观众27.5万人次。

【宣传报道工作】 2013年，协助央视拍摄《给我一双慧眼》故事片，举办37场新闻发布会、推介会、交流会，围绕全国首个法人资格业主大会成立、2013年鹿城读书节、网络问政平台、金改一周年等亮点工作，有重点、分阶段、多形式开展宣传报道。在中央、省、市级主流媒体刊发正面报道2450篇，比2012年增长163%，其中《人民日报》、央视刊播创历史新高。

【网络宣传管理】 2013年，出台《关于加强和改进舆论引导和新闻宣传工作的实施意见》系列文件，编印《突发公共事件舆论引导手册》，探索建立“134”全域联动网络宣传模式，并率全国之先出台政务微信工作群管理办法。创新推出“鹿鸣问政”网络平台，“鹿城微发布厅”、民生微博集聚平台和“温州鹿城发布”微信公众服务平台。“三微平台”获全省宣传思想文化工作“三贴近”优秀百例、省新闻信息技术进步奖，“温州鹿城发布”入选全省、全市十大政务微博，鹿城区被新华网评为2013年度“全国网络履职绩效十佳”。

【文化礼堂建设】 2013年，率先将文化礼堂建设向城市社区和民企延伸，建成15家农村、17家城市社区和3家民企文化礼堂，累计开展各类文化和礼仪活动200余场，参与群众达3万余人次。康奈集团被评为全省企业文化建设示范单位，康奈文化礼堂成为全市民企文化礼堂建设示范点。

【全国诗词大赛举办】 2013年，承办“中国诗之岛·江心屿杯”全国诗词大赛。大赛以“魅力温州、诗意鹿城”为主题，共收到来自全国29个省、直辖市、自治区的诗词稿件3182首，在一定程度上起到了提升“江心屿”知名度、推介鹿城本土文化的作用。

10月24日，在区广电中心举办“中国诗之岛·江心屿杯”全国诗词大赛颁奖晚会

区宣传部提供

【鹿城读书节】 2013年，举办以“共享阅读快乐 共建幸福鹿城”为主题的鹿城读书节活动。活动分为书香鹿城、书香机关、书香校园、书香家庭、书香社区、书香企业六大板块，共32项活动。通过论坛、诵读、沙龙、征文、微博、摄影等多种形式，举办活动达312场，5万多人参加，在全区营造“爱读书、读好书、善读书”浓厚氛围。

3月31日，鹿城读书节活动启动

区宣传部提供

【社科普及工作】 2013年，开展社科普及课题和社科普及出版资助项目申报评选，做好社科基地扶持，举办2013鹿城区社科普及周活动，推出大型主题宣传、读书阅览、理论研讨、科普展览展示、科普讲座培训等八大系列88项活动，广大市民群众积极参与。

统战工作

【概况】 2013年，鹿城区统一战线工作以实施“一三五”工程为重点，突出“凝心·聚力·和谐·发展”主题，夯实基础，形成合力，开拓创新，不断开创鹿城统战工作新局面。2013年，鹿城区委统战部获得全省统战工作先进集体称号，鹿城区侨联获得全国侨联先进集体称号，鹿城区工商联获得全省工商联先进单位称号，鹿城区还被确定为全省对台工作重点县（市、区）。

2013年，区委统战部研究出台了《关于加强社区统战和非公企业统战工作的实施意见》，78个社区和71家非公企业设立党委统战部或配备统战委员，并主动牵线社区党委统战部和在温高校党委统战部携手共建，提出结对互访活动、同心学堂活动、统战送温暖活动、基地互建活动、同心文艺活动、双向服务活动等“八个方面”共建内容，举行结对签订仪式。出台《关于继续做好基层统战工作示范点建设的通知》，评选出七都街道侨务工作站、南汇街道火车站社区新居民少数民族服务站、滨江街道宏源社区华裔新生代统战文化基地、五马街道八仙楼对台结对示范社区、温州黄龙集团党委统战部、双屿街道黄龙社区统战厅、仰义街道新居民安心促进会、双潮社区侨务工作站等七个基层统战工作示范点。

建立宣传部、统战部“两部联动”机制，搭建鹿城统战网、QQ工作群、微博、信息统战平台、微信工作群、邮箱等“六个一”工作平台。出台《关于建立统战系统信息直报点和信息考核制度的通知》，建立统战系统信息直报点制度和信息考核制度，在区属各民主党派基层组织、社团建立信息直报点，按照“一点一人”的原则配备直报点信息员，进一步健全了信息组织网络。2013年，全区共有统战信息直报点104个，统战系统信息员队伍总人数达122人。

召开以“凝聚·回归·共赢”为主题的“世界温州人大会鹿城乡贤聚会”，邀请海内外温州鹿城籍人士350多人与会，开展“思乡林”植树活动。举行中秋“三胞”暨在外侨商座谈会、台界“中国梦·海峡情”庆中秋迎国庆文艺演出和侨界人士茶话会，畅叙乡情乡谊。结合春节、中秋等重大节假日走访慰问在温部分侨领、台胞台属和困难归侨侨眷1000余人，慰问金额达30余万元。区留联会、留创会、名媛会开展主题派对、登山踏青、考察交流等系列活动。组织“亲情中华——侨乡行十八大精神宣传文艺巡演”活动。深化华文教育，举办2013年华裔青少年“中国寻根之旅”夏令营和“亲情中华——侨界留守儿童快乐营”活动。

【知联会“三进”工作】 2013年，建立“二级考核、三方管理、四面组建”工作机制，将全区有代表性、有影响、有专业特长和职称的党外知识分子纳入统战工作，全面推进知联会“三进”工作。全区已组建各级知联会111个，其中区级2个，街镇8个，社区80个、企业11个、学校10个，入会成员达4700多人，已基本实现社区、重点学校、重点企业知联会组织建设全覆盖，并在全省基层知联会工作会上做典型发言。

【党外代表人士队伍建设】 2013年，出台《中共鹿城区委关于加强新形势下党外代表人士队伍建设的实施意见》，健全党派主委、联谊会会长工作例会制度，落实专职联络员工作制度。加大教育培训力度，在省社院组织举办鹿城区党外人士培训班，40余党外骨干和新成员参加了培训。实施党外代表人士队伍“321”工程（30名领军，200名骨干，100名后备），全面摸底和推荐优秀党外代表人士。加大党外干部实施安排力度，进一步向街镇、群团组织延伸，新提任副科局级5名，轮岗锻炼局级干部8名。鹿城区作为唯一一个县（市、区）代表，在全市党外代表人士队伍建设座谈会上做典型发言。

【基层协商民主工作】 2013年，鹿城区坚持从区情、党情、民情、社情出发，成立社区协商议事会，创新途径、规范运行、成果运用，得到省委统战部领导的充分肯定。以区委、区政府名义发文《关于推进基层民主协商议事工作的指导意见》，11月25日，鹿城区还在全省统一战线推进基层协商民主工作座谈会上做发言交流。

【台鹿民间“十大交流”活动】 2013年，举办以“交流、互信、共赢”为主题的鹿台两地民间交流十大结对活动，邀请中国台北、高雄、桃园、花莲等地的台湾代表到温州，签署项目18个，深化1个，内容涉及教育、金融、经贸等10余个领域。结对之后，五马、滨江、松台、仰义、南汇、藤桥等地陆续开展了不同形式、深层次的交流互动，共促两地繁荣与进步，得到中央、省市级部门相关领导的高度肯定，并在全省相关会议上作了交流。

4月23日，鹿城区老年大学赠送高雄市冈山社区大学书画作品“艺臻两岸”一幅

区统战部提供

【社区侨务工作】 2013年，在8个街镇建立侨务工作站，还成立了79个社区侨务工作分站，实现全覆盖。6月，成功承办全市社区侨务工作现场会，并做典型发言，得到市、区领导和兄弟县（市、区）的充分肯定。三个社区获市级示范单位称号。松台街道桂柑社区被评为“全国社区侨务工作明星社区”。七都街道周祥薇被国侨办、中国侨联联合授予“全国侨界十大杰出人物”称号。

【网络统战工作】 2013年，运用“1234”工作法，成立鹿城区网络界人士联谊会，其中网络名人、活跃网友、知名博主、网络版主等网络舆情人士占62.3%。发出“坚守七条底线 共创文明网络”倡议书，成立同心·志愿者服务队，聘请顾问团指导，努力让网络更加清朗起来。搭建学习提升、互动共赢、服务奉献和议政建言“四大平台”，充分调动网络界人士的积极能动性，发挥网络独特优势，共同促进全区网络经济又好又快发展。此项工作得到中央、省委统战部有关领导和全省其他地级市委统战部的高度肯定和现场观摩调研。

9月25日，鹿城区网联会成立

区统战部提供

【基督教“以堂带点”新模式】 2013年，针对基督教信徒日益增多，信徒群体构成及其内部信仰需求日益多元化，家庭私设聚会点发展迅速等有关现象，鹿城区民宗局积极进行探索，创新基督教“以堂带点”的管理新模式。由建制教会接收管理聚会点，通过带教务、带管理、带责任、带学习这“四带”，逐渐使聚会点合法化和规范化。其中，天主教仁地堂点作为地下转化公开规范的成功典型，已被市局正式备案确认为正式堂点。这项工作得到省委统战部宗教处领导的高度评价和批示，称适当时候将召开现场推进会，推广经验。

机构编委办工作

【概况】 2013年，鹿城区机构编制委员会办公室在区委、区政府和市编委办的指导下，紧紧围绕区委、区政府中心工作，以“创首善、争一流”为目标，坚持“优编精政、服务发展”核心理念，立足国务院机构改革的新形势，找准定位、认真履职、服务大局，深化行政管理体制改革，完善事业单位管理，优化机构编制资源配置，加强机关自身建设，出色完成各项工作任务。

【健全食品安全监管协调机制】 2013年，将鹿城区食品安全委员会办公室调整设置为常设办事机构，与鹿城区食品药品监督管理局合署办公。原区卫生局承担的食品安全综合协调、牵头组织食品安全重大事故调查、统一发布重大食品安全信息等职责划入区食品药品监督管理局（区食品安全委员会办公室）。下设区食品药品安全信息（应急）中心，为全额拨款事业单位。区食品安全有关职责调整后，区卫生局原设立的食品安全综合协调科予以撤销。

【城建管理体制改革】 2013年，完成区城市管理与行政执法局下属环境卫生管理处、园林绿化管理处、市政公用管理处的“三定”方案，理顺工作职责，规范机构设置，健全城建管理体制。

【体制改革相关工作】 2013年，推进区行政审批管理办公室（区公共资源交易管理委员会办公室）机构设置，区公路管理段机构调整，公共泊位管理服务中心和车辆停泊开发服务有限公司机构人员整合，区委党校办学体制改革，市歌舞团撤销，区社会保险管理中心机构设置等机构调整和体制改革，理顺工作职责，规范机构设置，优化行政管理体制，助推全区经济社会发展。

【事业单位分类工作】 2013年，根据事业单位职能的变化和调整，按照省编委办《关于从严认定承担行政职能事业单位的通知》要求，对4家事业单位类别进行调整，对新设立的11家事业单位除1家临时机构外其余10家都进行了分类。在事业单位参公报批上，坚持从严管理，把好关口，严防为迎合参照管理条件，突击整合机构编制；严防机构整合、职能调整时，违规改变不符合参照管理条件人员身份。对符合上报条件的单位，按照相关文件要求给予更名、调整分类，及时予以审核办理。

【事业单位登记管理】 落实登记管理制度。按照《事业单位登记管理暂行条例》和《事业单位登记管理暂行条例实施细则》规定的程序依法办理，严把资料关、审核关。对不符合条件和材料不齐全、内容不实的不予受理；对填写不规范、不完整、开展业务活动情况报告不详的一律退回修改；对名称、住所、法定代表人等登记事项发生变更的事业单位，一律在办理变更登记手续后，再进行年检；对新设立登记单位，严格按照设立依据、验资证明等资格条件和必备资料，按程序进行审核登记；对已整合撤并的事业单位，督促其办理注销登记手续，有效地促进了事业单位登记管理工作。在事业单位年检中，严格按照受理、审查、核准、通知、复核、发证的程序办理。对债权债务关系转移明确的事业单位，简化注销登记手续，切实方便事业单位，提高工作效率。细化工作流程，制作发放《工作流程图》《办事流程手册》《简明操作流程》《事业单位设立登记操作手册》事业单位登记管理所涉及12张表格填写样本及填写说明等，提高事业单位登记管理服务水平。

【法人治理结构试点工作】 2013年，结合鹿城区的实际情况，制定《鹿城区建立和完善事业单位法人治理结构实施办法》和《关于开展鹿城区事业单位法人治理结构建设试点工作的通知》，并以区府办的名义印发。确定温州市第十七中学为试点单位，成立鹿城区首个事业单位法人治理结构理事会，形成“理事会+监事会+管理层”的新型事业单位法人治理结构制度，从建立理事会、明确管理层权限、制定章程、建立健全监管制度、加强党的领导五个方面开展法人治理结构建设，为进一步激发事业单位活力、规范事业单位运行、促进公益事业发展进行了有益的探索和实践。

【空编集中管理调剂】 2013年，根据上级文件精神，按照“控制总量、盘活存量、优化结构、有增有减”的思路，率全市之先实行全区事业单位空编集中管理调剂使用，提高编制使用效益，有效解决严格控制编制与满足事业发展需要的矛盾，省编委办刊登了鹿城区的做法。

【机构编制实名制管理】 2013年，制订《鹿城区机关事业单位机构编制实名制管理实施方案》，按照个别试点、分批推进的步骤，制定各单位工作进度详细时间表，分三批推进全区机关事业单位数据采集、审核、建库工作。加强业务指导，进行集中培训，确保工作进度和质量。于6月9日提前建成机构编制实名制系统，完成全区418家机关事业单位实名制信息采集、审核、录入和台账维护工作，共录入编制数11709名，人员数9832名，建立台账1102件，走在全市前列。

【用编审核管理制度】 2013年，按照《关于在全区机关事业单位实行用编计划审核管理的通知》，就用编计划的范围、原则、程序做出规范。根据各单位空编人数、人员结构和2013年退休减员人数等情况，以促进事业发展和满足工作需求为原则，严格按照机构编制管理相关规定对各单位增人需求计划进行审核把关，严格控制编制使用，提高机构编制管理的规范性和统筹性。对各单位上报选调和招考的计划进行严格审核，凡是满编单位一律不予以选调招考，对空编单位坚持控制总量，盘活存量，按计划核准选调招考数。

【合理调整机构编制】 2013年，共办理部门机构编制调整请示件116件。

【机构编制检查】 2013年，根据省纪委等五部门《关于严明纪律严格机构编制管理的通知》和温编办发〔2013〕25号文件精神，对全区机构编制政策执行情况进行专项检查。区纪委、区委组织部、区编委办、区监察局、区人力社保局组成联合检查组，对全区机关事业单位进行检查，通过听取汇报、实地核查等方式，对机构编制政策执行情况进行检查。检查情况总体良好，各单位领导重视、认真准备、态度诚恳，自觉遵守和执行机构编制政策规定。针对检查中发现的问题，当场要求各单位马上整改，并抓好督促落实，如个别单位擅自挂牌、条条干预等；对需要由上级部门和相关部门共同解决的问题，进行梳理，提出建议，及时进行汇报和协调。

党史研究工作

【概况】 2013年，鹿城区委党史研究室为贯彻落实上级党史工作有关文件和会议精神，完成了全年工作任务，先后召开全区有关单位参加的党史工作督查会、党史工作座谈会，建立了党史研究志愿者和党史信息员队伍，表彰了一批优秀作者和优秀信息员。编纂出版了《鹿城革命遗址图志》《鹿城风雨春秋》《中共温州市鹿城区委文件选编》第一辑和第二辑，及鹿城党史期刊《鹿之鸣》总第37、38期（合刊），完成了《鹿城革命烈士集》（暂名）征编工作。征集了建区30年以来的重要图片2000多幅。有10多篇论文（文章）在全国省市报刊发表、获奖。配合完成了西坑革命纪念馆室内布展和田塘头革命陈列馆改扩建主体建筑工程。开展了党史进机关、学校、社区和企业宣传教育活动。全体人员参加了市党史室组织的各种党史专题讲座、会议和中国梦演讲比赛等各种活动。完成了对原区委书记王思爱、原区长陈久忠的专题访谈拍摄录制工作。2013年度被市委党史研究室评为信息工作先进单位。

【党史工作座谈会召开】 11月1日上午，中共温州市鹿城区委在区行政中心召开全区党史工作座谈会。各街道、镇及区属有关部门单位分管党史工作领导，鹿城党史期刊优秀作者、优秀信息员和党史志愿者等参加会议。会议表彰了28位优秀作者和优秀信息员。

【《鹿城革命遗址图志》出版】 该书由李岳松编著，28.5万字，2013年2月由中国民族摄影艺术出版社出版。该书在全面开展革命遗址普查的基础上，进一步深入调查挖掘，撰写了从民主革命时期留存下来的中共重要机构、重要事件、重大战斗遗址、人物故居和新中国建立后兴建的有关革命纪念馆、陵园、碑亭等纪念设施的简介，并精心选编了200多幅摄影图片，是一部图文并茂的珍贵的党史资料，是开发红色旅游、进行党史育人和开展爱国主义教育的重要资源和有效载体。

【《鹿城风雨春秋》出版】 该书36.3万字，李岳松著，2013年10月由中国人事出版社出版。全书分烽火岁月、莫忘国耻、党史胜迹、寻觅先贤等五编。是党史研究者李岳松深入实地调查采访，搜集大量材料，梳理研究，8年辛勤耕耘的成果；是向广大读者展示了具有光荣革命传统的鹿城人民抛头颅、洒热血的感人事迹和鹿城党史的精义；揭露了侵华日军在鹿城犯下的滔天罪行；记叙了鹿城革命遗址、革命纪念设施简介和党的工作者的光辉形象。该书的出版，填补了民主革命时期鹿城党史的空白，是一部有血有肉、真实的鹿城地方党史著作，是开展爱国主义和地方党史教育的好教材。

【《中共温州市鹿城区委文件选编》第一辑、第二辑出版】 第一辑选录了1984年鹿城建区以来至1986年区委的主要文件，包括报告、请示、批复、意见、规章、讲话、纪要等，同时收录区政府的部分主要文件。2013年10月，由中共党史出版社出版。

第二辑选录了1987—1989年区委的主要文件。2013年12月，由浙内图准字〔2013〕第88号批准出版。

【6篇论文在国家级书刊发表或获奖】 李岳松的论文《温州新型城市化道路探索》于2013年1月获“2011—2012年度（全国）经济建设与科学发展理论实践成果”特等奖；《红船起航，驶向中国梦的彼岸》在“中国梦·和谐华章”优秀成果评选活动中被评为特等奖；《温瑞塘河综合整治目标，存在的问题与对策》被评为“2013年度温州发展研究奖”三等奖，还获得温州市“保护母亲河——温瑞塘河之我见”二等奖。论文《温籍早期先进分子对地方建党的贡献》在国家级期刊《经济视野》发表；《试述浙南革命根据地党史文化建设》在国家级期刊《今日中国论坛》发表；《试述浙南民主时期党史文化建设》，入选《全国党史文化论坛文集》。

【西坑革命纪念馆建设】 藤桥西坑村是土地革命战争时期的革命老区村，牺牲了10多人，其中追认为烈士10人，为浙南中共建设做出了很大的贡献。党史研究室为该村从市里争取到45万元党史胜迹保护专项经费，并协助藤桥镇作好纪念馆工程建设；向曾在西坑工作的张金发、原泽临区委第一任书记冯增荣等老干部征集革命历史照片、史料和革命文物。并请浙江省政协原主席刘枫题写了馆名，完善修改馆内陈列布展版面设计方案，完成了西坑革命纪念馆的布展工作。区委党史研究室积极参与藤桥田塘头革命纪念园提升工程项目之一——田塘头革命陈列馆改扩建工程，向市委党史研究室争取到党史胜迹保护维修专项经费补助20万元。该工程主体建设于年底竣工。

【党史宣教活动】 2013年，配合“中国梦”主题教育实践活动，张靖主任到温州大学、鹿城区部门、街道、社区和企业等多层次进行中共十八大精神、党史党建、经济等内容宣传教育讲座，同时征求各单位对党史工作的意见建议，寻找党史工作差距，改进新形势下党史研究、党史宣传教育工作。

【党史信息】 2013年，建立了党史信息报送制度。通过《温州都市报》刊发信息、建立信息群等方式。全年有10条信息被中央、省、市党史部门录用，区委党史研究室被评为2013年度温州市党史信息工作先进单位。

老干部工作

【概况】 2013年，生活在鹿城的区离休干部共计158人，其中易地安置鹿城的离休干部83位，约占总数的52.53%。离休干部平均年龄达85岁，其中85岁以上的约占鹿城区离休干部总数的49.37%。原四套班子退休干部22人。2013年，鹿城老年学员共有3401人，其中鹿城老年大学学员2380人，社区老年大学教学点学员1021名。

区委老干部局按照中央和省、市委关于全面做好老干部工作的要求，立足鹿城实际，从省、市委老干部局关于开展离退休干部“四就近”[①]工作的部署要求出发，大胆创新，为全区老干部工作开展了个性化、多样化、亲情化的服务探索，以更好的精神面貌践行中共十八大精神，在各项工作上都取得了明显的成效。局机关获得浙江省老龄工作委员会授予的“2010—2012年浙江省老龄工作先进集体”称号；鹿城老年大学获得省市两级“敬老文明号”称号。

【组织活动】 2013年，区委老干部局“干实事，做好事，办新事”。新春伊始，一改过去工作作风，变新春团拜会为上门走访慰问。在区委区政府的组织领导下，开展老干部新春“走家访户”慰问活动，区四套班子领导共分9组，慰问35位县级老干部；区委老干部局领导和工作人员分2组，全面走访全区167位老干部。之后，先后组织开展单身离休干部座谈会、参观考察“一键通”服务中心等活动。组织机关党支部换届选举、体验“水上巴士”、慰问困难离退休党员等活动，召开半年度工作会议，联合团区委主办“青丝银发，圆梦共建”活动。前往永嘉开展“寻根圆梦”，参观永嘉红十三军军部旧址。开展重阳节关爱活动和寿星联谊会。组织易地安置鹿城的离休干部进行体检。组织原区四套班子退休干部前往南京、杭州等地考察。贯彻中央指示，开展对《人民日报》《广大离退休干部畅谈中共十八大以来的发展变化——新风正气扑面、对党充满信心一文精神》的讨论等活动。

【离退休干部“四就近”服务工作】 2013年，区委老干部局秉承省、市委老干部做好老干部“四就近”工作精神，在全区65个社区中开展全面的宣传和普及，并认真推行省、市级的“四就近”示范社区的创建工作。组织在松台街道桂柑社区、滨江街道青园社区召开“四就近”创建现场工作会和“四就近”工作经验交流会，邀请8个功能区老干部工作专管员及33个创建社区负责人前往参加。12月验收时，全区共成功申报26个市级“四就近”示范社区，2个省级“四就近”示范社区。

【老干部健康疗养】 5月24日—30日，区委老干部局在雪山饭店组织了一场为期一周的离休干部健康疗养活动。这是鹿城区30年来首次举行离休干部健康疗养活动，实现了老干部多年的夙愿。区委、区政府领导对此高度重

① “四就近”，即指老干部就近获得学习，就近参加活动，就近得到关心照顾，就近发挥作用。中组部在《关于进一步加强新形势下离退休干部工作的意见》（中组发200810号）中提出。

视，副区长杨德听、组织部部长张敏、老干部局局长陈丽蓉就2013年上半年度鹿城区全区养老工作、干部组织工作、老干部工作分别向在雪山疗养的老干部做了全面汇报。疗养期间，区委老干部局更是先后安排了老干部工作者演讲比赛，邀请全国人大代表郑雪君作全国两会情况通报，开展“革命歌曲大联唱”，举办“趣味游园会”，参观考察滨江街道青园社区、松台街道桂柑社区的居家养老服务中心，邀请市中心医院干部病房郑永克主任作健康知识讲座等活动，充分落实老干部政治待遇，得到疗养老干部们的一致认可，大大地提高了满意度。

【结对活动】 4月，在鹿城区对台民间交流活动中，鹿城老年大学与到鹿城访问的台湾高雄冈山社区大学成功结对，双方就拓宽合作交流渠道，校园与社区的文化建设、活动开展及打造特色课程等方面进行交流研究。双方协定，将定期带领学员互访学习，进一步推进两岸社区文化养老工作。

【鹿城老龄教育网络】 2013年，区委老干部局立足鹿城实际，充分利用社区资源，在全区全面铺设以“鹿城老年大学为总校，功能区为分校，社区为教学点”的老龄教育网络，组织建立遍及八个功能区的17个社区教学点，成功地解决了场地问题和就近就学问题，增加1021名的学员，实现了“每个街道都有教学点”的目标，全面推进全区老干部文化养老工作。

【老干部品牌团队】 2013年，深入创新平台建设，组织“绚霞团”“政经团”“艺术团”“吾老在线”等四支富有特色的老干部团队，开展爱心捐款、考察调研、文艺演出、主题演讲等公益活动，不断提升老干部影响力。

精神文明建设

【概况】 2013年，鹿城区精神文明建设和文明城市创建工作贯彻中共十八大精神，巩固和提升省级示范文明城区创建成果，全力争创全国文明城市。区文明办明确“一个理念”，突出“两个重点”，抓住“三大特性”，完善“四项机制”，为共建共享“创首善之区、建幸福鹿城”提供强大的精神动力、道德支撑和环境保障。2013年，区文明办获温州市城市文明程度指数测评第一名、全市精神文明建设考评交流工作第一名和温州市精神文明建设考核第一名、鹿城区考绩优秀单位（一等奖）的优异成绩。

【开展“最美温州人”宣传】 2013年，鹿城区开展“十佳道德模范”评选表彰。举办了最美浙江人——“红日亭”先进事迹报告会。红日亭团队获“浙江骄傲”和“最美温州人——第四届温州市道德模范”特别荣誉奖。以“红日亭”现象引导民间慈善行为，编辑出版《伏茶——温州大爱坐标》一书。组织推荐“助人为乐”代表章效通入选“中国好人”榜，周祥薇、缪寿平、林秀锋等3人候选“中国好人”榜。推荐基层群众中的“凡人善举”“平民英雄”，褒扬身边好人的善行善举，“最美阿婆”沈小平获“温州好人”称号。

举办了最美浙江人——“红日亭”先进事迹报告会　区文明办提供

表彰“十佳道德模范”　区文明办提供

【全面开展“关爱他人、关爱社会、关爱自然”志愿服务活动】 2013年，区文明办协调做好鹿城区公共自行车网点拓展工作，公共自行车增至1万辆，启动鹿城区公共自行车志愿服务联盟建设，在全区260个公共自行车志愿服务站点，开展公共自行车日常保洁、维护等志愿服务活动。鹿城区注册志愿者总人数达72506人，占常住人口10%。完善志愿者管理、培训、表彰奖励机制，先后共约5万人次志愿者为社会提供各类志愿服务，全年服务对象达6万余人次。在全区开展“文明书屋”创建，评选出鹿城区十佳“文明书屋”，打造人文环境风雅，书香气浓郁的知识型、学习型村居。在社区组建92支文艺团队，开展鹿城区优秀“社区文化志愿者”队伍评选工作，评选出15支优秀“社区文化志愿者”队伍。

启动鹿城区公共自行车志愿服务联盟 区文明办提供

【扎实推进未成年人思想道德建设】 2013年，把未成年人思想道德建设工作作为精神文明建设的“重中之重”来抓，未成年人思想道德建设内容纳入鹿城区“十二五”规划，加大未成年人思想道德建设经费保障，全年争取中央、省、市、区资金投入550.9万元。活动载体创新上新水平，在全区幼儿园、中小学9.7万名学生中，以“小手拉大手 共建文明城”为总载体，创新开展了“学习雷锋、做美德少年”、“童心向党、做一个有道德的人”、经典诵读、“学雷锋精神，展青春风采”、“牵手阅读，快乐成长”、“清明节祭英烈”等系列活动。活动阵地建设上新水平，创建藤桥“农耕文化教育基地”、七都“留守儿童快乐之家”、“乡村（城市）学校少年宫”、鹿城区“未成年人心理健康辅导站”、郭公山社区“传统文化体验培训基地”等未成年人活动阵地。“春泥计划”实施工作实现8个街镇80个社区100%全覆盖，示范社区50个，示范率60%以上，达标社区29个，达标率90%以上。坚持不懈抓好净化优化社会文化环境，强化校园周边环境整治，全年共出动各类执法人员1752人，检查经营单位684家次，网吧517家次，取缔黑网吧149家，销毁非法制品12233张，查扣非法图书8600余册，非法音像制品1万余盒。为孩子们健康成长创造良好社会文化环境。争取中央专项彩票公益金支持，建成七都中学乡村学校少年宫。

【恢复重建红日亭】 原“红日亭”位于华盖山麓古榕树下，轻钢结构的简易亭子，非常简陋，缺乏维护，历经40多年风雨飘摇，存在安全隐患。在社会各界的支持、关心下，经4个多月的紧张施工，9月30日，“红日亭”举行新建落成仪式，市委领导为“红日亭”揭牌。阿公、阿婆煮了约200公斤的桂花红枣小汤圆，招待四方贵客。

“新家”位于原“红日亭”右后方，由温州市城管与执法局下属的市园林局作为建设主体单位，占地面积97平方米，工程总建筑面积132平方米。新“红日亭”从功能出发，结合广场周边园林建筑风格，建筑样式以园林建筑中亭、廊为主景，青瓦、白墙映衬着绿意盎然的古榕树，并对原先的宣传栏、树池进行改造，达到整体和谐与统一。

9月30日，红日亭落成仪式 吴 莹摄

【强化社会宣传教育】 2013年，温视新闻综合频道开设《文明创建曝光台》，先后对79个市民反映的热点、难点问题进行了舆论监督和曝光，有效促进职能部门改进工作。联合温州广电传媒集团“温州之声”，打造“新闻惠万家、文明进社区”专题为民服务品牌，为温州市文明办系统首创的群众喜闻乐见、深受百姓欢迎的为民服务品牌。在温州日报设立“美丽鹿城”专栏，联合《温州日报》、温州广播电视传媒集团开展“讲文明、树新风”公益广告大赛并展播（刊）480次。《人民日报》等主流媒体专题报道68篇，其中5篇新闻报道上了《温州日报》头版；《周祥薇打造“侨界留守儿童快乐之家”》和《浙江省温州市鹿城区积极探索建立关爱道德模范和身边好人机制》2篇文章分别被《人民日报》和《精神文明报》采用；《美丽梦想、幸福鹿城》专题报道被《今日浙江》采用。全省“讲文明树新风”公益广告作品评选大赛，由鹿城区文明办创作并推荐的《文明行车赤兔马篇》作品获影视类三等奖、《盲道公益广告》作品获平面类优秀奖、《孝悌忠信礼义廉耻》作品获影视类优秀奖；与浙江省文明办联合制作《做一个文明有礼的浙江人》《讲文明树新风 这些细节你做到了吗》知识小读本。全年，区文明办向中央、省、市文明办上报信息980条，信息工作

“幸福社区”创建工作宣传 区文明办提供

走在全省前列，分别获浙江省文明办系统信息先进单位、温州市文明办系统信息先进单位等10项省、市、区三级党委、政府授予的称号。

【城市公共文明指数测评成绩优异】 对照文明城市创建“软指标”，注重在市民素质养成上求提升。对照文明城市创建“硬指标”，突出在改善城市环境上求突破。全年整修道路47.06万平方米，完成道路空中管线整治97条，改造提升公厕117座，先后对5368家小餐饮店和2459家“四小行业”进行卫生整治。辖区有28家农贸市场，其中对20个星级市场按星级标准整治，对8个无星的市场进行规范管理；12个小菜场其中，完成改造提升5个，进场施工7个；完成45个马路市场取缔及规范工作。城区280家废品收购点共完成整治246家，整治率达88%。小餐饮行业和“四小”行业总体持证率分别达到93.40%、99.15%。管网整治有序推进，黄龙东片区、仓根河、水心二期基本完成；上陡门片区、东屿河片区、龟河片区已分别完成工程量的51%、55%和53%；新增果壳箱5299个，提升垃圾坞2028座；交通整治扎实有效，省、市级交通治堵点道路机动车守法率达到90%以上，非机动车、行车守法率达到80%以上。

【对照城市文明程度指数测评体系，加强整治】 按照《全国城市文明程度指数测评体系》和《浙江省城市文明程度指数测评体系》，加强领导、明确职能，加强宣传、广泛发动，注重协调，加强督查、狠抓整改等举措，全力做好城市文明程度指数测评工作。制作数万册“讲文明、树新风”宣传读本，在市区3000多辆出租车LED屏幕、所有信息亭等进行公益宣传，在市区主要交通路口设置15个“遵德守礼”爱心遮阳篷，在全区社区、公园、广场、主次干道等场所设置了各类“遵德守礼”提示牌2万余个，在53家建筑工地围墙刊载“讲文明树新风”公益广告宣传图片600多幅，共计8000余平方米，发放“文明餐桌”提示牌3.8万份，完成了近6.7万名志愿者的注册工作。对全区所有提交台账资料及全国城市文明程度指数测评中的342个实地考察点和浙江省城市文明程度指数测评中的273个实地考察点的申报材料进行了整理、审核、汇总和上报。组织6个督查指导组，对所有测评项目进行研究分析，并对105个存在问题，通过《整改通知书》《督查通报》等形式抄告相关部门和街镇并及时做好整改工作，做到一一落实，个个整改，无缝对接，处处彰显文明元素和文化自觉。

文明办公益广告宣传片　　区文明办提供

【城区亮化提升工程“最美街区”创建取得进展】 2013年，按时完成辖区279家临街机关企事业单位亮化改造提升工作，城区亮化效果得到有效巩固，靓丽形象得到明显提升。在全面巩固人民路、五马街、车站大道、雪山路、学院路等10条亮化示范路创建成果的基础上，按照城区亮化提升改造计划，先后对人民路的南站天桥和城开天桥，汤家桥路的物华天宝，车站大道的时代广场等路段和节点进行了亮化整体提升。2013年，鹿城区共有10个街区获“最美街区”称号，其总数在三区和三功能区中排名居首。

【“幸福社区”创建打造全市样板】 “幸福社区”创建做到主动有为，抓载体，建机制，创特色，以创建自治型、生态型、服务型、文化型、和谐型等“五型”为工作载体，以提升居民群众民主公平感、环境舒适感、生活愉悦感、精神富有感、家园归属感等“五感”为己任，创建了一大批各具鲜明特色的“幸福社区”。积极运用自身资源优势，开展各类艺术节系列活动212余场次。积极营造创建氛围，宣传推广“幸福社区”创建成果。《今日鹿城》连续四次开辟专版刊登“幸福社区”创建活动的专题报道，进一步增强“幸福社区”创建工作的宣传力度。2013年，鹿城区共有78个社区申报“幸福社区”创建活动，通过考核测评、有关部门联审，鹿城区共有13个社区通过“温州市幸福社区”考核验收。“幸福社区”示范点创成率达100%。其中，松台街道桂柑社区获全市唯一的“五星级幸福社区”称号，五马街道八仙楼社区、滨江街道新田园社区等12个社区获“四星级幸福社区”称号，创建率占全市的25.5%，名列全市第一。

【基层文明创建机制不断完善】 2013年，完善农村精神文明建设机制。鹿城区下辖7个街道，1个镇，藤桥镇已创成省级文明镇，在141个行政村中，已创成省级文明村6个、市级文明村12个、区级文明村60个。市级以上文明村创成率占全区行政村的12.80%。全区共评出746户“十星级文明户”，着力提升农村精神文明建设引领作用。完善文明单位创建机制，创新工作机制。全区22家区级机关及企事业单位申报市级文明单位创建，通过集中展示评审、听取汇报、材料审阅、实地考察、问卷调查、整体观察等6个程序，筛选出最具创建特色的15家，推荐市里评审。突出“文明家庭”创建品牌，共评选产生了1.57万户区级文明家庭，深化文明家庭创建细胞，以此推进整个社会文明、和谐发展，有力地推动了服务品牌的创建。

【完善落实“道德讲堂”推进机制】 2013年，设立鹿城区机关道德讲堂总堂，先后开展鹿城区“道德讲堂”宣讲活动、现场推进会，现场观摩活动。全区共开展200余场次“道德讲堂”活动。市级以上文明单位“道德讲堂”建成率达到100%。在文明单位组建学雷锋志愿服务总队鹿城支队，志愿者人数达6968名。组织省、市两级文明单位创建网络文明传播志愿者共227名，着力营造健康文明网络环境，共同推动网络空间真正清朗起来。市级文明单位创成率达100%。突出非公企业文明单位在各自行业领域的示范引领作用，在全区非公企业文明单位开展“诚敬做产品”活动，参与率达到100%。

开展鹿城区“道德讲堂”宣讲活动
区文明办提供

区直机关党工委工作

【概况】 2013年，以着力提高党的建设为重点，充分发挥区直机关党工委在机关党建工作中的总体协调和督促指导作用，不断加强机关党的思想、组织、作风、制度和反腐倡廉五大建设，创建五型机关活动，努力开创机关党建工作新局面，为加快“创首善之区、建幸福鹿城”提供了坚强的组织保障。截至年底，区直机关党工委下属机关党组织397个，其中直属机关党委10个，总支13个，支部57个，共有党员6341名。

【思想政治建设】 2013年，重视党委（党组）中心组理论学习和机关党员干部政治理论学习，贯彻中共十八大、十八届三中全会精神，组织2100多名党员干部参与温州机关干部党建理论知识网络竞赛，征集评选各机关基层党组织党建调研论文68篇，百个支部结对活动等调研课题入选全省机关党建优秀调研成果。开展“中国梦，我的责任”教育实践活动。举办“凝心聚力，共筑中国梦”专题宣讲，开展“梦想中国、最美鹿城”摄影大赛，选送7名代表参加“中国梦·我的梦”精品党课授课比赛，包揽前4名；组团参加“力学力行·共筑中国梦”温州市党员干部辩论赛并获团体优秀奖，进一步引导广大党员干部群众保持锐意进取、自强不息的精神风貌。

【党风廉政建设】 2013年，工委始终把党风廉政建设作为一项重要工作常抓不懈，一是加强党风廉政建设业务学习，定期开展《中国共产党员领导干部廉洁从政若干准则》和纪检文件、工作会议精神学习活动。二是推进廉政文化进机关建设，组织机关党员参观省高院、驿头等廉政文化教育基地、上廉政课等活动，增强廉政文化教育的吸引力；积极开展廉政文化示范点创建活动，全年申报廉政文化示范点市级2个，区级3个；在行政中心内打造全区首家机关廉政文化楼栋，把机关打造成反腐倡廉的主阵地。三是发挥机关纪工委职能作用。强化党员先锋基层服务行动，全力助推驻企服务活动，配合区纪

3月8日，组织机关妇女干部参观中加友谊馆
区直机关党工委提供

委做好违纪违规党员的调查处理和机关效能、破难攻坚任务完成情况督查。

【基层组织建设】 2013年，在全市各县（市、区）中率先出台《关于贯彻〈中国共产党党和国家机关基层组织条例〉的实施意见》，完善机关党建工作制度体系。完成53家直属机关党组织换届和届中调整工作；加强党务干部队伍配备，发文明确党组织书记的配备要求，直属机关部门的机关党委、党总支专职副书记配备率达100%。拓展基层党组织内部的民主建设新途径，在5家机关党组织中试点推行公推直选党组织领导班子成员，结合机关党委换届探索推行党组织书记履行党建工作责任“双向述职”活动。拓展基层党组织活动方式与空间，评出10个优秀基层党建创新项目，建成10大机关党建工作示范点，开展“党组织做思想工作”和“十佳组织生活”优秀案例评比，促进机关党建规范化建设和创新。全面推进先进党组织升级和后进党组织转化工作，4家机关党组织被评为首批五星级基层党组织，四星级党组织占比达到68%。制定区直机关和街镇机关党建考核细则，分类考核各机关党委、总支和支部，使机关党建工作与各单位业务工作齐头并进。进一步规范党员发展教育管理工作，全面推行发展党员公示制，严把党员发展各个环节，全年发展新党员77名。

【党务知识学习】 2013年，以分类培训为手段，采取集中轮训、党课教育、主题活动等形式，加强对党员的学习管理。召开“微型党课”观摩会2期、举办党务干部、新党员、入党积极分子等各类培训6期，编辑发行《鹿城机关党建》季刊4期，打造独具特色的鹿城机关党建微博，向基层党组织分发各类党建书籍5000余册。以“鹿城全民读书节”活动为载体，通过打造机关悦学体验点，创建机关干部读书俱乐部，开展美文诵读赛、好书分享悦读、读书沙龙、公益捐书等主题活动，有力推进学习型机关创建。全年创建市级学习型领导班子1个，学习型党组织4个，学习型标兵15人。

4月27日，区直机关干部经典美文朗诵大赛举行　　区直机关党工委提供

【群团组织活动】 2013年，全面加强机关群团组织建设，新建团组织3个，换届选举3个，理顺23家区直单位妇女组织关系。机关工会成立专门机构，有效推进党群工作一体化建设。开展登山、户外拓展、相亲会、钓鱼比赛、健康知识系列讲座、花艺培训、着装艺术讲座

4月3日，举办机关干部读书沙龙活动
区直机关党工委提供

等各类机关文体活动，参与3000余人次，充分发挥群团组织在机关建设中的积极作用。创建机关干部健康驿站，促进机关干部身心健康，有力营造了机关“快乐工作，健康生活”的良好氛围。

【机关创建活动】 2013年，以“弘扬机关文化、培养健康情趣、凝聚发展力量”为目标，创建机关文化示范点，努力打造机关核心价值观为引领、服务理念为支撑的机关文化体系。突出创建过程监管，在工作中植入“品牌”理念，全区69家机关单位申报服务品牌72个，实现服务品牌创建全覆盖。突出发展软环境提升，实行全员绩效管理，着力推进即办制落实、切实解决影响执行力的突出问题。

【关爱帮扶机制】 2013年，开展“冬日送温暖”“夏日送清凉”等慰问活动，组织区直机关党组织走访慰问困难党员，认真帮助解决机关党员的实际困难，工委走访慰问困难党员、老党员57名，慰问金额5万余元。召开“七一”表彰大会，对581名优秀党员进行表彰。下拨党组织活动补助经费3.55万元，充分体现对机关党员的关心关爱、对机关党组织工作的尊重支持，受到机关基层党组织和机关党员的广泛好评。

地方志工作

【概况】 2013年，鹿城区人民政府地方志办公室（简称区方志办）认真做好《鹿城年鉴》编纂工作。全年，编辑出版了《鹿城年鉴

(2012)》，协同区档案局编辑完成了《记忆鹿城2012》画册。较好地完成了志办工作信息上报任务，并有两篇短讯被市志办采纳。

2013年，区方志办在完成年鉴编纂的同时，按年初《温州市志》建置部分“鹿城篇”一节的分工，召开会议明确任务，按时初步完成了“鹿城篇”一节的初稿工作。

【《鹿城年鉴（2011）》获全国年鉴编校质量检查评比三等奖】 2013年，鹿城区方志办加入中国版协年鉴工作委员会（年鉴研究会），并首次参加了“第七届全国年鉴编校质量检查评比”活动。《鹿城年鉴（2011）》获三等奖。

《鹿城年鉴（2011）》获第七届全国年鉴编校质量检查评比三等奖　凌　云摄

【《鹿城年鉴（2012）》编纂工作培训会议召开】 3月底和4月初，区方志办分两批次组织召开年鉴编纂工作培训会议。会议总结年鉴编纂经验，表彰年度先进个人并布置2012年版年鉴编纂任务。为了完成《鹿城年鉴（2012）》的目标任务，各位编辑还与相关单位撰稿人加强联系，增强彼此之间的工作凝聚力。

3月29日，在鹿城区档案局4楼多媒体室召开《鹿城年鉴（2012）》编纂工作培训会议　凌　云摄

【年鉴采编工作】 2013年，调整区方志办年鉴彩页采编小组，继续做好相关采编工作。全年计有19家企事业单位参与。

【年鉴的出版与发放】 12月，《鹿城年鉴（2012）》按时由方志出版社出版发行，印刷1000本。全书设类目37个，共82.60万字，较2011年版增加近9万字。其中，插刊图片资料300余幅。在完成年鉴出版的同时，抓好发放工作，及时将最新的年鉴分发到区直等各单位和省内有关方志部门。

【《记忆鹿城2012》的印刷与发放】 2013年，区方志办与区档案局合作编写《记忆鹿城2012》，并于8月印刷成书，及时分发到区直等各单位部门。该画册共收集到2012年鹿城境内生态环境、人文景观、经济社会发展、人民生活和重要活动等图片资料近千幅，经不断筛选，最后选入200余张图片。

【年鉴编纂数字化建设】 2013年，《鹿城年鉴》撰稿人的文稿全部实现数字化，以电子文稿形式传送编辑部。全年，继续加大方志办QQ群宣传，让撰稿人加群，在编纂过程中充分互动，快速准确地解决问题，加速编纂进程。

信访工作

【概况】 2013年，鹿城区信访总体平稳有序，信访总量4243件（人）次，同比下降12.20%。进京正常上访40批149人次，同比批次上升166.70%、人次上升268.00%，进京非正常上访84批202人次；赴省上访145批424人次，同比批次上升16.90%、人次上升27.70%；到市上访343批1756人次，同比批次上升27%、人次下降28.50%；到区上访293批1313人次，同比批次下降34.90%、人次下降10.80%。办理群众来信601件，同比下降1.20%。

【信访事项源头治理工作】 2013年，每周召开一次信访研判会，每月开展一次矛盾纠纷排查，每季度分析一次信访形势，撰写信访信息80期；重大会议和活动期间，实行信访信息“一日一（两）报”制度。完善了区领导“开门接访”、街镇及区直单位领导“随时接访”、社区（村）干部“上门走访”的三级领导干部大接访机制，开展市区联合研访、定点接待来访、重点时段下访、轮流坐班接访、重点人员约访等“五访”活动，全年区和街镇领导接待群众来访957批1682人次，化解矛盾纠纷477件。指导街镇做好多个重点工程项目实施信访稳定风险评估和应急预案，未雨绸缪，源头化解。

【信访积案挂牌攻坚工作】 2013年，排查梳理82件信访积案，按照“九个一”（一件信访积案、一名包案领导、一个化解工作小组、一次协调会、一套化解方案、一套稳控措施、一个解决期限、一份协调会议纪要、一次信访人见面）要求，实行领导包案，推行“一个部门联系一件信访积案”制度，开展分门别类调处。经全区上下共同努力，省级挂牌6件、市级挂牌22件、区级挂牌54件（其中涉法涉诉信访事项2件，按要求移交政法单位），办结率均达100%。

【信访事项规范办理工作】 2013年，将来信、来访、网上信访、重要信访事项等的规范办理文件编撰成《温州市鹿城区信访工作指南》，下发至各街镇及区直部门，并组织培训，进一步完善登记、处理、督办、送达及反馈等程序。在全市率先将全国信访信息系统联通至8个街镇及15个区直重点部门，进一步提高办理工作效率，使信访工作真正在阳光下运作，确保事事有着落、件件有回音，切实维护信访人的合法权益。

【志愿者参与信访工作】 2013年，积极探索信访工作新模式，以仰义街道王老伯工作室为典型，指导街镇、部门发展、规范社会组织和志愿者队伍，发挥“连心桥”的作用，积极充分参与信访工作，以社会力量破解信访难题。全年，已有62个社会组织和志愿者队伍参与信访工作，如五马街道社区的“睦邻社”、仰义街道临湖社区的“王老伯”邻里和谐工作室等，律师志愿者参与区级领导接访工作48人次。同时，开展“百家单位百名律师解百案”活动，促进一批信访事项和矛盾纠纷得到有效化解。

【信访秩序专项整治】 2013年，抓好重要节点的信访，做到信息联通、力量联合、工作联动，注重源头预防和处置，完成中共十八届三中全会、各级“两会”和枫桥经验50周年纪念大会信访安保工作。开展信访秩序整治“百日攻坚”专项行动，强化信息预警源头预防，充实驻京力量上访劝返、依法处置，加大督查考核责任落实，积极整治进京非访，全力遏制非正常上访高发势头。8月中旬以来，非访数量明显下降至37人次，占全年非访总量的19%。

【听证评议终结机制】 2013年，信访局继续探索和推行特殊疑难信访事项听证评议终结办法。经过充分准备，对10年越级上访、进京非正常上访的9批40人次、严重影响鹿城区社会稳定的松台街道余明云等5位信访人反映的松台村两委在土地征用、财务管理、资产改制等方面问题的信访事项举行了听证评议会，通过陈述、质询、辩论等环节，由社会各界组成的评议员集体评议，以88.9%的通过率终结该信访事项，保障了信访人合法权益，使基层干部放下包袱走出信访工作困局。这也是2013年省信访联席会议改进听证评议办法后温州市唯一一起听证评议终结信访案件。区信访局组织课题组撰写的《关于特殊疑难信访事项评议终结制度的实践与思考》获得温州市信访系统大调研活动优秀调研文章一等奖。

档案工作

【概况】 2013年，在区委、区政府的正确领导下，区档案局全局干部以解放思想、开拓创新、拼搏实干的精神，实现了全区档案事业的科学发展，为鹿城区经济和社会发展做出了贡献。

【档案登记备份工作】 以省级规范化档案登记备份中心创建工作为抓手，全面开展档案登记备份工作，成立工作领导小组，制订工作方案，形成了局领导亲自抓、中心具体负责、各业务科室配合的良好局面。全年，共接收备份数据800G，其中党委系统15家、政府部门41家、人民团体7家、街道镇8家、企业1家，重点项目2个；电子业务系统备份18个，包括婚姻登记、残疾人登记、计划生育审批等。数据类型包括档案数字化成果、电子业务数据、电子公文等。12月6日，由省档案局信息科技处副处长林伟宏等各地档案信息化业务骨干一行五人组成的专家组对区局档案登记备份中心进行了考核验收，并通过了省级规范化档案登记备份中心验收。

12月6日，鹿城区档案局成功通过了省级规范化档案登记备份中心验收

区档案局提供

【档案文化建设】 2013年，立足于档案资源，结合地方志的有利优势，根据市档案局具体要求，积极开展档案文化工作，主要抓好如下：（1）继续开展“百年鹿城”系列展，继人文篇、街

卷篇后，2013年又展出了“非遗篇”。（2）编辑出版了《记忆鹿城2012》《鹿城年鉴》等具有地方特色的档案文化作品，其中《鹿城年鉴2011》获第七届全国年鉴编校质量检查评比三等奖。（3）参加温州市首届档案馆日系列活动，在松台广场主办“全市档案系统联动展览之档案事业成就展——档案走进你和我”，宣传档案法律法规，普及家庭建档知识，并现场接受百姓档案咨询服务，让档案走进老百姓的日常生活。加大重大活动和珍贵档案的收集和征集力度。建立全区档案征集网络，在第一时间掌握全区重大活动和重大事件的信息，及时介入重要档案的收集、整理，加快档案的征集步伐，配合市局收集《温州拆违纪事》鹿城部分“三改一拆”的编纂资料。

【档案信息化建设】 2013年，由登记备份中心牵头，经多方调查、科学论证后开展了“基于电子政务网的集馆室一体化、登记备份、电子文件中心、数字档案室等功能为一体的档案共建共享平台”与“基于公网的集新农村档案信息共享、新农村档案管理、新社区档案管理等功能为一体的新农村档案信息共建共享平台”两大系统建设。其中“基于电子政务网的档案共建共享平台的研究”作为省级创新科技课题项目申报并成功获批立项。加强馆藏档案的信息化建设。2013年，又投入10余万元完成了25万页的数字化扫描，共计数字化率达馆藏量的50%。

【档案目标管理考核工作】 2013年，在藤桥镇驿头村组织开展了“乡村记忆规范基地”，在金牛集团开展“企业记忆之窗”创建。浙江省档案局公布首批24家“企业记忆之窗”示范点单位名单，鹿城区康奈集团成功入选。积极开展行政村、社区示范化、规范化档案室创建，2013年，行政村、社区示范化各增加了2家；规范化档案室增加6个，合计已达20家，在全区占比35%。2013年，根据市局要求，机关、乡镇档案工作列入区考核机制，实施考核。

【档案资源建设】 2013年，鹿城区档案馆馆藏档案数21458卷、165366件；依法对全区各机关事业单位满10年的档案接收进馆，2013年总进馆档案数4140卷、47900件。开展婚姻等民生档案进行查阅服务，全年共接待社会各界档案利用者2402人次，为鹿城经济社会建设、编史、修年鉴、落实政策、民生凭证等方面提供了大量翔实的信息资料，解决了很多实际问题，扩大了档案工作对社会的影响力。

【档案法制建设】 2013年，转发《浙江省档案电子文件登记备份管理办法》《浙江省档案电子文件登记备份工作规范》等文件，并于4月初召开以学习这两个法规为基础的全区登记备份工作培训会，严格按照法规要求开展登记备份工作。

【档案行政执法】 10月8日，下发了《关于开展2013年度档案工作执法检查的通知》，于11月上旬结合鹿城实际开展档案执法检查，并对全区2013年度档案执法检查情况进行了通报。

【档案工作业务指导】 3月29日与4月19日，举办了全区编纂工作培训会议，开展档案工作大走访活动，平均每个单位走访两次以上，宣传政策、业务指导、督促工作、及时了解与发现问题并现场解决。

【档案安全监管】 4月15日，下发了《关于确定2013年档案登记备份单位名单的通知》，制定年度档案登记备份名单和范围，并召开会议落实工作任务，对原有涉民电子业务系统开展周期性备份。截至年底，备份数据量达720G，光盘297张。

【开展行政村、社区规范化示范档案室】 4月19日，下发《关于开展第八批“省、市级行政村示范档案室”和第六批“省、市级社区示范档案室”创建活动的通知》后，根据报名情况，区档案局组织走访调查确定了双屿街道岩门村（省级）、南汇街道葡萄村（市级）为行政村示范档案室创建对象；仰义街道沿江社区（市级）、滨江街道蒋家桥社区（省级）为社区示范档案室创建对象，并对其进行多次指导，创建工作基本完成，等待评审。

中国共产党温州市鹿城区纪律检查委员会

【概况】 2013年，全区各纪检监察组织认真学习贯彻中共十八大、十八届三中精神，按照上级纪委和区委、区政府的部署，认真履行监督执纪责任，切实发挥服务保障作用，严肃纠正"四风"突出问题，着力维护群众的合法权益，反腐倡廉建设各项工作取得了新进展、新成效，为鹿城"赶超发展、再创辉煌"提供了坚强的纪律保障。

【服务保障大局】 2013年，全区纪检监察组织牢固树立保驾护航的理念，有效发挥监督检查职能，对区委、区政府的重大决策部署、重点工作项目做到主动跟进、全程保障。建立"攻坚护航"评价体系，对36个部门、18次重大行动实施现场测评，形成了部门和街镇联动破难攻坚的合力。建立"六督联查"监督体系，重点督查了破难攻坚"八大行动"、实体经济和温商"两大回归"、创卫等中心工作，印发《督查快报》31期。特别是牵头推进安置房建设，建立"四色"预警机制，对涉及10个建设项目的6个建设单位予以通报批评，对3个建设单位有关责任人进行约谈。全年，全区27个安置房项目投资完成率取得突破，达到116%。加强对环保、安全生产等重点工作的监督检查，对6人予以追责。推行全员绩效公示制度，深化重点工作免责机制。

【深化作风建设】 2013年，按照中央"八项规定"和反对"四风"要求，牵头在全区开展作风效能建设，督促落实作风效能建设"1+11"文件，着力打造作风建设升级版。深化"三公"改革，出台《机关工作人员驾驶公务车辆严重违法行为责任追究办法（试行）》等制度，开展公务接待专项审计。全年，全区"三公"经费、会议费支出，分别同比下降13.20%和42%。突出整治"四风"，加强中秋、元旦、春节等特殊节点保廉工作，督促整改江心屿国际公馆等2家会所。严格落实廉政准则，全区党政机关5280名会员卡清退对象做到"零持有、零报告"。强化效能监察，对损害经济发展环境三大类31种情形的行为实行问责，全年共受理办结效能投诉91件，效能追责52人，查处5起案例并通报2起典型案例。开展民主评议作风效能建设满意、不满意单位和机关中层、基层站所活动，组织社会各界代表1.3万人对37个单位和136个基层站所进行评议，评出6个满意单位、4个排名末位单位和10个满意基层站所、5个不满意基层站所。优化涉企服务，开展依附行政审批强制提供服务、强制收费行为清理整顿以及惠企政策落实情况专项检查，建立政企互动平台系统、涉企检查报批备案制、行政效能企业服务点以及"纠风助企"监测点。

【完善惩防体系】 2013年，依纪依法查办案件，全年共受理信访举报434件（次），立案55件，结案54件，处分54人，涉嫌犯罪被移送司法机关处理4人。强化宣传教育工作，以反腐倡廉宣教月活动为载体，开展廉政文化精品示范点创建"互看互学"活动；接待29批1万人次参观藤桥镇驿头市级廉政文化教育基地；

组织5批730余名党员干部参加法院庭审旁听；邀请中国纪检监察学院副院长李永忠给全区600余名领导干部作制度反腐专题报告。出台《关于党纪政纪案件立案前预审办法》等制度，成立案件监督管理室，保障党员干部合法权益。推进体制机制创新，深化审批制度改革，率先对无依据行政审批事项和街镇、社区、村居盖章证明事项进行清理规范，共取消11个部门38个事项的97个无依据审批前置条件，取消92项街镇社区村居盖章证明事项，优化48项。率先开展行政审批第三方监督回访工作，建成四级联网审批服务系统。深化公有房产统一监管机制，每年节约财政支出1200万元，该项工作获得全市纪检监察系统创新创优项目评比一等奖，被《人民日报》《中国纪检监察报》全面报道。严格执行因公出国（境）"五项制度"和五家单位联审制度，出国（境）审核102批次，否决1人次。

【维护民生民利】 2013年，承担村级组织换届及社区选举工作纪律保障任务，对38起涉及选风选纪的信访举报件予以查处，对4名农村党员给予党纪处分。牵头开展全区村（居）务监督委员会换届选举工作，全区社区居务监督委员会选举完成率100%、村务监督委员会换届选举完成率95.03%。加强"三务"信息公开平台建设和农村"三资"管理，对48个村开展财务专项审计，对12个重点村开展"三务"公开专项检查，责令限期整改5个单位。组织开展"清廉温州"——走进鹿城直播活动，让36个区直部门"一把手"直面媒体听呼声表态度解难题。积极搭建"鹿鸣问政"和"温州纠风在线"两大网络平台，查纠群众反映强烈的教育、卫生等突出问题，督促相关部门取缔非法办学教育培训机构19家，并立案查处6家；清退涉农违规资金4万多元。

7月，在区会议行政中心召开全区纪检系统纪律作风整顿月活动部署会　区纪委提供

鹿城区人民代表大会

区人民代表大会及其常委会会议

【区八届人大二次会议】 1月8日—10日举行会议。出席大会代表287名，列席会议人员229名。区八届人大二次会议共举行3次全体会议，4次主席团会议，1次计划和预算审查委员会会议，1次议案审查委员会会议。会议主要议程：1.听取和审查温州市鹿城区人民政府工作报告。2.审查温州市鹿城区2012年国民经济和社会发展计划执行情况及2013年国民经济和社会发展计划草案的报告。审查、批准温州市鹿城区2012年国民经济和社会发展计划执行情况的报告及2013年国民经济和社会发展计划。3.审查温州市鹿城区2012年全区和区级预算执行情况及2013年全区和区级预算草案的报告。审查、批准温州市鹿城区2012年区级预算执行情况的报告及2013年区级预算。4.听取和审查温州市鹿城区人民代表大会常务委员会工作报告。5.听取和审查温州市鹿城区人民法院工作报告。6.听取和审查温州市鹿城区人民检察院工作报告。区八届人大二次会议共收到代表10人以上联名提出的议案12件，意见和建议161件。

【区八届人大常委会第八次会议】 3月28日—29日举行会议，主要议程：1.听取和审议区政府关于2012年政府性基金执行情况和2013年政府性基金计划草案的报告；2.听取和审议区政府关于2012年本级部门预算执行情况和2013年本级部门预算编制情况的报告；3.听取和审议区政府关于食品安全“一法两规”执法检查审议意见落实情况的报告；4.审议关于提升居家养老服务工作的议案；5.审议关于广场路旧片区（原市政府礼堂等）改造提升的议案；6.审议关于加大对“三农”项目、资金投入的议案；7.审议温州市鹿城区人大常委会2013年工作要点；8.审议关于提请调整温州市鹿城区人大常委会工作机构的议案；9.人事任免。

【区八届人大常委会第九次会议】 5月17日举行会议，主要议程：1.听取和审议区政府关于科技进步法及省条例贯彻实施情况的报告和区人大常委会执法检查组关于科技进步法及省条例执法检查情况的报告；2.听取和审议区政府关于律师法执法检查审议意见落实情况的报告；3.听取和审议区政府关于国家园林城市、国家森林城市、国家环保模范城市创建工作审议意见落实情况的报告；4.审议区政府关于横渎河西A—37a—1地块工程建设融资方案的报告；5.听取和审议区政府关于金融改革和解决中小型企业融资难工作情况的报告；6.听取市人大代表述职；7.人事任免。

【区八届人大常委会第十次会议】 7月30日举行会议，主要议程：1.听取和审议区政府关于教育专项工作情况的报告；2.听取和审议区政府关于2012年财政决算的报告；3.听取和审议区政府关于2012年区级预算执行和其他财政收支的审计工作报告；4.听取和审议区政府关于禁毒法贯彻实施情况的报告及区人大常委会执法检查组关于禁毒法执法检查情况的报告；5.听取和审议区政府关于浙江省温瑞塘河保护管理条例执法检查审议意见落实情况的报告；6.听取和审议区政府关于区八届人大二次会议代表建议、批评和意见办理情况的报告；7.审议区政府关于提请审议将相关项目回购资金列入区级财政预算的议案；8. 听取市人大代表述职；9.人事任免。

【区八届人大常委会第十一次会议】 9月17日举行会议，主要议程：1.听取和审议区政府关于2013年1—8月国民经济和社会发展计划执行情况的报告；2.听取和审议区政府关于2013年1—8月预算执行情况的报告；3.听取和审议区法院关于地方金融综合改革司法保障体系建设情况的报告；4.听取和审议区政府关于三改一拆工作进展情况的报告；5.听取和审议区政府关于加快总部经济园建设促进鹿城区经济发展的议案办理工作审议意见落实情况的报告；6.听取和审议区政府关于提请将温州市林里片区低丘缓坡利用项目的投资及回报资金列入区级财政预算的议案；7.听取市人大代表述职；8.审议李秀峰等辞去温州市鹿城区第八届人民代表大会代表职务的议案；9.听取和审议区法院关于要求增加人民陪审员名额的议案；10.人事任免；11.审议通过关于李秀峰等代表资格终止的报告；12.审议通过《关于补选温州市鹿城区第八届人民代表大会代表的决定（草案）》；13.审议通过《温州市鹿城区第八届人民代表大会代表补选办法（草案）》。

【区八届人大常委会第十二次会议】 11月26日举行会议，主要议程：1.听取和审议区政府关于2012年区级预算执行和其他财政收支审计处理意见落实情况的报告；2.听取和审议区政府关于“十二五”规划纲要实施中期评估情况的报告；3.听取和审议区政府关于提升居家养老服务工作的议案办理情况的报告；4.听取和审议区政府关于广场路旧片区（原市政府礼堂等）改造提升的议案办理情况的报告；5.听取和审议区政府关于加大对三农项目、资金投入的议案办理情况的报告；6.听取和审议区政府关于宗教活动场所拆迁安置落实情况的报告；7.审议通过关于召开区八届人大三次会议的决定（草案）。

【区八届人大常委会第十三次会议】 12月24日举行会议，主要议程：1.审议关于提请调整温州市鹿城区人大常委会工作机构的议案；2.人事任免；3.审议接受江华辞去温州市第十二届人民代表大会代表职务的请求和补选徐丹为温州市第十二届人民代表大会代表；4.审议关于提请审议《温州市鹿城区人民代表大会常务委员会关于促进全面深化改革的决定（草案）》的议案；5.审议区八届人大三次会议议程及日程（草案）、主席团成员和秘书长名单（草案）、计划和预算审查委员会名单（草案）、议案审查委员会名单（草案）；6.审议通过区八届人大三次会议列席人员名单（草案）；7.审议通过代表资格审查委员会关于区八届人大三次会议代表资格审查的报告；8.审议通过关于区八届人大二次会议代表议案、建议办理情况的报告；9.审议通过区人大常委会工作报告（审议稿）。

监督工作

【法制监督】 2013年，结合执法检查和议案办理，连续3年跟踪监督居家养老服务建设，督促政府加大资金投入，加强服务管理队伍建设，完善养老服务网络，推进政府出台社会养老服务体系“1+5”系列文件。督促法院继续深化创新金融专业审判模式、完善金融改革司法保障机制和维护经济金融秩序稳定等方面的工作，进一步提高金融审判质效。督促检察院进一步完善防范和打击虚假诉讼联动机制，加大对虚假诉讼犯罪的打击力度。督促“两院”重视典型案件分析，加强前瞻性司法调研。主任会议听取“六五”普法实施中期督查情况报告。依法开展规范性文件备案审查工作，受理和登记政府报备的规范性文件36个。此外，还开展了禁毒法执法检查，督促政府及公安机关进一步强化工作责任落实，深化禁毒宣传教育，保持打击涉毒的高压态势；对律师法执法检查审议意见落实情况进行监督，专题视察鹿城看守所，针对存在的问题提出意见建议。协助人大常委会做好有关建议意见的交办督办工作。提高工委理论水平，认真做好调研文章。

【财经监督】 2013年，着重调查、审查“十二五”规划纲要中期评估和1—8月计划执行情况，督促区政府力争重点指标、项目和任务如期完成，确保经济社会持续健康发展。首次以“全口径”的要求审查2012年财政决算、其他财政收支和政府性基金等情况，督促政府解决预算编制、预算执行、债务管理、公共支出等方面的问题，将更多的财力用在加快发展和改善民生上。审查1—8月预算执行和部门预决算，要求严控预算追加，加快推进部门预算公开化、阳光化。强化审计监督，健全财政预算管理体制和运行机制。调查金融改革和中小企业融资难情况，督促构建支持实体经济发展的现代金融服务体系。此外，关注有效投资、网络经济和“黎明·92”文创园建设等工作，跟踪监督总部经济园建设，调研中国鞋都改造提升工作、民间资本回归实体经济、完善三大园区配套设施建设和优化产业布局等课题。协助人大常委会做好有关建议意见的交办督办工作。坚持实践与理论学习统一，强化调研工作。

【教科文卫监督】 2013年，监督教育专项工作，要求合理配置教育资源，抓好教师队伍建设，加强校园周边安全管理，推进“早教进社区”工作，促进教育优质均衡发展。开展科技进步“一法一条例”执法检查、对食品安全“一法两规”审议意见落实情况进行监督，督促区政府将好的做法转化为长效机制。协助人大常委会做好有关建议意见的交办督办工作。重视自身学习和工委建设。

【民宗侨外监督】 2013年，监督宗教场所拆迁安置工作，督促区政府加强规划引导，出台补偿办法，全力破解宗教活动场所和民间信仰场所无序建设的难题，保障宗教领域和谐稳定。主任会议听取少数民族工作情况报告，跟踪区政府为民办实事项目，提出意见建议。协助人大常委会做好有关建议意见的交办督办工作。重视工委理论武装，加强能力建设。

【城建农村监督】 2013年，加强对“三农”项目、资金投入议案办理情况的监督，督促区政府加快推进农村水利设施建设，加大对农业产业化和农民增收的扶持力度。督促区政府不断深化“三改一拆”工作，着力提升城市形象。监督广场路旧片区改造提升议案办理，督促政府做好做细前期工作，积极稳妥推进改造。着重跟踪监督国家园林城市、森林城市、环保模范城市创建工作。主任会议听取城市环境整治提升、国家卫生城市创建、现代都市休闲观光农业发展等情况报告。对温瑞塘河保护管理条例执法检查审议意见落实情况进行监督。协助人大常委会做好有关建议意见的交办督办工作。坚持理论指导实践，强化工委工作能力。

代表工作

【代表活动】 2013年，以小组形式组织代表学习中共十八届三中全会、区委全会精神及代表法、禁毒法、科技进步法、水污染防治法等法律。组织代表170余人次，参加市人大培训班，学习预算法及审议财政预决算报告方面的知识，听取专题讲座和代表履职经验介绍。完善代表参与常委会活动的机制，组织代表386人次参加视察、检查和调研活动，安排42位代表列席常委会会议并参与审议，部分代表意见被采纳为审议意见。完善政情通报、半年度工作报告和视察“两院”制度，增进代表对“一府两院”工作的了解。充分发挥代表“双联”制度活力，如五马街道人大工委积极发挥辖区各级人大代表联动作用，督促市、区两级部门解决拖延多年的温州世贸大厦验收问题。广泛深入开展市代表向区人大常委会、区代表向选区选民承诺和述职活动，认真部署代表会前视察、议案建议撰写及督办活动。组织省、市、区、镇四级代表418人次，参与“关心母亲河溪”主题活动，查看河流49条，发现问题76个，提出建议58条。丰富代表小组活动形式，增强效果，如七都小组视察安置房建设、滨江小组听取部门站所专题工作报告、南汇小组调研宗教场所拆迁安置工作、五马小组开展结对帮困活动、松台小组组织市区两级代表联合接待选民、双屿小组督查辖区综合整治、仰义小组视察重点项目建设、藤桥小组开展“四边三化”工作督查等等，为代表发挥作用搭建了平台。

【代表议案建议办理】 2013年，出台《鹿城区人大代表优秀议案和建议评选表彰办法》，坚持政府领导领办制度，全面加强办中督查，实行建议“背靠背”答复机制，对10个承办单位进行集中评议。区八届人大二次会议及闭会期间代表提出的交给去重负办理的160件建议，都在规定时限内答复代表，其中，已经解决或列入解决计划的140件，受条件限制暂时不能解决或留作参考的20件。

人事任免及常委会日常工作

【重大事项决定】 2013年，依法做出促进全面深化改革的决定，及时将中共主张转化为全区人民的共同意志。根据区政府的提请，经会前调查和常委会审查，依法做出同意将有关BT项目列入区级预算的决定。

2013年区政府区长、副区长领办的建议目录

表14

序号	建议编号	建议标题	建议领衔人	责任领导
1	225	关于设立街道综合执法大队的建议	卢更生	朱崇敏
2	163	关于要求解决社区办公室用房紧缺问题的建议	胡美珠	项伟胜
3	198	关于加强对社区计卫服务中心建设的建议	戴淑贞	伍　挺
4	120	关于进一步提升鹿城区公共自行车服务的建议	白雪娟	郑晓东
5	240	关于要求建设藤桥镇休闲、生态、红色经典旅游的建议	苏立聪	章月影
6	139	关于社区干部待遇问题的建议	王　林	杨德听
7	206	关于解决当前企业发展中面临的主要问题的建议	陈　宏	胡明亮
8	190	关于老房子建造电梯的建议	王美凤	林世南

【人大人事任免】 2013年，坚持党管干部与人大依法任免的统一，加强对拟任干部的任前调查和审查，接受区人大常委会组成人员辞职4人，接受市人大代表辞职1人次，接受区人大代表辞职12人次，补选了13名区人大代表，任免常委会工作机构负责人11人次，决定任免区政府组成人员10人次，任免区法院、区检察院审判和检察人员48人次，任免人民陪审员43人次。

【人大信访工作】 2013年，完善人大信访工作制度，规范转办、督办和回复制度。重视涉法涉诉信访案件的处理，积极引导涉法涉诉信访在法制轨道内妥善解决。认真参与区领导信访接待和下访活动。

2013年区人大代表重要议案

关于提升社区居家养老服务工作的议案

议案领衔人 林文花

据了解，截至2011年底，温州市鹿城区60岁以上老人已经有12.8万人，占常住人口的17.75%，其中80岁以上的高龄老人有2万多人，人口老龄化的程度已位居全市之首。且老龄化的速度日趋加快，每年净增60岁老人5000余人。面对人数众多、集中养老设施投入不足的双重压力，95%以上的老人都选择的是居家养老，但是目前的城乡家庭结构以“4—2—1”为主，传统的家庭赡养模式面临许多难题，养老服务的社会化已成为一个紧迫的社会课题。根据区政府在区八届人大二次会议上的报告，区政府将进一步优化居家养老服务，在65个城市新社区设立居家养老服务中心，基本实现“20分钟就医圈”和“10分钟养老服务圈”。

但是据会前调查了解，虽然我区基本实现城市社区居家养老服务中心全覆盖，然而这种全覆盖档次不一，特别是部分社区居家养老服务中心还达不到为老年人服务的基本要求。在已经建成的社区居家养老服务中心，目前再运行过程中碰到三个问题：一是服务半径过大。社区撤扩并后，社区面积扩大，原有居家养老服务照料中心过于集中，辐射范围有所局限，无法方便全社区老年人。二是服务功能单调。目前社区居家养老服务照料中心受条件所限，虽有棋牌室、老年电大、便民常乐餐厅等服务项目，但由于资金的严重短缺无法满足养老服务照料中心的正常运行。三是服务保障不足。由于缺少资金，社区居家养老存在服务队伍专业化程度不够的问题。不管是企业介入还是志愿者队伍，都缺乏规范标准。

中共十八大提出了“积极应对人口老龄化，大力发展老龄服务事业和产业”的要求。根据温州市人民政府13号文件《关于加快推进养老服务体系建设的意见》（温政发〔2010〕）的精神，到2012年全市城市社区和50%以上的农村社区建立起具备生活照料、医疗护理、文化教育等基本养老服务功能的“星光老年之家”。区委八届四次全会上提出，加快养老事业发展，实现城市社区养老全覆盖和农村社区养老工作全覆盖。区八届人大二次会议政府工作报告也提出要完善社区居家养老照料中心管理。

根据以上要求，我们认为，

我区的社区居家养老服务工作应当坚持以科学发展观为指导，认真落实市政府《意见》精神，按照“政府主导、政策扶持、社会参与、市场推动”的原则，进一步提升全区养老服务水平和养老福利待遇。并提出以下几点意见和建议：

1. 加大投入，强化经费保障。政府要在财政上加大照料中心运转经费的资金投入，建议财政根据中心的场地大小、辖区老人的数量建立经费保障机制，确保中心正常运转经费。

2. 整合资源，完善运行机制。目前社区居家养老服务中心的运行经费不足。目前除中心的餐厅专门聘请了一位厨师外，其他清洗、打扫、管理等工作都是由社区志愿者义务服务的。现在的农副产品、蔬菜价格日益增长，而餐厅实行的是低偿服务，入不敷出的现象使餐厅运行不良的状况日趋明显。如何走出运行瓶颈，使餐厅能长效有序的运行，惠及社区老年人和特殊人群是目前急需解决的问题，建议区政府与相关企业（如公用事业投资集团、电业局等）对接，给予减免水电、煤气、有线电视、电子网络等费用。

3. 完善标准，加大扶持力度。一是在政策上要有更多的扶持，提升参与社会养老事业的个人或企业信心。二要建立居家养老服务标准，企业或社会机构参与社区居家养老服务，必须有门槛条件，同时有准入、准出、退出等机制。三要形成区域化共享机制，使服务功能有限的各个服务照料中心挖掘自身特点，发挥优势，形成品牌，促进邻近社区间形成区域共享。四要建立社区居家养老服务用房保障机制，新建住宅小区或旧村改建中按比例规划相应的用房面积，并抓好落实。

4. 加强培训，规范管理服务。现有的中心管理人员都是一些老人协会的会员，不能为老年人提供系统、规范的服务，不利于中心可持续发展，民政部门应加强老龄工作人员及中心管理人员规范化培训。

关于提升社区居家养老服务工作议案办理情况的报告

温州市鹿城区人民政府副区长 黄专途

（2013年11月26日）

主任、各位副主任、各位委员：

现在，我就提升社区居家养老服务工作议案办理情况报告如下，请予审议。

今年3月份，区八届人大常委会第八次会议听取并审议了提升社区居家养老服务工作的情况报告，形成了《关于提升社区居家养老服务工作的议案的审议意见》，提出了三个方面的要求。对此，区政府高度重视，进行专题研究，对照审议意见的要求，细化工作任务，明确部门责任，强化工作合力，采取有力措施，抓好贯彻落实。

一、主要工作情况

社区是老年人晚年生活的第二大空间，是政府和社会为老服务的主阵地。近年来，我区不断完善为老服务体系，积极推进居家养老服务中心建设，提出“保障重点，分类服务”的要求。并以居家养老服务照料中心建设为切入点，推出各项老年人有需求的养老服务。2012年，社区居家养老服务照料中心建设被区政府纳入为民办实事项目之一，区财政补助建设经费134.69万元。至2012年底，我区居家养老服务率全市之先实现全覆盖，建筑面积400平方米以上的居家养老服务照料中心达到25个。2013年，我们以“提升服务，规范管理”为养老工作目标，具体做了以下几方面工作：

（一）高度重视，抓好落实。一是强化领导保障。积极应对我区人口老龄化日益严峻的问题，将社区居家养老服务工作纳入重要的议事日程。加强对社区居家养老工作的领导，成立由区政府分管副区长为组长的加快推进社会养老服务体系建设工作领导小组，抓具体工作的落实。区党政领导多次深入基层，走访社区（村），开展调研。并召开专题汇报会，听取养老服务体系建设工作汇报，督促推进工作，及时协调解决工作中碰到的困难和问题。二是强化政策保障。出台养老服务体系“1+5”系列文件，其中《鹿城区养老服务体系建设实施意见》（温鹿政发〔2013〕28号）中明确了我区今后养老服务体系建设的主要目标和“9643”的养老格局，即在鹿城区老年人口中，以村社为依托，社会化服务为协助的居家养老比例达到96%，享受机构养老服务的比例不低于4%，享受政府购买服务的比例不低于3%。率全省之先出台了《鹿城区社会养老服务体系建设部门工作职责》，鼓励督促职能部门参与到养老服务体系建设中，《浙江民政信息》第10期专刊全文刊发，在全省予以推广。三是强化经费保障。今年，区财政共安排300万元作为居家养老服务工作的经费，其中经检查验收合格的52家社区服务照料中心均有1.2万元的运行经费。并争取到省福彩基金350万元、市福彩基金348万元补助我区居家养老服务照料中心建设。同时还启动慈善老龄基金援助项目，资助清风、春秋、横河、花柳塘、安澜、垟岸等6个社区共计118.49万元，用于社区照料中心的建设和完善，现资金已全部到位。此外，今年还成立了鹿城区社会养老服务指导中心，增设2名编制（目前已在招聘中），加强工作的力量配备。

（二）规范管理，分类服务。一方面，率全市之先出台了《鹿城区社区（村）居家养老服务照料中心（站、点）分类管理办法（试行）》（温鹿政办〔2013〕78号），对已经建成的照料中心进行分类管理，不断扩大服务项目，完善服务内容，提高服务质量。今年9月—10月，通过采取看实地、听汇报、查台账等方式对80个社区养老服务照料中心全部进行了检查验收，确定二星级（街道级）标准的25家，三星级（区级）标准的28家。另外，今年还有6个社区创建了市级居家养老服务照料中心示范点。另一方面，在开展政府购买养老服务试点工作基础上，今年加大了该项工作的力度，于全区范围内铺开，并预拨资金135万元为低保失能家庭的老年人提供养老服务。2013年4月出台了《鹿城区养老服务需求评估办法》和《鹿城区政府购买养老服务补贴制度实施方案》，成立评估领导小组。经过各街镇、社区（村）对低保家庭60周岁以上人员的失能、失智情况进行入户评估，符合条件的对象为65人。同时，择优确定养老服务企业，以街镇为单位与企业签订购买服务协议。按每人每月400元标准向符合条件的老年人发放服务券。服务企业针对老年人不同服务需求制订服务计划，提供生活照料、家政料理、医疗保健、精神慰藉、文体娱乐、法律咨询等近40项养老服务内容。再一方面，部门联动，合力推进养老服务。如区卫生局充分发挥社区卫生服务在居家养老中的作用，为辖区60岁以上老年人提供免费体检，为全区近4万名患有高血压和近2万名患有糖尿病的老年人提供健康管理服务。22个公立社区卫生服务中心针对60岁以上老年人开展全科医生签约上门服务，目前已签约1000人左右。如区教育局结合我区实际，通过建立社区教育三级网络推动社区老年教育工作发展，并创建温州城市大学老年学习苑（老年学习苑是温州城市大学在温州市区老年人相对集中的社区开设老年教育的机构），目前已有24所老年学习苑挂牌。

（三）完善模式，示范引领。积极探索居家养老服务照料中心运营模式，目前主要有以下四种：一是公建公营模式。即由街道（社区）出场地，政府负责建设，社区来运营。松台街道桂柑社区、水心社区，七都街道老涂社区，仰义街道沿江社区，藤桥镇大潭村，均采取此种模式。如松台街道菱藕社区自2011年开始，开展老年人互助“时间银行”储备服务试点，以志愿者和相对年轻的老年人帮助年长的老年人储备服务时间，形成老年人互助风气；如七都街道七都社区针对侨眷多，留守老年人多的特点，设立亲情沟通视频室，与卫生院实行签约制，打造“医、养、护”服务新模式。二是公建民营模式。即由街道（社区）出场地，政府负责建设，民营机构服务运营。如滨江街道青园社区和南汇街道桥儿头社区开展社会养老服务机构（民间资本）进入社区居家养老服务试点，温州国瑞养老服务公司提供生活照料、家政服务、医疗护理等内容的无偿、低偿和有偿服务。三是公建民助模式。即由街道（社区）出场地，政府负责建设，社会力量捐助承办。如松台街道月湖社区借助民主党派对养老事业的关心，积极争取他们的人力、物力、财力支持，让社区的居家养老服务照料中心得以顺利开张并良好运行。四是民建公助模式。即突破常规，更新理念，创新方式，由民营企业投资来办、政府补助的非营利养老服务模式。如位于五马街道的华康老龄健康服务中心就是一家由民营企业投资建设、自主运营、政府补助、社会捐助方式打造的中高端社区居家养老服务机构。此外，广化社区尝试开展辖区养老机构（红景天老人公寓的服务资源）为居家老年人服务的模式，实现养老资源共享和效益最大化。总而言之，各社区结合本辖区实际和老年人特点，使养老服务特色纷呈。

二、下步措施

我区社区居家养老服务工作虽然取得一定成效，但依然任重道远，任务艰巨。从我区目前的情况来看，还存在街道之间、社区之间建设不均衡；服务照料中心管理运行长效机制尚未形成；街镇、社区老龄工作力量仍然较为薄弱等问题。下一步，将做好以下四方面工作：

（一）稳步推进建设，完善星级管理。按照《鹿城区社区（村）居家养老服务照料中心（站、点）分类管理办法（试行）》（温鹿政办〔2013〕78号）的要求，每年都将由区民政局对社区居家养老服务照料中心进行星级评定，对一星级的进行逐步完善，对二星级的进行提升晋级，对三星级的进行规范管理，从而完善管理机制和星级管理制度。同时，对已经建成开业的居家养老服务照料中心进一步完善服务设施、规范服务管理，增加服务项目，提升服务质量。

（二）突出工作重点，讲求服务实效。一是重点建设农村居家养老服务网点。将居家养老服务体系延伸至农村，力争2014年建成40个，2015年建成30个，基本达到农村居家养老全覆盖，实现城乡居家养老服务均等化。二是把举办老年食堂（老年助餐点）作为解决老年人需求和居家养老服务体系建设的重点工作。三是把老年电大教学点建设作为解决老年人老有所学的基础工作。下步，全区将建成社区老年电大教学点50家，占到社区总数的60%，有效满足老年人老有所学、老有所乐的需求。四是把日间照料室建设作为解决老年人精神慰藉的辅助工作。目前，全区已建有日间照料室55个，占总数的70%，明年将继续加大照料室的建设力度。

（三）政府购买服务，扩大覆盖范围。目前，政府购买养老服务的对象为低保家庭中60周岁以上重度失能失智老人，争取年底扩面至低保家庭中60周岁至89周岁的重度失能失智老人、低保家庭中90周岁至99周岁的老年人，以及百岁以上的所有老年人，预计可达到150人。以后将逐年加强政府购买养老服务的力度，向低保家庭的老人和高龄老人倾斜，力争在2016年实现“9643”的养老格局，届时，政府将为4500名老年人购买养老服务。

（四）加大资金投入，强化要素保障。继续加大政府公共财政投入力度，并努力扩大资金来源渠道。通过社会捐赠、慈善救助等多种形式，引导更多社会资本和慈善资金投入居家养老服务工作。充分挖掘、整合和利用现有可供开展社区居家养老服务的各种资源，实现资源共享。同时，贯彻落实支持居家养老服务的政策，加强专业化与志愿者相结合的居家养老服务队伍建设，积极培育和发展居家养老服务组织，大力提升居家养老服务水平。

主任、各位副主任、各位委员，完善养老服务，推动老龄事业发展是一项长期的系统工程。今后，我们将继续在区委的领导下，在区人大的监督指导下，采取更加有效的措施，不断满足老年人的多层次需求，稳步提高老年人的生活质量，努力推动老龄事业与经济社会的协调发展，让老年人共享经济社会发展的成果。

关于加大对“三农”项目资金投入的议案

议案领衔人 王良善

农业是我国最重要的基础性产业，是最直接的民生产业，也是有着巨大发展潜力的产业。近几年，中央不断加大对“三农”工作的重视和投入，中共十八大报告提出促进工业化、信息化、城镇化、农业现代化“四化同步”的战略思想，同时明确指出，解决好农业、农村、农民问题是全党工作重中之重，要加大统筹城乡发展力度，增强农村发展活力，逐步缩小城乡差距，促进城乡共同繁荣。我区作为温州市的中心城区，虽然农业占我区国民经济的比重不大，全区的“三农”工作主要集中在藤桥及仰义片区。但藤桥、仰义片区区域面积占全区面积的66 %左右，加快我区三农工作意义重大。以藤桥镇为例，几年来藤桥镇认真贯彻落实上级“三农”政策，以实施农业“两区”建设为引领，加大农业农村基础设施投入，不断提升现代农业生产水平，2011年全年实现农业总产值3.15亿元，顺利完成1110亩粮食生产功能区设施建设，全年粮食生产32920亩，完成农村土地流转1100多亩，农业专业合作社达90家，建成藤桥大协生猪精品园、双潮西坑红豆杉精品园等省级农业精品园4家，一批农业龙头企业、效益农业规模日益壮大，农业发展呈良好态势。然而近年来，由于对“三农”资金的投入不足，一定程度上制约了农业经济快速增长。2012年，中央对“三农”经费投入超1.2万亿元；2011年，瓯海区仅“三农”投入专项资金就有5.26亿元，2012年投入专项资金5.69亿元；而我区2012全年投入仅为5000余万元。伴随工业化、城镇化的深入推进，我区西片建立城乡要素平等交换机制的需求更为迫切，缩小城乡区域发展差距和居民收入分配差距任务繁重。为进一步增强农村发展的活力，我们建议区政府要加大对鹿城西片“三农”经费投入，着力增加农业产业效益，提高农业从业人员素质，切实提高西片社会发展水平：

一、加大农村公共服务机制的改进，推进城乡公共资源的均衡配制。1.进一步加强农村基础设施建设。加大公共财政对西部基础设施建设的覆盖力度并建立投入保障和运行管护机制。2.大力发展农村社会事业。改善办学条件，配强师资力量，设立西片教师生活补助专项资金。健全农村卫生服务网络，配强农村医院医生队伍，设立双临片“120”急救中心。3.推进农村生态文明建设。切实搞好农村垃圾、污水处理，实施乡村清洁工程，创建美丽乡村精品线路和美丽乡村。

二、强化农业基础设施建设。加大农业基础设施投入，加快水利、道路、基本农田等建设，进一步改善生产条件，主要是对投入到一些水利工程，重点防洪防涝防旱建设，河道的清淤工程，水土保持和农田防护林体系建设等，如：临江段防洪堤工程，戍浦江治理工程，玉林溪二期工程及农田三面光渠道建设等。

三、更加重视农业科技进步。重点支持农业基础科研项目，支持农业的良种研究和推广，农资的研发和创新，提升农业的科技含量，大力推进农业产业化进程，提高农业的劳动生产率和附加值，走品牌化、标准化经营道路。

四、调整农业产业结构和转变农业增长方式。通过优化组合自然资源、人力资源、经济资源和市场资源，充分依靠市场和技术带动农业结构的调整，不断延伸农业产业链，着力抓好农产品深度加工，扶持藤桥熏鸡、高山农业等农业龙头企业，盘活岙底、双潮山地资源，发展高山绿色、无公害农产品。

五、要加快低丘缓坡综合利用开发。依托“三分三改”和农经合作组织，推进土地综合整治，完善农村土地流转机制，积极促进农业发展布局调整，加大农业项目招商引资力度，加快山地低丘缓坡综合开发利用，帮助藤桥打造1—2个大型的生态休闲养生、养老度假基地。

六、千方百计增加农民收入。要加快土地承包经营权的流转，充分发挥专业大户、家庭农场、合作农场、农民专业合作社在农业规模经营中的主体作用，出台工商资本引进农业规模经营和增加农民创业收入的优惠政策。不断探索增加低收入农户收入和增加转移性收入的新路子，进一步加大创业扶贫的力度。

关于加大对“三农”项目资金投入的议案办理情况的报告

温州市鹿城区人民政府副区长
杨德昕
（2013年11月26日）

主任、各位副主任、各位委员：

现在，我就鹿城区加大对“三农”项目、资金投入的议案办理情况报告如下，请予审议。

一、办理工作基本情况

（一）领导重视，明确责任。我区在收到议案及审议意见后，迅速召开专题会议，重点研究议案办理工作，对各项任务进行现场交办，要求各承办单位必须做到四个明确：明确组织领导、明确责任分工、明确办理要求、明确办理措施，并实行办理工作区长负责制和各承办单位主要负责人负责制，区政府主要领导亲自抓，分管领导具体负责，其他分管领导也都积极参与办理。今年以来，区政府主要领导、分管领导就议案的办理工作，多次召开专题协调会议，区政府常务会议和区长办公会议也多次研究“三农”工作，极大促进了办理工作的顺利开展。

（二）措施得力，形成联动。区政府把这次议案办理作为促进全区工作的强大动力，作为了解社情民意的重要渠道，作为加快农村经济社会转型发展的良好契机，将办理工作完成情况与各有关单位考核奖励挂钩，凝心聚力，联动推进。如区委农办（区农林水利局）作为主要业务部门，积极出谋划策，指导开展各项农、林、牧、渔生产和水利建设工作，相继起草了《鹿城区加快推进现代都市农业发展若干扶持政策》《鹿城区美丽乡村建设工作实施意见》等支农惠农文件；区发改局优先安排农业农村建设项目，目前已审批林里无敌坑水库修复工程、双屿至藤桥公路建设工程等21个涉及农村发展的建设项目，总投资12.5亿元；区财政局全面做好“三农”经费保障工作，今年预算内外安排“三农”资金3.88亿元，同比增长9%。教育、民政、城管、交通、卫生、环保、旅游、供销等部门综合施策，全力落实各项工作任务。

（三）转变作风，讲究实效。在议案的办理工作中，我们不是简单的研究下达任务，更不是孤立地为办理而办理，而是对议案中提出的各种问题，都作了认真的分析和梳理，拟订调研提纲，深入基层进行调研，将办理工作与美丽乡村建设、农业招商引资以及日常其他工作结合起来，一起研究，一起部署，一起督办，力求科学合理。对议案涉及需要解决的问题，力争做到有条件解决的立即解决，暂时不具备条件的积极创造条件解决，如瓯江治理一期等重点水利工程，在区级财力有限的情况下，积极争取中央、省、市补助资金，目前已到位1.37亿元，确保了项目顺利推进。

二、办理工作取得实效

（一）加大农业基础设施投入。加快水利、道路、基本农田等建设，进一步改善生产基础条件。截至年底，全区共完成水利投资3.4亿元。一是紧抓防洪排涝项目建设。西向排洪鹿城段工程完成投资1.15亿元，主体工程全面完工；七都标准堤塘完成投资8915万元，南堤完成93%，东堤完成85%，吟州堤完成68%，预计年底完成主体工程；双屿黄龙片区北排工程、丰门河康城段已于9月全面进场施工；瓯江治理一期工程、江滨西路二线2#闸工程和戍浦江河道整治工程将分别于今年年底和明年年初开工建设。二是加强中小流域和生态河道治理。优化整合一般政府性投资项目、戍浦江中小流域治理、温瑞塘河整治等工作，安排7200万元用于生态河道整治，目前完成投资5616万元，完成生态河道治理25.2公里。其中，玉林溪小流域樟村段整治工程和丰门河整治仰义段疏浚工程已完成，戍浦江大潭段防洪堤完成60%，预计明年初将基本完工。自2005年以来，先后投入961万元，在玉林溪开展9项工程，如溪流疏浚、防洪堤加固加高、堤脚冲刷修复等，切实提高了蓄水及泄洪能力。对于多数代表反映的小流域治理村自筹问题，区政府正在抓紧研究修订相关补助政策，切实减轻村级负担。三是加快农田基础设施建设。包括堰坝、泵站、三面光渠道、机耕路及“两区”建设项目，计划投资5453.5万元，目前完成1949万元。其中，安排1300万元用于藤桥粮食功能区建设，年内将全部完工，另外投入390万元用于建设1300亩高标基本农田。依托上述项目的实施，将有效提升农田设施基础水平。四是开展河道应急清淤疏浚工作。下半年落实补助资金93.8万元，对双屿街道、仰义街道和藤桥镇范围内的15条黑臭河实施应急疏浚，计划本月底全面完成。

（二）加快农村公共服务体系建设。加大农村基础设施建设倾斜力度，“十二五”期间，共计划安排政府投资约110亿元，通过深化农村教育改革、优化公共卫生体系、强化养老服务体系、加快基础设施建设等措施，大力推进我区农村公共服务发展，有效提升人文环境，不断完善农村发展保障体系。一是教育事业。今年投入农村教育资金1.5亿元，建立全方位助学体系。其中，安排1000万元设立农村义务教育发展专项资金，投入1330万元扶持农村薄弱学校建设，实施农村义务教育学生营养改造计划，全区农村学校全部提升纳入建成省义务教育标准化达标学校或市义务教育合格学校；加快完善教师合理流动机制，不断向农村学校输入优质师资，2009年以来我区共选派249名城区教师到农村学校支教，农村学校则有计划地选送大批骨干教师到城区学校挂职培训学习，不断提升师资综合素质；目前选址藤桥的市三十二中、三十三中已完成征地报批手续，预计年底进场施工，项目建成后，将大大提高西部学校办学水平。二是民政事业。加快推动农村社区老年教育和养老服务工作，目前我区共建立农村社区居家养老服务照料中心15家，覆盖率达100%，各级财政和慈善基金累计投入资金256万元，如支岙村居家养老服务照料中心继成立老年电大教学点后，去年又开办了老年食堂和理发室；大力推进农村社会保障事业发展，安排1726万元农村社会保障资金救助农村低保对象、特困优抚对象及因病致贫人群，目前共发放农村低保金额736.95万元，今年12月份开始，农村低保标准将提高到每人每月450元。三是卫生事业。健全基本医疗服务体系，建立20分钟医疗服务圈；完善新型农村合作医疗改革，共计补助3149万元，支持5个西片街镇卫生院建设；全力保障农村妇女健康，实现农村孕妇系统管理率90%以上，农村孕产妇零死亡率；落实农村儿童健康管理和预防接种制度，实现11苗儿童接种达90%以上，儿童系统管理率90%以上；大力开展支医活动，指导藤桥卫生院创成二级乙等卫生院；打造农村地区应急体系建设，相继在双屿街道、藤桥镇设立“120”急救站，基本解决藤桥镇院前急救问题。四是文体事业。着力发展农村文体事业，今年预算内外安排560万元用于农村文体事业，积极开展送戏下乡、送书下乡、送电影下乡活动，支持“农村书屋”和临江社区西洲村等6个省级体育小康村建设，推动农村文体事业蓬勃发展。五是其他民生事业。积极推进农村公路建设，改善农村交通环境。今年农村公路建设工程项目共安排资金约1800多万元，主要用于对农村公路路面、病危桥等设施修复、上桥至竹桥联网公路建设、交通绿道景观节点建设和公路的日常养护；加快西部电网工程建设。正岙、上戍、特色三个110千伏变压器扩建工程和仰义110千伏变压器增容工程顺利竣工，藤桥500千伏温西输变电工程已进场施工，天然气输配工程已在藤桥落地，这些项目的建成，将为西部农村发展提供强有力的能源保障。

（三）提升农业产业化水平。加快产业结构调整，以都市休闲农业引领现代农业发展，不断提升农业科技含量，提高农产品附加值，走品牌化、标准化经营之路。一是全面加快农业“两区”建设。全区现有省级现代农业主导产业示范区1家，省级特色农业（林业）精品园3家，市级特色农业（林业）精品园4家。今年分别投入1300万元和170万元开展粮食功能区建设和现代农业园区建设。藤桥粮食功能区将在本月底完工，临江大协生猪养殖精品园和仰义休闲观光园区顺利通过市级验收；藤桥双潮花卉盆景精品园成功列入省级特色林业精品园创建点，藤桥禽业特色园成功申报省级农业综合开发特色园项目，目前已通过市级评估并公示，正式获批成功后，三年内可增加省级补助1500万元。二是积极扶持农业龙头企业发展壮大。在政策资金上加大对农业龙头企业的指导和扶持，为农村劳动力创业就业和增加农民收入提供有力保障。今年帮助藤桥熏鸡和卢弟熏鸡申请国家和省级农产品收购贷款贴息88万元，特别是禽流感期间，安排补助资金427万元，协助企业、农户共渡难关，助推企业快速发展。目前，新增市级农业龙头企业3家，升格为省级农业龙头企业3家，共计拥有19家市级以上农业龙头企业，预计今年产值突破15亿元，税收突破2000万元。三是大力发展乡村休闲游。在前期规划引领的基础上，编制《温州市鹿城区西部乡镇乡村旅游发展思路研究报告》和《温州市鹿城区龙溪旅游开发规划》，为全区乡村旅游发展指明方向；出台《温州市鹿城区扶持旅游业发展奖励办法》，加大对乡村旅游发展的政策扶持力度；连续三年投入30万元以上举办乡村生态旅游节，成功向市民推介西部乡村旅游，并利用省级平台宣传我区特色农家乐等乡村旅游项目。四是着力推进我区农业科技创新。深化基层农业公共服务体系建设，藤桥镇农业公共服务中心被认定为浙江省第一批145个示范性基层农业公共服务中心之一；建设农技推广示范基地，发展农业科技示范户200户，提升现有10个农技服务点综合水平，为促进农民增收提供强有力支撑。五是继续加强农业标准化和品牌建设。目前全区农业标准化生产程度达56%，已获得粮食功能区无公害整体认证总面积达8428亩；深入开展“三品一标”认证和商标注册工作，目前共有15个产品获得无公害农产品标志认证，6个产品获得中国绿色食品标志认证，3个产品获浙江名牌农产品证书，1个产品获浙江省名牌商标。六是建立健全社会化服务体系。成立全区农产品经纪人协会和农业企业协会，促进农业产业发展从各自为政到抱团合作、有序发展的转型升级；组织开展农产品经纪人业务培训，切实提高从业人员素质和经营能力；目前正在筹建注册鹿城供销农产品公司，将为全区农企、合作社的名特优农产品提供展示销售平台和渠道。七是全力推动招商引资工作。制定鹿城区农业招商引资考核办法，编制鹿城区农业招商引资优惠政策、整体方案和重点项目库。目前全区累计完成实际到位资金约7400万元，协议利用资金约1.89亿元。如温州种子种苗科技园、油岙铁皮石斛种植基地等项目均已落地建成。

（四）千方百计增加农民收入。大力发展非农产业，鼓励农民转移就业、促进土地规模化经营和金融体制改革，并通过专业合作社示范带动，努力实现农民收入倍增。一是全面扶持低收入农户增收。努力实施“低收入农户收入倍增计划”工程。完成全区新一轮低收入农户调查认定工作，起草《鹿城区低收入农户倍增计划实施意见》，每年区财政安排75万元，通过农业产业项目发展带动低收入农户创业就业，增加农民收入。二是逐步加强农村劳动力素质培训工作。今年投入40万元开展农村劳动力素质培训工作，提高农村劳动力素质和转移就业竞争能力。目前完成农村劳动力培训532人，其中，农村实用人才培训380人，农民转业就业技能培训152人。三是稳妥抓好农村金融体制改革。在专业合作社内部试点开展农村资金互助会建设，民鑫畜禽专业合作社和基地生猪专业合作社资金互助会累计发放47笔共计2266.55万元互助金，为合作社发展注入生机和活力；完善政策性农业保险制度，切实保障农民利益，上半年我区农业政策性保险共投保费101.5万元，赔付68.31万元；积极开展信用担保，拓展农业融资渠道，成立温州市鹿城“三农”融资担保有限公司以来，累计为专业合作社、龙头企业提供贷款担保47笔共计2265万元。四是全力推进土地规模流转。鼓励农村土地承包经营权流转，促进土地规模化经营。今年新增土地规模经营面积4953亩，规模流转率为11.87%，新增土地流转面积5173亩，土地流转整村（社）推进6个。五是有效落实惠农补贴政策。上半年拨付粮食直补和综合直补76万元、农业政策性保险费93万元、水稻良种补贴54万元、农机购置补贴90万元、农村劳动力转移培训补贴30万元，完成家电下乡工作，累计补贴资金1744万元，补贴家电5.5万台，有效减轻了农民负担。六是积极促进农民专业合作社发展。指导合作社开展标准化生产，并积极申请省级财政项目补助，推动专业合作社快速健康发展。目前培育全国示范社1家，省级示范社3家，市级示范社16家，带动1510户农户增收。

（五）推进农村生态环境建设。一是加快美丽乡村建设工作。打造以藤桥西龙溪为中心，驿头历史文化村落保护利用建设为重点的具有鹿城特色的美丽乡村精品线，同时创建以呈岸、雅漾、阴溪潮埠为试点的精品村。目前投入资金1235万元，完成西龙溪沿溪漫水游步道建设，开工建设8个历史文化村落点，设计呈岸村美丽田园以及雅漾、阴溪潮埠滨河公园建设方案；结合美丽乡村建设开展农村环境卫生整治，今年累计投入农村环境卫生整治经费1907.98万元，新增环卫工人165名，开展环境卫生整治活动4277次，清理垃圾死角1.66万处，垃圾量 12.5万立方米，提升公厕14座，改造公厕33座，清理小广告88.99万张，更换果壳箱5818个，更新垃圾坞212座。二是加快水环境治理工作。制订《水环境治理监测方案》《鹿城区河道保洁实施方案》等文件，建立健全“河长”制，制订河道整治计划，抓好涉河企业监管，设置重要河段水质监测站位104个；强化河边“三化”整治工作，完成河边拆违5.67万平方米，清理垃圾、废弃物6470吨，绿化面积5.94万平方米，有效改善了全区水环境。三是加快“三改一拆”工作。大力开展拆违工作，今年仰义街道已拆除违法建筑30.54万平方米，18个“无违建小区（村）”完成创建，20条“无违建道路”通过验收，渔渡轻工小微园开工建设，制革基地正在改造提升；藤桥镇已拆除违法建筑22.74万平方米，27个“无违建小区（村）”完成创建，21条“无违建道路”通过验收，为建设美丽乡村奠定了坚实基础。四是加快农村殡葬改革。今年安排480多万元，开展坟墓生态化改造，并率先在全市范围内开展骨灰安葬跟踪管理试点工作。目前农村丧葬礼俗改革、私坟生态化改造、公益性公墓建设等正在持续推进，“青山白化”得到有效治理。五是加快农村饮用水工程建设和提升工作。藤桥镇石鼓山水厂已进场施工，预计2至3年后将建成使用，届时将彻底改变西部农村吃水难问题；积极开展饮用水提升工程建设，投资12.2万元完成石垟等3个村饮用水改建工程；认真开展饮用水水质抽检化验工作，委托鹿城疾病控制中心定期与不定期对全区农村饮用水水质进行监测。

三、存在的相关问题

总的看，我区乃至全市、全省农村的形势是好的。但是，影响农村经济发展和农民增收的一些深层次矛盾和问题还没有得到根本解决，农业和农村经济发展仍处于艰难的爬坡阶段，还存在着一些不足和差距。主要表现在：一是资金投入仍需加大。考核任务、新增工作载体、人民群众对政府提出了更多新要求，财政支农资金压力逐年增大，特别是近年来在城乡统筹综合改革、农业“两区”建设、美丽乡村建设和浙南水乡建设等方面资金需求剧增。二是农村发展要素支撑仍显乏力。我区农业农村基础设施薄弱，抵御自然风险能力不强；农村二、三产业发展较慢，农村富余劳动力逐年外流；土地流转难度较大，又长期计划征用，土地用途转变增值的收益分配日趋减少。三是农业产业化水平需进一步提高。农业标准化建设滞后，部分农产品市场竞争力不强，科技含量低；农业龙头企业数量少、规模小，辐射带动能力不强；都市休闲农业发展缓慢，缺乏集聚效应。四是农村公共服务水平偏低。城乡垃圾处理、农村污水处理设施覆盖等城乡一体化发展步伐更需加快；农村中介组织发育不快，农业社会化服务体系不健全，农民进入市场的组织化程度较低；教育、卫生、养老等社会事业发展的城乡差距仍然存在。这些问题，都在一定程度上制约了农业农村经济的发展和农民收入的增加，必须在今后的工作中认真加以解决。

四、下步工作举措

在办理“三农”议案的过程中，我区“三农”各项工作有序推进，农村面貌有了新的变化。但由于本身基础较为薄弱，农业农村发展存在诸多难题。为此，下阶段我们要继续以中共十八大精神为引领，牢固树立打好“三农”赶超发展“组合拳”意识，切实克服薄弱环节，及时解决难点问题，对本年度全区“三农”工作再检查，再落实，再攻坚。力争明年财政预算安排中，按照总量持续增加、比例稳步提高的要求，增加“三农”投入，确保财政支出优先支持农业农村发展。具体将做好以下几个方面工作：

（一）加快农业基础设施建设。以美丽浙南水乡建设为载体，加大水利基础设施投入，按照全年10.2亿元的投资目标，加强工程建设管理、监督和协调服务工作，采取超常规办法，全速推进水利建设，特别是农田基本水利建设和防洪保障工程建设，确保年底前完成各项未建项目前期工作，并完成各在建工程年度投资任务。通过水投公司融资等途径，为水利工程建设搭建融资平台，争取上级和本级财政部门的资金支持，为工程顺利推进提供基础支撑。抓紧出台小流域治理资金补助政策，及时解决基层热点问题。依托粮食功能区和标准农田建设，加快农田机耕路和三面光渠道等农田基础设施建设。

（二）加快农村公共服务体系建设。一是教育事业。推进省级教育现代化区创建工作，全面加强西片学校教学及师资力量，进一步提高教师生活补助力度，加快市三十二中、三十三中建设。二是民政事业。大力推进社区居家养老服务中心建设，在全覆盖的基础上实行分类管理、晋级上档、充分发挥其服务功能，真正惠及老年人；推进村级居家养老照料中心建设，拟将藤桥镇三个村居家养老照料中心示范点建设项目列入为民办实事项目；健全最低生活保障制度，做到“应报尽保、应退尽退”；继续做好重特大疾病救助，完成1个护理型老人公寓建设任务，全面完成爱心驿站建设，积极做好国家和省级“减灾防灾社区”建设申报工作。三是卫生事业。集中力量创建国家卫生城市，加大西片公厕和垃圾坞拆除更换力度，全面推进省级卫生强区工作，进一步提升西部卫生、医疗整体水平，落实基本药物制度，规范妇幼保健门诊，严格控制孕产妇和儿童死亡率。四是文体事业。加快文化阵地建设，结合农村30分钟文化圈布局，启动藤桥镇省级中心镇文化中心创建工作，筹备镇图书分馆建设；广泛开展公益文化活动，进一步做好送戏下乡、送书下乡和农村电影“2131”工程，计划明年送戏99场，送书4万册，放映农村电影1505场；加快驿头社区等5个新型农村社区体育休闲广场和临江社区西洲村等6个省级体育小康村建设。五是其他民生事业。积极争取上级补助资金，加快潮埠至下冯山村等3条联网公路建设，推进农村公路大中修、病危桥改建和日常养护工作，争取石鼓山水厂、温西输变电工程早日完工，彻底解决西部水、电、路难题。

（三）加快农业产业化提升步伐。一是全力加快农业“两区”建设步伐。以提质增效为重点，藤桥粮食生产功能区年底前完工，力争藤桥禽业特色园获省级批准。二是想方设法增强招商引资吸引力。推出农业招商引资优惠政策，吸引更多三资投入农业产业开发，抓紧落实农产品加工集散中心和小微园建设前期工作，尽快落地启动建设；整合西部乡村优良旅游资源，加快开发大鹏山、西龙溪旅游景区点，逐步形成以休闲观光园等为基础的乡村休闲旅游发展格局。三是积极提升农业公共服务能力。以农业基层“三位一体”公共服务体系建设为重点，深入实施2013年基层农技推广体系改革与建设补助项目，完成仰义基层公共服务中心规范化创建任务，利用农村劳动力培训提升平台，培养科技新农民，推广应用新技术，提高农业产出量。四是进一步加大特色农产品推介力度。组织我区农业企业参加省农博会、中国农交会暨武汉农博会和上海农展会，为农业企业提供一个良好的展示展销平台，鼓励企业开拓市场，快速发展电子商务，打响鹿城特色品牌知名度。

（四）加快“三位一体”合作体系建设。一是着力构筑体系建设。大力开展支农惠农服务，做好农资经营服务、助农融资和农业项目发展服务工作，通过农合联组织渠道，带动广大农民发展生产，增收致富，不断提高农民组织化水平，形成以供销合作社为骨干的“农民专业合作、信用合作、供销合作”三位一体合作体系。二是积极探索服务新模式。通过农合联组织，将探索“农超对接、农市对接、农企对接、农社（区）对接”等多种农产品产地直供直销模式，减少农产品流通环节，降低流通成本，提升产销一体化程度，真正让农民得效益、市民得实惠。三是全面加大扶持力度。落实好财政、税收、金融、土地等现有扶持政策，优化体系发展外部环境，带动西部农村脱贫致富。

（五）加快农村生态环境建设。一是美丽乡村建设有突破。整合美丽浙南水乡建设、农业“两区”建设、“四边三化”等各种导向性资金，完成1条精品线和3个精品村建设任务。二是河边“三化”工作有硕果。加大河道综合整治工程力度，不断完善“五位一体”河道管理长效机制，确保圆满完成年度工作任务。三是农村饮用水源保护有成效。进一步完善饮用水工程的管理制度建设、产权登记、应急预案编制等工作，确保水质消毒设施正常运行；划定水源地保护范围，做好水源地巡查及保护；发挥现有财力的同时，将争取市级财政对我区村内管网的建设补助力度，逐年改善农村饮用水条件。

主任、各位副主任、各位委员，农业、农村、农民问题始终是关系全局的重大问题，区政府将以此次“三农”议案办理为契机，以贯彻落实中共十八届三中全会精神为动力，坚持城乡统筹的发展观，始终把“三农”工作放在重要位置，更多地关注农村、支持农业、关心农民，进一步强化以工促农、以城带乡的各项措施，努力实现农业稳定增长、农民持续增收和农村经济社会全面发展。

关于广场路旧片区（原市府礼堂等）改造提升的议案

议案领衔人 孙国勇

该旧片区地块位于广场路以南（区政府对面），康宁巷以西，新桥头下以东，康宁大楼以北，共有拆迁户65户（其中含市府礼堂、机关事务管理局食堂、温州水务集团公司等），拆迁总面积7224.85平方米。

目前旧片区地块内建筑物陈旧，存在较大安全隐患；东西车辆通行至此区域是个瓶颈，存在较大的交通压力；房屋建筑简陋，严重影响核心城区形象。

2013年政府工作报告中把四旧改造列入城市形象提升六大工程之一，强化规划引领，优化城市布局。强势推进旧片区进行整体改造，统筹推进城乡一体发展。为此建议：

一、区政府将此地块列入旧片区改造项目，并作为今年四旧改造的突破口、示范点。

二、区政府成立旧片区改造领导小组，摸清旧片区地块内实情，落实拆迁补偿政策处理。进一步做好历史文化资源调查摸底，加强非遗项目保护传承。

三、区政府规划设计时，首先考虑区会议中心地址及附属配套设施等相关功能布局。

四、尽早拓宽广场路东西交通瓶颈路段，缓解车辆通行压力。

关于广场路旧片区（原市府礼堂等）改造提升议案办理情况的报告

鹿城区人民政府副区长 林世南

（2013年11月26日）

主任、各位副主任、各位委员：

现在，我就鹿城区广场路旧片区（原市府礼堂等）改造提升议案办理情况报告如下，请予审议。

一、基本情况

2013年4月，根据区八届人大常委会第八次会议对《广场路旧片区（原市府礼堂等）改造提升议案》的审议意见，区政府高度重视，对办理工作进行专题研究部署，进一步统一思想，明确责任，提出具体要求和办理意见。

（一）组建工作机构。根据议案要求，成立由区政府分管副区长为组长的工作领导小组，整合街道、社区、市名城集团人员组成工作班子。广场路旧片区改造由市名城集团负责项目建设，区发改、住建、规划、征收办根据职能要求协同推进项目前期工作，五马街道负责政策处理。

（二）制订实施方案。制订拆迁工作计划和项目前期手续办理工作计划。按照计划要求，7月底将完成旧房拆迁调查建档并作出房屋征收决定，完成规划方案设计并公示，9月开始腾空并拆除旧房，10月进行施工图设计，年底完成四证办理。工作组根据计划倒排时序、落实专人，目前该项目已完成拆迁意愿调查、入户丈量、房管公房及营业房的查证、规划方案设计、资地平衡测算等相关前期工作。

（三）组织方案论证。鉴于项目工作重要性、时间紧迫性、目标多元性和情况复杂性，为科学有效推进项目建设，在市名城集团资地测算的基础上，区政府分别组织规划、住建等部门对资地平衡方案进行论证。

（四）及时沟通汇报。区政府多次召开议案办理情况分析会，对议案办理进展、存在问题等进行分析研讨，及时与区人大相关领导及议案领衔代表进行沟通，汇报最新进展。

二、存在的问题

通过前期各项工作，特别是在规划、住建、市名城集团等部门技术人员多次论证的基础上，广场路旧片区（原市府礼堂等）改造提升议案办理工作存在一定困难，具体分析如下：

一是理论分析，与中央政策相抵触。广场路地块改造初衷之一是为了建设区会议中心（大礼堂），但目前中央政策明确各地不得建设、改善办公楼等场所，与中央精神相抵触。同时考虑到建筑规划功能、建筑结构设计及交通流量分析等因素，尤其是安置优先因素，地块现已无法满足建设会议中心需求。

二是意愿分析，地块拆迁意愿低。项目工作人员与中介机构在入户丈量同时，同期开展拆迁意愿调查，但该地块住户对拆迁意愿不强（尤其是营业房），部分住户拒绝入户丈量（目前仍有8户拒不接受入户丈量），甚至有个别人员谩骂工作人员，认为入户丈量及拆迁工作影响店面生意。尽管如此，项目组工作人员仍多次通过入户走访、电话宣传等方式征求住户意见，在规定的时间内，收回同意改造意愿书37份，同意改造意向率63.8%。

三是资地分析，因政策变化资地不能平衡。2005年区政府委托区百巷万户惠民工程建设指挥部对市区公安路（谯楼文保）地块进行改造提升，考虑到整治资金缺口，将广场路地块改造开发也纳入其中，并进行了前期测算，广场路地块的容积率4.21，建筑面积19173平方米（不含地下室），两地块共需投资9703万元，总产出约1.2亿元，资金略有盈余，但由于当时区政府考虑到项目前期资金筹措困难、地块内营业房拆迁安置不平衡及住宅安置套型安排困难等因素，暂停启动市区广场路地块改建工程。今年按照旧城区控规条件和浙江省《城市建筑工程日照分析技术规程》（2008年7月1日施行），对日照、容积率等条件从严设置，经测算，广场路地块规划地上总新建面积为13307.67平方米，容积率2.92，住宅、营业房和办公房需安置量16760.22平方米，总投入约16889万元，总产出约14396万元，资金缺口2494万元，安置缺口3452.55平方米。

四是政策分析，旧片区改造政策不完善。根据市委“四策合一”中三五底顶的人口政策，广场路旧片区中大多数属于小套型，且人口数量多，若采用原有政策安置量大，推广开来必然造成全区安置的不平衡，留下后遗症，需谨慎考虑。目前，市委市政府对旧片区改造思路做了适当调整，旧片区采取“拆改结合，以改为主”的策略，今后旧片区将主要采用综合整治提升的办法。

三、下步计划和建议

根据区委专题会议纪要（〔2013〕65号）文件精神，认定属于“年内启动城中村改造的项目”，要整村（自然村）全体村民（居民）旧村改造意向率达95%以上才可启动。目前鉴于该地块改造提升工程存在的实际问题，尤其是在意向率达不到95%和资金缺口较大的情形下，项目暂不具备启动条件，因此建议暂缓广场路地块旧片区改造提升工作，同时我区将在前期调查的基础上，完善拆征政策，加大宣传力度，落实拆迁补偿政策处理，做好群众思想工作，进一步加强旧片区交通环境治理，在安置房源许可、资金能解决的前提下启动该地块改造提升工作。

今年全省部署了“三改一拆”工作，并将其作为环境综合整治提升的重要抓手之一。旧片区改造作为“三改一拆”的重要内容，我区将积极推进、常抓不懈，目前已成功启动五马片区东瓯王庙、夏承焘旧居、永嘉战时青年服务团、名城广场、滨江商务区A02—08地块等旧住宅区改造项目，累计签约户数136户，拆除面积11005平方米，其中东瓯王庙成为新政策下第一个完成旧片区征收的项目，滨江商务区A02—08地块创新实施第一个“100%倒逼机制”，取得良好效果。下步继续深挖潜力，强化政策保障，加大整治改造力度，全力推进旧片区改造提升工作。同时恳请各位对我区旧片区改造提升工作一如既往的给予关心支持和监督指导，多提宝贵意见和建议。

鹿城区人民政府

综述

2013年是全区人民负重前行的一年。面对复杂严峻的宏观形势和局部金融风波对实体经济的持续影响，在市委、市政府和区委的领导下，在区人大、区政协的监督支持下，团结带领全区广大干部群众，全面落实“十大举措”，全力打好赶超发展“组合拳”，努力完成区八届人大二次会议确定的目标任务，经济社会保持总体平稳，为鹿城“赶超发展、再创辉煌”奠定了更为坚实的基础。2013年，全区实现地区生产总值717.97亿元，同比增长4.5%；公共财政预算收入22.21亿元，同比增长7.0%；社会消费品零售总额679.76亿元，同比增长7.0%；外贸出口总额36.14亿美元，同比下降2.4%；城镇居民人均可支配收入42569元，农村居民人均纯收入19391元，分别同比增长8.8%、10.2%；单位生产总值能耗削减2.3%；化学需氧量、氨氮、二氧化硫、氮氧化物排放量，分别同比削减2.78%、3.29%、6.22%、6.19%。获首届中国（浙江）全面小康十大示范县（市、区）。

2013年，全面落实扶工兴贸、“双十条”（浙江省银监局和温州市政府分别就支持温州实体经济提出的十项措施。省银监局提出的措施包括“加大对温州分行资源和政策倾斜，扭转当前温州信贷增长偏慢的形势”等十条；温州市政府提出的措施包括“客观评估规模以上企业金融风险情况，尽快出台企业分类帮扶名单”等十条）等各项举措，推出振兴实体经济“1+10”系列政策，深入开展“双服务”（省委、省政府为加快经济发展方式转变、推进经济转型升级开展的“服务企业、服务基层”专项行动）、“三千”等活动，下派驻企服务员3810名，解决各类问题5063个，帮助中小企业融资21.3亿元。实施助推小微企业成长的“小巨人”扶持计划，9个小微企业园选址落地，其中4个开工建设。大力发展楼宇总部经济、文化创意、现代旅游等服务业，继续保持税收亿元楼4幢、千万元楼23幢，旅游人数和旅游业收入均居全市第一，成功举办2013年中国（温州）世界吉尼斯高空钢丝争霸赛。加大以温商回归为重点的招商引资力度，成立全省首家温商服务中心，共引进项目73个、到位资金44.7亿元，实际利用外资增长83.8%，温州（七都）广场、全球温商总部家园等重大招商引资项目成功落地。扎实推进“四换三名”（“四换”指腾笼换鸟、机器换人、空间换地、电商换市；“三名”指名企、名品、名家）、“三转一市”（个体户转企业、规模以下工业企业转规模以上工业企业、有限责任公司转股份有限公司、推动企业上市）、城市有机更新，完成个转企2168户、规下转规上企业54家、限下转限上企业134家、股改企业13家，城市有机更新项目90个，总部经济园创成省级现代服务业集聚区，浙江创意园、“黎明·92”文创园、欧洲城生活新天地创成市级现代服务业集聚区，鹿城轻工产业园区申报创建省级高新园。积极推进“空间换地”，实施城镇土地使用税差别化征收政策，20家企业进行工业用地二次开发，预计可新增建筑面积约30万平方米。推动科技与经济互融共进，新增省级研发平台2家，创成全国首批知识产权强区工程示范区。大力发展网络经济，加快鹿城电子商务产业园等电商集聚平台建设，成立鹿城区网络经济局，建立全市首个外贸网商协会、外贸电商联盟、阿里网商学院。深化金融综合改革，鹿城农商银行完成改制，藤桥禽业、柏润鞋业在天津股权交易中心挂牌。加快现代农业发展，建成市级农业精品园、示范园各1个，新增省级农业龙头企业3家、无公害农产品5个，无公害整体认证总面积达8428亩，新建粮食功能区5920亩，初步建成温州种子种苗科技园等项目。

2013年，围绕市里重点打造“3+1亮点区块”（滨江商务区、城市中央绿轴、温州生态园建设和双屿综合整治）的战略部署，加快重大基础设施和重大产业平台建设。投资结构进一步优化，项目投资由去年的63.4%提高到65.4%，生产性服务业投资由去年的19.8%提高到24.2%，完成工业现代化技改投资22亿元，增速在全省同类地区位居前列。强化政府性投资引领作用，42个重点项目完成投资69.6亿元，330国道仰义至双屿段公路改建工程等8个重大交通项目进度加快，西向排洪等2个水利工程主体顺利完工，电力、信息、能源等基础设施加快建设。安置房建设保质提速，开工11.1万平方米，竣工9.7万平方米，交钥匙358户，出台全区安置房统筹使用管理暂行办法。积极拓展城市发展空间，编制低效用地再开发试点专项规划，完成转而未供、供而未用土地清理4753亩，垦造耕地585亩，村二、三产规划用地712亩，地下空间开发利用20万平方米，成功出让七都05—C—01地块等11宗经营性用地。开展破难攻坚八大行动，完善疑难化解“六项机制”，化解重点项目疑难130户，杨府山涂村、双屿中央涂、蒋家桥自然村、永川路等重点区域疑难化解取得突破性进展，双桥村等14个村历史遗留问题有效化解。

城区品质不断提升加大水环境治理力度，编制水环境治理规划，建设塘河地理信息系统，全面启动美丽浙南水乡建设“六大工程”，全域铺开辖区重要河段水质监测，加快推进27个片区污水管网整治，截污纳管工程实现建成区范围全覆盖，并向双屿、仰义等城区西片延伸，完成9条市级挂牌河道整治。深化“联创攻坚”，顺利通过全国、省城市文明程度指数测评和园林城市省级验收、森林城市省级预验收。“三改一拆”（指省委省政府提出开展的旧住宅区、旧厂区、城中村改造和拆除违法建筑行动。）取得阶段性成效，城中村改造户数完成率全市第一，完成旧住宅区改造298.4万平方米，拆除违建191.4万平方米，创成无违建道路37条、无违建小区150个。打好“四边三化”（对公路边、铁路边、河边、山边等区域开展的洁化、绿化、美化行动）、“两无三化”（无违建、无疮疤和洁化、绿化、亮化）等环境整治攻坚战，五大山体公园实现开园，完成绿地建设445.8公顷，建成区范围绿地率达到30.8%，人均公园绿地面积提高到11.2平方米。扎实推进重污染高耗能行业整治，淘汰关停企业26家、整治提升13家。加大交通治堵力度，广化路南延等3条主干道进场施工，中央大道等11条道路完工，宏源路主车道建成通车，新城站等2座人行过街天桥主体完工，新增专用泊位3828个，建成自行车道环线11.2公里，公共自行车服务站点覆盖7个街道，率先实现24小时全天候借还车服务。全面开展双屿综合整治七大行动，“减员增效”取得初步成效，企业劳动生产率从原来的5.1万元/人提高到5.6万元/人。加快推进美丽乡村建设，完成美丽乡村建设等规划编制，创成1条精品线、3个精品村、8个市级生态村，完成15个历史文化村落保护利用点，建成牛岭循环经济工作者集中管理服务点。

2013年，财政用于民生支出22.3亿元，十大民生工程完成投资 60.8亿元，为民办实事项目有序推进。省级教育现代化区加快创建，建成广场路小学白鹿洲校区、鞋都三小，率先启动“早教进社区”，被命名为全国社区教育实验区。文化事业繁荣发展，群众文化日益丰富，成立鹿城区艺术总团，举办全国诗词大赛，重建东瓯王墓、东瓯王庙，建成区级图书馆、35个文化礼堂、21个社区文化服务中心等一批文化项目，创成省级文化示范村1个、市级文化示范社区3个。体育健康水平不断提高，出台全民健身五年实施计划，推进诸宸棋院建设，承办2013年温州龙舟文化节暨塘河龙舟拉力赛，鹿城体育代表团创历届市运会最好成绩，通过省级体育强区复评。国家卫生城市创建全力推进，17项专项整治取得明显成效，区精神卫生中心开工，区人民医院迁建工程加快推进，通过省级卫生区验收、省级卫生强区市级初评。

社会保障扩面提质，新增城镇就业3.4万人，城乡居民养老保险2.4万人，发放市民卡28.7万张。计生、民政、残疾人事业等工作有序推进，建成“1+2+28”卫生计生公共服务体系（1个区婚育服务中心、2个区计生分站和28个社区卫计服务中心），出台社会养老服务体系“1+5”系列文件（“1”指《鹿城区养老服务体系建设实施意见》，“5”指《职能部门在养老服务体系建设中的职责》《社区养老服务照料中心分类管理办法（试行）》《鹿城区养老服务需求评估办法》《鹿城区政府购买养老服务补贴制度实施方案》《成立鹿城区加快推进社会养老服务体系建设工作领导小组》等5个文件）和失独家庭扶助办法，设立居家养老服务工作专项经费，创成市级居家养老服务照料中心6个，成立全省首家特殊家庭依托中心和全国首个有法人资格的业主大会，开工建设区残疾人托安养中心，残疾人庇护产品政府优先采购做法全国推广。加快农聚房建设，仰义锦园、藤桥上成西都锦园等项目结顶。对台交流取得突破，成功举办鹿城台湾两地民间交流十大结对活动。新一轮殡葬改革全市领先。积极支持工会、共青团、妇联组织开展工作，科协、工商联、文联、红十字会、慈善等群众团体作用有效发挥，老龄、关心下一代等事业健康发展，新居民服务管理、人防、外事、侨务、民族、宗教、“双拥”、档案、地方志等工作取得新成效。

2013年，加强基层组织管理，完成城市社区居委会选举，基本完成村民委员会换届工作。成立鹿城区食品安全检验检测中心，定期向社会发布食品安全检测信息，做好禽流感等重大动物疫病防控各项工作，创成省级餐饮服务食品安全示范区、省级药品安全示范区。做好防旱抗旱及“菲特”等强台风期间的各项防汛抗台工作。高度重视消防安全和安全生产工作，落实出租房“四色管理”（对居住出租房屋按照“绿、蓝、黄、红”四色分类管理制度进行分类管理）常态机制，探索群租房“公寓式管理”、消防重点单位“户籍化”管理举措，安全生产三项主要指标连续6年“零增长”。深入推进恶意欠薪、逃废债和暴力讨薪行为的预警、打击工作。不断健全信访维稳机制和应急联动体系，省市区挂牌信访积案全部化解，成功举办“鹿城旋风2013”处置突发公共事件和暴力恐怖事件综合演练，创成基层应急管理“五个一”示范点，市级3个、区级22个。社会治安形势不断好转，命案破案率全市第一，“两抢”接警数历年最低，平安大区实现“四连创”社会大局总体保持和谐。

政府自身建设切实加强坚持依法履职，自觉接受人大依法监督和政协民主监督，办理区人大代表建议（意见）157件、政协提案194件，办理市（区）长专线5496件，办结率均为100%。深化审批代办制、跟踪制、模拟审批制“三制联动”，成立区级公共资源交易分中心，取消140个行政审批前置条件，清理92项街镇、社区（村）盖章事项，落实行政审批第三方监督回访制度，群众回访满意率达93.8%，全区行政审批提速50%以上。积极推动政府工作创新，鹿鸣问政等九大亮点工作获得省市领导批示。强化政府投资项目的评估审查和方案优化，节省资金近2亿元。探索综合执法体制改革，率全市之先整合基层站所。首创微信工作法，建立55个专项工作微信群和区、街镇部门、社区三级微信联动机制。加强法治政府建设，率先出台政府合同管理办法，开展行政规范性文件“三统一”管理。深入推进作风效能建设，开展“万人评议机关中层和基层站所”活动。严格执行中央八项规定、六条禁令和省委“28条办法”、市委“1+8”实施意见，启动在编不在岗人员清理，完成公务用车改革，行政事业单位办公用房产权办理率达95%以上，全区“三公”经费支出同比下降13.2%，而民生支出同比增长2.5%。

区政府常务会议

【八届区政府第十三次常务会议】 3月13日召开，会议审议并原则通过了《温州市鹿城区牛山片区控制性详细规划（修编）》《温州市鹿城区藤桥镇总体规划（2011—2020）》《鹿城区养老服务体系建设实施意见（送审稿）》。

【八届区政府第十四次常务会议】 4月17日召开，会议审议并原则通过了《温州市鹿城区人民政府关于推行行政规范性文件

“三统一”制度的通知》《鹿城区人民政府合同管理实施办法》《鹿城区行政审批第三方监督回访实施办法（试行）》。

【八届区政府第十五次常务会议】 5月2日召开，会议审议并原则通过了《鹿城区国有土地上房屋征收低收入家庭住房保障暂行办法（送审稿）》《鹿城区旧城区改造范围内房屋征收补偿暂行办法（送审稿）》《温州市鹿城区人民政府关于印发2013年度行政规范性文件制订计划和“十二五”行政规范性文件制订项目库的通知》。

【八届区政府第十六次常务会议】 6月20日召开，会议审议并原则通过了《鹿城区信用管理示范企业和信用管理先进企业认定管理暂行办法（送审稿）》《关于要求批准双屿街道社区调整方案的请示》。

【八届区政府第十七次常务会议】 7月15日召开，会议审议并原则通过了《鹿城区结核病防治规划（2012—2015年）（送审稿）》和《温州市鹿城区遏制与防治艾滋病行动计划（2013—2015年）（送审稿）》《鹿城区城中村改造与农房改造集聚建设实施办法补充规定（三）》《鹿城区保障性安居工程房屋征收安置补偿权益质押贷款暂行办法（送审稿）》《鹿城区房屋征收中介机构管理暂行办法（送审稿）》。

【八届区政府第十八次常务会议】 9月30日召开，会议审议并原则通过了《鹿城区慢性病防治工作规划（2013—2015年）（送审稿）》。会议研究了重污染高耗能企业整治相关事宜。会议研究并原则通过了《鹿城区食品安全事故应急预案（送审稿）》《鹿城区自然灾害救助应急预案（送审稿）》《鹿城区突发公共事件人员基本生活应急保障行动方案（送审稿）》《关于加快推进培育发展社会组织的意见（送审稿）》《鹿城区病死动物和病死动物产品无害化处理管理办法（送审稿）》。

【八届区政府第十九次常务会议】 11月14日召开，会议审议并原则通过了《温州市鹿城区突发公共卫生事件应急预案（修订）（送审稿）》《温州市鹿城区突发重大传染病疫情应急预案（修订）（送审稿）》《鹿城区安置房统筹使用管理暂行办法（送审稿）》《关于仰义（洞桥）与双屿（岩门）制革基地改造工程建设范围内国有土地上房屋实施征收的决定》。会议研究并原则通过了《温州市鹿城区突发公共事件医疗卫生救援应急预案（修订）（送审稿）》。会议听取了《鹿城区国民经济和社会发展第十二个五年规划纲要中期评估报告》。

【八届区政府第二十次常务会议】 12月31日召开，会议听取了关于《鹿城区新居民积分制管理实施细则》修订情况汇报；听取了关于修改有关行政规范性文件情况汇报；听取了关于《温州市林里片区低丘缓坡利用项目实施协议》的补充协议（二）汇报。会议审议并原则通过了《鹿城区农村供水安全应急预案（送审稿）》《鹿城区国有土地上房屋征收与补偿若干规定（送审稿）》《鹿城区廉租住房保障实施细则（送审稿）》《温州市鹿城区既有多层住宅加装电梯管理实施办法（送审稿）》《关于促进文化产业发展的实施办法（试行）（送审稿）》《鹿城区文化产业发展规划（2014—2018年）（送审稿）》《关于温州市鹿城区2013年国民经济和社会发展计划执行情况及2014年国民经济和社会发展计划草案的报告（送审稿）》《关于温州市鹿城区2013年全区和区级预算执行情况及2014年全区和区级预算草案的报告》。会议研究并原则通过了《温州市鹿城区城市地下空间开发利用管理暂行办法（送审稿）》。

鹿城区人民政府
——经济调节和市场监管事务

综 述

2013年，鹿城区面对复杂严峻的宏观形势和局部金融风波对实体经济的持续影响，是全区艰难转型，负重前行的一年。鹿城区从事经济调节和市场监督事务的13个经济行政管理部门，为落实区委、区府“十大举措”“创首善、争一流”，为“赶超发展、再创辉煌”，为经济社会保持总体平稳，各自尽职尽力。全区生产总值（GDP）717.97亿元，按可比价计算，同比增长4.5%；人均生产总值98358元/人，比2012年增长3.6%；居民消费价格指数（CPI）比2012年上涨1.9%，涨幅较2012年回落0.4%。2013年，全区社会消费品零售总额679.76亿元，同比增长7%。全年实现进出口总额38.86亿美元，同比下降5.64%，其中出口36.13亿美元，同比下降2.35%，进口2.73亿美元，同比下降34.8%。2013年，全区公共财政预算收入22.21亿元，同比增长7%。鹿城区国税共组织区财政口税收32.8亿元，组织财政收入20.81亿元，占鹿城区本期财政收入的51.68%，同比增长13.96%，增收2.55亿元。鹿城地税分局全年共组织各项收入48.71亿元，同比下降0.52%，其中：税收入库26.73亿元，同比下降5.31%，各项规费收入22.01亿元，同比增长6.00%。

2013年，国内经济合作方面，全年共引进招商项目73个，到位资金44.72亿元，同比增长272%。其中，温商（浙商）回归项目45个，实际到位资金22.72亿元；新引进的重大产业和机构人才类项目19个。2013年，市场主体增量15604家，同比增幅27.36%，全区企业、个体工商户分别为14604家、58342户；共取缔无照经营4911户，疏导登记7601户；新增注册商标2102枚，省著名商标5枚，市知名商标6枚，区名牌商标16枚。全市立案查处各类经济违规案件978件，移送司法机关8件。共查处各类不正当竞争案件53件，案值1366.71万元。2013年，物价管理方面，共验审收费许可证35个，受理价格认证918件，涉案金额2000多万元。2013年，区统计局以提高统计能力，提高统计数据质量、提高政府统计公信力为重点，以统计工作规范统一、统计数据真实可靠为目标，做好第三次全国统计普查前准备工作，加强统计基础建设，坚持依法统计，推进统计服务创新，为全面加快“创首善之区，建幸福鹿城”提供坚实的统计保障。2013年，温州市质量技术监督局鹿城区分局以“抓质量、保安全、促发展、强质监”为总体要求，创建“全国质量强市示范城市”，以“十件实事”为抓手，推进“质量强区”建设。全年新增区政府质量奖企业2家，区政府质量提名奖企业1家，省级名牌产品8个，市级名牌产品7个。全年立案72起，结案69起。2013年，鹿城区安全生产监督管理局，坚持“安全第一、预防为主、综合治理”的方针，实现各类事故和直接经济损失两项主要指标连续6个零增长，保持全区生产形势总体稳定。获“浙江省安全生产月活动先进单位”称号。2013年，区食品药品监督管理局“保安全、重民生、强监管、促发展”，全区食品药品安全趋好，成功创成“省级餐饮服务食品安全示范区”和“省级药品安全示范区”。

经济和社会发展

【概述】 2013年，面对极为错综复杂的国内外经济环境，区委、区政府围绕坚持“赶超发展，再创辉煌”的工作总基调，带领全区人民深入贯彻落实中共十八大精神，积极转变经济发展方式，进一步深化改革，着力改善和保障民生，强化经济运行调度，全区经济保持了稳步发展态势。全区生产总值（GDP）717.97亿元，按可比价计算，同比增长4.50%，比2012年回升0.6%。人均生产总值为98358元/人，比2012年增长3.60%，按年平均汇率（1∶6.1932）计算，合15882美元/人。居民消费价格指数（CPI）比2012年上涨1.90%，涨幅较2012年回落0.4%；工业生产者出厂价格（PPI）和购进价格（IPI）分别下降1.60%和2.40%。

【固定资产投资】 2013年，全区继续扩大有效投资，实现限额以上固定资产投资263.15亿元，同比增长20.30%，总量和增速分别居全市第五和第八。其中，限上项目投资完成171.21亿元，同比增长28.50%，投资结构有所优化，工业性投资比重上升，房地产开发投资比重有所下降。2013年，全区工业性投资31.66亿元，同比增长31.80%，工业投资占投资总额比重为12.10%，较2012年提高1.1%。工业技术改造完成26.86亿元，同比增长25.70%，占工业投资额的84.80%。服务业投资226.43亿元，同比增长16.20%，占全部投资比重的86%。2013年，受新开工项目土地购置费拉动增长，全年房地产投资呈现向好态势，完成投资91.94亿元，同比增长14.70%，占投资总额比重为34.90%，比重较2012年下降1.7%。

【产业转型】 2013年，产业转型稳步推进，第三产业比重有所提升，三次产业结构有所调整，由2012年的0.3∶28.6∶71.1调整为0.2∶28.4∶71.4。全区社会消费品零售总额679.76亿元，同比增长7%。其中限额以上社会消费品零售总额193.48亿元，同比下降5.30%。服务业集聚区培育工作持续推进，现有省级集聚示范区1个、市级3个。门前山物流园启动建设，中通快递、藤桥农业物流等企业申请入驻。推进区电子商务产业园等电商集聚平台建设，成立区网络经济局和外贸网商协会。温州电子信息城试营业，入驻企业106家；中国鞋都鞋革城完成一期8万平方米的建设；温州国际鞋城项目一期4.90万平方米主体结顶。创成7条市、区级特色商业街。老工业区有机更新不断加快，累计办结有机更新项目90件，金融、文化创意、电子商务等产业进一步拓展；建立楼宇企业信息服务平台，创成税收亿元楼4幢、千万元楼23幢。鹿城农商银行完成改制并成为全省跨区域设立村镇银行最多的地方性法人银行，藤桥禽业等2家企业在天津股权交易中心挂牌。

【城市建设】 2013年，深化“联创攻坚”，“三改一拆”“四边三化”“两无三化”等工作取得阶段性成效。顺利通过全国、省城市文明程度指数测评和园林城市省级验收、森林城市省级预验收。完成绿化建设总面积443.27公顷，其中新增公园绿地面积311公顷，建成区绿地率30.8%，人均公园绿地面积11.2平方米，五大山体公园实现开园。数字城管全面覆盖，全年数字城管共受理11.88万件，已处置数11.81万件，平均处置率99.36%，按期处置率97.43%。城区市容环境得到整治提升，全年拆除违法建筑187万平方米，创成无违建道路37条，无违建小区150个，中心城区违建存量基本得以消除。深化“祛疤栽花”行动和户外广告专项整治工作，完成“祛疤栽花”项目9236个，累计面积192.69万平方米，拆除大型户外广告73个、拆除户外设施3526个。引入民资率先在全市推出以“文明、健康、低碳”为主题的公共自行车服务体系，共建成260个公共自行车服务点，投放公共自行车10000辆，覆盖7个街道，率先实现24小时全天候借还车服务。

【社会保障】 2013年，保障房建设推进顺利，鞋都总部二期人才公寓主体结顶，里垟安置房一期工程进入装修扫尾阶段。努力拓宽就业渠道，实现下岗人员再就业7445人，城镇新增就业3.4万人，城镇登记失业率1.37%。建立电子商务人才培训基地，通过淘宝大学、职业技能培训等各类方式共培训8000余人次。社保覆盖面继续扩大，制发市民卡28.7万张，五险超额完成目标任务。救助低保对象4500户，共发放低保资金3680.2万元。新增养老床位数699张，累计5275张，每百位老人拥有床位数达到3.67张。加强新居民服务，落实积分制管理，居住出租房意外险逐步推广。

【重点领域改革】 2013年，继续推进城乡统筹综合改革，农房改造集聚新开工项目2个，面积8.30万平方米。创新设立全国首家具有社团法人资格的业主大会。基本完成141个行政村村级组织换届和65个城市社区居委会选举。深化公立医院改革，区属医院药品（中药饮片除外）实施零差价销售。完成26家学校民办教育综合改革试点任务。

对外经济贸易

【概况】 2013年，全区社会消费品零售总额679.76亿元，同比增长7%，其中限额以上社会消费品零售总额193.48亿元，同比下降5.30%；实现进出口总额38.86亿美元，同比下降5.64%，其中出口36.13亿美元，同比下降2.35%，进口2.73亿美元，同比下降34.80%；新批外商投资企业11家，增资3家，实际利用外资达4693万美元；新批境外投资企业2家，增资1家，境外中方投资总额达2079万美元。

【组织企业参加境内外展会】 2013年，共组织289家（次）企业分别参加拉斯维加斯国际鞋展、GDS国际鞋展、意大利加答鞋展及广交会、华交会、消博会等重点境内外展会20多个，为企业开拓国际市场搭建平台。两届广交会参展企业199家，合计展位419个，累计意向性成交1.17亿美元。

【公共服务平台工作】 2013年，完成温州市级十大公共服务平台推荐申报工作，重点推荐温州市出入境检验检疫局综合技术服务中心、浙江工贸职业技术学院鞋类公共检验检测平台、温州市职业技术学院服装行业科技创新服务平台和中国鞋类出口基地国际设计研发中心等4个平台。12月18日，成立集鹿城区外贸网商协会、温州市外贸电商联盟、温州阿里网商学院“三位一体”的跨境电商运行新平台。

【招商引资】 2013年，以引进技术、人才、管理和品牌为重点，推动温州市传统产业的提升，引导利用外资转型升级；积极开展对台投资合作，全面加强对台招商引资；以大项目、大企业为抓手，促进高端服务业发展。引进一家世界500强企业——中国建筑股份有限公司。全年新批的11个项目中，服务业项目达9家。2013年，审核（兑现）2012年度国家中小企业国际市场开拓资金项目110个（108个）、金额144.17万元（141.25万元）；2012年度浙江省开拓国际市场专项资金项目46个（45个）、金额124.87万元（82.91万元）；2012年度市级开拓资金项目90个（137个）、金额523.14万元（834.28万元）。

财 政

【概况】 2013年，鹿城区实现国内生产总值717.97亿元，按可比价格计算，同比增长4.5%。其中：第一产业增加值1.66亿元，同比下降2.2%；第二产业增加值203.50亿元，同比增长3.5%；第三产业增加值512.80亿元，同比增长5.0%。按户籍人口计算，人均生产总值98358元，同比增长3.6%。国民经济三次产业结构比调整为0.2：28.4：71.4。全年实现外贸进出口总额38.86亿美元，同比下降5.60%，其中进口总额2.73亿美元，同比下降34.80%；出口总额36.14亿美元，同比下降2.40%。全区完成固定资产投资263.15亿元，同比增长20.30%。全年全区公共财政预算收入22.21亿元，同比增长7%。区本级公共财政预算收入21.27亿元，同比增长7%。全区公共财政预算当年支出11.27亿元，同比增长9.20%。区本级公共财政预算当年支出10.94亿元，同比增长9.40%。全年财政运行情况良好，财政收支保持平衡。

【企业帮扶政策】 2013年，安排企业扶持专项资金2000万元，出台《关于加快创建鹿城区特色商业街的实施意见》《鹿城区关于进一步加快建立现代企业制度推进区域资本市场建设的指导意见》《鹿城区关于进一步加快实体经济发展的意见》等扶工兴贸政策，支持电子商务、现代服务业和楼宇经济等新兴产业发展。

【产业创新升级】 2013年，安排科技经费4265万元，修订《温州市鹿城区专利专项资助管理办法（试行）》，对企业设备投资按照项目类别给予财政补助，协助企业以技术改造促转型，支持企业实现专利产业化，推动知识产权强区建设。

【财政消费补贴】 2013年，实施财政消费补贴政策，完成家电下乡扫尾工作，自家电下乡开展以来共补贴家电54536台，补贴资金1744万元。加大财政对旅游开发的投入力度，安排旅游促销宣传专项资金

300万元，支持旅游公共服务体系建设、旅游资源开发和智慧旅游建设工作。

【收入预测分析机制】 2013年，拓宽信息采集渠道，加强经济走势分析，密切关注宏观经济政策变动对财政收入的影响，努力提高预算执行的质量和财政收支预测的水平。全年，地方税收收入占公共财政预算收入比重为94.30%，比2012年下降0.20%。

【税收征管环境】 2013年，完善协税护税激励机制，进一步调整区对街道、镇财政管理体制，完善街镇税收考核机制，科学核定支出基数，全年累计下达街镇体制结算资金2.47亿元，同比增长34.50%，体现了财力向基层倾斜。

【非税收入征管】 2013年，非税收入征管新系统上线。继续规范票据管理，提高非税收入征管效率，做到非税收入应收尽收，及时足额入库。全年实现非税收入1.27亿元，同比增长10.40%。

【强农惠农政策】 2013年，筹措农业资金3.87亿元，重点投入农村基础设施建设、农村环境治理和生态保护、美丽乡村建设、农业科技和动植物防疫等项目，落实农资综合直补等惠农政策，开展村级公益事业“一事一议”财政奖补，促进农村稳定、农业增产、农民增收。

【教育发展】 2013年，安排教育经费6.61亿元，实施农村中小学校舍安全工程，支持社区教育发展，推进民办教育综合改革试点，落实义务教育免学杂费政策，促进教育均衡发展。

【医疗卫生改革】 2013年，安排医疗卫生经费2.83亿元，支持“国家卫生城市”和省级卫生强区创建工作。加大城乡公共卫生投入，人均基本公共卫生服务经费标准提高到30元。

【社会保障体系】 2013年，安排社保经费1.61亿元，全面实施城乡居民基本医疗保障体系改革，落实居家养老服务专项资金300万元，完善居家养老服务体系，提高90岁及百岁以上老人生活补贴标准。

【重点项目建设】 2013年，筹措重点建设资金20.20亿元，签约BT融资建设合同金额53.34亿元，与银行对接贷款合同金额21.63亿元，支持保障房等全区重点工程项目建设。

【其他社会事务发展】 2013年，建立文化投入稳定增长机制，安排1500万元用于文化大繁荣建设。同时，落实专项资金促进平安鹿城、人才强区、城建维护等事业发展。

【部门预算改革】 2013年，试行编制全口径政府收支预算，将政府性基金和财政专户管理资金全部纳入预算编制的范畴。

【国库集中支付和公务卡制度改革】 扩大国库集中支付改革范围。12月，藤桥镇和五马街道正式启动乡镇国库集中支付改革试点，全区共有153家单位被纳入国库集中支付管理系统。全年新增公务卡2170张，出台《鹿城区预算单位公务卡强制结算目录》，规范公务支出。

【重点项目绩效评价】 2013年，全年共完成财政专项资金绩效评价项目42个，评价金额1.24亿元。

【公务用车改革】 2013年，出台《鹿城区公务用车管理制度改革的实施意见》，全区174辆公车进行拍卖，共575万元车辆拍卖款上缴财政非税专户。

【国有资产管理】 2013年，全年共处置固定资产1623万元。加强国企资产管理，走访调研并协助国企进行制度建设，完成产权登记、数据采集和报表报送，防止国有资产流失。

【政府采购管理】 2013年，做好政府采购日常审批、统计报表报送和采购项目归档工作，对集中采购50万元以上和分散采购的项目均要求做好采购合同备案。全年执行各类政府采购预算7.84亿元，实际政府采购金额6.97亿元，节约资金8741万元，节约率达11.10%。

【工程结算审价工作管理】 2013年，委托审价已结算项目270个，送审金额1.61亿元，审定金额1.55亿元，节约金额647万元，节约率4%。

【会计事务管理】 2013年，办理各类会计服务事项1761项，组织会计人员继续教育面授培训班41班，参加培训4877人。开展两次《小企业会计准则》专家咨询活动，新批4家代理记账机构。

国税

【概况】 2013年，鹿城区国税共组织区财政口径税收32.80亿元，

鹿城区国家税务局

2011年12月，温州市国家税务局鹿城税务分局更名为温州市鹿城区国家税务局，至2013年，内设机构13个，派出机构5个，现有干部职工协税员210人。区局始终以组织收入为中心，坚持服务转型促发展，深化创新强管理，规范执法塑形象，优化服务创和谐，从严治队提素质，实现国税事业的又好又快发展，为鹿城经济建设做出贡献。

区局连续多年获得“省级青年文明号”“省级群众满意基层站所”“省级巾帼文明岗”“市级文明单位”等称号。在2012年的全国纳税人满意度调查中，区局代表温州市参加全国地市级纳税人满意度抽查，获得了全国第一名的优异成绩。

1

2

3

1. 区局领导班子对在纳税人走访过程中收集到的意见和建议进行讨论解决
2. 鹿城区国税局实行导税员制度，真诚服务纳税人
3. 开展“千名干部进千企解千难”活动

此版照片由鹿城区国家税务局提供

组织财政收入20.81亿元，占鹿城区本期财政收入的51.68%，同比增长13.96%，增收2.55亿元，拉动区财政收入同比增长6.63%。

【扶工兴贸助力工程】 2013年，为区招商引资企业开通绿色通道。举办中小企业政策辅导会4场，参加企业达350户次。加强对拟上市企业的辅导，全年共培训企业达900多户次。积极落实扶工兴贸实施意见，服务金融改革。全年共办理固定资产进项税额抵扣1.3亿元；增值税退税额957万元，减征增值税税额249万元。企业所得税免税收入2.58亿元，减免企业所得额8556万元；减免企业所得税税额2739万元。

【科技兴税推进工程】 2013年，“营改增”纳税人500元以上的普通发票全部实行网络开具；建筑、保险行业的网络发票全部通过网站进行真伪查验，全年查询发票1万多份；加强应用重点税源管理平台，对32户重点税源企业实施风险处置，及时排除纳税风险。

【税源管理创新工程】 2013年，实施以风险管理为导向的分类分级管理，达到省局税源专业化管理的要求。利用电力信息对2000多户工业企业开展能耗数据分析，对113户工业企业开展纳税辅导；通过电子信息比对，对65户漏征漏管户加强管理。

【服务质效提升工程】 2013年，积极推进延伸办税服务点的标准化建设。建立健全纳税人需求收集和调查机制、需求分析和反馈机制、需求响应和落实机制，纳税人满意度直线提升。全年，共受理“12366”工单和网站咨询92条，准期办结率和纳税人满意度都是100%。

地 税

【概况】 2013年，分局全年共组织各项收入48.74亿元，同比下降

温州市地方税务局鹿城税务分局

1

温州市地方税务局鹿城税务分局是温州市局5个直属分局之一，现有干部职工和协税员228人。2013年，分局管辖纳税户数7.9万余户，其中企业2.2万多户，个体5.7万多户。税源结构主要由二、三产业构成，其中第二产业税收占比约25%，第三产业税收占比约75%，辖区内共有大小专业市场72个。

鹿城税务分局推进“分类化管理、预警值控制、专业化辅导、社会化征管”税源管理新模式，规范税收执法，优化纳税服务，推动各项地税工作科学发展。同时，提出“每日一练”窗口学习、“每周一训”业务课堂、“每月一书”读书交流、“每季一赛”业务考核、“半年一讲”警示教育以及“每年一评”争创先进的“六个一”文化建设理念，开展“互学互比”“创先争优”等专项活动。历年来，分局获得“财税系统基层文明单位”“省级文明单位”“国家级巾帼文明岗”“省级青年文明号”“群众满意基层站所”等称号。

1. 4月11日，举行24小时自助办税系统现场推广会
2. 7月8日，开展“深化双服务·助推新发展”税企座谈会
3. 9月30日，开展志愿服务社区行活动

此版照片由温州市地方税务局鹿城税务分局提供

2

3

0.52%，其中：税收入库26.73亿元，同比下降5.31%，剔除营改增因素，基本与上年同期持平，各项规费收入22.01亿元，同比增长6%。

【税源管理】 2013年，利用“网格化”税收分析体系，将横向规模分析与纵向行业分析相对接，以网格的形式对企业进行定位管理；深化分类管理，建立“局、科、岗”分级管理机制，推进重点税源扩面，最终实现户数占比仅4.75%的重点税源完成税收占比达62.35%；通过强化“事前宣传培训、事中审核分析、事后辅导评估”，严格把握汇结算工作质量，全年共对13288户企业进行税费结算，结算率达到99.19%，汇缴企业所得税入库1.39亿元。

【户籍信息、征管】 2013年，分局严格制定考核目标，完成13214户纳税人的验证工作，验证率达到99.98%，切实完善户籍信息，夯实征管基础；大力推进“亩产税收论英雄平台”建设，27个市场、45幢楼宇、1281户三产企业的房产、土地数据被悉数采集，并实现工业企业用地信息采集有效率100%；为使社会化征管工作顺利推进，多番与工商部门沟通协调，最终将联合办证业务覆盖全区18个工商所。全年，共完成漏征漏管户清理11322户，非正常户核销12729户，占市本级比例的56.78%，存量压缩比达到52.12%。

【办税服务】 2013年，率全市之先推出24小时“自助办税服务系统”，实现发票购买等涉税业务自助办理；构筑“远程涉税网上审批”平台，借助网络，让纳税人足不出户就能办妥部分简单事项。分局将涉税事项由原来的247项改革归并为169项，并全数前移至大厅集中受理，减少环

节、简化流程、实现当场可办结108项，占纳税人发起的涉税事项比例超过95%，在法定时限基础上提速40%。全年，纳税服务科共办理各类业务54万件，占市本级总量的59%。鹿城分局金河办税服务厅更是以优质高效的服务赢得五星级大厅的荣号。

金河办税大厅　　鹿城税务分局提供

【信息管理】 2013年，分局以打造“鹿城区楼宇信息管理系统平台”为契机，强化调研，逐户调查摸底，切实掌握辖区45幢重点楼宇1129户企业的一手税源信息；强化管理，对一般纳税户实行定人、定岗、动态管理，对纳税大户实行专人负责、精细管理。2013年，共实现楼宇经济税收3.4亿元；强化协税护税，主动与国税、街道、工商等部门沟通协作，实现信息分享，实施全方位服务，推动楼宇经济健康持续发展。

【依法行政】 2013年，深化税收风险防控，为平稳顺利迎接“提速增效”给税收征管后续工作带来的全新挑战。分局团总支主动承责，在业务骨干的指导下对所有流程进行逐个梳理，制定鹿城地税《税收管理主要风险防控事项》，找出关键所在、明确风险点，在为识别和规避执法风险提供参考和警示的同时，也为青年干部业务素质的提升提供了平台。深化考核机制，创新推出“月月考”机制，将岗位重要目标责任制细化到科、到岗、到人，明确目标要求，直观展现绩效，切实营造出人人创先争优的良好氛围。

【驻企服务活动】 2013年，开展驻企服务员活动，主动上门辅导宣传和答疑解难，当好“宣传员、代办员、协管员、监督员”四大员，及时解决企业发展中的困难。

分局开展志愿服务社区行活动
鹿城税务分局提供

【“三个百强企业”走访活动】 2013年，走访各类企业850余户，召开各类税企沟通会15场，赠送各类优惠政策书籍近2000册，解决或落实问题105个。分局全年共实现各类税费优惠减免1.04亿元，惠及企业2541户，切实减轻企业负担。分局积极应对、妥善处置突发事件。建立并严格执行突发事件应急预案，成立网络评论员队伍，分局全年共处理各类平台投诉举报件200余起。管理七科以其良好的精神风貌、工作态度和群众基础，获2013年度“鹿城区群众满意基层站所”称号。

国内经济合作

【概况】 2013年，共引进招商项目73个，到位资金44.72亿元，同比增长272%。其中，温商（浙商）回归项目45个，实际到位资金22.72亿元；新引进的重大产业和机构人才类项目19个。七都城市商业综合体、温州市联豪商业保理等四大世界温州人大会签约项目落地。鹿城广场、林里片区、七都广场、温商总部家园等总投资额超百亿项目落户鹿城区。

2013年，到北京、上海、广州、杭州等多个经济发达城市开展“在外乡贤回乡创业创新恳谈会”“在沪乡贤回乡创业恳谈会”等共9次。全年，接待中稷集团、金地集团、苏州温州商会、新疆温州商会等各种企业、团体考察92次、1450人，开展项目洽谈138次。

2013年，共落实山海协作、双对口支援资金分别为120万元、425万元，共促成合作项目4个，到位资金2.465亿元；帮助泰顺转移劳动力就业1857人次。

2月14日，乡贤在江心屿植思乡林
区经合办提供

【招商服务】 2013年，在全省率先成立温商服务中心，在审批中心设立招商服务窗口，提供招商服务及项目政策咨询等工作，做好从洽谈到落地的有效衔接。自9月底招商窗口开设以来，效果明显，3个月内共接待人员69人次、咨询项目17个；对接项目22个，已办结项目2个。

各街镇设立招商办，组建专业招商队伍，形成从项目意向性洽谈到项目落地的保姆式“一条龙”服务。

9月22日，副区长胡明亮为温商服务中心授牌
区经合办提供

【制度建设】 2013年，落实《区四套班子领导联系在外温商制度》，建立鹿城区32位四套班子领导与106位在外温商联系挂钩机制，实行一个片区、一名领导、一套班子、一抓到底的工作机制。开展重大招商引资项目领导挂钩领办制度，实行招商项目“五个一”制度，建立“一个项目、一名区领导、一个责任单位和协办单位、一名联络员、一套推进方案”的“五个一”推进机制，及时跟踪掌握项目动态信息。提供协助代办服务，建立“一盯一”专人服务机制，为入驻总部经济园企业提供入园咨询、材料报送、资格审查、注册增资、投标助理等一条龙服务，加快项目落地实施。建立联席会议制度，由经贸局、地税、国税等部门参加，协调解决国内引进和鹿商回归重大项目在计划立项、规划选址、用地安排及建设过程中遇到的问题，审查讨论在外鹿商返乡投资项目及“一事一议”政策优惠方案。

【国内区域交流】 2013年，组织参加西洽会、哈洽会等重大经贸活动，落实企业营销网点30余家。积极开展“走出去”和“引进来”，全年共与温商开展项目洽谈138次、接待1450人次，把“温商回归”工作落到实处。

【双对口支援与山海协作】 2013年，落实对口支援重庆市涪陵区三峡库区移民经费25万元。向四川阿坝州壤塘县捐助包括对口帮扶资金共400万元。

制订《2013年鹿城区“山海协作工程”工作方案》，按计划、分步骤、有顺序地开展帮扶援助工作；全年共筹措帮扶资金120万元；与泰顺开展2次高层互访，积极组织6家鹿城企业赴泰顺实地考察，达成合作项目4个，到位资金2.465亿元；帮助转移劳动力就业1857人次。

11月1日，区行政会议中心举行“鹿泰”合作签约仪式
区经合办提供

10月12日，四川阿坝州壤塘县对口帮扶工作
区经合办提供

【内外互动】 2013年，举行“在外乡贤回乡创业创新恳谈会”“在沪乡贤回乡创业恳谈会”等重大交流活动，邀请朱唤山、叶莲英、诸葛邦林、程海洲等16位优秀企业家担任鹿城区经济顾问。邀请林文俊、诸葛邦林等25位优秀企业家参加或列席区两会，参政议政，调动回乡创业积极性。开展温商回归功勋人物、先进人物评选活动，对本年度回温投资贡献巨大及支持家乡公益事业成绩突出的温商、企业家进行评选，让回归温商在政治上有荣誉、经济上有实惠、社会上有地位、乡亲面前有荣光。

4月25日，召开第一季度区经济顾问座谈会
区经合办提供

【世界温州人大会鹿城联谊会】 2月14日，以“同根同源温州人，合心合力促发展”为主题的2013年世界温州人大会开幕，100多个国家和地区、211个国内城市的近1500名温籍骄子应邀与会，共叙乡情、共谋发展。此次盛会上共有6个招商项目签约，总投资额达151亿元。

【联络乡情、带动回归】 2013年，开展以“联络乡情、鲜花慰问”为主题的活动。组织人员走访慰问在外鹿城籍温商或其在温家属，赠送每户鹿城籍温商家庭鲜花和慰问贺卡及礼品，让在外温商时刻感到家乡政府的关心，激发回乡投资热情。开展“走商会、送服务、促回归”等专项活动，帮助协调解决有关问题，以亲情带动温商回归，加快鹿城人资本、商机、智力、企业家精神“四回归”。

2月底，走访慰问在外温商及其家属

区经合办提供

【温商信息采集】 2013年，借助北京、广州、四川等全国各地温州商会平台及商会年会、周年庆典等活动，充分利用各地温州商会的网络优势和现有资源，开展在外温商信息采集工作，共采集信息2.2万条。对纳入信息库后的在外温州人，做好后续服务工作。对重点人士，建立街镇班子联系制度；节假日上门慰问本人或其父母，帮助解决其在温州的实际问题；采取电脑群发或微信等多种联系方式，及时通报鹿城区社会经济发展情况、区内重大活动内容以及乡情、亲情温馨问候。

工商行政管理

【概况】 2013年，工商系统历史性地迎来了机构改革、体制调整、职能转变等重大变革。2013年，全区市场主体增量15604家，同比增幅27.36%。全区企业、个体工商户分别达到14604家、58342户。全年共取缔无照经营4911户，疏导登记7601户；新增注册商标2102枚，省著名商标5枚，市知名商标6枚，区名牌商标16枚。20家企业获省、市级信用管理示范企业称号。全年共立案查处各类经济违法违规案件978件，移送司法机关8件；共查处各类不正当竞争案件53件，案值1366.71万元。开展食品安全快速定性检测和食品质量抽样检测，共查处不合格食品3095.34公斤。全年共受理投（申）诉、举报5622件，处置满意率达到99.21%。温州电子城等3家企业建立了消费纠纷“绿色通道”，69家消费维权示范站点相继成立。

【注册登记工作】 2013年，推进行政审批制度改革，餐饮、环保等5项非法定前置审批予以取消，工商相关审批事项“一窗”受理，工商、税务“一站式”联办全面铺开，“一址多照”“一照多址”“筹建登记”和餐饮服务“1+6”全区域受理等举措创新出台，并编制了《注册登记规范指导》，使行政审批有法可依、有章可循，实现数字化、高效化。

【“个转企”服务】 2013年，组建“个转企”服务“工商团”，制订“个转企”每月巡查专项计划，着重走访上月新转企业，定期回访已转企业，电话访问注销“个转企”，了解困难症结及注销原因，发放绿色通道服务卡，跟踪解决问题。组建品牌商标、信用提升、融资联盟等后续服务梯队，开展商标申报、品牌维权、信用提升、守重评选等72项服务。

【创新登记指导模式】 2013年，提供企业注册信息查询和企业登记咨询等功能，同时创新登记指导模式，实行全景式智能化指导。只要企业输入办理的企业类型和业务，直接为企业提供示范文本、提交材料规范及相关表格、文件等资料的下载。并提供二维码、网址、大厅触摸屏等多种终端服务。

【综合验照模式】 2013年，首创推行“综合验照”模式，将个体验换照与其他业务线的重点工作进行对接，实现九大业务线服务功能的共同搭载。此次验换照除加强对重点行业区域的个体工商户监管等传统做法外，将涉网经营企业亮照提示、商标注册和规范使用指导、消费被申诉大户约谈、“个转企”调查摸底、非公党建情况数据复查、食品批发商的电子监管系统完善、总经销及仓库备案、个体户未执行行政处罚的提醒、信用修复等九大工作列入验换照期间的工作范围。同时，还为个体户验换照提供咨询、填表、受理、审查、加贴验照标识“一站式”服务，实行统一发文布置、统一时间进度、统一平台操作、统一处置口径、统一服务标准、统一工作纪律等“六个统一”标准。

【开辟“ETC”年检通道】 2013年，借鉴高速公路“ETC”不停车收费系统的服务理念，在分局一楼大厅开设企业年检“ETC”通道，企业在此无须等待即可办理“ETC”年检手续。所谓“ETC”，是指Electronic信息交换系统、Timely及时、Convenient方便。“ETC”年检是指通过专人、专岗、专线的形式，依托鹿城工商分局网上年检信息交换系统，采取事先网上审查，现场提交年检材料，一键办结的无收费、无痛苦、无停留年检。参加“ETC”年检企业，只要其正常、规范申报网上年检并通过网上预审的，在复核环节上可免予实质性书式审查，只要将以上企业提交的书式材料收齐整理归档即可。

【竞争执法力度加强】 2013年，以《中华人民共和国反不正当竞争法》颁布实施20周年为契机，以内外协作为基础，加强与公安、纪委、检察部门的沟通联系，严肃查办“傍名牌”、公用企业限制竞争等不正当竞争案件，有效维护公平竞争的市场秩序。查获多起商业贿赂案件，涉及医药、拍卖等多个行业。其中，当事人以“讲课费”形式给付温州各医院医生88余万元，额外支付礼品167余万元，通过此形式销售的药品经营额达6450余万元。而拍卖行业的商业贿赂系列案件，则涉及乐清、瑞安等地的公共资源交易中心。

【“见底归零”创建活动】 2013年，提出了“微”无照理念，引入以无照率为主要标准的倒逼机制，大力推进无照整治“见底归零”创建活动。“见底归零”创建活动的“归零”是指在鹿城区条件具备的地域，创建辖区内开业1个月以上的经营户持照率100%、亮照率100%的“零无照示范街”18条以上、“零无照示范村”12个以上的创建目标。截至年底，无照总量、存量、无照率较年初分别下降73.12%、52.04%、51.03%，实现了“减少总量、解决存量、遏制增量”的工作目标。

【食品监管工作】 2013年，在食品安全管理体制调整的特殊时期，始终严守监管阵地，不断提升食品安全监管效能。制定出台全市首个《流通环节散装食品管理办法》，安装食品安全电子监管信息系统253家，完成食品安全标准化仓库创建15家计2.9万平方米。其中，染色黄鱼、未经检疫进口牛肉等案件引起各级领导重视，社会反响强烈。

【农提改工作】 2013年，针对鹿城区农贸市场存在的问题，提出“三维”监管思路并在上陡门农贸市场组织试点运行。通过搭建专业监控网、远程遥控管理系统等现代化市场管理平台，实行市场经营者“十二分”退出机制，市场举办单位“百分制”考评办法，打造农贸市场长效稳固监管模式，获得市、区两级领导批示肯定，并作为“创卫”模板市场在全市推广。指导举办单位在聚鑫苑农贸市场打造了全市首家“农+超”，按期完成天雷、松台等3家农贸市场改造提升和黄龙、上陡门等4家“省文明示范农贸市场”创建，农提改三年计划。

【消费维权工作】 2013年，构建全省首家公共民生服务综合平台，下设“12315举报投（申）诉指挥”“广告（网络）监测”“流通环节食品安全检测”“国民消费教育培训”四大中心，组建专业化队伍对全局范围内所有消费举报、投（申）诉实行集中化、专业化、规范化、标准化处置，实现了行政效能和社会形象的双重提升。全年，受理投（申）诉、举报案件分流至基层所处置的数量同比降幅63.71%；实现了一般申诉件当日事当日毕，疑难件4个工作日内办结的承诺；妥善处置了5起群体性申诉件，及时化解矛盾纠纷，维护社会稳定。积极推进消费维权社会化建设，成立了全市首家网络家居建材类消费维权站，组建了消费维权义工专家团。

鹿城工商分局开展“3·15”活动
鹿城工商分局提供

【亮丽招牌橱窗】 2013年，分局承担了鹿城区招牌橱窗亮丽提升项目的任务，全区15条破难攻坚亮化路段亮化率均达到100%，亮化美化得分全市第一。

【依法行政】 2013年，开展规范实施行政处罚行为等法律实务培训，创设“人人会办案”积分榜，升级“案件编码系统”，引入“法律体检”概念，制定出台《举报案件、“12315”申诉和信访事项办理流程》，食品安全行政处罚自由裁量标准和“个体户设立登记”“公司设立登记”“户外广告登记”三大项目行政许可的自由裁量标准。成立全市首个“红盾维序公职律师团”，发挥法律人才在规范行政执法、推行行政指导、应对行政诉讼等方面的作用。在是年郑巨方诉鹿城工商分局注销登记一案中，首试公职律师独立应诉效果明显。

【作风效能转变】 2013年，深化落实“八项规定”“六个严禁”，开展“清新政风、优化服务”主题活动。启动“三千”大走访活动，累计走访企业1598家，提供咨询服务4081次，协调解决问题70个，帮助落实融资14.2亿元。开展“高效示范窗口”创建，窗口服务效能进一步提升。在全区满意不满意单位评选中获得第六名的成绩，并涌现出一大批先进集体和个人，其中，鼓楼工商所获“全国先进工商所”誉称号，双屿中心工商所获评“省群众满意基层站所”。

【民个协转型】 2013年，指导区个民协会成功转型升级为民营经济发展联合会，并集聚整合民联会内外优势资源，组建温商信用联盟，与温州银行合作发行“温商信用联盟卡”，搭建政银企合作发展平台为中小微企业发展创设条件。非公党建继续走在全省前列，民联会党总支获得市两新工委“服务型两新组织特色做法”优秀奖的殊荣。

鹿城工商分局打造浙江省首家公共民生服务综合平台，下设四大中心

鹿城工商分局提供

物价管理

【概况】 2013年，区物价局以创建“三好一满意”为契机，紧抓群众关注的、社会反映强烈的价格、收费等热点问题，切实维护价格收费秩序，提高价格监督监管能力。全年，共验审收费许可证35个，受理价格认证918件，涉案金额2000多万元；受理举报97件，办结97件，办结率100%。查处价格违法案件7起，另查处未按规定明码标价行为184件，实现经济制裁总金额156894元。其中：退还消费者47380元，没收违法所得65074元，罚款44440元，上缴财政金额109514元。

【明码实价】 2013年，创建“明码实价”活动品牌，在原有42家明码实价示范店基础上，成功发展第四批明码实价示范店15家，投入专项资金分别在春节、国庆节等重要节假日期间进行专题宣传，扩大知名度。加强指导监督，跟踪回访示范店120余人次，当场解答经营者、消费者价格政策咨询32件，上门分发价格法律政策宣传材料740多份，帮助企业改进内部价格管理。各示范店自成立以来均保持“价格行为零处罚”和“价格举报零投诉”的记录。

【市场价格检查】 2013年，根据全市统一部署，开展涉农涉企、教育、旅游等价格专项检查，累计开展检查100多人次，检查单位53家。

【行政收费管理】 2013年，完成对全区35家行政事业性收费验审，审查收费总额1.62亿元，年审率100%。贯彻落实省市有关清费减负政策，取消相关收费项目，降低收费标准，减轻企业、群众负担200多万元。全年，定期成本监审3个，定调价成本监审1个，监审金额2519.84万元，核减金额427.80万元。设立鹿城区价格调节基金，全年发放价格调节基金（困难群众生活补助）99.02万元。

【价格认证服务】 2013年，以涉案财物价格鉴定为重点，开展各项价格认证工作。全年，共受理涉案物品鉴证918件，其中公安部门委托911件，执法局树木毁坏案件5件，其他行政部门委托2件，涉及标的额2000多万元。受理案件同比增加10%。

审 计

【概况】 2013年，区审计局共完成审计项目19个，查出违规金额310万元，管理不规范金额42436万元，经审计处理上缴财政14万元。提交审计专题、综合性报告和信息共69篇，上报审计科研课题11篇，提出审计建议59条，被采纳34条。

【执行审计】 2013年，始终坚持财政审计一体化的指导思想，按照中共十八大提出的“全口径预决算”的工作要求，以促进预算规范管理、财政资金安全使用和提高财政绩效水平为目标，对区本级预算执行、全部政府性资金、政府债务管理、国库集中支付等方面进行审计。通过审计，发现不足，提出审计建议，促成区财政、地税等部门及时收缴非税收入8197万元、收回市城投集团的借款1亿元、推进街道（镇）国库集中支付改革、规范城区沿街商户税务定额核定等，当好公共财政的“卫士”。

【政府投资审计】 2013年，紧扣区政府中心工作，把“大投入、大建设、大发展”作为重点，探索BT（指建设—移交，是国际上一种较为通行的建设方式）跟踪审计新模式，对全区BT融资建设项目进行全过程跟踪审计。根据工作方案对跟踪审计的人员、方式、经费、时间等作了具体安排，通过公开招投标产生了BT项目跟踪审计协审社会中介机构备选库，确定12家社会中介机构；组织建设单位和协审单位培训交流，重点开展审计业务流程、工程基础知识、造价电算方法等专业培训，提升BT审计组专业化水平；采取月报形式每月核定实际投资，及时确定项目形象进度会签，严控投资进度和工程变更，全面审核清单结算，降低资金使用成本，提高政府投资效益。

【专项审计】 2013年，先后对金融机构及小贷公司、鹿城区财政教育投入及资金使用、残疾人社会保障和服务体系建设、政府性债务、保障性安居住房等方面开展了专项审计调查，确保资金使用安全运行。2013年，温州正处于金融综合改革的时期，鹿城作为温州政治、经济、文化中心，集聚了很多金融机构，区审计局立足于鹿城本地实际，对温州鹿城小额贷款公司运行情况进行专项审计调查，审计发现小贷公司存在自身定位不足，自身风险防范意识、经营管理不善，风险防范不到位等问题，审计机关提出审计建议督促相关责任方完善监管体系，健全财务管理制度和贷款管理制度，规范会计核算行为，有效防范金融风险，提高小额贷款公司的经营水平。为破解鹿城中小企业融资难题，民间借贷转入有监管、透明化的正规渠道提供决策依据和解决思路。

【经济责任审计】 2013年，认真学习贯彻中共十八大精神和习总书记在中共十八届纪委第二次全会上的重要讲话，按照《浙江省党政主要领导干部和国有企业领导人员经济责任审计办法》的要求，以提高审计质量为立足点，深化经济责任审计，加强对领导干部权力运行的监督。全年，共完成仰义街道、双屿街道、区司法局、区委党校、工商联、供销社等10个单位12名党政领导干部任期经济责任审计工作，查出违规金额310万元，管理不规范金额3343万元。在审计过程中，把落实中央“八项规定”相关要求的情况作为经济责任审计的重要依据，深化对领导干部权力运行领域、关键环节的审计监督，揭露权力失控、决策失误、行为失范方面的突出问题。审计结果发现，被审对象存在违规发放奖金、补贴、慰问金，会计核算管理不规范，对投资企业和下属单位管理不规范等普遍问题，还有个别审计对象存在以购物卡、运动服等形式扩大开支范围，违反规定开支会议费，未执行政府招投标等个别问题。针对存在的问题，对被审计对象应承担的责任做出了实事求是的界定和客观公正的评价，向被审计单位提出了整改意见，对违规问题依法做出了审计处理决定。

统 计

【概况】 2013年，区统计局以提高统计能力、提高统计数据质量、提高政府统计公信力为重点，以统计工作规范统一、统计数据真实可靠为目标，做好第三次全国经济普查前期准备工作，加强统计基层基础建设，坚持依法统计，积极推进统计服务创新，为全面加快“创首善之区、建幸福鹿城”提供坚实的统计保障。统计局先后被中共温州市鹿城区委宣传部、温州市鹿城区社会科学界联合会评为“社科普及周先进集体”，被温州市鹿城区廉政文化建设协调小组评为“廉政文化六进示范点”。

【优质服务】 2013年是政府扶持实体经济的重要一年，统计局充分利用统计的三大职能（信息收集、咨询服务、执法检查），在内容、效率、特色上做文章，改版升级信息卡、十年动态曲线图等，使党委、政府报告的数据更加丰富，把握经济发展的脉搏更加清晰、制订发展规划的依据更加充分。通过利用统计信息卡、工作微信群等载体，坚持每月向区、部门、街镇主要领导提供统计信息。围绕工业产值与用电量匹配、高新技术产业发展、电子商务、工业性投资、“下转上”工作等10多个专题，开展统计调研分析，同时还开展与杭甬台绍、苏锡常等标杆城市的区域经济比较研究，为区委、区政府科学决策提供参考依据。全年，共撰写统计分析66篇、信息149篇、动态132篇，及时为309家企业和部门提供数据证明。并不同程度得到运用，特别是《产值与电耗》《一季度经济运行分析》等9篇分析文章。

【法制建设】 2013年，鹿城区统计局围绕依法统计这条主线，以突出服务型统计法制建设，追求普法宣教实效，规范政府统计行为，全面推进统计法制建设水平。全年检查对象涉及工业、服务业、批零住餐业、建筑业等专业，共77余家，其中立案处理15家。考虑到经济环境的特殊因素，对部分涉嫌统计违法行为单位的法定代表人进行走访、约谈，督促加强依法统计意识，效果甚好，并得到服务企业的好评。并举办统计“六五”普法讲座8期 500多人次，使区依法统计、应统尽统率创历史新高。

【“一套表”制度】 2013年是“企业一套表”联网直报并入国家后的第一年，通过业务培训、数据排查、上门业务指导等方式，创新告知、定期走访、迟报约谈、限期整改等制度，进一步规范业务工作流程，切实提升联网直报质量。并坚持“先入库、后有数”原则，严格实施“四上企业”统计单位新增、变更、退出准入制度，确保入库单位信息及时准确完整。全年，全区共有329家规模以上工业、730家限上贸易业、552家限上服务业业、2445家劳动工资单位纳入直报。

【基层基础建设】 制订新一轮统计基层基础建设方案。制定《2013年鹿城区统计基层基础建设“六项推进行动”实施意见》（温鹿统〔2013〕29号），并召开全区工作会议进行全面部署。并积极开展复评与验收，由各专业科室牵头分别对街镇、部门、村（社区）和相关企业开展统计基层基础规范创建复评和验收。全年共培训并验收489家重点单位，更新维护单位名录库2.2万次，新增2917家、注销1672家，组织了5场统计业务培训，600多名企业统计员参加了培训。并在全区开展规（限）上工业、贸易、服务业企业主要数据专项核查，检查工业企业329家、服务业企业1154家。同时，借助省市固定资产投资数据质量检查为契机，建立全区固定资产投资督查机制，定期进行实时动态监测，进一步夯实统计基础。全年组织全区 214人参加统计从业资格考试和400人参加统计继续教育，有效改善了全区的统计环境。基层是统计的基础，强化培训、提高素质是统计工作的手段。

【固定资产投资】 2013年，建立并实时维护“市—区—街镇—项目单位”工作网络，积极主动做好项目对接和数据核对，特别是与市级单位、区相关部门建立了非常良好的关系。并对全区500 多家项目单位面对面开展投资报表指导、培训，198家新开工单位入库，并高质量通过省市三次投资数据专项核查。

【节能降耗预警工作】 2013年，采取“随报随审”的审核方式，加强能源数据质量的审核，重点围绕用电量、产值以及产品产量等数据，对能耗数据的匹配性和协调性进行审核，提高企业能耗数据的衔接性，确保能耗源头数据的准确性。全年共完成63家统计基层规范化验收企业、329家规模以上工业企业能源业务知识培训，并结合工业一套表三查工作和重点耗能企业检查，深入工业企业检查能源统计数据质量。共检查企业49家，重点核检查产值与用电量匹配性。从检查结果看，2013年企业能源数据质量普遍比以前有所提高，不存在漏报瞒报虚报现象，通过检查进一步提高了企业对能源统计工作的重视程度。

【统计普查工作】 2013年，按照《第三次全国经济普查实施方案》，切实做好鹿城区第三次经济普查入户登记、数据处理和普查成果开发利用工作。通过此次普查将重点查实日常统计难以反映的规模以下工业、服务业、战略性新兴产业、电子商务企业、小微企业和个体经营户的发展状况，查全查实全区“家底”，全面更新覆盖国民经济各行业的基本单位名录库、基础信息数据库和统计电子地理信息系统。2013年，全区按原定时间完成区、街镇的“三落实”、综合试点、1000多名普查员培训、9万多家单位清查摸底及宣传等多项工作，为1月开展的正式普查登记打下了坚实基础。

9月22日，统计局在区行政会议中心召开鹿城区第三次经济普查动员大会

区统计局提供

【专项调查和重点调查】 2013年，严格贯彻实施各项统计调查制度和统计标准，积极开展了城乡住户一体化调查、5‰劳动力变化和“平安浙江”调查、岗位工资调查、非公人才调查、个体经营户人才资料调查、城市公共交通分担率和城市交通满意度调查、文化产业调查等及各专业统计报表工作，按时保质完成各项调查统计报表任务，为领导、部门科学决策提供咨询依据。

质量技术监督管理

【概况】 2013年，温州市质量技术监督局鹿城区分局深入实施创新驱动发展战略，牢牢把握“抓质量、保安全、促发展、强质监”的总体要求，以创建“全国质量强市示范城市”为契机，以“十件实事”为抓手，扎实推进“质量强区”建设，深入开展质量创新、品牌创新和标准创新，着力强化三个安全监管，继续深化基层基础建设。全年新增区政府质量奖企业2家，区政府质量提名奖企业1家，省级名牌产品8个，市级名牌产品7个。江心屿“智慧旅游”完成申报国家级服务业标准化试点项目，成为温州首个获批的国家级服务业标准化试点项目。立案72起，结案69起。

【质量强区建设】 2013年是温州市质量立市20周年。围绕创建“全国质量强市示范城市”，全面开展“温州质量年”活动，全年在各级主流媒体开展宣传报道18次，举办各类培训25期，培训相关人员7043人次。开展质量“三强”示范创建，双屿街道皮鞋生产基地被授予“温州市优质产品生产示范区”称号。康奈集团有限公司建成“温州市卓越绩效管理孵化基地”，推动12家企业实施卓越绩效管理模式。“首席质量官”制度深入推进，并在8家龙头骨干企业率先实施。完成建设省级中小学质量教育社会实践基地1个，全市仅有4个单位获此称号。全年共组织2500余名中小学生参加质量教育社会实践活动，取得了良好的社会效果。

【品牌创新】 2013年，围绕省市局和区委区政府开展“三名”工程的要求，紧密结合鹿城产业发展实际，进一步优化名牌评价导向，以战略性新兴产业、先进制造业和现代服务业为重点，进一步加大名牌培育力度。全年新增（复评）省级名牌产品8个，累计共22个，新增（复评）市级名牌产品7个，累计共40个。提高龙头企业品牌价值，将产业带动力大、市场辐射力广的龙头企业纳入大品牌培育，帮扶重点企业开展质检总局2013年品牌价值评价工作，指导巨一集团有限公司完成申报。与温州市质检院签订合作备忘录，着力加强在质量检测、质量分析、质量及标准培训、技术咨询等方面的合作力度，有效发挥质监职能，促进全区实体经济发展提供强有力的技术支撑。

【标准创新】 2013年，深化标准化试点项目建设，社区居家养老和美容美发休闲等两个省级服务业标准化试点项目，经省质监局评审顺利通过验收；江心屿“智慧旅游”完成申报国家级服务业标准化试点项目，填补了温州地区申报国家级服务业标准化项目的空白。开展市级行政审批服务标准化试点项目建设，建立服务标准体系，发布地方标准规范，并顺利通过验收。开展农业标准化工作，充分发挥龙头企业带头引领作用，指导并完成温州市藤桥禽业有限公司的“三黄鸡标准化示范区”申报国家第八批农业综合标准化示范区项目；推荐优质稻米无公害标准化栽培技术推广示范申报2013年市级农业标准化项目，并顺利通过验收。

【民生计量工作】 2013年，进一步深化“关注民生、计量惠民”活动，共完成检定医疗机构、加油站计量器具809台（件）。组织召开鹿城区农贸市场计量器具“四统一”工作推进会暨授牌仪式，与行前、新城农贸市场主办方签订《鹿城区农贸市场计量器具“四统一”管理目标责任书》，赠送电子计价秤373台。组织召开了第一批纳入“四统一”管理的农贸市场座谈会，调研农贸市场“四统一”管理情况及存在的问题。全年新增松台、上陡门、聚鑫苑等3家农贸市场纳入“四统一”管理，并将发放“四统一”电子秤800台。

【质量的风险管理】 2013年，针对皮鞋勾心新标准执行，可能引发全区皮鞋产品监督抽查合格率大幅下降的质量风险，进行深入分析，组织皮鞋企业、中底和勾心企业召开标准宣讲会，同时积极争取区级财政支持。开展区级皮鞋勾心风险监测，全年共完成区级风险监测70批次，合格57批次。加大监督抽查力度，全年完成市级以上定期监督抽查87批次，合格85批次，合格率97.7%。加强重点关注产品监管，将电动剃须刀列为安全监管重点关注产品，在监督抽查计划安排上予以倾斜。加强证后监管，全年开展工业产品生产许可证企业巡查77家次，发出责令整改1份。

【食品安全监管】 2013年，深入开展食品小作坊整治，出台《鹿城区允许生产及保留食品生产加工小作坊基本要求》，通过“整顿规范一批、取缔打击一批、典型示范一批”的方法，加快推进目录内小作坊许可监督和目录外小作坊规范化工作。全区建档小作坊125家，目录内57家，取缔53家，许可4家，许可率100%；目录外68家，取缔62家，处置率91.2%。开展肉制品专项治理、“强网清源”等整治行动，严格执法检查，重点打击食品犯罪行为。全年共出动440人次，检查企业132家次，责令整改13家，并全部完成整改。严格实施监督抽查，全年完成省、市两级监督与风险检测43批次，合格42批次，合格率97.7%。全年收到各级监督抽查不合格报告15个，并全面完成后处理，后处理率达100%。

【特种设备安全监管】 2013年，深化特种设备安全监管体制建设，将特种设备“五个率”纳入区政府对各街道（镇）的年度目标考核重点内容。创新推进电梯错时检验，率先在新田园小区开展试点，探索解决电梯隐患整改与民生保障的两难困境，得到上级领导和社会大众的充分肯定。强化隐患整治，全年发现特种设备安全隐患1873个，隐患整治率达到100%，隐患整治数位列全市第一。开展电梯维保单位安全检查，整顿电梯维保市场，全面检查辖区37家电梯维保单位，提升全行业的维保质量。强化电梯安全宣传工作，与温州平安信息传媒有限公司合作，制作专题电梯安全宣传视频，在400多个公共场所的视频进行滚动播放，进一步提高社会大众安全意识。

【稽查执法工作】 2013年，积极开展“蓝剑系列”“质检利检系列”等专项执法行动，全年出动执法人员3935人次，检查企业1210余家，立案72起，结案69起，结案率达95.8%。全年处置投诉举报180起，查结率为100%。

【行政审批事项改革】 2013年，全面落实事权下放部署，对14项审批事项简化审批环节，优化审批流程，推行网上审批系统，积极落实“全域受理”制度，实现“一窗式受理、一条龙审批、一口式收费”，确保行政审批窗口审批事项集中度达100%。全年受理组织代码等各类事项1.37万件，免收小微企业换证工本费13.79万元。

安全生产监督管理

【概况】 2013年，鹿城区安全生产监督管理局（简称区安监局）坚持“安全第一、预防为主、综合治理”的方针，围绕年初提出的落实政策、创新机制、提升品质、强化基础、规范管理、提升能力的总体工作思路，推进工作创新，加大工作落实力度，强化安全生产监督管理，实现各类事故和直接经济损失两项主要指标连续6年零增长，保持了全区安全生产形势总体稳定。获浙江省“安全生产月”活动先进单位称号。

【安全生产大排查大整治工作】 2013年，为深刻吸取“6·3”吉林特大火灾事故教训，继全国安全生产电视电话会议后，区安监局根据全区大排查大整治方案，迅速开展工作。活动期间，共组织督查组1642个，参加检查人员9852人次，检查企业2.55万家，查出隐患3484处，其中责令停产停业325家，关闭取缔510家，查处违法行为2635处，处罚金额552.87万元。区安监局还出台“转型促安、铁腕治患”突击行动方案，进一步推进大排查力度；借助“千名干部进千企解千难”等行动，积极开展企业安全生产服务工作，有力助推大排查大整治。这一做法也得到了国家安监总局的肯定，在安全生产大检查专刊（第65期）上予以报道。

7月20日，国安办到鹿城检查安全生产大排查大整治工作　　区安监局提供

9月4日，省安监局等领导，赴鹿城区开展安全生产大排查大整治专项行动复查与督查工作　　区安监局提供

【安全生产打非治违五大专项行动】 依照市府办安全生产打非治违五大专项行动的要求，区安监局根据自身职责及管辖行业范围，及时部署开展工作。2013年，全区共排查出存在安全隐患的外协加工单位415家，完成整改185家，取缔关闭230家，整治完成率100%；被列入“三无村”创建的村居社区有9个。

8月14日，鹿城区委书记王立彤视察双屿、仰义安全生产工作　　区安监局提供

【涉可燃爆粉尘场所专项整治工作】 2013年，瓯海“8·5”事故后，区安监局继续加大力度开

展涉可燃爆粉尘场所专项整治工作：发布通告，公布举报电话，充分利用多种形式广泛宣传，动员广大人民群众积极参与整治工作；要求各街镇对辖区内涉可燃爆粉尘作业和有限空间作业场所进行动态监管及组织隐患整治“回头看”活动，准确掌握企业的数量、类别、危害因素等，重点梳理存在重大安全隐患的企业，落实相应的监管责任人员，做好有的放矢的安全监管和工作指导；对不符合基本要求的铝镁制品加工企业，一律予以坚决取缔；对符合基本条件但不符合“11条”要求的涉尘作业场所，组织中介机构进行分组指导，借助专家力量，严格按照相关要求标准推进整治。全年共完成安评256家，打击取缔141家，停产、搬迁48家，整治完成率实现100%。

【涉氨制冷企业液氨使用专项治理】 2013年，为深刻吸取上海“8·31”重大液氨泄漏事故教训，区安监局根据上级部署安排，第一时间开展了涉氨制冷企业液氨使用专项治理。通过企业自查、中队排查、大队抽查的方式加强政府部门的监管责任和涉氨制冷企业的主体责任，确保辖区液氨使用安全。行动开展期间，共排查出涉氨企业21家，其中液氨生产经营企业2家，液氨使用企业19家。液氨使用企业中有13家为液氨制冷企业。已经停用或搬迁4家，准备搬迁1家。

6月5日，区安监局局长张海云一行对辖区液氨使用单位进行排查　　区安监局提供

【重大事故隐患挂牌整治】 2013年，区安监局对隐患挂牌整治工作力度进一步加大。全年完成省级挂牌1家、市级挂牌2家、区级挂牌20家、街镇本级93家的摘牌工作，提前超额完成年初目标。

【“两化一网”工作】 2013年，区安监局以部门、街镇、社区（村居）为依托，在全区初步建立了三维立体网格，实行安全生产与其他网“多网合一”，构建“横向到边、纵向到底，责任全覆盖，监管无盲区”的安全生产管理网格。同时，要求各街镇安监中队进一步明确网格员安全生产管理职责，把安全生产工作放在网格员各项工作的首位，将安全生产责任落实到岗、到点、到人。根据网格化工作要求，定期组织业务培训，切实提升网格员安全生产业务水平。全年共组织培训13次，培训人数1350余人。明确网格员安全生产检查内容，将网格员入企检查16项重点隐患印制成册，分发给全区1040个网格。利用网格排查电子平台，随时更新排查整治信息，实现隐患动态管理。完成工矿企业、工矿个体等二类重点生产经营单位共7107家的排查整治情况的系统录入工作，并同消防部门对接，对商贸类经营单位按消防安全系统要求录入，实现无缝对接，并做到全覆盖。

7月31日，市安监局局长江少勇带队赴鹿调研“两化一网”工作　　区安监局提供

【安全标准化创建活动】 2013年，以企业标准化创建工作为突破口，抓好企业主体责任落实。全年组织召开五次标准化创建宣传培训会议，参加宣贯培训企业413家，宣贯覆盖率100%。同时，通过宣传贯彻、中介指导、工作督查，全年实现评审通过企业80家。

【安全生产执法监察工作】 2013年，区安监局坚持依法行政、以查促改。该局监察大队执法检查了辖区内各类企业343家（次），出动执法人员350人（次）。处理各类举报104件，现场处理措施决定书、责令限期整改指令、整改复查意见书等执法文书68份，立案查处了32起违规违法行为。其中，安全生产培训教育类违法案件11起，安全生产警示标志类违法4起，安全生产管理机构和管理人员类违法3起，安全生产行政许可类违法11

区安监局开展烟花爆竹专项整治行动
区安监局提供

起，安全生产规章制度类违法1起，安全生产隐患管理类违法1起，生产安全事故责任类违法1起。处罚金额56.20万元。

【危化行业应急救援能力提升工作】 2013年，区安监局首先依托浙江禾本科技有限公司的专业技术力量，成立了鹿城区危险化学品应急救援队，对行政区域内危险化学品生产、经营、储存企业发生的泄漏、爆炸、火灾事故进行应急抢救处理。根据市安监局《转发关于认真组织开展应急预案演练周活动的通知》的要求，部署鹿城区40家相关企业分别组织开展了应急预案演练活动。演练活动使职工掌握了事故发生时的应对措施和处置程序，提高了职工自我防护、自救互救能力和应急处置能力。区安监局还督促矿山、危化、省部属企业到该局进行应急预案备案。全年完成企业备案68家。

6月25日，双屿街道开展企业应急救援演练活动　　区安监局提供

【"安全生产月"宣传活动】 2013年，区安监局立足社会面的安全生产宣传教育，与市里联合举办了"2013年安全生产月启动仪式"和"安全生产广场咨询日"活动。通过"出租车顶灯公益广告""百万安全短信"等特色工作以及LED安全标语展示等多种形式的宣传活动，悬挂标语、横幅826条，张贴宣传画1185张，出动宣传车24次，刊出黑板报73期，参观图片展览3500次，发放宣传资料110625份，领导电视讲话1次，举办安全文艺宣传6场、演讲比赛2场、知识竞赛3场，开展安全宣传咨询活动18场次。在6月掀起了人人重视安全生产的舆论高潮。

6月9日，举办"2013年安全生产月启动仪式"和"安全生产广场咨询日"活动　　区安监局提供

【安全文化示范企业创建活动】 2013年，区安监局以立标杆、树典型的方式，持续推动辖区企业向安全生产标准靠拢。2013年，全区10家企业安全生产标准创建成功，其中3家获评市级安全文化示范企业。

【安全知识宣教普及工作】 2013年，区安监局严格按照标准化、精细化管理的要求，对企业主、员工、安全管理员等企业各个层面开展安全培训，提升企业整体安全防范水平。全年共培训168914人次。同时，开展"安全知识进社区"活动，与市长热线、区长热线联合开展安全生产便民服务，借助全国法制宣传日开展安全生产专题宣传活动，向市民普及安全知识，提高市民安全意识。

8月24日，在松台街道桂柑社区举办"温州市安全进社区暨'生命通道体验活动'集中行动月"启动仪式　　区安监局提供

【舆论监督管理】 2013年，区安监局充分借力市民监督团，强化群众监督，形成人人重视和支持安全生产工作的良好社会氛围。同时，重视对安全生产问题进行梳理公示，公布举报电话。对有关安全生产领域的违法行为视情节及危害程度实行50—1万元额度不等的有奖举报，从严处罚违规违法行为。并借助省市级网站、电视台及报刊媒介对各类安全隐患坚决予以曝光，为顺利实现鹿城"平安五连创"奠定坚实基础。

食品药品监督管理

【概　况】 2013年，鹿城区食品药品监督管理局（简称区食药监管局）围绕"保安全、重民生、强监管、促发展"中心任务，通过建机构明责任、强队伍聚资源、抓整治促成效、正行风提效能，强力推进食品药品安全监管工作，全区食品药品安全水平向好发展，成功创成"省级餐饮服务食品安全示范区"和"省级药品安全示范区"。

【基层执法队伍建设】 2013年，区食药监管局在编制尚未全部到位

鹿城区食品药品监督管理局

鹿城区食品药品监督管理局成立于2011年8月，由省以下垂直管理机构调整为区政府工作部门，与区食品安全委员会办公室合署办公，主管全区药品、医疗器械、保健食品、化妆品和餐饮服务食品安全监督管理工作，承担全区食品安全综合协调、牵头组织重大食品安全事故调查、统一发布重大食品安全信息等职能。内设办公室（法制科）、行政审批科、综合监管一科、综合监管二科、食品安全综合协调科、纪检监察室等6个职能科室；下设4个直属事业单位，分别为鹿城区食品药品监督管理所、鹿城区食品药品稽查大队、鹿城区食品药品检验所（鹿城区药品不良反应监测中心）和鹿城区食品药品安全信息（应急）中心；在全区共设立6个食品药品监督管理站，作为区食品药品监督管理局派出机构。区食品药品监督管理局（区食安办）共有编制58名，其中行政编制11名，事业编制47名。

1. 11月14日，省食药监督管局副局长邵元昌在南汇食药监管站调研工作
2. 2月6日，区委常委、常务副区长项伟胜到企业开展节前食品安全督查
3. 9月12日，副区长章月影率队在农贸市场开展“强网清源”联合执法行动

此版照片由鹿城区食品药品监督管理局提供

的情况下，因地制宜，在全区分别设立了七都、滨江、南汇（五马）、松台、双屿和仰义（藤桥）6个食药监管站，并将全局近65%的执法力量充实到基层队伍，进一步延伸监管触角，实现监管中心下移。

【食品安全综合执法】 2013年，区食药监管局严格贯彻落实《鹿城区一街一镇行政执法体制改革试点工作实施方案》，将基层执法力量整合到各街镇综合执法中队，充分发挥街镇食品安全综合执法作用，对食品监管难点、重点开展综合整治，有效破解食品安全执法难题，实现食品安全监管无缝对接，全面提升了食品安全执法效能。

【“两法”衔接工作】 2013年，为进一步推进“四品一械”领域行政执法与刑事司法的有效衔接，特设立温州市公安局鹿城分局驻温州市鹿城区食品药品监督管理局联络室，制定出台《鹿城区公安联络室工作制度》，严厉打击各类违法犯罪行为。是年，先后联合公安机关开展了保健食品“打四非”、打击假劣药品等专项行动。查扣违法保健食品5756盒（瓶），货值金额120多万元；查获假药三个批次，共200余盒；向公安部门移送假药类案件5起，刑拘16人。

【省级餐饮服务食品安全示范区创建】 2013年，全面推进餐饮服务食品安全“321”示范区创建，通过培训指导、典型引领、辐射覆盖，全面开展“省级餐饮服务食品安全示范区”创建工作。11月13日，通过“省级餐饮服务食品安全示范区”创建验收，并成功创成省级餐饮服务食品安全示范街1条，省级餐饮服务食品安全示范单位5家，市级餐饮服务食品安全示范街7条，市级餐饮服务食品安全示范单位21家。

【省级药品安全示范区创建】2013年，区食药监管局对照创建标准，通过提升药品安全监管能力、建立健全稽查执法机制、建立信息化监管平台、全面提升检验能力、构建药品安全风险管控体系建设、提升药品安全应急处置能力等举措，综合施策，多措并举，于12月18日顺利通过“省级药品安全示范区”创建验收。

【“全区域受理”新模式】10月8日，区食药监管局改变餐饮许可“单点受理办证”的格局，推行“多点受理办证”的“全区域受理”新模式，把餐饮服务许可职能下放到6个基层站，方便群众就近办理，取得审批时限缩短22天，审批提速58%的良好成效。

【食品安全信息社会发布工作】2013年，区食药监管局牵头整合全区食品检测资源，挂牌成立鹿城区食品安全检验检测中心，制定《鹿城区食品信息公开工作实施细则》，推行食品安全信息季度发布工作。2013年，依托鹿城区食品药品安全信息网、今日鹿城等平台向社会发布不安全食品信息4次，共计140批次，发布率100%，打造了“政府主导、部门监管、企业自律、群众参与”的良好工作格局。

【食品药品安全专项整治】2013年，区食药监管局牵头部署，组织开展了“强网清源”食品安全专项行动、餐饮服务环节食品添加剂使用整顿、餐剑在行动——提升餐饮行业从业人员健康证持证率百日攻坚、保健食品打“四非”、药品安全“两打两建”行动等20余起食品药品安全专项整治行动，有力打击了食品药品安全违法行为，震慑了各类违法犯罪分子，共查处“四品一械”（“四品”即食品、药品、化妆品、保健品；“一械”即医疗器械），违法行为181起，其中简易程序处罚112起，一般程序处罚立案69起，结案66起，罚没款近43.5万元，切实保障了全区群众“饮食用药”安全。

9月2日，开展提升餐饮行业从业人员健康证持证率百日攻坚行动

区食药监管局提供

【餐饮行业创卫整治】2013年，区食药监管局围绕“全国卫生城市”创建工作，开展餐饮行业创卫整治，并制订出台无证小餐饮食品安全专项整治方案，建立局领导联系基层站制度，按照“谁主管、谁负责”的原则和“提升一批、规范一批、整顿一批、淘汰一批”的方法，加大对无证餐饮经营行为整治清理力度，规范餐饮服务行为。全年关停取缔无证餐饮731家，立案查处53起，实现全区餐饮行业监督覆盖率和建档率达到100%，全面助推创卫工作。

【食品药品安全知识宣传】2013年，区食药监管局以食品药品安全宣传周、药品安全宣传月为活动载体，深入开展食品药品安全宣传“进机关、进农村、进社区、进企业、进学校”活动20余场次，发放宣传资料4.5万多份，接受群众咨询1000余人次；每周四向区人大代表、政协委员、部分机关街镇干部及相关人员发送食品药品安全短信；每周二向全区5000多家餐饮服务单位负责人发送食品安全管理标准短信。这些举措为食品药品监管工作营造了良好的舆论氛围，同时树立了食品药品监管部门的良好形象。

7月1日，在大南路闸宅步行街广场开展“红七月、服务月”食品药品安全宣传活动

区食药监管局提供

鹿城区人民政府
——社会管理和公共服务事务

综 述

2013年，鹿城区人民政府的社会管理和公共服务各职能部门，为“创首善、争一流”“赶超发展、再创辉煌”，按国家法制，依行政规章，履职尽责，做出各有特色业绩。2013年，鹿城区因公出国（境）团组共49批次109人次，其中县级以上领导出访13批次，企业因公出国（境）26批次44人次。区侨务围绕中心工作，服务大局，探索侨务工作新思路，提升党建带侨建工作，抓好各项工作落实，推进侨务事业的可持续发展，取得新成绩。鹿城区侨联获“2013年度全国侨联先进单位”称号。2013年，区台办、区台联合会涉台事务把握两岸关系和平发展主题，围绕服务鹿城经济社会发展和区对台工作大局，发挥台界组织自身优势，团结凝聚广大台胞、台属，积极作为，对台工作呈现了向前持续发展的良好势头。

2013年，区法制办制定出台《2013年鹿城区法治政府建设工作要点》《温州市鹿城区2013年度部门、街道（镇）法治政府建设考核评分标准》，通过政府常务会议学法，“鹿城干部双休学堂”专题法律讲座等多种形式进一步加强领导干部学法用法。2013年，全区有公务员（含参公）3706名，其中区级机关（含街道机关）2363人，镇机关59人，参照公务员管理事业单位（包括群团机关）工作人员654人。全区事业单位有管理人员和专业技术人员6685人。2013年，新增高技术人才793人，引进建设类高工10名，博士2名。被授予市级以上政府优秀人才5名。2013年，城镇新增就业34061人；下岗人员再就业7445人，其中就业困难人员再就业3820人。城镇登记失业率为1.37%，保持城镇“零就业家庭”基数动态归零。2013年，国土资源鹿城分局狠抓耕地后备资源保护，加大土地集约节约利用，强化用地报批和供地速率，完善国土资源规划体系，严抓地灾防治矿政管理，提升国土资源的保护与保障、服务与监管能力，为拓展鹿城区土地空间，服务全区“两大回归”提供了坚实用地保障。2013年，区行政审批中心集中审批服务事项335项，年平均为企业和群众提供咨询、审批、协调、代办服务等各项业务约10万次；10月，区公共资源交易中心与区行政审批服务中心合署办公。2013年，获全市首家行政审批服务标准化项目示范单位称号。2013年，城市管理和行政执法工作，围绕“创首善、争一流”，以“六城联创”“六城九市”“两无三化”“四边三化”“三改一拆”等为载体，切实打好环境整治攻坚战，城市翻身战，各项工作取得显著成绩，先后获得市创建国家卫生城市工作\市“三改一拆”工作等先进称号。2013年，区民政工作围绕“创首善之区，建幸福鹿城”战略总目标，以创建全国民政综改革示范区为契机，创新社会管理，推进养老服务体系建设，各项工作平稳进行。

外事

【概况】 2013年，鹿城区因公出国（境）团组共49批次109人次，其中县级以上领导干部出访13个批次，企业因公出国（境）26批次44人次。企业申办APEC商务旅行卡共12批次22人次。接待境外政府团组共8个批次46人次，接待境外记者2批次4人次。

【经贸合作】 2013年，鹿城区县级以上领导团组出国（境）共13批次，出访国家和地区有巴西、秘鲁、加拿大、俄罗斯、英国、意大利、瑞典、丹麦、德国、匈牙利、斯洛伐克、奥地利、乌兹别克斯坦、马来西亚、新加坡、阿联酋、乌克兰、克罗地亚、西班牙等。团组出访，主要开展经贸投资洽谈活动，推介鹿城区招商引资项目，洽谈与鹿城区结好事宜，考察学习境外城市建设、教育文化建设、科技研发、农业管理等方面的先进经验。其中，招商引资、招才引智、经贸科技对接、培训团组占76.9%。区委书记王立彤一行访问巴西期间，温州市鹿城城市发展有限公司与外方签订了《保障房项目合作开发意向书》。副区长郑晓东等一行在迪拜、新加坡、马来西亚访问期间，共举办了3场投资合作洽谈会，推介项目17个，涉及旅游、商贸、金融、酒店、物流、创意、会展等现代服务业和现代农业。签订合作项目总投资33亿元，预计引进合同外资约1.4亿美元。副区长胡明亮一行访问巴西、英国期间，分别与巴西弗路括斯公司、英国中华总商会签订藤桥竹桥养老养生服务项目合作意向书、温州市鹿城金融广场项目合作意向书。副区长伍挺一行访问希腊和意大利期间，分别与希腊华人华侨总商会和意大利佛罗伦萨华侨华人联谊会就松台街道两个地块签订了《保障房项目合作开发意向书》等。2013年，区外办加强与企业沟通交流，深入了解企业所需，利用外事政策和资源，更好地为企业“走出去”参与国际竞争做好服务。全年共审核上报因公出国（境）团组（企业）26批次44人次。申办APEC商务旅行卡12批次22人次。邀请区企业参加“企业走出去面临风险挑战及应对思路”报告会、赴美签证座谈会等。

【对外交流】 2013年，按照鹿城区发展需要，不断拓展区对外友好交流面。经过前期了解及双方高层互访，10月，温州市委常委、鹿城区委书记王立彤等一行赴巴西期间，与巴西亚马逊州依太可亚太拉市签订了两地结好意向书。10月底，亚马逊州政府代表曾令駲到鹿城，考察温州市黎东眼镜有限公司，大虎打火机厂等多家企业，表达了与鹿城区开展多领域交流合作的愿望。2013年，通过温州旅美同乡会的牵线搭桥及双方多次沟通和努力，美国洛杉矶罗斯密市市议会于11月通过了与鹿城区缔结姐妹城市的备忘录。两地希望今后在贸易、科研、文化、教育、城市管理和旅游等各个领域开展交流合作。2013年，鹿城区中小学、幼儿园与国外学校缔结姐妹学校共19对。6月28日，西班牙国家教师学院主席Josefa Cambra Gine率领的教育代表团一行4人到访，区外办全力推荐鹿城区实验中学与西班牙学校结对，代表团参观了鹿城区实验中学，并与鹿城实验中学达成了建立校际友好交流意向。11月底，鹿城区实验中学校长赴西班牙正式签订结好协议。6月13日—20日，鹿城区文化馆代表团应邀赴印尼中爪哇省参加第三届婆罗浮屠国际艺术节。这是中国艺术团首次参加该艺术节。鹿城区带去了《叮叮当》《对鸟》等温州民谣，反映江南风情的舞蹈和民族乐器——笛子演奏等，受到广泛好评。

【接待工作】 2013年，鹿城区共接待外宾团组8个批次46人次。包括前非盟主席让·平一行、国际棋联主席伊柳姆日诺夫、科特迪瓦阿比让大区副区长马高内、巴西亚马逊州政府代表曾令駲、西班牙国家教师学院主席Josefa Cambra Gine一行及来自美国、日本、韩国、德国等12个国家的驻沪总领事馆官员等。7月3日，在省友协专职副会长陈爱珍，市委常委、鹿城区委书记王立彤，市政协副主席余梅生，市外办主任邱华萍，鹿城区委副书记、区长朱崇敏的陪同下，前非盟主席让·平携家人一行共13人到藤桥镇让·平祖居和中加友谊馆参观，并为祖居开放仪式剪彩。书记王立彤代表鹿城区委、区政府向让·平赠送一幅其肖像发绣作品，希望他有空“常回家看看”，并继续推动中非友谊更上一层楼。让·平表示将继续为温州与非洲，特别是与加蓬的商贸往来和经济合作贡献自己的力量。7月17日，国际棋联主席伊柳姆日诺夫到访鹿城，参加中国首个以个人名字命名的国际象棋棋院——诸宸棋院的授牌及奠基仪式。在授牌仪式上，温州市委常委、鹿城区委书记王立彤致辞，温州市副市长郑朝阳为诸宸棋院授牌。诸宸棋院位于七都岛，建筑面积3000多平方米，计划3年内建成，将致力于国际象棋师资培训、国际象棋文化传播与交流、青少年国际象棋的普及推广等。8月28日—30日，来自美国、日本、韩国、德国等12个国家的驻沪总领事馆官员及随行人员共19人到温州参加“签证官走进温州看民企”系列活动。8月29日下午，代表团一行到康奈集团，参观康奈的生产车间、产品展示中心等，对康奈集团井然有序的生产车间和优良的产品赞不绝口。

7月3日，前非盟主席让·平携全家回到故乡藤桥镇驿头村，为祖居开放仪式剪彩
区外事办提供

【涉外事务管理工作】 2013年，区外办加强“在鹿外国人”和“在外鹿城人”的管理服务工作。一是妥善处理涉外事件。2月26日，区外办就鹿城区公民周剑峰在缅甸参加反日游行被拘一事，派员到藤桥镇周剑峰父母家里，传达上级部门相关工作方针政策，做好沟通和安抚工作。3月，在外交部及驻外使馆努力下，此事得到妥善解决。二是设立鹿城区首个海外领事保护联络处。11月15日，鹿城区首个海外领事保护联络处在藤桥镇成立，温州市外办副主任朱玉贵为联络处授牌。藤桥镇是温州市著名侨乡，共有2万多名华侨旅居国外。近年来，出国旅外人数呈现持续上升趋势。由于受到有关国家政局动荡、军事冲突、经济环境、自然灾害和意外事故等多种因素影响，旅外华侨寻求海外领事保护的任务日益突出。基层联络处的设立，搭建了一个“上传下达”的沟通平台，把领事保护工作的触点对接到基层。联络处设立之后，将开展宣传、联络沟通、风险预警和心理辅导等工作，增强侨胞领事保护意识，从而降低安全事件发生的可能性，切实维护广大侨胞的利益。三是配合做好外国媒体记者采访活动。6月27日，法国《回声报》驻北京记者到鹿城区法院采访，了解金融审判庭的成立目的及工作情况；10月10日，路透社记者到鹿城区采访温州民间借贷登记服务中心的领导，了解中心成立以来取得的成绩及温州的融资环境。

侨务

【概况】 2013年，区侨务围绕中心工作、服务大局，积极探索侨务工作新思路，提升党建带侨建工作，按照年初确定的目标任务，抓好各项工作落实，推进侨务事业的可持续发展并取得新成绩。区侨联获“2013年度全国侨联先进单位”称号，区侨联副主席周祥薇成为浙江省唯一一位获“中国侨界杰出人物”称号的侨界代表，五马街道侨联主席王朝贵获评“全国侨联先进工作者”，区留联会获评“温州市留联会工作先进集体”。

【大型联谊活动】 2月，“世界温州人大会鹿城乡贤聚会”在江心屿召开。会议以“凝聚·回归·共赢”为主题，邀请海内外温州鹿城籍人士350多人与会，同时开展了“思乡林”植树活动。区委、区政府主要领导及区四套领导班子领导亲自出席活动，与海外华侨相聚一起，共叙乡情，共谋发展。1月，召开区八届政协二次会议，特邀请杨明、余文龙、冯定献、夏建新、陈永坤等25位海外侨领作为海外特邀代表参加会议，共商鹿城发展大计。9月16日，鹿城区举行中秋“三胞”暨在外侨商座谈会。温州市委常委、鹿城区委书记王立彤携区四套班子领导与众多港澳台同胞、海外侨胞和归侨侨眷，喜迎中秋佳节，畅叙乡情乡谊。

区领导和乡贤在江心屿东园种下120棵温州市“市树”榕树　　区侨务提供

【华裔青少年“中国寻根之旅”夏令营活动】 举办2013年华裔青少年“中国寻根之旅”夏令营活动，有美国、法国、意大利等9个国家和地区的80多名华裔青少

年，在温州实验中学参加鹿城中文夏令营活动，学习中华文化，领略家乡风情。“中国寻根之旅”夏令营鹿城分营的营员们走进温州博物馆和科技馆，感受根文化的魅力，探寻先辈的足迹。营员们还走进“天一角”，享受温州特色美食。

【社区侨务工作】 2013年，鹿城区相继在8个街镇建立了侨务工作站，并成立了79个社区侨务工作分站，实现社区侨务工作精细化、全覆盖。鹿城区五马街道马鞍池社区、松台街道桂柑社区、七都街道七都社区获评温州市社区侨务工作示范单位。五马街道侨务工作以党建带侨建为抓手，以创建侨务工作站为载体，以建立侨界留守老人幸福之家为特色，全面推动了侨务工作的新发展。五马街道被评为国侨办“暖侨敬老”示范点。松台街道桂柑社区高度重视侨务工作，抢抓机遇，创新思路，健全侨务工作组织网络，构建凝聚侨心工作机制，动员和组织侨胞侨眷为辖区转型发展、科学发展、率先发展献计献策，有力推动了侨务工作深入开展。12月，松台街道桂柑社区被评为“全国社区侨务工作明星社区”。区侨联深入贯彻中央党的群众路线教育实践活动，下基层、入村户、进企业，共走访、慰问达88余人次，全区各级侨联帮扶困难侨眷1426人，帮扶金额约46万元。徐恭德和朱下村结对，积极开展侨爱新村创建，取得了令人瞩目的成绩。11月，藤桥镇朱下村申报国侨办“侨爱新村”创建。

【“百侨助百村，助推新农村建设”活动】 2013年，推进“百侨助百村，助推新农村建设”活动，新增结对村及项目4个，落实结对帮扶资金82万元。9月，双潮华侨纪念馆建设落成。有力助推社会主义新农村建设，为建设美丽乡村做出积极贡献。

【华侨回国定居受理工作】 10月21日起，区侨办在区行政审批中心正式设立窗口，开始启动办理华侨回国定居工作。华侨回国定居办理工作是侨务部门一项全新的工作任务，此项工作政策性强、涉及面广，是广大侨胞最为关心的热点问题。做好华侨回国定居工作责任重、压力大，人员缺。区侨办积极为侨胞做好政策的宣传解释工作，帮助广大侨胞受理相关申报材料，使侨胞能顺利、快捷的办理好回国定居相关手续。全年，在区行政审批中心受理150余件，办理70余件。

【温商回归工程建设】 2013年，区侨办、侨联围绕区委、区政府中心工作，深入实施温商回归、招商引资一号工程，依托海外工作联络站的平台，深化内外温州人的互动战略。5月，鹿城侨办成立侨商投资项目实行全程无偿代办领导小组，专门设立联络员和代办员，为侨商投资项目提供“一条龙”全程无偿代办服务。既可提高办事效率，又方便了投资人，对加快推进温商回归工程有极大的促进作用。区侨办建立了区领导联系侨团、侨领、侨资企业制度。选择一批经济上有实力、政治上有影响、社会上有地位、专业上有造诣、侨界上有名望的25个国家的66个侨团、侨领、侨资企业与区四套班子领导挂钩结对，加强联系，互通信息，互动发展。优化党政及部门对华侨的系列服务工作，发挥以侨引侨、以侨引外、以侨引资、以侨引智的作用，促进与海内外侨团、侨企、侨领的交流与合作，更好地促进鹿城区经济转型发展。

【“侨商家乡行”系列活动】 2013年，区侨联接待加拿大、德国等地华人社团联席会侨领考察团；架构“十万浙商进百区”活动桥梁，凝聚1200人次鹿商之力再次助推鹿城经济发展；与全美温州博士协会积极接洽介绍鹿城人才引进、投资项目，并帮助解决其在鹿城的办公场所。

【发挥“三会”工作】 2013年，区留联会成功换届，产生新一届领导班子，多次组织会员登山踏青，赴永嘉与兄弟留联会交流等活动，进一步提升凝聚力。2013年，获“温州市留联会工作先进集体”称号。区留创会发挥人才资源优势，延伸智慧手臂，引进高新技术，自主研发温州皮鞋批发网等电子商务平台，推荐美国耶鲁大学副教授黄英群上报“国家千人计划”，与全美温州博士协会积极接洽介绍鹿城人才引进、投资项目，并帮助解决其在鹿城的办公场所。区名媛会积极投身社会公益事业，向“菲特”台风受灾严重的藤桥老人公寓捐赠物资2万元。

【侨法宣传】 2013年，区侨联开展“鹿城区侨法宣传暨为侨服务大型广场活动”，为全区500多位侨界人士提供侨法咨询、免费医疗、出入境服务等多项服务，现场分发了300份侨法资料。组织海昌律师事务所的9位律师为成员的法律顾问团，就侨房纠纷、华侨投资、侨坟拆置、华侨户口恢复等涉侨内容提供法律服务，保护归侨侨眷和海外侨胞的合法权益，全年共接受各类法律咨询、来信来访30余起，圆满解决10余起涉侨问题。

涉台事务

【概况】 2013年，区台办、区台联会牢牢把握两岸关系和平发展主题，围绕服务鹿城经济社会发展和区对台工作大局，充分发挥台界组织自身优势，团结凝聚广大台胞、台属，积极作为、乘势而上，较好完成各项工作目标，全区对台工作呈现了向前持续发展的良好势头。

【鹿城台湾两地民间交流十大结对活动】 4月，鹿城区举办了以“交流、互信、共赢”为主题的鹿城、台湾两地民间交流十大结对活动，邀请了台北、高雄、桃园、花莲等地的代表到温州，双方共签署了18个民间交流合作项目，项目内容涉及教育、金融、经贸、卫生、文化、体育、宗教、农业、养老等各个领域。

【涉台组织】 1月16日，召开区台联会六届五次理事（扩大）会议，聘请区领导洪文滨和伍挺、台胞何纪豪、鹿城区八卦掌协会副会长王卫和担任区台联会名誉会长，聘请包晓梅同志担任区台联会副秘书长。会议增补朱胜凯为区台联会副会长。成立了鹿城区台界演艺团，命名中加友谊馆、程登云故居、浙江宝光印业有限公司等3个单位为鹿城区首批涉台宣传教育基地。在全区各街道、镇台联会设立鹿城区台胞台属维权服务站。3月7日，区台联会下属台籍分会召开二届三次理事会。3月14日，召开“互学互比”活动报告会暨基层台联表彰大会，五马街道、松台街道、南汇街道、滨江街道台联会被评为先进集体，仰义街道、藤桥镇台联会获评创新奖。

【台界活动】 3月，组织台界妇女骨干开展“三八”妇女节仰义登山活动。6月15日，举办鹿城金改论坛活动。6月18日，举办《房产新政下夫妻财产之争的法律帮助》主题讲座。6月25日，召开鹿城区台联会中共党员学习会。7月5日，协助举办温州2013海峡两岸书画作品交流展。8月，举办太极拳培训班。9月，举办“中国梦・海峡情”——鹿城区台界庆中秋・迎国庆文艺演出。

【对台接待联络】 2013年，先后接待了回乡投资的台湾南仁湖集团董事长李清波一行，接洽了台湾印刷暨机器材料工业同业公会理事长陈金茵一行，以及华宇投资控股有限公司董事长张昭一行的鹿城项目投资考察团。接待台湾工商团体“三三会”会长、台经院董事长江丙坤一行。接待台北市温州同乡会“乡亲返乡”之旅参访团。拜会温州籍台湾慈善名人何纪豪、温州籍台胞吴亦圭等台湾知名人士。

【服务台胞台属】 每月18日为全区台胞台属提供无偿法律咨询与法律援助服务。2013年，累计接待来访台胞台属25人次，慰问困难台籍同胞21位。累计协助解决台胞台属反映的房产纠纷、籍贯更正、家庭矛盾、台湾寻亲、台属身份证明、台胞子女入学等各类生活问题10多起。

【服务台资台属企业】 9月24日，鹿城区新成立台资企业温州爱四方创意咨询服务有限公司。12月，又成立台资企业温州台海文化交流有限公司。全年，累计走访台资、台属企业16家次，拜访台商台属22人次，协助解决台资、台属企业各类生产经营问题10余起。

【参政议政】 区台联界政协委员围绕区委、区政府的中心工作，深入基层调查研究，认真撰写提案，积极反映社情民意和台胞台属的心声，较好地发挥了台联界政协委员参政议政的作用。2013年度，台界政协委员参政议政共提交各类提案10件。

法制办工作

【概况】 2013年，区法治政府建设领导小组办公室成员单位作相应调整，新增区编委办和区金融办，完善各项工作制度的落实。制定出台《2013年鹿城区法治政府建设工作要点》，提出2013年法治政府建设工作的目标、任务和要求，进一步规范依法行政和法治政府建设考核、评优工作，出台了《温州市鹿城区2013年度部门、街镇法治政府建设考核细则》；积极推进2013年度省市依法行政示范单位创建活动；通过政府常务会议学法、“鹿城干部双休学堂”专题法律讲座等多种形式进一步加强领导干部学法用法。9月，召开全区依法行政暨预防化解行政争议工作联席会议，研究部署年内依法行政的各项工作，并研究讨论新形势下预防和化解行政争议工作。

【规范性文件审核与制定】 2013年，率先制定了《温州市鹿城区人民政府关于推行行政规范性文件“三统一”制度的通知》，严格落实规范性文件“三统一”制度。共审核涉法文件60件，出具审核意见38件，共发行政规范性文件统一编号37个。率先出台《鹿城区行政机关合同管理实施办法》，将行政机关与公民、法人或其他组织签订的民商事合同纳入管理。共审核规范政府民事合同44件，民事法律文书11件，合同报备67件，出具审核意见37件。开展了区政府行政规范性文件清理工作，将2012年12月31日之前制定的248件行政规范性文件纳入清理范围，初步确定保留142件，废止33件，修改73件。出台《温州市鹿城区人民政府办公室政协温州市鹿城区委员会办公室关于建立制定行政规范性文件商议互动机制的通知》，探索建立政协委员参与行政规范性文件制定管理商议互动机制。

【行政复议与应诉】 2013年，在鹿城区行政中心专设复议投诉接待室，推动行政复议工作保质保量有序进行。全区申请行政复议案件34件，受理复议案件33件，不予受理1件，受案率97%，审结32件（含上期结转8件），其中维持行政复议申请25件，撤销3件，终止4件（均为申请人自愿撤回申请），纠正率为21.2%。办理行政投诉案件1件，并对投诉件的办理流程及文书等作了规范。府院联合制发了《关于开展府院联动三项考核工作的通知》，对全区行政机关负责人出庭应诉、司法建议反馈落实、败诉案件整改落实等三项工作考核标准予以量化。2013年，全区应复案件4件，其中终止（申请人自愿撤回）1件，维持3件。应诉案件15件，审结11件，驳回诉讼请求2件，裁定原告撤回起诉5件，维持3件，驳回原告起诉1件。

【金融仲裁工作】 2013年，依托借贷中心的平台，规范中心出具的借款合同，将仲裁条款列入合同双方当事人选择范围，为合同争议纠纷提供“经济、便捷、快速”仲裁法律服务，推动民间借贷阳光化、规范化。此外，明确具体仲裁法律服务内容，制作宣传单并向社会公众进行广泛宣传。2013年，鹿城金融仲裁院共受理案件6起，审结5起，另1起尚在审理中。

【行政执法监督】 2013年，全面开展规范行政许可裁量权工作，依照有关法律规范，在落实《鹿城区全面开展规范行政许可裁量权工作实施方案》的基础上，对市、区两级调整到街镇（功能区）行政许可项目进行梳理，编制规范行政许可裁量权事项目录以及规范行政许可裁量权细化标准表，并通过门户网站向社会公众予以公开。进一步规范清理街镇、社区盖章项目，对社区盖章项目进行专项清理，梳理出第一批127个涉及社区的盖章类事项，其中取消区本级社区盖章项目56个，保留项目47个。开展了行政执法案卷评查工作，抽取城管与执法局、区环保局等13个部门案卷46个，指出各部门在行政执法案卷中存在的四大问题，提出加强行政执法规范化的建议和整改意见，并向全区进行通报。3月，组织开展优秀法律文书被评查活动，并对工商鹿城分局的《唐格林冒用分公司名义案》等7份文书评选为优秀行政决定书予以通报表彰。

【行政执法主体资格管理】 2013年，审核办证，做好行政执法人员的资格确认工作。全区街镇执法单位人员123人参加专业法律知识培训及考试，区执法单位人员156人参加综合法律知识培训考试，办理执法证到期换证审核196个，办理新证申请162个，注销39个。2013年，全区具有行政处罚罚没资格的行政执法单位共23家。

人 事

【概况】 2013年，全区公务员（含参公）共3706名，其中区级机关（含街道机关）2363人，镇机关59人，参照公务员管理事业单位（包括群团机关）工作人员654人；男性公务员2308人，女性公务员768人，女性公务员占37.8%；大专以上学历人数2965人，占80.0%。全区事业单位管理人员和专业技术人员6685人，其中专业技术人员5282人，具有高级职称339人、中级职称2018人；按学历分，有研究生41人，大学本科3536人，大专1227人，中专260人，高中及以下218人；按性别分，专业技术人员中女性3967人。全区拥有“省千人才”外国专家1名，“580海外精英计划人才”1名，“151”人才3人，“551”人才23人；市级创新团队3家，区级创新团队10家；国家级博士后工作站1家，省级博士后工作站1家，市级1家，其中浙江长城减速机有限公司博士后工作站引进博士后1名并做进站开题报告。2013年，新增高技能人才793名，引进建设类高工10名，博士2名，被授予市级以上政府优秀人才称号的5名。

【人才队伍建设】2013年，积极引进海内外人才技术，组团赴美国、加拿大及厦门、武汉等地参加高层次人才招聘会和引智项目对接活动，接收海外博士简历5份、本科、硕研等100多人。全美温州博士协会21位博士考察团莅临鹿城开展智力对接，并决定在鹿城设立全美温州博士协会办事处，为助推鹿城经济转型升级提供海外智力支撑。组织48家辖区企业参加2013年“中国·温州国际民营企业海外高层次人才洽谈会”，温州吉福报警设备公司成功引进美国网络通讯设备研发高级工程师贾通艺博士。推荐浙江长城减速机有限公司、巨一集团有限公司2家企业申报2013年度浙江省引进国外技术、管理人才项目3个。

2013年，重点盘活本地人才资源，全年共组织117家用人单位参加温州春季、夏季、综合性人才交流大会和市网络招聘会，提供招聘岗位3169个，接收简历3497份，现场达成意向1069人。此外，为加快鹿城区经济转型升级，推动“三改一拆”工作，打破国企和事业编制限制，制定出台事业单位建设类高层次人才采取直招办法，首批引进建设类高层次人才10名，支持重点工程建设和八大功能区城市建设。

2013年，人才培养与平台建设有新突破，外国专家李宋成功入选“省千人才”，实现鹿城区“省千人才”零突破。依托浙江长城减速机有限公司博士后科研工作站成功引进1名博士后，并率先在4家市级博士后工作站（2012年获省批成立）举行首个开题报告会。同时，推荐星际控股集团有限公司申报市级博士后工作站获批，百家易贷电子商务有限公司筹备院士工作站。联合浙工贸学院开展智力集聚平台建设，学院与区行业协会人力资源工作站签订技能型人才培养校企合作协议，全年为鹿城区企业各类工种鉴定达100多人，与20多家企业合作建立学生见习单位；开展了2个订单班，包括思特有限公司广告设计班49人，万通机械有限公司程控班40人。依托“鄂、川、渝教育部直属高校温州实习基地”载体搭建校企人才科研合作平台，全年，共组织6家企业提供46个研究生实习岗位。开展高技能人才直接认定及推行企业自主评价机制，巨一、旭达、康奈鞋业试点初见成效，全年新培养高技能人才793人。区行业协会人力资源工作站从10家增至11家，进一步延伸了人力资源工作服务范围。

2013年，营造爱才社会氛围，为8名在鹿工作的中高级专业技术人员办理人才居住证，使其在择业就业、职称评审、子女入托入学等方面与本地居民享有同等待遇。推荐藤桥禽业股份有限公司董事长张卢兄，使其获评2013年度温州市“爱才企业家”，推荐申瓯通信设备有限公司获评2013年度温州市“优秀聚才企业”。组织全区企业参加2013年温州市十佳HR经理人评选活动，3家企业的3名人力资源工作者参选，并全部进入了20强。其中，申瓯人力资源经理万谦勇夺冠。

【公务员管理】2013年，计划公开考录公务员97名，实际考录96名。开展公务员培训并做好网络学堂的建设和学分管理工作，组织公务员初任培训66人，离岗培训3人。开展公务员记功嘉奖和健康休养工作，全年共记三等功107人，授予嘉奖438人，安排3批59名区级优秀公务员健康休养。抓好军转企政策落实，维护稳定，安置营职以下专业干部3名，接收自主择业军转干部1名。

【人事服务管理】2013年，完成事业单位工作人员组织招考10批次，357人录用，其中公开招考录用346人，公开选调11人。牵头制订全区在编不在岗人员清理规范实施意见，清理工作稳妥推进，成效显著。完成在编不在岗人员清理189人，其中返岗处理66人，辞职11

人，离岗退养、借用、病假报备等112人。完成全区事业单位7338名工作人员（含机关工勤人员）年度考核。办理区机关事业单位在职工作人员正常晋升8637人，新增人员468人，调动303人，转正定级281人，职务变动841人，八级职员聘任108人，退休143人，工龄认定234人。加强人才人事管理服务，2013年，共收档案2875个，转出1696个。办理2013年毕业生就业协议书签订手续1861人，其中鹿城区623人。全年新增各类人事代理584人，其中单纯档案保管代理112人，人事档案累计达13755个。

【工资福利】 2013年，做好增发机关事业单位年度目标考核奖和离退休人员春节一次性慰问金发放工作，审核公务员和机关工勤人员目标考核奖共计3095人，事业单位人员目标考核奖共计7801人，离退休人员春节一次性慰问金共计952人。开展公务员规范津补贴清理工作，对8个街镇其他事业单位实施绩效工资情况进行调查，并提出规范意见。办理60年代精减退职人员生活困难补助认定30人。

【职称评审】 2013年，组织开展各系列专业技术资格初定、评审（推荐）工作，全年共审核初定大中专院校毕业生425人具有初级专业技术资格。审核推荐465人参加温州市社会工作、工程、经营管理等各个系列专业技术资格的评审，其中高级29人，中级202人，初级234人。

劳　动

【概况】 2013年，以促进高校毕业生、城镇就业困难人员、农民工等劳动群体就业为重点，以创建“无欠薪鹿城”和“双爱”活动为总抓手，突出抓好用人单位和劳动者权益“双维护”，积极构建和谐稳定劳动关系，在全市人力社保系统2012年度劳动关系和谐指数交叉调查中获全市第一。2013年，城镇新增就业34061人；下岗人员再就业7445人，其中就业困难人员再就业3820人。城镇登记失业率为1.37%，保持城镇“零就业家庭”基数动态归零。2月，区人力社保基层平台建设获时任省政府副省长卢子跃批示肯定，并请省厅总结推广；4月，市人力资源和社会保障局在鹿城区召开全市人力社保基层平台建设现场推进会，重点交流推广鹿城做法；9月，国家人力社保部副部长王晓初率调研组到鹿城调研，对鹿城人社基层平台工作给予了充分肯定。

【高校毕业生就业】 2013年，深入开展高校毕业生就业推进行动，落实政策引导，搭建平台、职业培训、见习实践、优化服务等五大举措，多渠道促进大学生就业创业。全区申报高校毕业生就业见习单位20家，创建高校毕业生见习基地6个，申报市级示范基地2个，接收见习生162人。组织区79家企业面向浙工贸学院应届毕业生召开就业推介会，陆续签约学院毕业生就业协议书226人。会同区11家行业协会及温州大学等本地高校联合举办高校毕业生就业指导服务周活动，提供就业政策免费咨询服务，集中办理就业协议书鉴证、现场盖章服务500人。组织新疆大学生到鹿城实习，全年接收26名幼儿教师到市四幼、新田园幼儿园实习。因成绩突出，被评为温州市新疆大学生到温州实习工作先进单位。

【就业管理服务】 2013年，创建充分就业街道1个。开展就业援助，突出9类困难对象，继续推行公益性岗位，解决困难群体就业，全年区财政拨款71.4万元，安排公益性岗位150人。全年，为外来劳动力进行职业介绍计97350人次，其中符合劳动力市场职业介绍补贴73413人次，外来劳动力免费职业指导及市民教育培训54207人次。针对水库移民就业困难现状，为696名水库移民办理灵活就业社会保障补贴。发放失业救济金1115万元，8214人次。

【技能培训】 2013年，组织劳动者技能提升培训4234人，发放补贴63.51万元；组织电子商务培训3567人、农村劳动力素质培训261人、培养技师702人、发放资格证书470本，专项证书3764本。会同区教育局举办幼儿园初级育婴师、保育员培训班，经考核鉴定，发放初级育婴师资格证书120本、初级保育员资格证书111本。与市收容教育所联合举办戒毒在押人员美甲培训班，经过培训考核28人拿到美甲初级职业资格证书。

【劳动关系】 5月，举办了鹿城区工资集体协商推进会暨企业劳动争议调解委员会授牌仪式，成立企业劳动争议调解委员会100家，全区累计组建114家。联合区总工会、区工商联、仰义街道，举办鹿城区首届“企业关爱职工，职工热爱企业”（即“双爱”）宣传咨询活动，共分发宣传资料1000余份。开展劳务派遣专项检查工作，对全区范围内31家劳动派遣公司进行摸底调查。从2013年起，面向全区企业实行不定时工作制和综合计算工时工作制审批制度，进一步规范企业特殊工时的实施。

【劳动监察】 2013年，积极开展“无欠薪鹿城”行动，率全市之先实行“96309”劳动维权热线24小时接听制度，大力推行劳动保障监察网格化监管模式，劳动合同签订率达98.21%，实现规模以上企业100%实行劳动合同制度，案件处置率达100%，全年无因劳资纠纷引发的重大社会治安事件。规范劳动用工，对全区用人单位的劳动合同签订、工资支付、违法用工等情况进行各类专项检查行动。2013年，完成书面审查15599家，主动检查用人单位4900家，出动工作人员10159人次，发出《劳动保障监察限期改正指令书》257份，对28家存在使用童工、未按期整改行为的违法用人单位进行了行政处罚，处罚金额34.25万元。全年受理举报投诉案件2121件，涉及人数11024人，涉及劳动报酬金额3478.01万元。其中，群体性案件213起，涉及人数6625人，涉及金额3478.01万元；欠薪逃匿案件21起，涉及人数1572人，涉及金额827.91万元。欠薪逃逸和重大疑难劳资纠纷案件处置率达100%。

【劳动仲裁】 2013年，劳动仲裁工作贯彻先行调解原则，坚持“一案四调”，即在立案、庭前、庭中、庭后至少4次调解，全年案件调解率为74%。共处理劳动人事争议案件565件，受理立案469件，不予受理96件。在受理的案件中，结案458件，未结案11件（其中法定受理期间的9件，案件复杂延期或出现法定中止情况的2件），结案率97.7%。

【工伤认定】 2013年，共受理工伤案件1187件，认定939件，调解179件，不予受理37件，撤诉14件，结案率98.48%。应诉行政复议12件、行政诉讼11件，1件行政复议案件撤销，其余均获得维持。加强工伤保险宣传，开展“贯彻《中华人民共和国社会保险法》和《工伤保险条例》，维护企业职工合法权益”为主题的宣传咨询活动。联合区总工会、工商联合会及仰义街道，通过趣味有奖问答，进行工伤认定、工伤赔偿、待遇支付、劳动监察、劳动仲裁等政策法规宣传。活动共分发相关资料500余份，接受咨询60余人次，发放奖品150余份。

【基层平台建设】 2013年，以打造示范型街镇（功能区）便民服务中心和创建充分就业社区（村）活动为契机，在区、街镇、社区三级便民服务体系的全面构建中不断推进人力社保基层平台建设，建立了集就业创业、社会保险、技能培训、劳动保障监察和劳动争议调解“五位一体”的基层服务平台。2013年，该平台已经覆盖全区8个街镇、200个社区（村），下放的审批类及服务类业务共计33项，有效统筹资源，提高工作效率。2013年，全区2121件劳动争议举报投诉案件街镇中队调解1947件，占总量的91.8%；在755件简易工伤认定中，街道中队认定484件，占总量的64.1%。建立再就业援助基地10个，10个社区示范点配备了社保查询一体机及LED就业信息显示屏，实行就业信息市级联网发布。

国土资源管理

【概况】 2013年，国土资源鹿城分局狠抓耕地后备资源保护，加大土地集约节约利用，强化用地报批和供地速率，完善国土资源规划体系，严抓地灾防治矿政管理，努力提升国土资源的保护与保障、服务与监管能力，为拓展鹿城区土地空间、服务全区“两大回归”提供了坚实用地保障。

【城镇低效土地开发利用】 2013年，国土资源鹿城分局开展低效用地再开发试点前期准备工作，经调查确认，鹿城区共有255个地块被划入低效用地范围，总面积2805.01公顷，占城镇建设用地面积的43.78%。其中，旧城镇类低效用地面积142.63公顷、旧村庄类低效用地1838.98公顷、旧厂矿类低效用地824.72公顷。

鹿城分局召开低效用地再开发试点工作研讨会 区国土资源局提供

【建设项目用地指标保障和建设项目供地】 2013年，国土资源鹿城分局上报农转用项目土地面积252.59公顷，其中新增建设用地129.21公顷，共涉及鹿城区51个项目，保障了包括城中村改造项目、双藤公路、绕城西南线、藤桥小微园、温州市主干道路（广化路南延、瓯江路西延、园区路）、浙江温西输变电工程、温州市第三十一中学、温州市三十二中学等在内的重点工程项目用地需求。2013年，共划拨建设用地92宗，面积1546.10公顷；公开出让经营性用地11宗，出让面积26.68公顷，出让金收入417075万元；公开出让工业用地11宗，出让面积6.13公顷，出让金收入8739万元；协议出让65宗，面积39.09公顷，出让金收入125524.30万元。“强三优二”方面，办理临时改变用途48宗，土地面积31.35公顷，收取土地收益金497万元，办理“退二进三”改变土地用途2宗，土地面积0.58公顷，出让金收入2954万元。

【土地开发】 2013年，国土资源鹿城分局完成转而未供土地清理176.354公顷，开工处置供而未用土地140.937公顷。村二、三产返回地清理方面，已完成指标落地选址47.490公顷（712亩），完成村二、三产转而未供任务35.89公顷，完成村二、三产供而未用任务75.03公顷。

【卫片执法检查工作】 2013年，国土资源鹿城分局对2012年度99个卫片执法检查图斑进行调查，共涉及面积42.438公顷，其中耕地16.038公顷。经调查，违法用地图斑5个，涉及土地面积0.42公顷，其中耕地面积0.67公顷，立案处理三宗，非立案处理两宗。违法占用耕地面积占新增建设用地占用耕地比为0.42%，实现零问责、零约谈。

【地质灾害治理和矿政管理】 2013年，国土资源鹿城分局完成全区20个较大隐患点预案编制，完成仰义街道龙川村、官岭隧洞口、上桥小学边坡、杨府山边坡等5处灾害点治理工程，组织对3处受地质灾害影响的居民点进行了整体动员搬迁。完成全区平原区地质灾害危险性评估成果利用，办理地质灾害不易发区证明45宗，工作效率得到提高。与藤桥镇配合协作，完成“四边三化”矿山生态环境修复工作，其中沙头矿区绿色矿山创建工作已通过验收，门前山废弃矿山治理已完成方案编制和论证。完成2012年度矿山动态监测，加强对越层越界开采资源监管，合计收取资源费144.95万元，生态备用金90万元。

“苏立”台风期间，鹿城分局对地质灾害点开展巡查防范工作 区国土资源局提供

【耕地保护】 2013年，立项造地项目6个，面积58.15公顷，规划新增耕地面积47.15公顷，实际新增耕地面积39.40公顷。2013年，立项标准农田建设项目2个，规划新增标准农田面积70.56公顷，全年立项17.85公顷，工程已全部完工，并通过区级验收。另，2012年已提前完成任务34.47公顷，合计完成任务51.87公顷。

鹿城分局藤桥镇垦造耕地项目现场

区国土资源局提供

【地籍管理】 2013年，国土资源鹿城分局完成辖区集体土地所有权调查登记1321宗，完成市、区两级机关事业办证登记129宗。开展土地登记标准化建设，汇编业务规范和操作手册，加强土地登记业务培训，开展土地登记自查核查，规范土地登记行为，夯实地籍管理基础。

【基层所规范化建设】 2013年，国土资源鹿城分局对基层所实施统一改造，改善提升各所办公条件和内外部环境。完成“一张图”系统网络基础设施及数据库建设，实行基层所阳光政务，推行送证上门服务、全程跟踪服务、绿色通道服务等便民利民举措，提高基层所监管、服务的能力和水平。

国土鹿城分局开展基层所规范化建设，对滨江管理所窗口进行规范化改造

区国土资源局提供

行政审批管理

【概况】 2013年，鹿城区行政审批管理通过深化审批改革、创新审批服务模式、强化审批效能督查，打好审批服务“组合拳”，助推实体经济和温商“两大回归”。区行政审批中心集中审批服务事项335项，年平均为企业和群众提供咨询、审批、协调、代办服务等各项业务约10万次。鹿城区公共资源交易中心于2013年10月16日正式启动公共资源交易业务，与鹿城区行政审批服务中心合署办公，主要交易业务范围为区级立项的建设工程项目招投标交易、被列入区级财政采购计划的政府采购项目、区属国有资产产权交易等公共资源交易业务。2013年，区行政审批中心获全市首家行政审批服务业标准化项目示范单位，在全市范围内发挥示范引领导作用。获市级党代表工作室示范单位，顺利通过市级文明单位复评。

【审批窗口管理】 2013年，鹿城区根据“应进尽进、不进例外”的原则，重点对独立审批科室的设置、审批服务项目的集中入驻率、审批窗口充分授权等分项上，督促责任单位采取切实可行的方案及时整改到位。23个职能部门在审批中心设独立窗口，6个职能部门在中心设立综合窗口，集中审批服务事项335项，对市级事权下放到区职能部门的事项或新增权限，全部进区审批中心窗口办理，审批事项集中度达90%以上。民政、社保因审批中心客观条件限制，经区政府批准，设立分中心，接受审批中心管理机构的指导、协调、监管和考核。

【四大清理[①]工作】 2013年，在开展行政审批项目清理规范方面，行政审批中心经认真审核，全区范围内拥有行政审批职能单位37家，行政审批事项共683项，其中行政许可436项，非许可事项247项。该次清理工作还对保留事项的申报条件、申报材料、审批时限、收费标准及依据逐一进行规范。在开展审批前置条件的清理方面，根据“能减则减”的原则，率全市之先对建议不保留的部门、街镇、社区（村）盖章项目，按照取消一批、职能部门自行审核一批、居民自行办理一批的要求分类处置。2013年，拥有行政审批职能的部门共上报了行政审批事项683项，第一批已清理删减申报事项93个。已取消区本级社区盖章项目56个，保留项目47个。在开展审批自由裁量权的清理方面，严格依法审查审批环节的公示、论证、评估、限制性条件、签字、盖章等内容，按照“授权明确、边界清晰、标准统一”原则，限制和规范审批工作人员自由裁量权。在开展审批申报材料的清理方面，对“重复提供、反复提供和无法提供（指互为前置）”的审批材料予以合并或取消。同时，将材料明确划分为主材料和辅材料，对主材料已具备且业主做出补件书面承诺的，审批窗口先予受理，先予审批。

【便民服务体系建设】 2013年，鹿城已构建形成区审批中心、街镇便民服务中心、社区便民服务中心的“1+8+80”[②]三级服务体系。对审批事项进行了集中梳理，公布了三级社会管理和公共服务权限调整目录，审管办牵头部门与街镇、社区的无缝对接，明确事项办理层级与服务流程。街镇可办事项为384项、社区可办事项为86项。三级便民服务体系获得“2012年中国十大社会管理创新”奖。按照全市统一部署，实现了审批服务平台四级联网。

7月16日，全区街道、社区两级便民服务中心规范化建设业务培训会　区审管办提供

【审批服务平台的建设】 2013年，在优化审批服务创新措施上提出了三大联合审批服务平台建设。一是打造招商引资联合审批服务平台。在审批中心专设招商引资项目服务窗口，助推实体经济和温商“两大回归”，主动对接招商部门和业主，提前介入，

---

① 四大清理：一是开展行政审批项目清理规范；二是开展审批前置条件的清理；三是开展审批自由裁量权的清理；四是开展审批申报材料的清理。

② “1+8+80”：“1”指区审批中心；“8”指鹿城区8个街镇便民服务中心；“80”指80个社区便民服务中心。

开展现场踏勘、方案预审、政策会商、技术交底等多种服务，开辟绿色通道，提供全程一条龙服务。二是打造实体经济联合审批服务平台。全力做好城市有机更新项目的联合审批、全力做好低效土地二次开发项目的联合审批、全力做好小微企业园建设项目的联合审批，形成“功能转变快、三产引入快、效益产出快”的良性循环。三是打造城市建设联合审批服务平台。全力做好城市综合体、村房两改、安置房、城市基础设施等项目的主动对接和靠前服务，进一步完善联合踏勘、联合会审、联合竣工验收等联合审批机制，每周联席会、协调会等合力攻坚破难机制，全程跟踪督办、协办、代办服务机制。

【“三制联动”工作落实】 2013年，优化审批服务创新，积极落实三制联动工作。一是抓好全程无偿代办制落实。进一步建立完善项目代办目录库、明确项目代办责任体系、细化项目代办工作职责、强化代办项目的全程跟踪和绩效考核。二是抓好模拟审批制落实。对前期准备到位，规划选址明确，主体相对确定而要素条件还不具备的项目，实行全过程模拟审批；对某个审批环节或审批事项尚未达到法定审批条件，但主件已具备并符合模拟审批条件的，启动阶段性模拟审批程序；模拟审批原则上控制在招标公告之前，个别特殊项目在工程量确定的情况下，经法律风险评估后报区政府同意及公共资源交易监管部门备案后，可进行有条件模拟施工招投标，但必须在申领施工许可证前补齐相关资料及有关手续。三是抓好保姆式动态跟踪服务制落实。主动对接重点工程、招商项目、工业重点项目等，动态掌握每个启动项目的前期情况和相关审批进展情况，及时建立项目审批服务档案，对重点项目进行定期、不定期督查、抽查和电话回访，防止项目审批“体外循环”。2013年，全区已开展联合审批120多次，开展模拟审批项目达41个，组织“强三优二”项目联勘94次，受理代办项目58个，完成46个，受理工业用地二次开发项目39个，开展联合竣工验收14个项目，全程跟踪督办鹿城区42个重点投资项目，大大加快鹿城区项目投资建设进度。

【审批服务全程监管体系】 2013年，为保障审批服务的实效性和审批全程的规范性，全面强化了审批服务全程监管体系，提出了事前、事中、事后三大监管体系。

事前监管体系：一是项目正式启动2个月前主动对接、靠前服务。掌握项期准备情况，了解业主服务需求，提早谋划服务安排。二是在审批中心设立预登记窗口。实时掌握项目业主第一次来中心相关信息，及时纠正、督办窗口服务中存在的问题。

事中监管体系：建立项目服务档案，全程跟踪。纳入电子监察全程实时监管。完善联审联勘联验制度。建立“两代表一委员”工作室，开展问政监督。

事后监管体系：定期开展审批案卷评查互查。开展审批服务满意度评价，纳入年度满意不满意单位考核。开展审批服务质量第三方回访活动。

【公共资源交易分中心正式运行】 10月21日，鹿城区公共资源交易中心举行揭牌仪式。10月31日，正式对外受理业务。已进场交易的建设项目达到12宗，预算投资额约1.10亿元，其中建设工程类项目7宗，监理招标4宗，代理招标1宗，各项业务有序开展。

10月24日，鹿城区公共资源交易中心挂牌
区审管办提供

城市管理和行政执法

【概况】 2013年，城市管理和行政执法局以科学发展观为指导，贯彻落实鹿城区委区政府、市局重要决策部署，围绕“创首善、争一流”目标，以“六城联创”“六城九市”“两无三化”“四边三化”“三改一拆”等为载体，切实打好环境整治攻坚战、城市形象翻身战，逐步实现城市环境的“华丽转身”，各项工作取得显著成效。先后获得市创建国家卫生城市工作先进单位、市“三改一拆”工作先进单位、市城管与执法工作先进集体、市城管与执法系统环卫工作先进单位、市城管与执法系统园林绿化工作先进单位等荣誉称号。

【拆违攻坚】 2013年，全区共拆除违法建筑187.47万平方米，完成市年度任务的170.43%，完成区年度任务的93.73%。主城区内违法建筑存量基本消除，累计拆违率位列“三区两市”之首。共有199条无违建道路通过验收；已有150个无违建小区完成创建，任务完成率达375%；另外，共有8个社区通过无违建创建验收，其中八仙楼社区是温州首个完成创建的无违建社区。完成拆除区十大典型违法建筑120处21.91万平方米，拆除街镇十大典型违法建筑960处37.14万平方米。深入开展城中村违建整治，对滨江街道蒋家桥等旧村违建进行了拆除，累计拆除旧村违建面积23.56万平方米。申报“强三优二”企业90余家，拆除违法建筑170家5.18万平方米。拆除整改安全生产领域违法建筑401处14.21万平方米，任务完成率达95.48%。

1月31日，温州市相关职能部门联合对滨江街道蒋家桥旧村改造项目违法建筑进行依法拆除 区城市管理和行政执法局提供

【创卫工作】 2013年，全区共拆除“四边”区域违法建（构）筑物63.89万平方米，拆除广告牌1.58万平方米，绿化建设33.98万平方米。共计投入1103.79万元，组织环境卫生整治活动3308次，新增果壳箱3402个，新建及提升垃圾坞1900座，出动人员14.62万余人次，累计处理垃圾死角3.65万处，清理小广告241.54万处，处理生活垃圾12.23万立方米。城区实施的机械化清扫作业的道路总面积达到456.22万平方米，道路总长度为256公里，实现了全区主干道机械化清扫率100%的目标。将隔岸路等10个小区纳入“生活垃圾快速收运体系”，并已于10月前全部完工并投入使用。对城区社会公厕进行有计划的改建提升，改建提升完成131座公厕，正在改建提升62座，完成垃圾坞改建提升2199座。积极开展“无违停示范路”创建工作，2013年，全区共查处26.19万起违法停车。整改完毕不规范空调外机2170台，整治率为100%。超额完成架空管线整治任务，通过验收共97条道路，超额完成市局下达94条道路架空管线整治任务。共排查整治168家洗车点，立案查处95起，查处整改相关各类违章685次，整改完成率已达到100%。有序完成改造提升和规范管理10家马路市场，取缔35家马路市场，圆满完成省专家组创卫迎检保障工作。

【园林绿化】2013年，鹿城区全面开展园林绿化建设工作，保质保量完成市里下达2012—2013年“去冬今春”任务，超额完成人均公园绿地面积增加1平方米的考绩目标，实际增加4平方米。实现新增绿地面积23.27公顷，面积完成率138.5%，其中38个滨水公园改扩建完成，4个山地公园于6月25日开园，立体（屋顶）绿化完成面积1.1公顷，面积完成率138%，绿化效果显著。积极做好创园的迎检工作，对主要道路沿线和重要节点进行拆违治乱和环境综合整治，启动迎检线路道路绿化和园林景观改造，11月正式通过浙江省园林城市创建省专家组的评审。完成了汤家桥等11座主要桥梁的立体绿化，共栽植各色花卉约134398株，抽调人员到市区绿园等8个社区，开展绿化修建等服务。

江滨西路绿化景观 胡明金 摄

【浙南水乡建设】 2013年，全区全力拆除48条河道沿线违法建筑，拆除沿河违法建筑共16万平方米。去冬今春，鹿城区共建设滨水公园46个，其中新建滨水公园8个，总面积约4.38公顷；改扩建滨水公园38个，总面积约96.5公顷。根据年初市政府建设安排，全区新建滨水小游园项目共61个，面积约12.4公顷。加强泥浆管理，防止泥浆入河。全年，鹿城区新增工地115个，占全市236个近一半。中队共立案62件，罚款139.8万元。突出开展塘河乱排污乱排水乱倾倒专项治理，成立河道中队，建立健全塘河周边巡查监管机制。

【交通治堵】 2013年，鹿城区新建公共自行车服务站点74处，超额完成市里下达的60处建设任务；新增公共自行车5000辆。公共自行车建设范围已拓展到七都、仰义、双屿等街道，除藤桥镇外，全区已基本实现服务站点覆盖，公共自行车规模达到260处站点，1万辆公共自行车，发放各类型借车卡11.5万张，总借车量1340万人次。加强公共泊位管理，210个收费点（共2200个泊位）中的30个收费点（435个泊位）已实施POS机智能收费，有效地遏制了停车乱收费行为。完成温州大道等12条道路的大中修，修复面积30.8万平方米，完成人行道零星维修、道路大中修等修复面积47.1万平方米。施划机动车停车泊位1292个，取缔非法设置人行道停车泊位1000余个。设置隔离柱3800多根，设置道路长度86.1公里，面积88.4万平方米。

【环保模范城市创建】 2013年，鹿城区逐步推进环保模范城市创建工作，完善噪声整治，噪声立案共153家；深化油烟污染整治，对餐饮业共立案查处233家，整改77件，关闭142家。全年共受理3424件审批，其中市容1729件，市政1695件，行政许可收费总额352.39万元。组织燃气安全专项整治行动。2013年，出动人员7051人次，检查场所5892家，发现整改安全隐患2958处。落实全区建筑工地在线监控安装率达100%，300个房屋建筑工地落实扬尘防治措施。所有渣土运输车加装GPS定位设施。重拳出击建筑垃圾处置违法行为，立案507起。落实在建工地标化工程342家。完成 15条市容精品街、1个精品区的创建工作。

【案件处理】 2013年，共办理一般程序案件立案3418件，办结3245件，办理简易程序案件26.82万件（其中，一般简易案件1.57万件、违停简易案件25.25万件），罚款总额4389.95万元。2013年，“96310”热线话务量大幅增长，全年全时段话务量39239件，受理群众有效投诉13293件，回复率100%。“智慧城管”问题处置率达99.36%、按期处置率达97.43%

机关事务管理

【概况】 2013年，鹿城区机关事务管理局以“创首善、争一流”为目标，强化“管理、保障、服务”三大职能，建立行政事业单位存量房产统一监管新模式，行政事业单位房产土地专项清理走在全市前列，公车改革顺利完成，成效明显。

【行政事业单位存量房产统一监管】 2012年年底，制定出台《温州市鹿城区行政事业单位存量房产出租管理细则（试行）》。2013年，共签订出租合同511份，租金收入3152万元，在租赁市场严重不景气的情况下，同比增长8%。通过统筹调配，为21家单位调配了办公和业务用房，减少了财政办公用房租金的支出，真正实现了增收减支的目的。《人民日报》《中国纪检监察报》《温州日报》都对此进行了宣传报道。

【机关公务用车制度改革】 2013年，全区完成公务用车改革工作。车改涉及63个单位，244辆公车。根据车辆的具体情况，对其中67辆进行调剂置换，16辆进行了报废处理，拍卖公车161辆，拍卖成交金额与评估价相比，增值334.78万元，溢价率为123.8%。留用公车喷涂明显标识和建立统一的GPS监控平台，并制定《鹿城区机关事业单位公务用车使用管理办法》，规范留用公车的使用与管理。2013年，区机关车队车辆运行维护费同比减少13.5%，燃油费在油价上涨的形势下，同比下降10.6%。

【行政事业单位房产土地专项清理】 4月，鹿城区全面启动全区行政事业单位房产土地专项清理工作，加快房产土地“两证”办理，界定资产权属，明晰产权。区机关事务管理局制订了《鹿城区行政事业单位房屋产权办理实施方案》，加强工作督导，将“两证”办理纳入各街镇年度目标考核，制定了目标考核细则并建立了每月通报制度。同时，建立了职能部门定期集中办公制度，协调规划、土地、住建、房管等职能部门集中办公，每周一次，为各个街镇部门解答疑问，提供咨询和现场指导，切实提高了办理效果。全区行政事业单位房屋产权办理总数为182处，共完成176处，占总任务数的96.8%，完成登记面积34万平方米，远超省里规定的80%的目标要求，登记率居全市第一。

【会议服务】 2013年，2227余次全区性会议服务井然有序，会议经费同比下降10.4%。

民政工作

【概况】 2013年，鹿城区民政局工作围绕“创首善之区、建幸福鹿城”的战略总目标，以创建全国民政综合改革示范区为契机，创新社会管理，推进养老服务体系建设，各项民政工作平稳进行。

2013年，鹿城区民政局成立全国首个社团登记的业主大会和全国首家获地级市批准的非公募基金会。作为全国重特大疾病医疗救助试点，区民政局出台了《鹿城区医疗救助实施细则》。制定出台养老服务体系建设“1+5”文件，确定未来三年的养老服务体系建设框架。率先实现城乡社区居家养老照料中心全覆盖。在全市范围内率先推行骨灰安葬流向跟踪管理，从源头上遏制乱葬乱埋现象发生。成立全市首家服务类福利企业——温州金算盘财务管理有限公司。率全市之先对65名低保家庭重度失能失智老人实施政府购买服务。11月，成立全市首家婚姻家庭辅导室，为离婚夫妇提供心理咨询辅导。

【社会救助工作】 2013年，加强低保工作静动态管理，新增低保对象332户556人，取消低保对象377户753人，共有低保对象4468户7746人，共发放低保资金2590.62万元；发放困难群众前二季度物价补贴71.77万元。12月，城镇低保对象月标准从每人580元提高到640元，农村低保对象月标准从每人380元提高到450元。城镇低保平均补差均达到当地低保标准的72.30%，农村低保平均补差均达到当地低保标准的68.70%。认真做好困难家庭审批工作，为806户1846人合法办理了困难家庭救助证，让困难家庭享受政策优待。开展困难群众临时救助，为71户因灾、就医、就学等情况造成困难的家庭予以不同的救助，共发放临时救助金35万元。

2013年，采取政府公共财政投入、社会爱心力量捐助等渠道筹集“送温暖献爱心”活动经费，在春节期间开展困难群众慰问，区四套班子领导带队走访慰问20类困难对象，共投入资金739.15万元。完成了8个社区爱心驿站的建设工作，在全市范围内首次采用以劳动换积分，以积分换服务的模式，鼓励残疾人、老年人、低保户等困难群众自愿参与社区劳动。该项工作得到国家民政部部长李立国的充分肯定。开展“夏送清凉”爱心慰问活动，给低保对象、困难对象、重点优抚对象、福利企业残疾困难职工等6759人送去清凉慰问品。

【城乡社会医疗救助工作】 2013年，全区筹集医疗救助资金达到常住户籍人口人均11元，共有5635人次困难群众得到医疗救助，合计发放医疗救助资金1017.97万元。开展重特大疾病医疗救助工作，重特大疾病患者累计救助393人次，救助金额224.10万元，切实帮助解决重特大疾病贫困患者的医疗困难。

【救灾救济工作】 2013年，受23号“菲特”台风的影响全区受灾人口30余万人，紧急转移人口1.72万人，农作物受灾面积3485公顷，倒损房屋41间，总经济损失5.60亿元。全区投入物资折款93.60万元，及时进行查灾、核灾、统计、上报等工作。局领导慰问受灾群众，并及时下拨救灾款23万元，解决受灾困难群众生活问题。联合市民政局开展“5·12”防灾减灾日宣传活动，全区各街镇及相关部门开展各种形式的宣传及演练活动。救灾物资储备仓库与区人防办应急大楼相结合，选址在惠民路与渔鳞浃路之间的1101工程，建筑面积1.1万多平方米，主要承载应急指挥中心、物质储备等功能。制作34个避灾安置点的指示牌和标识牌。完成修订《鹿城区自然灾害救助应急预案》《鹿城区突发公共事件人员基本生活应急保障行动方案》。

【城乡社区建设】 2013年，社区治理架构基本建立，初步形成多元化参与格局。社区党组织、居委会（管委会）、农村社区议事监督委员会，以及工、青、妇等配套组织组建率均达100%，村社融合度进一步提高。

【社区便民服务】 2013年，社区便民服务体系不断完善，网格化管理模式扎实推进。在“1+8+80”便民服务全覆盖体系的基础上，社区五大服务中心建设牵头单位切实落实职责，进一步拓展了服务中心功能。

【村社换届有序开展】 2013年，全区城市社区居委会选举和村民委员会换届试点工作有序开展。确定仰义街道所有村，南汇街道、双屿街道、藤桥镇具有代表性的村开展村民委员会换届试点工作。从9月开始，至年底，完成65个城市社区居民委员会选举工作和141个村的村委会选举工作。

【城乡社区管理】 2013年，全力做好“政社分开、善政善治”试点工作。下发《关于在鹿城区开展“政社分开，善政善治”试点的工作意见》，确定五马、松台街道为试点单位，通过试点工作，理清政府与社区自治组织的职责边界。初步梳理四份职能事项清单：社区作为自治组织依法履行的职能事项；政府需要社区自治组织依法协助完成的社会管理事项；法律法规尚未明确，但随着经济社会的发展，需要社区协调或组织动员的职能事项；无据可依但需社区承接或协助政府完成的管理事项。在事项梳理的基础上，对现有财政支撑结构进行评估或重构。

【社会工作人才队伍建设】 2013年，以“社工节”宣传周活动为契机，加大宣传力度。专门制发《鹿城区首届“社工节”宣传周活动方案》，确定鹿城区宣传主题“幸福鹿城、魅力社工”；各个街镇、社区推陈出新，设计载体，开展了“一条街服务”等形式多样的活动。以开展市级社工中、初级专业技术资格评审工作和动员报考国家社会工作者职业水平考试为手段，加强鹿城区社会工作人才储备。全年，报考国家中级职称35人，初级职称137人。已取得市中级职称36人，初级职称105人。以学习先进地区经验为目标，抓好社工机构建设。组织有关部门赴广东深圳进行了学习考察，学习当地先进社工机构理念和经验；邀请华东理工大学社会与公共管理学院教授郭圣莉到鹿城区指导社工建设工作。

【丧事扰民行为整治】 2013年，通过加强与殡仪馆、街镇殡改信息员的联系、收集报纸刊登的讣告、群众举报等方式，在第一时间掌握丧户信息；继续做好24小时值班制，做到全年无漏接信息；及时上门对丧户进行殡改政策和有关规定的宣传；加强对凌晨丧户出殡的现场管理，进行全程监管，及时制止吹打乐器、燃放烟花爆竹等丧事扰民违法行为。全年共上门巡查1963户，凌晨现场管理出殡420户，要求限期整改43户、书面检讨6户，登报检讨2户。

【青山白化治理和惠民殡葬】 2013年，强化“青山白化”治理巡查，开展坟墓“禁新”、生态化改造验收和坟墓迁移工作，共进行了60次巡查，旧坟生态化改造验收480座，迁移坟墓762座。出台《关于建立温州市鹿城区困难群众墓穴救助制度的通知》，在推行惠民殡葬政策方面，有了更深层次的发展。

【骨灰跟踪管理和丧葬礼俗改革】 2013年，配合市局开展骨灰撒海、树葬活动，全区共有骨灰撒海22名、树葬3名。在全市范围内率先推行骨灰安葬流向跟踪管理，通过分级负责、分类管理、编制流程、加强监督等，从源头上遏制乱葬乱埋现象发生。2013年，全区累计死亡3741人，有效跟踪管理3651例，跟踪率达97.6%。与市殡仪馆协办，在滨江、南汇、五马、松台等街道，各设立两个便民殡仪服务点，免费为群众提供丧事服务机进行殡葬政策宣传。

【双拥工作】 2013年，春节和“八一”建军节期间，区四套班子领导亲自带队走访18个驻鹿城部队和20余位优抚对象代表，发放慰问金85万元、慰问品21万元。及时报送双拥信息，全年共向《温州双拥简报》投稿12份；征订《中国双拥》杂志55份，分发给各街镇和成员单位，进一步营造双拥工作氛围。开展清明节祭扫烈士陵园活动，共下拨资金51万元，帮助藤桥镇完成西坑烈士陵园扩建工程。在温州市开展的“十佳爱民子弟兵”“十佳拥军优属社区”“十佳军民共建单位”的评选活动中，鹿城区松台街道和消防勤奋路中队获评“十佳军民共建单位”，武警鹿城中队的王旭东获评“十佳爱民子弟兵”，松台街道锦花社区和滨江街道蒋家桥社区获得“十佳拥军优属社区”称号，强化了典型激励和示范带头作用。

【优抚工作】 2013年，完成优抚对象自然增长机制的提标工作，优抚经费支出达到了3350.91万元。其中，包括送给全区2900余名优抚对象慰问品计33万元，“送温暖”慰问金32.99万元，春节一次性生活补贴45万元，发放了春联、挂历、报纸等约8万元，走访慰问了60多位优抚对象代表约9万元；还为重点优抚对象送上夏日清凉用品约26万元。

【退役士兵安置工作】 2013年，认真开展退役士兵职业技能教育培训工作，共157人次参加各种技能培训，其中3人考取浙江高职学院。完成退役士兵安置任务，及时为165人发放了自谋职业和自主就业地方的补助金351.2万元，安排4位满12年退役士官到街镇工作，顺利完成重点安置工作。

【信访维稳工作】 2013年，按照“12345”维稳机制要求，做好信访回复和信访接待工作，做到政策解释准确到位，说服疏导耐心细致，及时化解矛盾，及时上报信息，确保不发生大规模越级群体性上访事件，并将信访解决在辖区内。全年无越级上访事件发生。

【养老服务体系建设“1+5”文件出台】 2013年，出台鹿城区社会养老服务体系建设“1+5”文件。其中，《鹿城区社区（村）居家养老服务照料中心（站、点）分类管理办法（试行）》创全市之先，对居家养老服务照料中心的运营和规范管理提出明确要求，《鹿城区社会养老服务体系建设部门工作职责》创全省之先，《浙江民政信息》第10期专刊全文刊发，在全省予以推广。

【居家养老体系建设】 2013年，进一步完善居家养老服务照料中心建设。15个农村社区建立居家养老服务照料中心，达到了农村社区养老服务的全覆盖。此外，还有6个社区创建了市级居家养老服务照料中心示范点。全区三星级居家养老服务照料中心达到27家，二星级照料中心25家；全面推开政府购买养老服务，在滨江街道试点的基础上，建立了三级评估小组，经过入户评估，确定了65位低保家庭中的重度失能失智老人为第一批服务对象，按每人每月400元标准向老人发放了服务券。

10月23日，横河社区居家养老服务照料中心开业　　区民政局提供

【社会福利企业】 2013年，全区14家福利企业，安置残疾职工273名，完成工业产值3.03亿元，产品销售收入2.98亿元，实现利润1152万元。全年鹿城区福利企业残疾职工的劳动报酬进一步提高，残疾职工月平均工资达2176元，并享有养老保险、医疗保险、工伤保险、失业保险，参保率达100%，人均投保额915元。

【福利企业管理】 2013年，规范福利企业资质管理。严格遵照福利企业资格认定条件，杜绝违规录用残疾人，进一步加强对福利企业的日常监管，加大检查监督力度，完善检查监督措施和违规处置办法。拓宽福利企业发展渠道。继续鼓励兴办福利企业，优化福利企业发展环境。成立全市首家服务类福利企业——温州金算盘财务管理有限公司。加强安全生产管理教育。积极督促福利企业进行安全生产自查，要求福利企业系统性地做好安全生产管理台账，并经常下企业进行安全生产宣传排查，发现隐患及时处理，聘请安监局专家到企业开展安全生产知识讲座。开展福利企业慰问活动。春节后，与区领导下企业走访慰问，并与企业家们座谈。“全国助残日”期间，慰问企业福利员工并送上慰问品，深入企业开展福利员工职业道德培训。

【区划地名工作】 2013年，会同街镇、社区对全区地名标志进行进一步清理整顿，在南汇街道召集开源社区、绣山社区、大自然社区、火车站社区对惠民路、市府路、绣山路等道路进行道路门牌的编制工作。对温州大道等路牌缺失的道路设立路名标志；并对门牌缺失的道路进行重新编号并安装门牌，共更换路牌200多个、增补门牌5000多个、路牌修理700多个、新编道路门牌20多条、命名道路10多条。完成对鞋都大道、府前街延伸、百里东路延伸等10条道路的命名。及时完成数字城管以及城市家具交办的各项任务，共完成20条。完成政区大典的编纂工作。

【婚姻、收养登记工作】 2013年，办理婚姻登记10150对，其中结婚登记6005件，离婚登记1677件，补领结婚证2313对，补领离婚证155件。出具无婚姻证明30058件、办理收养登记54件，为当事人和公检法机关提供档案查询3097件。为加强婚姻登记大厅的软硬件设施建设，安装了排队机、叫号机提供贴心服务；为前来办事的群众免费提供婚前辅导、离婚劝导、心理咨询、参考文本、颁发结婚证、复印等服务。完善相关工作制度。做到制度上墙公开和人员亮相办公，做到一次性告知，落实了即办制。成立全市首家婚姻家庭辅导室，率先开展“社工”加“义工”模式试点工作。委托社工机构帮扶残疾人等特殊群体合法办领结婚证，帮助夫妇建立恒久美满的婚姻。

鹿城区民政局

1983年9月5日，在建立温州市城区人民政府的同时，组建了城区民政局。1984年12月6日，温州市城区改名鹿城区，原城区民政局改名鹿城区民政局。区民政局是区政府主管社会行政事务的职能部门，履行着“上为政府分忧，下为政府解愁”的重要职能，主管救灾救济、双拥优抚安置、民族间组织管理、基层政权建设、社工人才队伍建设、城市农村居民最低生活保障、社会福利和社会事务、区划地名等工作。

2013年，鹿城区民政局工作围绕“创首善之区、建幸福鹿城”的战略总目标，以创建全国民政综合改革示范区为契机，创新社会管理，推进养老服务体系建设，为促进全区经济社会持续平稳较快发展做出贡献。

1. 3月28日，举行骨灰海葬活动
2. 2013年，成立全国首个民政注册社团法人业委会
3. 11月，设立温州市首家婚姻家庭辅导室助推和谐婚姻信息

此版照片由鹿城区民政局提供

【社会组织管理】 2013年，抓培育发展社会组织工作，建立了温州市首个地级市民政部门登记的社会组织发展基金会，建立区级社会组织服务中心，全区登记注册社会组织621家，其中社团347家、民非274家；全年新增登记201家，在街镇备案登记的社区社会组织2081个。抓社会组织管理创新，成立全国首个有法人资格的业主大会，解决了业主大会的法人地位问题和独立账户问题，引起专家学者的高度关注和社会的强烈反响。同时，注重品牌培育，抓“草根组织”作用发挥，如“红日亭”公益慈善组织，努力打造温州的慈善地标；八仙楼社区与台湾基层社区结对交流；组建23个基层草根新社团。通过社区社会组织的系列活动，为辖区弱势群体提供人文关怀，大大减少社会矛盾，增进老百姓之间的感情，有力促进社会和谐。认真学习台湾社会组织管理经验，在全市率先开展备案社区社会组织民主选举。建成区级社会组织服务中心，并将以此为主体，打造成社会组织培养基地、社工机构发展基地、公益成果展示基地、公益创投实践基地。在全市率先采取“政府牵头建立，专业团队管理”的业务操作模式，委托温州市惠民社会组织发展服务中心运作管理。2013年，已首批入驻社会组织6家。

移民安置

【概况】 2013年，鹿城区移民安置工作始终坚持“以人为本”的工作理念，以科学发展观统领全局，围绕落实“移民四大工程”和“十大项目”这一主题，以解决移民实际困难和信访维稳工作为重心，全区移民各项工作稳步推进。裁至年底，全区有大中型水库移民后期扶持人口1550户，共6366人，涉及水库13座，其中瑶溪水库移民945户，共3387人；泽雅水库移民491户，共2296人；仰义水库及外地10座水库移民，主要分布在双屿街道新屿社区、新泽社区、仰义街道仰新社区等3个移民安置点。共发放大中型水库移民后扶直补资金386万元。

【移民培训】 2013年，继续开展移民培训，提高移民综合素质，提高属地街道驻村干部和移民区干部整体素质和管理水平。同时，属地街道组织社区居民代表、党员参加有关移民政策、信访知识、社区自治、法制宣传方面的学习培训。

【移民创业致富工作】 2013年，通过认真推进移民后扶十大项目工作，有的放矢，不断提高移民创业致富能力。深入开展移民项目培训，进一步提高了移民综合素质；对移民创业基本情况进行调查摸底，移民创业贷款贴息政策稳步推进；认真开展移民创业致富“三赛三评”活动等工作。

【移民基础设施建设】 2013年，投入20万元，完成仰新社区环境整治美化绿化项目；投入25万元，完成仰新社区文化广场戏台建设项目；投入4.8万元，完成仰新社区灯光球场建设项目；投入46万元，建成仰新公交始发站。这些对移民社区基础设施的建设有效改善了移民社区的生产生活环境，受到群众的赞誉。

【后扶项目库建设】 2013年，完成后扶项目库建设。面向各移民社区积极开展后扶项目申报汇总工作，根据上报内容，科学筛选、分析，分储建、备建、拟建、在建和建成5个不同动态层次分不同规划类别，项目结构科学合理，更新项目及时。

【移民互助平台试点建设】 2013年，稳步开展移民互助平台试点建设。在深入调研、论证的基础上，制定科学、合理、有效的移民互助平台建设实施意见，确定将仰新移民社区作为互助平台建设试点社区，积极动员部署移民互助平台建设工作。

【热点难题排查化解】 2013年，以做好移民信访稳定为前提，定期组织、认真开展热点、难题排查，加强力量做好解释疏导，多方协调沟通，积极化解难题。成功协调解决了城中村改造范围内移民户家庭置换办法，积极做好新屿农贸市场等剩余资产移交和新屿移民安置点剩余资源处置方案（草案）制定工作。

【信访维稳工作】 2013年，把维护移民群体稳定作为一项重要政治任务来抓。进一步健全信访信息员制度，完善三级联动综治信访维稳网络，了解社情民意，做到有情况第一时间反应，有信息第一时间上报，有问题第一时间处理。

新居民服务管理

【概况】 2013年，鹿城区新居民服务管理工作以科学发展观为指导，立足社会管理创新，强化服务管理措施，切实保障新居民合法权益，着力提升新居民服务管理工作水平，成效显著。2013年，鹿城区新居民服务管理局（区新居民局）获浙江省流动人口服务管理工作先进单位、温州市新居民服务管理工作先进单位等称号。

【组织网络】 2013年，全区建立完善了区、街道（镇）、社区（村居、企业）三级新居民服务管理体系。区、街道（镇）两级成立新居民服务管理工作领导小组，街道（镇）成立新居民服务管理所，在全区所有社区及新居民较多的村、规模以上企业设立新居民服务管理站。全区形成上下联动、组织完善的服务管理格局。

【减员增效】 2013年，根据《关于加强新居民服务管理 促进人口结构优化的实施意见》，由区委常委、常务副区长牵头，公安、人力社保、城管、文化、卫生、安监、工商、消防、计生、各街镇落实具体工作，逐步实现新居民总量适度调控、人口结构优化、流向合理有序、社会融合顺畅的目标。截至年底，全区新居民登记在册70.76万人，比2012年年底减少11.76万人，其中双屿新居民登记在册27.31万人，相较2012年年底减少7.53万人。

【所站规范化建设】 2013年，在仰义街道开展创建新居民服务管理所标准化建设示范点工作，并通过温州市市级规范化建设达标验收，在全区形成示范效应。通过仰义新居民服务管理所的示范点建设，以点带面，把规范化的服务和管理触角向住宅小区、居民院落、用工单位延伸。推进规模企业工作站的建设，发挥企业工作站的纽带作用，增强与企业的联系沟通。

【基础信息采集】 2013年，鹿城区按照500：1配备了专职协管员1640名，由区公安分局和街镇使用。全年，严格按照“以证管人、以房管人、以业管人”工作措施，规范源头登记管理，提升信息采集效能，巩固新居民“五率”水平，全区流动人口信息登记率、流动人口注销率、出租房屋信息登记率、人户一致率、出租房治安管理责任保证书签订率分别达到90%、90%、95%、80%和100%。

【综合信息共享】 2013年，鹿城区依托市新居民综合信息平台，进一步开展平台延伸工作，全区形成区（部门）、街镇、社区三级新居民综合信息服务管理平台，使新居民基础信息在全区各级特别是基层社区得到充分的共享和利用。街镇每月运用信息平台数据编发信息简报，提升信息平台应用能力，为领导及部门科学决策提供依据。

【出租房信息联动】 2013年，各街镇新居民服务管理所每月向区新居民局和辖区派出所上报辖区内居住出租房的新增数、注销数和停租数，由区新居民局汇总后通报区公安分局。此举有利于核实和发现鹿城区居住出租房实际户数和存在的问题，使区新居民局和公安分局在信息登记工作上形成工作的良性互动。据各街镇统计，全年新增出租房数2125间，注销出租房数1903间，停租出租房数1232间。

【积分制管理制度】 2013年，根据《鹿城区新居民积分制管理实施细则》，秉承“高积分换取高待遇”原则，完善新居民积分制管理实施细则，实现公共服务供给的选择性和梯度性，推动新居民总量控制和人口结构优化的良性互动。对积分高、贡献大的新居民，优先安排其子女进入公办学校接受义务教育。全年，有20名新居民子女进入建设小学、广场路小学等优质公办学校就学。

【出租房居住意外险推广工作】 2013年，全区七街一镇与5家保险公司合作，开展新居民出租房居住意外险推广工作。由企业主或房东购买10—20元一份的保险，新居民可享受最高10万元的人身意外赔偿和最高2000元的意外伤害医疗保障。此举极大降低用工企业管理、居住出租房安全风险和社会管理成本。截至年底，全区共188家企业推行该保险，累计参保人数达到2.17万人。

【人才库建设】 2013年，建立完善鹿城区新居民人才库，在新居民个人自荐、企业申报、行业协会举荐等方式入库的基础上，将鹿城区人才办一千余名高端人才中的新居民纳入人才库。新居民人才库入选对象主要包括高学历型人才、专业技术型人才、创业管理型人才和业务能手型人才四大类，截至年底收集各类人才信息申报1409份。

【第二届新居民书画大赛】 9月，举办鹿城区第二届新居民“中国梦”书画大赛。大赛评出17件获奖作品和80余件入展作品，于11月28日在温州市展览馆参展。同时，编印刊发《“中国梦”鹿城区第二届新居民书画作品集》，全方位、多角度地展示鹿城区新居民的精神风貌和艺术素养。

【志愿者服务】 2013年，鹿城区新居民志愿者服务大队及其下属八个中队累计招募新居民志愿者7000余名，开展“弘扬雷锋精神·志愿第二故乡”志愿服务活动300余次。9月，在双屿街道成立鹿城区首个新居民志愿者服务中心，为全面实现双屿经济转型升级凝心聚力、创造更好的社会条件。

9月30日，双屿街道新居民志愿者服务活动启动仪式在双屿客运中心正式举行

区新居民服务管理局提供

【关爱新居民活动】 1月28日—2月6日，在温州火车站及5个客运中心开展春运“关爱新居民，温暖归家”志愿服务活动。4月24日，开展“大手牵小手，共享读书乐”新居民子女义教活动，带领40多名瓯越小学丁字桥校区新居民子女参观温大物理实验教学中心。9月3日，松台街道开展积分入学“爱心接力”活动，8名入读鹿城区公办

小学的新居民家庭共捐款7130元，帮助同是新居民的患病学童，感恩政府回报社会。9月27日，区新居民局联合温大城市学院，在南汇街道举办“衣往情深·关爱新居民”免费发放军训迷彩服活动，配合政策咨询、法规宣传等现场服务，将新生捐出的300多套军训服，集中分发给辖区环卫工人等新居民。同时，协调各部门组织开展“爱心鹿城·迎春慈善宴”、“夏送清凉”、新居民子女“快乐过暑期”、“小候鸟圆梦”等各类关爱新居民活动，提升新居民认同感、归属感、幸福感。

11月28日，新居民优秀作品在温州市展览馆参展　　区新居民服务管理局提供

【鹿城品牌创建】 2013年，加大“鹿城区新居民服务信息网”和“56573123”爱心服务热线的建设力度，不断丰富“海纳百川、大气大爱、多元和谐”的鹿城品牌内涵，搭建多种关爱新居民载体，动员社会各领域、各层次广泛参与以“春送服务、夏送清凉、秋送助学、冬送温暖”为载体的关爱新居民活动，有效增强新居民城市认同感和归属感。

4月24日，鹿城区局联合松台街道新居民所在温州大学茶山校区物理实验教学中心开展主题为“大手牵小手，共享读书乐”的义教活动　　区新居民服务管理局提供

政协温州市鹿城区委员会

【区政协八届二次会议】 中国人民政治协商会议第八届温州市鹿城区委员会第二次会议，于1月7日—9日鹿城文化中心召开。陈国琴主持开幕式。郑锦春代表区政协八届常委会向大会作了工作报告，胡小萍向大会作了提案工作情况的报告。会上，市委常委、区委书记王立彤代表区委，对区政协八届二次会议的召开表示热烈的祝贺，并充分肯定了区政协2012年所取得的工作成绩和重要贡献，同时对区政协今后的工作提出希望。在为期3天的会议期间，委员们还列席区八届人大二次会议，听取“一府两院”工作报告及相关报告，围绕鹿城区经济社会发展的重大问题及群众关注的热点、难点问题积极建言献策，共谋鹿城发展。这次会议应出席委员286人，实到269人，特邀委员44人，列席人员82人。

【区政协八届六次常委会议】 3月27日，区政协召开八届六次常委会议。区政协主席郑锦春，副主席陈国琴、庄建中、胡小萍、王丽丽、胡海峰、邵豪哲，秘书长卜红升及常务委员及相关部门负责人共43人参加会议；会议由副主席王丽丽主持。会议学习了中共“两会”精神；听取和协商讨论了鹿城区创建园林城市工作情况、“强三优二”有机更新工作情况和党风廉政建设工作情况；审议通过了有关人事任免事项。

【区政协八届七次常委会议】 6月27日，区政协召开八届七次常委会议。区政协主席郑锦春，副主席陈国琴、庄建中、胡小萍、王丽丽、胡海峰、邵豪哲，秘书长卜红升，常务委员、特邀委员及相关部门负责人共56人参加会议；会议由副主席胡小萍主持。会议听取和协商讨论了鹿城区人口和计划生育工作情况、社区矫正工作情况以及提案办理情况。

【区政协八届八次常委会议】 9月24日，区政协召开八届八次常委会议。区政协主席郑锦春，副主席陈国琴、庄建中、胡小萍、王丽丽、胡海峰、邵豪哲，秘书长卜红升，常务委员、特邀委员及相关部门负责人共59人参加会议；会议由主席郑锦春主持。市委常委、区委书记王立彤应邀出席会议并通报了2013年以来鹿城区经济社会发展的基本情况和区委八届五次全会的重大部署。会议听取和协商讨论了鹿城区科技创新驱动发展工作情况、创建国家卫生城市工作情况。

【区政协八届九次常委会议】 12月17日，区政协召开八届九次常委会议。区政协主席郑锦春，副主席陈国琴、庄建中、胡小萍、王丽丽、胡海峰、邵豪哲，秘书长卜红升，常务委员及相关部门负责人共44人参加会议；会议由副主席陈国琴主持。会议传达学习了中共十八届三中全会和全省政协工作会议精神；听取和协商讨论了鹿城区治水工作情况；审议通过了召开区政协八届三次会议的有关事项，以及有关委员调整和人事安排事项。

提案工作

【概况】 区政协八届二次会议以来，区政协提案委员会共收到委员以提案形式提出的意见、建议244件，经审查立案206件，立案率为84.40%。其中，经济类23件，占立案总数的11%；科技文教卫体类48件，占立案总数的23%；综合类135件，占立案总数的66%。提案数量和质量与一次会议相比均有大幅度提高。提案立案数量同比增加104件，立案率同比增加35.20%。根据收回委员对提案办理情况征询意见表统计，满意率98%，其中非常满意占42%；满意占46%；基本满意占10%。为提高提案撰写质量，11月23日，区政协组织召开政协委员培训会，邀请市政协提案委和市政协研究室专家为委员作提案工作辅导报告。定期组织委员参加视察全区中心工作、重点工程、走访社区、农村、企业，不定期邀请区委、区政府领导通报区情、政情，为委员知情明政创造条件。实行主席领衔督办、会议专题督办、走访跟踪督办，提高了提案人的积极性和承办单位的责任心，带动了整个提案办理工作。为了杜绝提案办理单位敷衍应付的现象，区政协建立了提案办理多层面商机制、联合督办机制和“背靠背”反馈机制，更加准确地体现了提案人想法和建议，更加真实地掌握了委员对提案办理情况的实际满意程度，更加有力地促进了提案办理工作的按时办结，有效改变了“重答复、轻落实”的现象。

常委会日常工作

【调查研究】 2013年，坚持自我选题与党委点题相结合，精心组织160多位委员，就“推广垃圾清洁直运经验”“水环境治理”“公立医院综合改革”“完善社区矫正工作”“创办黄金交易中心”等10个课题，通过学习考察、问卷调查、走访座谈等方式深入调查研究，撰写的调研报告得到了区党政主要领导的高度评价。在深入考察基础上提出的关于在省外建立鹿城工业园区以缓解区用地瓶颈制约的建议，被区委、区政府采纳并列为重点工作。

【社情民意】 2013年，共收到社情民意稿件68篇，向区委、区政府和市政协报送《社情民意》35期。市政协采用15篇，并转报省政协及市委、市政府领导，受到有关领导的高度重视，其中1篇得到市委主要领导的批示。

【文史书画】 2013年，编撰完成《鹿城文史资料》第二十五辑——《鹿城文史集萃》（上、下两册），共计57.3万字，翔实、生动地记述了戊戌维新以来鹿城社会生活的各个方面。切实做好优秀传统文化传承工作，精心组织“兰亭奖”中小学生书法比赛活动，在少年儿童中大力营造“学书法、爱书法”的浓厚氛围；区政协书画院全年共组织3次书画创作笔会和联展活动，大力弘扬书画艺术。

鹿城区各民主党派·工商联

中国国民党革命委员会鹿城区总支部委员会

【概况】 2013年，中国国民党革命委员会鹿城区总支部委员会（简称民革鹿城总支），以邓小平理论、“三个代表”重要思想、科学发展观为指导，深入学习贯彻中共十八大和总书记习近平一系列重要讲话精神，围绕区委、区府关于深入实施“三四五”总战略和“创首善之区，建幸福鹿城”总目标，服务鹿城科学发展这一主题。坚持思想政治学习、积极参政议政、立足本职、服务社会等方面都取得较好的成绩。

2013年，民革鹿城总支共有党员55名。其中，省人大代表1名、市人大代表1名、市政协委员2名、区人大代表3名，区政协委员7名。

2013年，民革鹿城总支把关爱黄埔军校老兵作为新的工作创意。关爱黄埔老兵支部获2013年度民革浙江省基层支部组织生活创意奖。

2013年，民革党员庄建华获“温州市百名党外人士建功工程示范典型”称号；冯荣林获“民革全国社会服务先进个人”称号；周丽峰获“赵超构新闻特等奖”“浙江新闻一等奖”荣誉；郑蓓蕊获中国大众音乐“中国情音乐梦”创作优秀奖荣誉；周雪海获2012—2013年度优秀区政协委员称号；周丽峰、周雪海、郑大庆获2013年度鹿城区党外人士“双岗建功”先进个人称号。

【参政议政】 2013年，民革鹿城总支围绕区委区府中心工作，认真履行参政议政职责，深入基层、街道乡镇和社区村居，调研民生和社会热点难点问题。年内，民革鹿城总支党员向人大、政协提交的建议有：庄建华向省人大十二届二次会议提交“关于加快老年专科护理人才培养”等建议6个；周丽峰向市人大提交“关于加大对失诺工程行政问责力度，加强对民生工程进度的监控与问责”的建议1个；庄建华向市政协提交“关于在我市各乡镇街道设立无碘食盐销售供应点的建议”等提案7个，向区人大提交“关于加快财政投入加快标准化养老机构建设”等建议4个；郑蓓蕊、陈云烽、董小秋、周雪海、杜晞、李小静分别向区政协提交“关于加快黎明工业区产业转型升级的建议”“关于建设企业两类人才经济适用房的建议”“关于整顿双屿工业区马路市场的建议”“关于切实解决停车难的建议”“关于尽快建立食品安全信用信息系统的建议”“关于建立食品综合检测机构建设的建议”“我区行政审批服务的现状和对策”“关于对城区中条幅规范和管理”“如何规范旧村改建中工作流程”“加快鹿城养老事业发展的思考”等提案10个。另外，陈冠廷、周雪海的调研文章《加快鹿城养老事业发展思考与建议》《我区行政审批服务的现状和对策》分别获2013年度鹿城区党派调研文章二等奖和三等奖。

【服务社会】 2013年，民革鹿城总支党员利用各自专业特长，积极服务社会，为建设幸福鹿城贡献力量。6月和9月，医卫支部党员分别到仰义街道棣头村、洞头县元觉乡沙角村开展健康体检（包括心电图、B超、血糖、乙肝三系检查），赠送药品1万元，发放健康教育资料600多份；11月16日，该支部党员在松台广场为市民义诊150多人次，赠送药品6000元。教育支部党员到七都街道、瓯越教育集团送教活动，做好做实帮扶结对工作，并为联盟校教师提供指导与帮助。经济支部党员帮助社会弱势群体，全年，慰问养老院老人，资助孤寡老人、贫困学生，共捐款48.7万元。党员何畏组织“大爱无疆·祈福雅安”赈灾义演，现场募捐156万元；组织文艺队伍举行“文艺送海岛”“文艺进军营”活动，分别赴洞头、驻温海军某部、消防大队、温州军分区等地进行拥军慰问演出。综合支部党员开展质量服务进企业活动，开办“企业标准化体系国家标准”免费培训班，为相关企业减免培训费2.52万元；担任驻企服务员为振兴鹿城实体经济，把涉企部门重点扶持政策送到企业以及帮助部分企业申请入驻小微企业创业园等工作。该年，驻企服务员还帮助解决了蒲鞋市社区、上陡门社区外来务工人员子女上学难的问题。

中国民主建国会温州市鹿城区基层委员会

【概况】 2013年，中国民主建国会温州市鹿城区基层委员会（简称民建鹿城区基层委员会），认真学习中共十八届三中全会精神和民主建国会会章，以提高服务社会能力，积极参政议政能力。全年各项工作都取得较好成绩。2013年，民建鹿城区基层委员会召开支部委员以上骨干会议6次，支部组织举行学习活动12次。如：召开认真贯彻学习中共十八届三中全会会议精神；积极落实上级各项工作会议；召开该会市、区两级担任政府部门“特约监督人员”专门会议；召开实施领导轮值负责制会议。另外，还有各支部结合实际开展的“企业转型调研”“学会章、讲会章”“慈善结对助学”活动，组织参与民建省委会的“会章知识答题竞赛”等活动。9月、10月，该基层委员会分别参加民建中央和省委会召开的基层组织建设研讨会与经验学习交流会。10月，该基层委员会被民建省委会评为首批7个“民建浙江省基层组织学习交流基地”之一；基层委员会第二支部、第三支部分别被民建省委会授予“民建浙江省2011—2013年度先进基层组织”称号。基层委会员杨明明获2013年度市工业转型升级先进工作个人称号；会员江衍妙获得2013年温州市政协优秀特邀信息员称号、浙江省人社局颁发的“浙江省技术能手”称号、共青团浙江省委“2013年度浙江省青年岗位能手”称号、温州市人社局“温州市技术能手”称号、共青团温州市委“2013年度温州市青年岗位能手”称号，并入选金融行业界“名师名家”。会员蒋晖、江衍妙、朱毅被推荐为区委统战部“双岗建功”先进个人；会员李胜详、王沁、高颖丹被推荐为区委统战部“服务社会”先进个人；会员肖恩杰获2013年度全区统战信息工作先进个人称号和2013年度鹿城区地方志编纂工作先进个人称号。

认真学习中共十八届三中全会精神
民建鹿城基层委员会提供

【参政议政】 2013年，民建鹿城基层委员会参政议政小组，积极开展集体调研工作，为鹿城地方经济、社会发展建言献策，成绩显著。是年，在市、区召开的人大、政协两会上，提交提案、议案、建议、发言材料共20件，报道信息13篇，完成调研报告5篇。会员江衍妙的《关于改善防治城市内涝民生问题的建议》《应防止迅速膨胀的“影子银行”危及金融稳定》《要坚定用市场化“改革”去破解大学生就业难的问题》《当前房地产市场抵押贷款风险亟待关注，建议探索多元化的风险定价和转移机制》《警惕担保公司融资类犯罪案件高发问题，建议尽快出台措施引导健康规范发展》等10篇信息分别被民建中央和省、市政协采用，撰写的《以“资产证券化”为突破口推进金融改革》《警惕小贷公司涉诉问题暴露出的严重信贷风险，小贷公司的发展亟待进一步研究》等3篇信息得到国家领导人批示。民建鹿城基层委员会组织会员撰写的《加快推进鹿城区中小企业的融资平台建设》获区委统战部2013年度调研课题一等奖；撰写的《推进鹿城传统产业走高端制造升级，重振鹿城实体企业破经济发展困局》《鼓励“侨二代”回归创业，为鹿城经济注添活力》获二等奖。

【社会服务】 2013年，在鹿城区“慈善一日捐”上，会员企业温

2013年，组织会员骨干走访慰问困难群众
民建鹿城基层委员会提供

州市黎东眼镜有限公司向区慈善总会捐款15万元、泰力实业有限公司捐款10万元；会员企业温州上宾女子俱乐部发起“美丽和爱心的希望”公益活动，节约庆典费用10万元，交由《温州日报》慈善分会，帮助20位盲童施行复明手术。8位鹿城会员企业家参加市统一战线“寒门学子助学成才行动”结对仪式，结对12名大学生并捐款6万元。会员秦小伟已是第8年在温州大学城市学院对27位贫困大学生进行“秦亮助学金”发放活动，发放助学金达24万元。年底，鹿城基层委组织会员骨干赴藤桥镇底坦、吊降、林路等3个贫困村，走访慰问22人（户），其中中共老党员3户，瘫痪、残疾人8位，困难群众10多位。送上慰问金每人500—800元，合计1.5万元。

在温州大学城市学院对贫困大学生进行“秦亮助学金”发放活动

民建鹿城基层委员会提供

【会务交流】 10月，民建鹿城基层委与首批到温州的民建江苏南京省直等4个支部举行座谈和经验交流活动。5月，民建鹿城基层委分别在会员企业泰力实业有限公司和温州市蓝天电子设备有限公司举行欢迎民建甘肃省委考察团与民建河南省漯河市委考察团一行，就基层组织会务工作及温州企业当前的发展情况进行交流座谈。

中国民主促进会温州市鹿城总支部

【概况】 2013年，中国民主促进会温州市鹿城区总支委员会（简称民进鹿城总支）在各项工作中都取得较好成绩，总支被评为民进浙江省先进支部。2013年，总支有会员111名，其中文化教育界会员占86.6%，市、区人大代表、政协委员计18名。

2013年，总支主委蒋樨被评为区先进教育工作者、区先进老龄工作者。会员蔡妙妙、林艳艳、吕晓、陈慧娟等6人被中共鹿城区委统战部评为双岗建功先进个人。朱建龙、刘建亮等6人被评为区服务社会先进个人。陈慧娟获区优秀教师称号；周晓红获“市工会先进工作者”称号。刘建亮发起“厉行节约，反对浪费”光盘行动，2013年担任浙江苍南直属商会执行会长，被评为2013年温州创业青年楷模。潘静娜被评为省资源教师培训班优秀班长。金晓群获“区第二届十大杰出青年”“区先进教育工作者”“市首届青年拔尖人才”“全国书香家庭”等称号，所在单位温八幼被评为浙江省教科研先进集体；何丹被评为“省教科研先进个人”；赵海燕获区“师德楷模”称号。

【双岗建功】 2013年，总支主委蒋樨应邀为多个省市级培训班作专题培训讲座，并多次参与送教活动，承办国家、省市区级活动近30场，所在单位被评为浙江省教科研先进集体，另外还努力创建市标准化实验室、美术室、音乐室、体育室。民进会员：吴奇红的支部活动案例被评为浙江省“优秀活动案例”（是温州市唯一获得的一个金点子奖）；叶萌春获得中国工艺美术师称号，并任温州工艺美术研究院副院长；吕晓案例《沙漠绿洲》获区一等奖；赵海燕的音乐优质课获温州市一等奖。徐孟秋辅导学生参加区小学生数学论文比赛有2名学生获二等奖，辅导学生参加数学网上擂台赛有1人获一等奖，1人获二等奖，其本人获指导师奖；陈晓武获区小学英语课例评比三等奖和区小学英语教师读写教学课例设计与课件评比二等奖；胡爱萍指导的广场路京剧团2位学生获全国少儿京剧大赛二等奖，其本人获优秀组织奖；刘慧指导的男童合唱《欢乐的那达慕》，参加教育部第四届全国中小学生艺术展演获金奖，为中共鹿城区委宣传部指导的男童合唱《乡村孩子看大戏》参加市经典歌曲合唱比赛获金奖；温晓丰获区学科素养比赛小学学科团体三等奖和瓦市集团学校中青年教师课堂教学评优最佳奖。

【参政议政】 2013年，区人大、政协两会中，民进鹿城总支提交的政情民意提案、建（议）案等20多项。其中，蒋樨在鹿城区政协大会上作《加大投入力度，促进学前教育健康发展》的发言，受到鹿城区委领导的好评，被推选为年度重点提案。其他的提案有：有季杜宇的《关于完善鹿城区公共自行车后续管理》；周建春的《关于尽快修复水心路94弄道路的建议》；吕晓的《关于加强鹿城养老体系建设的提案》和《关于提升鹿城“历史味”的建议》；陈慧娟的《把五马街打造成瓯越文化地标》和《关于残疾人出行的交通设施改进的有关建议》；赵海燕的《关于合理利用世纪广场周边地下人行通道的建议》；潘静娜的《关于改建残疾人出行交通设施的有关建议》；吴琦的《进一步加强道路交通管理的力度》；吴奇红的《关于“修建公园无障碍通道 体现人文情怀”的建议》和社情民意《关于拆除有碍观瞻的“拦车柱”，提升城市文明形象的建议》；蒋樨的《加大投入力度 促进学前教育健康发展》《新一轮城市转型发展背景下鹿城教育的关注点》《关于重视推进鹿城基础教育国际化进程的思考和建议》和社情民意《关于尽快落实松台小学新校舍的建议》《要求尽快出台温州市教育配套设施建设管理条例的建议》；吴继升的《关于建立地名标志管理长效机制的建议/重视区划调整后的地名文化建设的建议》等。

【课题调研】 2013年，蒋樨的调研课题《关注创新人才的早期培养，为加快建设创新型城区奠基》获好评。其他调研课题有：蒋樨的《关于重视推进鹿城基础教育国际化进程的思考和建议》，金晓群、何丹合作的《鹿城区学校“国学教育”现状的调查报告》，何丹的《鹿城区集团幼儿园“园本研修实施情况”的思考和建议》（获得区二等奖），金晓群、郑乐佳的《鹿城区0—3岁婴幼儿早教机构发展情况调研报告》获市统战部净友建言调研课题三等奖；胡文文的《幼儿行为常规研究策略》（获市三等奖）；林艳艳的《玩课程的重新构架》（获区一等奖）；吕晓的《学校课程体系建设的实践研究》（获市二等奖）；《基于自主学习的历史与社会整体性教学研究》（获市二等奖）。另外，金晓群《幼儿园礼仪教育的实践研究》获市名师课题成果一等奖。

【服务社会】 1月6日，民进鹿城总支委员组织骨干会员到下吕浦春秋社区开展“教育医疗进社区”活动，并向洪殿街道上陡门社区新温州人楷模黄伶俐一家捐钱4000元；到鹿城区双潮乡为贫困幼儿捐资助学4000元。1月，广场路支部到洪殿街道上陡门社区慰问总支长期结对扶贫特困户5人；2月，赴文成实验二小送教。4月28日，响应鹿城区委统战部关于开展 “瓯江书韵——2013年鹿城读书节”系列活动之“书香社区”活动的号召，民进鹿城总支积极发动各个支部开展捐书活动。5月，在建设小学大南校区为江苏省张家港市教育系统到温挂职干部作专题培训讲座。6月，蒋樨为温州大学宏德实验幼儿园家长作家庭教育专题讲座。8月1日，总支20多位会员参加“八一”建军节慰问活动。8月，蒲鞋市支部向社区贫困学生捐衣物捐款2000元。9月，为因煤气爆炸受伤居民捐款2000元。10月中旬，总支部分会员参加市工人文化宫义卖书画活动，并将筹集的爱心款交给《温州晚报》公益栏目。11月15日，总支组织会员参加由区委统战部在松台广场举办的大型广场活动，并捐钱3000元。另外，总支部分会员还在每周六、日下午免费教社区老人绘画与写字。

1月6日，民进教育医疗支部进下吕浦春秋社区活动　　民进鹿城总支提供

12月28日，民进鹿城总支召开学习贯彻中共十八届三中全会精神会议

民进鹿城总支提供

中国农工民主党鹿城总支委员会

【概况】 2013年，农工民主党鹿城总支委员会（简称农工鹿城总支）规范完善规章制度，为鹿城区的中心工作和经济发展积极参政议政、服务社会。农工鹿城总支每月举行一次议政沙龙会，拟定调研课题，互通信息题案，总支组织生活活跃。是年，有市政协委员1名、区人大代表2名、区政协委员9名。褚坚、杨淑清、张秋莲、江丁库等24位农工党员分别担任市、区政府部门的监督员和特约人员，3名党员被评为“社会服务”先进个人，3名党员被评为“双岗建功”先进个人。

2013年，因党派工作需要，将农工八医支部划出转入温州市中医院农工组织。调整后的鹿城农工总支党员实数为61名（其中新党员2名），下设三个支部，分别为“鹿城疾控中心支部”“农工鹿城综合支部”“农工鹿城人民医院支部”。

2013年，农工党员：韩翰获得温州市三八红旗手称号、浙江省“十大优秀案件”奖、2013年鹿城区优秀法律文书评选活动二等奖；王赛杰获得温州市劳动模范称号和《温州商报》授予的“年度新锐创业奖”荣誉；薛芳辉被浙江省性病艾滋病防治协会评为“浙江省防治艾滋病优秀志愿者”称号；张秋莲获得“温州市卫生局创卫先进个人”称号；王丽被中共市委办公室和市政府办公室授予“全市去冬今春绿化造林工作先进个人”，获得“鹿城区2012年度城乡统筹综合改革工作先进个人”称号，被区委办区府办授予“2012年度农工系统先进个人”称号；王卫和创办全国首家抗衰老门诊；褚坚和江丁库获农工市委会授予的“反映社情民意先进”称号；农工机关综合支部和疾控中心支部被农工市委会授予“2011—2012年度优秀支部”称号。

【参政议政】 2013年，农工鹿城总支创新组建“农工鹿城总支社情民意沙龙”，拨出专项经费，坚持每月一次“沙龙”讨论会，党员自由参加。讨论确定课题，专人撰写调研报告和社情民意。全年共提交社情民意15篇，其中被区政协录用12篇，3篇得到区委书记王立彤批示，市政协录用5篇，省政协录用2篇。周正萍撰写的《热点事件不可急求维稳而忽视依法处理——从达州三儿童扶倒地老人反被讹的事件想起》等社情民意，被区政协和市政协录用。褚坚撰写的《农村土地征收二三户留地问题亟待解决》，获2012年度市政协优秀社情民意奖。褚坚撰写的《温瑞塘河水环境治理的调研报告》《关于生活垃圾清洁直运的调研报告》和薛芳辉执笔的《关于进一步加强流动人员艾滋病防控的调查研究报告》等3篇调查报告，得到区委书记批示。李炎伦执笔的《温州城中村改革问题的对策研究》、褚坚执笔的《温州塘河水环境治理的调研报告》分别获得中共市委统战部2012年度和2013年度调研成果三等奖。王丽撰写的《关于鹿城区农村三分三改的探索和思考》一文，获得中共鹿城区委统战部调研文章三等奖。是年，有多位党员担任政府部门的监督员和特约人员，如杨淑清、张秋莲担任区政协驻区城管与行政执法局民主监督员；王丽担任区政协派驻人员与计划生育局民主监督员；江丁库担任区食品药品监督管理局民主监督员；邵奇文担任市纪委第四届政风行风监督员。7月，褚坚被聘任市卫生局特约组长期间，撰写的《城市创建还需加把劲》调查报告，受到市卫生局的重视和采纳。

【助医济困】 11月2日，总支组织党员到藤桥岙底白脚坳村举行扶贫送医活动。服务项目有内科、外科、骨科、测血压、测血糖等，为贫困村民免费送医送药计5500元，受到山区群众欢迎。11月16日，在鹿城区委统战部主办的松台广场“幸福鹿城、同心同行”主题实践暨社会服务活动的启动仪式上，农工总支捐资3000元进行扶贫活动，并组成以主任、副主任、主治医师为骨干的各科及预防控制、健康教育、卫生监督等开展多科目的义诊和咨询，接受服务的市民600余人。另外，发放食品卫生安全与公共卫生小册子8000份，防病知识宣传资料1500份。

2013年，农工党员邵平慈善捐款达8万元；邵奇文赞助社区弱势群众1万元；王赛杰为鹿城劳模园捐款5000元，慰问泰顺困难职工捐款2000元，为职工白血病治疗损款5万元，为鹿城区实验小学捐款2万元。另有农工鹿城人民医院支部到洞头等地开展服务社会，为困难群众免费义诊活动。

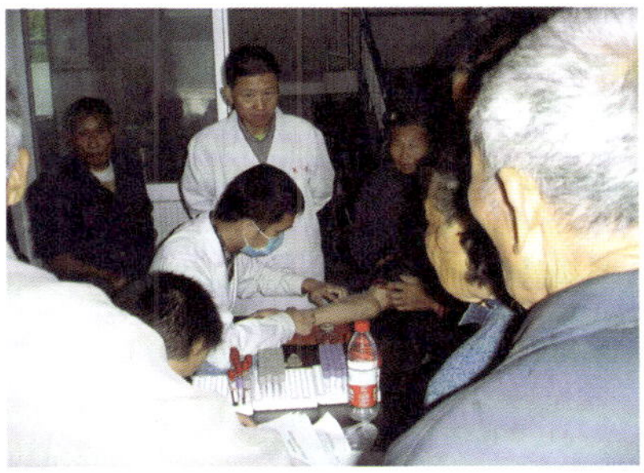

农工鹿城总支组织党员到藤桥岙底白脚坳村为贫困村民免费送医送药

农工鹿城总支提供

【敬岗爱业】 2013年，由农工党员江丁库主编、周正平参与的《民间借贷法律操作实务》专著出版；雷鸣和叶海油的专业课题分别通过区科技局验收；李午的论文《胃癌患者外周血CB71\44，CD133\3的表达研究》在《临床检验杂志》刊物上发表；孙智霞、薛芳辉的论文《鹿城区男性行为人群HIV扩散流行方式分析》在《中国卫生检验杂志》刊物上发表。

中国致公党温州市鹿城区总支部委员会

【概况】 2013年，中国致公党温州市鹿城区总支部委员会（简称致公党鹿城总支）加强自身建设，深入调研、建言献策、参政议政、积极开展各类组织生活，主动关注民生了解民情，是年，被中国致公党温州市委员会评为2013年度先进集体。全年该总支多次组织党员骨干分别参加由中共温州市委统战部、鹿城区委统战部举办的党外人士培训以及各种协商会、征求意见会、座谈会，提出意见和建议共20余条，

3月21日，总支组织贯彻学习市、区“两会”精神，要求全体党员加强致公党党章党史的学习；6月7日，鹿城区属部门单位特约人员聘任仪式在区行政会议中心召开，该总支7名党员担任特约人员，王璋弟、李黛华2人被市属部门聘为特约人员；10月10日，组织党员参加由区委统战部主办的“和合讲坛”之“温州转型发展前沿讲座”；10月15日，召开季度学习会议，组织党员学习致公党第十四届中常会第三次会上万钢主席的讲话、中共温州市委书记陈一新在全市十一届四次全体会议上的重要讲话及鹿城区委八届五次全体会议的报告。

【参政议政】 2013年，致公党鹿城总支当选市、区人大代表、政协委员共8人，在参加该年市、区“两会”期间，围绕经济发展、城市建设和改善民生等，呈写提案共15篇，从不同角度为市、区经济发展提出建议。如：主委王璋弟代表致公党鹿城总支在区政协大会上关于《严厉打击非法行医，保障患者就医安全》的发言，提交议案《关于省市医院在藤桥开设分院的建议》《关于进一步加强打击非法行医力度的建议》《关于加快调整职业卫生监管职责的建议》；李建江撰写的《关于温州市中小企业融资改革与发展的议案》；徐哲撰写的《关于对不按规定穿越斑马线行人处罚的议案》；朱龙撰写的《关于加强自行车道建设的建议——鹿城区第八次人大代表大会》《关于解决事业单位临时工编制问题的建议——鹿城区第八次人大代表大会》《关于解决杨府山山体滑坡点存在隐患的建议——鹿城区第八次人大代表大会》《关于加快涂田工业区企业商务办公楼建设的建议——鹿城区第八次人大代表大会》；黄伊丹撰写的《“夯实健康基础 构建和谐校园”关于增强我区青少年体质健康的几点建议》。

【调研工作】 2013年年初，致公党鹿城总支召开专门课题工作会，就“大力推行服务型政府建设、促进鹿城民营企业发展”和卫生难点“城中村”的成因与整治对策等调研课题，在深入基层及城郊部外来人口集聚地进行调研后撰写调研报告5篇，其中主委王璋弟的《关于温州市创建国家卫生城市的调研——以鹿城区为例》获得鹿城区课题调研三等奖。全年，鹿城总支党员撰写反映社情民意调研文章计16篇。其中，李建江的《关于当前信贷运行的问题及对策建议》一文，被致公党中央采纳；王璋弟、涂鑫森合作的《关于伤医事件的分析及建议》一文，被市政协采纳。

【双岗建功】 2013年，致公党鹿城总支主委王璋弟获2013年度浙江省实施基本药物制度先进个人称号、2013年度鹿城区征兵工作先进个人称号。党员建功获奖的有：杨骥坚在鹿城区音乐优质课评比中获一等奖，在鹿城区音乐教师五项基本功中获第一名，被评为鹿城区优秀团干、温州市139扶贫计划优秀志愿者、泰顺县中小学艺术节优秀指导师、浙江省音乐考级优秀指导师、鹿城区教坛新秀、鹿城区教育局优秀老龄工作者；林姬被评为年度人口和计划生育工作先进个人；张超众被评为年度鹿城卫生系统先进个人；黄伊丹被评为鹿城区优秀教师、鹿城区双岗建功先进个人、浙江省第二届体育大会优秀裁判员；涂鑫森被评为鹿城区服务社会先进个人、鹿城卫生系统先进个人。

【服务社会】 2013年，致公党鹿城总支组织部分党员联合鹿城区音乐家协会举办“跳动的音符”音乐山乡行扶贫活动；3月，组织党员在七都为留守的侨眷、侨属开展了社区健康宣教、健康讲座专题活动；7月18日，总支响应区委统战部“帮村扶企助社区”号

10月10日重阳节，致公党鹿城总支赴扬名老人公寓开展义诊、献爱心活动

致公党鹿城总支部提供

召，在洪殿夏屋社区开展“送医送药送清凉到社区”活动；8月23日，开展全民健康素养促进行动医疗义诊活动；9月17日，总支与市二医眼科联合，在七都老涂村开展“关爱老年人、白内障免费检查”义诊活动，并多次举办社区健康宣教、健康讲座等活动；10月10日，总支协同区政协医药卫生组到扬名老人公寓，慰问孤寡老人，开展身心健康义诊、节日慰问活动，并为150位老人送上价值5000元的节日慰问品；11月19日，总支联合南浦中心医院、市人民医院，在下吕浦天鹅公园举办“爱心进社区 免费送医药”大型义诊活动，为社区老人免费提供了价值5000元的慢性病药品；11月16日，总支组织党员参加由区委统战部开展的党外人士“幸福鹿城·同心同行”主题实践大型社会服务月活动，为辖区50多名特困群众赠送棉被、食用油等慰问品和爱心慰问金。

11月19日，致公党鹿城总支赴下吕浦天鹅公园举办“爱心进社区、免费送医药”大型义诊活动　致公党鹿城总支部提供

12月30日致公党鹿城总支“跳动的音符”音乐山乡行走进泰顺

致公党鹿城总支部提供

中国民主同盟温州市鹿城区总支部委员会

【概况】 2013年，中国民主同盟温州市鹿城区总支部委员会（简称民盟鹿城总支）坚持以邓小平理论、“三个代表”重要思想和科学发展为指导，积极参政议政，开展各类社会服务活动，致力形成“有特色、出成效”的工作格局，并取得较好的成绩，为鹿城区经济、社会发展做出了积极贡献。2013年，民盟鹿城总支吸收新盟员4人，至年底，总支盟员已达126人。其中，省人大代表3人，省政协委员1人，市人大代表4人，市政协委员6人，区人大代表4人，区政协委员22人。

【双岗建功】 2013年，盟员双岗建功的有：郑艳、陈晶晶参赛盟市委组织的“共筑中国梦”演讲比赛，均获一等奖；郑艳参加盟省委“贯彻同心思想，争当民盟优秀宣传员”演讲比赛获二等奖；主委应真编排的舞蹈“小荷风采”获全国第七届少儿舞蹈大赛金奖，最佳编导奖；冯茜编排的舞蹈《洗衣舞》获第九届夏威夷国际少年舞蹈节金奖；陈独秀创作和编排的表演唱《家乡的童谣》入选中央电视台少儿春晚，并被推荐为2013年度温州市文艺人才；盟员邱宪光获“温州市十佳风采老人”称号；彭爽爽获评“温州市师德楷模”；邹小玲、邓明慧获2013年鹿城区先进工作者称号；叶慧获2013年温州市科技工作先进个人称号；黄进勋获温州市青少年临书临印现场赛优秀指导师；陈兴良被评为执业信用状况优良的AAA级律师，还担任鹿城区人民政府、《温州都市报》常年法律顾问；李靓2012年获温州市模范公务员称号，记二等功一次；金纬获温州大学华峰品德奖和温州十大优秀文化温商称号；詹海霞获评2012年度浙江省律师协会婚姻与家庭专业委员会优秀委员、市妇女权益保障工作先进工作者。杜丽丽、陈兴良、邹小玲、陈晶晶、詹海霞、顾书华、杨伟燕、郑玮等共20篇论文、课题获奖或刊出。鹿城民盟教育一支部与科技经济支部均被盟市委授予先进盟组织称号。

【自身建设】 2013年，积极参加中共鹿城区委统战部和盟市委组织的一系列学习活动，认真学习中共十八大三中全会精神，开展“共筑中国梦”主题培训与参政议政座谈会，不断提高盟员的思想素质。年底，召开民盟鹿城总支参政议政工作会议，特邀民盟市委会副主委曹强，中共鹿城区委统战部联络科科长袁志荣参加活动并做指导讲话。组织老盟员游白鹿洲公园、参观温州数学馆，感受温州城市建设的变化，增进新老盟员的交流，增加盟组织的凝聚力。

【参政议政】 2013年，鹿城民盟总支在人大、政协两会召开前夕，召开参政议政工作例会，围绕鹿城区委区府中心工作提出建设性建议并形成提案、议案上交两会，该年，鹿城民盟总支提案、议案质量显著提高，在全区党派调研文章评比获奖的19篇文章中，民盟占了6篇，获奖率达30%，其中一等奖2篇，二等奖3篇，三等奖1篇。

“两会”期间，主委应真提交的《关于义务教育阶段艺术特色类学校发展问题的提案》，得到省政协副主席盛昌黎的关注，盟员杜丽丽提交的《关于鹿城区教师培训和科研中心更名和迁建的建议》，盟员傅芸芸提交的《关于希望及时更新地名导向图的建议》，盟员叶慧提交的《关于引导市民对房屋进行立体绿化的提案》，盟员陈绚提交的《关于建立长效管理机制根治街面“脏乱差”现象的建议》，盟员邹小玲提交的《市区自行车道亟待改善》和《加强家政服务，规范市场管理》等社情民意和提案都得到重视。另外，盟员陈兴良撰写的《关于车票上“杭州南”更名为“杭州南（萧山）的建议》《关于严格依法行车整治违法交通秩序的建议》《关于完善浙江省人民调解工作的若干建议》，盟员吴浩的《外贸形势分析报告》，盟员詹海霞的《加强对机关单位司机守法教育的建议》《银行在格式担保合同中的责任》，盟员郑玮的《完善食品安全法律法规建设、健全中央厨房食品安全管理》《加强连锁企业中央厨房管理、完善食品安全监管体系》等提案、议案，分别被省、市有关部门采用。其中，陈兴良的《关于完善温州市人民调解工作的若干建议》和盟员郑玮的《食品安全视野下“中央厨房”运作现状及管理的思考》获中共市委统战部诤友建言文章三等奖。

【社会服务工作】 5月，在全国“助残日”期间，盟员陈兴良、陈久仙、律师胡建娥等与医卫支部盟员到洪殿社区开展送法律送医送药进社区活动，两个支部共送7000元药品、200册图书，受益群众100余人。在“六一”国际儿童节将临之际，民盟鹿城总支主委应真、支部盟员詹海霞和温州市少艺校志愿者艺术团，专程赶到鹿城区七都街道“侨界留守儿童快乐之家”，与60多位侨界留守儿童一起联欢，并给每位孩子送上了一份“六一”节礼物。另外，将温州市民工子弟学校——育才小学的181名“小温州人”请到了少艺校小剧场共度“六一”节并送上节日礼物。10月，医务支部和职业技术学院支部到泰顺雅阳义诊，送医送药，免费检测血糖量血压等，受到当地群众的好评。11月，在鹿城区党外人士“幸福鹿城·同心同行”主题活动启动仪式上，盟员陈独秀主持文艺演出，冯茜与王茜分别担任舞台总监与剧务管理；副主委陈兴良、盟员陈久新为市民提供法律咨询；盟员邓明慧、华清为市民提供法律教育咨询。得到区委统战部肯定与表扬。

年内，为社会服务的盟员还有林珊、黄进勋参加温州市书法家协会教育委员会送教下乡到永嘉县昆阳小学、大岙小学；杜丽丽、邹小玲送教下乡到双潮中心校；傅芸芸、陈绚前往海防营开展“分享温情、传递祝福”活动；顾书华、唐小挺、单颂华、夏玲玲、陈雯、林海津带队送教下乡至泰顺、文成、永嘉和苍南等贫困乡小学，同时还慰问了该乡的贫困户和山村小学。李逸萱对全市教师作题为《提高新教师课堂组织管理能力培训的行动研究》的讲座。陈兴良在中共温州市委组织部举办的“温州市高层次人才联谊会服务社会活动日”共解答法律咨询20余人次并接受了温州电视台和温州日报社的采访。在鹿城区开展“帮村扶企”活动中，鹿城民盟多次为八甲村解答法律咨询，并走访服务盟员企业浙江鼎力工程有限公司与一棵树文化创意园。全年，总支盟员积极投身慈善事业，通过各种方式参加献爱心捐款捐物活动，为困难群体提供无偿帮助。

10月27日，民盟鹿城总支医务支部联同民盟温州科技职业学院支部赴泰顺雅阳送医送药
民盟鹿城总支提供

九三学社温州市鹿城区基层委员会

【概况】 2013年，九三学社温州市鹿城区基层委员会（简称九三学社鹿城区基层委），在九山学社市委和中共鹿城区委的领导下，认真学习中共十八大会议精神，围绕鹿城区委区府中心工作，发挥九三学社的科技特色和人才优势，积极参政议政服务社会。全年，各项工作取得了显著成就。

2013年，鹿城区基层委社员因八医支社社员合并至温州市中医院支社，九三学社减少15名；年内新增社员9名。至年底，基层社员共计46名，平均年龄48.87岁，其中高级职称21名，占45.66%。

【参政议政】 2013年，九山学社温州鹿城区基层委中的人大代表和政协委员，认真履行参政党职能，在市、区人大、政协“两会”期间提交政协提案13件，人大议案3件；另外，向九山学社市委提供社情民意信息3篇，调研文章1 篇及信息报导4篇。内容涉及卫生体制改革、产业升级、环境卫生保护、市政工程建设、人才建设以及交通等各个方面的问题。受到市、区中共党政的采纳和重视。截至11月底，提案、议案中涉及的几个重大难题均已解决或正在解决。

2013年，九山学社鹿城区基层委主委孙国勇多次陪同中共市委常委、区委书记王立彤到南汇街道葡萄村旧村改造和公共自行车系统建设现场调研，取得了良好的参政议政效果。年内基层委主要领导参加区委区府召开的各种民主协商会、通报会或各类座谈会共10多次，为市、区党委、政府的思想建设、政府工作、科技进步和经济改革等方针政策，积极建言献策，履行参政中共职责和义务。

2013年，九三学社鹿城区基层委领导班子成员分别被区国土局、重点办、行政执法局及安监局等单位，聘任为行风监督员。基层委中的人大代表与政协委员还受邀担任市信访局的信访评议会评议员，参与由名城集团应诉的拆迁户信访评议会，协助解决该久拖未决的拆迁户信访案件，取得良好社会反响。

【双岗建功】 2013年，九山学社社员方胜浩、杨丽霞获“双岗建功”称号，郑冬冬、连露锋获“社会服务先进个人”称号。此有：方胜浩获中国国际园林景观设计成就奖和中国民族建筑事业杰出贡献奖；周蓉蓉被选为浙江省援疆第七批第一轮优秀医生，被阿克苏城拜县授予援疆优秀人才称号；舒蓓蕾获2013年社省委“学习践行社会主义核心价值体系先进个人”称号。

【助医扶贫】 2013年，九山学社鹿城区基层委按照社省委2012—2016年社会服务工作发展规划，以“九三科技服务月”“国际科学与和平周”“少数民族低收入群众增收帮扶计划”等为平台，积极组织参与医疗卫生、新农村建设、支边扶贫、抢险救灾以及灾后重建等各项社会服务活动。5月31日，联合中共鹿城区委统战部、仰义街道办事处、温州市中医院团委及广化社区卫生服务中心举办“关爱相伴，健康成长”科技、医疗进学校的公益活动，基层委主委孙国勇等领导及委员共20余人参加。活动中，委员（温八医急诊科主任）刘晓为同学们讲解意外急救和卫生小常识，并给每位同学赠送家庭日用小药箱；主委和部分社员在场勉励同学们要努力学习，自强不息。同时，还和15位同学进行结对帮扶，资助每位同学一学期的学费。社员陈中怀给每位同学赠送一件新衣服。

【爱心义诊】 11月，由区委统战部在松台广场举行的“党外人士同心同行社会服务”大型活动中，八医支社潘东波、刘晓，以及社员周蓉蓉、雷晓锋等多位社员到场为群众义诊。

该年，基层委多次组织社员参加各种社会服务义诊和爱心救护等活动。10多位从医社员先后于5月、6月、10月、12月在瓯海区府门口、藤桥东村、泰顺、水心社区等处开展义诊，受益群众近1000人，社会反响良好。

【服务社会】 2013年，九山学社鹿城区基层委社员陈中怀开办的浙江三点水童装有限公司捐资30万元，联合市文明办、市教育局等多家单位，举办每月1期的“我诵读我快乐”节目——让国学走进校园活动；在“六一”儿童节期间分别到多家民工子弟学校和市区小学开展捐书、助学活动，捐资金额共4万多元，服务学生近1000人。另外，捐资30万元帮助受“菲特”台风影响的14家店铺，重新开业运营；组织职工为病重职工捐助筹措资金20万元。同年，“三点水”童装品牌被鹿城区工商局认定为“鹿城区名牌商标”，被温州市政府认定为“温州市名牌产品”。5月，社员邱忠虎为瑶溪村图书馆捐赠价值3000元图书。11月中旬，基层委参加社市委会组织的以“科学引领创新发展促进和平”为主题的第25届国际科学与和平周系列活动中，在滨江街道组织200多名干部员工举办食品安全与健康的讲座，讲座由主委孙国勇主持，邀请温州医学院教授余清主讲。11月14日，配合社市委联合滨江街道绿园社区在社区文化广场开展大型科普和医疗服务活动，基层委10名社员参加义诊，并提供法律法规咨询、测量血压血糖等服务。11月22日，基层委社员参加区委统战部在松台广场举行的“党外人士同心同行社会服务”大型活动中，社员连露锋和方胜浩分别提供法律咨询和书法撰写服务，基层委所属企业富得宝公司的员工代表新温州人参加了文艺演出，获得好评。

鹿城区党外知识分子联谊会

【概况】 2013年，党外知识分子联谊会（简称知联会）围绕中共鹿城区委、区政府的中心工作任务，践行同心思想、服务大局、服务社会，努力探索实践，为推进鹿城科学发展与和谐发展做出积极贡献。2013年，知联会注重自身建设。如：加强对会员的学习教育和培训，邀请了温州大学教授张小燕专题宣讲学习中共十八大精神；先后3次组织会员参加由区委统战部举办的党外人士培训班与“和合讲坛”，以提高会员的综合素质。年内吸收3位优秀党外知识分子加入知联会。同年，知联会领导班子进行调整，增补理事、常务理事，增强了知联会的组织活力和凝聚力。截至年底，知联会共有33位会员担任市、区人大代表和政协委员。其中，马胜凯、邓慧敏2名会员为市人大代表，张雪梅、丁云准、周力群3名会员为市政协委员，区人大代表有8名，区政协委员共20名。是年，会员朱启龙被提任为区人大常委会副主任；会员林朝朝被提任为苍南县副县长。

【双岗建功】 2013年，知联会会员获奖建功的有：陈巧姑获得国家、省、市级6项称号，获国家级的是“中国青少年星星火炬艺术大赛优秀指导师奖”；蒋成富已连续3次获评“全国社科工作先进个人”；侯传芳多次获得国家、省、市级称号，如“中国钢笔画礼品设计金奖”，举办全国第五届钢笔画展览，其中钢笔奖牌画将参加下届意大利米兰世博会；柯苗获得“阳光花朵”全国少年儿童艺术节优秀指导师奖；季杜宇获得浙江省“知联之星”称号；夏云波获浙江省武术锦标赛陈氏太极拳金牌；社区主任金月霞管理的安澜社区被评为“省级四星级侨界之家先进社区”；周赛珍获评市巾帼建功活动标兵和市女企业家协会特殊荣誉奖，并获8项知识产权专利；田志胜获7项知识产权专利。全年，会员共获得39人次各项先进称号，其中获国家级荣誉5项、省级荣誉10项、市级荣誉8项、区级荣誉16项。

【参政议政】 2013年，知联会会员在人大、政协两会期间共提交提案29个，议案13个，社情民意4篇，调研报告7篇，大会发言2次。其中，陈晨的《关于对城市建筑物外立面色彩进行有效管理的建议》得到市委常委、区委书记王立彤的批示；马胜凯提交议案4个，被市政府采纳；邓慧敏提交议案3个，其中《关于要求市政府采取强制措施移交新城绿洲花苑幼儿园由教育部门举办的建议》《关于市政府尽快落实巨一小学建设资金的建议》已得到较好的落实。另外，蒋成富的调研文章《关于创新社会管理、建设和谐社会》，被收录在全国大中城市社科联工作论文集中。全年，知联会班子成员参加由区委、区政府组织召开的协商会、座谈会、通报会共9次，就区委全会报告、政府工作报告、经济工作、党风廉政建设和反腐败工作等全区重大问题，提出意见建议，受到了区委、区政府领导的充分肯定、重视和采纳。

【课题调研】 2013年，知联会针对区经济社会发展的重要问题，共完成课题调研7个，分别为：会员谢伟的《关于禁毒法执法检查的调查报告》《关于我区金融综合改革司法保障工作情况的调查报告》《关于社区居家养老服务工作方案办理情况调查报告》；陈晨的《关于加大鹿城区高新技术企业扶持力度的调研思考》；吴敏的《关于公立医院改革的调查报告》；蒋成富的《关于创新社会管理、建设和谐社会》；陈进弦的《关于开展全民健身的调查和思考》。

【服务社会】 2013年，知联会以“帮村扶企助社区”“双服务”“同心同行、幸福鹿城”主题实践社会服务月活动为载体，开展践行社会主义核心价值体系，践行同心思想，服务社会等工作成绩显著。全年，知联会及会员共向社会慈善公益事业捐款129.6万元。如知联会在结对的东村村、黎明西路社区、鼓楼社区等开展资助慰问特困户、义诊送药、送电脑等活动，捐款捐物共计6万元；捐资3000元，并组织部分会员在松台广场参加区委统战部统一组织的“同心同行、幸福鹿城”主题实践服务社会大型活动；会员周赛珍多次开展捐资助学、扶贫帮困、修桥补路等慈善公益活动，共捐资40.5万元；季杜宇捐款36万元，其中25万元建立嘉一兰馨奖学金，帮助贫困大学生完成学业，10万元用于青少年教育事业，1万元捐助东村村特困群众；张惠敏发挥自身优势，开展“建和谐社区”活动，多次在招贤、庆年坊、洪殿、鼓楼、灰桥等6个社区开展健身、疾病预防等知识宣传讲座、捐赠药品、保健品计10万元以上，受益群众达1200多人，另外还深入药品行业调研经营状况，反映问题、提出建议。蒋成富发挥自身业主委员会的优势，整合资源，多次在黎明、鼓楼、菱藕以及业主委员会开展捐款慰问特困户和维权、科普知识宣传等活动，共捐款15.6万元；田志胜捐资5万元，侯传芳捐资3万元，单晓雷捐资1万元。张惠芳、柯苗多次开展文艺进社区、进企业活动，受到居民群众和员工的欢迎和好评；夏云波在南雅社区多次开展服老敬老活动；郑小野在开太百货、东风包装机械厂、市翔茂进出口有限公司等多家企业开展扶企活动，尽力解决企业遇到的困难和问题；金月霞在安澜社区带头开展城市环境卫生整治活动等。全年，知联会各类服务社会活动达60多次。

鹿城区新的社会阶层人士联谊会

【概况】 2013年，温州市鹿城区新的社会阶层人士联谊会（简称区新联会）致力于学习型组织的建设，将会员整体素质提高放在工作的首位，并制定学习制度。2013年，区新联会被评为2013年度浙江省优秀新联会，会长陈时升被评为2013年度浙江省新联之星。

5月20日，区新联会派出3名会员参加由温州市委统战部举办的温州市无党派人士、新的社会阶层人士培训班；5月22日，派出2名会员参加由鹿城区委统战部组织的党外人士培训班，到省社会主义学院进行培训；7月26日，中共台州市路桥区委统战部一行到鹿城区新联会进行调研，双方就开展新联会的工作进行了交流；10月10日，派出15名会员参加中共鹿城区委统战部主办的“和合讲坛”；11月19日，与乐清新联会缔结为友好新联会，共同努力提高参政议政能力。

【参政议政】 2013年，区新联会班子成员参加由区委、区政府组织召开的各类通报会、座谈会15次，就区委全会工作报告、政府工作报告、经济工作、党风廉政建设和反腐败工作等，提出许多有针对性的意见和建议，得到区委领导的肯定和采纳。该会16人分别被聘请担任区属政府部门特约人员。

该年，会员林其勉当选浙江省第十二届人大代表，在参加省人大会议期间，撰写的《留住外来人才，同时培养更多本土人才的建议》议案提交省人大后得到省人社厅的重视和采纳，《温州日报》《浙江日报》都作了报导。会员马文兵的提案《企业间借贷有限合法化》经市委统战部推荐，作为全国人大代表郑雪君的提案提交全国人大。

【课题调研】 2013年，鹿城区新联会重视课题调研工作，年内已完成2个课题调研任务，其中陈珺的调研课题《对当前科技中介机构发展的一些看法及建议》获得鹿城区课题调研三等奖。

【双岗建功】 2013年，区新联会会员陈忠达入选第六、七届中国曲艺牡丹奖提名奖，获得2013年第八届温州市文学艺术创作奖银奖（五年一届），同时被评定为温州鼓词（非物质文化遗产）省级传承人。11月8日，陈忠达参加浙江省第四届曲艺（曲目）会演，获得鼓词表演金奖。会员林媞被评定为首届中国刺绣艺术家，获鹿城区第七轮专业技术优秀人才称号和第五届温州民间文艺创作百花奖银奖；会员叶益敏获得温州市优秀志愿者称号；张笃霖获鹿城区建设行业优秀企业家称号。8月，林德生作为第一撰稿人撰写的论文《石灰法湿法烟气脱硫设备的综合防护》在2013年第7期《全面腐蚀控制》刊物上发表；林超与人合著的《中国山水盆景艺术》一书由安徽科学技术出版社出版。全年，新联会会员单位共获得73项知识产权专利。

【服务社会】 2013年，区新联会及会员向社会慈善公益事业捐资捐物共计289.9万元。1月11日，在鹿城区委统战部部长胡慧雷、常务副部长胡胜发的带领下，到藤桥镇三新村开展扶贫慰问活动，与该村确立结对帮扶关系，并捐资扶贫慰问款2万元；同月，新联会向松台街道庆年坊社区的退休老干部、华康老友俱乐部捐赠200份《温州商报》。11月16日，组织“同心·医疗服务队”“同心·法律服务队”一行12人参加由区委统战部在

1月10日，鹿城区新联会向南汇街道100名老党员捐赠《温州商报》 区新联会提供

松台广场开展的党外人士“幸福鹿城·同心同行”主题实践大型社会服务月活动，并为辖区50多名特困群众赠送棉被、食用油等慰问品和爱心慰问金。会长陈时升关心社会公益事业，成立了全国首家青少年犯帮教基地，推出“三百慈善工程”（捐建百所图书馆、帮教百名青少年犯、帮扶百名贫困大学生），以贫困小学、青少年犯、贫困大学生等群体作为帮扶对象，每年定额捐出慈善资金，用于慈善工程项目建设使用。2013年，已在泰顺、文成、瑞安和鹿城区双潮乡等地捐建了13所“星际图书馆”，帮助12名贫困大学生入学、帮助15名失足青少年走上正道。

11月16日，鹿城区新联会参加松台广场“幸福鹿城·同心同行”主题实践大型社会服务月活动 区新联会提供

鹿城区工商业联合会（总商会）

【概况】 2013年，区工商联有8家基层商会、7家直属行业协会、商会。是年，区工商联获市工商联年度考核第一名，并获省工商联先进单位及市工商联先进集体称号。11月，区工商联牵头组建的温州民间借贷服务中心，被省委组织部及省委党校确定为省干部教育培训现场教学示范基地。

【参政议政】 8月12日，区工商联两次组织“政企座谈会”，邀请40多家企业代表与区委书记王立彤等领导及相关经济职能部门负责人围绕“振兴实体经济”“鹿城籍温商回归”等问题，探讨鹿城经济发展方式，征集意见建议30余条。组织区政协工商联组委员到区地税分局视察座谈，了解该局“三大服务”“两个减负”等工作服务情况。全年撰写《发展文化创意产业的思考与研究》等调研文章4篇，为相关部门决策提供参考，其中《温州民间金融的供需分析及政策建议》一文获市工商联系统参政议政优秀成果二等奖。配合做好“区党外人士经济形势通报会”“全区振兴实体经济动员大会”“区党外人士党风廉政建设和反腐败工作”等座谈会的企业界代表参会工作。

【内引外联】 2013年，区工商联共接待保定工商联、资兴工商联等19批考察团到鹿城区访问，共同探讨新时期商会工作与双方可合作共赢事项，并与定兴县及资兴市工商联缔结为友好商会。4月，在“鹿城、台湾两地民间交流仪式”上，区工商联与高雄狮子会、区工商联七都商会与花莲港区扶轮社分别签署了友好协议，进一步推进两地经贸合作和企业交流互动。与区经合办等单位联合举办鹿城区“十万浙商进百区”活动，开展“世界温州人大会鹿城乡贤聚会”“温商之春”“走商会、送服务、促回归”等专项活动，动员和组织1400多名鹿城商人到鹿城区进行项目考察、对接洽谈，签约项目12个。

4月，区工商联与台湾高雄狮子会建立友好关系 区工商联提供

【组织建设】 11月，区委区政府发文批准区工商类行业协会（商会）统一归口区工商联（总商会）指导。是年，区工商联出台商会（协会）工作规范制度，对协会（商会）经费、会员、理事会、商会党组织管理制度作了进一步规范，指导商会完善法人治理结构。5月31日，在区金属商会试点建立全市首家商会关心下一代工作委员会，为创建鹿城特色商会树立了示范。7月31日，指导鹿城区鞋料商会成立。年内，还因区域调整，指导原有19家基层商会整合为8家。

【回报社会】 2013年，商会系统共捐资33.5万元援助雅安地震灾区；募集35万元用于助医、助学、助老等慈善事业；举行字画义拍卖，为文成县100名贫困儿童筹得善款7.2万元；以公益文化节为契机，为社区求职者提供300多个就业岗位。儿童节前夕，联合开展“关心下一代——点亮心

愿 圆梦鹿城”活动，帮助20位新温州人子女实现心愿。会员企业慈善活动有：鹿城农商银行用开业仪式中节约的费用捐赠了1000辆公共自行车；温州意迈达皮革制品有限公司捐款30万元成立爱心慈善基金；鹿城金尔达鞋业有限公司捐资15万元助学基金等。

【和谐劳动】 与区人力和社保局、总工会等单位共同推进企业和谐劳动关系，出台“企业关爱职工、职工热爱企业”活动实施方案，并以发放宣传资料、街头电子屏滚动播放宣传片、现场咨询等形式推进该项活动实施。5月17日，召开“区工资集体协商推进会暨劳动争议协调委员会授牌仪式”，为在已建立工会的企业中全面建立工资集体协商制度进行再动员和部署，对已成立“劳动争议调解委员会”的100家企业进行了授牌。6月25日—27日，对各街道、镇劳动监察中队（仲裁办事处）、企业劳动争议调解委员会的工作人员进行法律法规知识业务轮训，提高基层劳动争议调解人员的业务水平，解决现实中的各种劳资纠纷，创建稳定和谐的新型劳动关系。

【创新服务】 2013年，区工商联着力开拓创新服务非公企业工作，设立了“两个健康”（促进非公有制经济健康发展，促进非公有制人士健康发展）领导小组办公室，并与相关部门协作，建立面向非公企业的综合服务体系。与经连管理咨询有限公司合作，推荐企业进入“全国中小企业股份转让系统”，为中小企业搭建新的融资交易平台，年内已有2家会员企业进入培育储备；与区民政局等单位牵头建立鹿城区行业协会（商会）应急转贷资金联席会议制度，防范地方金融风险，维护企业和社会稳定。根据规范运作指导意见已对“在外温州企业家联合会应急转贷资金管理委员会”的成立进行了登记审核。

鹿城区人民团体

综 述

2013年，鹿城区各人民团体，贯彻落实中共鹿城区委的总体部署，“创首善之区，建幸福鹿城”“赴超发展，再创辉煌”，根据各自的优势和特点，为鹿城区的社会经济和社会和谐发挥作用。区总工会以“十大实事”为载体，以“五型”机关创建为抓手，服务企业、服务职工、团结带领全区各级工会组织和广大职工“创首善、争一流”，多项工作取得了突破性进展，全区各级组织和个人获得六项全国性荣誉称号。区各级团组织立足枢纽型社会组织建设，以“中国梦·我的梦”主题教育实践活动为统揽，以“双网互动”工作为推动，各项工作稳步推进。开展“感悟十八大·青春正能量”主题教育实践活动，组建宣讲队伍12支，开展宣教活动57场次。抢占网络移动阵地，以网上网下“双网互动”推进基层团建，依托1043个网格，建立737个网上团工作小组，联系青年33652人，团员10087人。全区66875人次加入志愿者行列，服务总时长达20余万小时。区妇联紧扣大局，倾情服务，在女性创业创新、权益维护、文化发展、服务水平和自身建设上取得新业绩。

2013年，区妇联创新儿童工作，相继获五年一度的“浙江省先进妇女组织”“浙江省第二批廉政文化‘六进’示范点”“温州市先进妇女组织”“温州市妇联系统信息工作先进集体”“温州市妇女权益保障工作先进集体”等称号。区文联发挥文艺工作优势和“联络、协调、服务”职能，以“十件实事”“五型机关”为抓手，提高服务大局、服务文艺家、服务基层的能力，先后举办了以“中国梦”为主题的鹿城区第二届新居民书画比赛、鹿城区第五届“墨池杯”中小学生书法比赛，市区少年儿童美术比赛、东瓯十四书画名家作品展、鹿城区老年书法作品展以及“书香鹿城，悦读生活”主题摄影比赛、“舞动温州·放飞梦想”少儿舞蹈大赛等各种形式文艺活动30多场次。区社科联，团结和依靠全区哲学社会科工作者，在理论研究，社科普及、社团服务、队伍建设等取得新成绩，为鹿城赴超发展、再创辉煌提供强有力的思想保证和智力支持。2013年，区社科联有下属社会团体13个，市、区两级社科普及示范基地15个。评选出重点课题3项，年度课题4项。

鹿城区总工会

【概况】 2013年，区总工会以“十大实事”为载体，以“五型”（即责任型、效率型、服务型、学习型、廉洁型）机关创建为抓手，服务企业、服务职工，团结带领全区各级工会组织和广大职工“创首善、争一流”，多项工作取得了突破性进展，全区各级工会组织和个人获得六项全国性荣誉称号。

【工会组建】 2013年，落实《关于进一步加强基层工会建设的意见》，夯实乡镇（街道）、村（社区）、企业工会基础，全年新组建独立工会140家，累计达到2300家，新增会员12000人，累计会员37万人。对新建企业，符合条件的应建尽建，对已被覆盖的企业，符合条件单独建会的一律单建。深化职工之家建设，力争非公企业工会“三亮”活动开展率达到95%以上，单建工会开展职工评家活动开展率达到70%，单建非公企业工会主席民主直选率达到30%。要加强分类指导，着力研究解决基层工会尤其是部分非公企业工会作用发挥不够、凝聚力不强的问题。

【劳动竞赛】 2013年，紧紧围绕保持经济平稳较快发展的目标和“保增长、扩内需、调结构、促就业、强基础”的要求，联合区重点办在全区42个重点项目建设中开展劳动竞赛。在工程建设中表现优秀集体被授予“工人先锋号”称号，并给予增加疗休养名额和每人3000元补助，在工程中表现优异人员作为区级劳模候选人，有效助推重点工程建设。

【全省书画大赛】 2013年，成功承办浙江省首届职工书画大赛。大赛为鹿城区2013年江心屿金秋文化节的重要组成部分，也是全省首届职工文化艺术节九大项目之一，吸引全省职工投稿近千幅，340余件入围《浙江省职工书法美术大赛作品集》上、下卷，作品在温州市展览馆展出，在省内引起极大的关注。鹿城区还获浙江省首届职工文化艺术节优秀赛区奖。

【“鹿城劳模园”建设】 2013年，围绕深入推进“六城联创”，在双屿街道鞋都三期社区地块开辟总占地面积约2000平方米的“鹿城劳模园”，号召全区82位劳模捐款12.81万元作为劳模园的启动资金，将其建成多功能绿色生态景观基地和弘扬劳模精神的爱国主义教育基地，组织带动“百家企业建绿，千名职工护绿”行动，组织劳模积极参与“四边三化”行动。

【劳模协会成立】 2013年，成立鹿城区劳模协会，各条战线上的120名劳模和先进工作者成为首批会员。充分发挥劳模协会职能作用，切实维护劳模权益，为劳模办好事、办实事，开展“劳模关爱季”，举办困难劳模新春分岁酒；召开劳模座谈会，为劳模发放荣誉津贴、医疗补助和慰问金6.70万元，组织30多名劳模赴杭州三台山疗休养，使协会成为劳模之家。发挥劳模的示范引领作用，建立劳模工作室（岗），引导和带领广大员工围绕企业生产、经营、管理方面的重点、难点等开展技术攻关、管理创新和技能竞赛，产生一批创新成果，打造特色，创建品牌，为全区经济社会发展勇挑重担、再立新功。

【书香企业活动】 2013年，区总工会承接区委区政府读书节“书香企业”板块，活动精彩纷呈。图书漂流为30多家非公企业和社区工会送去1000余册书籍，建立105家职工“流动书屋”；“中国梦”职工演讲比赛、征文大赛、职工文化乐园和职工书屋建设促使职工读书成才；“五一”职工文艺汇演、职工文艺秀鹿城专场、省职工艺术团多场慰问演出、工会干部厨艺培训班极大丰富了职工的业余文化生活。系列活动影响力大，覆盖面广，参与职工8600多人。

“五一”职工汇演　　区总工会提供

送图书进企业活动　　区总工会提供

【服务中心标准化建设】 2013年，打造法律援助、困难帮扶、信访接待、职业服务、医疗互助“5+X”多位一体的综合性工会服务平台，做到窗口、人员、制度、设施“四落实”，实现为职工服务的经常化、制度化和社会化。中心与劳务市场实现信息平台同步，常年发布最新的就业政策、招用工和培训信息。2013年，区职工服务中心接待各类来电来访102件，其中来访42件85人次，提供法律援助2件。全年中心还争取到了市总工会20万元的资金支持，用于基层职工的困难帮扶和救助。

【重点企业工会主席联谊会】 2013年，建立重点企业工会主席联谊制并形成长效机制，为企业搭建交流平台，50家重点企业工会主席参与并形成三个片区小组，定期召开会议或组织活动，增进了解，加强协作，共同解决在基层工会工作中遇到的实际困难和问题，从而增强基层工会组织的凝聚力、向心力和战斗力，进一步促使全区基层企业工会整体水平提高。

【职工素质教育】 2013年，整合职工素质讲师团、女职工法律顾问团资源，采取专题讲座、集中培训、广场咨询等多种形式，开展职工综合素质提升行动，累计开展4次大型广场服务活动，举办5期工会干部职工培训班，组织15场专题讲座，参与职工12600人，发放宣传资料13400份。

【送温暖工程】 2013年，全面提升送温暖工作，规范帮扶制度，扩大帮扶范围，增筹帮扶资金，提高帮扶水平。8月，开展“送清凉”高温慰问活动，为高温作业的近5000名职工送去价值15万元的防暑慰问品。9月，开展“助学圆梦”活动，为39位困难职工子女发放助学款6.30万元。12月，开展“福彩牵手，温暖回家——困难外来务工人员专项帮扶活动”，为85名困难职工发放救助款8.50万元。开展春节慰问，拟定困难职工总数350人，预计发放慰问金40万。

高温慰问　　区总工会提供

【职工情感关爱站建设】 2013年，联合区委宣传部实施职工情感关爱站拓面提质工程，122家基层站点积极深化规范化建设，不断促使全区职工情感关爱工作由人文关怀和心理疏导的单一领域向规范创建、权益维护、技能提升等多层面深化、全方位提升。联合《温州都市报》举办“月老之家”活动，180名来自机关事业单位的单身青年职工“搭乘开往春天的幸福列车”参加大型相亲活动，为适龄未婚青年搭建交友平台，深受欢迎。

【大调解三级工作网络】 2013年，在综治委牵头下，联合相关单位成立“八位一体”区职工联合维权协调机构，建立区总、街（镇）、社区（企业）大调解三级工作网络，与区法院、人社局建立职工维权法律援助机制，在全区9个街道（镇、产业园）、80个社区（村）成立职工服务站，内设劳动争议调解室，100家企业成立职工服务点、企业劳动争议调解委员会，积极维护职工合法权益，促进用工规范、劳资关系和谐。鹿城区获浙江省创建劳动关系和谐企业及园区工作先进组织称号。

【职工会员卡发行】 2013年，在全市率先发行“鹿城区职工会员卡”，此卡集职工会员身份识别、特约商户优惠、法律援助便民三大功能。38家签约商户以7—9.5折让利给持卡会员，首批发行一万张，广受好评。

职工会员卡受欢迎　　区总工会提供

共青团鹿城区委员会

【概况】 2013年，共青团鹿城区委员会顺利召开第九次团代会，选举产生团区委新一届班子成员。鹿城各级团组织立足枢纽型社会组织建设，以“中国梦·我的梦”主题教育实践活动为统揽，以“双网互动”工作为推动，各项工作稳步推进。

凝心聚力，构建思想引导，开展“感悟十八大·青春正能量”主题教育实践活动，组建宣讲队伍12支，开展宣教活动57场次，汇聚青春正能量共筑“中国梦·青春梦”。夯实基层基础，构建组织建设，抢占网络移动主阵地，以网上网下“双网互动”推进基层团建，依托1043个网格，建立737个网上团工作小组，联系青年33652人，团员10087人。坚持资源整合，构建社会服务。提升鹿城志愿服务品牌，先后发起主办服务春运、助推“四边三化”、维护公共自行车、雅安赈灾、“菲特”救援、助力治水等志愿服务活动，打造“银龄志愿”“亲子志愿”“安心志愿”等精品项目。全区66875人次加入志愿者行列，服务总时长达20余万小时。

【基层组织建设工作】 2013年，对80个社区进行了“一岗一牌一制度”的团建规范化建设。建立健全街镇—社区—网格三级团组织联动机制，发挥街镇层面管理协调平台、社区层面资源整合平台、网格层面联系服务平台的作用。打造“两新”团建精品工程，形成了“一街镇、一典型、一精品”的格局，松台大厦的“楼宇团建”、欧洲城的“商圈团建”、金属商会的“商会团建”、嘉乐迪的“连锁品牌店团建”、东瓯智库的“园区团建”各具特色。全年新增新经济团组织91家，新社会团组织26家，超额完成既定任务。打造鹿城“一团一品”精品项目。其中，滨江街道团工委的“黎明92”团建、松台街道团工委的银龄互助志愿服务、仰义街道团工委的“三社”培育及五马街道团工委的“网格团建”等项目都已取得阶段性成效。

【青少年思想引导工作】 2013年，开展“感悟十八大·青春正能量”“汇聚青年志·践行中国梦”主题教育实践活动，组建由第二届“鹿城区十大杰出青年”与各条战线优秀青年组成的宣讲队伍12支，深入基层社区、企业、学校开展宣教活动57场次。立足分类引导，建立“鹿城青年幸福课堂”，形成“一月一讲座，一讲一主题”的品牌效应，受众涵盖各类青年群体。建立微信、微博、官网为依托的共青团网络主阵地，吸引微博粉丝、微信关注者9200余人，官方微博获鹿城“十大政务微博”称号。以微提案、电子相册替代提案汇编、大会画册献礼团代会，以微博、手机报替代纸质简报、团讯，同步直播大会。先后开展青春“微提案”、“微低碳行动”和“共绘城区悦读地图”创意微博征集等活动，拍摄12条“微电影”，网络点击率破万。

【共青团服务职能发挥】 2013年，区团委服务经济转型升级。发挥青年在经济建设主战场的突击队和生力军作用，“青年文明号”“青年岗位能手”“订单式培训”促进行业提效。服务社会和谐发展，志愿服务站点向80个社区全面辐射，志愿者人身保险向6.9万名注册志愿者全面投放。

【开展区“十大志愿服务项目”评比活动】 2013年，鹿城区“志愿服务十大项目”评审为鹿城团区委、区志协（志愿者协会）以赛代训的有效方法，在全区范围内共征集到志愿服务项目30余个，专家初筛，14个优秀志愿服务项目负责人制作专门的项目介绍PPT一一登台演示说明，最后由柒零叁网青年志愿者艺术团打造的“温州草根艺术团”和由温网爱心屋推荐的“彩虹桥：为民工子弟打开艺术之门”等10个项目，成为鹿城区“十大志愿服务项目”的首批获奖者，并获得100元—3000元不等的小额资助。

【青年就业创业】 通过微博、微信群等新媒体运用，为创业青年代表张海川拍摄专题“微电影”，在全社会营造崇尚创业、支持创业、参与创业的良好氛围。与温州大学城市学院合作，连续四年开展创业营销大赛。与东瓯智库合作，推出鹿城创业家计划，提供免费创业场地及系列优惠，使创业项目能真正落地。完善“诚信团支部”创建计划。积极与鹿城农村合作银行合作，进一步完善“诚信团支部”计划，对已创成“诚信团支部”的单位，其成员可享受贷款资金优先、信用额度提高、利率适当下浮等优惠政策。全年共发放青年创业小额贷款超2000万元，带动就创业1240人次。

【第二届“新居民青年达人秀”专场活动】 2013年，开展第二届“新居民青年达人秀”，鹿城专卖活动，武术、乐器、戏曲、魔术、舞蹈、声乐等内容丰富、形式多样的节目在舞台上齐呈现。达人们意气昂扬、各显绝活，为现场的评委及观众带来一出出精彩纷呈的节目。场下的观众区更是座无虚席。鹿城团区委以青少年微舞台为阵地，向全区青少年特别是新居民青少年提供展示才艺的平台，提供更多展现风采的机会，丰富青少年的业余文化生活，助力青少年全面健康发展。

【第二届“鹿城区十大青年”评选活动】 2013年，第二届“鹿城区十大杰出青年”评选经过基层推荐、候选人初选、媒体公示、群众投票、组委会评选等环节之后，吸引16万人次分别以网络、报纸的形式参与投票，在全区青年中引起了热烈反响。最后，经过评委会的评定，共有10位青年当选为第二届“鹿城区十大杰出青年”，10名青年获第二届“鹿城区十大杰出青年”提名奖。他们分布在文教体界、企业界、政法军警界、公共服务管理界、新鹿城人等行业和系统，具有广泛的代表性。“五四”青年节当天，在鲜花和掌声中，第二届“鹿城区十大杰出青年”称号获得者周选慈、陈辉、徐家晖、陶晓迪、王萧枫、金晓群、孙云、张海川、颜子禾、刘宇依次走上领奖台，接受领导的颁奖。

5月4日，第二届“鹿城区十大杰出青年”颁奖典礼在广电中心演播大厅举行

区共青团鹿城区委员会提供

【“小候鸟”圆梦系列活动】 2013年，团区委结合“中国梦”的主题，保留了广受新居民子女欢迎的看3D电影、游览江心“诗之岛”、品味天一角美食等项目，增加了励志成长成才的“情感梦”“交友梦”“科创梦”等项目，在鼓励新居民子女寻梦和谐融入、追梦提升自我的同时，也丰富了“圆梦”鹿城的时代内涵。2013全年，以鹿城团区委联合多家单位，面向新居民子女先后开展法院旁听“圆司法梦”、免费体检“圆健康梦”、文艺选秀“圆舞台梦”等活动，并在仰义街道试点开展“共青团影院”“小候鸟图书馆”等，优秀做法刊登于《中国共青团》杂志。开办暑期七色花公益课堂、流动少年宫、向日葵成长俱乐部成长夏令营等活动共计37场次，试点建立“小候鸟图书馆”“共青团影院”等活动阵地，各项活动惠及5600多个新居民家庭。

【青少年维权】 2013年，建有17个市级、10个省级和1个国家级青少年维权岗。开展青少年“模拟法庭”巡回展示20余场，组织新居民子女参观法院庭审现场，加强青少年对预防违法犯罪的感性认识。引导全区114支平安志愿者队伍，针对不同类别的闲散青少年开展法律维权、禁毒宣传、阳光矫正、心理疏导等宣教活动97场次，切实做好预防社会闲散青少年的管理服务工作。

鹿城区妇女联合会

【概况】 2013年，鹿城区妇联紧扣大局、倾情服务，在女性创业创新、权益维护、文化发展、服务水平和自身建设上取得新业绩。全区妇女儿童发展环境进一步优化，妇女儿童工作取得了长足进步，为鹿城区经济社会的全面发展做出了积极贡献。

2013年，鹿城区妇女儿童工作取得新成绩：相继获五年一度的“浙江省先进妇女组织”“浙江省第二批廉政文化‘六进’示范点”“温州市先进妇女组织”“温州市妇联系统信息工作先进集体”“温州市妇女权益保障工作先进集体”等称号，并在“十二五”妇女儿童发展规划中期监测评估中获得了全市第二名的好成绩。

【组织建设】 区妇联不断加强自身建设，健全组织网络，提升干部素质，探索建立长效机制，妇联组织的凝聚力、战斗力不断增强。7月26日，区妇联召开了妇女代表大会，新一任妇联领导班子展开了全区妇联工作的新篇章。区妇联工作人员增编2名，开展新一轮中层干部竞聘，中层干部队伍呈现了年轻化、知识化、高效化、创新化的态势，科室力量大大增强。在基层组织换届过程中，下发参政议政倡议书，建立农村妇女参与民主管理目标完成情况每日一报制度，呼吁街镇重视，支持妇女参政议政工作。

【巾帼建功活动】 2013年，召开全区“巾帼文明岗”现场观摩推进会，全年申报区级巾帼示范社区（村）5个、巾帼文明岗36个，通过岗位实践、技术竞赛、交流观摩等形式，深入开展“城乡姐妹手牵手·共建幸福新农村”活动，为结对农村新社区妇联、村妇代会办实事、注重激发各行各业女性岗位建功热情，组织妇女干部赴藤桥桑葚基地召开创业创新现场会，至七都举办“美丽乡村·幸福鹿城”农村妇女烹饪知识培训班，受到农村创业妇女的普遍欢迎，创成“妇”字号来料加工点47个。

3月5日，巾帼风采展示　　区妇联提供

【“春风行动”】 2012年，开展为期一周的“春风行动—我们都是一家人”招聘会，组织40余家企业进驻设摊招工，提供2000余个招聘岗位，所涉工种达200余个，现场达成就业意向330余人，提供法律咨询1602人次，发放宣传资料及服务卡1.89万份。开展“春风行动进基层”活动，为39名困难妇女送上慰问金，帮助解决实际困难。

【妇女培训工作】 2013年，全区积极组织妇女参加省、市创业创新能力培训，区妇联开展各类针对性培训1.3万人次。

【“两新”妇联建设】 2013年，通过“开辟巾帼阵地、凝聚巾帼人才、尽展巾帼风采、奉献巾帼力量”四项措施，全面提高妇联组织在“两新”领域的组建率，组建新社会组织妇联231家、新经济组织妇联4085个，建成率达88%，重点打造以康奈集团、鹿城区个体与民营经济联合会等为代表的10个示范性“两新”组织妇联。

【社工服务】 2013年，鹿城区“半边天”社工服务团，结合巾帼志愿者行动，在全区8个街镇社工服务站、80个社区服务点开展“低碳城市和美丽乡村建设”“巾帼共创森林城市”及“巾帼爱心驿站”民工送冬衣等系列活动，参与人数达5000余人次。

【留守儿童工作】 2013年，以仰义“共享蓝天”流动儿童俱乐部、七都留守儿童俱乐部为依托，开展关爱留守、流动儿童系列活动，新建共享蓝天俱乐部18个、共享蓝天图书室20个。

【家庭教育工作】 2013年，新建示范儿童之家10个、成立企业家长学校4所，举办“争做合格家长·培养合格人才”家庭教育知识竞赛，在七都街道开展农村家长及委托监护人家教知识培训，举办家教工作者培训25场次、受众达730人，开展各类家庭教育宣讲活动206场、受众3万余人次，举办相关亲子活动47场、参与人数达1014人，活动主题鲜明，取得了良好的效果。

【儿童活动丰富多彩】 2013年，以“幸福快车”四进活动为契机，以区妇女儿童活动中心为阵地，通过开办“母乳喂养”专题讲座、开展青少年暑期培训、举办“幸福家庭”亲子活动、组织“五老扶苗志愿者”慰问特困儿童等措施，营造少年儿童健康成长的良好环境。

【健康促进工程】 2013年，开展“关爱妇女·远离两癌”——关爱妇女健康系列活动，发放宣传资料8000册，举办“两癌”健康知识公益讲座23次，受众达2030人次，开展免费检查32场，送温暖活动捐助363人。

3月4日，关爱妇女募捐活动　区妇联提供

1

2013年，区妇联获“浙江省先进妇女组织”“浙江省第二批廉政文化‘六进’示范点”“温州市先进妇女组织”“温州市妇联系统信息工作先进集体”“温州市妇女权益保障工作先进集体”等称号。

2

鹿城区妇女联合会

2013年，鹿城区妇联在女性创业创新、权益维护、文化发展、服务水平和自身建设上狠下功夫，全区妇女儿童发展环境进一步优化，妇女儿童工作取得长足进步。

2013年，区妇联不断加强自身建设，健全组织网络，提升干部素质，探索建立长效机制。在基层组织换届过程中，下发参政议政倡议书，建立农村妇女参与民主管理目标完成情况每日一报制度，呼吁街镇重视，支持妇女参政议政工作。

1. 3月5日，“十佳巾帼典范”颁奖典礼举行
2. 3月1日，举办区机关女干部插花比赛

此版照片由鹿城区妇女联合会提供

【女性社会组织品牌活动】 “鹿城区女知识分子联谊会”品牌，开展“解民情·心连心”主题调研活动，为全区妇女儿童工作发展献计献策；组织会员赴泰顺与旭辉希望小学开展结对助学活动，实现优势互补活动，促进两校共同发展；组织会员奉献爱心，积极参与鹿城贫困“坚强母亲”慰问活动；组织会员参加厨艺培训班，助其培育时尚生活理念、树立健康养生观。“鹿城姐妹幸福团”品牌，借着开展全区妇女干部赴省妇干校培训的契机，成立“鹿城姐妹幸福团”，团员人数达52人，均为来自全区妇联系统的干部，成立微信交流群，交流工作、生活心得。“鹿城区女企业家协会”品牌，鼓励协会做好服务的同时，创造性开展片组活动，5个片组结合各自特色开展学习培训、主题宴会、爱心慰问、野外踏青等活动，既灵活机动地实现联谊活动的百花齐放，又营造了评比竞赛、力争上游的良好氛围，组织女企业家协会会员捐资178万元为临江小学兴建“巾帼教学楼”。

【“和谐家庭”创建工作】 2013年，开展书香家庭创建活动，评选“书香家庭”100户。举办家庭助廉助贤培训班，开展省级廉政文化进家庭示范点工作。开展“大手牵小手”绿色家庭评选活动，评出绿色家庭2000户。全年平安家庭创建率达90%，文共创成文明家庭12.97万户，创建率超出32.74%。

【妇女维权工作】 2013年，区妇联以认真履行维护妇女合法权益为己任，推动妇女共建共享和谐社会。与区民政局联合，在区婚姻登记大厅设立婚姻家庭服务驿站，作为“离婚前一站”，安排专业人士为饱受婚姻家庭关系困扰的妇女提供咨询服务，挽救失败婚姻、助建和谐家庭。开展家暴投诉规范化操作试点工作，确定南郊乡派出所为试点单位，开辟家暴受理绿色通道，安排专人负责、追踪回访，全年受理家暴投诉50余起，无一再次报警，先进做法在全市反家暴工作推进会上作典型推广。提升婚姻家庭调解委员会的工作质量，除配备专职调解员外，每周四邀请律师及婚姻家庭指导师义务接访，共受理来电咨询98起，来访51次，成功调解2例。完成松台街道水心社区、南汇街道清风社区的市级“社区妇女维权服务站”标准化示范点创建工作。

鹿城区文学艺术界联合会

【概况】 2013年，区文联围绕区委区政府中心工作，发挥文艺工作优势和“联络、协调、服务”职能，以“十件实事”“五型机关”为抓手，提高服务大局、服务文艺家、服务基层的能力，先后举办了以“中国梦”为主题的鹿城区第二届新居民书画比赛，鹿城区第五届“墨池杯”中小学生书法比赛，市区少年儿童美术比赛；东瓯十四书画名家作品展，鹿城区老年书法作品展“书香鹿城·悦读生活”主题摄影比赛以及“舞动温州，放飞梦想”少儿舞蹈大赛等各种形式的文艺活动达到30多场次。这些文艺活动，很好地促进了文艺创作、增进了文艺家的团结、推进了文艺交流、丰富了市民文化生活，为文化强区、幸福鹿城创建做出了应有的贡献。2013年，区文联代表浙江省90个县级文联在全国文联工作交流会上介绍“送文艺”“种文艺”工作经验。

【“鹿城—岳阳”书法交流展】 6月17日—23日，鹿城—岳阳书法交流展在温州市书画院举行，共展出鹿城区和岳阳楼区两地名家书法篆刻作品130多件。10月22日—27日，岳阳—鹿城书法交流展移师岳阳楼区文化艺术展览中心举行，展出两地名家书法篆刻作品150多件。通过书法交流展达到了学习、交流、提升的目的，扩大了鹿城书法艺术影响力。

6月17日—23日，鹿城—岳阳书法交流展在温州市书画院举行　　区文联提供

【鹿城区第三届“二十青年书法篆刻作品展”】 11月28日—12月2日，在温州展览馆举办鹿城区第三届“二十青年书法篆刻作品

展”。选拔区书协21名青年书法家，潜心创作近100多件书法作品参展，展览期间还组织市区书法名家对作品进行点评，引导青年书法家不断提升自己的创作意境和审美追求。同时，编印刊发《鹿城区第三届二十青年书法展作品集》。

【全省职工书法、美术大赛】 9月，大赛共收到来自全省各地近1000幅作品，其中书法作品641件，美术作品289件，篆刻作品40幅。经过专家评审，最终340余件作品入围，46件作品分获一、二、三等奖。其中，鹿城区书家协会杨小贺、潘秀益获书法一等奖，鹿城区美术家协会阿岛、刘志的美术作品获二等奖。组委会还特地编辑了《浙江省职工书法美术大赛作品集》（书法卷、美术卷）两本书，赠送参观者。

9月24日，在展览馆召开举行全省职工书法、美术大赛颁奖仪式　　区文联提供

【第十届市区青少年现场命题作文大赛】 由市区1500多名青少年参加的温州市第十届“社会一角”作文大赛于5月10日在温州大学成教学院举办。并在瑞安城关和塘下设分赛场同时举行。赛后还编印出版《温州市第十届青少年作文大赛作品选》。

【央视录制“鹿城曲·瓯越情”大型晚会】 6月—7月，区文联和区戏剧家协会组织各社区文艺爱好者联合表演的“鹿城曲·瓯越情”36个戏剧节目，分别在中央电视台11频道“快乐戏园”栏目播出第一、二、三、四集。

央视录制的《鹿城曲·瓯越情》大型晚会　　区文联提供

【鹿城美术家画鹿城】 2013年，组织温州市区近100名美术家开展半年时间的采风创作，共有150多件油画、国画和钢笔画作品于5月17日在市工人文化宫展出。其中，金国斌创作的《印象大罗山》获得全国第六届钢笔画铜奖。侯传芳创作的钢笔瓷板画《江心屿》获得中国文化礼品金奖。

【基层文联建设】 2013年，先后在区公安分局、松台街道、藤桥镇和五马街道成立了文联，以进一步加强基层文艺团体建设。

2013年，区文联为区公安分局组建文联、书法、摄影协会等基层文艺团体　　区文联提供

【“送文艺”“种文艺”活动】 2013年，全区8个文艺家协会结对8个街道、乡镇，80名文艺志愿者结对80个社区。通过送春联、书画创作、走访采风、演唱演出、书画、摄影、舞蹈等门类的比赛展览、文艺辅导、摄影服务等多种形式的“送文艺”“种文艺”活动达到460多场次。

【文艺力作，精品迭出】 2013年，区文联扶持美协陈振涛出版《陈振涛画集》。出版了瞿炜的诗集《地下铁》，傅建国的散文集《从皖南到温州》，吕相国和赵青云的《瓯镒》，沈楚的散文集《空鸟笼》，音协陈泳编撰的《简易趣味钢琴教程》等22部文艺著作。杨小贺的书法作品、周建树的摄影作品《美在心底》、张朝晖的《水天一色》、何力强舞蹈《百小纳福》等160多件文艺作品获得市、省和国家级奖项。

2013年，区文联各联协获市、省、国家级奖项出版作品掠影　　区文联提供

【“跳动的音符”——音乐山乡行活动】 这是鹿城区音乐家协会的传统音乐扶贫项目，至2013年连续举办了5年。1月，他们带着200多件口风琴等各类乐器、

200多个书包等文具到藤桥实验小学，为每位同学都赠送了一件乐器，并跟随音乐家协会的老师们学习乐器演奏，为山区的孩子们带去音乐，带去欢乐。

【叶小森师生音乐会】 8月15日，在市文化宫叶小森举办双簧管、萨克斯音乐会。

【春之声——音乐朗诵会】 4月22日晚，鹿城区音乐家协会与温州市文化广电新闻局、温州市图书馆、温州市朗诵艺术团，在温州市图书馆，共同组织了一台“春之声——音乐朗诵会”。将诗文与音乐融合于一体，让人们在两种不同艺术表现的方式中体味诗文的韵味。

【钢笔画全国获奖】 11月，区美术家协会会员在全国第六届钢笔画展览中获得一银四铜13个优秀奖的好成绩。其中，张美莲获银奖，陈国浩、金国斌、许雯蕾、张静分别获得铜奖。

【影视创作成绩突出】 影视家协会李捷和吴培军创作的电影《给我一双慧眼》12月在中央电视台播出，他们的“红日亭”已完成剧本创作并上报送审。由影视家协会主席张民导演的纪录片“温州鼓词”“叶萌春与黄杨木雕”被纳入浙江省广播电视地方文艺题材纪录片创作题库。张民主编的电视文化栏目“文化温州”相继介绍了“大师南怀瑾”“方介堪、方去疾”“书法家林剑丹”等七集温州文化名人系列片。栏目获2012年度浙江省电视文艺摄像一等奖。协会会员还创作拍摄了公益禁毒影片《彼岸花开》、残疾公益影片《心灵的春天》、黑色喜剧影片《迷失的恶棍》等微电影，在新浪、土豆等主流网络热播。

鹿城区社会科学界联合会

【概况】 2013年，区社科联围绕区委、区政府中心工作，团结和依靠全区哲学社会科学工作者，求真务实，开拓创新，在理论研究、社科普及、社团服务、队伍建设等方面取得了新成绩，为鹿城“赶超发展 再创辉煌”提供了强有力的思想保证和智力支持。2013年，区社科联有下属社会团体（学会、协会、研究会）13个，市级、区级社科普及示范基地15个。

【社科研究】 2013年，组织开展首次社科研究课题和社科普及出版资助项目的申报立项工作。评选出《鹿城区城市基础社会管理创新机制研究》等3项课题为重点课题，《新形势下科学有效查处网络经济案件探析》等4项课题为年度课题，《鹿城人文景观》《温州记忆·民俗画卷》《鹿城风雨春秋》《吾老在线——老干部十八大论文汇编》4部书稿为社科出版资助项目。此外，选送的《瓯与瓯文化》被评为温州市第十四届哲学社会科学优秀成果奖。

【社科普及周活动】 9月—11月，以“弘扬最美精神·共筑中国梦”为主题，组织开展2013年社科普及周活动。联合全区25个部门、8个街镇以及各社区、社科团体、学会，推出大型主题活动、科普示范基地活动、读书阅览活动、理论研讨活动、主题文化展演活动、科普展览展示活动、科普讲座培训活动、社区科普主题活动等八大系列88项活动。活动期间，共发放宣传手册、宣传品近2万余份，举办各类科普知识宣传讲座、培训150余场，大型高端讲座、论坛10场，社科主题展示展览20多次，文艺下基层近百场。其中，区委宣传部、五马街道、叶同仁中医药博物馆被评为温州市2013年社科普及周先进集体，潘国森、周筱秋、苏尧然被评为温州市2013年社科普及周先进个人。

2013年，举行社科普及周活动开幕式
区社科联提供

【“瓯江讲坛”高端讲座】 2013年，以各类社科人文讲坛为平台，邀请国内各领域知名专家学者就当前热点、难点问题进行深入解读，不断增强领导干部领导科学发展能力。重点打造“瓯江讲坛”高端讲座，邀请区四套班子领导，区直各单位、各街镇领导，以及企业代表和市民群众参加，受到各界高度评价。先后邀请国内实战培训专家余世维、阿里巴巴集团副总裁高红冰、著名财经作家吴晓波就“如何塑造管理者的性格魅力”“创新驱动发展”“十八届三中全会之后的经济改革”作专题讲座。

邀请国内培训专家作“十八届三中全会之历的经济改革”专题讲座

区社科联提供

【专家智库】 2013年，借助市级专家、学者集聚的优势，组建鹿城社科专家智囊团。召开专题研讨会，梳理鹿城区优势社科资源，专题研讨鹿城区社科研究发展项目、论题、丛书等项目，拟定社科丛书五年规划。

【学会管理】 2013年，制定出台《温州市鹿城区社会科学界联合会学会管理办法》，进一步规范和指导学会活动，以机制推进社科学会规范发展。

【基地建设】 下半年，在原有13个社科普及示范基地基础上，开展第二批社科普及示范基地评选活动。松台街道郭公山社区、藤桥镇临江小花朵亲子教育基地被评为温州市鹿城区社科普及示范基地。

藤桥镇临江小花朵亲子教育基地

区社科联提供

军　事

人民武装工作

【概况】 2013年，鹿城区人武部以中共十八大精神为指导，以高举旗帜、听党指挥为主线，以“走在前列，争创一流”为目标，与时俱进，狠抓落实，较好地完成年度工作和上级交给的各项任务。2013年，认真学习中共十八大精神，增强干部职工的政治意识、军魂意识、号令意识。认真抓好年度政治工作落实。成立国防教育讲师团，坚持每季度开展一次国防教育知识讲座，利用学生军训、国防教育日等时机，深入一线做好国防教育图片展。8月，邀请了著名军事专家、海军信息化专家咨询委员会主任尹卓少将为全区科以上领导干部作题为《我国周边安全形势与钓鱼岛问题》的国防教育讲座；积极推进五马街“军民共建示范一条街”建设；扎实做好国动委演练和网络化装备保障演练中的思想政治工作；针对征兵调整改革，指导各街镇做好征兵宣传工作。重视宣传报道工作，在《解放军报》发表了2篇版面头条，省军区级以上政工网发表新闻稿件35条。

2013年，新增加了市人民银行、市气象局和区卫生局、区科技局、区行政执法局5个机关编兵单位，浦发银行，信达测绘2个企业编兵单位。组织了水上抢险、保交护路、运输支援、应急通信等10支队伍，共820人的拉动演练。加强军地联合演练。5月上旬，采取“上导下演、异地同步、多级联动、军民联合”方式，组织全区国防动员演习，参演部委局办、街道、企业共46个，参演党政军领导干部88人，参演公安干警30人、人防交战专业队伍36人，参演群众520余人，参演工程装备28台，动用各类轻武器96件。8个动员办公室共拟制作业文书近200份，完成36个行业系统的国防潜力调查。通过探索研究，形成“鹿城模式”并在全市进行了推广。11月上旬，鹿城区民兵抢修分队积极参加省军区组织的网络化军民联合装备保障实兵演练，圆满完成了所有演练科目。狠抓了征兵工作。征兵调整改革，《鹿城区退役大学生士兵报考事业单位优惠政策》，按照5：1的比例招考2名退役大学生士兵，对应届大学生入伍的士兵奖励10000元，抚恤金提高到22863元，并在“八一”节前落实到位一系列优惠政策，全区完成了年度征兵任务。注重发挥民兵作用，组织水上抢险分队30名民兵在温瑞塘河开展水上救护和应急驰援演练，确保民兵应急分队遂行急难险重任务时拉得出、用得上；11月下旬，组织应急营营部民兵进行集中训练；在防台抗台中，出动民兵参与转移群众及加固堤坝、抗台值勤等任务；先后3次组织民兵参与“四边三化”活动。

【党管武装工作会议召开】 1月24日上午，鹿城区党管武装工作会议在区行政会议中心隆重召开。会议表彰了2012年度党管武装工作先进单位及“党管武装好书记”“优秀专武干部”；南汇街道、松台街道和仰义街道党工委书记口头述职；区人武部部长徐道友总结回顾了2012年度武装工作情况，部署明确了2013年度武装工作主要任务；市委常委、区委书记、区人武部第一书记王立彤出席会议，并就新形势下如何高标准推进全区武装工作科学发展作了重要讲话。

【春节走访慰问活动】 1月，在蛇年新春来临之际，鹿城区人武部积极开展走访慰问活动。区人武部部长徐道友、政委陈志坚分头带队，走访辖区部分军烈属、伤残军人、参战老兵、困难群众、离退休老干部等。每到一处，部长、政委都亲切地与这些优抚对象进行交谈，详细了解他们的生活和健康状况，同时向他们表达节日的问候，并送上慰问金，祝愿他们身体健康、阖家幸福。

【“走进高校”国防教育日活动】 3月5日下午，在副部长凌王兴的带领下，三名机关干部及滨江街道专武部部长到工贸学院利用大学新生军训时机，深入一线做好国防教育及征兵宣传，开展国防教育图片展，发放国防教育宣传手册2500余份，对大学生感兴趣的话题进行面对面的交流讲解，进一步增强大学生热爱国防、关心国防的意识，同时，也为年度征兵工作打下了坚实的基础，实现了“一季征兵、四季宣传，全年发动”的良好局面。

【“聚焦使命”战时国防动员演习】 5月12日，温州市鹿城区2013年国防动员战时行动演习在鹿城举行。演习采取“上导下演、异地同步、多级联动、军民联合”的方法，示范性和检验性相结合，鹿城区国防动员委员会全过程、全要素、全员额演练指挥机关及10个实兵课目的战时行动。在为期一天的时间里，紧紧围绕“大规模作战条件下国防动员行动”这一课题，重点进行了平战转换、首批动员和持续动员三个问题的演练。

【民兵工作调整改革】 2013年，鹿城区人武部紧贴任务需要，以提升民兵队伍整体战斗力为目标，抓住重点，突破难点，进一步压缩了基干民兵的数量规模，实现由“数量”向“质量”的转变，优化了以应急队伍、支援队伍、储备队伍“三大类”为主的民兵组织结构，新增加5个机关编兵单位和2个企业编兵单位，专业更加细分，任务更加对口，扩大了本地户籍兵员和退伍军人的编组比例，切实打牢民兵队伍基础。

【组织水上抢险分队集训】 6月中旬，鹿城区人武部组织水上抢险分队进行为期一周的集训，着力提高民兵预备役的快速反应和遂行抗洪抢险任务能力。集训期间，重点围绕抢险救灾理论、冲锋舟基础知识、日常维护保养等课目进行了系统的理论学习，并模拟真实环境进行冲锋舟离靠岸、水上救护等实际操作训练，使民兵水上抢险分队熟练掌握各种技能，确保一旦发生险情，水上抢险分队能正确处置、有效应对，为鹿城区的防汛抗洪工作提供坚强有力的保障。

【征兵工作】 7月10日，2013年度鹿城区征兵会议召开。区人武部宣布2013年度冬季征兵命令。区长提出认清2013年征兵工作调整改革的特殊意义，确保圆满高质量完成任务，并对征兵政审、大学生入伍优待政策等具体问题进行了研究。

【23号台风“菲特”抢险救灾】 2013年，第23号强台风“菲特”来势汹汹，为防止瓯江水倒灌市区，接防汛指挥部通知，鹿城区人武部迅速组织辖区民兵，连夜加高瓯江堤坝低洼地带。10月6日晚上19时20分，在接到市防汛指挥部的命令后，15分钟内，松台、五马、滨江三个街道的民兵应急排全部赶到指定位置，投入防抗台风工作中。为了抢在晚上23时06分高潮前完成加高低洼地带防洪堤的任务，民兵们冒着狂风暴雨，分工明确，紧张有序，忙而不乱。经过3个多小时的奋战，在高潮之前，成功加高了10余处防洪堤，有效保障了人民群众的生命财产安全。

【参加军民装备网络化保障演练】 11月10日，省军区网络化军民联合装备保障试点观摩会在温州军分区举行。当天下午，省军区首长带领与会代表观摩了该军分区野战修理所。观摩组先后参观了各维修区以及弹药器材存放区。技术人员现场演示了一系列网络化维修保障、装备弹药保障作业程序。

【专武干部集训】 12月上旬，温州市鹿城区人武部组织民兵应急营骨干进行了为期一周的封闭式训练，加强民兵骨干队伍建设，扎实打好后备力量建设基础，通过多种形式，着力强化广大民兵“兵”的意识和应急处理突发事件的本领。

人民防空

【概况】 2013年，鹿城区人防工作坚持"长期准备、重点建设、平战结合"的方针，不断提高人防工作的战备效益、社会效益、经济效益，圆满完成各项任务，在提升应急应战准备，拓展宣传教育"五进"工作，夯实基层人防规范化建设，完善防护体系等方面取得了一定的成绩。

区人防办（民防局）参加区国防动员战时行动演习，被区国动委评为演习先进单位，人防机关3名干部职工被评为演习先进个人；参加浙江省"人防在社区"创意大赛活动，获全市第一名；参加温州市人防应急指挥通信保障拉练暨业务技能培训，获全市第二名；参加全国人防训练比武竞赛，两人进入第二轮全省预选赛；被评为2013年度温州市人防工作先进单位。

【"国际民防日"活动】 3月1日，联合松台街道在松台广场举办"加强民防建设、共建幸福温州"的主题民防宣传活动。活动现场，采取宣传展板展示、发放防空防灾知识手册、应急器材展示、现场咨询、有奖竞猜等形式，向广大市民宣传防灾减灾等民防应急知识，并为南浦小学等12所小学配发手摇警报器，为松台街道所属12个社区分发应急包、《市民防护手册》和防空防灾知识动画系列片。

【通信警报建设管理】 4月，召开全区警报管理员业务培训会议，对警报管理员进行警报操作、管理业务培训，提高各警报管理员业务水平；顺利完成"5·12"和"9·18"两次警报试鸣工作，鸣响率达到100%；新增城区防空警报2台，协调泽雅水库在藤桥镇配置3台防汛警报，在台风"菲特"来临时发挥了重要作用。

【国防动员潜力调查】 4月、8月—10月，按照区国动委统一部署，分两次开展人民防空动员潜力调查统计和数据汇总工作，为区国动委科学制订方案计划、战时实施快速动员提供可靠依据。

【人防宣教"新五进"工作】 2013年，在巩固提升人防宣传教育"五进"（进学校、进党校、进社区、进企业和进网络）的基础上，深入拓展"新五进"（进广场、进市场、进商场、进菜场和进车站码头）工作。主要有通过鹿城公务网首页，播放防空防灾知识动画系列片视频方式宣传人防知识，发布《关于印发2013年鹿城区人防（民防）创建社区宣传教育计划的通知》，开展"人防在社区"创意大赛活动，拍摄电视专题片，在小学举办人防民防知识讲座和防震疏散演练，人防宣传进商场等活动。

【应急应战演习和训练】 5月，参加了区国防动员战时行动演习。区人防办组织星际控股集团有限公司参加其中的防空袭演练，顺利完成防空警报鸣响、人员应急疏散、受伤人员救护、火灾现场处置等科目。

【"防灾减灾日"系列活动】 5月12日，五马街道和南汇街道围绕防灾减灾主题，组织辖区社区开展专题宣传教育活动，共展示防灾减灾宣传教育图版90块，发放宣传资料2800册，参展人数达到4000多人；藤桥中学、上戍中学、鹿城实验中学以及星际控股集团有限公司举行应急疏散演练，共2400人参加。

【救援队伍建设】 6月，在区人武部的指导下，分别完成4支人防专业队伍173人、5支民防应急救援队伍145人、5支民防志愿者队伍155人的整组工作；7月，组织星际控股集团有限公司民防应急救援队118人，开展为期3天的专业技能训练，提升了队伍应急应战能力。

【指挥工程建设】 7月，省人防办李杭主任视察区人防指挥中心（1101工程）施工现场，对鹿城区指挥工程建设工作给予了充分肯定。工程完成年度投资额2100万元，年底完成地下室土建施工，进度正常，安全有序。

【基层规范化建设】 8月，组织区人防机关和藤桥镇有关科室人员赴嘉兴市参观考察基层人防规范化建设情况，学习先进经验，为下一步开展人防规范化建设工作提供经验借鉴；9月，藤桥镇本级和所辖10个社区，南汇街道绣山社区、火车站社区开展人防（民防）规范化建设试点工作，基本达标；绣山社区作为全市人防（民防）规范化建设工作典型之一，接受了省人防办的检查验收。

【“国耻日”活动】9月18日“国耻日”，组织温州市第十七中学举办“勿忘国耻，振兴中华”主题系列教育活动；在临江中学开展防空疏散演练和纪念“九一八”事变人防宣传教育活动，举办主题演讲和主题签名等活动。

【人防展馆建设】 9月，鹿城区人防展馆通过竣工验收，投入使用，接受教育人数达6000人次。该展馆投资47万元，坐落于七都中学校园内，是集人防民防图文展示、基本技能培训为一体的综合教育培训场所，展馆的建成，为鹿城区今后国防教育和防空防灾宣传教育提供可靠平台。

【地下空间开发利用】 11月，全省城市地下空间开发利用工作现场会在温州召开，会议期间，鹿城区松台山人防坑道平时开发利用情况被作为其中一个典型案例向全省推广；12月，第八届鹿城区政府第20次常务会议通过《温州市鹿城区城市地下空间开发利用管理暂行办法》，城市地下空间开发利用进入有法可依、规范化管理的崭新阶段。

【街镇（功能区）考绩办法】 2013年，配合区委办、区府办出台《2013年度街镇（功能区）考绩办法》，首度把基层人防（民防）规范化建设内容纳入各街镇（功能区）年度目标责任考核范围，做到统一计划、统一部署、统一要求、统一考评。

【人防工程质量监管】 2013年，对人防工程从设计审批、建设质量、竣工验收等环节严抓细查，确保了每个工程按图施工、按程序管理、按规范验收。全年新建项目13个，竣工项目3个。对新竣工项目，严格按照要求安装统一的标识标牌；11月，经省人防办“三个专项检查”小组的检验，鹿城区人防工程建设质量基本符合规范要求。

6月13日，光明小学举办人防民防知识讲座　区人防办提供

9月17日，鹿城区人防办开展人防民防进商场试点活动　区人防办提供

武装警察

【概况】 2013年，武警鹿城区中队以“全面发展、单项突破、整体提高”的军事工作思路，先后夺取支队“勤训轮换”总分第二名，“红星共筑中国梦”文艺汇演第一名，年度警容风纪和内务卫生评比第三名，应急班比武总分第二名以及公安部门集体嘉奖等殊荣。2013年，认真落实支队每季度“议中心”精神，狠抓理论学习、动作训练、纪律要求，完成日均1700余名的关押量，出动执勤兵力350余人次，完成共计1600名犯人的长途押解和鹿城大年三十庙会安全保卫、城市武装巡逻、划龙舟安全保卫以及抗台抢险、永嘉三江基督教堂拆迁群体性事件维稳等急难险要任务及各类临时勤务。

法 治

政法委工作

【概况】 2013年，鹿城区政法、综治、维稳及平安建设工作在区委的领导和市委政法委的指导下，贯彻落实中央及省市相关决策部署，围绕“创首善之区、建幸福鹿城”的战略目标，以“平安鹿城”建设为主线，抓好服务发展大局，维护社会稳定、创新社会管理、夯实基层基础，为鹿城转型发展创造和谐稳定的社会环境。全年，政法各部门主动作为，切实体现了“创首善、争一流”。人民法院人均结案数居全市第一全省第三，金融司法保障、企业破产审判、行政诉讼简易程序、网络司法拍卖、“无讼社区”创建等工作走在全省乃至全国法院前列；人民检察院依法妥善处理深化改革中出现的新型案件，加强和创新检察环节社会管理，加快职务犯罪预防教育基地建设，获评2013年度全国检察宣传工作先进单位；公安机关取得了“创三大新高、夺十项第一”的卓越战绩，分局被区政府授予集体三等功，护航维稳、打击控案、信息化建设等工作得到省市领导充分肯定；司法行政机关充分发挥职能作用，人民调解、社区矫正、法律援助等各项工作走在全市前列，基层司法所规范化建设得到司法部部长调研肯定；同时，区委政法委被省委政法委确定为全市唯一的调研联系点，区法学会顺利换届，在推进法治建设、服务领导决策方面做了大量有成效的工作。全年政法系统获集体一等功1个、二等功2个、三等功13个；个人二等功6个、三等功38个，并涌现了一批各级各类的先进典型，充分展示了政法队伍的良好形象。

【全面深化“平安鹿城”建设】2013年，鹿城区上下坚守平安底线，成功实现平安“四连创”目标。同时，根据省平安考核提出的新要求，突出重点攻坚，强化督查指导，提升平安创建工作水平。根据市平安办通报，鹿城区平安建设全年模拟得分952.73分，实现平安五连创。运用“大平安考绩”指挥棒，每月督查、通报各街镇平安工作情况，形成倒逼机制督促落后地区改进工作；完善重点督查、领导约谈、四色预警等制度，健全安全生产、信访等重点工作督办协调机制，建立“鹿城平安群”“平安街镇群”等微信群平台，第一时间发现、反馈和处理问题，实现区、部门和街镇工作的协调联动、整体推进。围绕平安建设的薄弱环节、群众反映强烈的突出问题，集中力量，克难攻坚，特别是部署开展“平安百日攻坚行动”等活动，确保创安工作取得实效。社会治安持续好转，全年全区刑事发案同比下降32.09%，“两抢”、入室盗窃、盗窃车内物品等群众关注的热点案件同比分别下降47.68%、24.90%和10.63%，6个市级、12个区级治安乱点全部整治验收。全年“两抢”零接警天数创新高，并出现连续数天“两抢”零接警，人民群众安全感明显提升。安全生产保持良好态势，开展安全生产打非治违五大专项行动，加大安全生产和消防隐患排查整治，全区各类事故起数、死亡人数、直接经济损失同比分别下降7.17%、上升5.17%、下降5.8%。食品药品安全稳步开展，扎实推进省级食品药品安全示范区工作，大力开展食品安全“强网清源”等专项整治活动，共取缔无证餐饮704家。全区发放餐饮服务许可证2661件，餐饮服务单位持证率92.09%。专门下发《关于在全区开展培育“平安创建示范社区（村）”和“平安创建示范单位”活动的实施意见》，推进15个区级“平安示范社区”和10个“平安示范单位”创建，深化平安社区、平安校园等14项行业系列平安创建活动，覆盖范围与水平不断提高。立足提升“平安三率”，开展“进企入户”走访宣传，累计走访企业1.19万批次，单位6570批次，群众25万人，发放宣传单18.46万份。通过市区信息亭等传统宣传阵地、温州电视台等主流媒体及微信群等新型媒体，拓展平安宣传渠道，并率全市之先探索开展企事业单位、沿街店铺LED宣传，取得良好成效。同时，每季度组织学生平安志愿者调查队对“平安三率”进行调查统计，承办平安温州”集中宣传日活动启动仪式，进一步营造全民参与共建的氛围。

【全力维护社会大局稳定】 2013年，鹿城区立足服务中心大局，健全落实“五位一体”源头维稳机制，超前防范化解不稳定因素，维护全区社会大局稳定。抓好中共十八届三中全会、“两会”等重要节点和重要时期涉稳工作，确保没有发生有影响的政治事件、群体性事件、恶性刑事案件。深化无邪教宣教活动，探索推进“涉外”反邪，相关工作领先全国，得到上级充分肯定。紧盯“三改一拆”、重点项目建设及民间借贷等问题，强化分析研判，落实维稳举措；妥善应对“1·31”蒋家桥拆违、“3·24”双联道观拆违等引发的群体事件，依法保障永川路地块拆迁、“温二高”项目拆违等一批重点工程建设，助推鹿城加快转型发展。落实区、街镇两级维稳“周研判”“月分析”及社区每周“网格”民情分析会制度，注重成果运用，强化跟踪督办，区级全年开展“周研判”“月分析”共60次，先后编发维稳专报187期。强化分析评估，研究制定《鹿城区重大决策社会稳定风险评估实施办法（试行）》，完善重点项目上报、报备制度。2013年，共对60件重大事项进行风险评估，排除可能出现的各种不稳定因素。强化难点攻坚，研究制定《鹿城区重大不稳定问题摸排化解工作办法（实行）》，严格落实“三定两包”（定牵头单位、定责任人员、定化解措施、包化解效果、包稳定控制）制度，16件市级挂牌重大不稳定因素、28件省市挂牌信访积案化解率及41具超期停尸火化率均达到100%，相关指标位列全市第一。创新推出维稳“一格三制”，建立维稳工作人才储备库，为源头维稳、科学维稳提供有力支撑。健全应急处突机制预案，研究制定《关于非正常死亡事件分类应对处置工作的实施意见》，妥善处置公交体制改革、工贸职业技术学院群体性事件等一批群体性事件，251起劳资纠纷及非正常死亡事件引发的涉稳问题全部依法得到有效处置；举办规模最大、科目最多、涉及范围最广的“鹿城旋风2013综合演练”，提升应急处突能力水平，得到省、市相关领导的充分肯定。

【全面提升社会管理水平】 2013年，立足夯实基层基础，深化“网格化管理、组团式服务”工作，推进社会管理创新13项重点工作，提升基层服务管理水平。按照社会服务管理中心规范化、集约化的要求，在8个街镇和80个城乡社区全面建成社会管理服务中心，通过规范中心的信息流转、中心运作、协作联动、联席会议和考核奖惩等环节，实现平安联创、治安联防、矛盾联调、问题联治、事件联处、管理联抓，确保中心充分履行社会服务管理职能。制定出台《鹿城区驻格员（网格员）工作职责（试行）》《鹿城区网络化管理工作考核细则和奖励办法》，明确驻格员五大块15条任务、网格员六大块20条任务，将相关工作纳入街镇综治工作考核重点，健全落实奖惩激励机制；全面推广网格语音热线和短信平台，在五马、藤桥试点“综治e通”，推进社区管理数字化、便民化。针对网格平台事项流转不畅、部门联动有待加强等问题，将28个重点职能部门和街镇相关站所科室连入综治网格化信息平台，发挥区网格化指挥中心督办协调职能，健全每日通报、分流处置及未办理事项红、黄牌督办等制度，确保网格—社区—街镇—部门闭环式机制得到落实；全年通过网格化信息平台录入重点场所信息4.02万条、重点人员信息1.08万条；录入各类服务办事信息近7万条，其中矛盾纠纷3469条，办结3457条，调处率达99.65%；治安安全隐患13804条，办结13797条，整改率达99.95%；民生服务5.27万条，办结5.27万件，办结率达100%，相关工作全市领先。创建新型治安防控体系，加大视频监控建设力度，提升拓展“警灯工程”，开展治安封闭、半封闭小区建设，探索开展“社区110”试点工作，全面开展市区两级治安乱点整治活动；落实每月社区治安状况排名及社区民警进网格制度，推广青园社区群防群治模式，推进“邻里平安守望、人人参与巡防”工作，促进社会治安持续好转。推动矛盾调解从单一向多元转变，构建“警调”“交调”“诉调”“检调”“妇调”“劳调”衔接工作机制，建立了8个专业性、35个行业性调解组织，探索建立双屿“娘家人”调解服务中心等10余个特色品牌调解组织，树立“王老伯”邻里和谐工作室等一批基层品牌调解室，提高大调解工作的社会知晓率和群众认同感；2013年，全区各级调解组织受理矛盾纠纷12329件，调处成功12118件，调处成功率98.29%。促进特殊人群从管理向服务转变，加强社区矫正和安置帮教工作，建立全市首个心理矫正工作站，新增一个安置帮教基地；全面深化居住证制度，加强新居民"积分制"服务管理，促进人口结构优化；探索推进异地籍青少年犯帮教工作，相关做法被省关工委介绍推广；"三微"舆情引导系统等相关做法走在省市前列，创成省级流动人口服务管理先进区，成功申报全国"六五"普法中期检查先进区，备案社区社会组织民主选举和业主大会进行社会组织登记"两个全国首创"得到国家民政部肯定。

公　安

【概况】 2013年，鹿城公安分局按照"抓班子、带队伍、促工作、创一流"的工作思路，集全警之力，尽非常之责，为"创首善之区、建幸福鹿城"做出贡献。警灯工程、大情报、做实基础、治赖追逃、打假专项、快速反应、视频监控应用、满意度增幅、取保候审专项整治等10项重要工作成效全市第一。分局获全区"创满意"先进单位称号，被区政府授予集体三等功。全年，信访总量、初信初访量分别同比下降41%和59.6%，信访问题源头治理机制工作得到公安部肯定。加强网评员队伍建设，狠抓互联网基础防控建设，网络基础监察全市第一。建立实施以情报为支撑的快速反应工作体系，首创试点"群众外出报备承诺巡防制"，大力加强星级治安安全住宅小区创建，积极推进"警灯进社区、进企业、进校园、进公园、进医院"，强化"六防"工程建设。注重民生，务实进取，管理服务上新台阶。建立行政审批科，创新出入境服务机制和效能，外国人基础管理考核连续五年全市第一。强化消防隐患整治，狠抓涉危物品管理，突出监所安全，看守所连续8年实现安全"零事故"。实行社区民警专职化，试点"三实有"信息管理，探索建立社区"110"防盗联网报警系统。加强流动人口和出租房管理，流动人口"五率"得到省厅的肯定。创新推出居住出租房屋"两化一式"工作，得到市局和区委区政府的充分肯定，并在全市做典型经验予以推广。突出情报工作，信息化建设创新。开通24小时情报支撑服务热线，推进"2310"人力情报工程建设，开辟"社区村居、重点人群、社交媒体、共享互通"等四大情报搜集渠道，研发社会资源"微信"式采集平台，强化海量碰撞，为破案打击、追捕逃犯、处突维稳提供强力支撑。全省情报信息大比武成绩全省领先，情报指令核查打击绝对数全市第一，刑事技术被评为全国刑事科学技术一级示范点。派出所"三室合一"规范化建设经验在全市推广。命案侦防工作成效创新高，发案为20年来最低，并实现破案率100%，成效全市第一；打击成效创历史新高，总移诉数首次超3000名；"两抢"防控成效创新高，同比下降47.7%，"两抢"零接警天数创历史新高。全年，全区刑事受理数同比下降32%；"两抢"、入室盗窃、盗窃车内物品三类重点侵财案件同比分别下降47.68%、24.9%和10.63%。全年侵财、黑恶枪、黄赌毒类判刑三年以上对象同比上升6%；摧毁黑恶势力团伙55个、侵财团伙115个，破获侵财系列性案件111起、上级督办案件46起；破获公安部毒品目标案件2起，抓捕现行犯罪的能力和成效全市领先，与上海复旦大学合作，对公安人力资源配置、流程再造优化进行探索研究。精简合并机关11个，推动100名机关民警下基层，推出文职制度，组建文职管理中心。开展纪律作风整治和警示教育活动，队伍管控水平始终保持全市第一，被评为全市公安队伍正规化建设先进单位。刑侦追逃、打击网络犯罪、密码机要、有奖举报、城管治安等工作全市领先，指挥中心、刑侦大队、禁毒大队、出入境、警务保障处、南郊派出所、中山派出所等单位获市级先进单位称号，8个集体立三等功，21个集体受嘉奖；4名民警立二等功，27名民警立三等功，222名民警受嘉奖。

7月12日，分局在东南剧院召开半年度公安工作会议及表彰先进单位和个人

鹿城公安分局提供

【打击毒品犯罪、禁毒基础工作】 2013年，鹿城公安分局按照年初制定的重点工作目标，坚持主动出击、露头就打、对毒品案件采取“零容忍”工作要求，拓宽情报信息来源，发展禁毒积极分子，丰富信息资源，牢牢控制禁毒阵地，最大限度地挤压毒品犯罪的空间。全年，共破毒品犯罪案件379起（其中团体案件25起），刑事拘留469名，移诉涉毒犯罪嫌疑人404名，查处吸毒人员1709名，强制戒毒442名，缴获各类毒品合计19922克。在加强打击毒品犯罪的同时，大力开展禁毒基础工作，完成了易制毒品化学品专项整治和非法种植罂粟工作，建立戒毒康复服务中心和禁毒教育基地，五马街道被省禁毒委命名为全省社区戒毒社区康复示范点。

6月26日，区公安分局和禁毒委等10个单位联合在九山公园举行“全民禁毒宣传月”活动启动仪式。　鹿城公安分局提供

【命案侦破】 2013年，鹿城公安分局始终把命案侦破作为打击严重刑事犯罪的主攻重点，认真落实命案侦破工作机制，全力抓好命案侦破工作，发扬鹿城区刑侦“特别能吃苦，特别能战斗”的精神。全面提升以命案为核心的侦查、打击能力。全年共发命案11起、破11起、实现命案侦破100%工作目标，成效全市第一。侦破了“2・8”、五马“6・8”抢劫杀人案等。

【出入境管理】 2013年，鹿城公安分局对刚开办的出入境业务下功夫，努力创新服务模式，推出“一站式”服务，“无休日”服务，“预约办理”服务和“绿色通道”服务，精心管理，提高服务服务质量，通过开门评警，QQ短信，网上微博等多种评警方式。切实解决群众办证难问题，全年无发生一切投诉案件，外国人基础管理考核连续五年名列全市第一。出入境大队被评为市级群众满意基层所队（办事窗口），市巾帼文明岗，市三八红旗集体单位。全年，还开展“三排”外国人清查行动19次，查处各类案件90次。其中，非法入境3次，非法居留77次、非法就业4次、非法聘用外国人4次、未按规定办理居留证件事项变更1次、违反外国人住宿登记规定1次、打击处理各类违法人员85次，遣送出境5人、警告并处罚款9人、单处罚款47人、单处警告24人。

【网络监管】 2013年，鹿城公安分局以提升网络维稳和涉网犯罪打击能力为目标，进一步务实网警基础，不断提升虚、实两社会管控能力，互联网信息工作上新台阶。进一步严密互联网信息监控工作，做好三级互联网监控中心建设，加强涉网犯罪的打击力度，强化技术支撑，积极配合各一线单位的配侦工作。上报分局互联网情报364篇，支队互联网信息1870篇，其中多篇被公安部系用。同时加强对涉网犯罪案件的打击力度，全年，共打击5个非法控制计算机案的犯罪团伙，侦破12次涉网犯罪案件，刑拘22人。成功办结部督“3・21”非法侵入医院计算机系统盗窃案，侦破了省厅督办“3・7”非法控制计算机致温州电信积分被盗案。取缔“黑网吧”48家。配合分局实战部门工作，抓获逃犯104人。

【群体性事件处置】 2013年，鹿城公安分局将维护社会政治稳定放在首要位置，建立健全维稳工作机制，加强情报信息收集，认真深化“大走访”活动，充分发挥内部、社会和隐蔽三个信息网络，努力获取有价值的情报信息，及时和各级党委、政府沟通、及时汇报、及时介入、及时处理、及时排摸和化解各类不安定因素，做好矛盾化解疏导工作，尽可能将矛盾解决在萌芽状态，预防和减少群体性事件的发生。全年，依法处置群体性事件297起，查处74人。由于处置群体性事件表现突出，受到市、区领导的肯定。

【流动人口和出租房管理】 2013年，鹿城公安分局以创建平安鹿城为契机，强化出租房管理和流动人口基础管理能力。按照“全覆盖、零容忍、严执法、重实效”的总体要求。开展“两化一式”即“品牌化改造、科技化支撑，公寓化管理”工作，进一步完善居住出租房安全，加强长效管理体系和物防和技防等治安安全和消防实施建设。并积极搜索有效的流动人口“三实有”管理机制，对流动高危人口信息做到位，采集到位、撤销等管理工作，务求“人来登记、人在管理、人走注销。”全面提升流动人口服务管理水平和出租房管理模式。

【公安法制建设】 2013年，鹿城公安分局以执法规范化建设为中心，公正廉洁执法为目标，全面推进公安法制建设。大力推进“阳光执法”，严肃追究过错责任，健全执法管理制度，深化执法规划建设。制定了《鹿城区公安分局“五位一体”执法工作监督倒查联动机制》《鹿城区公安分局关于开展“三类案件”专项清理活动的实施方案》。并建立基层单位专职法制员制度，推进执法资格等级考试工作，切实保障公安机关文明、公正、规范执法，不断提高执法质量和执法的公信力。

【双屿派出所实现连续三年“零信访”】 2013年，鹿城公安分局双屿派出所以构造平安和谐社会为主线，积极践行群众工作统揽信访工作理念，创新工作举措，主动化解矛盾纠纷，努力做到“小事不出警务区，大事不出派出所，矛盾不上交上级公安机关”，切实从源头预防和减少信访问题发生。坚持“三心三入”让信访无壤可植；坚持“三个第一”让信访无孔可入；坚持“三诚”消访，让信访无处可积，连续实现三年公安初信、初访“零发案”。为此，双屿所被市局授予集体三等功一次。

【鹿城“旋风2013”综合演练】 8月29日，鹿城公安分局举行首次处置重大群众性事件和严重暴力案件大规模综合演练。来自特警、武警、消防、刑侦、便衣、治安、警犬基地等部门1000多人，参加表演了阅兵式、擒敌拳、特警防爆枪操、处突防爆实战演示、消防攻坚组救援业务技能、突发重大事件处置等6个项目，集中展现了公安民警过硬技术水平和现代化警用装备在应急处突中的威力。全面检验了全区应急处置队伍是专业化建设水平，锻炼和提升了处置突发事件的快速反应，应急指挥、协同配合、联动处置和整体作战能力、凸现鹿城公安“建平安鹿城、创和谐社会”的信心和决心。

8月29日，鹿城“旋风2013”综合演练在浙江安防职业学院举行　鹿城公安分局提供

【大型活动保卫、警卫工作】 2013年，鹿城公安分局为确保大型活动安全顺利进行和警卫工作的圆满完成，做到方案到位、责任到位、人员到位、措施到位、检查到位，共出动4.3万余人次，参加世界温州人大会与“拦街福”“两会”“龙舟文化节”“音乐有你、乐来悦爱”等66起大型活动安全保卫工作，确保了各项大型活动万无一失。全年，共参加9次重要警卫工作，圆满完成任务。

【枪支与危险物品管理】 2013年，鹿城公安分局坚持严打、严治、严防、严管相结合，掀起“危险物品管理专项整治”和“治爆缉枪”专项行动高潮，进一步加强对危险物品管理，对非法使用危险物品的单位进行处罚。同时，还对加强对枪支管理，定期进行检查，确保枪支安全。全年，共收缴非法易治爆物品6020公斤、非法炸药145公斤，非法雷管78个。收缴各类管制刀具160把，非法枪支21支，各类子弹559发，手榴弹1枚。

【信访工作】 2013年，鹿城公安分局信访工作以“减量控源、严防滋事、规范有序”为总目标。制定《鹿城公安分局信访工作绩效考核办法》《全区公安机关初信初访（投诉）案件责任倒查追究办法》《派出所值班坐堂领导包案化解捆绑负责工作规定》，畅通了信访渠道，强化了源头防范，健全了长效机制。坚持局领导接访制度，并邀请律师、人大代表、政协委员、特邀监督员参加。根据省厅、市局要求还组织分局领导集中下访。全年，来信访总量249件，比2012年下降 41%。双屿派出所实现三年零信访，信访问题源头治理机制工作得到公安部肯定，公安厅长刘立伟专门批转全省各市县学习借鉴。

【警灯工程】 2013年，鹿城区公安分局注重“警灯工程”建设工作，改建了民警值守公安治安岗亭40个（其中电话汽车流动岗亭16辆，固定岗亭24个），所有岗亭统一规范，统一识标，配备数字对讲机。警灯牌专用自行车80辆、警灯牌的执法仪20个。做好硬件建设的同时，分局还印发了《关于进一步深化“警灯工程”建设的通知》和《关于强化各单位“警灯工程”建设工作职责落实的通知》。积极推进警灯进社区、进企业、进校园、进医院工作。完善了“警灯工程”考核细则，每月考核通报，确保“警灯工程”工作成效，群众满意度明显提高。全年，“警灯工程”工作中抓获刑拘（逃犯）48人、采集信息12万条。绣山、蒲鞋市、中山3个派出所被评为全市“警灯工程”技能法优秀单位。

【取保候审专项督查工作】 2013年，鹿城公安分局高度重视取保候审突出问题专项督查工作。提前谋划，以机制建设为切入点，迅速做到组织，措施和成效三到位，并把此次专项督察工作列入全面队伍纪律作风教育整顿和执法规范建设之中。全面摸清取保候审案件底数，逐个梳理，对重点存在问题重点督察，紧盯重点，边查边改、务求实效，明确整顿进度、工作步骤及解决措施，扎实推进取保候审突出问题专项督查工作。共清理取保候审案件1512起，取保候审对象2077名，清理取保金2595.53万元，抽卷审查率达100%，查纠问题专项督查工作成绩名列全市第一。

【后勤保障工作】 2013年，鹿城公安分局以省、市警务保障工作“138工程”和“112工程” 为主线，以后勤部门“保障、管理、智能”为目标。建立快捷，高效的后勤保障机制，切实做好后勤保障工作。全年，落实财政经费预算2.98亿元，同比提高13%，保障了警用装备购置，民安工程视频监控建设，“警灯工程”专用设备，派出所办公用房建设改造等项目经费。同时，还推出“十大便警惠警”工程，落实民警疗养、食堂管理制度、网上点菜，民警心理健康教育等各项工作。开办了医务室、小超市、理发室、洗衣房等便警设施。因此，后勤科获得了全市“警务保障、先进集体”称号，在全市“警务保障应急演练”中获第一名。

【虚拟效能督察工作】 2013年，鹿城公安分局为进一步提高各单位工作落实力和执行力，提升全局工作效能，建立以警务督察与政务督察相结合的虚拟效能督察队。按照政务督察和警务督察相结合的职能定位，采取多部门联动，各部门协同的原则组建，以警力无增长改善为原则，抽调分局纪委督察，办公室、指挥中心人员负责虚拟效能督察日常工作，各职能大队和派出所兼职督察员按需要协助参与督察工作。效能督察作为落实分局各项中心工作和重大警务部署的有效保障机制，将围绕分局的常规业务，局领导部署和重点工作以及队伍管理中存在的问题开展实地督察，推动分局各项中心工作落到实处。

【打击经济犯罪】 2013年，鹿城公安分局根据上级公安部门开展“打假”“治赖”“整治发票犯罪”专项行动的总体要求，制订《鹿城公安分局打假行动方案》《鹿城区公安分局“治赖”追逃工作实施方案》。以“打假”行动为核心，“治赖”行动为重点，严厉打击全区突出经济犯罪活动。全年，共立案146起，刑拘64人，取保23人，移送起诉47人，逮捕29人。涉案价值44644.08万元，追缴赃款825.94万元。

【党风廉政建设】 2013年，鹿城公安分局制定了《鹿城公安分局2013年推进惩防体系建设和落实党风廉政建设责任制考评办法》《鹿城公安分局谈话提醒暂行规定》《关于公共娱乐服务场所治安管理和触及“三条底线”问题查禁工作问责规定》，组织了全局民警开展以网络课堂为平台的“学党章、明纪律、正风气、保廉洁”专题教育活动和公安部“三项纪律”专题学习，增强了全体民警自觉遵守禁令的意识。全年，分局没有发生违反“五条禁令”和“三项纪律”的案件。查处违纪案件8次、免职5人、党政记处分8人。

【宣传工作】 2013年，鹿城公安分局提高正面宣传与负面舆情应对能力，坚持“公安宣传就是警力、就是战斗力”的理念。全面改版与温州交通广播合办的《警官说案》栏目，先后推进与温州广播电台合作的《警民圆桌会》、与《温州晚报》合作的《治安防范曝光台》、与温州电视台都市频道合作的《鹿城警务观察》等栏目。正面宣传了公安民警在侦破案件、治安防范、救助群众等方面的事迹。塑造了公安队伍正面形象，加强对网评员、通讯员业务知识培训，提高网评员和通讯员业务素养和工作能力。对典型案件及时搜集新闻素材，主动联系中央、省级媒体和温州主流媒体，进行第一时间报道，引起社会的强烈反响。全年，分局在各大媒体上刊（播）发稿件2154篇，其中中央级19篇、省级385篇。

【特警预备队建立】 2013年，鹿城公安分局为加强特警预备力量支撑，提高处置突发事案件专业水平和治安掌控能力，出台了《特警预备队建设方案》《特警预备队人员配置方案》，并组建特警预备队，共7个大队、38个中队、540人。其中，民警306人、协警234人。负责处置突发性事件或群众性事件，配合专业特警队处置现行暴力、恐怖案件，参与大型活动的安全保卫及警卫工作，参与抢险救灾，保卫国家和人民群众的生命财产安全。

【行政审批科成立】 12月，鹿城公安分局行政审批科挂牌成立，并进入鹿城区行政审批中心正式办公。按照集中、精简、效能、便民的原则，对审批项目实行“一站式”审批，“一条龙”服务。行政审批科负责公安行政审批事项，包括出入境、特种行业申请、治安管理类申请、危险物品购买申请、互联网上网场所安全审核申请及部分户政业务。

检 察

【概况】 2013年，以“树一流意识、创鹿检品牌”为工作主线，全面履行法律监督职责，努力提高检察工作水平，各项工作取得新的进展，为鹿城区经济社会转型发展提供了有力的司法保障。

【保障经济持续健康发展】 2013年，区检察院密切关注实体经济运营、金融改革等经济社会发展进程中的重点问题，依法惩治经济犯罪，全年共批捕金融诈骗、逃税、非法经营等破坏市场经济秩序犯罪案件41件57人，起诉75件102人。其中，对集资诈骗、非法吸收公众存款等涉众型经济犯罪批捕21人，起诉8人；对危害食品、药品安全等制售假冒伪劣商品犯罪批捕9人，起诉13人；对污染环境、侵犯著作权等破坏环境资源、侵犯知识产权犯罪批捕3人，起诉19人，促进了市场经济秩序的规范。依法妥善处理深化改革中出现的新类型案件，准确把握法律政策界限，对不构成犯罪、证据不足、犯罪情节轻微的经济犯罪不批捕27人，不起诉61人。

【依法惩治各类刑事犯罪】 2013年，区检察院依法严惩黑恶势力、“两抢一盗”、涉爆涉枪、涉毒等各种严重危害社会治安和公共安全的犯罪，共批捕各类刑事犯罪案件1420件2014人，起诉1970件2775人，案件数同比分别下降16%和7.90%。贯彻宽严相济的刑事政策，对犯罪情节轻微的犯罪嫌疑人决定不批捕160人、不起诉162人，同比分别上升了88.2%和29.60%。其中，外来人员分别占71.30%和24.70%。启动刑事和解程序，移送调解机构成功调处29件，作出刑事和解不批捕44人、不起诉28人。

【实行未成年人犯罪捕诉监防一体化】 2013年，区检察院调整未成年人刑事检察科职能，对未成年人犯罪案件统一实行批捕、起诉、监督、预防职能，建立法定代理人及合适成年人到场、犯罪记录封存等工作机制，落实区关工委派员参与刑事诉讼，实行附条件不起诉听证，开展企业、社区、学校帮教，实现未成年人犯罪捕诉监防一体化，共对未成年人涉嫌犯罪决定不批捕15人，不起诉6人，附条件不起诉5人，落实社会帮教14人。

【基层检察室建设】 2013年，区检察院推进双屿检察室建设，建立加强基层检察室与公安派出所、司法所、人民法庭监督配合等制度，设立检察信访联络点9个，聘任职务犯罪预防联络员22位，联系走访街镇、站所、村居、企业23个。

【案件管理建设】 2013年，区检察院建成案件管理中心，全面实现案件受理移送、流程监控、评查考核的统一归口管理，共流转案件4822件，并规范辩护律师接待工作，开设一站式辩护律师接待窗口，建立现场和网上两大阅卷预约渠道，共接待律师和当事人家属435人次，提供案件查询1203件次，提供案卷查阅复印413件次。

【查办职务犯罪大要案】 2013年，区检察院认真开展查办和预防发生在群众身边、损害群众利益的职务犯罪专项工作，共立案侦查贪污贿赂、渎职侵权案件19件21人，其中贪污贿赂案件15件17人，渎职侵权案件4件4人，大案16件，县处级干部1人，科级干部2人，涉及征地拆迁、工程建设、国土资源、司法行政等部门和领域，通过办案挽回经济损失2010万元。特别是在对社区矫正人员监管监督过程中，及时捕捉犯罪线索，通过省、市、区三级检察院联动，查办社区矫正监管领域的受贿、行贿串案6件，依法立案查处了市委政法委原专职委员项某某受贿大案，在监所检察环节查办职务犯罪案件上取得历史性突破。

【推进侦查方式转变】 2013年，区检察院严格落实修改后刑诉法关于规范职务犯罪侦查的新规定，严格执行不得强迫自证其罪、非法证据排除等新要求，注重依法运用各种调查措施和技术手段开展初查工作，进一步提升发现案件、突破案件的能力。规范侦查办案建设，严格落实讯问全程同步录音录像等制度，切实落实侦查阶段律师持“三证”直接会见犯罪嫌疑人并不被监听等规定，保障依法、文明、安全办案，实现全年依法独立办案率100%、办案安全零事故。

【深化职务犯罪预防】 2013年，区检察院坚持惩防并举，开展职务犯罪预防警示教育7次、案例剖析8次，对区管领导干部出国（境）联审156次，为相关单位提供行贿犯罪档案查询1899次，取得了较好的预防效果。按照“优质、高效、安全、节约”的建设目标，加快预防职务犯罪教育基地建设，基地大楼如期结顶，展厅布局设计已经启动，为预防教育基地最终顺利投入使用奠定了扎实的基础。

【侦查活动监督工作】 2013年，区检察院进一步健全行政执法与刑事司法衔接机制，完善“两法衔接”信息共享平台，对应当立案而不立案的，督促侦查机关立案10件，立案监督的案件被判处有期徒刑以上刑罚15人。准确把握追捕、追诉等条件，纠正漏捕10人，追诉漏犯15人，追诉漏罪10人。对不构成犯罪、事实不清、证据不足的不批捕226人、不起诉73人；对侦查活动提出纠正违法意见24件，已纠正21件。认真履行权利告知义务，启动羁押必要性审查12件次，监督纠正刑拘羁押不当2人。

【刑事审判活动监督工作】 2013年，区检察院积极推进量刑建议制度，对一审刑事判决适用法律不当、量刑畸轻畸重等问题提出抗诉11件，改判3件。

【刑罚执行和监管活动监督工作】 2013年，区检察院审查市中级法院减刑裁定123件，审查区看守所呈报减刑、暂予监外执行 105件，纠正呈报减刑、暂予监外执行不当3件。强化监外执行罪犯监管工作的监督，接受社区矫正人员检察报到2000多人次，对社区矫正人员脱漏管等问题提出书面监督意见28件。强化和规范派驻看守所检察室建设，推行新入所人员谈话制度，坚持检察官接待日活动，开展入所谈话1797人次，接待在押人员家属180人次，参与监管场所事故检察3件，对违法情况提出纠正意见2件。

【民事行政检察工作】 2013年，区检察院办理民事行政申诉案件41件，提请或建议提请民事行政抗诉3件，向法院提出再审检察建议10件，监督的民事行政案件经法院再审改判11件。加强行政执法活动的监督，向行政执法机关发出检察建议3件，督促落实整改措施，促进了行政执法规范。坚持抗诉与息诉并重，对法院裁判正确的，耐心做好申诉人的服判息诉工作。

【惩治和防范虚假诉讼】 2013年，区检察院在区人大常委会的支持下，牵头建立公检法司防范和打击虚假诉讼联动机制，严肃查办虚假诉讼犯罪，监督纠正虚假诉讼民事裁判。共受理涉虚假诉讼民事案件22件，涉案标的约1.8亿元，民事监督立案21件，移送犯罪线索8件21人，公安机关已立案侦查5件16人，其中已被判处刑罚3人、相对不起诉5人；向同级法院提出再审检察建议8件，其中7件经法院再审已撤销原生效调解书。

2013年，区检察院牵头建立公检法司防范和打击虚假诉讼联动机制，严肃查办打击虚假诉讼犯罪　　区检察院提供

【涉检信访工作】 2013年，区检察院健全涉检信访工作机制，共审查处理群众来信来访141件次，办理上级交办信访件3件，息诉信访件15件。

【司法救助工作】 2013年，区检察院对无法通过诉讼及时获得有效赔偿的刑事被害人，积极实施司法救助，为6名刑事被害人申请并发放救助金9.30万元，其中对两名因危险品肇事案件导致脸部、手部严重烧伤的幼童，发现其家境贫寒，后续治疗费用无着落，犯罪嫌疑人一方也经济困顿，即启动司法救助程序，分别申请到3万元和2万元的司法救助金，缓解了两户不幸家庭的燃眉之急。

【检察法律宣传教育工作】 2013年，区检察院坚持举报宣传周活动，开展检察法制宣传活动25次，在新闻媒体刊发宣传稿件92篇，被评为2013年度全国检察宣传先进单位。

【开展检校合作】 2013年，区检察院与温州大学法政学院共建“司法理论研究和学生实践基地”，合作开展法学信息交流、法律人才培养、法学课题调研等活动，组织法政学院学生参观体验检察工作，设立见习实习岗位，先后为13位在校学生提供了实践机会。2013年，区检察院干警共撰写调研文章45篇，在法学刊物上发表21篇。

11月25日，区检察院与温州大学法政学院举行共建“司法理论研究和学生实践基地”签约仪式，深入开展检校合作

区检察院提供

法 院

【概况】 2013年，鹿城区人民法院深入贯彻落实科学发展观，忠实履行宪法和法律赋予的职责，扎实推进“审判质效提升年”活动和品牌法院建设，各项工作取得明显成效。全年共受理各类案件25247件，办结25464件，未结案2591件，同比分别上升33.45%、37.02%和下降7.73%，实现了“两升一降”的良好态势。

【服务保障实体经济发展】 2013年，健全金融审判执行工作与金融监管信息交流、风险防控、纠纷协同处置等机制，与相关部门建立互动平台，促进金融纠纷多元化解。共审结金融借款案件2845件，结案标的额107.59亿元；共执结金融借款案件2720件，到位标的额14.48亿元。高度关注企业发展面临的难题，认真开展“法官进企业”和“驻企服务”工作。采取慎用保全措施、保护借款展期、支持应急转贷等方式，妥善化解企业担保链传递扩散风险，共化解各类涉企纠纷1979件，调解撤诉纠纷标的总额达36.19亿元。加大企业市场化退出机制的司法引导工作，对符合产业政策及有转型升级前景的问题企业优先采取司法重整、破产和解等方式，实现资产重组、化危为机。受理了鹿城房地产开发有限公司等一批较有影响的企业破产清算案件；成功审结全市首例的新亚鞋业公司破产和解案件、丹璐百货公司破产等典型案件；创新适用破产案件立案前听证程序，成功促使新丁香酒店管理公司与债权人达成和解协议。全年共受理破产案件40件，审结32件。助推实体经济爬坡过坎的系列做法被《光明日报》专门刊发报道予以肯定。

【刑事审判】 2013年，共受理各类刑事案件2115件，审结2072件，同比分别下降3.25%和5.08%，判处罪犯2597人，同比下降6.08%。严厉打击严重影响人民群众生命财产安全和社会治安的犯罪，审结故意伤害、涉黑涉毒、“两抢一盗”等案件1208件，判处罪犯1592人。坚决打击涉众型集资犯罪，判处非法吸收公众存款犯罪案件4件、5人，涉案金额2.17亿元。同时，依法对319人依法适用缓刑等非监禁刑。认真贯彻落实修改后的《中华人民共和国刑事诉讼法》，在全市率先适用庭前会议制度，审结全市法院首例刑事和解案件。联合区公安分局、区司法局出台《企业帮教具体操作规程》，进一步做好异地籍青少年犯帮教工作；新增设点企业3家，新投放帮教对象4人，完成帮教52人，无一人重新犯罪。相关经验做法被省关工委介绍推广，最高法院还刊发信息予以肯定。

【民商事审判】 2013年，共受理各类民商事案件11279件，审结11691件，结案标的175.60亿元，同比分别上升14.45%、19.96%和24.21%。通过依法裁判各类民商事案件，规范公序良俗，引导社会风尚。审结医疗纠纷、劳动争议、交通损害赔偿纠纷等涉民生案件2642件，审结婚姻家庭、继承纠纷等案件878件，审结买卖、承揽、租赁、保险纠纷等案件2215件，审结民间借贷纠纷2976件，结案标的43.37亿元。积极开展知识产权民事纠纷适用简易程序试点工作，共适用简易程序审结知识产权案件351件，简易程序适用率达86.67%。审结涉外、涉港澳台民商事案件316件，被评

1. 2月17日，举行“创首善之区、建平安鹿城”法官宣誓仪式
2. 6月19日，金融审判庭成立一周年新闻发布会举行
3. 11月15日，区法院院长周丰接受《光明日报》记者采访

此版照片由鹿城区人民法院提供

鹿城区人民法院

2013年，鹿城区人民法院共受理各类案件25247件，办结25464件，未结案2591件，同比分别上升33.45%、37.02%和下降7.73%，实现了“两升一降”的良好态势。全年收、结案数分别居全省法院第5位和第4位。人均结案154.96件，一线法官人均结案400.13件，均居全省法院第2位。

近年来，区法院先后获得全省政法系统践行社会主义法治理念先进集体、全省法院司法规范化建设先进集体、全省破解执行难优秀法院、全省法院民事审判、知识产权审判、涉外商事审判先进集体等称号。该院异地籍青少年犯帮教、行政诉讼简易程序试点、金融审判、破产审判及司法网拍等司法品牌在全省乃至全国法院推广。

为全省法院涉外商事海事审判工作先进集体。继续加强诉调对接工作，新增无讼社区25个，累计创建无讼社区29个。通过人民调解、委托调解化解纠纷1994件，调解成功率达到70.51%，化解纠纷数量居全市法院第1位。

【行政审判】 2013年，共受理各类行政诉讼案件136件，审结143件，同比分别下降19.53%和18.29%；受理非诉行政案件928件，审结928件，同比均上升35.28%。继续扩大行政诉讼简易程序适用范围，并率先在全省基层法院的非诉行政案件审查中适用简易程序，行政诉讼简易程序适用率达39.9%，非诉行政案件简易程序适用率达77.4%。完善“裁执分离”工作模式，共审结拆迁非诉行政案件18件，裁定准予执行14件，审查过程中通过协调促使达成安置补偿协议4件，裁定后协调化解4件，为鹿城区“三改一拆”工作提供了有力保障。与区政府共同推动对涉诉行政机关负责人出庭应诉、司法建议反馈落实、败诉责任追究三项工作进行考核通报，并提出相关建议，有力助推依法行政工作。全年，鹿城区行政机关负责人出庭应诉率、司法建议反馈率均达到100%。鹿城区法院行政审判的相关做法在全省法院行政审判座谈会上作了经验介绍。

【执行工作】 2013年，共受理各类执行案件10752件，执结案件10598件，到位标的额22.72亿元，同比分别上升79.14%、83.23%和224.57%。充实执行力量并进行有效整合，深化执行联动，健全完善协助执行机制。通过与银行、公安、房管等部门的“点对点”协助执行查控机制，共对5041件案件、6886名被执行人发起查控13.12万次，突破执行查控的效率瓶颈。充分发挥执行曝光、执行惩戒、征信系统功能作用，对49名被执行人进行罚款或司法拘留，向信用浙江平台导入案件信息2296条，向鹿城企业信用平台曝光失信个人4847人（次）、失信企业30个（次）。针对财产保全特别是需赴外地财产保全案件大幅增加的现状，法院积极探索与外地法院建立财产保全委托互助机制，提高执行效率。实行执行干警对当事人来电来访轮流值班接待制度，努力提高执行工作的快速反应和满意度。

【管理机制创新】 2013年，部署开展“审判质效提升年”专项活动，完善案件质效量化评估、个人绩效公示等机制，运用“案件流程节点管理”“办案助手”“鉴定评估管理”等软件，实现案件审判流程信息化管理，各项主要质效指标实现全面提升。人均结案154.96件，同比增加41.89件，超过全省基层法院平均数62.8件，居全省法院第2位；法官人均结案279.25件，同比增加91.16件，超过全省基层法院平均数115.39件，居全省法院第3位；一线法官人均结案400.13件，同比增加149.33件，超过全省基层法院平均数179.17件，居全省法院第2位。深化便民举措，完善审判服务中心“一站式”服务，依法为261名被告人指定辩护律师，共对经济确有困难的965件案件的当事人依法准予缓、减、免交诉讼费53.28万元，向23名经济确有困难的刑事案件被害人、执行案件申请人发放司法救助金35万元。切实加强廉洁司法教育和风险防控，改进司法作风；加强干警素质培养，全面提升执法办案能力。共有69个集体和个人获市级以上荣誉，吴将斌被授予“全国法院办案标兵”称号。

【司法公开】 2013年，细化阳光司法实施方案，健全新闻发布制度，完善门户网站设置，不断推进审务、立案庭审、裁判文书、执行等公开，增进公众对司法的了解、信赖和监督。全年共召开新闻发布会3场，举行公众开放日活动22次，刊发各类报道720余篇。法院被评为2013年度全国法院司法新闻宣传和司法理论宣传工作先进单位，新浪官方微博“温州市鹿城区法院”入选2013年鹿城区群众喜爱的官方微博。积极推进司法网络拍卖惠民工作，共发布网拍公告574次，成交252件，成交金额6亿多元，为当事人节约佣金1399.81万元，网拍公告数、成交数均居全省法院第一位。

司法行政

【概况】 2013年，鹿城区司法局围绕“赶超发展 再创辉煌”的总体要求，充分发挥法律宣传、法律保障和法律服务三大职能作用，凝心聚力、开拓创新，各项工作取得较好的成效。全区司法行政工作在全市的排名位次明显前移，年度综合考评名列全市第二，区司法局被市司法局评为2013年度综合考评优胜单位，区法律援助中心获评全省农民工法律援助工作先进集体和温州市司法行政系统群众满意示范基层站所（服务窗口）。全区司法行政系统共受到国家、省、市级部门表彰的先进集体荣誉达10项、先进个人15名，区级先进集体荣誉5项、先进个人30名。

5月9日，举行鹿城区司法行政系统学习中共十八大精神知识竞赛　　区司法局提供

【法制宣传工作】 2013年，强化组织领导，全面完成“六五“普法中期检查工作。大力推进“法律六进”（法律进机关、进乡村、进社区、进学校、进企业、进单位）活动，组织全区2431名领导干部和公务员参加学法用法考试。成功创建1个省级“民主法治社区”，3个市级“民主法治社区”。成功打造南汇街道区级“法治文化区域”，评选表彰康奈集团有限公司等7家区级“诚信守法企业”和双屿小学法制副校长李力等11名区级“优秀法制副校长”。围绕“赶超发展 、再创辉煌”工作任务，积极整合全区20多个部门普法资源，大力开展“幸福温州、法迎新春”“法宣护航、服务温商”等各类主题法制宣传活动，在“12·4”等各类纪念日和节假日，深入开展与助推实体经济发展、“三改一拆”和社区换届选举等工作内容密切相关的法律法规宣传，提高广大群众的依法维权意识。2013年，全区共开展各类法制宣传教育活动1800余场，分发各类法制宣传资料18万余份，受教育人数近23万人。

【人民调解工作】 2013年，全区8个街道（镇）调委会，79个社区调委会和35个行业性专业调解组织规范化建设到位，警调、交调、诉调、检调、妇调等衔接机制健全，矛盾纠纷调解案件平台录入率达100%。深化司法行政职能进社区活动，全区79个社区全部建立“一委一室一站”（调委会、法律服务工作室和社区矫正、安置帮教工作站）。分两批聘请全区234名“两代表一委员”（党代表、人大代表、政协委员）担任特邀人民调解员，组织两次法院庭审观摩活动，进一步提高人民调解员队伍素质。2013年，全区各基层调解组织和行业性专业调解组织共调解各类矛盾纠纷14540件，成功14283件，成功率达98.23%，涉及金额达3.297亿元。其中，调解非正常死亡案件91起，涉及金额达2673.37万元。纠纷调解总数居全市首位，人民调解工作得到了区委书记王立彤的批示肯定。

【社区矫正工作】 2013年，对253名重点社区矫正人员进行手机定位管理，定期开展社区矫正人员集中点验、训诫活动，全年共组织社区矫正人员集中教育8529人次，公益劳动7464人次。深入开展“社区矫正信息化建设年”活动，依托市社区矫正和归正人员管理系统，在南汇、滨江、双屿三个司法所开展日常管理和网络化审批试点工作，进一步规范社区矫正工作流程和执法监督工作。选址南汇司法所，建立全市首个社矫人员心理矫正工作站，联合温州大学心理系开展社区矫正人员心理健康大型推普系列活动。2013年，全区累计接收社区矫正人员343名，累计解除矫正302名，处以警告9名，成功收监执行7名，给予减刑1名，在册社区矫正人员513名。

【安置帮教工作】 2013年，在仰义街道香香莉鞋业有限公司新建一个区级安置帮教基地，促进刑释解教人员就业创业。2013年，新增刑释人员329名，总计在册刑释解教人员1619人，开展帮教1594人，帮教率达到98.40%；安置1497人，安置率达到92.40%。

11月20日，走进省十里丰监狱对鹿城籍服刑人员开展帮教活动　　区司法局提供

【法律服务和律师管理工作】 2013年，全力推进“法律服务五进”（法律服务进政府、进企业、进重点工程、进乡村、进社区）工作。政府部门法律顾问聘请率达92.30%，8个街道（镇）和79个社区（村）法律顾问聘请率达100%。全区律师担任企业法律顾问1574家，为610家企业提供一般性法律服务，为215家企业开展专项“法律体检”，挽回经济损失达8.65亿元。大力开展法律服务金融综合改革工作，全区各律师事务所为金融机构、民间借贷当事人提供义务法律咨询服务达2300余次，帮助化解720余个金融风险，涉及金额达12.60亿元。2013年，全区已取得企业破产管理人资格的9家律师事务所和2名律师帮助濒临倒闭的老字号药企海鹤药业等102家企业通过司法重整化解债务危机、破产重整成功，涉及金额达209.50亿元。创新开展“法律服务进商会”工作，与10家不同类别的商会建立法律服务合作关系。促成14家律师所与42个重点工程、重大项目责任单位签订法律服务合同。2013年，全区共有律师事务所44家，其中从业人员30名以上的规模所10家，执业律师602人，实习律师95人，律师万人比达到5.52，居全市首位。全区律师事务所共办理案件21220 件，业务收入达2.204亿元。

【法律援助工作】 2013年，强化“一小时法律服务圈”建设，在鹿城区看守所新建法律援助工作站，全区共有88个法律援助工作站。强化司法行政法律服务中心建设，推行“综合性、一站式、一条龙”法律服务。认真开展“法律援助质量提升年”活动，严格监督援助律师办案过程，落实法律援助案件听庭和回访制度，全年案件听庭率超10%，回访50余名受援人，回访满意率达100%。2013年，共办理法律援助案件900个，其中民事援助案件305个，刑事援助案件566个，行政案件7个，司法鉴定援助案件22个；共接待咨询808人次。

【固本强基工作】 2013年，积极开展司法行政系统服务“赶超发展、再创辉煌”、“五型”机关创建、“以案为镜、整风肃纪”警示教育等一系列活动，贯彻执行中央“八项规定”，强化思想政治工作和党风廉政建设，切实转变作风、提高工作效能。建立全员考核机制，加大教育培训力度，全年共举办党风廉政、社区矫正、人民调解、法制宣传等各类学习培训会30余期。强化司法行政系统党建工作，建立2家机关党支部和22家律师所党支部。强化法制工作，全年有12人取得行政执法证，完成6家法律服务所改制工作，成功办理5起律师和法律服务工作者被投诉案件。强化中层干部选拔任用工作，公开提拔任用了一批年轻中层干部，其中本科学历5名，40周岁以下5名，营造了良好的敢于担当、奋勇争先的工作氛围。实施固本强基工程，2013年南汇、滨江司法所分别成功创建省三星、四星级规范化司法所，其中滨江司法所的创建工作得到了到温州调研的司法部部长吴爱英的充分肯定。

消防工作

【概况】 2013年，消防鹿城分局坚持“建一流班子、带过硬队伍”，开展火灾隐患排查整治，有效夯实消防工作基层基础，全面推进消防社会化工作，改进队伍建设，较好地完成了防火灭火中心工作，确保了内外两个稳定。

【消防业绩】 2013年，消防鹿城分局共检查社会单位2606家，发现隐患1131处，督促整改隐患1022处，核发《责令改正通知书》566份，办理行政许可项目111件，建筑工程备案抽查303件，办理处罚案件350起，责令“三停”120家，强制执行35家，临时查封24家，拘留5人。下属各消防中队共出警1400次，抢救、疏散被困人员170人，直接抢救财产价值201.3余万元，2013年全区共发生火灾事故220起，直接经济损失993万元，4人死亡。

【实施街区消防“联勤联防”试点工作】 2013年，依托消防安全“户籍化”管理，以社区为“面”、商贸街区为“线”、高危企业为“点”，创新消防安全监管模式，探索建立社会单位联勤联防新机制，联合五马街道和八仙楼社区，在温州港集团八仙楼街区开展“联勤联防”试点工作，成立了全市首支区域性消防安全联勤联防队伍，创新强化了单位自防自救能力建设，开拓性搭建了单位间“互查互评”的新机制，并由区政府召开现场会在全区进行推广。

农　业

综　述

2013年，鹿城区调整农业“两区”建设服务专家组和首席专家，做到农技指导员、责任农技员一对一服务“两区”建设制度，落实人员到位、责任到人。全年建成1个市级农业休闲观光园——仰义现代农业休闲观光园，1个市级特色农业精品园——临江大协生猪养殖精品园，并顺利通过市级农业“两区”办验收认定。上报市级特色农业（林业）精品园建设点两个，藤桥双潮花卉盆景精品园成功入选省级特色林业精品园创建点，完成市级下达的“两区”年度建设任务。藤桥禽业特色园组织申报省级农业综合开发特色园项目，通过市级评估并公示。

2013年，市级常年蔬菜基地进行基础设施建设，总投资达89万元，新增8米钢管大棚3.10万平方米；完善提高了藤桥方隆草莓基地、七都大棚西瓜基地、藤桥小旦芦笋基地、藤桥后垟村水果玉米基地等几个特色农业生产基地。鹿城区全年粮食播种面积3320公顷。由于受台风影响，粮食作物总产1.71万吨，较2012年略减。蔬菜播种面积2.21万亩次，与2012年持平；总产量3.92万吨，较2012年大增。

2013年，全区完成绿化造林2716亩，总投资1008.90万元（不含中心城市绿化和公路绿化投入）。其中，完成山地营造林工程绿化造林1580亩，完成重要江河森林景观带建设工程75亩，完成村庄绿化工程203亩，完成平原树圃（经济林）建设面积402亩。

2013年，全区畜牧业累计肉类总产量9190吨，其中猪肉3745吨、牛肉52吨、羊肉36吨、禽肉5357吨。全区渔业生产势态良好，全年渔业总产量621吨，渔业总产值675万元。

2013年，鹿城区制定农业招商引资考核办法，编制农业招商引资优惠政策、整体方案和重点项目库，整合农业资源，推进项目落地建设。全年，招商引资累计完成实际到位资金12694万元，完成率127%；完成协议利用资金48919万元，完成率157.80%，均超额完成温州市下达的招商引资任务。

2013年，全区不断强化农产品品牌意识，申报3家企业的4个农产品进行无公害农产品与场地认证。有5家企业的10个农产品获绿色食品认证；有12家企业的14个农产品通过无公害认证。

种植业

【概况】 2013年，由于国庆节期间遭受“菲特”台风的影响，全区水稻、蔬菜长时间被水淹没，对产量影响极大。全年粮食播种面积3320公顷；粮食作物总产1.71万吨，比2012年略减。蔬菜播种面积2.21万亩次，与2012年基本持平；总产量3.92万吨，较2012年大增。

【粮食功能区建设】 2013年，鹿城区完成粮食功能区总体规划的二、三、四期五个片区5920亩工程建设，完成投资额1400万元，提前两年完成省政府下达的7030亩的全部建设任务。同时，分别对已认定的粮食功能区埭马片（LC—13—006）、南雅片（LC—13—002）、金马、樟村片（LC—13—003）、底山根片（LC—13—004）、临江驿头片（LC—13—005）和已通过验收的鹿城区藤桥大协生猪精品园（WZJPN13002W）、温州市仰义休闲观光农业示范园（WZGGY13001）树立规范的标识标牌。上报完成粮食功能区全部7030亩录图入库工作，已经进入浙江省现代农业地理信息系统。

【农业科技推广】 2013年，鹿城区先后向农业部、农业厅等上级部门上报《鹿城区基层农技推广服务体系建设项目实施方案》《鹿城区基层农业公共服务中心建设实施方案》，为藤桥镇农业公共服务中心争取到中央财政项目资金11万元，省级财政资金30万元。同时，投入精力组织创建省级示范性农业公共服务中心。仰义街道作为鹿城区2013年度基层农业公共服务中心规范化建设创建单位，于11月通过区级验收后组织材料上报市里，12月12日通过市里组织的考核验收。

2013年，推进新型农技推广体系建设，将培养专业农民和推广应用先进适用农业技术，作为确保粮食稳定增长，加快优势特色产业发展的重要措施来抓。全年实施专业农民农业技能培训200人，完成计划的100%。全面推广水稻强化栽培、测土配方施肥、蔬菜设施栽培和无公害生产等技术；大力引进和推广农作物优良品种，早稻良种覆盖率达95%以上，晚稻良种覆盖率达90%以上。

【农业机械化】 2013年，全区农业机械总动力4.96万千瓦，农业机械保有量略有下降。全区插秧机、拖拉机、联合收割机及配套农机具保有量稳定在800台套左右。全年，继续实施农机购置补贴、农机作业环节补贴和农业机械报废补偿及更新补贴，共计发放补贴总额59.03万元。全区水稻生产耕、种、收农机化综合作业水平达69%，较2012年增长0.50%。全年机耕作业面积5.60万亩，其中水稻生产机耕面积3.75万亩，机耕率99.50%。投入作业联合收割机98台次，机收面积3.38万亩，机收率90%，机插面积2500亩。

【农机安全生产】 2013年，全区继续开展新一轮“创建平安农机，促新农村建设”活动。全年创建省级平安农机示范镇1个（藤桥镇），复评市级平安农机示范村1个，创建平安农机示范合作社（农场）2家，评选平安农机示范户15户。以打非治违、隐患排查为抓手，开展农机安全生产整治活动，全年共排查一般安全隐患132起，发现隐患25起，整改25起。加大农机现场执法力度，强化农机安全巡查工作，全年共上路巡查35天次，出动执法人员85人次，检查拖拉机280多台次，纠正各类拖拉机违法行为50多起。加强农机源头管理，推进农机监理规范化建设，全年受理并办结各种行政审批手续412起。定期检验拖拉机290台，检验率87%；联合收割机36台，检验率100%。全年共发生拖拉机死亡1人及1人以上的道路交通安全事故2起，死亡3人。

1月15日，检查农资店

区农林水利局提供

林　业

【概况】 2013年，鹿城区继续大力开展绿化造林工作，稳步推进“创森”工作，继续抓好林业特色基地建设，做好林业有害生物监控和防治，加强古树名木的保护，加大公益林管理和宣传力度，及时下达公益林补偿资金，圆满完成省、市下达的各项任务，取得一定的成效。

2013年，全区完成绿化造林2716亩，占市任务面积数2263亩的120%，占区任务面积数2679亩的101%，总投资1008.90万元（不含中心城市绿化和公路绿化投入）。其中，完成山地营造林工程绿化造林1580亩；完成重要江河森林景观带建设工程75亩；完成村庄绿化工程203亩；完成平原树圃（经济林）建设面积402亩。2013年，全区审核各类建设项目征占用林地12宗，合计面积5.56公顷，征收森林植被恢复费29.53万元，需征占用林地采伐118.50立方米。全年办理18份采伐证，采伐面积860.16亩，蓄积1151立方米，其中776.69亩属于低产林改造采伐面积；办理野生动物经营利用核准证审核、年检手续2起。

2013年，鹿城区森林公安业务用房功能区改造工作全面完成。全年区森林公安共办理林业行政案件7起，林业行政罚款5.75万元。开展野生动物专项检查2次，检查可能存在野生动物交易、经营加工行为较为集中的场所5处，得到群众举报线索3次，查获、救助野生动物32只。

2013年，制订和完善《鹿城区区森林火灾应急处置预案》，健全森林消防制度，落实工作责任制，较好地完成了全年森林消防任务。除2起火情外，没有发生森林火灾。

【森林病虫害防治检疫】 2013年，全区组织开展两次检疫执法专项行动，办理植物检疫证245起，检查调运木材5231.93立方米；根据病虫发生规律，进行监控和定期调查，确保及时、准确调查和上报主测对象面上病虫情的发生情况；委托专业防治单位继续对农村片古树名木病虫害进行防治和养护，并将管护资金从2012年的2.5万元增加到3万元；委托资质机构开展松材线虫病疫情调查，编制完成《鹿城区松材线虫病防控工作方案》。

【公益林建设】 2013年，鹿城区强化公益林建设管理工作，加强公益林建设区的森林病虫防治和森林防火工作，禁止擅自采伐林木、烧炭、砍柴、放牧等人为破坏植被的行为。全区已累计建成省级以上公益林优质林分面积6.20万亩。开展公益林到户试点村工作，开展重点公益林成效核查。全区2013年度公益林损失性补助资金从区森林生态效益补偿基金中直接下拨到村或户，林业部门及时下达国家级公益林损失性补偿资金147万元、市级公益林损失性补偿金26万元。

3月12日，在藤桥镇开展义务植树活动
区农林水利局提供

【第六届义乌国际森林产品博览会参展】 2013年，根据温州市林业局参展企业任务分解要求，第六届义乌国际森林产品博览会鹿城区有2家展位任务数。林业部门组织了温州市大红花蜂业有限公司和温州市双潮乡植物园2家企业参展，并获得优质林产品称号。林业部门争取财政政策扶持，确保了参展企业补助经费和参展工作经费的落实。

【森林消防宣传教育活动】 在2013年春、冬季森林火险期到来之前和高温热浪天气中，全区组织开展以森林消防法律法规和消防知识宣传教育为主的宣传活动。在主要农村道路悬挂20条横幅，在主要林区道路旁墙面、电杆等喷涂80条宣传标语，利用农民信箱和微信群发20条短信，更新设立30个固定宣传牌，向中小学生和企业务工人员分发1000份小册子。同时，开展中小学生“五个一”宣传活动和农村基层应急管理“五个一”建设，在公交车上设置了为期一个月的森林消防宣传片视频滚动宣传。

【野外火源管理】 2013年，除落实132名护林员进行常规护林看守外，各镇、街道还抽调20名森林消防队员和雇佣10名临时人员，在重要时期进行全天候的巡山。在春防和高火险天气时，启动3个瞭望哨进行火情监测，在林区主要地段和山上路口设置20个火源检查点，严防火源进山。全区在夏季高温热浪天气下发禁火通告，确保山林平安。

【森林消防工作】 2013年，全区安排森林消防各类资金197万元。完成鹿城区森林消防通信系统。完善护林员队伍和扑火队伍，全年安排护林员经费31万元，安排专业扑火队伍专用经费80万元。建好并运行了15个点的视频监控系统。完善了区级森林消防物资储备库建设和包括高压水泵、远程发射器和风力灭火机等消防物质储备，更新购置扑火工具经费30万元。全区投保森林火灾林木保险，保险率达100%，共支出经费14万元。4支半专业森林消防队员都参加人身意外伤害保险。2013年，营造生物防火林带5公里，生土带3.59公里，割草带和林带抚育180多公里，安排经费49万元。

【林区治安耳目设立】 2013年，在林区、街镇各村中共设立耳目22人，及时将林区治安隐患消除在萌芽状态。全年，现场解决涉林纠纷6起。

畜牧业

【概况】 2013年，鹿城区引进良种公猪22头、杂交瘦肉型母猪530头。全区畜产品质量不断提高，优质畜产品比重达72%以上，生猪达92%以上，家禽达90%以上。区域化生产格局初步形成，藤桥肉猪、肉鸡，七都水禽，区域优势突出，特色明显。截至年底，全区生猪存栏3.20万头，其中能繁母猪3000头，累计出栏商品猪5.40万头，全年饲养量8.60万头；牛存栏313头，累计出栏323头；羊存栏1450头，累计出栏1850头；家禽存栏78.42万羽，累计出栏514万羽。全年累计肉类总产量9190吨，其中猪肉3745吨、牛肉52吨、羊肉36吨、禽肉5357吨。

2013年，通过举办培训班、分发宣传资料、科技下乡活动、座谈会等形式，提高养殖户对防治禽流感的认识，增强公众防疫意识。全年，对各街（镇）动物防治员、检疫员、村级动物疫情测报员、养殖场（户）举办培训班11期，参加人数1845人次，召开座谈会32次，分发禽流感等重大动物疫病防控宣传资料7500份。全年没有发生高致病性禽流感、牲畜口蹄疫等重大动物疫情和畜产品安全事件。

【重大动物疫病防控】 2013年，按照国务院、省、市的有关部署和要求，全区继续组织和开展W疫病、猪链球菌攻坚战和狂犬病、奶牛结核病、布病歼灭战及禽流感阻击战等行动，建立和完善动物疫病防治的应急反应机制和长效监管机制，使动物防疫和畜产品安全管理工作上了一个新台阶，取得较好效果。

【畜产品安全监管】 鹿城区90%生猪从全国各地调入，畜禽及畜禽产品流通频繁。2013年，全区严格执行外来调入动物及其产品的准调制度和禁调规定，全面开展产销联防、风险评估，实施定点调运，签订生猪定点调运协议，严防疫情传播。同时，加强对畜禽饲养、流通、屠宰等各个环节的防疫监管力度，加强对市区各农贸市场、加工和经营场所的执法检查，严厉打击违反《中华人民共和国动物防疫法》等违法案件。全年共出动执法人员83人次，检查养殖场所、兽药饲料经营场所205家。共办理案件11件，严厉打击了各种违法行为。

【生猪屠宰检疫】 2013年，鹿城区创新监管方式，实行以制度管人、管事，规范检疫工作。建立了动物检疫管理系统，生猪屠宰检疫情况都已纳入该系统管理。管理人员在办公室就可以知道生猪的检疫、调运情况等信息。全年共检疫活猪63.33万头，消毒车辆7373辆，共检出病死猪1772头，全部作了无害化处理。全年上市猪肉检疫率达到100%，确保市民吃上“放心肉”。

【动物疫病监测】 2013年，鹿城区实行动态跟踪检测，共抽取禽流感样品2100份、对生猪养殖户“瘦肉精”快速检测1635份，屠宰监督检测6493份，饲料及添加剂样品31份、兽药样品29份，生鲜乳收购站生鲜乳检测5份。同时，每个月都开展对禽流感、口蹄疫、猪瘟、新城病免疫抗体的监测，共对620头生猪口蹄疫免疫抗体进行监测和猪瘟免疫抗体监测，并对2100羽家禽进行禽流感免疫抗体监测，抗体合格率都达到较高水平。全年抓好奶牛结核病、布病监管工作，对奶牛实行“一证一卡”制度，确保市民喝上“放心奶”。

【无害化处理】 2013年，出台《鹿城区病死动物无害化处理工作的实施意见》《鹿城区病死动物和病死动物产品无害化处理管理办法》，完善病死动物无害化处理工作。区畜牧部门与养殖户签订《病死畜禽无害化处理告知书》，告知处理病死动物的责任及做好动物及动物产品无害化处理的重要性；与街镇兽医员一起做好病死畜禽的登记、收集、深埋等无害化处理工作。全年无害化处理病死生猪3750头，病死家禽33.10万羽，发放病死畜禽无害化处理补贴80.10万元。

渔　业

【概况】 2013年，鹿城区渔业养殖面积3155亩，其中稻田养殖2000亩、淡水养殖1155亩；渔业总产量621吨，渔业总产值675万元。全区有内陆捕捞渔船390艘。全年沉（毁）船事故总起数零、死亡及失踪人数零、经济损失零。

2013年，全区加强对渔民的宣传培训和技术指导；与水产养殖企业签订《初级水产品质量安全承诺书》，增强企业负责人的责任意识；发展健康养殖，推进渔业标准化生产，指导企业和渔民科学用药。同时，开展初级水产品质量安全整治行动。

2013年，全区开展渔业安全生产事故警示教育、安全生产知识宣传、咨询等各项活动。将渔船安全生产纳入区政府对镇（街道）政府考核的一项内容，把任务层层分解，落实到村、到船、到人。开展渔业安全生产百日督查整治，严查各种渔业安全生产隐患和各种渔业违规、违法行为。同时，做好水生野生动物保护。全年，渔业资源增殖放流工作有序开展。

【瓯江捕捞“打非治违”专项执法行动】 2013年，全区严查各种渔业安全生产隐患和各种渔业违规、违法行为。主要强化对重点渔船、重点时段的管理。加强对渔运船、老旧渔船、黑名单渔船等重点渔船的安全执法检查和跟踪督查，提高重点渔船的安全执法登船检查率和立案查处率。加强对重大节假日和雾季、秋冬汛期等特殊气候时段的渔船安全执法，坚决打击渔船违章搭客、超核定航区航行等违法违规行为，避免重特大渔业安全生产事故的发生。全年，共开展“打非治违”专项执法检查20次，出动执法人员80人次。其中，瓯江执法检查8次，出动执法人员32人次；港口执法检查12次，参加港口执法人员48人次。共检查渔船390艘，排查各类安全隐患25次，存在隐患7个，整改7个，整改率100%。

【水生野生动物保护工作】 2013年，鹿城区农林水利行政执法大队和森林公安联合行动，于5月和10月分别对农贸菜市场和大小酒店进行水生、陆生野生动物保护执法检查行动。在2次的执法行动中，出动执法人员15人次，检查农贸菜市场10个、大小酒店15家，查获国家重点保护动物花鳗鲡3条、鲟鱼10条等。执法人员将这些查获收缴的水生保护动物拿到河流和野外放生，并按照《中华人民共和国水生野生动物保护法》的规定对当事人予以处理。

【渔业资源增殖放流活动】 2013年，鹿城区拿出专项资金3万元，由区农林水利局统一组织，各级乡镇密切配合，在瓯江、内陆水域溪流中开展渔业资源人工增殖放流活动。

【渔业“安全生产月”活动】 2013年，鹿城区水利部门按照省市关于开展第11个“安全生产月”活动有关要求，开展渔业安全生产宣传教育活动。共发放各类宣传资料216份；悬挂标语（横幅）17条；出黑板报8期；培训职工902人；开展安全咨询2次；张贴宣传画14张；出动宣传车34车次。

【渔船隐患排查治理】 2013年，鹿城区水利部门采取巡查和集中检查相结合，全面检查和重点检查相结合，渔船停靠码头和瓯江上相结合的方式，在全区范围内集中开展渔船安全生产管理大检查。全年，共出动执法人员200多人次，开展35余次安全检查，共检查渔船400余艘，排除各类安全隐患10多处，整改49起。

【淡水养殖宣传指导】 2013年，在淡水养殖区，发放宣传资料133份，培训渔民15人，指导渔民科学用药，完善水产养殖生产档案，提高初级水产品质量安全水平。

【初级水产品质量安全整治行动】 2013年，全区水利部门出动行政、执法人员19人次，检查苗种场2家、养殖场7家。通过开展执法行动，引导、督促全区初级水产品生产者规范操作行为。

新农村建设

【概况】 2013年，全面开展美丽乡村建设。按照美丽乡村建设“四美、三宜”（科学规划布局美、村容整洁环境美、创业增收生活美、乡风文明身心美，宜居、宜业、宜游）的目标要求，和“串点成线、连线成片、整体推进”的思路，结合“四边三化”（在公路边、铁路边、河边、山边等区域开展洁化、绿化、美化行动）工作，加大对沿线村庄的综合整治力度。此外以藤桥镇西龙溪美丽田园精品线和呈岸村、雅漾村、阴溪潮埠村为主打造的具有鹿城特色的美丽乡村精品村均已启动建设。其中，藤桥西龙溪美丽田园线已完成沿溪漫水游步道建设及金岙垃圾中转站和滨水公园建设及茅垟沿溪护栏建设。同时，15个历史文化村落点已全部开工建设。完成驿头片1.20万平方米墙砖修饰、文化礼堂建设、村入口牌坊和村出口绿化1000平方米、村主要道路两边1500米绿化、荫溪潮埠至茅垟村的围栏建设、让·平故居修缮及驿头老人活动中心建设等工程。2013年，驿头村被评为温州市十大最美历史文化村落，丁埠头农家乐被评为温州市十大最美客栈。

【新型农民培育】 2013年，全区深入实施“农村劳动力素质培训工程”，积极培育新型农民。重点抓好职业农民专业培训，转移农民就业技能培训、农民创业技能培训、在岗农民工技能提升培训以及“双证制”教育培训，充分利用农民科技教育培训示范基地，实施专业农民农业技能培训。全年，完成农村劳动力素质培训741名，占年度任务的148%。其中农村实用人才培训480名，农民转移就业技能培训261名。发证数738本，发证率99%，转移率90%，有效地提高了农民生产水平与就业竞争能力。新增农村实用人才100人，合计农村实用人才总数达到2774人。同时，加强区农业广播电视学校（简称农广校）建设管理工作。顺利完成2011级畜禽生产与疾病防治中专班学员的全部课程。继续开展区农广校教学工作，新招录2013级畜牧兽医专业一个班共20名学员。组织完成了2012级学员的职业技能鉴定考核。职业技能鉴定考核分设笔试和实际操作两个考场，对农广校学员的理论知识和实际技能的操作运用进行充分地了解、考评。动员农民报名参加温州市第二届农民学院学习，落实21人参加报名考试，最终有14人通过成人高考被录取。

9月15日，开展强农富农送科技活动

区农林水利局提供

【农房集聚建设】 2013年，全区农房集聚建设续建项目共5个，其中藤桥镇4个，仰义街道1个，国有土地证、建设用地规划许可证、建设工程规划许可证、建筑工程施工许可证均已办理完毕。全年计划投资3.20亿元，实际完成投资3.31亿元，完成工程投资率103%。其中，藤桥镇完成投资2.29亿元，仰义街道完成投资1.02亿元.

【"三分三改"工作】 2013年，全面推进"三分三改"工作。在2012年出台《鹿城区农村集体资产产权制度改革指导意见（试行）》等系列政策的基础上，继续深入推进股改工作。全年累计完成股份经济合作社组建127个村，完成率86.96%；累计完成"三资"清理138个村。重点抓好农村集体"三资"管理体系建设，村级会计委托代理中心升级为农村集体"三资"管理服务中心。"三资"管理监管网络全面覆盖到村一级，构建区、镇（街道）、村三级联网监管体系。健全土地流转服务体系，藤桥镇土地流转服务站建成为市级农村土地承包经营权流转示范站，全区已实现土地流转面积2.93万亩，新增6387亩，土地流转率达70.28%，规模流转面积不断扩大。

【低收入农户奔小康工程】 2013年，全区实施"低收入农户收入倍增计划"工程。完成全区新一轮低收入农户调查认定工作，起草《鹿城区低收入农户倍增计划实施意见》，落实帮扶结对资金2738.30万元。全年新建市级扶贫创业就业中心1家，培育市级扶贫龙头企业3家，落实"带动低收入农户收入倍增致富"扶贫项目43个，帮扶低收入农户650户，培训低收入农户劳动力200人，新增劳务输出人员180人，超额完成市级任务。

农林牧渔服务业

【概况】 2013年，鹿城区农业坚持以产业化经营为主导，以市场占用率为导向，以加工企业为依托，以农户参与为基础，以科技服务为手段，将农产品的生产、加工、销售联成一体，形成有机结合的组织形式和经营机制，不断提升全区农业产业化的档次和水平。全年新增省级农业龙头企业3家，累计拥有国家级农业龙头企业1家，省级以上农业龙头企业4家，市级以上农业龙头企业16家。截至年底，全区监测统计的21家重点农业企业年产值达16.35亿元，固定资产3.38亿元，带动各地农户3.29万户。新增农民专业合作社及协会36家，累计拥有农民专业合作社及协会68家，组织带动农户5000多户，从业人数达1万多人，既提高了农民的组织化程度，也推动了农村经济的发展和农民收入的提高。

【农业产销平台拓宽】 2013年，全区组织16家农业龙头企业和农民专业合作社参加国家、省、市级不同地区的农业博览会6次。杭州农博会：12家参展企业5天的销售额达202.65万元；武汉农博会：4家参展企业以产品展示为主，销售额达5.50万元。藤桥禽业股份有限公司的"藤桥"牌熏鸡和温州进兴农业开发有限公司的"山地乌骨鸡"获得2013年浙江农博会金奖称号；温州市大红花蜂业有限公司、温州市黄渔国水产食品有限公司、温州市汇农食品有限公司3家企业获得2013年浙江农博会优质产品奖。

【农产品质量安全监管】 2013年，区农林水利局出动55人次对农业投入品进行检查，出动231人次对农业种养企业、农民专业合作社等进行检查监管，出动146人次对畜禽养殖使用违禁物质和滥用添加剂情况进行检查监管。与藤桥等8个街镇签订农产品质量安全监管责任书。全年，定性检测30余种蔬菜水果样品2725批次，合格率达97.06%。

水 利

综 述

2013年，鹿城区水利基本建设投入资金4.74亿元，完成土方147.26万立方米、石方27.41万立方米、砼10.01万立方米。

2013年，全区审批涉水许可项目53个，共出动监管120人次，监管涉河建设项目48项。其中，开展涉河项目监管19次，水土保持监督检查29次，参与省、市、区立项的方案审查20余次。全年水事纠纷信访及时调处，共受理群众来电、上级及区政府移交的信访件19起，全部办结。

2013年，市区降水量为1510.9毫米（温州气象台资料），其中最大日降水量出现在10月6日的上戍站244.5毫米（遥测站数据）。全年遭受7号“苏力”、12号“潭美”、23号“菲特”台风袭击，其中23号超强台风“菲特”影响最大。“菲特”于10月7日01时15分在福建省福鼎市沙埕镇沿海登陆，登陆时中心附近最大风力达到14级（42米/秒），并带来大暴雨，局部特大暴雨。全区8个乡（镇）、街道受灾人口30万人，直接经济损失5.64亿元，转移安置人员1.77万人。

10月7日，“菲特”台风救灾现场
区农林水利局提供

防汛防旱

【概况】 2013年年初，下发《关于开展防汛安全大检查工作》的通知，要求各街道（镇）、防指成员单位和在建水工程单位做好防汛安全自查工作。2月下旬，区防指组织有关部门开展防汛抽查活动，对检查中发现的问题进行督办，消除隐患。修编和完善各街道、镇防汛预案和在建水利工程度汛预案及水库、水闸度汛预案、应急预案。4月16日，参加全省防汛防台抗旱工作会议。7月19日，在仰义水库开展鹿城区防汛及地质灾害联合演练工作，并组织各街道镇区防指成员单位观摩，提高抢险救灾能力。

7月19日，在仰义水库举行防汛及地质灾害抢险联合演练活动　区农林水利局提供

【防汛物资储备】 2013年，全区储备防汛物资：麻袋2.70万条、土工布600平方米、砂石料2500立方米、块石2500立方米、铅丝600千克、桩木7立方米、钢管1200千克、柴油50千克、救生衣350件、移动发电机组10台、便携式工作灯60只、投光灯2只、打桩工具50套、电缆500米、铁锹120把、钢丝绳1根、手拉葫芦1套、水泵13台、卫星电话2部、雨衣200件、雨鞋200双、头盔100个、手套200双、冲锋舟6只、橡皮舟1只。

【防汛知识宣传和培训】 以4月15日全省防汛防台日为契机，结合《中华人民共和国防洪法》宣传，对全区街道（镇）、村（居）干部和外来务工等人员开展防汛知识宣传活动，营造一个全社会重视防汛防台的氛围，提高人民的防灾减灾意识。5月31日，组织召开防汛和山洪灾害防治知识培训会，以全面提高基层的防汛指挥水平和业务知识，确保各基层指挥人员在抗灾救灾期间指挥有力、得当。全区各街道（镇）分管领导、防汛办工作人员、水工程巡查管理人员、小流域地质灾害预警员、气象协理员及受山洪灾害影响的社区（村居）负责人共计150余人参加培训。

【基层防汛防台体系提升工程建设】 2013年，在做好前阶段基层防汛防台体系提升工程建设的基础上，全区不断完善巩固提升基层防汛能力，结合基层防汛防台提升工程建设验收，查漏补缺，进一步强化基层社区、村、企业、学校防汛组织能力建设工作，建立健全星级防汛物资仓库创建工作和长效管理机制，加强基层防汛信息系统管理工作。做到预警及时、响应迅速、全民参与、救援有效。

【山洪灾害防治非工程措施建设】 2013年，鹿城区被列入第二批山洪灾害防治非工程措施建设的县市区，区政府成立以分管副区长为组长，水利局局长为办公室主任，财政、国土、水利、气象等部门领导为成员的鹿城区山洪灾害防治非工程措施建设领导小组，开展相关工作。12月5日，浙江省水利水电工程局受省防指办的委托，组织完成了该项目的技术预验收。

【防洪排水工程建设】 2013年，“独流入海”项目中的临江中心段防洪堤（瓯江治理一期）顺利开工，戍浦江河道整治工程（瓯江治理二期）完成可研批复，初步设计审查已召开。临江沙头段防洪堤工程暂不列入“独流入海”项目。滨江西防洪堤升级改建工程完成了项目建议书的编制及审查工作。北排工程、丰门河（康城段）均进场施工。

城乡水利建设

【概况】 2013年，鹿城区农田水利工程建设投资2128万元。其中，藤桥五大粮食功能区建设，完成投资1530万元；完成小型农田水利工程项目及应急工程54个，完成投资598万元。完成新建及维修防渗渠道12.05公里，其中，新建5.94公里，完成修复机耕路12条共2.40公里。其中，藤桥镇小农水项目共32项，主要有渠道新建及维修、饮用水、水毁工程维修等，共完成投资214万元；仰义街道小农水项目共22项，主要有排水工程改造、河道驳坎渠道清淤等项目，完成投资363万元；七都街道2个水利维修项目，完成投资21万元。

2013年，鹿城区完成戍浦江大潭村防洪堤工程、枫林岙排灌河道一期整治工程、藤桥小旦排灌河道一期防洪堤工程、埭马冷水窟防洪堤工程、岭下村排灌河道整治工程、玉林溪流域樟村段整治工程、无敌坑水库上山道路工程和五大粮食生产功能区建设，完成一般性政府投资2647万元。

2013年，鹿城区实际完成重点工程建设投资46998万元，完成分项投资：西向排洪工程计1391万元、七都标准堤工程计10400万元、戍浦江河道（藤桥—河口段）整治计4500万元、黄龙北排工程计6315万元、丰门河整治工程（康城段）计3587万元。

【西向排洪工程（鹿城段）建设】 2013年，卧旗水闸完成单位工程验收，发挥挡潮和汛期临时通水的功能；卧旗大河Ⅰ标、1号、2号桥已完工通车，完成单位工程验收；卧旗大河Ⅱ标河道土方开挖42.50万立方米，河道护岸施工，3号桥梁已基本完工并通车；完成铁路桥部分单位工程验收；4号桑树桥基本完工通车，累计完成年度投资17105万元。

【七都标准堤工程建设】 2013年，完成一期工程（北堤、西堤），全长6.10公里。二期（东堤、南堤、吟州堤）工程全长8.30公里，南堤已完工，东堤主体工程基本完工，吟洲堤完成清基开挖、吹填土、灌砌石挡墙等工程量的90%。完成二期七都标准堤工程年度建设投资1亿元，其中土地政策处理费2000万元。七都标准堤工程累计完成投资64249万元，完成总投资概算的98.80%。

【戍浦江流域综合整治工程建设】 2013年，戍浦江下游主河道Ⅱ标段、Ⅲ标首段已经竣工并验收；戍浦江河道（藤桥—河口段）整治工程已经完成可研编制和审批；支流上沈河一期已进场施工，完成投资30%；支流下坦河、垟心河部分、上桥河部分已完工。

水政管理

【概况】 2013年，鹿城区水利部门根据省厅有关规定要求，配合市水利局开展水资源保护规划相关工作，参与编制完成《2012年度温州市水资源公报》，网上填报《2012水资源管理年报》及《水务管理年报》。根据最严格水资源管理制度要求，开展取水户水资源费征收、取水户用水管理、取水许可、水质监测等水资源管理工作。

2013年，完成仰义水库规范化（达标）创建工作，完成仰义水库水文站标准化建设、管理范围确权划界工程、规范化管理库区零星工程规范化整治，完成投资65万元。投资130多万元，完成仰义无敌坑水库上坝道路硬化，东山里水库委托进行安全鉴定。培育水工程维修养护市场，审查、审核一级维修企业5家，二级维修企业1家。区府办出台《温州市鹿城区农村供水安全应急预案》，建立健全全区农村供水安全应急机制，公布《鹿城区农村饮用水工程水源地名录》，确定农村供水水源地。

【河道拆违执法】 2013年，全区拆违力度不断增强，共立案查处水事违法案件5起，结案5起，罚款1.70万元，拆除各类涉水违法违章建筑物、构筑物1.68万平方米。

【水政执法巡查】 2013年，鹿城区水利部门针对河道布局、水利工程和取水户分布的特点，采用“分组管理”与“交叉管理”机制，明确各组的任务、职责，要求每个巡查小组每周巡查不得少于2次。全年，共计巡查河道317条段，发现、制止、处理各类违法行为51起。

工　业

综　述

2013年，鹿城区以开展“深化双服务、助推双服务”“千名干部进千企解千难”为载体，以开展“四换四减”为途径，以推进经济转型升级为主线，认真落实“扶工兴贸”各项举措，加大扶企助企力度，助推实体经济发展。全年，区经济信息化局介入帮扶风险企业73家，召开银企协调会51次，涉及贷款金额32.30亿元，担保金额8.20亿元，成功帮扶16家企业解决临时资金周转困难、银行转贷等金融风险。

2013年，鹿城区政企互动平台正式上线。该平台主要面向全区规上工业企业、限上商贸业企业、二级及以上资质建筑企业和房地产开发企业等企业，功能包括惠企资讯、入企审批、企业投诉、企业帮扶等。企业可以通过平台第一时间了解最新的政策法规、惠企资讯，并随时进行相关业务咨询，提出企业发展过程中遇到的实际困难。

2013年，双屿鹿翔小微园、藤桥沙头机械产业小微园、仰义渔渡轻工产业小微园、藤桥门前山物流小微园均已开工建设，完成550亩小微园开工建设目标任务。完成规下转规上企业55家，完成市下达目标（31家）的177.40%。完成新城大厦等4幢税收“亿元楼”和华盟商务楼等23幢税收“千万元楼”的目标任务。红蜻蜓营销温州有限公司等4家企业被市政府批准认定为市区总部企业。

2013年，制定《鹿城区信息化和工业化融合财政专项资金管理办法》，将“两化”（信息化、工业化）融合资金纳入技改专项资金，对积极实施“两化”融合项目的工业企业给予5%—8%的补助。康奈集团有限公司和浙江长城减速机有限公司获市级“两化”融合示范试点企业认定。全年，完成工业现代化技改投资26.86亿元，占工业性投资总额的85%。全区首次有1个项目被列入中央投资项目，有3个项目被列入省级和市级重点项目。中国鞋都已被列入省级产业集聚示范区。

2013年，出台《关于贯彻落实温州市加快推进工业用地二次开发的实施意见（试行）》，放宽对工业项目容积率、建筑密度等经济技术指标的控制，对符合改扩、建审批条件的工业企业，其建设规模超出原土地合同约定面积部分，不再补缴土地出让金（含城市市政基础设施配套费）。全年申请上报企业42家，新增建筑面积约30万平方米，可实现工业性投资20亿元。

2013年，完成城市有机更新项目90个，完成旧厂房改造面积202.95万平方米，超额完成年初32万平方米的目标。黎明92文化创意产业园创成省小企业创业示范基地、市创业创新基地、市文化产业园区、市特色产业科技园。“三不变”更新模式在全省交流推广。

2013年，组织实施能源监察10家，其中4家企业被列入惩罚性电价；企业节能改造投资共550多万元，推广50项节能新技术新产品，其中10个项目被列入市重点节能项目，5个项目获得专项资金支持，完成15个清洁生产项目审核；完成电镀和印染行业整治入园，转产化工产能4万吨，腾出用能空间6400吨标煤。全年，累计全社会用电量增长控制在4%内，超额完成任务目标（用电量增长控制在5.02%）。

服　装

【概况】　2013年，鹿城区规模以上服装制造业工业总产值10.58亿元，比2012年下降51.30%，国税税收0.67亿元，比2012年增长26.18%。浙江迪丰服饰有限公司获2013年度温州市“综合评价百佳工业企业”“鹿城区工业50强企业”“鹿城区百强企业”称号；温州市法兰茜姆服饰获首届温州（全球）高端男装制造金牌奖；浙江格宏服饰有限公司、浙江一天服饰有限公司、上海雷宝服饰有限公司获首届温州（全球）时尚男装品牌新锐奖；浙江贝贝依依服饰入驻浙交所，挂牌创新版，并获“浙江省著名商标”“浙江省优秀民营企业”称号。

2013年，首届温州（全球）高端男装颁奖典礼现场　　区服装行业协会提供

【公益活动】 1月25日，由区经信局牵头，区服装行业协会组织会员企业到双莲桥社区及双屿退休军人处看望孤寡老人，对特困家庭进行慰问并送上慰问金。“八一”建军节，协会组织会员企业到区公安消防大队进行慰问，同时也增强了企业的消防意识。

1月25日，爱心慰问活动现场

区服装行业协会提供

【人力资源工作站工作】 2013年，区服装行业协会人力资源工作站制定工作计划和目标，进一步宣传贯彻普通高校、大专院校毕业生就业工作和改革落实，积极参与各类人才招聘会。11月，组织会员企业参加在温州喜来登大酒店举行的2013年中国温州民营企业高层次人才洽谈会。浙江贝贝依依服饰有限公司获“大学生实践就业基地”称号。

制 革

【概况】 鹿城区仰义洞桥、十里、前京和双屿岩门、上戍下岸五个制革基地，早在2008年2月已全面停止生产，只有25家移膜革、沙发革、箱包革后工序成皮生产在继续开工。这25家是经过治理、通过验收合格，并由环保部门发给生产许可证同意皮革生产的单位。2013年，双屿岩门、仰义洞桥正顺利地开展基础设施建设（三产）；十里、前京基地内，部分违章简易棚被拆除，砖木结构厂房在出租；下岸基地还有小部分企业在皮革开皮、烫板对外加工。藤桥辖区有非法皮革制革转鼓生产，二人被行政处罚（刑事拘留）。前京基地正在协调创建五金生产小微园区。

制 鞋

【概况】 2013年，鹿城区鞋业行业销售回暖，复苏迹象明显。从鹿城区统计局提供的数据显示，全区鞋类行业规模以上企业168家，完成工业总产值、销售收入、出口交货值和利润分别为152.37亿元、151.72亿元、79.74亿元和5.70亿元，与2012年相比增幅分别为1.20%、1.80%、0.20%和1%，其总量分别占全区经济总量的54.33%、52.84%、79.35%和46.38%。鞋业作为鹿城区支柱产业的地位更加稳固。截至年底，全区拥有中国名牌2家、中国驰名商标23枚、中国真皮领先鞋王3家、中国真皮鞋王6家、佩挂真皮标志制鞋企业40家、全国质量奖1家、国家级出口名牌3家；浙江省出口名牌6家、省级名牌产品13家、省级著名商标16枚、省级质量奖1家、省级以上高新科技企业3家、省级政府质量奖1家；38家企业的产品获“国家免检产品”称号；市级名牌产品5家、市级知名商标14枚、市级出口名牌14家；区级名牌产品5家、区级名牌商标17枚。

4月27日，副区长胡明亮率区商务局、经信局等一行10人到区鞋业协会，就提升传统产业以及鞋业行业的可持续发展等话题进行座谈　　区鞋业协会提供

【温州（国际）鞋类电子商务主题商城建设】 2013年，由浙江事达利鞋业有限公司投资10亿多元，按现代智能化星级市场标准建设的温州（国际）鞋类电子商务主题商城已开工。该项目位于双屿镇“中国鞋都”产业园区，占地面积6万多平方米，总建筑面

积约16万平方米，系温州市政府重点支持的“中国鞋都”温州鞋业发展的重要配套项目，是一个集鞋类电子商务、仓储配送、厂家展示、产品研发设计等功能为一体，融合内、外贸易的现代国际鞋类商贸市场，也是国内首家国际成品鞋电子商务主题商城。

【技术改造与科技创新】 巨一集团每年都投入500多万元用于技术改造。2013年，已将制鞋的100多道工序中的30%用自动化生产替代，还准备扩大替代比例。“机器换人”这一举措，不仅使企业用工需求以每年20%的比例递减，还提高了生产效率和产品质量，降低了工人劳动强度。吉尔达鞋业加大纳米空调鞋研发力度，使得纳米空调鞋的“六轻”功能得到强化，效果更加明显。

【企业管理模式创新】 2013年，在经济不景气的情况下，许多企业把精力投放到练“内功”上。这些企业不但积极引进国内外先进的企业管理经验，还根据企业的实际情况，不断创新管理手段和办法。巨一集团进行了由以往的“被动驱动式管理”向“目标引导型管理”的根本性转变。其特点就是强调产品质量是“做出来的”，从而提出“人人都是品检员”的管理理念。把管理的重点转移到对员工的技术培训和质量意识的宣导以及生产过程的控制上来，提出要控制好每个“过程”，把“事后检验”转变为“事先预防”，使得员工民主参与管理的热情得到极大提高。

【巨一集团巨资拍得“舒软透气鞋”技术成果】 11月16日，在2013年浙江省技术成果拍卖交易暨网上技术市场活动周上，巨一集团以68万元成功拍得由中国皮革和制鞋工业研究院温州研究所研发的“舒软透气鞋”技术成果。该成果运用了其他学科领域的新材料，透过排湿、透气、缓震等功能来大幅提升鞋类产品的卫生性能和舒适度。

【品牌建设】 品牌建设已经成为行业发展的重要趋势。10月，康奈集团推出“D6全感舒适概念”的新鞋款，以其更为舒适的设计手段，进一步阐释“每一步都是享受”的品牌理念，更被媒体评论为品牌理念的又一次升华。戈美其鞋业则开启了名为“美丽课堂”的品牌推广活动，邀请知名搭配师结合当下时尚流行趋势，提供各种真实场景下美鞋、美服、美包的整体穿搭方案，并借助图文、视频、线下三条线进行立体式的传播。已完成的2013年夏、秋两季设计广告在优酷及各大视频网络上传播，被火热点击，逐渐成为网络热点话题。

【电子商务发展】 近年来，众多内销企业勇于突破传统的营销模式，纷纷涉足电商领域。2013年，鹿城鞋业行业开展电子商务的企业已有50多家，其中取得突破性进展的有5家。康奈集团自2010年开展电子商务以来，线上销售额连年翻新，2012年达到3000多万元，2013年接近1亿元。其中，仅2013年“双11”一天，就实现了1350万元的销售额。

【绿色生产新措施】 2013年，许多企业通过改造生产流水线、使用节能灯、推广清洁化生产工艺技术，从而达到节约能耗和减少环境污染的目的。也有许多企业通过节能环保新技术、新产品在鞋类生产中的应用和推广，确保行业的绿色可持续发展。东艺鞋业于4月成立清洁生产审核小组，针对企业存在的能耗问题，通过烘箱节能改造和引进并使用半自动铆钉机、新型节能高效针车、喷胶机等节能设备，实现增效500多万元。巨一集团引进电脑激光机、电脑针车机等具有节能降耗性能的新设备，还将照明灯全部更换为LED节能灯。

【员工培训】 2013年，为普及新国标（GB 28011—2011）《鞋类钢勾心》知识，预防在企业不知情的情况下被检测出产品不合格的情况发生，区鞋业协会及时组织会员企业参加由鹿城质监分局举办的“皮鞋生产企业产品标准培训班”，有东艺、泰马、巨日、印心鸟等23家企业的42名工作人员参加培训。协会还组织会员企业参加由鹿城区经信局举办的温州市服装鞋革行业“两化”融合（信息化和工业化的深度结合，以信息化带动工业化、以工业化促进信息化，走新型工业化道路）培训班，有东艺、皇家、特荣、九龙、雨薇露露等15家会员企业的23名员工参加培训。

印 刷

【概况】 2013年，鹿城区印刷行业在金融危机、招工难、市场需求下降、运营成本增加等因素影响下，经各企业共同努力，经济效益稳中有升。据区国税局通报，区印刷行业税收2498万元，较2012年增长5.90%。经鹿城文化广电新闻出版局年审统计，全区包装装潢印刷企业156家，其他印刷品企业50家，专业制版企业8家，打字复印143家，从业人员达1.20万余人，产值35亿元左右。

【企业技改工作】 2013年，在普遍遭遇“招工难”问题时，众多企业着力引进国内外先进设备，既解决了用工难题，又促进了企业的技改工作。如温州华茂彩印公司引进价值70余万美元的西班牙DOLX机械新设备，达到1台机器顶十名员工的功效；温州家族印务公司引进三台价值195万元的“智能全自动天地盖纸盒成型机”，纸盒产品质量有了很大提高；鹿城印刷制版公司从美国引进价值60万美元的科达CTD全自动制版机及冲版机等。这些先进设备的引进，改变了原有设备落后、质量差、效率低的问题，有力地促进了企业的转型升级。

【企业整合重组】 2013年，温州丰收印刷厂、温州航宇印务公司、西山彩印厂等3家企业实行整合重组，租用新场地，扩大厂房面积，做到业务、设备、工人共用，资源共享，出现了双赢的局面，既解决了生产中的诸多问题，也使企业在困境中走出了新路子。

医疗器械

【概况】 2013年，鹿城区医疗器械行业协会会员单位国药控股温州有限公司、温州华东惠仁医药有限公司、温州市英特医药有限公司、温州新特医药有限公司被评为温州市百强企业。协会常务副会长单位温州新特医药有限公司向鹿城慈善总会捐款20万元。截至年底，协会有会员单位70家，其中经营生物化学试剂类6家，义齿类4家，医疗器械及医用耗材类55家，听力设备类5家。

11月29日，在瓯昌饭店多功能厅召开区化工行业协会第四届二次会员大会

区化工行业协会提供

5月11日，鹿城区医疗器械行业协会于金银岛大酒店举行第二届二次会员大会

区医疗器材行业协会提供

【企业和学校合作】 2013年，区医疗器械行业协会为企业和学校牵线搭桥，与浙江医药高等专科学校进行洽谈，研究企业与学校合作的模式和方法，明确合作方向。学校也积极为企业预备和输送人才，全面指导协调企校合作及企业实训基地各项工作。12月16日，协会带领10家会员单位，到浙江医药高等专科学校进行校园招聘活动。

化 工

【概况】 2013年，据鹿城国税局统计，全区化工行业税收2186万元，较2012年增长15.44%，税收收入行业占比1.07%；十强税收1799万元，行业税收十强占比82.32%。浙江禾本科技有限公司获海关AA类企业管理资格，全区获此等级的企业增至5家，占温州地区12家AA类企业的41.70%。浙江禾本科技有限公司、温州市亚泰进出口有限公司被评为温州百强企业。

【新开发生物农药被列入国家火炬计划项目】 2013年，浙江禾本科技有限公司技术人员经过两年半时间的反复研究摸索，成功开发出新型生物农药。该产品的药效比混旋甲霜灵高5—10倍，其开发对减少农药用量，加速农药降解，保护生态环境具有重大意义。该产品合成技术处于国际先进水平，产品填补国内空白，并成功入选国家火炬计划项目，获中国石油和化学工业协会科技进步二等奖。10多年来，浙江禾本科技有限公司技术中心科研组先后开发出高纯甲霜灵、旋光甲霜灵、氟菌唑、戊菌唑、丙环唑、霜霉威等科技成果达30余项，已全部进行产业化生产，累计为公司创造销售收入20亿元。

【区化工行业工会联合会成立】 9月18日，在瓯昌饭店召开鹿城区化工行业工会联合会成立暨第一次会员代表大会。会议选举产生了工会委员会成员，工会经费审查委员会和女职工委员会。工会将在维护职工合法权益等方面发挥作用。

【大学毕业生就业见习基地建立】 11月，在鹿城区化工行业协会建立大学毕业生就业见习基地。该基地的建立，将为应届、历届毕业生提供良好的学习、工作条件，并按要求对见习相关工作进行有效管理，解决毕业生就业问题，同时能为企业提供需求岗位的人才。

【从业人员安全生产培训】 2013年，鹿城区化工行业协会在温州市化工市场组织举办了两期对危险化学品生产、经营单位的主要负责人、安全管理人员和从业人员的资格培训，全面落实持证上岗制度。温州市金朋运输有限公司对危险化学品运输的驾驶员和押运员进行了多场安全知识学习，深入开展安全生产、安全运输的宣传教育工作，强化企业安全生产基础建设，提高企业安全管理水平和从业人员安全素质。

12月22日，一年一次的危险化学品突发事故应急救援消防演练在温州化工市场举行　区化工行业协会提供

剃须刀

【概况】 2013年7月18日，温州市剃须刀行业协会正式更名为温州市个人护理电器行业协会。以剃须刀为龙头的温州市个人护理小家电产业，历经多年的市场磨砺和洗牌，产品逐步由单一的剃须刀向电推剪、电吹风、电热烫发器、电动脱毛器、电动按摩器等个人护理家电产品转移，呈现出一派均衡发展的全新态势。全年实现销售总额38亿元，较2012年增长11%，占全国市场70%的份额。鹿城区剃须刀行业规模企业占全行业的近40%，产品新增产值主要集中在电动剃须刀、电推剪、电动脱毛器等产品上，分别比2012年增长4.89%、1.66%、12.22%。

2013年，浙江鼎铃电器有限公司被认定为浙江省高新技术企业，浙江日峰电器有限公司被列为浙江省科技型中小型企业，浙江光科电器有限公司董事长包伟光获评温州市第三轮工业行业“名师名家”，浙江鼎铃电器有限公司当选为中国五金制品协会日用五金分会副会长单位。

【剃须刀行业参展】 6月10日—12日，2013年第九届中国（温州）国际轻工产品及首届时尚消费博览会在温州国际会展中心举行。协会组织鼎铃、百特、日峰、华科4家电器企业参展，特装搭建行业展厅，编印发放彩色宣传画册和企业广告宣传资料近万册。

【工业设计作品获奖】 7月26日，在参加温州市经信委组织的首届“白鹿杯”工业设计大赛颁奖典礼上，温州市剃须刀行业协会获得最佳组织奖，温州吉速护理用品有限公司和浙江鼎铃电器有限公司分别获得银奖和优秀奖。

电　镀

【概况】 2013年6月27日，后京电镀污水处理有限公司收到区财政局拨款的“2012年中央重金属污染防治专项资金”135万元。面对越来越严格的生态环保政策，电镀行业开展污染整治提升和节能减排工作。因原材料涨价、工人难招、污染治理费用大，企业经济效益下滑，有3家企业关闭。车间承包经营、出租较普遍，有20家已全部出租。协会全年为企业危化品从业人员组织上岗培训4次，共计发放上岗证292人次。

“八一”建军节到来前，后京电镀基地业主委员会继2012年之后，连续开展对消防大队慰问活动。连续两年参加区慈善总会慈善捐款活动，每年捐5万元。

【污染整治提升工作】 2013年，鹿城区电镀行业在缺资金、土地的情况下，采取将原有设备改造提升的办法，启动氨氮处理工程建设和雨水管沟混有电镀污水的解决方案建设、智能排污总量控制方案建设和污水处理设施更新、整修提升方案建设，总投资1660余万元，污水处理能力和污水处理达标率大幅度提高。

广发爬坡式一览　区电镀行业协会提供

【环境污染责任险续签】 2013年，为提高环境污染风险的防范和应急水平，后京电镀基地和中国人保、太保鹿城支公司续签1000万元环境污染责任险，为后京电镀基地的生态文明建设在制度创新上取得了新突破。

【区生态文明示范单位创建】 2013年，后京电镀基地提出创建区生态文明示范单位的申请，得到区生态办的支持，批准拨款20万元帮助创建工作。经努力，创建生态五型综合示范工作通过有关部门的初级验收。

【义务消防队组建】 2013年，针对后京电镀基地火灾频发，在公安消防部门的支持和指导下，组建义务消防队，不断完善消防设施，加强对火灾隐患的检查力度，加强初起火灾扑灭力量，减少和避免火灾发生单位的重大经济损失和人员伤亡。

打火机

【概况】 2013年，温州市从事打火机行业的企业有113家，受国际形势低迷等原因影响，销售收入累计43528万元，较2012年下降28.53%；入库税收累计2261万元，较2012年下降18.39%。全市规模以上企业20多家，主要生产金属打火机，分布在鹿城、瓯海、龙湾三个区，产品主要出口日本、欧盟、美国、拉美、东盟、加拿大、俄罗斯、非洲等77个国家和地区。

7月10日，温州市打火机行业协会第六届三次会员大会在境内王朝大酒店举行，90多位会员出席会议。

2013年，鹿城企业浙江大虎打火机有限公司获中国质量诚信企业、浙江省工商企业信用AAA级“守合同重信用”单位称号。

【质检员培训】 4月22日，温州出入境检验检疫局与温州市打火机行业协会在新南亚大酒店举办温州市出口打火机企业质检员培训班。培训课由检验检疫局化矿处副处长张安主讲，检验检疫局打火机实验室郑雪老师讲解了实际操作方面的问题。全市出口打火机企业有92位质检员参加培训。

5月6日，打火机行业协会组织47家企业的59名质检员，到温州出入境检验检疫局打火机实验室参观学习并接受现场指导。5月17日，在检验检疫局九楼会议室举办质检员考试。到场考试的出口打火机企业共47家101人，其中58人合格。6月7日，在协会会议室和2个临时教室举办质检员补考，参加补考的58人除1人缺考外，全部通过。

【首届时尚消费暨第九届中国（温州）国际轻工产品博览会举行】 6月10日—12日，由浙江省商务厅、温州市人民政府主办的首届时尚消费暨第九届中国（温州）国际轻工产品博览会在温州国际会展中心举行。该博览会以“时尚消费”为主题，由时尚名品博览专题、时尚活动专题构成。展会专设打火机展区。鹿城华丰烟具厂、温州市司派克烟具有限公司参加了此次博览会。

【新十条促进打火机企业外贸发展】 2013年，温州出入境检验检疫局出台十条新举措：严格执行减免费用政策，自8月1日起至12月31日期间，报检的所有出境货物免收出境检验检疫费；加强进出口商品宏观质量管理，积极扶持优势企业推进出口免验；维护良好外贸经营秩序，打击假冒企业；积极应对国外技术性贸易措施；做好企业原产地优惠政策；深化出口检验模式，优化进口检验流程；创新监管模式，支持扩大进口；支持口岸扩大开放；优化口岸通关环境，加快“一次申报、一次查验、一次放行”试点；加强口岸风险防控，促进外贸持续发展，振兴实体经济。

【“名师名家”评选】 2013年，温州市开展第三轮工业行业和服务行业“名师名家”评选活动。经市打火机行业协会初选推荐和行业初评，再经温州市政府组织的专家联评、媒体公示等程序，鹿城智力德工艺品厂厂长应春林获温州市“名师名家”称号。

眼镜

【概况】 2013年，在严峻的全球经济形势下，温州眼镜出口较2012年同比仍有所增长。

年初，鹿城区眼镜行业协会参与策划“回归实业、从我做起”宣传活动，通过系列报道各眼镜大企业近几年在管理、品牌、质量、人才等方面的投入以致企业不断壮大的事迹，为行业做模范带头作用，从而带动行业回归本业。全年采访温州十几家眼镜企业，将其做实业的亮点和后续发展规划，通过《眼镜制造导刊》杂志向全行业传播。据鹿城区国税局统计，全区眼镜行业缴纳国税前10强依次为温州黎东、温州远洋、温州爱氏、温州新兴、鹿城大宗、温州布鲁金、温州东瓯、温州光大、鹿城明视、温州正泰昌光学有限公司。温州远洋、鹿城瑞瓯、鹿城大宗3家公司成为温州市眼镜商会的副会长企业。

6月6日，区眼镜行业协会三届三次会员代表大会在温州金球国豪大酒店召开。

【时尚消费博览会参展】 6月10日，中国（温州）国际轻工产品暨时尚消费博览会在温州国际会展中心举行。区眼镜行业协会组织温州市黎东、温州远洋2家企业精装参展。

【预警信息发布】 2013年，外贸预警点向行业发出了2条重要的预警信息。3月3日，南非国际贸易管理委员会（ITAC）发布公告，对自中国进口的无框镜产品反倾销调查案做出初裁，决定对涉案产品征收40.22%的临时反倾销税。9月，巴西发展、工业和外贸部贸易保护局决定自10月1日起对进口自中国的眼镜架征收11.44美元/副的反倾销税，征税期限5年。区眼镜行业协会及时向会员单位传达，规避风险。

工艺美术

【概况】 2013年，鹿城区工艺美术行业的主要经济运行载体是个体研究所或个体工作室；企业稀少，浙江金牛工贸有限公司是仅有的一家规模较大的生产工艺美术外延产品的企业。温州市工艺美术大师楼（温州市工艺美术研究院）汇聚了全区主要的工艺美术品种，包括瓯塑、瓯绣、石雕、木雕、细纹刻纸、彩石镶嵌、立粉堆金画等，成为开展宣传、展示、培训等工艺美术相关活动的主要平台。

2013年，全区共有7位工艺美术工作者获中级工艺美术职务任职资格，1位获助理工艺美术师职务任职资格。

【14家单位入选首批温州市工艺美术传承、创新、研发基地】 3月11日，由温州市工艺美术行业协会、温州市工艺美术研究院、温州市工艺美术创意园联合成立专家评委组，评出46家单位与工作室为“首批温州市工艺美术传承、创新、研发基地”。其中，鹿城区的温州市工艺美术研究院黄杨木雕研究所、细纹刻纸工作室和温州云艺装饰有限公司等14家单位名列其中。

【杨华春赴坦桑尼亚表演木雕技艺】 3月21日—27日，在非洲坦桑尼亚举行2013年“世界木材日”活动。在鹿城区工作的温州黄杨木雕代表杨华春与东阳木雕代表冯文土，受国际木文化学会中国总部、中国林产工业协会邀请，作为仅有的2位中国艺人，参加了该活动。

3月21日，杨华春（中）与国际木文化学会执行长侯文彬（左）、坦桑尼亚国家资源与旅游部副部长（右）合影

市工艺美术行业协会提供

【杭州博览会参展】 4月25日，“第三届中国·浙江工艺美术精品博览会”在杭州世贸国际展览中心开幕。温州市工艺美术行业协会、温州市工艺美术研究院组织瓯塑、瓯绣、黄杨木雕、石雕、立粉堆金画、十字绣、发绣、细纹刻纸、米塑、瓯窑、簇绒工艺、贵金属工艺、石刻影雕等13个品种的86件作品参展，分别在3个展区展出。鹿城区工艺美术工作者共摘得4个特等奖，14个金奖。

【工艺美术大师收徒仪式举行】 6月8日，“薪火相传”大师收徒暨《守望非遗》首发仪式在温州市非遗馆举行。鹿城区17位工艺美术大师、非遗传承人，共收徒36人，涉及瓯塑、瓯绣、黄杨木雕、彩石镶嵌、石雕、十字绣6个工艺美术品种和非遗项目。

6月8日，工艺美术大师收徒仪式举行

市工艺美术行业协会提供

【大连博览会参展】 7月18日—22日，第11届中国工艺美术暨古典家具、收藏品在大连星海会展中心举行。温州市工艺美术行业协会组织了48件工艺美术精品参展，涉及瓯塑、瓯绣、黄杨木雕、石雕、细纹刻纸、彩石镶嵌、脱胎工艺、珐琅珀金画、米塑、纤维艺术等品种。鹿城区工艺美术工作者摘得6个金奖。

【东阳博览会参展】 11月8日—12日，

温州市工艺美术行业协会筹集了58件工艺美术精品参展第八届中国（东阳）木雕竹编工艺美术博览会。鹿城区工艺美术工作者摘得7个金奖。

机 械

【概况】 2013年，机械装备市场需求整体趋缓，出现产能过剩。在成本上升、价格下行的压力下，利润率持续下降。鹿城区规模以上企业工业产值280.40亿元，其中装备制造业规模以上企业实现工业产值63.60亿元（未列入迁出鹿城区域的企业），比2012年稍有下降。在全区上缴国税百强企业中，机械行业占13家；在全区十个行业上缴国税排名中位列第四，上缴税值比2012年增17.60%。

2013年，全区高新技术企业计35家，产值42.75亿元，其中机械行业高新技术企业19家，产值25.43亿元。瓯江液压、东风包装、达安仪表设备三家企业步入国家高新技术企业行列；宏展包装机械有限公司和达安仪表设备有限公司被列入省科技型中小企业；南方游乐设备有限公司被列入市级专利示范企业，其研发中心成为省级高新技术企业研发中心，使全区机械行业省级高新技术企业研发中心增至9个；长城减速机、星际控股集团入选市级重点创新团队；双屿实业、润新机械、浙江电器开关、日高包装获首批区重点创新团队称号。

2013年，长城减速机获全国首批知识产权贯标企业称号；温州博弘电器公司获总政治部、总装备部、人力资源社会保障局、国防科技工业局授予的“工程建设突出贡献奖”称号。浙江电器开关有限公司获区功勋企业称号。温州南方游乐设备工程有限公司董事长虞培清获“浙江省第12届优秀企业家”称号。长江汽车电子有限公司董事长诸爱道入选2013年度温州经济年度人物。长城减速机周国忠博士获“浙江省151人才工程第一层次培养人员”“温州市杰出人才”称号，浙江绿电裴瑞林、申瓯通信董事长蔡春潮获市级及以上政府人才称号。

【科技创新与品牌商标培育】 2013年，瓯江液压历时5年研发投产自动化机器人生产线，填补国内同行业空白，减少人工40%，节能30%，质量提高50%，实现24小时操作。科技型中小企业日高包装机械有限公司成立日高自动化设备（机器人）研发中心，专注为低压电器、制笔、制鞋、烟具等行业提供自动化解决方案。南方游乐、瓯江液压应用激光技术研制新产品，长城减速机1兆瓦光伏电站项目，获政府扶助资金。南方游乐的三维旋转大弯臂游艺机和空间飞旋游艺机成为省级工业新产品。奥乐器材与国际技术接轨，已应用国标生产。润新机械获得市级知名商标企业和省著名商标企业称号；长城减速机获浙江省著名商标、浙江省名牌称号。2013年，区机械行业新产品立项鉴定14项，申请专利受理134项，其中发明专利31项，实用专利101项，新型专利2项。南方游乐全年共申报专利44项，受理37项，其中发明专利5项，获市专利示范企业称号。全年，制定产品技术标准23项，应用国标3项。

【人力资源工作专项培训和竞赛活动】 6月7日，区机械联合会在瓯昌饭店举办企业人力资源工作负责人培训班，邀请区人力资源和社会保障局领导、科室负责人讲授有关政策和业务处理方法，并进行经验交流。8月，开展人力资源工作竞赛和评选先进工作者，推进企业人力资源工作常年化，促进管理水平提高。

【普法宣传教育】 12月20日，在《中华人民共和国特种设备安全法》正式实施前，区机械联合会组织30多家企业负责人或中层管理人员参加培训，邀请市、区质监局领导就该法颁布后的具体要求、实施的重要意义作讲解。针对机械行业存在的问题，指导解决措施。会议并要求，企业管理人员要将培训内容宣讲到特种设备的操作员工，依法促进企业生产。

五 金

【概况】 2013年，据工商部门统计，鹿城区五金行业共1471家，主要分布在仰义、藤桥、双屿（包括黄龙），分别为504家、505家、462家。其中，生产企业近1000家，其他属贸易、店面、批零销售。五金销售、零售店面在市区五金城内有162家。产品品种有装饰五金、家具五金、制鞋金、箱包五金、锁具五金、拉手五金、办公用具和家用五金，共计5000多种规格。与五金配套的产业有金属材料、塑料、树脂、机械设备、电镀、各种内外包装和印刷品及运输物流等。

鹿城区从20世纪80年代开始

生产五金产品，其销售市场国内主要有浙江义乌、路桥和广东广州、东莞及四川成都、山东临沂、湖南长沙、河南郑州等大市场；沈阳、北京、上海及港、澳、台等中小市场。国际市场有欧洲、南美、中东等100多个国家和地区。

鹿城区五金行业协会成立于2012年12月17日，至2013年底，共有会员252家。

【工会建设与党建工作】 12月2日，区总工会批复鹿城区五金行业协会工会联合会建立，协会于12月29日在一届二次会员大会上选举产生了工会委员。12月4日，鹿城区五金行业协会党支部成立。12月12日，经公开选举，产生了3名党支部委员。

温州（鹿城）总部经济园

【概况】 温州（鹿城）总部经济园一期工程占地8.27公顷（净6.12公顷），建筑面积15.30万平方米，共21幢建筑，投资5.30亿元。至2013年，签约企业46家，其中，已入驻19家。总部二期占地7.87公顷（净6.03公顷）。2013年，二期C、D、E区规划修编；二期F—2地块人才公寓主体结顶，进入装饰施工阶段。

温州中国鞋都产业园区

【概况】 2013年，温州中国鞋都产业园区一期、二期、三期和总部经济园一期已建成投产，鞋都铁路沿线、总部经济园二期在建。累计已引进项目161个；鞋都一期引进企业24家，厂房建筑面积78万平方米；鞋都二期引进企业25家，厂房建筑面积45万平方米；鞋都三期引进企业66家，厂房建筑面积96万平方米；总部经济园一期引进企业46家，建筑面积15.30万平方米。全年鞋都一期、二期、三期企业实现工业总产值132.45亿元。全年完成重点项目建设投资29602万元，其中鞋都产业化项目完成投资27996万元，总部经济园完成投资1606万元。

至2013年年底，鞋都产业园区已拥有中国真皮领先鞋王2个，中国真皮鞋王2个，真皮名鞋1个，中国驰名商标16个，中国名牌2个，中国出口名牌3个，国家免检产品28个，省级高新技术企业3家，中国鞋都功勋企业4家。国家鞋类质量检验检测中心、鞋文化博物馆、鞋都文化广场、鞋都安心公寓等配套已建成投入使用，技术支撑服务体系日趋完善。形成了名牌聚集、龙头企业聚集、生产要素聚集的良好态势和中国鞋都“名牌”“名地”效应。

【基建项目建设】 2013年，鞋都产业园区铁路沿线的沿河北路和戴宅南路、纬七路、纬二路和河道整治工程开工建设，鞋都一期牛岭安置房1—3号楼、鞋都二期32号地块安置房竣工，鞋都一期牛岭安置房11—13号楼、鞋都三期安置房、鞋都小学等进入装饰和附属施工。

鹿城轻工产业园区

【概况】 2013年，鹿城轻工产业园区管委会出台《统计报表填制规定》《政务信息及汇总材料报送规定》《效能监察规定》等工作制度，健全长效机制。通过制定《2013招标（采购）工作监督表》《2013招标（采购）工作监督》《非公开发包小额工程备案》等，实施对项目决策、项目审批、招标投标、资金拨付、项目建设和竣工验收的全程监督。园区全年实现工业总产值33.21亿元，较2012年增长12.70%；实现利税总额2.43亿元，较2012年增长9%；完成重点工程投资2.50亿元。新增国家级高新技术企业3家、省级研发中心2家。

2013年，园区管委会受理工伤认定申请91件，受理91件，涉及人数91人，完成认定工伤91件。受理劳动保障监察举报投诉案件53件，立案53件，涉及劳动者509人，已结案53件，涉及金额237万元。处理3起劳资纠纷群体性突发事件，涉及人数592人，涉及金额561万元。

【助企扶商形成常态机制】 2013年，鹿城轻工产业园区包括园区管委会领导在内的所有工作人员，每人联系一至两家企业，及时了解企业动态。驻企服务员除日常与企业保持密切联络外，还在节假日等特定日期，深入每个企业监察安全生产、宣传惠企政策等。全年，园区管委会共收集汇总存在问题23个，属于政府解决序列的14个问题中，管委会已帮助解决了12个。

【“电商换市”加快步伐】 2013年，除淘宝等电商平台外，园区管委会积极探索网络专业销售平台。温州市日高包装机械有限公司正式试运行全国首家包装机械专业网络销售平台，全年销售额

浙江温州鹿城轻工产业园区

浙江温州鹿城轻工产业园区位于藤桥镇，总规划面积18.30平方公里（其中国家核准面积为6.65平方公里），于2003年年初正式启动建设，至2013年，累计已投入30多亿元用于基础设施建设。该园区为省级经济开发区、省生态工业示范园区、温州市大型一类工业园区。自成立以来，园区多次获省、市、区级先进单位和招商引资突出贡献奖。

2013年，园区入园企业有112家，其中国家级高新技术企业15家，占全区的44.12%；省级研发中心5家，占全区的35.71%。园区初步形成电子信息、机械装备及高端传统产业三大产业集聚，全年实现工业总产值48亿元。

1. 园区戍浦江滨水走廊
2. 数控高速走丝切割设备
3. 园区配套的仰义高速枢纽
4. 频获省、市、区表彰

此版照片由浙江温州鹿城轻工产业园区提供

破百万元。同时，园区管委会鼓励电商企业通过盘活园区闲置厂房作为电商大楼，进行电子商务运营。园区已入驻顺丰快递、邮政快递等电商企业，

【园区市政配套设施建设】 2013年，完成中央大道、横三路、纵七支二路一期等道路排水工程的工程结算审核和资料归档。中心区6条道路完工并通车，从而贯通南北两岸交通路网。

【园区安置房工程建设】 2013年，戍浦江综合治理工程拆迁安置房二期已进行地下室基础灌注柱施工，完成投资额1650万元。

【园区水利工程建设】 2013年，戍浦江下游河道整治工程III标首段竣工验收；完成戍浦江支流垟心河、下坦河、上桥河等河道整治工程主体工程；上沈河整治工程已完成桩基244根，土方开挖3600立方米。

2013年，园区戍浦江河道河水清澈
鹿城轻工产业园区提供

【补偿安置工作】 2013年，园区管委会会同藤桥镇政府多次组织相关部门，反复磋商藤桥镇域范围内房屋征收与补偿实施细则，并报区政府审核。完成渔藤公路藤桥地块底层农具房实地分隔工程；完成周徐村五灵道观征收迁建补偿安置工作；完成上桥村土地征收涉及坟墓迁徙安置工作。

【安全生产网格化】 2013年，园区全面实施企业安全生产网格化管理。管委会全体工作人员全部落实到网格中，做到每个企业都有固定的联系人员。在日常不定期巡查的基础上，重点针对涉尘涉爆企业进行排查，发现问题坚决要求企业整改。全年，共开展各类安全检查企业195家次，出动436人次，隐患发现一处整改一处。

2013年知名企业

【2013年度鹿城区功勋企业】
康奈集团有限公司

巨一集团有限公司
东艺鞋业有限公司
浙江电器开关有限公司
浙江温州银泰百货有限公司
温州时代广场购物中心有限公司
国药控股温州有限公司
温州崇高百货有限公司
温州美特斯邦威服饰有限公司
温州开太百货有限公司
温州市英特药业有限公司
温州苏宁云商销售有限公司
温州市南亚粮油食品有限公司
温州市亚泰进出口有限公司
温州之星汽车有限公司
温州新特医药有限公司
温州绿城房地产开发有限公司
温州绿城家景房地产开发有限公司
浙江中梁置业有限公司
温州中梁通置业有限公司
浙江温州鹿城农村商业银行股份有限公司
温州鹿城捷信小额贷款股份有限公司
浙江新邦建设有限公司
三箭建设工程集团有限公司
新宇建设有限公司
中纬建设工程有限公司
温州王朝大酒店有限公司
温州国际大酒店有限公司
温州万和豪生大酒店有限公司
香格里拉大酒店（温州）有限公司
温州锦绣酒店投资有限公司喜来登酒店
温州维多利亚大酒店有限公司
温州新南亚大酒店有限公司
温州云天楼实业有限公司

【2013年鹿城区功勋企业家】

陈宏强　浙江温州鹿城农村商业银行股份有限公司
郑秀康　康奈集团有限公司
潘建中　巨一集团有限公司
陈国荣　东艺鞋业有限公司
李建民　浙江电器开关有限公司
王真云　温州时代广场购物中心有限公司
李艾黎　国药控股温州有限公司
孙宏建　温州崇高百货有限公司
王　珏　温州美特斯邦威服饰有限公司
杨　剑　浙江中梁置业有限公司
陈　锵　浙江新邦建设有限公司
范小青　中纬建设工程有限公司
朱志群　温州王朝大酒店有限公司

【2013年度鹿城区工业50强企业】

温州吉尔达鞋业有限公司
浙江金牛工贸有限公司
泰马鞋业有限公司
温州市太阳神鞋业有限公司
浙江旭达鞋业有限公司
浙江普飞鞋业有限公司
意万达鞋业有限公司
浙江长城减速机有限公司
温州帝邦鞋业有限公司
泰力实业有限公司
黎明液压有限公司
海特克液压有限公司
温州市三箭混凝土有限公司
温州市润新机械制造有限公司
挺宇集团有限公司
温州市海岳混凝土制品有限公司
温州万丰混凝土有限公司
申瓯通信设备有限公司
温州市爱美高鞋业有限公司
温州市东风通用机电厂
浙江禾本科技有限公司
浙江奇伟鞋业有限公司
巨日鞋业有限公司
温州市黎东眼镜有限公司
温州南方游乐设备工程有限公司
星际控股集团有限公司
浙江迪丰服饰有限公司
浙江正耀鞋材有限公司
扬业电器有限公司
温州市利步达鞋业有限公司
温州市飞丹鞋业有限公司
藤桥禽业股份有限公司
珂卡芙鞋业有限公司
浙江皇家鞋业有限公司
温州市长发祥鞋业有限公司
温州市瑞星鞋业有限公司
温州市广川鞋业有限公司
浙江金得利电器有限公司
浙江艾曼连鞋业有限公司
浙江意迈达鞋业有限公司
温州新宇无纺布有限公司
温州瑞基测控设备有限公司
温州市昆仑鞋业有限公司
温州查理鞋业有限公司
温州市侨业塑胶有限公司
温州意迈达鞋业有限公司
温州鼎丰鞋业有限公司
温州市鹿城富仕达鞋业有限公司
温州开元集团有限公司
巨康鞋业有限公司

【2013年度鹿城区商贸业50强企业】

红蜻蜓营销温州有限公司
温州天成控股有限公司
温州新宇钟表有限公司
高邦集团有限公司
温州联奥汽车销售服务有限公司
温州好又多百货有限公司
温州百润投资有限公司
温州通诚经贸有限公司
温州鹏润国美电器有限公司
温州市中原皮塑有限公司
温州市华春经贸有限公司
温州九州通医药有限公司
德嘉木业有限公司
温州市天罡贸易有限公司
浙江绿森数码科技有限公司
温州南湖商业集团有限公司
温州市日清贸易有限公司

温州锦华国际贸易有限公司
温州美的制冷产品销售有限公司
温州市建业金属回收有限公司
温州市华颢燃气有限公司
温州诚宏百货有限公司
温州财富购物中心有限责任公司
温州尚羽贸易有限公司
温州名轩进出口有限公司
温州道麟进出口有限公司
温州市百富食品有限公司
温州市鹿城区金属材料公司
温州勤奋工贸有限公司
温州欣瑞电子有限公司
温州市华美工贸有限公司
温州市乐松电器有限公司
温州市名辰贸易有限公司
浙江塑丰贸易有限公司
温州市森泰石化有限公司
温州市朗顺进出口有限公司
温州捷骏汽车有限公司
温州浙南机电设备有限公司
温州市大通进出口有限公司
温州五洲进出口有限公司
浙江中勋进出口有限公司
浙江东日进出口有限公司
温州香溢卷烟销售有限公司
莱恩达集团有限公司
温州华通丰田汽车服务有限公司
温州锐力体育用品有限公司
温州彦林控股有限公司
温州市瑞博催化剂有限公司
温州市诚贸皮革有限公司
温州市信尔贸易有限公司

【2013年鹿城区温商回归功勋人物】

谷俊杰　南京川博生物技术有限公司董事长（江苏温商）
张卢兄　香港子味集团有限公司董事长（资本回归）
李跃胜　温州鹿城捷信小额贷款股份有限公司董事长（资本回归）
郑　重　开太集团董事长（台湾温商）
毛信吉　赣州温州商会会长，温州市联豪商业保理有限公司董事长（江西温商）

【2013年鹿城区政府质量奖获奖企业】

浙江金牛工贸有限公司
黎明液压有限公司
挺宇集团有限公司（提名）

【2013年度鹿城区首次获得市级以上品牌荣誉称号企业】

一、获得浙江省著名商标企业
浙江金牛工贸有限公司
温州市芬尼斯皮革化工有限公司
温州市润新机械制造有限公司
温州进兴农业开发有限公司
浙江禾本科技有限公司
二、获得浙江省出口名牌产品企业
泰力实业有限公司
浙江禾本科技有限公司
三、获得温州名牌产品企业
浙江腾腾电气有限公司
浙江三点水童装有限公司
浙江嘉瑞成律师事务所
四、获得温州市知名商标企业
浙江飞友康体设备有限公司
浙江光正大律师事务所
温州市润新机械制造有限公司
浙江老人头鞋业有限公司
温州市瑞星鞋业有限公司
浙江越人律师事务所
五、获得温州市出口名牌产品企业
浙江腾腾电气有限公司

【2013年度鹿城区建筑行业突出贡献单位】

一、获得浙江省“钱江杯”优秀工程项目
温州市鹿城区藤桥镇第一小学建设工程（承建单位：浙江新邦建设有限公司）
二、获得温州市“瓯江杯”优秀工程项目
藤桥镇第一小学教学综合楼工程（承建单位：浙江新邦建设有限公司）
温州市解放南路延伸地块安置房东南居住组团1标段（承建单位：浙江新邦建设有限公司）
温州鹿城富仕达鞋业有限公司新厂区工程（承建单位：新宇建设有限公司）
三、获得国家AAA级安全文明标准化工地称号单位
浙江新邦建设有限公司
承建项目：温州市鹿城区藤桥镇第一小学建设项目
四、企业资质晋升
浙江实强建设有限公司晋升市政施工总承包壹级
浙江绿艺园林工程有限公司晋升园林施工壹级
浙江誉城建设有限公司晋升房屋建筑施工总承包贰级
五、鹿城区建筑业龙头骨干企业
浙江新邦建设有限公司
新宇建设有限公司
中纬建设工程有限公司
鲲鹏建设集团有限公司
浙江金达建筑有限责任公司
浙江红欣园林艺术有限公司（专业承包）
浙江绿艺园林工程有限公司（专业承包）
六、建筑业科技兴企先进单位
鲲鹏建设集团有限公司技术中心晋升省级（建设行业）企业技术中心
浙江新邦建设有限公司技术中心晋升市级（建设行业）企业技术中心

【2013年度鹿城区科技工作先进单位】

一、新增国家高新技术企业
温州市瓯江液压机械有限公司
浙江东风包装机械有限公司
温州市金丕针织机械制造有限公司
温州市达安仪表设备有限公司
浙江鼎铃电器有限公司
二、新增省科技型中小企业
温州市金丕针织机械制造有限公司
温州市达安仪表设备有限公司
温州市天瑞制药机械有限公司
温州市华川高分子材料有限公司
浙江宏展包装机械有限公司
浙江索思科技有限公司
温州市航天信息计算机有限公司
浙江飞友康体设备有限公司
浙江金瑞五金索具有限公司
温州市特康弹力科技有限公司
坚士锁业有限公司
鲲鹏建设集团有限公司
浙江新邦建设有限公司
温州市中伟磁传密封设备厂
温州市南极激光科技有限公司
温州市佳佳暖节能科技有限公司
温州方瑞科技有限公司
温州科睿思电子科技有限公司
温州进兴农业开发有限公司
浙江日峰电器有限公司
三、新增省级高新技术企业研究开发中心
南方游乐设备省级高新技术企业研究开发中心
腾腾能源工程省级高新技术企业研究开发中心
四、新增《企业知识产权管理规范》国家标准达标单位
浙江长城减速机有限公司
五、新增各级专利示范企业
（一）新增省级专利示范企业
杨业电器有限公司
（二）新增市级专利示范企业
浙江金牛工贸有限公司
浙江精华测控设备有限公司
浙江腾腾电气有限公司
温州南方游乐设备工程有限公司
温州市登达化工有限公司

【2013年度鹿城区开放型经济工作先进单位】

一、2013年度鹿城区生产企业出口10强
巨一集团有限公司
温州市太阳神鞋业有限公司
东艺鞋业有限公司
泰马鞋业有限公司
浙江旭达鞋业有限公司
浙江禾本科技有限公司
温州帝邦鞋业有限公司
康奈集团有限公司
温州鼎丰鞋业有限公司
浙江意迈达鞋业有限公司
二、2013年度鹿城区外贸流通企业出口10强
温州市天罡贸易有限公司
温州锦华国际贸易有限公司
温州道麟进出口有限公司
温州五洲进出口有限公司
温州莱恩达集团有限公司
温州市信尔贸易有限公司
温州市理恒贸易有限公司
温州市大通进出口有限公司
温州彦林控股有限公司
温州世昌贸易有限公司
三、2013年度鹿城区进口企业5强名单
浙江中勋进出口有限公司
德嘉木业有限公司
温州崇高百货有限公司
浙江中钢矿业有限公司
温州普润豪德国际贸易有限公司

城乡建设

城乡规划

【概况】 2013年，鹿城规划分局协助市局修编《温州市总体规划》，研究温州总体战略发展目标，明确功能分区协调发展。围绕历史文化名城创建，协助市局完成《关于温州历史文化街区保护整治的实施意见》，并起草《温州市历史街区内住宅建筑有机更新实施细则》。全年组织编制各类城市规划项目40个，其中控规修改18个（附表15），控规（图则）编制22个（附表16）。全年办理选址意见书 54个，计建设用地面积125.80万平方米；临时用地证12件，面积6.60万平方米；总平调整审核40件，面积17.13万平方米；出具规划设计条件129件，办理用地红线263个；审批建设用地规划许可证107件，计建设用地面积140.10万平方米；审批建设工程规划许可证119件，面积185.98万平方米；临时建设许可证151件，面积17.95万平方米；竣工规划核实44件，建筑面积41.49万平方米。

控规修改名称

表15

控规修改名称
温州中国鞋都仰义片区控制性详细规划20号地块规划修改
浙江温州鹿城轻工产业园区一期控制性详细规划
温州市核心片区南门单元（0577—WZ—HX—13）A—01至A—03地块控制性详细规划修改
温州市滨江商务区H01—01—05A、H01—01—05B、H01—01—03C地块控制性详细规划修改
温州市南塘西片区A—4—1地块控制性详细规划修改
温州市南塘西片区（D—12、D—13—1至D—13—2地块）规划修改
温州市沿江工业区（4号地块）规划修改
温州新城中心区66号地块（汇源路和宏源路交叉口东北角河边绿地地块）规划修改
温州（鹿城）轻工特色园区一期控制性详细规划A—44地块规划修改
温州市南塘西片区整合规划（C—14—4地块）控制性详细规划修改
温州市沿江工业区（10—2地块）控制性详细规划修改
温州市鹿城轻工产业园（A—43地块）控制性详细规划修改
温州高新技术产业园区炬光园（20地块）控制性详细规划修改
温州市仰双片区双岙单元（A—01地块）控制性详细规划修改
温州市核心片区广化单元黄龙商贸城街坊（C—27至C—29地块）控制性详细规划修改
温州市核心片区上陡门单元蒋家桥街坊（0577—WZ—HX—11—A）A—05、A—08至A—13地块控制性详细规划修改
浙江温州鹿城轻工产业园区一期控制性详细规划A—124地块规划修改
浙江温州鹿城轻工产业园区一期（B—31地块）控制性详细规划修改

表16

各类控规名称
温州市核心片区洪殿单元（0577—WZ—HX—03）控制性详细规划（修编） D—26地块图则
温州市核心片区洪殿单元（0577—WZ—HX—03）控制性详细规划（修编） B—36地块图则
温州市核心片区洪殿单元（0577—WZ—HX—03）控制性详细规划E—04地块图则
温州市核心片区洪殿单元（0577—WZ—HX—03）控制性详细规划（修编）上陡门浦公园地块图则
温州市核心片区洪殿单元（0577—WZ—HX—03）控制性详细规划B—02地块图则
温州市仰双片区澄沙桥单元（0577—WZ—YS）控制性详细规划（修编）A—01至A—02地块图则
温州市七都片区（0577—WZ—QD）控制性详细规划（修编）05—C—01地块（图则）
温州市七都片区（0577—WZ—QD）控制性详细规划（修编）03—A—27地块（图则）
温州市七都片区（0577—WZ—QD）控制性详细规划（修编）03—A—03地块（图则）
温州市七都片区（0577—WZ—QD）控制性详细规划（修编）05—C—47至05—C—49地块（图则）
温州市西进城口改建区2号地块图则
温州市西进城口郑桥广场地块图则
温州市仰双片区仰义单元（0577—WZ—YS—01—C）后京加油站地块控制性详细规划
鞋都三期单元岩门街坊（0577—WZ—YS—05—A）控制性详细规划
鞋都三期单元岩门街坊（0577—WZ—YS—05—A）控制性详细规划A—01地块图则
温州市仰双片区黄龙单元（0577—WZ—YS—02—C）垟田村地块控制性详细规划
温州市仰双片区仰义北单元（0577—WZ—YS—01）仰义派出所及周边地块控制性详细规划
温州市鹿城区仰双片区鞋都二期单元（0577—WZ—YS—05）A街坊嵇师山坡地利用控制性详细规划（嵇师三产地块）
温州市藤泽片区藤桥单元（0577—WZ—TZ—03）周师湾地块控规
鹿城区藤桥镇总体规划（2011—2020）
温州市鹿城区瓯江路西延（卧旗山至沿达路段）建设工程规划选址论证
温州种子种苗科技园控制性详细规划

【便民服务】 2013年，鹿城规划分局加大规划许可公开力度，对所有规划许可项目依法实施政务公开，在市规划局网站和项目现场进行公开公示，接受社会各界的监督，提升规划许可的质量。全年窗口系统收件356件，其中民生重点工程55件，按时办结率100%。

【规划核实工作】 2013年，鹿城规划分局继续按照2012年优化后的竣工规划核实程序，认真做好受理、审核、勘察、签发等各环节工作，严格执行一次性告知、限时办结等制度。加强与执法部门的沟通协作，及时移送在规划核实环节发现的违法建设行为，并在移送函中明确规划技术审查意见，不再把执法部门绿化验收作为工业企业项目规划核实的前置，减少核实环节，缩短核实时间。全年共完成44个项目的竣工规划核实，计面积41.49万平方米。

【“强三优二”规划工作】 2013年，根据《鹿城区强三优二城市有机更新工作实施细则（试行）》，理清“强三优二”项目申报程序中分局与区城市管理与行政执法部门的对接程序，规范与建管科之间的交接程序，建立了“强三优二”项目违法建筑处理程序。“强三优二”项目有机更新，指在保持土地性质不变、产权关系不变、建筑主体结构不变的前题下，允许企业适当改造并临时改变厂房使用功能，用于除房地产开发以外的第三产业。全年接收“强三优二”项目52件，涉及改造面积17.06万平方米。

【工业二次开发规划工作】 2013年，鹿城规划分局与经信局、消防等有关部门做好协调，对规划工业园区内申请补办规划许可手续的项目进行严格审查，及时办理许可手续，促进工业用地的二次开发，提高土地利用效率。全年共补办7个项目（其中2件为一般补办），计建筑面积1.27万平方米。

【村房两改规划工作】 2013年，鹿城规划分局有序开展村房两改规划修改组织编制工作，完成双屿垟田旧村改建的规划修编工作，已送市政府审批；完成松台双桥、滨江蒋家桥自然村、南汇龙沈划龙桥、龙方旧村的中间成果；完成双屿瓯浦垟村、牛岭村、南汇巨一旺增桥初步成果。

【自行车道系统规划建设】 2013年，鹿城规划分局加快自行车道建设的统筹规划，促进城市公共自行车系统建设，优化城市环境。截至年底，已完成勤奋路、人民路、百里西路自行车道建设，并与交警等部门协调关于设立隔离栏等相关事宜。

城市发展和建设

【概况】 2013年，因业务发展需要，温州市鹿城城市发展有限公司（简称发展公司）注销2家分公司，全资子公司由6家增至8家。全年重点投资开发区“城中村”改造项目，共承担区政府安排的新建工程21项，拟建15项，待建3项，预计总投资151亿元，累计融资21.12亿元，分别为：横渎河西A—37a—1地块建设项目3.50亿元，牛桥底安置房项目1.42亿元，藤桥青藤家园安置房项目3亿元，藤桥藤园景苑安置房项目3亿元，藤桥西都锦绣居安置房项目5000万元，藤桥驿头农房集聚项目500万元等。通过市场化运作，多渠道筹措资金，为鹿城区域中心城市建设提供资金保障。

【信托贷款】 5月，经过前期磋商，发展公司与中国投资担保有限公司取得合作，正式签署为期两年的5亿元无抵押信托贷款，用于横渎河西地块安置房建设。

【债券融资】 2013年，发展公司按计划完成了资产的整合、划拨、评估，报表的审计，债券募集说明的撰写，债券主体和债项的评级，法律意见书的出具等各项前期准备及申报工作。其间，4月，省发改委向国家发改委呈递《浙江省发展和改革委员会关于上报温州市鹿城城市发展有限公司2013年公司债券申报材料的请示》；6月，组织召开有关公司债券发行核查自查会议；10月，根据国家发改委财政金融司公司债券申报材料反馈意见重新上报申报材料。项目已在国家发改委进行最后审批，通过后将发行7年期城投债券15亿元，用于全区保障房建设。

【项目建设】 2013年，牛山北路（温州大道—德政路）改建工程进入尾声；德政村牛桥底安置房工程已结顶，并完成主体砌筑工程及进行外墙施工；横渎河西地块改建工程基本完成主体部分三分之一；丰收村股份经济合作社二、三产地块改造项目完成地下室土方开挖和区域土方底板局部施工。

【土地收储整理】 2013年，发展公司围绕融资花大力气做好土地收储工作，通过评估作价，折抵为资本金。经过将近一年的时间查找、取证调查、论证、梳理，确认7宗收储地块归属发展公司，其余4宗移交至区土地储备中心。东屿村6、7号储备地块土地权证、高田路、鹿城文化中心停车场临时建设用地规划许可证已办到公司名下。

江滨路鹿城段建设

【概况】 2013年，温州市江滨路鹿城段工程建设指挥部与五马街道一起，秉承以人为本的理念，通过协调协商，解决信访问题和历史遗留问题，推进拆迁工作。永川路地块剩余未搬迁的拆迁户，从2012年的23户减至9户。同时，解决了试桩静压检测达不到设计要求、施工现场临时送电度损坏、泥浆外运受阻等问题，紧抓安置房工程建设。

【永川路拆迁工作】 2013年，继续开展永川路地块剩余未签拆迁协议共23户的拆迁工作。截至年底，未签拆迁协议户数减至9户。该9户已全部进入司法程序，其中2户已做出裁定；1户法院正在裁定中；3户强制执行申请材料已上报区征收办（其中2户正在行政诉讼期间）；3户等待司法程序法定时间到位后上报法院。全年，共计拆除面积1.11万平方米。

【重点工程项目进程】 2013年，完成18号、19号地块材料、设备价格的预算调整。东江锦园13

幢、14幢部分三层板浇筑完成，正进行顶板钢筋绑扎；10幢地板浇筑完成，支撑梁已破除；永川路一期安置房项目完成“四证”办理；二期安置房完成模拟初步设计审批；出让地块控规调整工作已经开始进行，并启动五马统筹安置房和永楠路A02—08地块的前期工作；完成东江锦园1—5幢产权证、土地证办理。

滨江商务区建设

【概况】 2013年，温州市滨江商务区改建办公室与温州市城投集团滨江商务区征管处联合办公，稳步推进滨江商务区建设。

2013年，滨江商务区建设在征地方面，完成温瑞大道黎一村2.20公顷集体土地征地工作；完成下埠村10.80公顷集体土地报征，基本完成下埠村国有滩涂围垦土地政策处理；完成黎二村城中村改造项目26.33公顷集体土地统征工作；完成杨府山垟村全村土地权属调查；完成“两河两路”即环商泄洪河道一、环商泄洪河道二、黎明东路二期、加州路、杨府山北片安置区的征地前期手续等。

征收方面，继续做好涂田、屿田、鲍洲三个工业区的整体搬迁工作以及推进温瑞大道一期工程征收工作等。

拆迁方面，拆除赤岩道观，完成汤家桥北路与江滨路卡口通车；顺利拆迁温州市建设集团，解决了黎明东路的道路拆迁及赤岩道观安置地的腾空；完成五显观庙宇拆迁，为绿城出让地块供地扫除障碍，为收回11亿元的土地出让金开辟道路；完成黎一村三十六水闸服务有限公司拆迁政策处理，完成防洪堤三期最后一家历史遗留拆迁政策处理工作等，疑难问题得到有序化解。

安置方面，做好洪殿1号地块（安置地块）剩余未拆除1家企业拆除工作，共有10户居民得到提前安置；做好瓯江路卡口及思芳路3户民房安置房摸文认购工作；完成防洪堤三期拆迁的5家单位办公用房安置工作；完成黄龙集团机床冲剪有限公司营业房安置等。

【涂田工业区搬迁】 2013年，涂田工业区整体搬迁进入扫尾阶段。该工业区总共81家企业，3户民房。已签订74户企业（14户为临时协议），未签订协议7家，其中，2013年签订临时转正式协议7户，签订正式协议1户。

【屿田工业区搬迁】 屿田工业区整体搬迁征收工作，共涉及征收企业8家，土地证面积27.53公顷，厂房及构筑物12.80万平方米。2013年，签订“企业搬迁拆除（临时）协议”6家，剩余2家。华能汽车公司因资金链问题无法向银行还贷，已被银行起诉至法院，按法律流程办理；另一家日兴眼镜公司因内部意见未统一，并出现对装潢结果评估有异议，未签订临时协议，下一步加强做好思想工作。

【鲍州工业区搬迁】 6月，启动鲍州工业区整体搬迁。截至年底，已签订临时协议4家、货币退购正式协议1家。余下7家企业，协商谈判工作已经开始。

【温瑞大道一期工程建设】 温瑞大道一期工程北起瓯江路，南至黎明路，全长1180米，道路红线50—70米，总用地面积7.46万平方米。需拆除户数103户（临黎明西路9户先予保留不拆除），2.30万平方米，企业9家，建筑面积5.85万平方米。

该项目安置地位置在黎一村灰桥自然村桥下片区改建范围内，共需征用黎一村集体土地2.26公顷。已完成地籍图制作并通过审批，待黎一村村民代表大会决议形成后组件上报。桥上片区（灰桥二期）已完成权属调查，开始制作征地地籍。6月4日，完成五显道观建设用地380平方米的土地报征工作。

与温州市市政工程建设开发公司签订临时协议，于4月全部腾空并拆除该公司的房屋。协助艳棱公司政策处理该公司借用黎一村三位村民的土地证，计606.67平方米，并签订拆迁补偿协议书。完成温瑞大道一期内94户住户签订协议和腾空，温瑞大道一期住房腾空率达100%。旧房于6月30日拆除，并拆除东日集团位于温瑞大道一期红线内的28间临时营业周转房。与灰桥路14号承租户协商，拆除该户位于温瑞大道一期红线范围内的旧房。

【诸永高速鹿城段项目建设】 2013年，诸永高速公路鹿城段延伸工程，完成市政管理处临时出入口改线、完成113号桩位绿化迁改、完成114号桩位1万伏电力迁改。因诸永高速公路鹿城段延伸工程和温瑞大道工程项目建设导致周边群众信访。黎一现场办接待香榭丽和金迅达住户代表的来访，梳理诉求意见，做好工程建设涉及周边群众、黎一村村民的信访接待工作；积极应对十二田住户拦阻施工，组织相关部门接待对话。

【城中村项目建设】2013年，在城中村项目中，黎二村总征地35.35公顷，其中回收国有土地8.67公顷，征收集体建设用地26.36公顷，农用地0.32公顷，征地已全部完成并上报。在拆迁方面，5号、10号地块占地总面积10.19万平方米，共835户，剩下14户未签。10号地块旧房拆除后已进场施工。2号、3号、4号、6号、7号地块的丈量、评估、年限鉴定、建档等相关工作已完成，正签订拆迁意向协议书。

温瑞塘河鹿城段建设

【概况】2013年，鹿城区温瑞塘河保护管理委员会初步建成塘河GIS系统，对45条河道89个断面监测点实行水质动态监测，详细制订了治水五年规划。全年计划投资6.80亿元，实际完成投资7.44亿元，完成率达109.41%，涉及汇昌河水上公园鹿城段项目、吴桥路拓宽改造及划龙桥西路延伸工程和温瑞塘河综合整治工程，共涵盖31个子项目。其中，汇昌河水上公园鹿城段计划投资3.85亿元，实际完成投资3.97亿元；吴桥路拓宽改造及划龙桥西路延伸工程计划投资1.43亿元，完成实际投资1.74亿元；温瑞塘河综合整治计划投资1.52亿元，实际完成投资1.73亿元。全年，联合区环保局、区农林水利局、区城管与执法河道中队开展联合执法20多次，及时查处涉河污染、违章等行为。受理市环保局、市长、区长热线等上级交办件和市民群众投诉举报等72起，发出督办件30份，处理和回复市数字城管交办件97件。

【汇昌河水上公园建设】2013年，葡萄棚河（眺舟桥段）河道整治及景观绿化工程已完工；东龙路北向延伸段建设工程已完成前期工作；新纺织路和新纺织桥建设工程进入施工图审查阶段；汇昌河水上公园A段、C段规划道路工程和C1段景观绿化工程已进场施工，D段市政道路工程开展路面施工稳定层；庄头地块幼儿园建设工程进入桩基施工阶段；庄头地块安置房工程已完成工程量的30%，开展土方开挖；吴滨巷地块征收方面，40户民宅全部拆除，面积3966平方米；企业拆除14家，面积1.80万平方米，签订正式协议14家。

【吴桥路拓宽改造及划龙桥西路延伸工程】2013年，吴桥路A2地块安置房A幢主体结顶，B、C、D幢主体完成，实施外墙涂料。吴桥路C地块安置房完成四层楼面底板；原“菜篮子”5、6号地块征收方面，已拆除港航局办公楼和丰收村经济股份合作社2家企业，共拆除面积8204平方米。

治理后的鱼鳞浃河

2013年，参观团学习考察庄头地块改建工程

【温瑞塘河片区污水整治工程】2013年，全区开展城镇污水处理整治大会战，启动27个片区污水整治工程，涉及面积20.22平方千米，污水排放口2132个，排污水量3.79万吨/天。截至年底，工程完工5个，施工或准备施工阶段16个，招投标阶段4个，方案设计阶段1个，暂缓1个（旧城片）。

【温瑞塘河黑臭河、垃圾河治理工程】2013年，在黑臭河治理方面，对丰门河康城段、瓯浦垟河、黄龙浃河、十八湾河、双桥河、广化河、双井头河、矮凳桥河、鱼鳞浃河等9条市级挂牌督办的河道进行整治，除个别河道黑臭现象有所缓解外，其他均基本消除黑臭。在垃圾河治理方面，市里挂牌的双屿山河、巨二横河、杨府山涂河3条垃圾河，联合属地街道进行了河道河岸垃圾大清理，共清理各类垃圾和水葫芦160多吨，并投入20多万元对府东家园沿岸闲置地进行绿化，新增绿化面积1000多平方米。

治理后的矮凳桥河

治理后的双井头河

区温瑞塘河管委会提供

【温瑞塘河河面保洁工作】 2013年，采用河道保洁市场化运作模式，对河道障碍物进行全面清理，拔除影响通航的毛竹、木桩845根，打捞废弃沉船15艘，清运废土淤泥300立方米，清理受台风影响毁坏的树木21棵，修复驳坎、护栏5处。

重点项目建设

【概况】 2013年，鹿城区安排重点建设项目44个，总投资额74.45亿元。以类别划分，工业产业化项目4个，均为续建项目，年度计划投资7.19亿元，实际完成投资6.36亿元；城市建设及基础设施项目18个（新建项目2个，续建项目16个），年度计划投资37.03亿元，实际完成投资35.70亿元；农林水利项目8个（新建项目4个，续建项目4个），年度计划投资9.87亿元，实际完成投资7.15亿元；交通项目8个（新建1个，续建7个），年度计划投资7.31亿元，实际完成投资7.03亿元；村房两改及社会发展项目6个（新建2个，续建4个），年度计划投资13.05亿元，实际完成投资13.27亿元。

【甬台温铁路鹿城段建设】 国家重点工程。建设总用地79.88公顷，总拆迁面积约9万平方米，总投资12亿元。2013年，新开工方面，马坑天桥进入扫尾阶段。续建方面，双箬路竣工，箬笠岙安置房一期1号—2号楼砌体，3号—5号楼主体完成14层，9号楼主体完成10层。截至年底，实际累计完成投资额8240万元。

【金温铁路扩能改造鹿城段建设】 国家重点工程。铁路总用地约150亩，房屋征收总面积约3万平方米，总投资4.5亿元（不含主线5.7亿元）。2013年，金温扩能配套工程1号—2号楼地下室底板、剪力墙及盖板施工完成。截至年底，实际累计完成投资额5430万元。

【温州市鹿城仰义至双屿段公路改建工程建设】 省重点工程。全长6.47千米，按一级公路标准结合城市道路功能设计，宽50米或40米，双向6车道，设计速度60千米/小时，拆迁房屋约8.60万平方米。总投资70135万元（不含安置房建设）。2013年，沿江工业区拆迁安置房一号地块二期2号楼地上主体4层开始施工，4号楼地上主体结构结顶，屋面结构开始施工。仰双公路道桥建设工程路面层施工。截至年底，实际累计完成投资2.70亿元。

【林里片区低丘缓坡利用项目建设】 省重点工程。规划范围约7.76平方公里，建设用地面积415公顷，总建筑面积约311万平方米，道路总长度约62.50千米，绿化面积约126.33公顷。2013年，计划投资4.15亿元。完成情况：新开工方面，林瞿路一期工程、林里片区出让地块基础设施建设、林里片区安置房一期工程完成前期手续。征收方面，房屋征收16万平方米，土地分户丈量5800亩，完成钟山村2500亩土地地类调查认定。截至年底，实际累计完成投资额3.60亿元。

【104国道西过境公路改建工程鹿城段建设】 省重点工程。路线全长10.90千米，其中主线长9.66千米，连接线长1.28千米，双向六车道，一级公路。2013年，瓯江特大桥招投标；仰义段、双屿段开展土地报批、征收。截至年底，实际累计完成投资额6715万元。

【双屿至藤桥公路工程建设】 省重点工程。建设里程为7.16千米，道路等级采用双向六车道一级公路标准，兼顾市政功能，设计速度为60千米/小时，路基宽为30米。2013年，新开工方面，双藤线工程开始浇注涵洞台身、制作预制盖板施工。征收方面，落实二期供地，办理缴纳各项规费；发布征收公告与安置补偿公告；签订城区内征收土地报批协议；陈村报用地范围放样。截至年底，实际累计完成投资额7000万元。

【鹿城区人民医院项目建设】 省重点工程。用地面积29.95亩，地上建筑面积3.94万平方米，地下建筑面积9071.40平方米，总投资3.33亿元。2013年，完成桩基工程。截至年底，实际累计完成投资额7747万元。

【西中央涂改造工程建设】 市重点工程。建设规模为江滨西路A线长2080米，宽30米；B线长1390米，宽50米；旧村改造安置房18万平方米；沿江防洪堤景观绿化总用地面积约12万平方米，其中防洪堤面积1.25万平方米，投资4500万元。总投资20.99亿元，2013年，计划投资3.56亿元。完成情况：续建方面，A—2安置房地下室完成施工，江滨A线道路东段1600米竣工验收。征收方面，瓯南路、昆仑路、中央涂A—1地块完成征收。截至年底，实际累计完成投资额3.90亿元。

【七都综合项目建设】 市重点工程。七都岛内市政道路、安置房、污水处理厂、垃圾转运站等建设。总投资约14.50亿元，2013年，计划投资2.70亿元。完成情况：新开工项目有垃圾转运站施工招投标，经四路一期路面基础处理。续建方面，纬一路一期基本完工；安置房主体结顶。完成七都广场（超五星宾馆）地块出让。截至年底，实际累计完成投资额2亿元。

【七都标准堤塘工程建设】 市重点工程。建设规模为百年一遇标准堤，总长14.83千米，净宽共18米，水闸三座。北堤段全长3353.80米，西堤段全长2777.30米，南堤段全长3678.30米，东堤段全长3558.50米，吟州堤全长1449.30米。总投资6.49亿元。2013年，东堤、南堤完工，吟州堤基本完工。截至年底，实际累计完成投资额1.04亿元。

【七都大桥建设】 市重点工程。七都大桥主体工程双向六车道，主桥长2067米，宽34米；市区侧引桥长119米，宽34米，七都岛侧互通匝道下桥长344米，上桥长937米，宽8.50米；投资8.10亿元。另外包括煤气管道、电信电缆等，总投资9.53亿元。2013年，七都大桥附属配套工程完工。截至年底，实际累计完成投资额2080万元。

【汇昌河水上公园鹿城段建设】 市重点工程。全长4.13千米，总用地40.68公顷，其中公园用地14.86公顷，民宅安置用地23.75公顷，市政道路等配套设施用地2.07公顷。总投资28.63亿元，2013年，计划投资3.85亿元。完成情况：新开工项目有庄头地块幼儿园桩基工程、汇昌河水上公园C1段景观绿化工程、D段市政道路工程路面稳定层工程。续建方面，纺织路庄头地块安置房地下室开挖。征收方面，吴滨巷改建地块完成14家企业拆征。截至年底，实际累计完成投资额3.97亿元。

【戍浦江河道流域综合整治工程（河道整治一期工程）建设】 市重点工程。建设规模为主河道整治长度9千米，宽90—130米，河底高程–2米，一期支流10条，宽25—40米，总投资9.50亿元。2013年，新开工方面，河道拆迁周徐二期安置房桩基完成施工。续建方面，戍浦江垟心河、下坦河完成全部混凝土挡墙、土方回填，戍浦江上沈河整治工程桩基完成施工。截至年底，实际累计完成投资额5154万元。

【总部经济园建设】 区重点工程。占地18.67公顷，总部办公楼70幢，建筑面积35万平方米。总投资12.80亿元，2013年，计划投资8200万元。完成情况：总部一期工程整体竣工。总部二期人才公寓主体结顶，内部砌体完成，外墙粉刷完成施工。截至年底，实际累计完成投资额5977万元。

【中国鞋都产业化项目（三期与铁路沿线）建设】 区重点工程。总建筑面积140万平方米，道路及绿化面积37.50万平方米。总投资11.80亿元，2013年，计划投资2.55亿元。完成情况：新开工项目有沿河北路和戴宅南路路基施工，三期纬六路进场，三期纬七路雨水管、污水管工程；鞋都二期14号地块边800 平方米用地方案设计。续建方面，鞋都三期垃圾中转站室外附属绿化进行施工，二期32号地块安置房通过竣工验收，鞋都三期安置房安装收尾，鞋都一期牛岭安置房1—3号楼通过验收，11—13号楼内外完成装修及安装，鞋都三期出入口立交桥工程A匝道开始施工、B匝道已完成，鞋都小学完成装饰工程。截至年底，实际累计完成投资额2.78亿元。

【浙江温州鹿城轻工产业园区建设】 区重点工程。一期建设规模6.65平方公里，其中工业用地1.87平方公里。园区定位为以工业为主，融商住、综合服务为一体的大型经济开发区。总投资23亿元，2013年，计划投资3.22亿元。完成情况：新开工项目有中央大道桥梁工程，纵五路道路与桥梁招标前期工作，横三支一路、纵七支一支二支三路、横三路二期、纵七路二期、纵八路戍浦江桥梁、横四路桥梁工程。续建企业厂房。截至年底，实际累计完成投资额2.43亿元。

【临江沙头产业基地建设】 区重点工程。占地18.67公顷，投资强度11.20万元/公顷。总投资7.40亿元，其中政府投资2.10亿元，2013年，计划投资6000万元。完成情况：新开工方面，上戍至沙头园区自来水管网、区间道路纬二路等工程完工。续建企业厂房。截至年底，实际累计完成投资额5538万元。

【江滨路鹿城段建设】 区重点工程。18、19号地块总用地面积8.78万平方米，总建筑面积20.90万平方米，其中安置房用地面积3.84万平方米，安置房面积7.25万平方米；永川路地块总用地面积6.15万平方米，总建筑面积22.07万平方米，其中安置房用地面积2.94万平方米，安置房面积12.50万平方米。总投资10亿元，2013年，计划投资1.29亿元。完成情况：永川路地块完成一期安置房桩基，支撑梁施工及土方开挖。18号、19号地块10幢、13幢、14幢安置房地下室顶板完成施工。截至年底，实际累计完成投资额1.13亿元。

【吴桥路拓宽改造及划龙桥西路延伸工程建设】 区重点工程。吴桥路拓宽改造工程道路改建900米，建设安置房10万平方米，征用土地9.60公顷，出让地块2.21公顷，项目总投资13.46亿元；建设划龙桥西路延伸工程道路632米，征用土地8.40公顷，拆迁安置5.85万平方米，投资3.28亿元。合计总投资15.28亿元。2013年，计划投资1.43亿元。完成情况：续建方面，吴桥路C地块四、五层主体进行施工，吴桥路A2地块安置房A号楼主体结顶，B、C、D号楼完成外墙涂料施工。征收方面，温州市核心片区南门单元A—01至A—03地块基本完成征收。截至年底，实际累计完成投资额1.74亿元。

【鹿城移动TD建设暨移动无线宽带化升级二期工程建设】 区重点工程。建设规模为建设TD站点75个，建设TD—LTE试验网；新建GS米宏站170个，新建WLAN热点263个；建设小区宽带15.50万线，综合接入170个；建设ICT项目253点位数；新建传输网光缆4740千米，管道390千米，杆路220千米；新建2个汇聚机房，108个光交接箱。2013年，计划投资2.20亿元。完成情况：鹿城移动无线城市建设项目、鹿城移动光纤网络助力城乡统筹建设项目完工。截至年底，实际累计完成投资额2.22亿元。

【温州电信C网建设二期建设】 区重点工程。建设规模为新建基站30个、室内分布50个，无线覆盖场所200个及管道、线路、电源等通信配套工程建设。2013年，计划投资4100万元。完成情况：建成宏基站5个、室外RRU基站7个、室内分布及RRU20个、无线覆盖场所80个，完成光网城市改造FTTH及10GGPON、10GEPON改造。截至年底，实际累计完成投资额4163万元。

【鹿城区电网工程建设】 区重点工程。建设规模为110千伏特色输变电工程，特色充换电站工程，110千伏临江变整体升压工程，500千伏温西输变电工程，110千伏马鞍池，110千伏张宅输变电，110千伏广场变增容改造工程，110千伏正岙变扩建工程，城网改造，智能电网改造等。总投资约5亿元。2013年，计划投资4.11亿元。完成情况：新开工110千伏双三输变电、110千伏张宅输变电、110千伏正岙输变电、110千伏上戍输变电、110千伏特色输变电。续建500千伏温西输变电、110千伏马鞍池输变电、110千伏仰义输变电增容，续配网、建智能电网改造。截至年底，实际累计完成投资额4.11亿元。

【西进城口改造工程建设】 区重点工程。建设规模为过境公路、鹿城路道路拓宽，营楼桥旧村改造，黄龙三期开发，郑桥广场、营楼路、西延线工程。总投资12.70亿元。2013年，计划投资2.25亿元。完成情况：新开工方面，郑桥景观（进城口三角地）营业房全部结顶，进城口2号地块（鹿城区公共卫生大楼）土方开挖，垟田村4.53公顷地块前期手续办理完毕。续建方面，黄龙山公园二期、营楼路一标道路完工，西延线1号、3号安置房竣工。截至年底，实际累计完成投资额2.28亿元。

【鹿城区横渎河西地块改建项目建设】 区重点工程。地块面积26.27公顷，规划用地面积25.47公顷。规划可建筑面积约64万平方米，其中住宅约29万平方米，商业综合体约30万平方米，公建配套5万平方米。项目总投资约35.20亿元。2013年，计划投资1.60亿元。完成情况：新开工方面，吴宅A18地块桩基础施工。A—37a—1地块项目完成主体部分33%续建。出让方面，A49—A52地块商业综合体规划调整。截至年底，实际累计完成投资额2.30亿元。

【鹿城联通网络建设】 区重点工程。建设规模为新增光纤模块局机房（OLT机房）3个，光纤到户新增覆盖3万户；新增WCD米A基站70个、WCD米A室内分布系统50套。2013年，计划投资4500万元。完成情况：联通综合宽带提速工、联通3G网络扩容工程等完成整体投资规模。截至年底，实际累计完成投资额4500万元。

【洞桥制革基地改建工程建设】 区重点工程。规划范围约95.90公顷，总建筑面积约76万平方米，总投资约2.43亿元。2013年，计划投资3.67亿元。完成情况：新开工方面，B—5地块完成部分工程桩。续建方面，B—9地块2号楼底板钢筋绑扎完成，进行9号楼底板绑扎钢筋、地库底板钢筋绑扎。仰新路工程污水管道开挖。截至年底，实际累计完成投资额3.59亿元。

【牛山北路提升改造工程建设】 区重点工程。北起温州大道，南至德政路总长1510米，宽50米，局部60米，双向八车道。2013年，新开工项目蛟凤北路完成招投标。续建方面，牛山北路道路拓宽工程路面基层、面层、附属人行道施工，牛桥底安置房结顶并完成主体砌筑。截至年底，实际累计完成投资额2亿元。

【藤桥综合项目建设】 区重点工程。包括市政道路、污水处理、垃圾转运站、市政设施集成点等基础设施建设。2013年，新开工方面，昌源路道路拓宽工程桥梁桩基施工，排水管道开挖。南街道路拓宽、垃圾转运站、下岸制革基地改造进入前期阶段。征收方面，金岙隧道及接线工程项目进入前期工作。截至年底，实际累计完成投资额1717万元。

【双屿提升改造工程建设】 区重点工程。建设规模为卧旗山公园、丰门河整治、宁波路安置房、旧村改造、岩门制革基地、园区路、江滨A线西延伸段等。2013年，新开工项目宁波路二期拆迁安置房完成施工招标，园区路开工进场；岩门制革基地B—18地块桩基完成40%。续建方面，卧旗山公园入口工程完工。截至年底，实际累计完成投资额1.30亿元。

【松台综合项目建设】 区重点工程。广化路南延伸工程：主干路50米宽，8车道。隧道半段长600米，归属瓯海区建设，共同出资。2013年，完成部分政策处理工作。截至年底，实际累计完成投资额1845万元。

【仰义综合项目建设】 区重点工程。建设规模为地质灾害点安置房、渔渡片区道路网等。2013年，新开工项目：渔渡一、二、三、四路及沿江路进行前期手续办理。续建方面，仰义街道地质灾害点移民及万户避险安置房完成地上主体结构九层。截至年底，实际累计完成投资额2320万元。

【西向排洪工程建设】 区重点工程。建设规模为主河道3.10千米，总用地66.67多公顷，拆迁面积10.60万平方米。总投资3.50亿元。2013年，新开工方面，双岙安置点A—47、A—48、A—49地块桩基进行施工。续建方面，鞋都铁路沿线西侧56b、58号地块安置房地下室进行施工，牛岭16—1地块安置房地下进行成施工。截至年底，实际累计完成投资额2.10亿元。

【温瑞塘河综合治理工程建设】 区重点工程。建设规模为水利改善工程共6条河道，片区整治共5个，绿化景观工程1.31万平方米，以及预备项目等。2013年，新开工方面，南汇街道片区污水整治工程、黑臭河道治理工程、沿河绿化施工中。续建方面，五马片区、松台片区、双屿片区、学院片区污水整治工程施工中。截至年底，实际累计完成投资额1.73亿元。

【黄龙片区北排工程建设】 区重点工程。北排工程位于现有的双屿泰力路下面，连接丰门河直接通向瓯江，工程主要内容为连接段河道宽6—12米，长215米；箱涵工程宽6米，长1104米；水闸2孔×2.5米。2013年，新开工方面，水闸灌注桩施工已进行，进行箱涵灌注桩和顶梁砼浇筑，土方开挖。截至年底，实际累计完成投资额6315万元。

【丰门河整治工程建设】 区重点工程。建设规模为河道清淤拓疏长度约1695米，新建河道护岸挡墙长度约1868 米。2013年，完成情况：丰门河整治工程（康城段）桩基进行施工。截至年底，实际累计完成投资额3587万元。

【双屿中央涂2号排涝水闸工程建设】 区重点工程。2号排涝水闸净宽6米，底高程0.50米，设计流量为20.80米/秒。2013年，编制完成项目建议书。截至年底，实际累计完成投资额1000万元。

【瓯江治理一期工程建设】 区重点工程。建设规模为4.40千米防洪堤，20年一遇标准。2013年，完成部分前期手续办理。截至年底，实际累计完成投资额6500万元。

【绕城高速公路北线鹿城段工程建设】 区重点工程。绕城高速鹿城段拆迁安置房一、二期工程，建筑面积9.02万平方米。2013年，绕城高速鹿城段拆迁安置房一、二期工程电梯工程完成调试。完成变配电室外工程，人防、防雷、节能专项验收，消防检测，景观附属施工。截至年底，实际累计完成投资额2550万元。

【绕城高速西南线工程鹿城段建设】 区重点工程。拟采用双向6车道高速公路标准建设，道路主线需要用地约42.67公顷，拆迁量约2万平方米。2013年，仰义段、双屿段开展土地报批、征收工作。截至年底，实际累计完成投资额1.10亿元。

【保障性安居工程（农房集聚）建设】 区重点工程。农房集聚房面积约48万平方米。投资额约39亿元。2013年，新开工方面，临江横山村、驿头三村桩基进行施工，开始仰义集聚区项目二期工程临时设施建设。续建方面，仰义锦园、藤园景苑、青藤家园、上戍坎上西都锦园、双潮西都景秀居结顶。截至年底，实际累计完成投资额4亿元。

【保障性安居工程（城中村改造）建设】 区重点工程。城中村改造建设安置房面积约230万平方米，投资额约143亿元。土地报征约146.67公顷。2013年，新开工方面，黎二村5号、10号地块、同心社（滨江商务区9号地块）进场施工。其他村政策处理、前期手续开始办理。续建方面，丰收村（二、三产地块）、东屿村、葡萄村完成施工。截至年底，实际累计完成投资额7.30亿元。

【鹿城区人防工程建设】 区重点工程。鹿城“1101工程”建设，建筑面积约1.13万平方米，投资约8130万元。2013年，主体一层开始施工。截至年底，实际累计完成投资额2100万元。

【南汇综合改造项目建设】 区重点工程。建设规模为葡萄村商业服务设施用地14—4地块、蛟尾路等。2013年，蛟尾路浇筑沥青路面基本完工。葡萄村商业服务设施用地14—4地块旧房拆除，完成废土清运，初具招拍挂条件。截至年底，实际累计完成投资额725万元。

【教育设施项目建设】 区重点工程。建设巨一小学、藤桥一小、东屿小学、新桥头小学等四所小学，完成全区中小学校舍维护及装修。2013年，续建新桥头小学完成主体三层，市少艺校扩建工程完成地下室，东屿小学投入使用。其他方面，全区中小学（幼儿园）校舍维修完工，学校改扩建工程部分完工。截至年底，实际累计完成投资额8455万元。

建筑业

综 述

2013年，鹿城区建筑市场总体呈现有序竞争、健康发展的态势。全区建筑行业共有企业近150家，其中：建筑业企业15家，具有一级资质的3家，二级资质的7家，三级资质的5家；房地产企业33家，具有一级资质的2家，二级资质的12家，三级以及暂定级的19家；市政企业16家，具有一级资质的3家，二级资质的8家，三级资质的5家；园林绿化企业19家，具有一级资质的2家，二级资质的4家，三级资质的13家；装饰企业47家，建筑设计、项目工程管理和咨询等企业16家。全年建筑业施工总值119.19亿元，比2012年增长50.74%，其中省外产值33.42亿元，占总产值28.04%。

鹿城区住房和城乡建设局（简称区住建局）获鹿城区2013年度服务重点建设工作先进单位、招商引资先进集体、教育工作先进单位、城中村改造工作先进单位、交通治堵工作先进单位、安置提速工作先进单位和区级先进

2013年度鹿城区建筑行业贡献突出单位

表17

	项目名称	承建单位
浙江省“钱江杯”优秀工程项目	藤桥镇第一小学建设工程	浙江省新邦建设有限公司
温州市“瓯江杯”优秀工程项目	藤桥镇第一小学建设工程	浙江省新邦建设有限公司
	解放南路延伸地块安置房东南居住组团1标段	浙江省新邦建设有限公司
	温州富仕达鞋业有限公司新厂区工程	新宇建设有限公司
国家AAA级安全文明标准化工地称号单位	藤桥镇第一小学建设工程	浙江省新邦建设有限公司
企业资质晋升	浙江实强建设有限公司晋升市政施工总承包壹级	
	浙江绿艺园林工程有限公司晋升园林施工壹级	
	浙江誉城建设有限公司晋升房屋建筑施工总承包贰级	
2013年度鹿城区功勋企业	温州绿城房地产开发有限公司	
	温州绿城家景房地产开发有限公司	
	浙江中梁置业有限公司	
	温州中梁通置业有限公司	
	浙江新邦建设有限公司	
	三箭建设工程集团有限公司	
	新宇建设有限公司	
	中纬建设工程有限公司	

续表17

鹿城区建筑业龙头骨干企业	浙江新邦建设有限公司
	新宇建设有限公司
	中纬建设工程有限公司
	鲲鹏建设集团有限公司
	浙江金达建筑有限责任公司
	浙江红欣园林艺术有限公司（专业承包）
	浙江绿艺园林工程有限公司（专业承包）
建筑业科技兴企先进单位	鲲鹏建设集团有限公司技术中心晋升省级（建设行业）企业技术中心
	浙江新邦建设有限公司技术中心晋升市级（建设行业）企业技术中心

团组织称号；被温州市住房和城乡建设委员会评为住建系统党务政务信息报送先进单位。

建筑工程

【安置房建设】 2013年，鹿城区在建安置房项目27个，施工总面积127.90万平方米，计划年度总投资9.60亿元。全年开工项目2个，面积11.10万平方米；竣工验收项目7个，面积9.70万平方米；续建项目18个，总建筑面积107.10万平方米。全年，实际完成投资额11.16亿元。

2013年，双屿3号地块安置房竣工
区住建局提供

【人才公寓建设】 2013年，由双屿街道负责建设的鞋都总部二期F—2公租房（人才公寓）主体结顶，年度投资1539万元。该工程于2011年11月开工，建筑面积1.05万平方米，总投资6500万元。鹿城区炬光园人才公寓工程，建筑面积6928平方米，在办理开工前期手续。

【保障房建设】 1月，鹿城区职工住宅（经济适用房、廉租房）一期工程全部结顶，进入装修扫尾阶段，部分主体工程完成竣工预验收。景观绿化及电力工程已进场同步施工。周边三条道路于8月进场施工。二期工程项目立项、规划、土地、地勘、环评、雷评、节能评估等已完成，已签订BT合同。施工图设计（电子版）及施工图（电子版）审查工作已完成；现场建筑物已全部拆迁完成；工程桩基及围护桩已完成99%；开始办理质量监督和安全监督手续。

【老住宅区平改坡工程建设】 2013年，老住宅屋面平改坡工作，在2012年试点的基础上，南汇、松台、滨江、五马4个中心街道各开工10幢，完成全区共40幢平改坡的建设任务。在平改坡工程具体实施过程中，区住建局认真配合街道，参与技术指导及投诉纠纷的协调工作。全年已竣工平改坡工程24幢，54幢完成前期工作并开工建设。

【多层住宅加装电梯建设】 多层住宅加装电梯，对完善住宅功能、改善居住条件，方便居民生活，特别是对于为年老体弱住户提供上下楼便利有着积极作用。2013年，由区住建局负责起草的《鹿城区既有多层住宅加装电梯管理实施意见》（二次修改稿）已上报区法制办。与此同时，根据《温州市区既有多层住宅加装电梯工作指导意见》以及相关法律法规规定，结合全区实际，由区住建局牵头、属地街镇实施、各部门配合的区旧住宅加装电梯试点工作顺利开展。截至年底，东门大厦加装电梯试点工程已完工，县前头C—D幢加装电梯、银都花苑汇荷7幢加装电梯、球山花园17幢加装电梯等3个试点工程已开工。

【市政道路建设】 2013年，全区计划续建市政道路项目16个，计划总投资8.50亿元，年度计划投资4.56亿元；计划新建市政道路建设23条，计划总投资17.44亿元，年度计划投资4.17亿元。全年完成续建道路12条，新开工道路15条。

广化南路、园区路、瓯江路西延段已进场施工；104国道牛山北路实现主车道通车；江滨西路A线东段竣工通车，蛟尾路和涌金路西延段实现通车；新城大道客运站过街天桥和百里路市中心医院过街天桥完成钢箱梁、楼梯等钢结构拼装及栏杆安装，于农历年底前完工。全年，完成城市道路投资11.73亿元。

2013年，江滨西路延线市政工程竣工通车

区住建局提供

【公共停车泊位建设】 2013年，鹿城区社会公共停车泊位计划安排1800个，其中建成1000个。五马、南汇、滨江、松台、双屿等中心街道各安排建设300个，建成200个；仰义、七都、藤桥等街镇各安排建设100个，建成50个。全年，完成公共专用停车泊位3566个，超额完成目标任务。

【环卫设施建设】 2013年，全区环卫设施建设进展顺利，双屿岩门垃圾转运站完成主体结构、山体护坡和设备采购等工作，年内建设的治污工程包括水心一期污水整治工程（污水管网1300米）和学院片区污水整治工程（污水管网1700米）都已完成。同时，按期完成5座农村公厕的建设。

2013年，驿头公厕竣工投入使用

区住建局提供

建筑管理

【概况】 2013年，区住建局认真贯彻落实《国务院办公厅关于切实做好工程建设领域突出问题专项治理工作意见的通知》，坚持“安全第一、质量优先”的原则，进一步健全建筑市场监管体系。同时，建章立制、强化管理，确保BT项目的持续健康发展。

2013年，全区应招标工程工程招标率、应公开招标工程公开招标率、招标工程进市招标中心进场率均达到100%，完成招投标备案工程149个，工程总造价33.80亿元，建筑面积111.70万平方米。其中直接发包的工程24个，公开招标的工程98个，邀请招标的工程27个。全年，审批窗口倡导“真情、尽责、便捷、高效”的服务理念，共办件905件，其中初步设计68件，节能审查49件，施工图审查194件，质监登记107件，燃气核准19件，施工许可93件，竣工验收备案29件，外地企业项目备案146件。

2013年，区住建局引进10名建设类高层次人才，按照工作需要派驻到各街道功能区和各建设指挥部。全年实施质量强业战略，协助浙江新邦建设有限公司通过HBAC质量管理体系认证。完善质量诚信制度，争创质量管理先进。进一步提升房屋住宅居住性能，推进采纳国家标准《住宅性能评定技术标准》。全年当地工程共创“瓯江杯”优质工程3项，当地企业创市级以上优质工程3项。

【市场监管】 2013年，区住建局组织执法人员参加相关法律法规知识更新考试以及执法资格考试共100余人次。全年推进项目信息公开和诚信体系建设，所有行政执法案件处理结果在局网站公开，并报送市、区两级法制机构，对企业记不良行为记录通报全部网上公开，建立诚信档案。

全年共组织10个重点工程项目的建设、施工、监理单位就三方责任主体的履职履责情况进行约谈，共约谈人数100多人次，签订履职履责承诺书10份。组织开展3次工程质量安全、挂靠违规出借资质问题执法大检查和不定期日常巡查、稽查工作。检查工程36项，工程建筑面积约85万平方米，涉及施工企业35家，监理企业33家。发现并纠正施工、监理企业不良行为450多起，通报并记不良行为施工监理企业7家（次），分别公示6个月、12个月与24个月，通报并记不良行为记录个人1人次，公示6个月。查处违法违规行为并立案2起，结案3起（其中1起跨年度案件），涉及建设单位2家（次），施工单位1家（次），罚没款132万元。同时，以服务企业、服务基层为出发点和立足点，开辟绿色通道，倡导人性化执法，切实做到为企业排忧解难，及时纠正各方责任主体不良行为。在法律许可范围内，经调查核实后，共为28家建设单位新建工程项目补办了施工许可或竣工备案等相关建设手续， 切实有效为企业排忧和解决历史遗留问题。

【工程质量监管】 2013年，改善建设工程质量监管机制，加强对工程质量责任主体及检测等单位工程质量行为的监管。推行集体约谈制度，督促各方责任主体落实质量责任，层层签订责任书。加强工程质量监督，落实监督技术交底制度。全年，共组织质量大检查5次，发放大检查整改通知5份。落实工程质量终身责任制，工程竣工验收前在建筑物明显部位设置永久性责任标牌。全面推行住宅分户验收制度，验收率达100%。积极开展工程质量通病防治，所有在监工程一次验收合格率100%。结构安全重要使用功能质量问题投诉全年为零，一般性质量问题投诉率同比下降。

【工程安全生产监管】 2013年，全区在建项目255个（其中新开工建设工程项目89个），计建筑面积670万平方米，已全部签订安全生产责任书，并依法落实施工人员工伤保险。共办理大型起重机械产权备案459件、安装告知248件、使用登记238件、拆卸告知114件，注销登记44件。全年，开展安全大检查5次，共查在建工程项目165个，发放书面检查记录表165份。对于安全检查中发现安全隐患严重，且整改不及时、不到位的4家企业，实行不良行为记录。另外，陆续开展“打非治违”“高温季节安全隐患大排查大整治专项行动”等一系列事故隐患专项排查行动。从5月开始，对安全生产领域“打非治违”“大排查大整治”等专项行动进行周报和月报。截至年底，共组织检查230组，组织人员470人次。

【BT项目融资建设管理】 3月12日，鹿城区BT项目建设工作领导小组成立，分为项目合同谈判工作组、项目建设和资金监管组，对BT项目招商过程进行监管、服务和指导。7月1日，成立鹿城区融资建设项目管理办公室，加强和规范融资建设项目管理，负责全区融资建设项目的组织实施、监督管理和统筹协调工作；负责BT建设项目的合同谈判和对项目业主方、投资方的履约情况进行监管；安排召开联席会议，研究解决在BT项目建设过程中遇到的问题和困难。7月25日，出台《关于印发温州市鹿城区融资建设项目管理意见（试行）的通知》，明确相关单位职责和工作流程。截至年底，与中建国际等5家单位签订了6份BT项目合作协议（意向书），合作范围涉及保障性住房、公共建筑、市政基础设施和水利工程，总金额为257.21亿元。其中，已签订正式BT合同18份，涉及项目31个，合同额共计66.98亿元。全年已开工建设项目21个，计划投资11.42亿元，实际完成投资额17.01亿元。截至年底，已开工BT项目累计完成投资额26.26亿元。

【工作流程梳理】 2013年，区住建局将各个审批、备案项目的办事流程再次进行详细梳理，施工许可由4个工作日压缩到3个工作日、燃气工程核准由7个工作日压缩到5个工作日、节能审查由10个工作日压缩到7个工作日，三项审批事项平均增效提速38.70%。此外，取消工程报建等备案手续，优化办事流程。把技术审查从审批流程中剥离出来，提前介入，统筹安排，从客观上缩短了审批所需时限。为推进重点工程特别是城中村改造进程，在“有责任承诺，无责任盖章”的原则上，试行模拟审批制度，全年共办理模拟审批事项25件，提高了审批时效。

【城市文明程度指数测评迎检】 2013年，自迎接全国城市文明程度指数测评实地考察工作全面启动以来，区住建局认真组织和推进各项迎检工作。全局分4个小组，对全区53个在建项目进行分级管理督查工作，其中33个市级项目做好巡查并及时与市住建委对接，20个区级项目做好密集检查工作。迎检当月，15天内累计检查工地超过70次。要求在建工地对建筑垃圾废土外运、场区围挡及外架立面、建筑噪音与扬尘控制、安全设施配备等多项文明施工情况进行严格控制，遵循封闭施工的原则，对未严格实施文明管理的建筑工地从严查处，勒令整改。

【建筑工地标化管理现场会召开】 9月27日，在七都中梁首府项目现场组织召开全区建筑工地标化管理现场会。会议现场区域分工明确、引导平稳有序，随处可见宣传安全生产、文明施工、企业文化和工地标准规范的条幅和展示牌，安全气氛浓郁。会议中，中梁滨江首府项目部和新邦建设施工方汇报了标化管理的经验做法，并与参会企业进行交流。会议最后，与会人员实地察看了施工现场。

9月27日，建筑工地标化管理现场会召开　区住建局提供

【建筑工地消防安全应急救援演练】 11月8日，鹿城区建筑工地消防安全应急救援演练在双屿街道屿头村工地举行，全区建筑施工企业、区属监理单位、区建设行业协会及各在建工程项目部负责人150余人参加了演练观摩。该演练旨在进一步锻炼应急救援队伍协调作战技能，增强建设行业全体人员的安全生产意识。

11月8日，建筑工地消防安全应急救援演练现场　区住建局提供

【区属建筑业企业高层管理人员培训】 11月8日，由区住建局、区建设行业协会主办的鹿城区建筑业企业高层管理人员培训班在奥林匹克大酒店开课，邀请浙江大学客座教授、鲲鹏建设集团董事长毛晨阳主讲，区属建筑业企业主要负责人50余人参加了培训。毛晨阳着重讲了建筑施工类企业家应关注思考和决策的五大问题：企业定位、企业文化、激励员工、财务会计以及企业信息化。

11月8日，区建筑业企业高层管理人员培训班举行　区住建局提供

交通·邮政

综 述

2013年，鹿城区公路总里程为319.056千米，其中国道里程52.69千米，省道8.13千米，县道53.66千米，乡道64.552千米，村道140.024千米。

2013年，鹿城区交通基础设施建设取得了新成就，铁路、高速公路、干线公路建设全面推进，全年累计投资8.61亿元。其中，铁路网建设项目2个（甬台温铁路配套工程和金温铁路扩能改造配套工程），投资1.16亿元；干线公路建设项目3个（330国道仰义至双屿段改建工程、104国道西过境工程鹿城段和鹿城双屿至藤桥公路工程），投资6.2亿元，在全市开展交通建设项目立功竞赛活动中，获三等奖。市域铁路S1线一期工程鹿城段，完成投资2500万元。双南线牛山北路段拓宽改建工程，完成投资1.3亿元。鹿城区交通工程建设办公室（金丽温铁路扩能改造工程鹿城段）获2013年度浙江省“重点建设立功竞赛先进集体”称号。

S1线一期工程　　周　圆 摄

2013年，重大项目乐清湾港区铁路支线鹿城段，已完成线位论证、工程可行评审等多项前期工作；缙云至苍南公路鹿城段工程，4月，通过了省公路局组织的220省道线位方案论证报告和工程可行性研究报告评审，项目建议书已报省发改委。

生态交通建设绿道总里程为68.8千米，其中市级交通绿道53.5千米（温州市鹿城区市级绿道1号线渔渡至潮济段、温州市市级绿道3号延伸线），县级绿道15.3千米（仰义水库环线），总投资680万元。

2013年，建成的市域交通绿道网3号线　　徐明楠 摄

2013年，交通行业管理通过打非治违、安全隐患排查和整治，实现七大在建工程安全生产事故零发生，渡口运输安全事故零发生，质量安全事故零发生。开展渡口安全联合大检查13次，累计检查渡口27家次；推进渡船“救生衣行动”，渡船救生衣配备已达到乘客定额的100%；投资350万元对6座农村公路病危桥和国道公路病危桥实施改造；整治临水临崖道路安全隐患点3处，整治路灯照明安全隐患点28处，整治市级道路交通安全隐患点1处。针对渡口突发事件和雨雪冰冻灾害，成立应急管理工作领导小组和应急抢险、运输分队。

公路养护现场　　徐明楠 摄

2013年，仰义后京安心房工程用地和金丽温高速公路救援中心改作鹿城区临时物流周转基地，将藤桥门前山地块作为鹿城现代化物流中心。改革物流领域“散小多乱”的经营格局，实行

企业统一规范运作，区物流协会牵头将温州市益民货运有限公司、东风运输公司等9家鹿城区骨干物流企业组合成立鹿城物流有限公司。

2013年，公交体制改革工作在全市率先完成154辆城乡巴士和13条营运线路收购工作；对鹿城区东部、西部区域公交线路进行优化完善，增加公交线路3条，优化公交线路5条，增加公交站点12个，4条公交线路实行了延时服务；对藤桥片区部分公交停靠点进行维修改善。途经藤桥镇的公交线路已增至8条。另外，仰义街道公交线路已增至9条，在七都街道新开设的123路公交线路已投入运营。

公路管理

【概况】 2013年，鹿城区交通运输局养护公路总里程319.056千米。是年，日常养护清扫路面3815.4千米，清理边沟142.8千米，清理路肩1252千米，隧道保洁3.09万平方米，修理涵洞78座，修补坑槽沉陷1857平方米，清扫积雪2150平方米。国道省道路况每日巡查一次，县道乡道路况每周巡查一次，以确保公路畅通，全年公路巡查里程达10536千米。投入240万余元，对330国道路面坑洞进行铣刨罩面和路面裂缝灌缝病害处理，管辖的路面平整度明显提升。投入1700万元，完成330国道路面大中修8.89公里，全线质量检测已通过验收；投入450万元，完成农村公路大中修10.4千米，全线质量检测，已通过验收。

2013年，区交通运输局开展的“路网”2号、“路网”3号治理超载货车（简称治超）行动成绩显著，名列全市治超工作第一名。

2013年，绿化后的330国道

林 美 摄

【公路绿化与维护】 2013年，330国道绿化带面积4245.77平方米，新浇水泥砼路面7508.76平方米，新浇沥青砼路面617.15平方米，增加盖板边沟390.5米，其他路段增加矩形边沟390.5米。另外，超额完成了年度公路绿化任务和公路征地范围内由公路部门负责整治的三清计划。

【文明公路创建】 2013年，区交通运输局投入150万元，完成县道瓯湖线10.931千米文明公路创建工作，并通过省交通局验收。该局路政管理大队一中队和330国道温州鹿城超限运输检测站获得市级群众满意站所称号。

【危桥改造】 2013年，区交通运输局投入354万元，完成农村公路文武桥、澄沙桥、瓯江五桥三座危桥和330国道温寿线渡船头桥、小旦桥、104国道渡洞桥山桥三座国道桥梁的维修加固。至年底，危桥修复改造已经全部完工，并提前完成2014年危桥梁修复加固施工图设计工作。

【治超专项行动】 2013年，区交通运输局开展“路网”2号、3号专项行动，对重点地区、重点路段，实行24小时不间断的流动治超，处置量创历史纪录。截至年底，依法查处超限车辆1148辆，卸载货物16847.36吨，罚没款265万元；超限率稳定控制在4%以内，有效维护了辖区路段的安全畅通。在全市治超工作中名列第一。

公路工程建设

【概况】 2013年，仰义至双屿段公路改建工程全长约6.5千米，概算7.0135亿元（不含安置房建设），采用一级公路标准结合城市道路功能设计。全年，完成投资额2.73亿元，完成年度投资计划的101.11%。年内，双屿前陈至岩门段（除桥梁外）左幅路基已贯通，仰义洞桥左幅路基基本成型，桥梁半幅桩基完成42%，岩门山体开挖完成80%，凤凰山开挖完成45%，电力、给水等管道施工完成2千米，后江桥至标尾左幅1.2千米路面基层完工，沥青砼完工。截至12月底，双屿街道共需征收175户，已拆除173户；仰义街道需征收265户，已拆除252户。双屿至藤桥公路工程全长约7.16千米，概算13.73亿元，采用双向6车道一级公路技术标准设计，设计速度为60公里/小时。全年完成投资额7000万元，完成年度投资计划的100%，年内建设工程完成投资额2139万元，征地工作已完成年度任务。二期征地工作已完成4.73公顷道路用地的征地协议签订和组件上报工作。104国道温州西过境公路改建工程鹿城段全线长9.7千米，总投资29亿元，采用6车道一级公路标准，设计车速为80公里/小时。全年，完成投资额6715万元，完成年度投资计划的51.65%，年内完成土地报经地类认定，并启动征地协议签订工作（已完成陈村、林里、潘岙的征地协议签订）和征地组件工作，以及办理建设用地规划许可证。该公路下穿金温铁路扩能改造工程、上跨金温铁路双屿车站设计方案和上跨金丽温高速公路设计方案均已获得相关部门审批通过。年内完成瓯江特大桥施工，公路开工建设。

绕城高速公路西南线工程鹿城段全线长5千米，总投资13.554亿元，采用双向6车道高速公路标准建设。全年完成投资额1.1亿元，完成年度投资计划的110.04%。该工程全线土地报批已通过省国土厅、国土部审批；已完成征收红线划定工作，并开始房屋征收工作。该工程迁移双屿街道内的坟墓总计为413穴（已完成迁移183穴），迁移仰义街道内的坟墓总计为563穴（已完成迁移385穴）。年内，该工程中的正岙隧道、上庄大桥、石鼓岭隧道、凤凰山段路基已开始施工。

绕城高速公路北线鹿城段配套工程全线长4.8千米，全年完成投资额2550万元，完成年度任务的102%。安置房一、二期工程共13幢楼，已完成主体和地下室装修，完成电梯安装和调试，完成人防、防雷、节能等安装工作。所属的市政配套工程，经三路、纬八路、官岭西路、建新路已竣工验收。

铁路工程建设

【概况】 2013年，金温铁路扩能改造鹿城段配套工程铁路工程建设，已完成投资额5430万元，完成年度投资计划的100.56%。该工程双岙安置房共建3幢，于1月17日正式进场施工，至年底已完

鹿城区交通运输局

鹿城区交通运输局主管负责全区公路、水路交通行业建设和管理工作。原与区经济贸易局合署办公，2011年10月正式更名为温州市鹿城区交通运输局。设办公室（行政审批科）、建设规划科和管理科。另有合署办公事业单位3家（鹿城区渡口安全管理办公室、鹿城区交通工程质量安全监督站、鹿城区农村公路养护管理办公室），交通下属事业单位2家（鹿城区公路管理局、鹿城区交通工程建设办公室）。2013年，区交通运输局以“畅通交通、平安交通、民生交通、经济交通和人本交通”五大交通为核心，扎实推进鹿城交通运输事业的赶超发展。全年，完成干线公路、高速公路等重点交通项目建设投资8.61亿元。鹿城区交通运输局（交建办）获2013年度浙江省“重点建设立功竞赛先进集体”称号。

2

3

1

1. 2012年12月2日，浙江省重点工程——鹿城区双屿至藤桥公路工程在藤桥镇林山村举行开工仪式
2. 鹿城区交通运输局下属单位公路局执法队伍
3. 2012年7月9日，鹿城区物流商会成立

此版照片由鹿城区交通运输局提供

成工程桩、围护桩、搅拌桩等桩基建设以及完成1—2号主楼主体一层建设和3号楼地下室简易墙、盖板、钢筋制作、模板安装等工作。另外，完成华灏燃气公司的拆迁工作；完成双岙村、箬笠岙村主线交地其工作；完成金温铁路稽师隧道影响的龙峰山庄10户人家10座别墅的临时搬迁工作。

2013年，甬台温铁路鹿城段配套工程，全年已完成投资额8240万元，完成年度投资计划的132.9%。该工程箬笠岙安置房一期共建6幢，于3月进场施工。年内，该安置房已完成地下室土建工程，同时1—2号楼砌体，3—5号楼主体完成1—14层，9号楼主体完成1—10层的建设工作。工程所属双箬路竣工资料已备案；马坑天桥于8月进场施工后，已完成桩基施工以及钢筋砼折梁、盖梁、预制桥板等的施工任务。牛岭安置房于7月完成安置方案编排。

2013年，市域铁路S1线一期工程鹿城段，完成投资6560万元，完成年度投资计划的131.2%。该工程前期工作已完成，11月1日，在上田村举行鹿城段动工仪式。

2013年，线路长度4.9千米的乐清湾港区铁路支线鹿城段已完成线位论证、土地预审、规划选址和工可或评审等多项前期专题工作。

水上巴士

【概况】 1937年，温州小南门到瑞安开有水上客运线路。1990年后，随着公路运输的发展，客流量逐渐减少，遂停开。2013年，作为城市治堵的重大举措之一，温州水上巴士项目正式付诸实施。水上巴士每艘造价100多万元，宽3.2米，长12.8米，高2.65米，可载客30人。航行时速在20—30公里，每个座位下备有救生衣。7月5日，投入两艘水上巴士在鹿城区小南门码头开始试航，票价3元。10月1日，水上巴士正式营运，4艘船对开，票价5元。乘客可投币或刷公交卡、市民卡。每艘船配有3名工作人员：负责掌舵的船长、负责应急维修的轮机长、负责乘客上下船的水手长。

9月24日，运抵鹿城的水上巴士在吴桥下水
凌　云摄

【水上巴士体验活动】 6月25日，温州交运集团组织了一次水上巴士体验活动。水上巴士一号船载着32位市民和媒体代表从小南门码头出发，到达终点附一医新院站，全程用时70分钟。该集团还特别邀请了水上巴士项目的最早倡议者吕畅参与活动，并向其颁发了“交运集团荣誉员工”证书。

【水上巴士1号线】 10月1日正式营运，设小南门站、南塘站、附一医新院站、南白象站，班次间隔45分钟左右。航线全程约11.80公里。4艘水上巴士运行线路有区别，其中1号船和3号船，起点小南门站，终点至南白象站；2号船和5号船，则在小南门站和附一医新院站之间运行。

国庆期间，水上巴士小南门站至南白象站全程运行的最早班次为6时40分从小南门出发，7时55分从南白象返回；小南门站至附一医新院站的最早班次则为7时从小南门出发，8时从附一医新院返回。

邮　政

【概况】 2013年，鹿城境内邮政系统有在职职工590人，派遣制员工591人。全年境内邮政业务总收入24918万元，比2012年增长46.66%，人均劳动生产率21.10万元。其中，邮政鹿城一局共有在职职工45人，派遣制员工55人，全年实现业务收入2734万元；邮政鹿城二局共有在职职工14人，派遣制员工69人，全年实现业务收入2386万元。鹿城区汤家桥邮政营业所获温州市第十四批“巾帼文明岗”称号。

【网运建设】 2013年，共组开一级干线委办汽车邮路1条，二级干线邮路2条，区内邮路共21条，市内趟车邮路共25条，邮路运行单日总里程5916公里；完成汽车邮件运输产品量24760万袋，邮件转运量414.60万袋捆，分拣包裹288.70万件，平信分拣业务量12924.90万件，挂信分拣业务量363.10万件，平刷分拣业务量1584.70万件。邮政网运工作坚持以加快和稳定邮件传递时限为核心，推广并全面实施散件化交接工作，简化操作环节，加快邮件流转速度，主动服务经营、服务市场、服务客户，全方位推进邮政网运转型发展。

【温州至上海单向委运汽车邮路组开】 3月27日，组开温州至上海的单向社会委运汽车邮路。该邮路是温州邮政史上自行组开的第一条省际干线汽车邮路，全程运行里程660公里，运行时间约10小时，周一至周六逐日班，主要带运国际直封总包，并装发北京互换局邮件和上海本转电商小包及其他邮件总包。该邮路缓解了温州至上海方向的运邮压力，提高了电商小包和国际小包的运递时限。

【村邮站、便民服务站建设】 2013年，村邮站便民服务项目得到进一步拓展，在原有服务基础上，叠加助农取款和惠农彩票业务。同时，在村邮站、报刊亭和社会“十足”便利店等推广邮政便民服务站点建设，代理移动、电信、联通话费充值，水、电、燃气、有线电视费代缴及汽车票、彩票代售等邮政便民服务。境内全年共建成便民服务站50个。

【赈灾绿色通道开通】 四川省雅安市芦山县地震发生后，市邮政系统自4月21日，起在邮政网点开通绿色通道，对赈灾包裹、救灾汇款实行免费服务。赈灾期间，共收寄1068个赈灾包裹，收到赈灾汇款6笔5700元，全部按照捐赠人要求寄到受灾地区。

4月21日，开通赈灾绿色通道，免费为市民寄递送往灾区的物资和汇款

市邮政局提供

【慈善公益活动】 5月11日，温州市邮政局与鹿城区慈善总会在松台广场联合开展“感恩母亲、弘扬孝道文化”暨母亲节邮票首发慈善公益活动。活动向市民免费发放5万封印有康乃馨及爱心图样的母亲节明信片，市民填写好后可直接投进邮政部门设置的邮箱内。同时，还举行中国邮政《感恩母亲》特种邮票温州首发仪式。现场设立《感恩母亲》特种邮票系列邮展，供市民参观、购买、邮寄。

12月19日，邮政E邮站进驻居民住宅区，实现24小时自助取件

市邮政局提供

【中小学主题书信文化活动举行】 9月5日—10月8日，在全市中小学开展“我的梦·中国梦”中小学主题书信文化活动。活动设小学、初中、高中三组，学生可以采用书信或绘画形式，以《写给2021年自己的一封信》或《写给2049年祖国的一封信》为题目，或围绕主题自定题目进行创作。书信、绘画作品统一在组委会提供的专用邮政明信片上创作，寄至温州市邮政局“11185”信箱，参与评选。

【集邮珍品品鉴会举办】 11月23日，在万豪商务大酒店举办“品鉴珍品文化、乐享收藏人生”集邮珍品品鉴会。品鉴会展出珍贵集邮藏品、紫砂画珐琅壶、贵金属三个系列珍品，包含“文”字票、首轮十二生肖邮票方连、JT邮票大全、编号票册、邮政交通图、解放区邮票等集邮收藏界高端、稀有珍藏品。现场邀请专家作集邮知识、贵金属收藏、紫砂画珐琅等知识讲座。

11月23日，集邮珍品品鉴会现场

市邮政局提供

【“美丽温州风光”明信片发行】 11月22日，温州市邮政局与市旅游局联合发行“美丽温州风光明信片”，第一期发行5000套。该系列明信片列入12处温州著名景点以及地标性建筑物，让广大集邮爱好者购买收藏。

【“E邮站”试点运行】 12月19日，温州市E邮站（柜）正式投入使用。首次在锦绣路银都花苑设1个人工加自助E邮站，市府路龙沈住宅区、锦江路锦江家园设2个纯自助站，开源路、马鞍池东路与山前街交叉口、下吕浦雄鹰住宅区设3个纯人工E邮站。温州E邮站建设模式，是在邮政自有网点、政府、高校园区、高档小区建立E邮站（柜），采用“自助服务与人工服务并存”的服务模式，通过信息化智能“e邮柜”，提供自助收取包裹，实现24小时全天候服务。

5月11日，在松台广场举办母亲节主题慈善公益活动

市邮政局提供

信息化与信息产业

电子信息

【概况】 2013年，鹿城区加紧编制和完善电子商务中远期发展规划，推出“电商换市”发展六大行动，即打造电子商务集聚平台行动、深化电子商务应用行动、完善基础设施行动、人才引进培育行动、电商企业帮扶行动、优化发展环境行动。全区开展外贸电子商务的企业约有1000家，通过阿里巴巴、环球资源、中国制造等知名第三方平台开展跨境电商业务的达600多家，约占全市跨境电商总数的60%以上。全区已出现像绿森数码、山农股份、康奈、巨一、老人头鞋业、苏宁云商、瑞百网等一批成长性良好的电子商务骨干企业。

2013年，全区电子信息企业保持良好的发展势头。其中，蓝天电子有限公司实现产值2000万元，比2012年增长近40%，申瓯通信设备有限公司实现产值1.70亿元，比2012年增长10%，被列入温州市百强工业企业。一些企业转型升级初见成效，如温州帝杰曼信息网络有限公司转向软件开发，实现产值6300万元，比2012年增长34.2%；浙江怡联网络科技有限公司转向软件开发，实现产值5220万元，比2012年增长14.7%。众多企业产值与2012年持平，少数企业产值有所下降。

至2013年年底，鹿城区在淘宝网、天猫网上的店铺分别达4031家、1474家；非网络交易平台网站3696个，行业网站22个。有2万人从事相关网店经营活动，直接或间接带动就业约10万人。其中，开展外贸电子商务企业约1000家，较2012年增长约20%，跨境电子商务交易额超3亿美元，较2012年增长约15%。跨境电子商务交易中，通过阿里巴巴、环球资源、中国制造等知名第三方平台开展跨境电商业务的，达600多家，约占全市跨境电商总数的60%以上。

【电子商务发展】 2013年，由鹿城区政府与阿里巴巴合作的外贸电商运行平台正式成立。该平台集鹿城区外贸网商协会、温州阿里网商学院、温州外贸电商联盟于一体，落户于双屿街道总部经济园。同时，温州市外贸电商联盟和温州阿里网商学院也授牌成立。电商联盟平台集合了300多家外贸电商，通过共享资源和梯度产业孵化，使联盟成为获得阿里巴巴公司官方认证的标杆性第三方服务运行平台。阿里网商学院将依托阿里巴巴的优秀培训资源，成为培养电商人才的平台基地。学院计划每年举办十次以上大型电子商务培训，每年为社会培养1000人次以上的电商人才。

【鹿城区第一期电子商务培训班开班】 9月，鹿城区首期电子商务培训班在浙江工贸职业技术学院电子商务培训基地举行。工贸学院院长汪焰为参加培训的政府机关、事业单位的工作人员，企业负责人、高管共200多人讲解电子商务发展历程、现状与趋势。

【鹿城区电子商务产业园第二期建设启动】 2013年，鹿城区电子商务产业园启动第二期建设，面积为3万平方米，以打造商务办公中心及仓储物流中心为主。相应招商工作均已展开。

【温州电子信息城试营业】 10月21日，坐落在交运集团双屿物流中心的温州电子信息城试营业。作为温州市政府“十二五”规划确定的首批市场之一，该信息城由原“温州电子元件城”升级而成，是以电子元件销售为主体，集商品展示、电商交易、仓储物流、银企货贷为一体的现代商城。信息城共有四幢五层商厦，面积达4.40万平方米，可容纳400家业主进场经营。

【慈善捐款】 1月22日，在鹿城区慈善晚会活动中，申瓯通信设备有限公司、星际控股集团代表分别向区慈善总会捐款20万元、13万元，并获鹿城区慈善奉献奖。

【星际控股集团与下庄村结队】 2013年，星际控股集团与藤桥镇下庄村成为结队关系，组织人员前往下庄村进行实地考察，了解村里情况和村民的具体困难，并捐赠2.50万元，用于下庄村村委会新农村建设。

【忠成数码有限公司破产】 2013年，曾经是温州市出口老大、一直是鹿城区产值25强前三名的忠成数码有限公司，受钓鱼岛事件影响，报关金额达11亿元的货物被退回，致使资金链断裂。公司申请重整后停业，因财务状况不佳，被宣告终止重整秩序破产。

电信鹿城分局

【概况】 2013年，中国电信股份有限公司温州鹿城分局（简称电信鹿城分局）推进光网城市计划，FTTH累计用户达到79486户，3G移动网络质量进一步提升，C网用户累计达40.60万业中最高。已建成覆盖全区的服务种类齐全的优质通信网络。

2013年，电信鹿城分局处置各类“智慧城管”指挥中心下派案卷2000余件，处置率达99%以上，做到“第一时间发现、第一时间处置、第一时间解决”。

【鹿城数字城管项目中标】 2013年，电信鹿城分局中标鹿城数字城管项目，承担项目中的《鹿城数字执法建设采购项目》。采购内容包括综合执法业务信息平台、移动执法终端、20套单兵作战设备等，实现对市容公用设施等“数字城管”的支撑。

【天翼巡访合同签订】 2013年，电信鹿城分局与市公安局鹿城分局签订大批量天翼巡访合同。该CDMA手机拥有天翼对讲Qchat功能和定位功能，确保用户的安全和巡访工作开展。

【民安四期签约】 10月，电信鹿城分局与市公安局鹿城分局签约民安四期，共1235个点，其中卡口100个点，高清500个点，标准635个点，主要用于社会治安及交通管理。

【渔船智能终端建设】 2013年，电信鹿城分局履行2012年与温州海洋与渔业局签订的协议，在近千艘渔船上安装渔船智能终端。该终端能提供类似飞机上的黑匣子的数据记录，拥有定位功能等应用功能。

【道德讲堂活动】 10月29日，电信温州分公司在温州展览馆举办道德讲堂活动。电信鹿城分局全体党员、先进工作者共50余人参加。该讲堂通过身边人的故事，讲述社会公德、职业道德、家庭美德和个人品德，宣扬助人为乐、见义勇为、诚实守信、敬业奉献和孝老爱亲的道德品质。

10月29日，电信鹿城分局组织人员参加道德讲堂活动　　电信鹿城分局提供

移动鹿城分公司

【概况】 2013年2月2日，温州移动与杭州移动成为全国最早的4G业务试商用城市。鹿城移动完成了五路公交线路全覆盖、温州市政府、火车站等重点场所的4G覆盖。12月4日，国家工业和信息化部向中国移动通信集团公司正式颁发了LTE/第四代数字蜂窝移动通信业务经营许可，中国正式迈入4G时代。12月19日，温州被确定为全国首批开放4G服务的城市。鹿城区完成LTE宏站建设380个，室分建设94个，完成除七都、藤桥之外的全面覆盖。

2013年，鹿城移动积极开展公益活动，回报社会，持续与藤桥镇东村持续开展“双千结对、共建文明”创建活动，组织开展“奉献热血映党旗，学雷锋服务月无偿献血”公益活动，为结对的文成县樟台乡圣雄希望小学发起第四期“梦想书屋”捐建活动。公司获省级文明单位称号。

【“温暖归家”活动】 1月12日，鹿城移动与鹿城民政局、双屿街道等单位联合开展“温暖归家”专项活动，在双屿客运中心等农民工集中的地方相继设点，为农民工送水、送茶，免费报平安电话，帮助农民工上网订票，同时为返乡农民工介绍“两城一家”业务，帮助他们现场开通，为他们节省通信费用。仅火车站一个地方，每天就帮助农民工订票达100多张。

1月12日，鹿城移动与鹿城民政局、双屿街道等单位联合开展“温暖归家”专项活动

移动鹿城分公司提供

【“学雷锋”志愿者服务活动】 3月5日，鹿城移动联合温州市红十字会开展学雷锋系列服务活动。在世纪广场前的活动现场，移动志愿者们为市民免费贴膜，现场解答移动相关业务，包括推荐用户使用更加优惠套餐，优惠宽带资费等，并利用4G网络，为市民免费下载手机软件。

3月5日，鹿城移动联合温州市红十字会开展学雷锋系列服务活动

移动鹿城分公司提供

【社区责任医师无线巡诊项目实施】 4月，鹿城移动与鹿城区卫生局签订关于鹿城区卫生局社区责任医师无线巡诊的项目合作协议。该项目为区卫生局所辖18个社区卫生中心的36位责任医师配备无线终端设备，依托移动3G网络，实现社区医师可以随时随地登入医疗就诊平台，使之能上门接诊、实时查询、现场登记、现场刷卡，真正实现无线巡诊。该项目作为“智慧医疗”的一部分，也是“无线城市、智慧鹿城”的重点项目，具有较强的复制效应，也为后续的推广树立了样板。

【“智慧鹿城”电子商务产业区战略合作协议签订】 7月31日，鹿城区商务局与鹿城移动成功签订“智慧鹿城”电子商务产业区战略合作协议。双方共同推进落实产业区TD—LTE（4G）与WLAN网络的全覆盖与部署；产业区企业优先使用移动光纤到户服务，包括综合语音、光宽带以及数字电路等；产业区中心大楼设立终端服务区与培训合作，为入驻企业提供TD终端服务与业务体验，将不定期开展专业培训、讲座与沙龙。

【“国际科学与和平周”电磁辐射科普宣传】 11月14日，鹿城移动联合九三学社、鹿城环保局等在滨江街道绿园社区广场开展“党徽闪耀在社区·第二十五届国际科学与和平周”大型活动。以分发相关辐射知识的宣传手册和有奖问答的方式，向群众宣传正确的电磁辐射知识，并与环保局的工作人员一起，在现场对基站和手机进行辐射检测，纠正以往通常认为的基站越多、信号越强，辐射就越强的误区，消除公众对电磁环境的疑虑。

11月14日，在滨江街道绿园社区广场开展国际科学与和平周大型活动

移动鹿城分公司提供

【校讯通教育名师大讲堂举办】 11月24日，鹿城移动为回馈广大中小学学生家长，特邀请著名心理学家，情商研究专家——张怡筠博士，举办“情商力，让孩子离快乐更近”专场讲座。此次“鹿城移动校讯通教育名师大讲堂”涉及教育、亲子等主题，突出和谐成长的核心理念，旨在用文化开启民智，用成长引导思维，靠和谐齐头奋进，同时也帮助广大孩子家长树立和谐的亲子观，以积极心态面对未来，和孩子共同成长。

11月24日，邀请张怡筠博士举办“情商力，让孩子离快乐更近”专场讲座

移动鹿城分公司提供

【“人口E通”平台战略合作协议签署】 12月18日，鹿城移动和鹿城区人口与计划生育局举行“人口E通”平台战略合作签约仪式。该项目将为全区各街道大网格计生专员配备214台工作终端，依托中国移动3G网络，计生工作人员深入社区上

门登记人员信息时，可以在手机终端登入“人口E通”平台直接录入数据，提高人口信息采集的及时性和数据统计的准确性，减轻基层计生工作者的工作量，切实推进人口计生精细化服务管理。该项目作为鹿城“智慧城区”的一部分，更是“无线城市、智慧温州”的体现，将帮助人口计生信息管理提质提速，并为其他区县移动参与本地计生系统的“人口E通”合作提供示范案例，同时也为更好地推进与政府的信息化合作奠定坚实的基础。

12月18日，鹿城移动和鹿城区人口与计划生育局举行“人口E通”平台战略合作签约仪式　　移动鹿城分公司提供

联通鹿城分公司

【概况】 2013年，中国联通鹿城分公司（简称联通鹿城分公司）不断提升服务能力，力促各项业务健康发展。全年，共建立大小基站百余个，经营业绩保持稳定增长。同时，不断营造服务文化的氛围，丰富和完善服务文化内涵。

【联通售后服务中心开业】 2月4日，中国联通售后服务中心温州鹿城店开业运营，系温州首家。伴随着3G业务的快速增长，联通鹿城分公司着力打造高素质的服务团队，提升售后服务水平，提高维修响应速度，为用户打造专属的手机4S店。

2月4日，中国联通售后服务中心温州鹿城店开业运营　　联通鹿城分公司提供

【消费者权益保护】 3月15日，联通鹿城分公司应邀参加鹿城工商分局、区消费者权益保护委员会在信河街松台广场联合开展的纪念“3·15”国际消费者权益日系列活动。活动中，解答了社会公众在业务使用中的一些疑惑，并给予合理使用通信产品的提示。

【联盟连锁渠道建设】 从9月开始，联通鹿城分公司连续开设魅族、三星、iPhone、天语、话机世界等7家品牌联盟渠道。本着提升用户的渗透率，确保3G业务发展，实现新的规模突破，推动融合业务深入发展的理念，摸索出3G创新发展的新模式，做好代理商营销和百姓消费取向的引导，开拓大型连锁渠道建设，提高渠道有效性。

【“三大”服务承诺】 2013年，联通鹿城分公司对客户作出三大服务承诺，即计费准确、精品网络、终端无忧。通过实施“三大”服务承诺，不断强化服务品牌，给客户持续改进、服务升级的良好感知。

【无偿献血】 3月19日，在温州联通综合大楼进行企业健康适龄人员自愿参加献血活动。当天报名参加无偿献血人数95人，验血合格成功献血者87人，为血站献血17.40升，缓解了市中心血站用血紧张状态。

3月19日，在温州联通综合大楼进行献血活动　　联通鹿城分公司提供

商　业

综　述

2013年，鹿城区有批发零售企业30815户，全社会零售业实现销售额（营业额）1016.62亿元，同比下降6.30%。其中，限额以上批发销售额实现709.12亿元，同比下降8.10%；零售业销售额278.47亿元，同比下降1.3%。

2013年，全区在工商行政管理部门登记注册的农贸市场有28个，其中24个农贸市场在正常营业，4个在提升改造，临时农贸市场有14个，农贸市场和专业市场年交易额达156亿元。温州六虹钢材市场占地10.27公顷，有商铺600多间，商家400多户，是浙西南、闽东北地区最大的钢材交易专业市场，2013年，实现销售额50多亿元，上缴税收6500万元。境内经营文教体育用品的商业流通企业共有260多家，全年销售总额4.20亿元，从业人员1750人。全区全年蔬菜供应总量约为120万吨，同比增长3%左右，其间，虽遭遇几次台风的影响，但有大量外地蔬菜补充市场，加上菜农补种及时，市场蔬菜供应充足。2013年，仓储基地进驻的各类个体户、企业以及企业的仓库共达218家，其中企业法人类39家，个体户89家，各类仓库90家。全年，辖区共有药店322家。2013年，全区粮食消费人口138.91万人，粮食总消费27.48万吨（折合原粮），粮食缺口主要从黑龙江、内蒙古、江苏、安徽、江西等地购入。

市　场

【概况】 2013年，全区有各类专业市场28个。在工商行政管理部门登记注册的农贸市场有28个，其中 24个农贸市场在正常营业，4个在提升改造。有临时农贸市场14个。全区农贸市场和专业市场年交易额达156亿元。

【参与创建“全国卫生城市”】 2013年，鹿城区各农贸市场按照创卫标准排查整顿，落实市场卫生清洗、垃圾死角处理、食品安全检测、熟食三防、市场车辆有序停放等工作，市场工作人员与经营户加班加点共同维护创卫成果。

11月26日，松台农贸市场经营户参与打扫市场卫生　　钱学龙 摄

【市场改造提升】 为提升全区市场整体档次，合理布局市场，原位于鹿城区鹿城路50—1号的温州电子元件城进行了整体搬迁、改造提升，新的电子元件城即温州电子信息城于10月21日顺利开业。新市场位于鹿城区双屿物流中心，市场规模庞大，功能齐全，交通便利，是温州市最大的电子交易市场。鹿城区道前农贸市场属于马路市场，因不符合鹿城区“创卫要求”，于12月13日予以注销市场登记证。

10月21日，位于鹿城区双屿物流中心温州电子信息城开业　　钱学龙 摄

【《农贸市场经营户经营行为管理办法》出台】 3月上旬，鹿城区《农贸市场经营户经营行为管理办法》出台，并在上陡门农贸市场率先试行，7月17日获得了国家版权局颁发的作品登记证

书。该办法主要涉及市场经营秩序、食品安全、环境卫生、综合事项等。根据经营户记分分值由低到高的不同，分别给予曝光公示、停业整顿、解除租赁合同并收回摊位使用权的处理。该办法在各个农贸市场逐渐试行，取得了良好的效果，市场经营秩序和市场管理得到较好的改善。

【组团考察宁波等市场】 7月18日，温州市六虹钢材市场组织人员到宁波鄞州钢材市场、杭州城北钢材市场、三里洋钢材市场等进行考察学习，对市场经营模式、仓库管理、物流管理等方面进行了交流，借鉴吸取市场管理优点，进一步提升鹿城区专业市场。

百货零售

【概况】 2013年，鹿城区有批发零售企业30815户，全社会零售业实现销售额（营业额）1016.62亿元，同比下降6.30%。其中，限额以上批发销售额实现709.12亿元，同比下降8.10%；零售业销售额278.47亿元，同比下降1.30%。但鹿城区全社会零售总额实现679.76亿元，同比增长7%。其中，限额以上批发零售业单位实现零售总额193.48亿元，占总零售额比重28.50%。全社会零售总额增速较缓，处于全市末位，低于全市平均水平4.20个百分点。

7月，温州市“商业诚信联盟”对首批成员单位进行了年度考评，考评采用了由各单位自查自评、商（协）会秘书处登门检查考核、向市（区）两级政府有关部门和社会相关单位发函征询意见等形式和程序，得到了政府和社会各界的极大关注与支持。共有25家单位被评合格单位。同时又有7家单位加入“商业联盟”，现“商业联盟”共有32家成员。

【苏宁推行云商模式】 2013年，苏宁云商集团正式发布了苏宁的“O2O战略”，建立苏宁云商模式，调整组织架构，正式推进线上线下同价活动，打通线上线下全渠道。

举办了年度盛会“苏宁之夏”，并对外正式宣布转型为互联网零售企业，真正地融入互联网的发展浪潮中，将线上的便利性与线下的体验功能进行完美融合，将互联网的技术应用与零售核心能力进行充分对接，从而更好地满足消费者的需求和供应链的优化，形成可持续发展的商业模式。

【黄渔国水产获殊荣】 11月，温州市黄渔国水产食品有限公司参加“浙江农业博览会”，并获得了“优质奖”。次月，又参加“2013年第十三届全国农产品（上海）交易博览会”，并代表温州为答谢宴提供了公司特产“大黄鱼”，受到上海市领导和其他城市代表的一致好评。

【温州之民信息服务有限公司获央行支付业务许可证牌照】 1月8日，温州之民信息服务有限公司获得由央行颁发的支付业务许可证牌照。这是全国第223张、浙江省第12张、温州市第1张该类牌照。

金属

【概况】 2013年，温州六虹钢材市场有商铺600多间，商家400多户，占地面积10.27公顷。主要经营黑色金属、有色金属等20多个大类、上万个品种，并配备有加工门店，是浙西南、闽东北地区最大的钢材交易专业市场。2013年，实现销售额50多亿元，上缴税收6500万元。

【商会会长参加中美（温州）经济合作研讨会】 12月17日，区金属材料流通商会会长杨立忠参加由市外事办、市商务局、美国富尔顿市政府、塞苏里州国际贸易与投资中国办事处共同主办的中美（温州）经济合作研讨会，研讨会内容包括美国密苏里州投资环境及优惠政策、温州中山企业的密苏里战略、中美经济合作等方面。

【开展公益募捐】 4月22日—23日，商会在市场北大门举行“献绵薄之力、涌温暖之泉”为雅安地震灾区募捐活动，共有157人参与募捐，共筹得善款13.52万元，由市里统一汇给雅安灾区。

4月23日，商会在市场北大门为雅安地震灾区募捐活动　区金属材料流通商会提供

【商会志愿者服务队成立】 12月1日，温州金属材料流通商会志愿者服务队，带领学生游览动物园；7月1日，参加“红七月·服务月”党员志愿者活动。商会志愿者服务队获“温州市红十字奉献服务先进集体”“2013年度鹿城区优秀志愿服务集体”称号。志愿者服务队队长白海获“2012年度温州市优秀志愿者（雷锋式标兵）”称号。

12月1日，红十字会志愿者带领贫困学生参观动物园　区金属材料流通商会提供

【商会加强宣传平台】 《温州金属流通》是商会对外宣传的会刊，2013年进行了页面调整，发布商会要闻、组织动态、会员风采；通过商会网站和微信公众平台，向会员传达国家法律法规、提供行业动态、国内外行业信息、企业管理经验、招商引资、商机、法律知识等，及时将商会会议、活动内容、制度建立和执行情况发布到网站上，实行信息交流和资源共享，使商会工作透明化，起到企业与政府、社会信息互联的作用。

鹿城金属材料流通商会出版刊物（2013年）　区金属材料流通商会提供

文体用品

【概况】 2013年，鹿城区境内共有经营文教体育用品的商业流通企业260多家，其中批发商76家，集中在飞霞北路、飞霞桥、体育中心三地，批量经销文教用品、体育用品、玩具等。商品供应温州市各县（市）及台州，丽水，闽北等周边地区。区内有大型商场2家，零售文具店190多家。2013年，全年销售总额4.20亿元，有从业人员1750人。

【参展第八届义乌文博会】 4月27日—30日，由中共温州市委宣传部、市文化广电新闻出版局布置，温州文化商品市场组织，温州展团参加的、第八届义乌文博会在义乌国际博览中心举行，展会中温州展团有参展位70个，展示了“文化产品，温州创造”的成果。具有温州特色和个性。

7月12日，温州顺发文具公司在瓯昌饭店召开夏季订货会　市文体用品商会提供

【广东东莞“快灵通”品牌推广会在温州召开】 7月28日，广东东莞快灵通卡西尼电子科技有限公司联合温州市智权科技电子有限公司，在温州瓯昌饭店召开“快灵通”2013年度品牌推广会。“快灵通”产品在温州市拥有完善稳定，高覆盖率的营销网络，是全国十大供应区之一，有180家“快灵通”经销商到会订货，厂家让利，商家受益。

7月28日，广东卡西尼电子科技公司在瓯昌饭店召开品牌推介会

市文体用品商会提供

【“全民健身日”活动】 8月8日是中国第五个“全民健身日”。系列活动在市体育中心广场以徒步行走开场。活动由温州市文教体育用品商会、温州东方体育商、舒华中国有限公司组织策划。舒华公益健身跑成为活动一大亮点，参与者只要在跑步机上跑满1公里，舒华公司即捐献10元的体育器材给云南贫困山区。如此为慈善事业多做贡献，得到大家的赞扬。

8月8日，中国第五个“全民健身日”系列活动在市体育中心举办

市文体用品商会提供

食品、副食品

【概况】 2013年，全区全年蔬菜供应总量约为120万吨，同比增长3%左右；批发总体平均价格为

2.62元/公斤，2012年同期为2.30元/公斤，同比上升13%。蔬菜日均上市量为330万公斤左右。其间，遭遇菲特台风，因有大量外地蔬菜补充市场，加上菜农补种及时，市场蔬菜供应充足。

2013年，全市生猪屠宰量达6.39万头，同比2012年减少1.54万头。2013年，生猪宰后均重为114.09公斤，与2012年的114.10公斤基本持平。2013年，由于水产品价格低廉、市民消费观念的转变等客观因素，生猪交易量较2012年有所下降。第三、四季度生猪总销量32.75万头，较2012年同期下降2.05万头。2013年，猪肉批发价格较平稳，全年均价为18.98元/公斤，相比2012年价格略有上涨，涨幅为1.55%。

2013年，水产品交易量2022万公斤，同比上升11.40 %左右。全年水产品总体平均价格为18.23元/公斤左右，较2012年21.92元/公斤价格下降17.30%。总体来看，2013年水产品产量、货品多，特别是鮸鱼交易量增加明显，使同期交易价格较2012年有小幅地下降。货源主要来自苍南、舟山、奉化及福建等沿海地区。

【食品安全检测】 2013年，食品安全检测针对市场流通销售的各类蔬菜、副食品等共检测82213批次，不合格962批次，合格率为98.83%；在“菜篮子”商品配送领域，严格掌控配送中心食品的安全，日常加强质量管理与检测工作，在采购来源市场已抽检的基础上再次进行抽样检测，确保配送的食品安全。在“瘦肉精”检测方面，累计检测1.07万批次计4.29万头，占年屠宰量的6.70%，全部合格，有效地防止了病害猪及其产品流入市场，确保“放心肉”供应。此外，“菜篮子”农副产品批发交易市场推出了省内首家流动检测车，速测效率提高2.50倍，拉开了流动快检的序幕。同时，在实践中摸索出了准入、检测、追溯、联动“四位一体”的食品安全监管防控体系的工作方法，进一步保障“食无忧”，获得行政管理部门肯定，省市多家主流媒体先后对此进行了报道。

【平价菜进社区】 “平价菜进社区”惠民工程以保本经营、确保新鲜为原则，以让利于民、平抑菜价为目的，继续稳步推进。2013年，服务点已覆盖新田园住宅区、红日家园、山水名都小区、金迅达小区、上堡住宅区、凯裕社区、府东花园7个社区，销售蔬菜、水果、豆制品等。该民生项目所售商品是从批发市场直接到消费者手里，减少了中间环节，价格低于农贸市场零售价约20%—30%，并且所有商品均经过严格的食品安全检测，既方便又安全卫生，得到市民普遍认可，社会效果良好。

平价菜进社区服务点　　　　市菜篮子集团有限公司提供

仓　储

【概况】 2013年，仓储基地进驻的各类个体户、企业达128家，其中企业法人类39家，个体户89家，另有各类仓库90个。主流客户为医药、银行、电器、五金百货、食品饮料等，入驻基地的知名企业有温州市医药商业集团、温州康宏医药有限公司、建设银行、工商银行、温州中百有限公司（宝洁公司产品温州总代）、温州日清（加多宝温州总代）、温州时代医药连锁有限公司等。

2013年，仓储基地平稳运行，无任何重大事故发生，仓储公司在消防、安保等各方面加强管理，工作到位。仓储基地实行的是24小时监控的安全保卫工作。

2013年，受温州整体经济大环境以及六虹桥路大货车限行等各种因素的影响，仓储基地的仓库空置率比往年有所上升。

2013年，德政东路市政工程改造征用了仓储基地2.17亩用地。仓储公司对仓储基地东大门以及围墙进行了重新规划建设。

药　业

【概况】 2013年，随着国家对医药行业政策的调整和6月1日新版GSP的实施，经过市场竞争、淘汰、兼并整合与转型，鹿城医药市场出现了新的格局。连锁企业的发展越来越强势，中小企业的生存面临前所未有的压力。全年，辖区共有药店322家，其中个体会员单位196家，连锁会员单位18家。

2013年，鹿城区获“浙江省药品安全示范区”称号；温州延生堂医药连锁有限公司雪山店获“浙江省保健食品经营示范单位”称号；温州叶同仁医药连锁有限公司获“浙江十大优秀社会责任试点单位”称号；马鞍池叶同仁国医馆获“浙江省十大国医馆”称号。温州新特医药有限公司被鹿城区人民政府评为“商贸50强”“慈善奉献奖”，并获得温州市百强企业称号。国药控股温州有限公司通过德国DEKRA认证，通过ISO 9001全面质量管理体系国际认证，获得浙江省重点流通企业和温州市百强企业称号。温州一正药房连锁有限公司被中国医药物资协会评为“AAA信用企业”。

【社会公益宣传活动】 3月15日，在松台广场开展“3·15”国际消费者权益保护日大型现场宣传咨询活动。现场设置了法律法规宣传台、安全用药咨询台、过期药品回收台、中药材真伪鉴别台等四个展台。展开安全用药咨询、宣传资料发放、餐饮服务、保健食品、药械投诉受理、过期药品换礼品、免费测量血压、血糖等活动，并耐心解答了人民群众普遍关注的如何安全饮食，合理用药问题。活动期间，共发放《食品药品安全知识读本》500本，发放其他食品药品安全知识宣传资料500份，免费测量血压、血糖100余人次，回收过期药品200余盒，总价值达4000余元。

3月15日，在松台广场开展“3·15”国际消费者权益保护咨询活动

区药业协会提供

【鹿城区医药行业工会正式成立】 鹿城区医药行业工会从5月开始筹备，成立工会筹备组，组织人员进行了“中华人民共和国工会法”的学习与宣传，发放申请表。11月20日，举行工会委员会选举会议。11月25日，宣告鹿城区医药行业工会成立。工会将在协会服务广大会员的基础上，依法维护会员的合法权益，健全民主管理和平等协商机制，促进劳动关系和谐健康发展，稳定行业的职工队伍，为稳定社会秩序做出贡献。

11月25日，召开区医药行业工会成立大会

区药业协会提供

【温州市药品安全示范创建活动】 9月3日，在松台广场举行温州市药品安全示范创建暨2013年“安全用药月”大型广场宣传活动。协会组织11家药店共40余人与志愿者大队20人参加此次活动。现场分5个区、9个摊位，分别为全市监管成果展、药品安全示范创建、知识互动、药品不良反应宣教、公益广告刊播5个区，以及贵细药材真假鉴别、药品快检、过期药品回收、药学专家咨询（临床用药）、健康义诊、志愿者服务、餐饮服务、保化服务、举报投诉（法律咨询）9个摊位。吸引群众积极参与，氛围浓厚。

【定点药店医保自律工作组成立】 2013年，为规范医保定点药店的经营行为，维护政府的形象与参保人员的合法权益，认真落实与执行医保各项政策，加强定点药店自律工作能力，成立了定点药店医保自律工作组，各定点药店指派负责医保专管员参加，制定《医保定点药店自律工作实施细则（草案）》与评分标准。

【处方药登记销售政策】 2013年，为进一步完善医保定点药店配购药制度，方便参保人员购药，维护定点药店合法权益。4月1日起，定点药店执行处方药登记销售的政策。政策实施后的9个月，各定点药店的业务额发生了明显的突破。有效解决了市民购药难的瓶颈，受到了市民的支持和欢迎。

【打击保健食品“四非”专项行动】 2013年，为进一步整顿和规范保健食品市场秩序，严厉打击保健食品非法生产、非法经营、非法添加和非法宣传等违法违规行为，全市开展打击保健食品“四非”专项行动，同时，要求协会各会员单位要严格按照标准自查自纠。重点对保健食品的标签标识、索证索票、台账记录、广告宣传等进行自查。

【“明码实价示范店”评定】 2013年，经市发改委（物价局）、区发改局（物价局）验收，延生堂雪山店、一正药房金德店、老百姓大药房杏花店等15家企业获得“明码实价示范店”称号。

【国家卫生计生委领导视察延生堂中医门诊部】 7月17日，国家卫生计生委党组副书记、副主任、国务院医改办主任孙志刚在国家卫生计生委规划与信息司司长侯岩、国家卫生计生委体制改革司司长梁万年、浙江省卫生厅厅长杨敬等陪同下到温州延生堂医药连锁有限公司旗下的温州延生堂中医门诊部（雪山店）进行视察。

7月17日，国家卫生计生委副主任孙志刚一行在延生堂进行视察工作

区药业协会提供

粮 食

【概况】 2013年，全区粮食消费人口138.91万人，粮食总消费27.48万吨（折合原粮），其中口粮消费22.07万吨，占总消费量的80%。全区自产粮食1.72万吨，自给率6.30%，粮食缺口25.76万吨。缺口主要品种为稻谷15.87万吨，其中粳稻10.92万吨，主要从黑龙江、内蒙古、江苏等地购入，中晚籼稻3.11万吨，主要从江苏、安徽、江西等地购入，早籼稻1.22万吨，主要从江西、安徽等地购入；小麦5.35万吨，主要从江苏、安徽、河南等地购入；玉米2.25万吨，主要从山东、江苏等地购入；大豆1.37万吨，主要从安徽等地购入；其他粮食0.92万吨主要从江苏、湖北等地购入。2013年，鹿城区被评为粮食安全责任制考核良好单位。

【订单粮食】 2013年，全区与种粮农户签订早、晚稻订单粮食合同83份，数量2702吨。涉及早、晚稻播种面积7990亩，占全区早、晚稻播种面积的21.20%。全年，实际订单收购粮食2145吨，发放早、晚稻订单粮食奖励款80万元。

【放心粮油工程】 2013年，加快放心粮油工程的建设，至年底，全区已拥有“放心粮油店”20家，粮油骨干企业4家。

【粮食应急网络体系】 2013年，全区粮食应急网络形成体系，已拥有应急粮食供应点27家，应急运输企业2家，粮情监测点2家。

供销合作

【概况】 2013年，鹿城区供销合作社生产经营总体保持平稳发展态势，经营服务网络体系进一步完善，成为农村社会化服务、农村流通的主导力量和农民合作的带动力量。全系统实现商品销售总额5.50亿元，实现利润总额1369万元，实现纳税额755万元，所有者权益达到2.54亿元。

【农村现代流通服务网络】 2013年，全年系统新增连锁网点10个，累计建成各类连锁网点305个。其中，日用消费品连锁网点86个、农副产品连锁网点110个、农资连锁网点7个、再生资源连锁网点102个、农产品龙头企业2家（温州藤桥禽业有限公司、温州进兴农业开发有限公司），初步形成了连锁配送、连接城乡的新型农村现代化流通服务体系。2013年，连锁经营销售总额达到46232.10万元，其中农资销售144.60万元，日用品销售8750.10万元，农产品销售5075.90万元。

【废品收购站专项整治】 2013年，区供销社贯彻落实“四边三化”和创卫工作部署，会同属地街道和有关部门开展废品收购站专项整治工作。至年底，累计整改提升有证站点203家，取缔无证违章（露天堆放）站点207家，全区废品收购站总数由最高时的410家降至295家。市区废品收购站无证经营、乱堆乱放、非法收购、占道经营等现象得到有效遏制。

12月20日，市供销社领导章晟调研社区绿色回收点　　区供销合作社提供

【社区绿色回收体系建设】 2013年，社区绿色回收体系建设被列为鹿城区人民政府为民办实事项目，全年共建成社区绿色回收站点16个，整合吸纳回收站点31个，累计固定网点达到68个。社区绿色回收体系是区供销社以取代现有散乱差的回收站点为目的，按照统一规划、布局合理、交售方便、绿色环保的原则，在

全区范围内规划建设的标准化回收站（亭），逐步取代了现有散乱差的回收站点。

松台街道水心芙蓉绿色回收亭

区供销合作社提供

【循环经济工作者集中管理服务点建设】 12月，牛岭循环经济工作者集中管理服务点完成工程全部建设。循环经济工作者集中管理服务点是围绕“集中安置、试点先行、模式创新、疏堵结合”的思路，建设具有一定规模、排污设施、合理配备和收编流动收购人员、实行封闭式管理与市场化运作的规范化再生资源集中投售点。该项目分为两期，一期牛岭点，占地面积8478平方米，总建筑面积2123平方米，投资额约为395万元；二期嵇师点，占地面积9779平方米，总建筑面积1662平方米，投资额约为348万元。

11月5日，副市长任玉明调研牛岭循环经济工作者集中管理服务点

区供销合作社提供

【专业合作社发展】 2013年，农口系统新领办专业合作社4个，培育省级示范社1家（温州市藤穗粮食专业合作社），市级示范社6家（温州市强民蔬果专业合作社、温州市雅西蔬果专业合作社、温州市雅凤农作物种植专业合作社、温州市田塘头果蔬专业合作社、温州市碧农菌类专业合作社、温州市和园农业开发专业合作社），提升发挥供销合作社为“三农”服务的平台，提高服务质量，拓展农产品销售渠道。全年系统专业合作社带动社员959户，农户3075户，实现增收1853.90万元。

【农村合作经济组织联合会】 11月10日—11月13日，区“农合联”在温州科技职业技术学院举办鹿城区农产品经纪人职业技术培训班，培训人员46人，其中43人获得国家人力资源与社会保障部和农业部联合颁发的农产品经纪人职业资格证书。

【新农村合作体系建设试点工作】 2013年，藤桥镇“农合联”先行开展生产合作、供销合作、信用合作“三位一体”新农村合作体系建设试点工作，设立农技推广站、动植物防疫站、农监站、农信部、供销部（三站两部），延伸农业服务纵深点，构建社区、村居、农户的深层次、多方位工作网络，在新藤、藤南、南雅等10个社区建立社区农业综合服务窗口，87个行政村设立村级农业服务站。

【农信担保服务】 温州市鹿城三农融资担保有限公司是由鹿城区供销社和区财政共同出资成立的政策性担保公司，其主要是为全区种养殖大户、农业龙头企业和专业合作社提供生产性贷款担保。2013年，该公司成功与鹿城农商银行合作，累计为45户农户提供47笔共计2260万元的农业生产性贷款担保。

【农村资金互助会成立】 3月21日，温州市民鑫畜禽专业合作社农村资金互助会挂牌成立，该资金互助会有会员83户，入会资金150万元，吸收互助金12万元。全年累计发放14笔共计140万元的互助金。3月30日，温州市基地生猪专业合作社农村资金互助会挂牌成立。该资金互助会有会员79户，入会资金2129万元，全年累计发放73笔共计4352万元的互助金。2家资金互助会作为温州市第一批试点资金互助会，不但有效解决了社员生产贷款融资难题，还使专业合作社内部农民的利益链更加紧密，为农民专业合作社注入了生机和活力，走出了一条供销社参与金融服务的新路。

3月21日，副区长杨德听为温州市民鑫畜禽专业合作社农村资金互助会授牌

区供销合作社提供

服务业

综 述

2013年，全区社会消费品零售总额679.76亿元，同比增长7%。其中，限额以上社会消费品零售总额193.48亿元，同比下降5.30%。服务业完成226.43亿元，同比增长16.20%。餐饮企业2501家，其中规模以上企业158家，比2012年增加49家。餐饮行业实现社会零售额73.28亿元，同比负增长15.60%。住宿业总营业额19.15亿元，同比上升1.26%。虽然全局经济比较严峻，但旅馆住宿行业在所有行业中比较稳定。全区有美发美容单位5452家，从业人员3万余人，摄影企业155家，生产经营面积61410平方米，从人业员2122人，营业额6.66亿元。2013年，在境内举办各类展会、订货会、房产开盘、搭棚展销等活动43个（其中专业展7个），展出面积共58.40万平方米，展位数36940个，参观人数约10.04万人次。2013年，全区家电行业协会会员单位共有100多家，其中规模营业场所200平方米以上，技术人才20人以上，设备科技化、管理规范化、服务人性化的单位有4家，在维修市场的占有率份额达到60%—70%，品牌的接单率（品牌指定保修）份额占70%—80%。

2013年，随着人们生活节奏的加快，家政、快递成为许多市民生活中不可缺少的服务行业，但产业内竞争十分激烈，规范管理有待改善。

餐 饮

【概况】 2013年，鹿城区共有餐饮企业2501家，比2012年增加49家，其中规模以上企业158家，规模以上带住宿的企业77家，纯餐饮企业81家，咖啡、酒吧类企业142家，会所类44家，分别比2012年增加1家与减少3家。全行业从业人员75860人，其中咖啡、酒吧类企业3133人，会所类企业718人。2013年，全区餐饮行业实现社会零售额73.28亿元，同比负增长15.6%，其中纯餐饮56.11亿元，同比负增长19.3%，占全市餐饮业社会零售额的40.76%。

2013年，温州云天楼实业有限公司，在中国餐饮企业百强评选活动中，连续六次被评为“中国餐饮百强企业”“省级餐饮服务食品安全示范单位”。温州市藤桥禽业有限公司是温州市人民政府唯一认定的“集中屠宰活禽、加工白条禽”禽类加工企业。

【金秋购物节暨开街启动仪式】 9月12日，由中共鹿城区委、区政府等主办，鹿城区商务局、鹿城区商业零售业协会协办的“2013年温州鹿城欢乐金秋购物节暨欧洲城休闲购物生活新天地开街启动仪式”活动在欧洲城举办，为期一个月。云天楼大酒店、五马美食林大酒店等20家餐饮企业参与这次活动。

【“2013年温州瓯菜品牌推介”系列活动】 11月21日，在五马街温州城图广场正式开启“2013年温州瓯菜品牌推介”系列活动。此活动在服务水准的基础上进行创新，制造服务亮点。持续一个月的酒店招牌菜大派送、民间瓯菜厨艺大赛、百桌怀旧宴等，受到市民的关注和积极参与。

【云天楼推出新派潮流瓯菜】 12月10日，温州云天楼实业有限公司在米兰国际大酒店举行“云天楼新瓯菜”新闻发布会，并推出色、香、味俱佳的新派潮流瓯菜。温州市商务局，市、区餐饮行业协会，业内各知名人士，有关媒体百余人参加并品鉴。在系列活动中，共评出创新宴菜5种，创新菜品74种，创新主食12种。

旅 馆

【概况】 2013年，鹿城区新批旅馆14家，正常营业485家，其中星级25家。王朝大酒店、万和豪生大酒店、香格里拉大酒店、喜来登酒店、国际大酒店、维多利亚大酒店、新南亚大酒店7家高星级大酒店为纳税大户，被评为2013年鹿城区功勋企业。

2013年，鹿城区住宿业总营业额19.15亿元，同比上升1.26%。虽然全局经济比较严峻，但旅馆住宿行业在所有行业中比较稳定。

【王朝大酒店获鹿城区功勋企业称号】 王朝大酒店在消费市场萎缩的情况下，凭借诚信经营而赢得新老客户的厚爱，各项经营指标在温州市同行业中名列前茅。2011年、2012年、2013年，连续三年被评为“温州市鹿城区功勋企业”。酒店还获温州市首届“百家诚信企业”“中国金鼎奖”“最佳商务酒店”等称号。酒店董事长朱志群被授予“温州市鹿城区功勋企业家”称号。

王朝大酒店　　王朝大酒店提供

【瑞都酒店集团最佳连锁酒店品牌】 2013年，瑞都酒店集团有门店21家，获2013年度“最受欢迎商旅酒店”品牌。企业正向集团化发展，旗下瑞豪中心酒店、瑞都酒店连锁以不同经营模式向规模化、系统化、标准化方向快速发展，各品牌资源分享，形成了独特的优势发展态势。

瑞都酒店　　瑞都酒店集团提供

【亿旺酒店在收购中发展】 亿旺酒店于2008年在双屿开出第一家宾馆后，至2013年，已有20家分店。这些宾馆大部分都是从他人经营不理想状态下由公司收购而来，客房总数达1500多间，有员工300多人。公司以老员工为主，客房出租率一直保持较高的水平。

美发美容

【概况】 2013年，全区有美发美容单位5452家，从业人员3万余人。6月13日，协会召开四届一次会员大会暨换届选举大会，彭希国当选为四届理事会会长。

2013年，美发美容行业协会获温州市第二届职业技能系列赛“最佳组织奖”称号；良丝名匠名人形象会所的张虎，芬芬美发美容培训学校的陈凤翼、金涛涛获温州市第二届“金燕奖”称号；芬芬美发美容培训学校的林少芬获首届“瓯江技能大奖”称号；周丽琴、林冠雄、曾幼叶等获“温州市第二轮首席技师”称号；标榜希国美发美容培训学校的彭希国获第一批“市技能大师工作室”称号，该校获市总工会颁发的2013年温州市职工创业创新大会“优秀组织奖”称号。

【技能交流】 11月6日—7日，由温州市人力社保局、市政府台办、市总工会、市工商联、省美发美容行业协会主办，温州市美发美容行业协会承办的“浙江·台湾美业职业技能表演赛”在鹿城区举行。由台湾和温州市代表团60多位选手进行了美发、化妆两大类6个项目的技能交流表演。

【温台美业建立友好合作】 11月6日，温州市美发美容行业协会与台湾省女子理容商业同业公会联合会在温州市举行《温台美业友好合作协议》签约仪式，开展两岸美发美容行业的交流活动。

浙江·台湾美业职业技能表演赛　　金　钢摄

【温州美发美容代表团赴台参赛】 12月9日—14日，温州市美发美容行业代表团一行19人赴台湾，应邀出席“2013年第二届国际杯美容美发大赛”，彭希国负责大赛评判工作。

12月9日，赴台湾参赛的温州市美发美容行业代表团人员
市美发美容行业协会提供

摄 影

【概况】 2013年，鹿城区共有摄影业企业155家，其中婚纱摄影12家、儿童摄影32家，综合摄影工作室47家，数码冲印18家，摄影器材22家，摄影维修5家，婚庆礼仪19家。生产经营面积61410平方，从人业员2122人，营业额6.66亿元。

7月2日—3日，在中国人像摄影学会成立30周年庆典上，协会被评为“全国杰出贡献行业协会”。为爱专一文化产业有限公司被评为“中国十大杰出企业”。叶君奋、邵家业、陈继兴、林其勉、黄文伟、黄信乐6人被评为“杰出贡献人物”。

【承办全国婚纱摄影杰出企业经验交流会】 由中国人像摄影学会、市工商联共同主办，市摄影行业协会与温州市为爱专一联合承办的“成功之道·中国之行”——全国婚纱摄影杰出企业经验交流会于6月17日—19日在温州滨海大酒店举行，全国各地摄影师、化妆师、数码师及40家产品商家等800人参加会议。

【主办盛大的职业技能培训，专家交流会暨第三届高峰论坛】 8月9日下午，由市摄影行业协会主办，市工人文化宫协办，特邀中国摄影行业培训名师顾钧贤老师上微营销课，使230余名专业技术人员受到生动教育，提高专业技术水平。

【市第二届职业技能系列赛举行】 3月2日，在温州市第二届职业技能系列赛暨高技能人才表彰大会上，黄信乐获技能大师工作室称号，叶君奋获“首席技师”称号，王擒峰获“金燕奖”称号，吴俊声获得技能大赛组织奖称号。

3月2日，在市人民大会堂前获奖者合影
区摄影行业协会提供

【第三轮服务行业“名师名家”评选】 9月25日，组织专家初评推荐温州市第三轮服务行业“名师名家”候选人。12月28日，市政府授予温州市洛可造型美学机构化妆师包义勇、苍南钱库摄像服务部摄影师章国森“名师名家”称号。

会 展

【概况】 2013年，在境内举办各类展会、订货会、房产开盘、搭棚展销等活动43个（其中专业展7个），展出面积共58.40万平方米，展位数36940个，参观人数约10.04万人次。其中，举办2万平方米以上的有12个；15000至2万平方米的有2个；1万至1.50万平方米的有6个；5000至1万平方米的有21个；5000平方米以下的有2个。

【第十一届迎春福年货商品博览会】 1月26日—2月3日，在温州国际会展中心举行的第十一届迎春福年货商品博览会，是温州地区规模最大、人流量最多的年货展会。此次迎春福展会面积达4万平方米，馆内标准展位850个，企业数302家，以各色年货食品、温州本地鞋服品牌为主，馆外设美食一条街，大型儿童娱乐项目，企业形象活动互动区等。每天人流大约5万人次，总成交额约5000万元。

【第二十届温州国际机床及塑胶工业展览会】 3月17日，第二十届中国（温州）国际机床、工模具及塑胶工业展览会（简称：温州国际机床及塑胶工业展）在温州国际会展中心闭幕。立足市场20年的温州国际机床及塑胶工业展，已成为浙南闽北机械装备行业的一个主要专业交流平台。本届展会总展出面积达3.50万平方

3月17日，在温州国际会展中心，浙江海德曼机床制造有限公司参展的产品
市会展行业协会提供

米，汇聚430家企业，来自德国、瑞士、意大利、美国、日本、韩国以及中国内地与中国台湾、香港地区等多个国家的知名机床、工模具、塑胶企业，共同展出更精、科技含量更高的产品万余种。在3天展期中，组委会共接待专业参观商40750人次，其中包括温州本地、全国各省及巴西、印度、日本、秘鲁、俄罗斯等海外参观商。现场成交额达236537690元，意向成交额达303226143元，很多展商的展位频频爆出高热卖点，成交量和交易额等各项展会指标均创新高。

【2013年温州“家博会”】 3月22日—24日、9月6日—8日、11月15日—17日在温州国际会展中心共举办三届“家博会”。“家博会”由温州市人民政府主办，《温州晚报》、联基展览、瑞百网联合承办。三届“家博会”参展面积约7.50万平方米、12个展馆、1000多个参展商，参观人数达12万人次，现场共达成意向订单约4.30万单。作为家居行业的风向标和晴雨表，“家博会”为2013年家居行业整体消费态势确立了一个很好的方向，也为温州及周边地区的家居消费业主提供了一个省时省钱省心的一站式装修咨询采购平台。

9月6日，在温州市国际会展中心举办“家博会” 市会展行业协会提供

【第十一届温州国际汽车展览会】 4月12日—14日，在温州国际会展中心举行由温州市汽车流通行业协会、浙江德纳展览有限公司承办的2013年十一届温州国际汽车展览会。展会以“车生活·乐未来”为主题，共设七大展馆，参展品牌逾70家，参展车型达400多款，展出面积超过3.70万平方米，劳斯莱斯、宾利、玛莎拉蒂、阿斯顿马丁、兰博基尼等顶级座驾，保时捷、奔驰、宝马、奥迪等众多合资品牌，奇瑞、帝豪、纳智捷等自主品牌均亮相车展。本届展会车辆实际成交总数达4015辆，总成交金额高达7亿多元。

4月12日，在温州国际会展中心举行的第十一届温州国际汽车展览会
市会展行业协会提供

【温州“婚博会”】 2013年，温州“婚博会”从一年一届增加到春季和秋季两届。2013年秋季“婚博会”，接待新人近5000对，下单交易额达2000多万元，参展的钻石商家在三天展会期间销售额将近300万元。囊括婚纱摄影、婚庆礼仪、婚纱礼服、喜糖喜铺、婚庆服务、酒店餐饮、酒水饮料、蜜月旅游、珠宝黄金等行业的主要商家，打造了一个覆盖浙南地区婚庆消费、为新人婚庆消费提供一站式服务的平台，整合、引领、推动浙南地区婚庆产业发展，使商家与消费者实现互惠、互赢。

2013年，在温州国际会展中心举行的“婚博会”上，情侣新人们在电脑的资料中，挑选婚庆一站式服务项目
市会展行业协会提供

【2013年中国温州（第四届）户外旅游用品展览会】 4月20日—22日，2013年第四届温州户外旅游用品展在温州国际会展中心二号馆举行。展会展出面积1.10万平方米，参展商258家，1.38万多位户外爱好者前来参观选购，本次展会现场成交金额约1580万元，意向成交金额约2300万元。

该届展会由温州市经济信息化委员会、温州市旅游局、温州市商务局共同举办，温州国际会展中心承办，温州市登山协会协办。

温州市副市长陈浩、温州旅游局局长张纯洁等市领导巡视户外旅游用品展
市会展行业协会提供

【2013温州轻工时尚展】 2013年中国（温州）国际轻工产品暨时尚消费博览会、2013年（温州）台湾名品展览会于6月10日—12日在温州市国际会展中心举行。展会由浙江省商务厅、温州市人民政府主办，市商务局、市台办、市贸促会、市现代集团承办，中

国轻工艺品进出口商会及温州市服装、鞋革、珠宝、酒类等协会作为支持单位。法国、意大利、美国、加拿大、韩国等10多个国家和地区的300多家时尚企业，数十位国际时尚界的大师级人物，30家世界顶级消费品品牌都出现在该届展会上。“时尚消费，温州创造”——作为全省首个以国际时尚消费为主题的展会，展览面积达2.30多万平方米，分设世界顶级时尚消费品馆、亚洲时尚馆、全球顶级葡萄酒品鉴馆、台湾馆等。

通过展览展示、产业论坛、商贸洽谈、联合时尚秀等形式，引进汇聚世界时尚消费品，延续和丰富温州轻工博览会内涵，促进温州服装、鞋革、进口红酒、眼镜、打火机、箱包、剃须刀等特色时尚产业的转型提升。

6月10日，2013年温州轻工时尚展在温州国际会展中心开幕
市会展行业协会提供

【温州青岛啤酒节】 6月28日—7月7日，为期10天的温州首届青岛啤酒节在温州国际会展中心广场举行。啤酒节由青岛啤酒股份有限公司主办，青岛森之林文化传播有限公司承办，温州国际会展中心协办。市民不仅可以品尝到产自青岛的鲜啤以及青岛啤酒各主要品牌产品外，还能尝到50余种特色小吃。啤酒节期间，每天晚上，以DJ舞曲、爵士、蓝调、摇滚等多种风格的音乐和舞蹈，演艺欧美经典和亚洲传统曲目，为啤酒节营造激情、狂欢的氛围。

【2013年名品折扣展暨温都汽车夜市】 由温州日报报业集团、温州现代集团主办，温州都市报、温州国际会展中心、中国农业银行温州分行承办的2013年名品折扣展暨温都汽车夜市在温州国际会展中心举行。夏日时段引入“奥特莱斯”模式是该次展会的热卖点，同时，此次主办方打破以往传统的展销会模式，首次采用夜市结合白天展销会的新模式。展会首次采用百货运营业态，设置统一收银服务，让市民可以便捷地刷卡支付。

国际品牌特卖展区，市民在选购服饰
市会展行业协会提供

【2013年第十一届眼镜展览会】 7月10日—12日，第十一届中国（温州）国际眼镜业展览会在温州国际会展中心成功举办。展会汇聚来自温州本土以及香港、台湾、深圳、丹阳、厦门、台州、鹰潭等地400余家企业参展，共同展出近万种科技含量较高的产品。3天展会期间，组委会共接待专业参观商10712人，其中海外参观商700多人。

7月10日，温州国际会展中心举办的第十一届中国（温州）国际眼镜业展览会现场　　市会展行业协会提供

7月10日，温州国际会展中心举办的第十一届中国（温州）国际眼镜业展览会开幕剪彩　　市会展行业协会提

【2013年中国（温州）国际皮革及鞋材鞋机展览会】 由温州市鞋革行业协会主办，浙江德纳展览有限公司承办的2013年中国（温州）国际皮革及鞋材鞋机展览会于8月29日—31日在温州国际会展中心举办，第18届中国（温州）国际鞋材鞋机展、2013年中国国际合成革展、2013年中国（温州）国际缝制设备展三大主题展高度整合行业资源。展会展览面积达3.50万平方米，吸引了613家企业参展，标准展位数达1212个。同时，展会吸引了15328名海内外专业人士到现场参观，其中海外采购商占总专业观众的8%左右，较2012年增幅达14%。

8月29日，第18届国际皮革展海外采购商在温州国际会展中心合影
市会展行业协会提供

【2013年温州秋季房地产交易会】 2013年温州第八届秋季房交会于9月20日—22日在温州国际会议展览中心2号馆举办，展览面积6500平方米。展会由温州日报报业集团主办，温州日报报业集团有限公司晚报分公司承办。秋季房交会已打造成温州规模最大、功能最全、档次最高的房地产盛会。

温州名城集团首次携手一手拍卖房参加，300多套拍卖的存量现房在展会上推出。该展位三天展期接待3000多人次，登记500多组意向客户。

【2013年中国（华东）印刷技术展览会】 10月12日—14日，温州科创经贸展览有限公司主办的2013年中国（华东）印刷技术展览会暨第十五届龙港印刷工业博览会在温州国际会展中心新馆举行。德国、日本、西班牙以及国内300家印刷设备、材料供应商参展，东南亚地区以及国内各省的共50多个团体单位组团参观，达3万人次到场参观采购，参展设备多为高科技产品，专业性强、产业链健全、产品齐全、特色明显。展会还针对提升印品品质和生产效率开展了多场技术讲座及技术推广活动。

10月12日，2013年中国（华东）印刷技术展览会暨第十五届龙港印刷工业博览会在温州国际会展中心举办

市会展行业协会提供

【2013年第八届中国（温州）机械装备展览会】 10月19日—21日，由中国机械工业联合会和温州市人民政府联合主办，温州国际会展中心执行承办的2013年第八届中国（温州）机械装备展览会在温州国际会展中心举办。展会面积达到3.2万平立米，参展企业518家，标准摊位近1280个，参观观众达43736人次，总成交额3.28亿元。

10月19日，2013年第八届中国（温州）机械装备展览会开幕典礼在温州国际会展中心举行

温州市会展行业协会提供

【第七届温州汽车博览会】 11月7日—11日，由温州都市报主办的第七届温州汽车博览在温州国际会展中心举行，共迎来观展市民8万多人次，现场成交量超4000台。车博会由卫星直播车对展会现场进行实时直播，温都网、温州都市报微博、温州都市报微信和掌上温州四大平台也全程实时播报车展实用信息、花絮趣闻。

家电维修

【概况】 2013年，鹿城区家电行业协会会员单位和个人共有100多家。其中，规模营业场所200平方米以上，技术人才20人以上，设备科技化、管理规范化、服务人性化的单位有温州市军广电器维修服务有限公司、温州市军地家电维修公司、温州市赛荣电器维修公司、温州市声光电器维修公司，他们在维修市场的占有率达到60%—70%，品牌的接单率（品牌指定保修）占到70%—80%。

【规范家电维修和售后服务工作】 2013年，为加强行业自律，家电行业协会联合政府相关部门对行业开展了专项整治活动，制定出台《温州市家用电器行业规范》《温州市家用电器维修服务行规公约》，公布《温州市家用电子电器产品售后服务网点目录》，调整《温州家用电器维修价格指导目录》（已向物价局报备），建立家电维修从业人员和品牌维修查询系统，并在工商局家电行业专项整治通报会上与家电销售、维修企业签订了服务公约。

2013年，协会举办了两期家用燃气具安装（维修）资格专项培训班，培训200多人，为燃气具销售安装培养了一批专业人才。同时，还举办了空调安装工、制冷设备气焊工、家电制冷维修中、高级工等专项培训，培训400多人。

【技能比武】 3月2日，温州市第二届职业技能系列赛暨高技能人才表彰大会召开。会议表彰了400多名获奖选手，并对全市公共实训基地和市技能大师工作室进行

3月2日，温州市第二届职业技能系列赛暨高技能人才在参赛中

市家电行业协会提供

授牌。家电协会许建华获“瓯江技能大奖”称号；副秘书长叶友明获“首席技师”称号；鹿城区莲池法荣家电维修店的邵建荣、温州市赛荣电器有限公司的俞鹏远获“金燕奖”称号；深圳创维—RGB电子有限公司温州分公司的瞿洪忠、温州市军广电器维修服务有限公司的季锦池、大金空调技术（上海）有限公司的吴立伟和滕王峰获得温州市“职业技术能手”称号。

【资质评定】 2013年，经温州市商务局、温州市劳动社会保障局、温州市家电行业协会联合组织，温州市家电行业资质评定，温州市军广电器维修服务有限公司、温州市军地家电维修公司、温州市赛荣电器维修公司获得“温州市家电维修服务一级维修资质”称号。

【“名师名家”踊跃参加市大型慈善义工活动】 5月18日，温州市慈善总工会在松台广场举办“义工之光”大型公益为民献爱心活动家电行业协会指定协会会员单位温州市一级维修资质单位——军广电器维修服务有限公司、军地家电维修公司和三级维修资质单位——鹿城区建荣家电维修部三家电器维修单位参加此次活动，温州市首席技师叶友明、“名师名家”柯凤龙、“金燕奖”获得者邵建荣在现场为市民免费维修家电。

5月18日，在松台广场，建荣家电维修部等三家电器维修单位为市民免费维修家电
市家电行业协会提供

旅游业

综 述

2013年，鹿城区旅游业不断完善旅游要素，壮大多元旅游业态，提升产业整体素质，打造具引领、有特色、深内涵的“满意旅游”。全年，接待海内外游客1338.67万人次，同比增长20.02%；旅游总收入137.70亿元，同比增长28.86%。其中，国内旅游者1313.66万人次，同比增长20.02%，国内旅游收入127.43亿元，同比增长29.96%；海外入境旅游者25.01万人次，同比增长20.44%，海外创汇收入16598.20万美元，同比增长14.40%。

城市公园建设

【华盖山公园建设】 1月，华盖山防雷设置工程完工。6月，华盖广场红日亭改造提升工程开工，9月完工，共建设包括地下室35平方米，古建筑97平方米，园林景观500平方米，宣传栏42平方米，挡土墙26平方米。7月，华盖广场休闲长廊维修工程和华盖山水土流失保护工程完工。9月，华盖山公园整体改造提升工程开工，11月初完工，改造新增两条便民通道，共长110米，修建面积计99平方米，同时对大观亭、临望亭、双烈亭等周边绿地300多平方米进行改造，消除黄土露天的现象。

【九山—松台公园建设】 3月，松台山文化提升一期工程开工，11月竣工。工程改善了九山公园休闲配套设施，整合九山公园休闲、文化、绿化功能。

【马鞍池—巽山公园建设】 1月，马鞍池公园水塔改造工程完工。5月，巽山公园亮丽工程完工，共安装150瓦投光灯177套。6月，马鞍池公园放飞小广场工程开工，8月改造完工。该广场位于马鞍池公园内广场西侧，总体改造面积约1500平方米，改造内容包括广场地面铺装、林荫小道拓宽以及周边绿化铺植。

【绣山公园建设】 4月，公园亮丽工程完工，共安装装饰灯140套，其中北大门安装150瓦投光灯4套、18瓦LED洗墙灯64套，南大门安装18瓦LED灯洗墙灯72套。

【中山公园建设】 1月，公园西侧（园西巷）围墙拆除工程动工。该围墙位于公园登云桥与池上楼后门交接处。围墙拆除后，再增一入园通道，于2月1日对外开放。4月底，中山公园北入口绿化工程改造完工。中山纪念堂两侧各增加了一出入口，纪念堂西侧改造成草坪花境带，东侧改造成竹林绿荫带。

【海坛山公园建设】 海坛山公园原为华盖—海坛公园的一部分，2013年5月分离出来。1月，海坛山公厕改造工程完工。8月，海坛山老人协会地块改造完工。

【墨池公园建设】 3月，墨池公园丛兰馆一期改建工程通过竣工验收正式对外开放，是温州市首个免费开放的专门性兰花展馆。展馆内展出了四大类200余盆精品兰花。

景区建设

【江心屿景区建设】 完成总投资1000万元的江心屿防洪堤绿化景观配套工程建设，并严格监督防洪堤工程质量和安全施工，于6月25日进行工程预验收，12月30日进行工程正式验收；按星级标准改造了2座景区公厕，8月初投入20多万元的景区首个按照国家标准建设的“三星级旅游厕所”——江心屿东塔公厕通过验收；增加了游览上下扶梯和安全护栏，更换了170个指示牌。

江心屿景区防洪堤绿化景观工程
区旅游局提供

全年，对景区内破损的路面及时进行维修，调整亮丽工程灯具并按时进行维护，对景区基础设施进行维护，保证了亮丽工程灯光配置要求和游客安全。全年播种草花2万盆，大面积除草2次，移植树木300棵，铺设草坪300平方米；革命历史纪念馆西首铺设旧石板地坪250平方米，休闲吧后面青石道路翻新150平方米。

2月14日，参加世界温州人大会的200余名海内外温州鹿城籍人士到江心屿参加植树活动，共植思乡林，栽下120棵榕树，面积约2000平方米。

【景区智慧旅游建设】 江心屿智慧旅游成功入选2013年国家标准委确定的服务业标准化试点项目，是温州市唯一入选的项目。根据《温州市鹿城区智慧旅游行动计划》（2012—2014）的内容要求，全年投入130万元，推进景区智慧旅游项目建设。实现景区无线网络全覆盖，可以使用免费Wi-Fi漫游景区；推出鹿城旅游APP手机应用功能，扫一扫自助收听景点的介绍，也可以通过下载旅游APP，360度观看江心屿、鹿城旅游全貌；完成江心屿景区语音导航；建设旅游信息发布系统，游客可以通过该系统了解江心屿景区客流量、天气情况。

【江心屿历史地段保护整治】 7月11日，召开《温州市江心屿历史地段保护整治外立面工程设计方案》实施协调会议。市文广新局、市文物保护考古所、温州革命历史纪念馆、市革命烈士纪念馆、区文广新局、区风景旅游管理局等相关部门参加会议，就方案实施范围、明确职责、经费落实、施工期限等问题进行讨论，并提出意见和建议。

【五马历史文化旅游区建设】 12月12日，五马历史文化旅游区创建国家AAAA级旅游景区策划方案征求意见会召开。区旅游局、区发改局、区商务局、区规划分局、五马街道等相关部门参加，并邀请温州市旅游局、温州市公园管理处、温州市名城集团等部门到会指导。

行业建设和管理

【概况】 2013年，对旅游行政审批流程和旅行社及其分支机构的设立、变更、注销以及导游证的办理、变更、注销等相关事项的办事流程等内容进行上墙公开；组织全区近百家旅游企业200余人开展《中华人民共和国旅游法》宣传贯彻培训，并开展“送法进企业”活动，先后抽查了浙江省中旅温州分公司等38家旅游企业，分发旅游法宣传手册1000余份；区旅游质量监督所联合市旅游质量监督管理所开展了2次“旅游市场检查周”活动，并及时为游客调解各种旅游纠纷和受理处理旅游投诉，全年共受理处理旅游投诉和各类旅游纠纷44起，全部给予圆满解决，切实保护了旅游者和经营者的合法权益。

【酒店管理】 10月至11月，对全区评定期满四年的8家星级饭店开展星级复评复核工作。通过暗访明察等形式，各星评员按照《旅游饭店星级的划分与评定》（GB/T14308—2010）中的必备项目、功能及设施、饭店运行服务质量等内容对各家饭店进行全面细致的检查。同时，查看了企业的规章制度和各项应急预案等台账资料。截至年底，全区共有星级酒店26家。

【旅行社管理】 2013年，完成温州教育旅游有限公司、温州海峡国旅旅行社有限公司的四星级品质旅行社评定，使全区四星级品质旅行社数量达到9家。全年旅行社变更12家，分支机构设立6家，注销4家，全区共拥有旅行社90家。

【鹿城区第二届导游大赛举行】 11月20日，由鹿城区旅游局和鹿城区总工会联合主办的鹿城区第二届导游大赛决赛在市广电中心演播大厅举行。决赛分模拟导游讲解、导游知识问答、才艺表演三个环节。20名决赛选手现场赛“技艺”，不仅带领观众游览鹿城人文美景，还大秀个人才艺。其中，前十名获得者被授予“鹿城区十佳导游”称号。温州海外旅游有限公司的导游张旭秋获得一等奖，温州国旅旅游有限公司的夏胜男、温州嘉信国旅旅游有限公司的郑佳佳获得二等奖。3位选手同时还被鹿城区总工会授予“职工技术能手”称号。

11月20日，鹿城区第二届导游大赛决赛在市广电中心演播大厅举行　区旅游局提供

【乡村旅游】 2013年，创建了丁埠头农家乐、藤桥柏忠农家乐2家乡村旅游客栈和丁埠头农家乐、驿头农家乐2家自助旅游营地驿站。组织农家乐经营户（点）参加省、市、区农办、旅游局举办的各类培训。截至年底，全区农家乐接待游客357166人次，同比下降22.74%，营业收入3556.84万元，同比增长1.59%。

旅游安全

【概况】 2013年，相继下发《关于印发〈鹿城区旅游系统开展“除隐患、保安全”消防专项行动方案〉的通知》《关于切实做好旅游安全生产工作的通知》《鹿城区旅游系统今冬明春火灾防控工作方案》等文件，督促各星级饭店、旅行社、旅游景区（点）等抓好旅游安全生产工作。区旅游局与辖区旅行社逐家签订《鹿城区旅行社安全生产目标管理责任书》。全年，共开展安全检查16次，对全区旅游企业进行各项安全检查；在法定节假日和市、区重要会议及重大活动期间，及时制订维稳预案。在各节假日期间，会同有关部门对全区各景区（点）、星级饭店、旅行社开展消防安全、“黑车”、“黑导”、无证经营、合同签订等专项检查。节日期间，严格值班制度，安排专人值守，接受游客咨询和投诉。此外，及时作好防范强降雨以及台风等恶劣天气的通知。全年无一起重大旅游安全事故发生。

【安全隐患大排查大整治专项行动】 2013年，全区旅游行业开展自查自纠6次，检查项目22项，发现隐患157项，整改157项。并组织执法安全检查16次，检查企业30家，发现隐患43个，整改隐患43个。

【安全生产宣传与教育】 2013年，围绕“安全生产检查”主题，利用各种媒介载体进行宣传，传播安全理念和常识，宣扬先进典型，营造浓厚社会氛围。全年共悬挂标语（横幅）110条，张贴宣传画58张，出黑板报24期，举办知识竞赛3场，参观图片展览250人次，培训职工4200人次，开展安全咨询3次，发放宣传资料1.20万份。

宣传促销

【概况】 2013年，鹿城区投资300万元开拓旅游市场，其中旅游专项经费100万元。全年以报纸、电视、电台、杂志、网络、户外广告、高速广告、公共视频、动车站点、客运中心等平台，多方位、多形式、地毯式地刊登旅游宣传广告，紧抓客源市场的点与面，重点围绕浙江省与福建省，整体范围辐射全国。

2013年，推出《乐游鹿城》《智游鹿城》《展望鹿城》《鹿城导游词》《鹿城旅游图》等“三片一词一图”，全方位宣传鹿城旅游。及时更新鹿城区在浙江省旅游信息中心的各类旅游咨询信息，全年共向省旅游局、市旅游局、市建设局、区政务信息、区信息中心等上报旅游信息346篇。全年发布《鹿城旅游》6期；编印鹿城旅游交通图2万册；制作旅游宣传纪念品，包括鹿城旅游环保袋、江心屿纪念扇子等共1万件。

【江心屿世界吉尼斯高空钢丝争霸赛举行】 6月6日，由中国新疆的艾斯凯尔、意大利的马里奇奥·泽瓦塔和韩国的权元泰三名选手参加的“2013年中国（温州）世界吉尼斯高空钢丝争霸赛”在江心屿景区举行，世界高空钢丝百米速跑纪录保持者艾斯凯尔以高空走钢丝百米速跑仅用时38秒86的速度，击败意大利和韩国选手，获得冠军，并打破此前由自己创造的纪录。

6月6日，2013年中国（温州）世界吉尼斯高空钢丝争霸赛在江心屿景区举行

区旅游局提供

【旅游宣传促销、推介会】 2013年，组织全区10家星级饭店和25家旅行社参加国际、国内旅交会及宁波、绍兴、常州、苏州、安吉、衢州、武义、泉州等地的各类旅游展会、促销会、推介会。其间，发放旅游宣传资料5种计1万多份，旅游宣传小礼品3种共2000多份，提升鹿城景区旅游形象，推动鹿城旅游发展。

金融业

综 述

2013年，鹿城境内有各类银行业金融机构25家、保险业机构42家、小额贷款公司3家、民间资本管理公司1家、农村资金互助会2家，民间借贷服务中心1家，其他各类金融中介机构189家。截至年底，全区银行业金融机构人民币存款余额2890.56亿元，同比增长4.49%；贷款余额2355.28亿元，同比增长1%，存贷款余额均居温州市首位。

2013年，建立了区地方金融监管领导小组、金融监管局、金融法庭、公安金融犯罪侦查大队、金融仲裁院及金融审判和监管联席会议制度。全区有各类地方金融组织196家，按照20%的比例对地方金融组织进行专项检查，促进地方金融秩序稳定。同时，常年聘请法律顾问，为金融改革创新和地方金融监管工作“保驾护航”。加大《温州民间融资管理条例》宣传力度，积极引导民间借贷行为阳光化、规范化。

7月30日，开展寄售行专项检查工作
区金融办提供

2013年，鹿城境内有捷信、禾本、华泰3家小额贷款公司，总体运行稳健。截至年底，3家小额贷款公司注册资本总额达14亿元，营业收入2.67亿元，净利润1.40亿元，年末贷款余额16.17亿元。全年，累计发放贷款85.57亿元，其中对中小企业发放贷款4.55亿元，累计发放中小企业贷款119.11亿元，累计发放户数734户；农户贷款余额6884万元，累计发放6.49亿元，累计发放户数464户。

9月3日，开展投资公司专项检查工作
区金融办提供

3月，成立鹿城区首家民间资本管理公司，至年底累计投资24笔，金额8685万元。3月，2家农村资金互助会开业，至年底累计发放互助金87笔，金额4352.25万元。

温州民间借贷服务中心自2012年4月26日成立以来，吸引8家全国知名的P2P中介机构入驻和1家会员单位，截至2013年年底，累计成交6073笔，金额10.08亿元，平均月利率1.32%。借贷成功率从开业初的9.40%上升到48.43%。2013年，每周发布“民间借贷利率指数”，为温州民间借贷市场提供利率风向标，借贷利率市场化机制初步形成。担保体系逐步完善，担保方式有汽车抵押、房产抵押、股权质押、信用等多种。

10月31日，召开金融例会暨金融服务实体经济座谈会
区金融办提供

2013年，鹿城区金融协会有会员单位54家，其中银行业42家，保险业8家，证券业1家、小额贷款公司3家。全年会员单位开展金融知识宣传及讲座280余次，理财金融服务190多次，对接社区服务（包括服务实体经济）

230多次；参加服务宣传人员2000多人次，受服务宣传人数达5万多人次。全年，会员单位慈善捐款1219.90万元，其中个人慈善捐款20.98万元。《鹿城金融通讯》出刊6期，每期1000本，总出刊数已达到17期。

鹿城区金融工作办公室

【概况】 2013年3月28日，温州金融综合改革试验区获批后，鹿城区根据省、市的要求和部署，率先而动、创新而为，发挥主城区优势的同时积极搭建多元化融资平台、民间借贷服务平台和要素对接平台，以地方资本市场实现零的突破、股改与挂牌工作位列“三区两市”第一。在规范民间融资行为、服务实体经济、地方金融组织创新、培育资本市场、维护经济金融秩序等方面走出新路，践行了争创民间融资规范发展、小微企业融资便利和地方金融改革创新“三个先行区”的目标。

2013年，鹿城区金融办获温州市驻企服务工作先进单位、全市金融办系统先进集体、区招商引资先进集体（银奖）、区“三转一市”工作先进集体等。

【温州民间借贷服务中心成为展示窗口】 自温州民间借贷服务中心试点开业以来，启动温州民间借贷备案管理系统开发，打造民间借贷征信体系，出台中心监管办法和应急预案，落实相关财政补贴政策，率全市之先落实公证文书司法强制执行（法院共立案9件，首笔强制执行公证文书已执行成功，金额50万元）。截至2013年年底，该中心累计成交6073笔，金额10.08亿元，借贷成交额列全市7个中心第一。该中心已成为温州金融改革的展示窗口，截至2013年年底，累计接待省内外参观考察团600多批次5000多人次。全国已有20余家类似机构开业。4月，该中心被省委组织部、省委党校确定为浙江省干部教育培训现场教学示范基地。

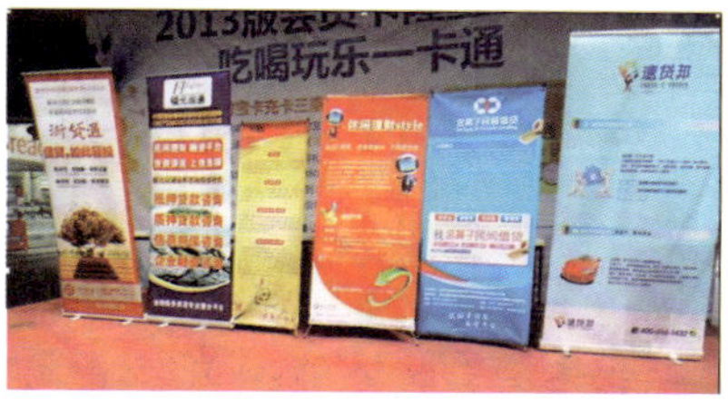

4月26日，开展温州民间借贷服务中心成立一周年宣传活动　　区金融办提供

【鹿城金融广场建设】 2013年，通过平台招商、项目招商等方式，吸纳民泰银行、渤海银行、浙商证券温州分公司等各类金融服务企业共8家，其中5家入驻鹿城金融广场，为中小企业拓宽融资渠道，缓解融资难题。截至年底，首家入驻企业（温州百家易贷电子商务有限公司）投资1亿元承建的“中小企业融资服务中心”已为中小企业融资32.40亿元，涉及企业达到400多家。

【民间资本管理公司试点工作】 3月18日，鹿城区首家农村资金互助会——温州市民鑫畜禽专业合作社农村资金互助会成立；3月30日，第二家农村资金互助会——温州市基地生猪专业合作社农村资金互助会成立。3月28日，鹿城首家民间资本管理公司——莱恩达民间资本管理公司正式营业，注册资本1亿元。该公司联合兴业银行温州分行，成立有限合伙企业，投资名城集团保障房等市政项目，金额达50亿元。

3月18日，首家农村资金互助会——温州市民鑫畜禽专业合作社农村资金互助会成立　　区金融办提供

【金融服务组织引进】 2013年，引进渤海银行、民泰银行、浙商证券温州分公司等各类金融服务企业落户鹿城，进一步拓宽中小企业融资渠道。以温商回归方式引进商业保理公司，成为温州市首家保理公司；引进温州市鹿城区金羡资产管理股份有限公司，对接145家融资需求企业，为印心鸟、皇家鞋业完成银行授信。鹿城的金融服务组织数量达到历史之最。同时，拓宽小微企业融资担保手段，温州鹿城农村商业银行股份有限公司（简称鹿城农商银行）试点开展贷款与纳税额挂钩的“税源经济贷款”；针对个体经营，工商银行鹿城支行为温州东方灯具等专业市场量身定制“租易通”融资信用卡。

8月29日，举办“对话保理，化解中小企业融资链”商业保理推介会　　区金融办提供

【地方资本市场培育】 2013年，建立沟通机制，相关部门为企业股份制改造开辟绿色通道，地方

资本市场培育实现零的突破。全区有6家企业被列入区第一批拟上市企业名单，15家企业完成股份制改造（其中个转股2家），11家企业托管挂牌，其中2家企业挂牌交易。在6家拟上市企业中，温州康宁医院有限公司、浙江金牛工贸有限公司通过引进风投，分别成功融资1.90亿元和0.50亿元。

8月15日，在藤桥镇召开鹿城区股改工作现场会　区金融办提供

【法律讲座举办】 8月1日，区金融办与区金融协会在鹿城农商银行三楼会议室组织召开2013年第二季度金融例会暨“金融商事案件法律风险分析及研判”讲座，邀请区人民法院金融庭庭长吴将斌、副庭长金春主讲。金融单位主要领导与风控部门负责人共80多人到会听讲。

【资本项目投融资对接机制建立】 2013年，区金融办与鹿城农商银行联合成立企业融资服务组，及时对接辖区各大银行及中小企业融资服务中心，深入“三千”行动中反映的有融资需求的109家企业，根据企业实际经营情况和资金需求情况，为企业制定不同的融资方案，打造政银企三方互动的融资服务机制。截至年底，区金融办联合鹿城农商银行、中小企业融资服务中心、工商银行鹿城支行等金融机构，走访对接146家有资金需求的企业，并对22家企业进行贷款授信，融资金额达1.41亿元。此外，区金融办还联合上海杨浦区金融办、上海信隆行投资有限公司，召开“鹿城区资本项目对接会”，采用线上线下相结合的方式，邀请10家国内知名机构投资者到温州现场，与15家线上机构投资者同藤桥禽业、黄河清洁、金丕针织机、瓯江液压等4家企业进行路演对接。

9月26日，结合“三千”行动深入企业解决融资难题　区金融办提供

【“拍卖通”按揭贷款推出】 12月10日，区法院与中国银行温州市分行率先签署《会议简要》，联手推出“拍卖通”贷款服务产品，并成功发放温州首笔186万元的“拍卖通”贷款。此次司法金融合作创新项目“拍卖通”按揭贷款的推出，将银行贷款资金直接介入司法拍卖程序，既解决竞买人资金需求，又有效促进司法拍卖的进程，架起司法、金融与竞买人资金融通的桥梁。

鹿城农商银行

【概况】 2013年6月13日，由原鹿城农村合作银行改制的鹿城农商银行正式开业，完成了从股份合作制向股份制的制度转换。该行是经中国银监会浙江监管局批准设立的股份制社区性地方金融机构。截至年底，公司有在岗员工800多人，拥有48个营业网点、108个自助网点、323台自动柜员机，金融服务点进驻社区便民服务中心80家，便农自助终端52台，鹿城乡镇金融服务覆盖面100%。全年，各项存款余额211.32亿元，比年初增加31.29亿元；日均存款余额193.17亿元，比2012年增加25.44亿元；各项贷款余额153.50亿元，比年初增加24.52亿元。存贷款业务发展速度均高于全市银行平均增速。实现净利润3.28亿元，上缴税收1.70亿元。

2013年，鹿城农商银行组织开展“道德讲堂”，引导干部员工正心修身；开展金融志愿者活动，关爱空巢老人、留守儿童、农民工和残疾人，劝导文明交通，参加植树造林；举办“弘廉洁提合规”主题演讲比赛，宣传正能量，激发正风气；用好员工信息反馈平台，鼓励员工参与经营管理；设立“孝心基金”，员工和单位共同出资，为员工父母献上“孝心存折”，弘扬敬老、爱老、孝老的传统美德，引导员工学会感恩、表达感恩；加强员工技能考核和业务培训，参加行业领域的业务技能比赛，获温州市农信系统第九届业务技能比赛团体冠军，其中清算中心张素君连续九年获温州农信技能比赛中青组计算机传票输入、计算机汉字输入第一名。

2013年，鹿城农商银行获中华全国总工会授予的“全国模范职工之家”称号；获首届浙江全面小康特别贡献企业奖称号，是全省唯一一家获此荣誉的银行。

6月13日，鹿城农商银行正式开业
鹿城农商银行提供

【跨区域发展】 鹿城农商银行积极向监管部门申报发起设立村镇银行，探索跨区域发展路径。2013年，取得在贵州、江西、河南和浙江省内批量化、规模化主发起设立村镇银行指标21家。至年末，主发起村镇银行已开业14家，获得开业批复2家，获得监管部门筹建批复3家。已开业村镇银行发展态势良好，年末各项存款合计8.19亿元，各项贷款17.6亿元，户均贷款22.27万元。通过在温商集聚地区发起设立村镇银行，有利于打造温州的金融总部，输出该行的经营管理理念和技术，为当地金融市场注入新的活力，扩大温州金融业的辐射力和影响力，以金融为纽带，对接温州人经济和温州经济，引导在外温州人资金回归、产业回归、税收回归。

【普惠金融工程三年行动启动】 2013年，鹿城区人民政府转发了《鹿城农商银行普惠金融工程三年行动（2013—2015年）实施方案》。根据该方案，鹿城农商银行将围绕“创业普惠、便捷普惠和阳光普惠”三大目标，推进业务创新，完善服务渠道，加强社区共建，将金融普惠送至千家万户。

【产品和服务创新】 2013年，在产品创新方面，鹿城农商银行研发推出公积金组合贷款、中期贷款、巾帼创业贷款、拆迁安置补偿权益质押贷款、丰收创业卡等10余项新产品，积极引入台湾微贷技术，探索发展小额信用贷款，进一步完善小微信贷产品体系，支持小微实体经济发展，截至年底，有30万元以内的小微贷款客户2.53万户，比年初增加0.68万户，占全部贷款客户增量的84.58%；小微贷款余额62.70亿元，比年初增加16.07亿元，占全部贷款增量的65.54%。在服务创新方面，推出贷款申请热线和网上申请，实行客户经理上门服务，建立更加便捷的贷款服务渠道；进一步完善公共事业费代缴业务，在全市银行业率先实现水、电、煤气、电话、有线电视五大生活费代缴业务全覆盖，推出煤气费代扣95折，加大居民代扣业务优惠力度；在2元看电影的基础上推出“中石油充值优惠”“购机票返现”等活动，扩大信用卡增值服务；推出3G移动业务终端，为社区居民上门办理开卡、为企业上门办理代发工资等业务，做到接地气、惠民生，为小微企业和社区百姓提供实惠、快捷的服务。

【社区走访服务】 2013年，鹿城农商银行调整组织架构，结合鹿城区行政区划调整和社区合并，对应八大功能区实行中心支行模式，支行党组织关系进入相应街道，加强与功能区、社区的对接和服务，不断密切与街道社区的关系。积极探索社区金融服务机制，加大社区走访宣传力度，助3G移动业务终端为小区居民和企业现场办理业务，三季度集中开展“火红七月送清凉”小区摆摊服务，大力宣传水费代扣95折、电费代扣99折、煤气费代扣98折、小微贷款、丰收创业贷款、理财和信用卡等特色惠民业务，共组织活动166次，员工投入845人次，进驻小区96个次，受到广泛好评。创新小微企业营销机制，积极响应市委市政府“万名干部进万企解万难”活动，与区“三千办”合作，以双屿为试点，由支行与街道干部结对开展企业走访，对符合条件的企业给予授信支持，全年走访企业55家，授信企业21家、授信总额1.02亿元，解决小微企业实际困难。

2013年，支行冒酷暑进社区，携3G移动业务终端为小区居民和企业现场办理业务
鹿城农商银行提供

【“孝心基金”送到家】 2013年，鹿城农商银行设立员工“孝心基金”。各支行、各部室负责人亲自将“孝心存折”及感恩信送至员工父母手中，表达对员工浓浓的家长式关怀，也引领员工在工作之余不忘孝敬父母、感恩社会。

【“瓯江讲坛”活动】 瓯江讲坛由鹿城农商银行与鹿城区委宣传部合作举办，精选各领域的权威专家和知名学者就有关经济社会重点热点问题开展专题讲座，两年来的运作，使其成为鹿城建设学习型社会的一个重要平台。2013年，鹿城农商银行邀请著名实战管理专家余世维博士讲授《如何塑造管理者的性格魅力》，邀请著名财经作家、上海交通大学EMBA教授吴晓波作《十八届三中全会之后的经济改革》专题讲座，引起社会各界的广泛关注。

2013年，邀请著名财经作家、上海交通大学EMBA教授教授吴晓波作《十八届三中全会之后的经济改革》专题讲座

鹿城农商银行提供

工行鹿城支行

【概况】 2013年，中国工商银行温州鹿城支行（以下简称工行鹿城支行）共有员工129人，辖属9个营业机构，包括一个二级支行、一个营业部，七个营业网点。截至年底，各项存款余额50.15亿元（含私人理财），较年初新增4.35亿元，日均存款较年初增加8.61亿元。其中：对公存款余额22.46亿元，较年初增加2亿元，日均存款余额19.71亿元，较年初增加7.02亿元；储蓄存款余额23.61亿元，较年初增加1.71亿元；非保本及私人理财余额3.99亿元，较年初增加0.24亿元；各项贷款余额41.25亿元（含信托贷款），其中公司贷款21.94亿元，表外信托贷款5亿元，新增5亿元，个人贷款余额14.31亿元。中间业务收入5000万元。

2013年，工行鹿城支行被总行评为“优秀职工之家”，站前分理处、康迪分理处被评为“市巾帼文明岗”。鹿城支行被授予“市级服务工作先进单位”等称号。

【网点建设】 2013年，工行鹿城支行持续网点差异化竞争战略，通过确定网点业务重点，夯实人员配备，给予政策倾斜，进行重点指导等方式，激发网点活力。

【业务维护和拓展】 2013年，工行鹿城支行紧盯重点项目，抓好“幸福轨道”重点项目营销和跟踪，实现新突破。同时，做好中小企业信贷客户定位与产品定位，主动出击，做好营销；做好存款大户维护工作，进一步挖掘重点客户的存款资源，稳住存量、吸收增量。

【企业文化建设】 2013年，“感动鹿城”年度人物评选、“金秋文化节”等品牌活动持续开展，喜乐元宵灯谜会、“三八”节妇女观影、“中秋节”送月饼、“慈善日”主题一日捐等传统节日活动接连不断。同时，工行鹿城支行广泛发动员工参加市分行举办的各项文体比赛，进一步丰富企业文化内涵。创建了职工之家，持续为员工引进食堂，开办书室，设立男女休息室，添置冰箱、微波炉等设施，提升员工工作和生活品质。

农行鹿城支行

【概况】 2013年，在温州经济不景气的宏观背景下，中国农业银行股份有限公司温州鹿城支行（简称农行鹿城支行）坚持对鹿城区经济社会发展的支持力度，强化合规经营，强调内部控制，从严治行，全年未发生各类重大事故和案件及负面舆情。

2013年，农行鹿城支行有员工174人，内设5个职能部门，下属1个营业中心、7个二级支行（原东方支行划出）和2个分理处。网点分布在市中心、双屿、仰义、藤桥、大学城等处，城郊兼顾，辐射面广。截至年底，各项存款余额72.90亿元，比2012年下降4.70亿元，个人存款56.50亿元，比2012年下降5.10亿元；对公存款16.40亿元，比2012年增加0.40亿元；理财产品余额12.10亿元。各项贷款余额49.30亿元，比2012年增加4.60亿元，其中个人贷款32.05亿元，比2012年增加7.30亿元（含卡透支6.50亿元），法人贷款17.25亿元，比2012年下降2.70亿元。

【客户拓展与维护】 2013年，农行鹿城支行多次组织各类客户维护活动，如金蛇元宵共赏大片活动、采摘杨梅亲子游、私行客户健康体检等。全年新发放贵宾卡5276张，累计贵宾卡达16636张，其中钻石卡799张、白金卡3942张、金卡111895张；累计借记卡达53.27万张。

【银企合作】 2013年，农行鹿城支行携手附二医促成银医通合作，测试通过温州市首家“第三方支付托管业务”，主承销公用事业中期票据，持续推进与申银万国证券、银河证券、人民人寿、太平洋人寿等公司机构联盟合作，加强与华峰申银担保公司合作，汽车分期业务持续发展。

【服务能力拓展】 2013年，推出流动服务车、发卡机，开展进企业、进社区、进市场便民服务，按月到网点进行现场服务管理和检查，评选服务之星，亮相公布，为改善客户服务体验和提高网点效益提供有力支持。全年开辟绿色服务通道，为特殊人群送去便民服务。营业场所、自助设备区加强防范电信诈骗宣传，员工履行社会责任，成功阻止多项诈骗事件的发生。

建行鹿城支行

【概况】 2013年，中国建设银行股份有限公司温州鹿城支行（简称建行鹿城支行）着力转变观念，综合运用核销、平移、打包、现金回收、压缩再贷、担保单位代偿等多种手段和渠道，加快存量不良资产的化解和处置进度；同时，落实专人密切跟踪法律诉讼流程，实现“速”讼百分百。全年共处置不良贷款2.63亿元。截至年底，支行一般性存款余额41.46亿元；各项贷款余额33.74亿元；全年实现中间业务收入4630万元。被鹿城区人民政府评为金融机构支持鹿城区经济发展业绩考评三等奖。

9月3日下午，区金融办张香梅主任一行到支行调研　　建行鹿城支行提供

【进区入户】 2013年，建行鹿城支行以高校学生、机关企事业单位、市场、居民聚集区的客户为目标，开展“进区入户活动”68场，为市民提供便捷的金融服务。所辖黄龙支行、双屿支行、翠微支行进区入户综合业绩排名分别居全市城区72个网点的第二、第五、第六位。

【合规经营】 2013年，建行鹿城支行集中组织“坚守底线、合规经营”主题教育活动5期，开展相关业务风险底线教育6次，邀请市分行专家、支行一把手、纪检监察特派员、分管行长为全行员工、条线从业人员讲解相关合规知识，提高员工合规操作、案件防控意识。分批组织员工参观廉洁合规文化警示教育展览，进一步强化员工廉洁合规从业意识，加强员工的职业道德修养，营造良好的合规文化氛围。

【“道德讲堂”活动】 2013年，建行鹿城支行深入开展“道德讲堂”活动，组织员工代表参加多期市分行、支行道德讲堂系列活动，通过“做反省、唱歌曲、学模范、诵经典、发善心、鞠躬礼、做善事、送吉祥”环节，围绕社会公德、职业道德、家庭美德、个人品德等内容进行宣讲，弘扬社会主义核心价值理念。

【关爱员工】 2013年，建行鹿城支行为员工举办2期“亲子互动、快乐出游”活动，提供东方健身俱乐部四家分店免费锻炼的福利，丰富员工的文化和精神生活。班子成员以每月下网点夜学为契机，与一线员工零距离接触，解决员工实际困难。各条线、各层面积极开展“走进每一户家庭、关爱每一位员工”员工家访活动，覆盖率达100%。

温州银行鹿城管辖行

【概况】 2013年，温州银行鹿城管辖行（简称鹿城管辖行）结合金改思路，不断创新金融服务与产品，创新推出“拍得易”房产拍卖按揭贷款、“电商助力贷”等信贷产品，推广金鹿助业贷，创新POS流量贷，小企业互助基金贷款等新业务，保持稳健发展。

2013年，鹿城管辖行获省级“文明单位”称号，行长周佩静获第十一届全国妇女代表大会代表、温州市“劳动模范”等称号，勤业支行行长王烈获2012年度温州银行业消防安全先进个人称号。鹿城管辖行由员工自编自导极具特色的情景剧《唐伯虎点秋香》，获“航空杯”温州市青年情景剧大赛三等奖。

【支持地方经济】 2013年，鹿城管辖行以服务小微企业融资为己任，加大对小微企业的信贷投入，集中有限的信贷资源支持鹿城区企业发展，如交通国道改造项目、中国鞋都鞋革城鞋料市场等信贷投入。为妥善化解当前中小企业资金链紧张问题，对短期内资金周转困难的小微企业推行中期流动资金贷款、流动资金贷款“无还款续贷法”，采取政府应急转贷等方式给予化解。

温州银行鹿城管辖行

温州银行鹿城管辖行位于鹿城区马鞍池西路210号，辖属7家支行，分别为鹿城支行、江滨支行、国鼎支行、学院路支行、鸿昌支行、勤业支行和银信支行，共有员工161人。

管辖行自成立以来，努力践行“依法合规，诚信服务，优质高效，开拓创新，打造精品”的经营思路，扎实做好各项工作，业务保持高效、稳健发展。先后获得省级“文明单位”“巾帼文明岗”和市级“文明单位”“青年文明号”“文明服务示范点”“巾帼文明示范岗”等称号，并连续三年被鹿城区政府授予支持鹿城区经济发展先进单位称号。

1. 4月27日，行长周佩静获温州市劳动模范称号
2. 管辖行获2013年度金融机构支持鹿城区经济发展先进单位二等奖
3. 管辖行金鹿理财室
4. 3月份，鹿城管辖行汇聚爱心，捐款帮助特困职工

此版照片由温州银行鹿城管辖行提供

【金融产品创新】 2013年，鹿城管辖行针对房产拍卖现状，与鹿城区法院合作制定并推出创新信贷产品“拍得易”房产拍卖按揭贷款，有效解决购房者一次性付款的难题；针对快速发展的电商市场，创新推出“电商助力贷”产品，并借12月温州市共青委主办的“浙江省首届青年网络创业挑战赛”良好社会平台，打响电商贷款第一炮。

12月，为“浙江省首届青年网络创业挑战赛”提供金融服务支持　鹿城管辖行提供

【金鹿理财】 2月6日，鹿城管辖行联合马鞍池社区举办金鹿理财进社区讲座，向社区居民介绍不同年龄段人生理财阶段的目标及管辖行理财产品的特点，同时对社区居民在家庭理财策略等方面的问题作了详细解答。契合温州银行15周年行庆理财月，管辖行金鹿专属理财室于12月10日开业，并适时推出感恩回馈客户的专属理财产品，一周左右销售量达到2.50

2月6日，开展金鹿理财进社区活动
鹿城管辖行提供

【网点转型升级】 2013年，鹿城管辖行开展“网点转型升级，优质服务先行”系列活动，通过聘请专业培训老师集中授课学习，网点转型业务骨干轮流驻点支行指导监督，“走出去、学进来”同业走学看等活动，各网点在营业环境布局、人员配置、柜面服

务状态等方面得到较大提升。

8月，开展服务营销网点转型培训活动

鹿城管辖行提供

【爱心助学活动】 8月初，鹿城管辖行工会与永嘉县慈善协会取得联系，资助3名在校贫困学生。8月20日，鹿城管辖行工会代表等一行四人驱车看望贫困学生，为学生送上助学金及礼品。

8月20日，鹿城管辖行开展爱心助学活动

鹿城管辖行提供

平安银行鹿城支行

【概况】 2013年，平安银行股份有限公司温州鹿城支行（简称平安银行鹿城支行）按照专业化支行和专业化市场发展的道路，全面转向零售和小微业务，推进经营方式转型，各项业务保持了平稳、健康发展。截至年底，本外币各项存款余额19.40亿元，各项贷款余额20.08亿元。

【助学公益活动】 6月22日，平安银行鹿城支行组织员工带着书包等学习用品，到文成县百丈漈镇中心学校开展助学公益活动，对10名受助学生分发了物资和助学资金，并就近对2名贫困的受助学生进行家访。此次活动得到了温州市人民教育基金会的支持。

6月22日，平安银行鹿城支行到文成百丈漈镇中心学校开展助学公益活动

平安银行鹿城支行提供

【“贷贷平安”商务卡推出】 9月，平安银行鹿城支行推出专为小微客户打造的信用贷款产品——“贷贷平安”商务卡。该卡将融资投向实体经济的小微客户作为长远发展合作伙伴，有效解决小微客户担保难的问题。截至年底，发卡1379张，其中额度卡96张，已批额度2872.20万元，提款金额1001.30万元。支行获2013年金融机构支持鹿城区经济发展业绩考评优胜奖。

【“案防到支行”行动】 2013年，平安银行鹿城支行加强贷前、贷中、贷后检查，规范信贷业务操作，重点监控信贷资金流向和用途。开展上、下半年度员工风险行为排查；与分行签署案防合规、安全保卫与廉政建设工作责任书；开展防范和打击非法集资宣传合规廉政系列警示教育活动等，在全行树立合规经营促发展的理念。

12月20日，温州分行“案防到支行”行动在平安银行鹿城支行召开会议

平安银行鹿城支行提供

【关爱工程实施】 2013年，平安银行鹿城支行实施关爱工程，建设“以人为本”的家园文化，组织员工参加分行的羽毛球、摄影等俱乐部，开展登山、踏青等活动，丰富员工业余生活。同时，坚持开展员工及家属生日、住院、婚丧嫁娶等形式的关爱活动。

中信银行鹿城支行

【概况】 2013年，中信银行温州鹿城支行（简称中信银行鹿城支行）业绩持续发展，各项存款最高达11.90亿元，贷款余额12.80亿元，国际业务结算量达2.30亿美元。

3月31日，中信银行鹿城支行乔迁黄龙康城4组团。

【汽车金融业务】 中信银行鹿城支行的公司业务以汽车金融产业链最具特色。2013年，汽车金融经销商达到20家，其中有授信敞口的19户。截至年底，汽车金融存款达4.27亿元，占对公存款的59%。

【贵宾理财工作室】 2013年，中信银行鹿城支行发挥贵宾理财工作室的品牌效应，走出零售工作的新路子。截至年底，贵宾客户数达788户。

【公益活动】 6月16日，由中信银行鹿城支行职工及家属组成的爱心团队，前往文成县大峃镇周山乡，开展“亲近水源地，爱心献库区”系列公益活动。他们给孤寡老人、低保户带去了20个爱心礼包。

6月16日，“亲近水源地，爱心献库区”公益活动合影　　中信银行鹿城支行提供

兴业银行鹿城支行

【概况】 2013年，兴业银行鹿城支行坚持创新产品、创新理念、创新服务，促进和支持地方经济建设，全年业绩保持稳健发展。截至年底，各项存款余额6.20亿元，贷款余额9.77亿元。全年理财累计销量14亿元。

【支持地方经济】 2013年，在大型政府融资项目上，兴业银行鹿城支行重点项目“瓯飞海洋经济发展基金”获总行审批通过，助力温州市重点项目——瓯飞围垦项目，为“再造一个温州城”贡献力量。在小微企业融资上，推出的授信新产品“易速贷”“连连贷”“交易贷”，助推小微企业发展腾飞；对于部分生产经营正常、运营困难的存量企业客户，通过启用政府转贷资金的方式帮助企业渡过难关。

【零售理财】 2013年，兴业银行鹿城支行借助“自然人生”家庭综合理财品牌，通过天天万利宝、个人额度循环贷款、二手房按揭贷款、第三方存管、外汇买卖、兴业通、个人贵金属买卖、“银联通”基金超市等业务，以专业独到和个性化理财产品设计和服务，为客户解决投融资疑难。

邮储银行鹿城支行

【概况】 2013年，中国邮政储蓄银行股份有限公司温州鹿城支行（简称邮储银行鹿城支行）下辖4家营业网点，共有员工39人。在全区不良贷款率持续攀升、资产质量不容乐观的情况下，保持了较低的贷款不良率。截至年底，储蓄存款余额5.91亿元，各项贷款余额3.59亿元。

2013年，该行继续开展“重塑信用品质、服务实体经济”“走村入企、服务三农，助推小微——2013·邮储阳光行动”等系列主题活动，开展邮储品牌建设、服务质量提升、风险管理把控、不良贷款处置、金融帮扶小微活动。全年打响邮储银行“支农支小”品牌，在个人商务贷款、小额贷款、住房贷款、小企业贷款等信贷产品基础上，继续推出个人综合消费贷款、农业机械购置补贴贷款、房产净值抵押小额贷款等信贷业务，努力为小微企业解决融资难问题。同时，开展市民卡、公积金等扩面工作，依托市民卡平台实施市民卡在农贸市场刷卡买菜等便民优惠项目。

保险业

【概况】 2013年，鹿城境内有各级保险机构69家，市级保险机构47家，其中市级财产险公司25家，人身险公司22家，比2012年增加1家财产险公司；中国大地财产保险股份有限公司温州中心支公司、中国平安财产保险股份有限公司温州中心支公司、天安保险股份有限公司温州中心支公司先后升格为温州分公司，包括原有的中国人民财产保险股份有限公司温州市分公司、中国人寿保险股份有限公司温州分公司、中国太平洋财产保险股份有限公司温州分公司，全区共有6家二级机构。保险从业人员7298人，其中营销员4645人。

全年，驻境保险公司实现保费收入48.65亿元，比2012年增长3.56%，占温州市保费收入37.12%，占比下降2.42%。全区保险深度6.78%，保险密度6626元，位居全市第一。其中：财产险保费收入17.48亿元，比2012年增长5.21%，占全市财产险保费32.21%，占比下降1.92%；人身险保费收入31.17亿元，比2012年增长2.66%，占全市人身险保费40.58%，占比下降2.72%。驻境保险公司累计赔（给）付15.62亿元，比2012年增长9.19%。其中：财产险公司赔款支出10.51亿元，比2012年增长17.18%；人身险公司赔（给）付5.11亿元，比2012年下降4.27%。

3月8日，温州市保险行业协会六届一次会员代表大会在雪山饭店召开
市保险行业协会提供

【学历教育委托协议签订】 6月19日，温州市保险行业协会在全面提升行业学历层次工作会议上与温州职业中等专业学校下属温州市中心区社区教育中心签订学历教育办班协议书，委托其开展行业学历教育，为公司搭建学历教育平台。

7月8日，保险行业社会监督员、协会会长单位代表、秘书长巡查部分保险公司 市保险行业协会提供

【市劳动争议金融调解庭设立】 6月25日，温州市劳动争议金融调解庭在温州市保险行业协会设立。该庭将指导保险企业依法用工，预防化解劳动纠纷，调处市劳动人事争议仲裁委受理的保险劳动争议案件，探索解决保险劳动争议新途径，创新争议处理机制，切实维护双方当事人的合法权益。

【“全国保险公众宣传日”活动】 7月8日，是中国保监会设立的首个“全国保险公众宣传日”。市保险协会与全市47家市级保险机构同步开展“因你而动”保险宣传、咨询投诉现场活动；邀请行业社会监督员到协会参与接听信访电话，体验和监督信访工作；行业社会监督员、协会会长单位代表、协会秘书长组成两个巡查组，分批巡查市区部分保险公司，了解各公司承保、理赔流程及当天宣传活动的情况。

【温州保调会法律援助工作站成立】 9月11日，温州保调会法律援助工作站正式挂牌成立。该站的成立，不仅为经济困难群体申请法律援助提供便利，也提高了温州保调会的公信力。

【温州保险业首届田径运动会举行】 11月23日，温州保险业首届田径运动会在温州市职业中等专业学校举行。500多名运动员组成48个代表队，参加了五大类28个比赛项目的激烈角逐。整个运动会充分展现出保险人团结向上、奋勇拼搏的精神风貌和体育运动水平。

11月23日，温州保险业首届田径运动会举行开幕仪式 市保险行业协会提供

【志愿服务活动】 2013年，温州保险业志愿者服务大队开展了8次各种形式的志愿服务活动。其中，包括参与由浙江省保险行业协会、《青年时报》举办的“爱在旅途·温暖回家”送温暖温州站活动，为温州火车站广大返乡的外来建设者送出年货大礼包；参与“温州市‘弘扬志愿精神·共创六城九市’主题月暨全市‘创卫’志愿服务”系列活动；参与由共青团温州市委、温州市文明办、温州市青年联合会举办的文明礼让“大拇指行动”；参与温州团市委“幸福志愿站”项目，共派遣志愿者48名，提供志愿服务190多小时；号召广大保险志愿者积极参与“菲特”灾后重建志愿行动等。

人寿财险鹿城支公司

【概况】 2013年，中国人寿财产保险股份有限公司温州鹿城区支公司（简称人寿财险鹿城支公司）完成保费收入3315万元，同比增长16.78%，日历年度赔付率58.95%。

【志愿者“大拇指行动”】 9月13日，在温州市文明办、共青团温州市委、温州市志愿者协会的号召下，人寿财险鹿城支公司的志愿者响应“大拇指行动”，手举特别制作的大拇指标识牌，对闯红灯、行人乱闯马路等不文明行为进行制止，对文明出行、斑马线礼让行人等文明行为竖起大拇指，为城市文明行为出力。

太平洋产险鹿城支公司

【概况】 2013年，中国太平洋财产保险股份有限公司温州市鹿城支公司（简称太平洋产险鹿城支公司）更新观念，转变发展方式，努力搞好优质服务。全年实现年保费收入14578.78万元，市场份额45.11%，同比增长33.87%；累计赔款支出7878.15万元，同比增长44.78%。

【首席承保温州浅滩工程一切险项目】 11月7日，太平洋产险鹿城支公司成功取得温州浅滩二期围涂促淤堤工程及温州浅滩二期西区涂面整理工程建工一切险项目首席保险人资格。两项工程项目合计总保额27.1 0 亿元，承保保费为870万元。温州浅滩围涂工程是一项综合性国土整治开发工程，是温州半岛浅滩工程的重要组成部分，对瓯江口新区的开发建设有着十分重要的意义。

证券期货业

【概况】 2013年，鹿城境内共有4家证券分公司，21家证券营业部，15家期货营业部。21家证券营业部开户数达41.95万户，比2012年增加1.63万户；证券交易额达5257.06亿元，比2012年增加41.23%；客户资产323.51亿元，比2012年增加18.80%。15家期货营业部开户数达2.68万户，比2012年增加2002户；全年实现期货交易额32950.41亿元；保证金9.92亿元，比2012年分别增加49.23%、36.02%。

【市证券期货业协会专版创办】 4月，温州市证券期货业协会与《温州商报》联合创办《温州市证券期货业协会专版》，每周四版，报道温州证券期货业各营业机构各项活动及业务开展消息。

【劳动争议金融调解庭设立】 6月25日，温州市证券期货业协会和温州劳动人事争议仲裁委员会及各金融行业协会联合设立温州市劳动争议金融调解庭，化解金融系统纠纷，创新争议处理机制。

【首届金融理财师大赛举行】 11月6日，由温州市总工会、市人社局、市金融办主办，市财贸工会、温州大学城市学院金融分院、市银行业协会、市保险业协会及市证券期货业协会等单位承办的温州市首届金融理财师全省区域性职业技能大赛，在温州市工人文化宫结束。最后进入决赛的10名选手，获得“温州市金牌理财能手”称号。

【证券法制宣传日广场系列活动】 12月6日，由浙江证券业协会主办，温州市证券期货业协会、银河证券温州大南路营业部组织承办的2013年“12·4”证券法制宣传日广场系列活动在欧洲城罗马广场举行。4家证券分公司、29家证券营业部参加了活动。该活动旨在落实中国证监会、浙江证监局、浙江证券业协会关于普法实施计划的有关部署，以“大力维护投资者利益，共建法治资本市场”为主题。工作人员以面对面的方式对广大投资者进行基金法、资产证券化、互联网证券业务、证券基础知识、市场风险揭示和防范非法证券活动等内容的宣传咨询。

房地产业

综 述

2013年，鹿城区房管部门落实房地产市场调控政策，加强商品房预售开盘监管力度，有效抑制恶意炒作哄抬房价行为，维护房地产市场正常秩序。全年，共有时代滨江、外滩首府等5处房地产项目领取商品房预售许可证，办理商品房预售资金监管合同备案5件，列入监管资金12.52亿元。累计合同备案19件，金额60.27亿元，已100%纳入监管督查范围，确保商品房预售资金用于相关工程建设，防止商品房交易风险，保障预售商品房当事人的合法权益。全年，查处商品房违规销售案件3起。出动126人次，普查全区房地产经纪机构485家，及时抽取全区86家中介机构进行执法检查。检查从业人员185人，持证120人，持证上岗率65%。当场取缔未取得营业执照和房地产经纪人员资格证的企业1家。

2013年，鹿城区房管部门办理移交物业用房27处，总建筑面积118.75万平方米，其中办公用房4990.44平方米，经营用房1094.23平方米；办理物业管理用房配置协议书6个项目，其中物业管理用房2402.8平方米，经营用房506.49平方米；完成物业服务合同登记、备案80个，总建筑面积145.21万平方米，其中前期物业服务合同登记备案13件，业主委员会合同备案67件，组织9个物业管理项目计79万平方米的物业招投标工作。对开发单位进行督缴业主大会筹备经费共70万元，办理8个小区的业主大会筹备组经费申请工作。做好省、市级示范大厦（小区）的申报及市级示范的复评工作，上报省示范申报项目3个，市示范申报项目6个，市示范复评项目10个。

房屋征收管理

【概况】 2013年，鹿城区人民政府房屋征收管理办公室（简称区征收办）依法做出房屋征收决定10例，积极完善房屋征收各类政策，同时，开展破难攻坚“拔钉清障”工程建设工作，并及时组织召开鹿城区国有土地上房屋征收与补偿领导工作小组联席会议，为顺利推进鹿城区房屋征收与补偿工作保驾护航。区征收办获2013年鹿城区服务重点工作先进单位和鹿城区法治政府建设工作单项先进单位。

【房屋征收政策】 2013年，制定《鹿城区城中村改造与农房改造集聚建设实施办法补充规定（三）》，相继出台《鹿城区国有土地上房屋征收低收入家庭住房保障暂行办法》《鹿城区旧城区改造范围内房屋征收补偿暂行办法》《温州市鹿城区国有土地上房屋征收住宅用房产权调换等协议书及协议书使用说明》《温州市鹿城区保障性安居工程房屋征收安置补偿权益贷款暂行办法》《鹿城区安置房统筹使用管理暂行办法》《鹿城区范围内国有土地上房屋征收与补偿实施细则》等政策。同时，完成《温州市鹿城区国有土地上房屋征收与补偿政策汇编（2013年版）》等梳理工作，为全区推进“三改一拆”工作提供有力保障。

7月16日，鹿城区国有土地上房屋征收协议书专题培训会召开　　区征收办提供

【“阳光”征收】 2013年，结合鹿城区城中村改造工程，区征收办共做出房屋征收决定10例，征收面积50.30万平方米，征收户数810户。协议征收15个项目，协议征收

面积193.89万平方米，征收户数12463户。参与未经登记建筑复审会议21次，复审户数689户，复审面积2.57万平方米。完成入户调查公示38次，未经登记建筑认定结果公示25次，房屋征收补偿方案公示14次，发布征收公告公示10次，真正做到“阳光透明·和谐征收”。

【“拔钉清障”工程】 2013年，通过前期实地走访各街道（镇），制订并印发《2013年鹿城区房屋征收拔钉清障专项行动实施方案》，明确2013年工作任务数130户，2.36万平方米。根据每个实施单位的任务，制定拔钉清障工作计划倒排表，并指派专人负责，层层分解。截至年底，已完成130户（139件），完成率为100%。全年针对拆迁裁决和房屋征收提起的行政复议、行政诉讼共有17例。行政复议6例，其中3例复议维持并胜诉，1例达成房屋征收补偿协议后撤回复议申请，2例还在审理中；行政诉讼11例，其中胜诉3例，对方撤诉5例，剩余3例在审理中。

6月20日，鹿城区房屋征收安置提速拔钉清障工作进展情况分析会召开
区征收办提供

【安置提速】 2013年，制订《2013年鹿城区安置提速专项行动实施方案》，完成编制安置方案13例，认购481户，交钥匙104户。同时，创新工作机制，建立安置方案联审会议制度，制定并印发《鹿城区安置房统筹使用管理暂行办法》。全年区征收办牵头组织发改、住建、审计、监察等部门，召开安置房方案联审会议6次，实地调查走访29次，共同化解安置过程中遇到的难题，实现安置工作提速提效。

5月29日，安置提速专题督办会召开
区征收办提供

【质押登记工作】 2013年，为解决被征收人在安置房回购过程中遇到的回购款不足问题，同时也为被征收企业解决融资难题，区征收办研究制定《温州市鹿城区保障性安居工程房屋征收安置补偿权益贷款暂行办法》，明确鹿城区国有土地上房屋征收被征收户可凭借与区房屋征收实施部门签订的有效协议产权调换协议书，作为权利质押中票据质押的一种有效凭证，到指定的鹿城农商银行进行质押贷款。该办法自10月正式实施以来，已成功办理1宗质押登记业务。

【中介机构管理】 2013年，设立房屋征收事务代理机构备选库，对入选房屋征收中介机构备选库的中介机构实行信用评级制度管理。定期抽查，定期召开房屋征收中介工作协调会，对工作进度缓慢问题突出的中介机构及时约谈并督促整改。同时，开展房屋征收房地产评估机构自查自纠活动和房屋征收中介机构年终考评活动。通过对中介机构的规范管理，杜绝各类暗箱操作，真正做到阳光中介。

8月13日，召开鹿城房屋征收中介机构工作会议
区征收办提供

【征收与补偿业务培训】 4月10日，全区8个街道（镇）具体从事房屋征收工作的人员参加征收办管理系统培训。全年，相继开展了四期国有土地上房屋征收与补偿从业人员岗位培训，共培训34家单位，232人次。通过培训测试221人次，已发放合格者“温州市鹿城区征收与补偿从业人员上岗证”及“温州市鹿城区房屋征收与补偿从业人员岗位证书”221份，作为鹿城区房屋征收与补偿工作的准入资格，以便提高一线从业人员的理论知识和实际操作水平。

物业管理

【概况】 2013年，鹿城区物业管理总公司落实《“火灾隐患排查整治活动”实施方案》，开展“除隐患、保安全”、元宵节“零点行动”，建立健全消防安全“网格化”“户籍化”管理。全年定期、不定期地召开安全生产专题会议，分解任务，落实责任。通过加强理论和业务知识学习，强化岗位职责。全年共安排260人次参加6类培训，其中物业管理上岗证培训5人次，消控员上岗证培训65人次，保安员演练、培训120人次，保洁员培训32人次，电梯操作人员25人次，电工13人次。全年，共接案95件，其中归属总公司81件，办结率100%。

【幸福小区建设】 1月21日，区物业管理总公司文化站、人和嘉园管理处配合南汇街道火车站社区、划龙桥老人协会联合在人和嘉园举办“迎新年邻里走亲联欢会活动”，拉近公司和业主关系。1月26日，在南国大厦举行由区广电局主办的“建幸福大厦、创平安物业”送戏进社区活动暨南国大厦2013年迎新春联欢会，600多名南国大厦业主及家人和区物业管理总公司南国大厦全体员工参加了活动。

1月26日，在南国大厦举办“建幸福大厦、创平安物业”活动

区物业管理总公司提供

【全国首家业主大会社团法人登记试点工作】 2013年，鹿城区修订《业主大会指导手册》，推动业主大会社团法人登记试点工作，探索突破小区自治管理模式。3月8日，南塘五组团小区业主大会获得由鹿城区民政局授予的“社团证”和“法人资格代码证”。全国首家具有社团法人资格的业主大会诞生。该项试点工作旨在解决业主维权的身份尴尬问题，使小区公共财务管理更加规范透明、便于监督。

【拥军慰问活动】 7月30日，区物业管理总公司一行9人到区消防局进行拥军慰问活动。双方就物业管理工作中消防安全管理的难点、重点进行交流。同时，总公司邀请区消防局教官到鹿城物业举办消防演习、讲座、培训班，加强员工消防意识。

【消控员上岗培训】 2013年，区物业管理总公司投入20余万元，开展消控员上岗培训。全年，共培训65人次，提高人员专业岗位的操作技能，明确安全生产责任。

【消防演练】 2013年，区物业管理总公司先后组织南国大厦、市中院、丽景花苑等多个管理处的秩序维护员进行消防“四个能力”（检查消除火灾隐患能力，扑救初级火灾能力，组织疏散逃生能力，消防宣传教育能力）学习、干粉灭火器灭油火演练、消火栓接水带及水枪出水喷射消防演习；印发多种消防标识、标语，在管辖范围内的电梯、地下室、消控室等消防重要部位进行张贴宣传。同时，利用宣传栏和LED电子屏的宣传，使业主、群众掌握更多的消防、安全逃生知识。

房产管理

【概况】 2013年，鹿城区房管部门编制《温州市房产管理局直管公有非住宅租金评估房地产价格评估机构招标文件》，完成全区1258处直管公有非住宅租金价格评估机构的招投标工作，采取公开招标、明标暗投的方式，确定估价机构的准入门槛。同时，提出以“处”为单位的佣金计价理念，全年为财政节省专项经费80多万元。

2013年，全区有4752户家庭进行了公共租赁住房租赁补贴网上预登记。全年房管部门公房经营收入5421.70万元；累计发放廉租住房租赁补贴1029.81万元，完成年度计划的103%。全年，房管部门收到信访件243件，其中市长专线6件，住建委主任信箱2件，区政府信箱1件，市住建委信访室12件，区长热线164件，区信访局9件，群众来信16件，其他33件。已全部办结。

【住房保障工作】 2013年，鹿城区新增廉租住房补贴保障家庭240户，涉及补贴保障人数473人，补贴保障面积1.04万平方米。全年，累计发放租赁补贴1029.81万元，完成年初下达年度计划的103%。同时，加快推进廉租房、公共租赁保障性住房并轨工作。开展公共租赁住房租赁补贴网上预登记，预登记对象是自登记之日前3年内在市区没有住房的城镇中低收入住房困难家庭、高层次人才、新就业大学毕业生，全区申请公租房预登记4752户。

【安全生产监管】 2013年，鹿城区房管部门重点对辖区高层建筑进行消防安全隐患督查，总计抽查物业管理处132个，对81个存在安全隐患的物业管理处发出《整改通知书》，现场督促整改消防安全隐患352处，并对整改情况实施追踪跟进，确保整改到位。出动检查人员1236人次，检查直管居住公房4053户，发现直管公房消防安全隐患182处，并进行整改，有效地保障了直管公房的使用安全。

【C、D级危房监管】 2013年，鹿城区房管部门完成C级危房监管452处，计751户，总建筑面积14.82万平方米；D级危房监管1015处，计

1969户，总建筑面积25.11万平方米。

【房屋大中小修缮项目安全监管】 2013年，鹿城区房管部门受理中修报点1315处，完成1260处，效益面积3.94万平方米，经费支出325万元。完成大修施工结算2处，建筑面积207.79平方米，结算造价35万元。完成5处大修点的图纸设计、下达项目，财政审批采用自行采购方式，建筑面积约1790平方米，预算造价约205万元。完成中小修967处，结算造价290万元。

【行政审批提速服务】 2013年，鹿城区房管部门根据街镇（功能区）综合审批服务中心的要求，分别设立松台、双屿、南汇、仰义、藤桥五个街镇（功能区）房管服务窗口。同时，积极配合全区“强三优二”“有机更新”项目审批工作，抽调专人提前参与现场查勘审批服务。全年，配合区审管办开展“强三优二”联合勘查93件，有机更新49件。全年，房管审批窗口共办理300平方米以上装修施工许可188件，建筑面积24.88万平方米。物业管理项目协议招标批准3件，涉及建筑面积7.63万平方米。新建房屋白蚁预防登记18件，涉及预防面积95.74万平方米，收取白蚁防治费191万元。

住房公积金管理

【概况】 温州市住房公积金管理中心鹿城管理部承担着全市住房公积金将近一半的业务量。2013年，住房公积金期末正常缴存职工14.32万人。鹿城管理部全年实行午间连续办、周六无休办，大厅引导员、窗口手机等通讯设备集中统一管理共办理住房公积，金贷款3344件，公积金提取7.30万人次，贷款余额70亿元，住房公积金归集余额87.50亿元。

2013年，鹿城管理部获浙江省巾帼文明岗称号。

【公积金宣传活动】 2013年，鹿城管理部结合志愿者服务，实行积极的“走出去”模式，到温州牙科医院、瑶溪凤凰城、松台广场、来福门社区、洪殿社区等开展宣传活动，送政策、送服务，耐心为现场群众答疑解惑，宣传公积金住房保障的优越性。

温州市住房公积金管理中心鹿城管理部

温州市住房公积金管理中心鹿城管理部开展对温州市本级、鹿城区、经济技术开发区3000多家企业、单位的住房公积金业务管理工作。鹿城管理部基本职责：执行、完成住房公积金的归集和使用计划；记载职工住房公积金的缴存、提取、贷款等情况；审核、批准住房公积金的提取和转移；受理职工个人住房委托贷款的申请，负责贷款审核、批准和贷后管理；负责住房公积金的催建和催缴；办理住房公积金的对账和查询；提供住房公积金政策咨询。至2013年，住房公积金期末正常缴存职工14.32万人，住房公积金归集余额87.50亿元，住房公积金贷款余额70.00亿元。

历年来，鹿城管理部获得浙江省巾帼文明岗、温州市巾帼文明岗、温州市文明服务示范点、温州市青年文明号等荣誉称号。

1

3

2

1. 7月 温州牙科医院 进企业宣传住房公积金制定，并提供咨询服务
2. 10月，在龙湾凤凰城宣传住房公积金制度，并提供咨询服务
3. 公积金鹿城管理部大厅

此版照片由温州市住房公积金管理中心鹿城管理部提供

教 育

综 述

2013年，先后制定出台《鹿城区中小学生行为习惯养成教育序列化训练目标》《鹿城区实施〈3—6岁儿童学习与发展指南〉实验区方案》《鹿城区中小学幼儿园学生集体外出活动审批管理办法》《鹿城区中小学发展性评价实施办法》等政策文件。

2013年，鹿城区有幼儿园100所，在园幼儿32906人，比2012年增加1101人。园均规模329人，比2012年增加29人。幼儿园教职工4384人，比2012年增加 697人；小学43所，其中民办9所，在校生64074人；初中9所，在校生4624人。非鹿城户口在校生29983人，占43.64%。小学、初中入学率均为100%。

2013年，新增公办幼儿园8所（园区）、创建省一级幼儿园3所、省二级幼儿园3所、省三级幼儿园15所；创成省示范数字化校园1所，市、区两级数字化校园6所，市示范数字化校园1所；被命名为省级廉政文化“进学校”示范点学校1所。

2013年，鹿城区中心幼儿园并入区属温州市第一幼儿园成为兴墅园区；翠微幼儿园并入温州市第二幼儿园成为翠微园区；上陡门中心幼儿园并入温州市第五幼儿园成为明园园区；鹿城区实验幼儿园并入温州市第六幼儿园成为紫薇园区；温州市艺术幼儿园并入温州市第八幼儿园成为艺术园区；水心第二幼儿园并入温州市第九幼儿园成为桃李园区；水心第一幼儿园并入温州市第十幼儿园成为沁竹园区。童之梦幼儿园、爱绿幼儿园、水心第三幼儿园、洪殿中心幼儿园、西城路幼儿园、上陡门第二幼儿园、蒲鞋市中心幼儿园改为国有民办区属幼儿园。

2013年，完成十六中、十七中、双屿中学、光明小学、水心小学、城南小学、鹿城实验小学、七都小学等8所义务教育标准化学校的创建工作，至年底累计完成19所学校创建工作，完成率达34.5%。

2013年，区属温州市建设小学、广场路小学、蒲鞋市小学、城南小学、瓦市小学、水心小学、百里路小学、南浦小学等8个集团学校成立学校红十字会。

2013年，鹿城区先后被国家教育部办公厅评为第五批全国社区教育实验区和浙江省实施《3—6岁儿童学习与发展指南》实验区；藤桥镇被中国成人教育协会社区教育专业委员会评为全国社区教育示范镇。

2013年，区教育系统党代表工作室被评为省、市级示范点。教育局党委被评为温州市先进学习型党组织。区教育局连续第三年被评为“浙江省治安安全示范单位”。

学前教育

【概况】 2013年，鹿城区管辖幼儿园100所，在园幼儿32906人，比2012年增加1101人。园均规模329人，比2012年增加29人。幼儿园教职工4384人，比2012年增加 697人，其中专任教师2064人，比2012年增加186人。新增公办幼儿园8所（园区），至年底已有13个公办集团园及44个园区，在园幼儿13520人，公办资源覆盖率占入园幼儿的41.1%，比2012年增长10%。

2013年，基本完成《鹿城区学前教育三年行动计划（2011—2013年）》的内容要求。

2013年，鹿城区被确定为浙江省实施《3—6岁儿童学习与发展指南》实验区，实验时间3年。9月，区教育局出台《鹿城区实施

《3—6岁儿童学习与发展指南》实验区方案》。设立20万元专项经费，确定13所公办集团幼儿园为实施《3—6岁儿童学习与发展指南》实验园，并聘请9位省内外幼教专家顾问分别结对实验园进行指导。

2013年，通过评估的省一级幼儿园3所、省二级幼儿园3所、省三级幼儿园15所。等级幼儿覆盖面达到84.5%，比2012年增长10个百分点；优质教育资源覆盖率达41.8%，居全市第一。

6月27日，温州市教育学会学前教育委员会第六届代表大会在鹿城召开　区教育局提供

【8所非教育部门幼儿园并入公办集团园】 2013年，将部门（街道）直接办园模式的幼儿园，就近并入公办集团园，成为集团园的新园区。鹿城区中心幼儿园并入区属温州市第一幼儿园成为兴墅园区；鹿城区翠微幼儿园并入温州市第二幼儿园成为翠微园区；鹿城区上陡门中心幼儿园并入温州市第五幼儿园成为明园园区；实验幼儿园并入区属温州市第六幼儿园成为紫薇园区；温州市艺术幼儿园并入区属温州市第八幼儿园成为艺术园区；水心第二幼儿园并入区属温州市第九幼儿园成为桃李园区；鹿城区水心第一幼儿园并入温州市第十幼儿园成为沁竹园区。10月，原由温州市电业部门举办的华电幼儿园并入区属温州市第一幼儿园成为华甸园区，该园是首家市属部门办园归入属地教育部门管理的幼儿园。

【幼儿园等级评定】 2013年，区属温州市第四幼儿园上田园区、温州市第五幼儿园府东园区、温州市第九幼儿园锦绣园区被浙江省教育厅认定为一级幼儿园。温州市第六幼儿园嘉鸿园区、温州市第十幼儿园通泰园区、温州市第十二幼儿园香舍里园区被温州市教育局认定为省二级幼儿园。晓艺幼儿园、壮苗幼儿园等15所幼儿园被鹿城区教育局认定为省三级幼儿园。

【民办幼儿园教育综合改革】 2013年，鹿城区心桥幼儿园、实艺新府幼儿园、金太阳幼儿园、爱绿幼儿园成为温州市民办教育综合改革第二年的试点单位。至年底，区幼儿园参加民办综合改革单位共有6家（原已有2家），区财政为6家单位拨出事业险补助经费435.6万元。

【0—3岁早教工作】 4月，区政府批准成立鹿城早教中心为事业单位机构，编制3人，负责全区早教工作。6月，区政府颁发《鹿城区规范0—3周岁婴幼儿早期教育试点工作实施方案》。同时全区8个街道（镇）社区早教指导中心统一挂牌成立。其中，五马街道虞师里社区、滨江街道浦东社区、南汇街道清风社区、双屿街道黄龙社区的早教服务站尝试通过向社区婴幼儿家庭分发一年4次的免费教育服务券，开展早教进社区的指导和服务活动。

【学前教育先进街道创建工作】 2013年，滨江、松台两个街道开展学前教育先进街道创建工作。至12月，滨江街道14所幼儿园、松台街道11所幼儿园都通过了学前教育先进街道创建的评估验收，两个街道受到市政府奖励共30万元。

义务教育

【概况】 2013年，鹿城区管辖小学43所，其中民办9所，在校生64074人；初中9所，在校生4624人。非鹿城户口在校生29983人，占43.64%。小学、初中入学率均为100%。

2013年，举办区第25届中小学生艺术节和第30届中小学生田径运动会。

2013年，区教育局下发《关于开展课程与课堂教学改革试点工作的通知》，确定鹿城实验小学等10所中小学为首批试点学校。广场路小学沧河校区等原来的12所市级小班化教学试点中小学，也同时作为首批试点学校。

2013年秋季招生，鹿城区调整3所小学的施教区，确定1所新建小学的施教区。

2013年，完成了十七中、十六中、双屿中学、光明小学、水心小学、城南小学、鹿城实验小学、七都小学义务教育标准化学校的创建工作，至年底，累计完成19所学校创建工作，完成率达34.5%。

【课程与课堂教学改革试点工作】 2月22日，区教育局下发《关于开展课程与课堂教学改革试点工作的通知》，确定鹿城实验小学、区属温州市鹿城区第二实验小学、蒲鞋市小学、水心小学、百里路小学、南浦小学、温州少年游泳学校、马鞍池小学、双屿实验小学等10所中小学为首批课程与课堂教学改革试点学校。广场路小学沧河校区、墨池小学、石坦巷小学、建设小学小高桥校区、瓦市小学育英校区、实验小学光明校区、绣山小学等原有的12所市级小班化教学试点中小学，同时成为首批试点学校。

【鹿城区第25届中小学生艺术节】 2013年，鹿城区第25届中小学生艺术节自3月中旬开始至4月底结束。该届艺术节有绘画、书法、摄影、剪纸、篆刻、设计、声乐、器乐、舞蹈、大合唱等10个项目的比赛。全区共有1000多名学生参加艺术节比赛，有700余人次获奖。其中，黄龙第一小学和百里路小学、瓯越小学和仰义一小以及鹿城实验中学分别获得小学甲组集团组、小学乙组、中学组群舞比赛的一等奖。

鹿城区第二十五届中小学艺术节顺利落幕　区教育局提供

【“生本教育”专题报告会】 4月16日，在马鞍池小学一楼报告厅举行“生本教育”专题报告会。会议邀请华南师范大学教授郭思乐作“教育走向生本”的专题报告。鹿城区教育局以及各集团学校等领导参与报告会。

【参加全国生本教育研讨会】 5月9日—13日，全国生本教育研究中心组织举办的全国生本教育研讨会在广州召开，鹿城区教育管理干部、校长共13人参会。

【小班化教学协作会成立】 4月8日，区墨池小学、石坦巷小学、绣山小学等12所市级小班化教学试点学校，在沧河小学举行小班化教学协作会成立会议。会议选举林学先为首届会长，李芙蓉、吴慧丽为副会长，余佳丽为秘书长、邓明慧为副秘书长。

【四城区小班化专题研讨会】 5月28日，鹿城区、杭州市上城区、宁波市海曙区、舟山市定海区在杭州市金都天长小学举行主题为“践行自主式学习新课堂，促进学生学习方式转变”的专题研讨会。

【小学生篮球比赛】 5月19日—20日，鹿城区小学生篮球赛在温州市南汇小学举行。该次球赛有全区各小学男、女学生代表队29支共321名运动员参加。经过56场比赛，南浦小学和广场路小学分获甲组男、女冠军；南汇小学和黄龙第一小学分获乙组男、女冠军；瓦市小学、少年游泳学校等24支代表队获甲乙组男、女前六名。

5月19日，为期两天的鹿城区小学生篮球赛在温州市南汇小学举行　区教育局提供

【4所小学施教区调整和确定】 2013年秋季招生，鹿城区调整和确定了4所小学的施教区。分别是：在瓦市小学瓦市校区原有基础上，将墨斗小区西首—屯前公寓西首以东，百里路以北，解放街以西，望江路以南的区域纳入该校施教区范围；将勤奋路以东，百里路以北，徐衙巷以西，瓯江以南范围内的区域（原百里路小学西城路校区）调整至百里路小学百里校区；在城南小学会昌河校区原有基础上，将过境公路以东，法派路以北，吴桥路以西，锦绣路以南的区域纳入该校施教区范围；确定新建的广场路小学白鹿洲校区的施教区范围是温瑞塘河（龙方至温州大道段）以西，温州大道以北，过境公路—法派路—吴桥路以东和温瑞塘河以南。

【学生夏令营活动】 7月11日—13日，由区教育局组织的鹿城区小学生“素质拓展”夏令营在温州茶山高教园区举行，全区共有124名优秀学生参加该夏令营的“组队破冰、学会沟通”“放飞梦想、学会感恩”“劳动实践、学会动手”“团队拓展、学会协作”等多个活动。

【诸宸棋院授牌仪式】 7月18日，“诸宸棋院授牌仪式”在温州市建设小学大南校区三楼阶梯教室举行。国际象棋大师诸宸、国际棋联主席伊柳姆日诺夫、区委区府主要领导、区教育局和区体育局有关领导，以及建设小学教师、学生（国际象棋小棋手）、家长共200余人参加授牌仪式。

7月18日，在温州市建设小学大南校区三楼阶梯教室举行“诸宸棋院授牌仪式”

区教育局提供

【**鹿城区学生实践学校（七都基地）正式开放**】 10月9日，鹿城区学生实践学校（七都基地）正式开放。该基地设有木艺、风铃、陶艺、创意科技制作、地震科普教育、人防教育、拓展训练、家政劳动等实践活动课。是日，仰义小学五年级学生作为第一批参与者体验了实践活动课。

10月9日，鹿城区学生实践学校（七都基地）迎来开放后的第一批学生

区教育局提供

【**鹿城区第30届中小学生田径运动会举办**】 11月6日—8日，鹿城区第30届中小学生田径运动会在温州市体育中心举行。全区共有69个学校代表队、1057名运动员参加。经过3天的比赛，温州市第十七中学、仰义中学、鹿城实验中学获得初中组团体总分前三名；黄龙一小、建设小学大南校区、广场路小学广场校区获得小学A—甲组团体总分前三名；黄龙一小、仰义二小、蒲鞋市小学龟湖校区获得小学A—乙组团体总分前三名；黄龙三小、城南小学府学巷校区、建设小学小南校区获得小学B—甲组团体总分前三名；蒲鞋市小学双井头校区、水心小学新村校区、瓯越小学翠微校区获得小学B—乙组团体总分前三名。

11月6日—8日，鹿城区第三十届中小学生田径运动会在温州市体育中心举行

区教育局提供

【**8个集团学校红十字会成立**】 2013年，根据《中华人民共和国红十字会法》的规定，建设小学、广场路小学、蒲鞋市小学、城南小学、瓦市小学、水心小学、百里路小学、南浦小学等8个集团学校成立了学校红十字会。

【**小学生节目在省艺术节上获奖**】 2013年，区教育局选送的节目在浙江省中小学生艺术节中连续获奖。如：区属温州市上陡门小学表演的《黄莺儿飞进了我们的校园》《Sing》，温州市南浦小学表演的《童年的叮叮当》《自由飞翔》，温州市鹿城区青少年活动中心表演的《星星的暑假》《跳起我的霍拉舞》，温州市鹿城区仰义中学表演的《美丽的村庄》《铃儿响叮当的变迁》等在省合唱比赛中均获一等奖。城南小学表演的《羽调》获合奏比赛一等奖。鹿城区教育局被省教育厅授予“浙江省中小学生艺术节优秀组织奖”。

社区教育

【**概况**】 2013年，全区社区教育网络构成，拥有社区学院1所、社区学校8所、社区分校72所，短期教育培训机构105所。创建市示范社区分校1所、市一级社区分校2所，市二级社区学校（分校）5所（其中新农村社区分校1所）。至年底，累计创建市示范社区学院（学校、分校）3所，市一级社区学校（分校）6所，市二级社区学校（分校）29所。

3月20日，鹿城区被国家教育部办公厅定为第五批全国社区教育实验区；12月10日，藤桥镇被中国成人教育协会社区教育专业委员会定为全国社区教育示范镇；12月6日，南汇街道春秋社区分校被温州市教育局评为示范性社区分校，松台街道桂柑社区分校、双屿街道丁桥社区分校被评为市一级社区分校，双屿街道社区学校、五马街道社区学校、仰义街道社区学校、南汇街道吕浦社区分校和藤桥镇藤南区分校被评为市二级社区学校（分校）。

【**新建社区分校**】 3月29日，鹿城社区学院同意七都街道七都社区、双屿街道营楼桥社区、康龙社区，仰义街道临湖社区建立社区分校。

职业教育

【**概况**】 2013年，区属中等职业学校2所，在校生666人，毕业350人，招生258人。

2013年，批准设立非学历教育的短期培训学校12所，准予变更非学历教育的短期培训学校14所，终止学历教育的短期培训学校1所。

【鹿城职技校皮雕工作室参加省中职教育成果展】 5月25日，以“弘扬创新精神，传承特色工艺”为主题的浙江省中等职业学校学生小发明成果展暨特色专业教育成果展在杭州和平国际会展中心展出。鹿城职业技术学校（温州鞋革职专）皮雕工作室师生的皮雕工艺作品参加展览。

5月25日，鹿城职技校皮雕工作室精彩亮相省中职教育成果展　　区教育局提供

【鹿城职技校被命名为浙江省鞋类产学研联合体】 8月2日，省教育厅、省财政厅公布2013年中等职业教育省级实训基地、产学研联合体、改革发展示范学校建设名单，鹿城职技校（温州鞋革职专），被列为省级鞋类产学研联合体单位。

教师队伍建设

【概况】 2013年，鹿城区中小学教职工4266人。其中，专任教师3801人，比2012年减少55人。专任教师中，小学专任教师3343人，比2012年增加43人；高层次学历专科及专科以上比例96.92%，比2012年提高1.74%。初级中学专任教师456人，比2012年减少13人；高层次学历本科及本科以上比例95.61%，比2012年提高3.5%。中等职业学校专任教师77人，比2012年减少10人。年内，有438人取得教师资格。其中，中小学和幼儿园教师有43人取得高级职称、163人取得中级职称。另有102名教师获得市级及市级以上荣誉称号。

【教师支教工作】 2013年，选派71名城区学校教师到农村学校全职支教，其中到新疆支教2人，到区内农村学校支教69人。

【骨干教师评比】 2013年，有11位老师分别获得温州市名师、名校长、浙江省教坛新秀称号。

【教师资格认定】 2013年，有438人取得教师资格。其中，具有幼儿园教师资格196人、小学教师资格189人、初级中学教师资格53人。

【教师职称评审】 2013年，有43位教师取得高级职称，163位教师取得中级职称。其中，具有幼儿园高级教师职务任职资格40人、小学高级教师职务任职资格114人、中学一级教师职务任职资格9人。

【鹿城区教科研暨第二届课改领航会召开】 3月22日，鹿城区教科研暨第二届课改领航会在双屿实验小学召开。双屿实验小学徐立臻校长作《“三课”融合，幸福学生》的校本课程典型经验介绍。该次会议还表彰了2009—2010年度获得省、市、区级教科研工作先进集体的学校和先进个人称号的教师。

3月22日，鹿城区教科研大会暨第二届课改领航现场会在双屿实验小学召开.
区教育局提供

【德育工作会议召开】 3月7日，鹿城区德育工作会议在温州市广场路小学五楼多功能厅举行。会议贯彻落实《浙江省教育厅办公室关于印发中小学德育课程教学指导意见和学科德育指导纲要的通知》文件，全区中小学德育教导老师70余人参加会议。

【“随班就读”师资赴永嘉参观学习】 3月29日，鹿城区“随班就读”试点学校资源教室专任教师及从事社区教育的有关人员，前往永嘉县张溪小学、福和希望小学参观学习。该次活动由鹿城区特殊教育“随班就读”指导中心、鹿城社区学院联合举办，旨在提高鹿城区特殊教育试点学校“随班就读”工作和社区教育的合力。

【“名师工程”初级研修班暨骨干教师研修班开班典礼举行】 4月9日，鹿城区第五期“名师工程”初级研修班暨鹿城区中小学（幼儿园）骨干教师研修班开班典礼在马鞍池小学举行。区教育局领导，教师培训和科研中心研训员，第四期、第五期“名师工程”初级研修班学员，骨干教师研修班学员共计500余人参加开班典礼。

【李丽密参加职工演讲比赛获奖】 6月25日，广场路小学老师李丽密参加“中国梦，职工行——瓯江书韵，书香企业”鹿城区职工演讲比赛，获得一等奖。该次演讲比赛由区总工会主办。

教育信息化

【概况】 2013年，新增多媒体设备30套，全区中小学（含民办）多媒体设备班级和教室比达到1∶1；生机比达到5∶1；学校图书专项经费134万元，完成省2012年配套义务教育段中小学实验室和专用教室建设项目补助91.5万元，共有22所学校45个校区受益。其中，更新Ⅰ类科学仪器19个校区，更新Ⅰ类美术器材13个校区。完成中小学校课桌椅政府采购共计278万元。完成教育城域网主干百兆到千兆、互联网出口5百兆到2千兆的提速升级。

2013年，全区创成标准化图书馆的学校共有32所，占全区学校总数67%；24所学校创成标准化实验室，占全区学校总数51%；22所学校创成标准化音乐室，占全区学校总数45.8%；18所学校创成标准化美术室，占全区学校总数37.5%；19所学校创成标准化体育室，占全区学校总数40.4%；创建示范功能室6个；各项功能室创成比例均超过市要求的考核数（30%），创建成功率达到100%。全面完成市里下达的创建任务指标。

2013年，鹿城区教师撰写的论文参加温州市第十五届中小学教师教育装备实验教学论文评选和第六届中小学图书馆（室）管理和应用优秀论文评选中，共有15篇论文获奖，其中获市一等奖2篇，二等奖5篇，三等奖8篇。在2013年温州市小学教师实验技能大赛中，有9人获得一等奖，占一等奖获奖者的45%；6人获得二等奖，占二等奖获奖者的18%；22人获得三等奖，占三等奖获奖者的28%。参加第十四届中小学电脑作品比赛，推荐的20件作品中，获得国家二等作品1个，省一等作品2个、省二等和三等作品4个，市一等作品4个、市二等作品7个、市三等作品5个，获奖率达80%。参加第十六届教师自制多媒体教育软件评比，推荐的20个作品中，获市一等作品4个，市二等作品1个，市三等作品11个，获奖率达80%。在2013年度温州市中小学现代教育技术（电化教育）论文评比中，推荐论文20篇，其中获市一等奖6篇、市二等奖7篇、市三等奖7篇，获奖率100%。

【中小学校网络建设】 2013年，完成全区中小学幼儿园共128条光纤直接接入核心交换机的改造工程，全区学校千兆光纤接入率达100%，率先完成省厅2015年指标。完成原有的电信互联网接入光纤从500兆到千兆的升级，新增一条中国移动千兆光纤出口，教育城域网互联网出口带宽从原先的500兆扩展到2千兆。完成教育行政办公系统（OA）的扩容升级，开通手机端OA办公应用，缩短响应时间，提高办公效率。

温州市建设小学图书馆　　区教育局提供

【教职工评优评先】 2013年，鹿城区教育局、区属温州市百里路小学、鹿城区教学仪器管理供应站陈依民，温州市双屿小学老师徐群华，分别被评为2013年度温州市教育装备工作先进单位和个人；区属温州市城南小学、鹿城区教育信息中心董王碧、温州市少年游泳学校老师陈庆豹，分别被评为2013年度温州市教育信息化工作先进单位和个人。

学校建设

【概况】 2013年，创建省一级幼儿园3所、省二级幼儿园3所、省三级幼儿园15所；共建成市标准化功能室108个（含6个市示范功能室）；创成省示范数字化校园1所，市、区两级数字化校园6所，市示范数字化校园1所；被命名为省级廉政文化进学校示范点1所；温州市教育工会评选2所学校为教代会制度建设先进单位。

2013年，上戍中小学完成1.47公顷的征地工作；轻工园小学前期建设工作启动；建设小学七都校区完成设计招标工作，该校区占地2.8公顷，建筑面积2.5万平方米，由七都街道承建。

2013年，已完成义务教育设施规划编制工作，并已上报市政府和省政府。

【义务教育标准化学校创建】 2013年，完成十六中、十七中、双屿中学、光明小学、水心小学、城南小学、鹿城实验小学、七都小学等8所义务教育标准化学校创建工作，至年底已累计完成19所学校创建工作，完成率达34.5%。

【学生实践基地建设】 2013年，以民俗为特色的临江驿头学生素质实践基地和以生命教育为特色的七都中小学素质实践基地，均已竣工投入使用。

【数字化校园建设】 2013年，区属温州市第十七中学被浙江省教育厅确定为“示范数字化校园”学校；温州市鹿城实验中学、温州市蒲鞋市小学、温州市广场路小学已上报申请创建省“示范数字化校园”学校。百里路小学被市教育局确定为温州市示范数字化校园。温州市蒲州育英学校、温州市少年游泳学校、温州市水心小学被确定为“温州市数字化校园”。至年底，已有13所学校达到温州市数字化校园标准。

【绣山小学被命名为省级廉政文化进学校示范点】 2月17日，区属温州市绣山小学被中共浙江省纪委、中共浙江省直属机关工委、浙江省农办、浙江省经信委、中共浙江省委教育工委、浙江省国资委、浙江省文明办、浙江省妇联命名为廉政文化进学校示范点。

科 技

综 述

2013年，鹿城区支持科技项目45项，支持经费350.5万元，带动企业研发投入3000多万元。该年，被列入国家级科技项目6项，省级科技项目42项，市级科技项目8项，争取上级科技项目经费支持776万元。

2013年，新增高新技术企业5家，省科技型企业20家，市科技创新型企业29家，至年底，全区已累计拥有高新技术企业35家，科技型企业95家，是年，将建筑类企业首次纳入科技型企业建设范围。

2013年，专利申请量3652件，发明专利申请量362件，比2012年增长10.36%。专利授权量3644件，比2012年增长23.7%。发明专利授权111件，比2012年增长5.7%。

2013年，在全区8个街道（镇）开展市级特色产业科技园创建工作，其中有5个街道获得市级特色产业科技园称号。

2013年，制订出台《鹿城区国家知识产权强县工程示范区工作方案》，全面开展知识产权创造、运用、保护和管理工作，提高鹿城区区域知识产权综合能力。

2013年，鹿城区通过省知识产权工作示范区复评，被列入国家首批22个知识产权强县工程示范区，另外还获得全国地震工作考核先进区、省防震减灾工作先进单位等称号。

科技交流引进

【概况】 2013年，引进和落实以温籍院士李启虎为主的区第二家院士专家工作站，通过工作站已引进3个科技项目与区企业的对接。制定出台《鹿城区重点创新团队遴选培养管理办法》，对创新团队及其成员在创业资助、住房、融资、税收、产品采购、随迁配偶安置、子女教育、户籍、社会服务保障等方面提供优惠待遇，以吸引高端人才到鹿城创业和工作。

制订《关于引进“大院名校”共建创新载体的实施办法（试行）》，决定建立鹿城区大院名校共建中心作为大院名校共建的载体机构。该年，落实中心场地面积5000平方米，并安排100万元专项经费用于中心建设。年内已引进西北工业大学、浙江理工大学在鹿城设立技术转移中心。另外，积极引进新兴行业和高技术行业的技术研究院，当年已引进国际无极灯研究院。

2013年，两次组织鹿城企业与西北工业大学开展双向对接交流会，促成西北工大自动化学院2个研究室在鹿城企业落户。组织“机器换人”技术研讨交流会，邀请浙江理工大学、西北工业大学、浙江工业大学等省内外16位机械自动化领域的教授专家与区属10余家鞋革制造、机械制造领域的企业进行技术研讨交流，有3家企业与高校达成合作意向。

科技平台建设

【概况】 2013年，开展省级高新技术产业园区创建工作。以培育先进装备制造业为重点，形成装备制造业、高低压电气和现代科技服务业3个产业集群。

开展科技与文化融合示范基地建设，将1万平方米老工业区厂房进行改造装修，引进11家软件设计、创意设计、电子商务领域的新兴企业入驻，并创建成为市级科技文化融合示范基地。年内，科技创新大厦建设已完成大厦设计方案、项目立项和工程招投标工作。截至年底，已投入建设资金1500万元。

2013年，区属9家企业通过网上技术市场发布了9项难题，32项科技项目在网上技术市场进行签约，合同成交额达6718.25万元，全国技术合同网上登记额达2815万元。另外，有12家企业参加了浙江省网上技术市场周活动，参与的4项科技成果竞价（拍卖），成交额达518万元；3家企业与高等院校进行签约，签约项目金额达450万元。

2013年，在全区8个街道、镇开展市级特色产业科技园创建，5个街道获得市级特色产业科技园称号。

知识产权工作

【概况】 2013年，鹿城区通过国家知识产权强县示范区考评，成为首批国家知识产权强县工程示范区。制订出台《鹿城区国家知识产权强县工程示范区工作方案》，将以示范区为载体，全面开展知识产权创造、运用、保护和管理工作，提升鹿城知识产权综合能力。

2013年，在科普日、科普周等活动期间，开展广场及社区活动30多次；在“4·26”世界知识产权日之际联合区工商、法院、文化、企业家协会等部门，开展为期1个月的宣传活动。活动内容有在《今日鹿城》刊出“4·26”知识产权专版、召开通报会、与法院、企业家协会三方签订知识产权保护框架协议、专利产品展示和转让、审判开放日、企业走访以及各类知识产权培训等。发放知识产权宣传资料2万多份。

2013年，分行业、分层次开展各类知识产权培训达15期，其中企业培训5期、专利工程师培训1期、专利代理人培训1期、青少年培训8期，累计培训科技专管员、科技辅导员、青少年、企业负责人、技术骨干、专利工作者近7000人次，其中有25人通过考试获得专利技术职称。董小华获得全国知识产权系统知识产权人才工作先进个人称号。

知识产权公共服务平台

【概况】 2013年，以知识产权温州讲堂、知识产权服务园等为载体，举办各类知识产权专题培训14次，受众3000余人次；围绕青少年等重点人群开展知识产权培训10多期，培训4000多人次。帮助培育1家企业通过国家知识产权贯标验收，新申报国家级贯标创建企业2家，新增各级专利示范企业11家。争取各类专利工作补助335万元。年内，受法院委托的行政调解案件60多起，成功调解37件。

文 化

综 述

2013年，鹿城区创作的文艺精品获省级及省级以上奖项14项，市、区级奖项13项，其中戏剧小品《非常病患》获省24届戏剧小品邀请赛创作银奖，表演金奖；舞蹈《洗衣舞》获夏威夷国际青少年艺术节金奖，《百子纳福》获全国第七届小荷风采少儿舞蹈比赛金奖。完成“鹿城曲 瓯越情”文艺精品在中央电视台11频道的录播工作，计6场。瓯菜烹饪技艺传承基地、温州发绣研究所等3个单位被命名为温州市第二批非物质文化遗产传承基地。组织开展“非遗进校园”“非遗进社区进农村”及端午节等传统民俗文化系列活动。承办“江心屿金秋文化节”，历时3个多月，共举办各类文化活动724场，观众达14余万人。编辑出版了地方文献《温州古韵》。完成前非盟主席让·平祖居的布展工作。江心屿历史地段保护整治建设的非遗项目温州名小吃食街已竣工。协助、配合市文广新局依法对各级文物保护单位做好保护和监督管理工作和开展历史文化村落保护利用建设工作。年内，已完成五马街道综合文化中心、区级图书馆、仰义及双屿街道图书馆分馆、34个文化礼堂及21个社区文化服务中心的项目建设工作；建成1个“浙江省文化示范社区（村）”和2个“温州市文化示范社区（村）”，并同步建成53个文化信息资源共享工程基层服务点。3个室内和1个室外示范放映点建成并通过验收。全年，文化市场平稳有序。鹿城图书馆新入藏图书（文献）45978册，加上原有的藏量共计89072册。接待读者131212人次，图书流通65831册，新增读者证1973个。鹿城作者出版新书104部。2013年，区广播电视新闻中心围绕区委、区政府中心工作，突出宣传全区“金融改革”“四边三化”“破难攻坚”“中国梦鹿城践行”“十八届三中全会”等重点工作。全年，在上级主流媒体共刊播新闻稿988篇。其中，在《浙江日报》一版刊登6篇、头版头条刊登2篇；在《温州日报》一版刊登42篇、头版头条刊登6篇；电视新闻有180条次被省、市电视台重点栏目录用。重要稿在《人民日报》刊出2篇，在中央电视台第一、第二频道播出新闻7条，均创历史记录。是年，区广播电视新闻中心，继2012年再次获得《浙江日报》先进报道组和《温州日报》优秀报道组称号。电视部获得温州市电视新闻协作先进单位一等奖。鹿城新闻网获得温州市首批文明网站称号。2013年，驻区新闻媒体有《温州日报》《温州都市报》《温州晚报》《温州商报》和温州新闻网、温州广播电视总台。驻区记者站有：《新华通讯社》温州支社、《浙江日报》温州分社、浙江人民广播电台温州记者站、中国新闻社、温州支社、《中华工商时报》温州记者站等。

社会文化

【概况】 2013年，全区共组织文艺下基层演出123场，观众10万多人次；放映公益性数字电影1516场，观众17.5万人次；送书下乡4万余册，共计40多万元。举办鹿城区第二届文化艺术节，“建幸福温州，度文明新春”专项活动暨“过大年，看大戏”系列文艺活动，配合做好温州市首届市民文化艺术节、温商大会文艺演出等活动。承办“中国梦 创卫在行动”文艺巡演8场，历时3个月。开展“阅读进社区”“阅读进企业”“知识答题闯关夺宝”及图书馆服务宣传周等活动，并组织参加温州市第九届未成年读书节之“我爱我家”读书知识竞赛，获得二等奖与优秀组织奖。开展区域间文化走亲活动6场，并首次组团参加印尼中爪哇省的第三届婆罗浮屠国际艺术节。组织文化干部赴复旦大学学习和艺术专业人员赴衢州、楠溪江采风、观摩学习等。全年，举办群众文艺培训班71期，讲座8期，受益群众达2420人。

2013年，完成五马街道综合文化中心、区级图书馆、仰义及双屿街道图书馆分馆、34个文化礼堂及21个社区文化服务中心项目建设；建成1个“浙江省文化示范社区（村）”和3个“温州市文化示范社区（村）”，并同步建成53个文化信息资源共享工程基层服务点。建成8个“微舞台·星秀场”，每月举办3次以上各类特色主题文化活动。3个室内和1个室外示范放映点建成完工并通过验收。区图书馆纳入公共电子阅览室管理平台、自动化管理系统及博看读报机系统，与南郊等3个派出所合作成立“警营图书流通点”，并在6个社区安装自助借还机。

【区文化馆排练场免费开放】 2013年，区文化馆全年开放排练场及灯光音响设备，免费为鹿城越剧票友俱乐部、鹿城中老年艺术团、鹿城民乐团、鹿城业余京剧团、鹿城业余越剧社、鹿城民工艺术团、鹿城诗词吟唱社等业余文艺团体服务。

【温州鼓词在中央电视台播出】 3月31日，鹿城区著名曲艺家陈忠达演唱的温州鼓词《武松醉打蒋门神》，在中央电视台第3频道综艺栏目中播出，亦是温州鼓词首次在央视演出。

3月31日，温州鼓词名家陈忠达在中央电视台演唱《武松醉打蒋门神》央视截图

区文广新局提供

【沿江社区获省文化示范新社区称号】 12月13日，仰义街道沿江社区被省文化厅评为省级文化示范新社区。

【双屿街道获市文化强镇称号】 12月，双屿街道被市文化广电新闻出版局评为文化强镇称号。

【2个社区获市文化示范新社区称号】 12月，五马街道花柳塘社区、南汇街道大自然社区被市文化广电新闻出版局评为文化示范新社区。

【《温州古韵》出版发行】 8月，由鹿城区委宣传部与鹿城区文化广电新闻出版局（简称文广新局）组织编写的《温州古韵》一书出版发行。该书分四时节庆、市井符号、衣食住行、民俗风情、自然景观5个篇章，插图208幅。由民俗专家金文平著述，硬笔画家陈国浩绘画，中国民族摄影艺术出版社发行。

8月，《温州古韵》出版

区文广新局提供

【戏剧小品获省24届邀请赛金奖】 11月26日，由区文广新局、区文化馆选送的戏剧小品《非常病患》，在台州举行的省24届戏剧小品邀请赛中获得创作银奖和表演金奖。

11月26日，戏剧小品《非常病患》获省第24届戏剧小品邀请赛创作银奖、表演金奖

周建树提供

【舞蹈音乐获省文化馆干部才艺比赛金奖】 8月19日—22日，区文化馆创作的《江南花雨》舞蹈音乐，在省文化馆干部才艺比赛中获得音乐创作（作曲）金奖。

【声乐节目获省外来建设者才艺展金奖】 9月24日，由区文广新局、区文化馆选送参赛的声乐节目《梅兰芳》《为你歌唱》在余姚举行的2013年浙江省外来建设者才艺展演中获得金奖。

9月24日，参赛在余姚举行的2013年浙江省外来建设者才艺展演，获金奖

区文广新局提供

【4个农村数字电影示范放映点建成】 12月，藤桥镇山根村、藤桥镇横山村、仰义街道临湖社区3个室内和仰义街道仰新社区1个室外

农村数字电影示范放映点建设已完成，并通过验收。

【新春电影放映】 2月13日—18日，在滨江街道芳园社区、双屿街道黄龙社区、藤桥镇戴宅村等8个社区和南塘街、鞋都文化广场，开展欢欢喜喜过新年、开开心心看电影活动。活动共放映电影47场，观众达6750人次。

【鹿城区艺术总团成立】 10月18日，由区文广新局组建的鹿城区艺术总团成立授牌仪式在白鹿洲公园举行。该艺术总团下设青年舞蹈团、流行乐团、民族乐团、声乐队、合唱团、中老年艺术团、戏曲票友俱乐部等业余文艺团队，团员总共238人，由区文化系统、社会各界和艺术院校毕业的文艺人才组成。

鹿城区艺术总团成立授牌仪式在白鹿洲公园举行 周建树 摄

鹿城区艺术总团在白鹿洲公园演出 区文广新局提供

【区文化馆应邀参加婆罗浮屠国际艺术节】 6月13日—20日，区文化馆艺术团一行10人应印度尼西亚共和国驻上海总领事馆及印尼旅游和创意经济部的邀请，赴印尼中爪哇省参加第三届婆罗浮屠国际艺术节。区文化馆在艺术节上演出温州民歌《叮叮当》《对鸟》以及中国江南风情舞蹈和民族乐器笛子独奏等节目。中国艺术团参加该艺术节是首次。

6月13日，区文化馆参加印尼婆罗浮屠国际艺术节 区文广新局提供

6月13日，区文化馆参加印尼婆罗浮屠国际艺术节 区文广新局提供

【2013年金秋文化节系列活动】 8月13日，江心屿金秋文化节首场文化活动“浪漫七夕、幸福鹿城”在智慧谷创意园区举行。活动内容有七夕游园、特色市集、民俗展示、“非诚勿扰”情缘会、专场表演、木偶剧场等，同时温州米塑、瓯窑、竹丝镶嵌、温州莲花等非物质文化遗产项目也参加了展示。参加活动的观众达4000余人。8月28日，鹿城区群众文体团队展演活动在市区杨府山公园举行，全区11支星级群众文体团队相继上演歌舞、戏曲、魔术、武术等节目，观众达1000余人。10月16日，由中共鹿城区委宣传部、鹿城区文广新局联合主办的鹿城区曲艺邀请赛暨“文化走亲”活动在南塘街举行。鹿城、乐清、平阳、瓯海、瑞安的8位民间曲艺家演唱了《夜杀毛守备》《汉刘秀逃难》等传统鼓词选段，观众达2000余人。

8月28日，民星风采在杨府山公园演出 周建树 摄

10月24日，“中国诗之岛——江心屿”杯全国诗词大赛在鹿城举行大赛颁奖仪式，观众达1000余人。该次大赛收到全国29个省（市、自治区）参赛作品共3182件。经过评选，评出优秀作品69件，其中获一等奖3件、二等奖6件、三等奖10件，获得优秀奖50件。该次大赛由中华诗词学会、市委宣传部、市旅游局、鹿城区委、鹿城区政府联合主办。

11月29日，草根舞台民星风采——2013年江心屿金秋文化节闭幕文艺汇演在百里西路温州市总工会大厦举行。演出节目有辖区街镇推送的儿童群舞《迷彩酷娃》、魔术《神奇服装》、方言快板《温州是个好地方》等。

11月29日，2013年金秋文化节闭幕文艺汇演在市工会大厦举行 区文广新局提供

非物质文化遗产

【概况】 2013年，温州发绣研究所、温州叶同仁控股有限公司、温州传统工艺美术研究院陈顺德石雕工作室被命名为温州市第二批非物质文化遗产传承基地。5月，组织竹丝镶嵌、青田石雕项目赴义乌参加中国浙江（义乌）文博会。6月，组织非遗项目温州米塑随浙江省民间艺术团赴德国参加中国文化艺术周开幕式。10月，组织彩石镶嵌、温州米塑两个非遗项目赴杭州参加“首届亚太传统手工艺博览会”。

【非遗进校园活动】 6月9日，区文广新局、区非遗中心在民工子弟学校——鹿城区育才小学开展“非遗进校园活动”。该次活动为全校民工子弟展示了非遗项目刘氏风筝、温州米塑、竹丝镶嵌、十字绣、瓯陶等的制作技艺，受到民工子弟喜爱。

6月9日，非遗项目刘氏风筝在鹿城区育才小学民工子弟中展示　　周建树 摄

【端午节传统民俗文化活动举行】 6月11日，区文广新局在七枫巷举行端午节民俗活动，活动内容包括米塑、吹糖人、剪纸、瓯绣等非遗项目表演和包粽子、编织蛋袋、撞蛋比赛和画蛋比赛等，参与者和观众共300多人。

6月11日，在七枫巷举行端午节包粽子比赛活动　　区文广新局提供

【鹿城区第二届文化艺术节启动仪式举行】 6月16日，鹿城区第二届文化艺术节启动仪式在瓯江路景观带举行。仪式以“幸福鹿城、放飞梦想”为主题，进行非遗项目温州刘氏传统风筝放飞活动。到场观看的市民有1000余人、外国留学生20名。该艺术节由鹿城区委宣传部、区文化广电新闻出版局主办。

幸福鹿城放飞梦想活动　　区文广新局提供

外国留学生在放飞风筝　　网上下载

【让·平祖居开放仪式举行】 7月3日上午，让·平祖居开放仪式在鹿城区藤桥镇临江驿头村举行。前非洲联盟主席让·平偕夫人及子女回乡参加祖居开放仪式并剪彩。

7月3日，在藤桥镇举行让·平祖居开放仪式　　周建树 摄

【温州名小吃食街挂牌仪式举行】 12月13日，“温州名小吃食街”天一角学院路店在该店举行挂牌仪式。参加仪式展示的名小吃有平阳怀溪番鸭、瓯海盘香鳝鱼及温州（鹿城）馄饨、鱼丸、汤圆等温州11个县（市、区）的代表美食。仪式邀请温州鼓词、温州莲花、提线木偶、温州米塑、风车、捏糖人、糖画以及古琴等8个非遗项目在场表演，烘托氛围。

12月13日，天一角学院路店“温州名小吃食街”挂牌仪式　　周建树 摄

文化市场管理

【概况】 2013年，完成承接省、市下放的26项行政审批和管理事项工作。受理办结审批件数419件，办结率达到100%。完成年度

核验换证印刷企业396家，出版物经营单位年度核验及换证193家，文化经营单位统计年报308家。出动执法人员1459人次、检查文化经营场所2075家，立案查处73起，结案79起，罚没款67.8万元。开展安全生产专项检查48次，出动254人次，在自查自纠行动中企业自行整改的文化经营场所56家，责令整改的文化经营场所19家，全部自行或强行拆除非法卫星电视接收设施19座。推进“文明城区”“卫生城区”以及“平安鹿城”建设，在全区网吧及娱乐经营场所全面开展自查自纠活动，建立车载广告、短信平台、电脑桌面、业主QQ群和微信群4个。

2013年，在辖区居民和学生中开展知识产权法律法规宣传和使用正版软件活动。全年收缴各类非法出版物3.5万册，光碟近1万片，查处了“邓功群非法销售盗版音像制品案”等案件。

2013年，成立鹿城区文化演出协会。出台《关于加快文化市场繁荣有序发展的实施意见》。参与编制鹿城文化产业项目库，其中面粉公司总部创意改造项目整体方案原则通过；印象南塘文化村项目达成框架协议；鹿城科技与文化融合基地、温州铝制品厂文创园等已启动前期招商工作。东瓯智库创意产业园获得“温州市重点文化产业园区”称号，浙江东瓯智库创意产业开发公司的马勇伟、温州正栩影视制作有限公司的孙榕、温州新视觉企划有限公司的金纬、温州亨无病嘉文化传媒有限公司的徐志通、温州市为爱专一文化产业有限公司的黄信乐获市“十大优秀文化温商”称号，区文广新局获得优秀组织奖称号。

【知识产权保护工作】 2013年，落实118多万元，购买正版软件768套，对区委直属各单位软件进行正版化安装工作，至8月底已全部安装完毕，完成了区行政机关软件全部正版化工作。

鹿城区图书馆

【概况】 2013年，鹿城区图书馆入藏图书45978册，图书总藏量89072册。接待读者131212人次，图书流通65831册。新增读者证1973个。新增2个图书分馆（双屿、仰义）、6个24小时自助借还机社区（花柳塘、西屿、桥儿头、瓯浦垟、新田园、庆年坊）、3个警营流通点。全年，共举办各类讲座、展览、广场活动等20余场。

【小候鸟夏令营】 7月26日—28日，鹿城区图书馆举办为期3天的“小候鸟夏令营”活动。该次活动共有56个4岁—13岁的民工子弟参加。夏令营分设音乐、舞蹈、话剧、美术、英语5个班。7月28日晚，举行闭营仪式和汇报演出。

【全民阅读系列活动】 4月，鹿城区图书馆组织开展“阅读进社区”“阅读进企业”“知识答题闯关夺宝”及图书馆服务宣传周等活动，并组织参加温州市第九届未成年读书节系列活动之“我爱我家”读书知识竞赛，获得二等奖与优秀组织奖。

4月，鹿城区图书馆承办知识答题闯关夺宝活动　　区图书馆提供

鹿城部分作者新著

2013年鹿城部分作者新著

表18

序号	书名	著者	出版者	出版时（年）
1	夏鼐日记·温州篇	夏鼐著	华东师范大学出版社	2013
2	美之情采——温州大学美术与设计学院教师作品集	蔡可群主编	中国美术学院出版社	2013
3	韵学骊珠字音校注	（清）沈乘麐著、金升荣校注	中国文化出版社	2013
4	自然灾害与相关疾病防范	周祖木主编	人民卫生出版社	2013

续表18

序号	书名	著者	出版者	出版时（年）
5	马孟容马公愚昆仲书画集：马孟容卷	李 震主编	中国民族摄影艺术出版社	2013
6	马孟容马公愚昆仲书画集：马公愚卷	李 震主编	中国民族摄影艺术出版社	2013
7	马孟容马公愚昆仲年谱	陈胜武编著	中华书局	2013
8	百里芳人	马亦钊编著	中华书局	2013
9	永嘉大师文集	李 震著	中国对外翻译出版有限公司	2013
10	张鹏翼书法集	李 震主编	西泠印社出版社	2013
11	温州古韵	金文平撰文、陈国浩绘画	中国民族摄影艺术出版社	2013
12	温州人手册（2013）	高培主编	中国档案出版社	2013
13	走进公民社会 温州社会组织	宋乐酥主编	香港天马图书公司出版	2013
14	汉藏语系核心词	金理新著	民族出版社	2013
15	印迹·嬗变 温州版画1929—2012	蔡瑞蓉主编	四川美术出版社	2013
16	“小溜溜”溜了	叶永烈著	春风文艺出版社	2013
17	2013年温州经济社会形势分析与预测2013	潘忠强、王春光、金浩主编	社会科学文献出版社	2013
18	半担溪山半担书	何向荣、沈智毅主编	中国和平出版社	2013
19	草木未央	宋俊英著	中国戏剧出版社	2013
20	常用急救仪器设备使用与维护	尤荣开、缪心军、陈玉熹编著	人民军医出版社	2013
21	地下铁	瞿炜著	长江文艺出版社	2013
22	东瓯文化学术研讨会论文集	吴东、林华东主编	浙江古籍出版社	2013
23	过来人言	刘廷芳著	海豚出版社	2013
24	华池随想录	游修龄著	浙江科学技术出版社	2013
25	会飞的汽车	周俊熹	中国文联出版社	2013
26	借尾巴	叶永烈著	北方妇女儿童出版社	2013
27	今日温州	温州市城市建设档案馆编	中国民族摄影艺术出版社	2013
28	近代温州中医之研究	欧阳钦著	上海交通大学出版社	2013
29	科学家故事100个	叶永烈著	二十一世纪出版社	2013
30	龙腾东瓯	陈瑞赞编著	南京大学出版社	2013
31	美国！美国！	叶永烈著	上海交通大学出版社	2013
32	民间借贷法律规范与操作实务	江丁库主编	法律出版社	2013
33	瓯风. 第五集	方韶毅主编	中国文史出版社	2013
34	瓯风. 第六集	方韶毅主编	中国文史出版社	2013
35	萍茵诗话	张桂生著	中国对外翻译出版公司	2013
36	趣味化学	叶永烈著	湖北科学技术出版社	2013
37	让教师培训可爱起来：有效培训在温州	王振中主编	外语教学与研究出版社	2013

续表18

序号	书名	著者	出版者	出版时（年）
38	人物温州	沈绍真著	浙江人民出版社	2013
39	如画北欧	叶永烈著	上海交通大学出版社	2013
40	三探俄罗斯	叶永烈著	上海交通大学出版社	2013
41	上海地区方言调查研究	游汝杰主编	复旦大学出版社	2013
42	世界温籍巾帼风采录	吴敏主编	中国文史出版社	2013
43	守望非遗	赵建华主编	中国民族摄影艺术出版社	2013
44	苏昧朔画集	李震主编	西泠印社出版社	2013
45	他影响了中国：陈云全传	叶永烈著	四川人民出版社	2013
46	台站台风预报服务方法和思路	叶子祥著	气象出版社	2013
47	塘河水	翁锦武主编	西泠印社出版社	2013
48	微博空间的生产实践： 理论建构与实证研究	夏雨禾著	中国社会科学出版社	2013
49	温州方言文献集成.第一辑	郑张尚芳、沈克成主编	浙江人民出版社	2013
50	温州方言文献集成.第二辑	郑张尚芳、沈克成主编	浙江人民出版社	2013
51	温州方言文献集成.第三辑	郑张尚芳、沈克成主编	浙江人民出版社	2013
52	温州古井	郑梯燕主编	浙江古籍出版社	2013
53	温州古桥梁	薛一泉主编	浙江古籍出版社	2013
54	温州古树名木	温州市林业局编	中国对外翻译出版公司	2013
55	温州古戏台	崔卫胜主编	浙江古籍出版社	2013
56	温州话	沈克成、沈迦著	宁波出版社	2013
57	温州话365句	《天天讲闲谈》 栏目编写组编著	宁波出版社	2013
58	温州金融实践与危机调研报告	罗培新主编	法律出版社	2013
59	温州近现代建筑	黄培量主编	浙江古籍出版社	2013
60	温州老剧本	陈寿楠编	黄山书社	2013
61	温州历史文献集刊.第三辑	谢智勇主编	南京大学出版社	2013
62	温州模式与温州区域法治文明研究	方益权、肖磊等著	法律出版社	2013
63	温州情事	卢雅娟著	沈阳出版社	2013
64	温州文化：存在的记忆	金凡平、方立明等著	人民出版社	2013
65	我的课外生活	陈默主编	（港）天马图书出版公司	2013
66	我在美国的生活	叶永烈著	上海交通大学出版社	2013
67	先哲行述	曾平汪编著	中国文史出版社	2013
68	鞋类导购员实战训练丛书 1，鞋类基础知识	罗志刚、步月宾编著	中国轻工业出版社	2013
69	鞋类导购员实战训练丛书. 2，导购员的素养	罗志刚、步月宾编著	中国轻工业出版社	2013

续表18

序号	书名	著者	出版者	出版时（年）
70	鞋类导购员实战训练丛书. 3，导购技巧	罗志刚、步月宾编著	中国轻工业出版社	2013
71	鞋类导购员实战训练丛书. 4，专卖店管理	罗志刚、步月宾编著	中国轻工业出版社	2013
72	许继兵作品集	许继兵著	黄山书社	2013
73	寻找·苏慧廉	沈迦著	新星出版社	2013
74	樱花下的日本	叶永烈著	上海交通大学出版社	2013
75	永嘉大师证道歌书画集	李震主编	西泠印社出版社	2013
76	语言的演变与变异：首届历史语言 学国际学术研讨会论文集	潘悟云、吴安其、 吴福祥主编	中西书局	2013
77	在文字的世界里等待发芽	郑田、陈心怡、叶丹丹著	浙江少年儿童出版社	2013
78	中共温州地（市）委文献选编	中共温州市委党史研究室编	中共党史出版社	2013
79	中国的霍金：高士其传	叶永烈著	安徽教育出版社	2013
80	主体开放：写作教学的本真情境	罗进近著	中国文史出版社	2013
81	我见青山多妩媚：吴永龙书画集	吴永龙作	中国民族摄影艺术出版社	2013
82	我见青山多妩媚：叶向荣书画集	叶向荣作	中国民族摄影艺术出版社	2013
83	温州百年文化星座	金丹霞、潘虹主编	浙江摄影出版社	2013
84	漆艺骈罗 名扬天下	温州市博物馆编	中国对外翻译出版有限公司	2013
85	鹿城风雨春秋	李岳松著	中国人事出版社	2013
86	鹿城革命遗址图志	李岳松著	中国民族摄影艺术出版社	2013
87	中共温州市鹿城区委文件选编，第一辑	中共党史出版社		2013
88	人文温州	中共温州市委宣传部、 温州日报编著	浙江摄影出版社	2013
89	走读温州	中共温州市委宣传部、 温州日报编著	浙江摄影出版社	2013
90	风雅温州	中共温州市委宣传部、 温州日报编著	浙江摄影出版社	2013
91	犯罪治理中的企业参与研究	吴之欧著	中国社会科学出版社	2013
92	大学生创业指数研究 ——基于《全球创业观察中国报告》	谢敏、王积建、杨哲旗著	中国社会科学出版社	2013
93	科学发展观视野中的浙江民间资本 研究——以温州民间资本为例	戴海东、谢建芬著	中国社会科学出版社	2013
94	政府与市场之间——基于浙南地方案 例的公共事务治道研究	朱康对著	中国社会科学出版社	2013
95	社会中介组织的多视角透视 ——对温州的实证分析	王尚银、戴海东、陈和著	中国社会科学出版社	2013
96	经济法的权利的本位论	邱本著	中国社会科学出版社	2013
97	禅心密印	达照著	上海古籍出版社	2013

续表18

序号	书名	著者	出版者	出版时（年）
98	楞严大义	达照著	上海古籍出版社	2013
99	永嘉禅讲座（初级）	达　照著	上海古籍出版社	2013
100	永嘉禅讲座（中级）	达　照著	上海古籍出版社	2013
101	永嘉禅讲座（高级）	达　照著	上海古籍出版社	2013
102	瞿光辉诗选	瞿光辉著	环球文化出版社	2013
103	晚霞墨趣	李庆岳著	华夏文化艺术出版社	2013
104	沈宝瑚诗文集	（清）沈宝瑚著 沈洪保编校	中国文史出版社	2013
105	当代温州诗词	刘周晰主编	中华文联出版社	2013
106	鹿城年鉴（2012）	金文平主编	方志出版社	2013

鹿城媒体

【概况】 2013年，鹿城区广播电视新闻中心（简称“区广电中心”），围绕区委、区政府中心工作，着力对“金融改革”“破难攻坚”“十八届三中全会”“中国梦鹿城行”“创省级文明生态区”“创首善之区建幸福鹿城”等开展全面宣传和报道。

2013年，在上级主流媒体共刊播新闻988篇（580篇为报刊等传统媒体，408篇为网络媒体）。其中，在《人民日报》刊发2篇重点稿，在中央电视台第一、第二频道共播出新闻7条，均创历史纪录。

2013年，中心在《温州新闻联播》栏目中的时政新闻发稿量居各县（市、区）之首，位列全市主题报道通联第一名。鹿城新闻网新闻专题《全国首个法人资格业主大会“花落”鹿城》获2013年度浙江网络新闻奖一等奖。区广电中心获得《浙江日报》先进报道组、《温州日报》优秀报道组称号。

【今日鹿城】 2013年，《今日鹿城》报总发行量达3.8万多份，总共刊出101期，比2012年77期增长31%，发表稿件1548篇。

《今日鹿城》版面　　区广电中心提供

【都市新闻】 2013年，区广电中心采制的新闻在《都市新闻》栏目中共播出1500篇，比2012年的1375篇增长9%。另外，在中央电视台播发9篇；在市级电视媒体播发248篇；在《温州新闻联播》栏目播出167篇。

《都市新闻》报道画面　　区广电中心提供

【鹿城新闻网】 2013年，鹿城新闻网网站拥有35个新闻栏目，如“鹿城新闻”“部门快讯”“街镇速递”“社区天地”“新闻专版”“温州新闻”“浙江新闻”“国内新闻”“国际新闻”“周边新闻”“媒体看鹿城”“经济信息”等。是年，鹿城新闻网新闻发稿总数34699篇，其中原创新闻达6191篇，共制作发布了图文并茂的网络专题12个。至年底，鹿城新闻网日均IP访问量5500，日均页面访问量突破3万次。

鹿城新闻网网页　　　　区广电中心提供

【记者帮忙团】 2013年，区广电中心“记者帮忙团”帮助“巨一”“康奈”“聪明树”等10家企业，在鹿城新闻网上搭建企业形象宣传及互相交流平台，并为每家企业制作10分钟的宣传片在鹿城新闻网上播出；帮助藤桥镇肢残女孩叶琼实现“独立行走”梦想，在鹿城新闻网上进行连续报道，引起社会各界的关注。至年底，叶琼已收到社会捐助善款8万元。年内，“记者帮忙团”还到南浦街道春秋社区、滨江街道洪殿社区、松台街道桂柑社区、绣山街道绿园社区倾听群众意见，并将群众提出的环保、教育、交通、医疗等方面尚须改善的意见报告有关部门，为群众做到有始有终，满意为止。

鹿城广播电视新闻中心“记者帮忙团”在社区倾听群众意见　　　　区广电中心提供

卫 生

综 述

2013年，全区境内有各级各类医疗卫生机构474家。其中，省属医院4家、市属医院5家、部队医院1家、市管民营医院20家、区属公立医院2家、区管民营医院4家，市、区疾病预防控制中心、妇幼保健所、卫生监督所各1家，公立社区卫生服务中心（卫生院）22家、公立社区卫生服务站38家、村卫生室79家、门诊部39家、诊所232家，医务室23家。鹿城区属各医疗机构共有注册执业医师937人，助理医师137人，注册护士727人，事务性工作412人。全年，卫生事业经费投入2.60亿元，占区财政总支出的9.01%。

2013年，鹿城区卫生局以“国家卫生城市”“省级卫生强区”创建为载体，深入开展“执行力建设年”活动。医药卫生体制改革，在全市率先启动全科医师签约服务，实施全科医师“进校园、进养老院、进机关企事业单位、进家庭”的“四进”工程。探索社会资本办医改革，创建有特色的基层卫生服务品牌，提供优质便捷的医疗卫生服务等。全年卫生事业稳定持续发展。

2013年，评选出鹿城区首届“名医师、名护士、名院长”共10名，评选出“十佳医德标兵”10名。

2013年，区卫生局公开招聘卫生技术人员83名，至年底，区属医疗卫生累计在聘专业人员共856名。其中，高级职称32名，中级职称219名，初级职称463名，见习期142名。出台《温州市鹿城区住院医师规范化培训实施方案（试行）》，已完成72人岗位技术培训；“鹿城卫生论坛”和“鹿城卫生讲坛”学习平台已完成12期1200余人次理论和实践操作培训。另外，组织4期49人参加医疗卫生技术轮训。广化、莲池、南门社区卫生服务中心通过省中医住院医师规范化培训区实践基地审核。

2013年，区政府出台《鹿城区进一步推进创建浙江省卫生强区实施方案》和《鹿城区创建浙江省卫生强区考核责任分解表》，实施强基固本、科技人才强卫、三级医卫体系强化、公共卫生强化、社会资本办医等“五大工程”。仰义、五马、松台街道和藤桥镇创成卫生强街镇，全区卫生强街镇创成率达50%。5月，创建工作通过市政府的初评。

2013年，区卫生局获全市卫生工作先进单位称号、全市基层卫生创建工作先进单位称号，市文明单位称号。

医务工作

【概况】 2013年，在全区建成医院管理系统、健康档案管理系统、药品监督管理系统，完成HIS系统与健康档案接口的对接，实现系统间门诊数据实时调阅；启用手机移动办公系统；开通移动上门随访服务平台，可以实时更新慢性病随访管理情况；启用网络版考勤管理系统，实施网站名医咨询、自助健康体检结果查询、卫生许可审批进度查询；完成2家区级医院和市联合预约挂号平台的对接，完成与市联合预约挂号平台及诊疗数据共享平台对接工作。上戍、南浦等社区卫生服务中心开通区域远程诊断系统，与市中心医院、市人民医院对接，可以进行影像和心电图疑难病例的远程诊断。

2013年8月15日，鹿城区人民医院迁建工程正式开工。12月31日上午，鹿城区精神卫生中心暨残疾人托安养中心在鹿城区炬光园西路130号举行开工奠基仪式。在温州市西进城口改建区2号地块（郑桥广场）开工建设鹿城区公共卫生大楼。江滨、洪殿、五马、上成社区卫生服务中心乔迁新址。

基层卫生

【概况】 2013年，全区共建有全科医生服务团队96支，聘有责任医生670名，以责任医生团队的服务形式，为辖区居民提供基本医疗与基本公共卫生服务。至年底，共建立城乡居民健康档案87.51万份。其中，高血压建档71460人，规范管理数54134人，规范管理率75.75%；糖尿病建档21866人，规范管理数16180人，规范管理率 73.93%；发现重性精神疾病4274例，规范管理3548例，规范管理率达83.01%。

1月29日，七都社区卫生服务中心接入温州市中心医院双向转诊远程会诊系统，七都辖区居民可通过该平台享受到温州市中心医院的视频远程医疗会诊和双向转诊服务。

6月5日，“责任医师进校园”项目启动，派出黎明社区卫生服务中心1名责任医生进驻区第二实验小学负责学校卫生工作。

6月25日，总投资30多万元的全市首家“健康小屋”在江滨社区卫生服务中心投入使用。同时，该中心与温州医科大学附属二院康复科联合成立江滨社区康复治疗指导站，开展社区康复工作。11月28日，南浦中心“健康小屋”投入使用。

8月29日，鞋都社区卫生服务中心纳入“医保、农保定点医疗机构”。至年底，全区社区卫生服务中心及站点实现医保定点全覆盖。

2013年，七都、仰义、藤桥、鞋都4个社区卫生服务中心开展“卫生部脑卒中高危人群筛查与干预项目”活动，为辖区40岁以上的常住人口开展免费筛查，已完成3000例脑卒中高危人员筛查和干预任务。七都社区卫生服务中心完成“脑血管病、帕金森病高危人群筛查与干预”任务。

南浦、仰义社区卫生服务中心获得省示范社区卫生服务中心，洪殿、南门、黎明、江滨、七都、临江6家社区卫生服务中心创成省规范化社区卫生服务中心，双屿通过省规范化社区卫生服务中心复核。至年底，全区省示范社区卫生服务中心达3家，省规范社区卫生服务中心达16家。另外，藤桥、仰义社区卫生服务中心通过温州市二级乙等水平乡镇卫生院验收；南浦、莲池、广化、水心、蒲鞋市5家社区卫生服务中心被授予定向本科层次农村社区医生培养实践基地。五马社区卫生服务中心被授予“浙江医学高等专科学校教学基地”。

2013年，全区共116家社区卫生服务站（村卫生室），基本型一体化管理率100%，紧密型一体化管理率达62.07%。

2013年，七都社区卫生服务中心被授予2013年度鹿城区“群众满意基层站所”称号。南浦社区卫生服务中心获首届“浙江省敬老文明号”称号。水心社区卫生服务中心获首批“温州市敬老文明号”称号。洪殿社区卫生服务中心获得“温州市群众满意医疗服务窗口（基层站所）先进单位”称号。

2013年，社区卫生服务机构就诊人次137万，比2012年增长12.89%。

【全科医师签约服务】 3月，在全区启动全科医师签约服务工作，为辖区居民提供连续、稳定的契约式服务，至年底，已有22个社区卫生服务中心共签约10300人，并与居家养老、助残服务等结合，为辖区居民提供全方位的健康管理服务。10月13日下午，七都社区卫生服务中心联合辖区老人协会与市中心医院举行家庭医生签约式服务仪式，共签约60余名老人。

【困难群体关爱服务】 2013年，开展“免费体检送书籍，关爱新温州人子女”大型体检活动，为1000余名新温州人子女免费体检，并赠送价值3000元的“爱心书屋”。为贫困精神病患者门诊免费送药1789人次，计18万元，免费收治住院124人次，共计173.6万元。区属各社区卫生服务中心定期举办健康知识讲座、免费义诊、为卧床老人送医送药等关爱困难群体服务活动

【南浦社区慢性病联合门诊部成立】 6月11日，南浦社区卫生服务中心慢性病联合门诊部成立。该中心与三级医院建立双向转诊及联合协作关系，针对糖尿病、高血压等慢性病进行专业诊治。

医疗改革与服务

【概况】 2013年，在区人民医院和区精神病医院对所有药品（中

药饮片除外）全部实施零差价销售；实行首诊负责制、双向转诊、对口帮扶、临床路径、优质护理、电子病历等项目制度。在区人民医院临床路径开展2个专业2个病种的医疗服务。

2013年，出台《鹿城区加快推进社会资本举办医疗机构的实施意见》，按照“非禁即入”的原则，全面开放医疗服务市场。设立100万元专项奖补资金用于支持骨干民办医疗机构发展和推动重点社会资本办医项目；按区属公立医院绩效工资水平的70%确定区属民营医疗机构的最低工资指导线；完成区管民营医院人员参加企业社保工作；落实4家区管民营医院免税政策；确定专人负责社会资本办医项目代办，为有意向办医的社会资本提供服务。全年共设置审批民办医院2家，门诊部15家，诊所66家。

2013年，社区卫生服务中心中医科、中药房设置率100%，服务站中医药适宜技术提供率达70%。

8月14日，温州市急救中心双屿急救分站在鞋都社区卫生服务中心正式挂牌成立，为区政府“十件为民办实事”之一。

2013年，无偿献血完成年度预约计划数6581人次，献血量131.62万升，血小板362单位，其中献血量300毫升以上人员比例达77.49%。

2013年，区卫生局网站向社会公开医疗费用信息，其中鹿城人民医院、鹿城精神病院有16项，社区卫生服务中心有9项。区级医院、社区卫生服务中心的药品使用总量和结构，抗菌药物门诊/急诊占药品使用比例均在合理范围内也同时公布，患者医药费用负担得到有效控制。

2013年，鹿城区集中献血活动现场
区卫生局提供

【医疗质量与培训】 2013年，区急诊、护理、院感、病历、药事、检验等质控中心对辖区22家社区卫生服务中心、4家民营医院、30家门诊部、34家诊所、32家村卫生室（站）开展质控督导和培训，200余人参加了市、区质控中心组织的急诊、护理、病历书写等各类培训。

【医疗保障】 2013年，承担温州人大会议、鹿城乡贤聚会、划龙舟活动、鹿城台湾两地民间交流十大结对活动、拆违等各类大型活动的医疗保障工作21次；组织义工参加慈善、助残等义诊活动5次。

【护理技能比赛】 5月10日，鹿城区卫生系统举行护理技能比赛，经过4小时的比赛，选出优秀护士10名。该次比赛共有区属医疗卫生单位27位选手参加。

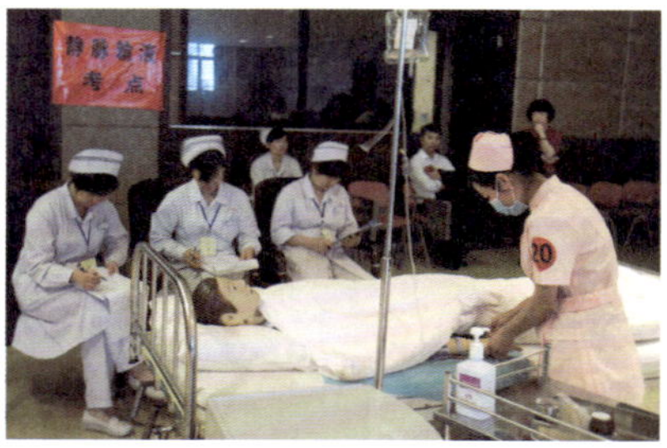

“5·12”护士节护理技能大比武
区卫生局提供

卫生应急

【概况】 6月，区政府批准区卫生局设立卫生应急办公室。修订完善公共卫生突发事件应急预案和技术方案；启动浙江省卫生应急示范区创建工作，12月被省卫计委列为2013年“浙江省卫生应急工作示范县（市、区）”试点区。是年，在水产品中监测发现霍乱弧菌并及时妥善处置；10月，“菲特”台风袭击后，第一时间组织防疫应急人员对灾民安置点和藤桥镇淹没区进行卫生防疫消杀、可疑临床症状监测和水质卫生监测并指导居民对饮用水进行消毒，确保灾后无大疫情发生。2013年，辖区未报告突发公共卫生事件。

4月7日、9日、28日，区疾控中心分3次组织人感染H7N9禽流感防控知识培训和应急演练，内容包括病例的发现和报告、流行病学调查、密切接触者判定、标本采样、重点场所消毒、个人防护技术、污染物品处置等。

4月9日，辖区报告温州市首例输入性人感染H7N9禽流感病例，区疾控中心立即对病例的25位密切接触者开展流行病学调

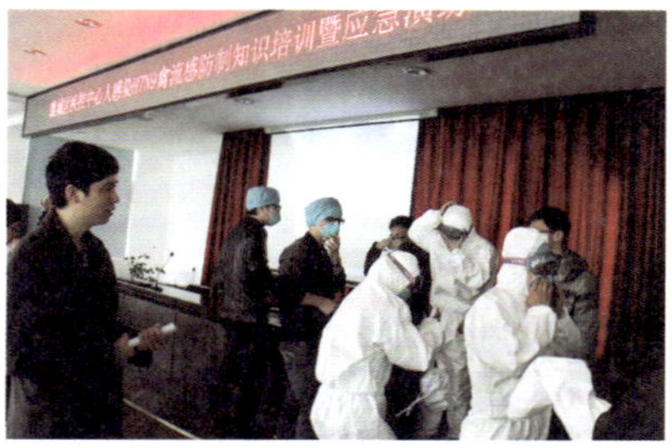

4月，鹿城区疾控中心开展人感染H7N9禽流感防控应急演练
区卫生局提供

查、采样检测和医学观察。至4月20日，所有密切接触者标本检测均为阴性，全部解除了医学观察。

疾病预防控制

【概况】 2013年，启动浙江省慢性病综合防治示范区创建工作，完成社区诊断、死因漏报调查、行为危险因素调查等工作。在全区建立慢性病患者管理小组27个，在江滨、南浦街道及区政府大院建成3所健康自测小屋。

2013年，共创成12家省级规范化预防接种门诊，2家省级五星级预防接种门诊，2家省三星级预防接种门诊。另有4家省级规范化预防接种门诊待省级验收。免疫接种单位规范化建设率达100%。

2013年，鹿城区食品安全检验检测中心在区疾控中心成立。

2013年，区疾控中心获得省级公共场所卫生技术服务资质单位称号。

【传染病防控】 2013年，全区共报告法定传染病28种6456例，其中，甲类传染病无病例报告，乙类传染病共报告21种2258例，丙类传染病报告7种4198例。传染病年发病率为500.4651/10万，较2012年度下降15.84%。死亡1例（死亡病例为艾滋病），病死率为0.0155%，死亡率为0.0775/10万。发病数排名前5位分别为：手足口病、肺结核、梅毒、流行性腮腺炎、病毒性乙型肝炎。与2012年度相比发病变化较明显的为：病毒性甲肝（发病率增加236.95%）；麻疹（发病率增加1360.13%）；病毒性乙型肝炎（发病率减少73.30%）；流行性感冒（发病率减少49.08%）；急性出血性结膜炎（发病率减少45.26%）；风疹（发病率减少76.76%）。

【艾滋病防控】 2013年，全区艾滋病病毒抗体检测39.01万人次，自愿咨询检测2169人次，7类重点人群（外来婚嫁女、外来务工人员、暗娼人群、男男性行为者、监管场所羁押人员、性病就诊者、男性老年人）艾滋病筛查19448人次，完成三类人群（暗娼人群、男男性行为者、孕产妇）艾滋病哨点监测1275人次。新增27家艾滋病抗体快速检测点，至年底，全区具有检测艾滋病抗体的医疗机构点总数达到48家。举办男男同性恋干预志愿者座谈会，招募艾滋病防治同伴教育员。2013年，通过“男男”志愿者进行“男男”危险行为的干预，合计干预10515人次，发放安全套22500只，宣传资料9950份；开展暗娼人群艾滋病危险行为的干预工作，对娱乐场所服务人员累计干预20459人次数，检测4978人，发放安全套21690只，宣传资料24426份。制作以温州鼓词和“三句半”形式的艾滋病防治宣传光盘1000余个在农村和社区老年人群中进行宣传教育；在1200余幢写字楼、住宅楼的电梯视频宣传平台播放艾滋病防治公益宣传视频，“12·1”艾滋病宣传日在拘留所、妇教所、流动人口聚居地对监管人员、流动人口举办艾滋病防治知识宣传活动。

12月1日，在区看守所开展大型防治艾滋病宣传活动　　区卫生局提供

【结核病防控】 2013年，加强结核病防治网络建设，肺结核病人系统管理792例，系统管理率98.75%，其中新涂阳病例治愈200例，治愈率94%。加强学校结核病防控工作，通过与教育局联合落实晨检制度，对一周以上慢性咳嗽的学校人员要求拍X片检查，以期尽早发现感染者。全年共报告学校肺结核病例43例，其中涂阳9例、涂阴34例、结核性胸膜炎1例，共筛查密切接触者2060人，通过对传染源的治疗和班级同学、老师、家人等密切接触者的筛查工作，及时发现和处置隐患，有效控制了学校结核病疫情的蔓延和扩散。

【免疫接种】 2013年，完成各类疫苗接种33万针次，七苗单苗接种率95%以上，其中乙肝99.93%，卡介苗99.86%，脊灰99.85%，百白破99.85%，麻风99.95%，流脑99.82%，乙脑99.83%。

“宝宝健康，从疫苗接种开始”幼儿绘画比赛　　区卫生局提供

【慢性病防治】 2013年，启动浙江省慢性病综合防治示范区创建工作，完成社区诊断、死因漏报调查、行为危险因素调查等工作。在全区建立慢性病患者自我管理小组27个。在江滨、南浦及区政府大院建成3所健康自测小屋。12月1日起，对辖区小学二年级学生进行免费窝沟封闭，全区共确定33家窝沟封闭定点医疗机构。全年共报告糖尿病5764例、冠心病498例、脑卒中1776例，恶性肿瘤2044例。死因排名前5位分别为恶性肿瘤、脑血管疾病、心脏病、呼吸系统疾病、损伤和中毒。

【公共卫生监测】 10月9日，鹿城区食品安全检验检测中心挂牌成立。该中心是在区疾控中心已有的设备、技术、人员基础上组建的。全年完成食品安全风险监测样品890份。区疾控中心获得省级公共场所卫生技术服务资质单位称号。

【碘缺乏病监测】 2013年，采样检测居民食用盐300份，其中非碘盐26份，碘盐覆盖率为91.33%、碘盐合格率为95.26%、合格碘盐食用率为87%。碘缺乏病病情监测，共监测辖区5个街道乡镇的5所小学637名8岁—10岁学生，检出甲状腺Ⅰ°肿大12人、Ⅱ°肿大1人，甲状腺肿大率为2.04%。对其中的120名学生进行尿碘监测，尿碘中位数166.5微克/升。

2013年度发病数/死亡数疫情分析报表统计（发病日期统计）

表19

疾病病种	2013年发病数	2013年发病率1/10万	2012年发病数	2012年发病率1/10万	发病率增减%
合计	6456	500.4651	8616	594.6580	-15.84
鼠疫	—	—	—	—	—
霍乱	—	—	1	0.0690	—
传染性非典	—	—	—	—	—
艾滋病	24	1.8605	20	1.3804	34.78
HIV	70	5.4264	52	3.5889	51.20
肝炎	588	45.5814	1409	97.2462	-53.13
甲肝	21	1.6279	7	0.4831	236.95
乙肝	261	20.2326	1098	75.7816	-73.30
丙肝	188	14.5736	165	11.3879	27.97
戊肝	33	2.5581	31	2.1396	19.56
肝炎（未分型）	85	6.5891	108	7.4539	-11.60
脊灰	—	—	—	—	—
人禽流感	—	—	—	—	—
甲型H1N1流感	16	1.2403	—	—	—
麻疹	13	1.0078	1	0.0690	1360.13
出血热	3	0.2326	2	0.1380	68.48
狂犬病	—	—	—	—	—
乙脑	—	—	—	—	—
登革热	—	—	—	—	—
炭疽	—	—	—	—	—
肺炭疽	—	—	—	—	—

续表19

疾病病种	2013年 发病数	2013年 发病率1/10万	2012年 发病数	2012年 发病率1/10万	发病率增减%
皮肤炭疽	—	—	—	—	—
炭疽（未分型）	—	—	—	—	—
痢疾	17	1.3178	12	0.8282	59.12
细菌性痢疾	17	1.3178	12	0.8282	59.12
阿米巴性痢疾	—	—	—	—	—
肺结核	827	64.1085	976	67.3614	−4.83
涂（+）	284	22.0155	308	21.2575	3.57
菌（—）	488	37.8295	599	41.3417	−8.50
未痰检	54	4.1860	67	4.6242	−9.48
仅培阳	1	0.0775	2	0.1380	−43.84
伤寒+副伤寒	41	3.1783	57	3.9340	−19.21
伤寒	40	3.1008	52	3.5889	−13.60
副伤寒	1	0.0775	5	0.3451	−77.54
流脑	1	0.0775	—	—	—
百日咳	2	0.1550	1	0.0690	124.64
白喉	—	—	—	—	—
新生儿破伤风	1	0.0775	2	0.1380	−43.84
猩红热	35	2.7132	24	1.6564	63.80
布病	2	0.1550	—	—	—
淋病	135	10.4651	128	8.8343	18.46
梅毒	546	42.3256	757	52.2465	−18.99
Ⅰ期梅毒	110	8.5271	227	15.6671	−45.57
Ⅱ期梅毒	97	7.5194	126	8.6963	−13.53
III期梅毒	3	0.2326	4	0.2761	−15.76
胎传梅毒	8	0.6202	15	1.0353	−40.10
隐性梅毒	328	25.4264	385	26.5719	−4.31
钩体病	—	—	—	—	—
血吸虫病	1	0.0775	—	—	—
疟疾	6	0.4651	3	0.2071	124.64
间日疟	1	0.0775	—	—	—
恶性疟	5	0.3876	3	0.2071	87.20
疟疾（未分型）	—	—	—	—	—
人感染H7N9禽流感	—	—	—	—	—
流行性感冒	34	2.6357	75	5.1763	−49.08
流行性腮腺炎	265	20.5426	388	26.7789	−23.29

续表19

疾病病种	2013年发病数	2013年发病率1/10万	2012年发病数	2012年发病率1/10万	发病率增减%
风疹	12	0.9302	58	4.0030	-76.76
急性出血性结膜炎	58	4.4961	119	8.2131	-45.26
麻风病	—	—	—	—	—
斑疹伤寒	—	—	—	—	—
黑热病	—	—	—	—	—
包虫病	1	0.0775	—	—	—
丝虫病	—	—	—	—	—
其他感染性腹泻病	69	5.3488	60	4.1411	29.17
手足口病	3759	291.3953	4523	312.1679	-6.65

卫生监督

【概况】 1月10日，区卫生局餐饮服务环节的许可及监督职能以及保健食品、化妆品监管职能正式移交区食品药品监督管理局。区卫生局创新机制严打非法行医，全面开展公共场所“四小”整治、学校卫生、传染病防治、职业病防治等各项工作。全年共接到投诉举报354件，处置率100%。立案341件，结案274件，罚款150万元，追究刑责16人。卫生监督工作全市考核第一，全省名列前位，打击非法行医工作被作为先进典型上报国家和省卫计委。区卫生监督所获得温州市打击“两非”和非法行医工作先进单位称号、温州市职业健康检查和职业病诊断与鉴定工作规范化建设行动先进集体称号、温州市卫监系统大要案查处先进集体称号等10项荣誉。

【医疗机构监管】 2013年，开展医疗机构不良执业记分管理，对全部医疗机构进行现场监督检查，对发现问题的60家医疗机构进行不良行为记分，立案44家，罚款10.09万元。采取“全天候巡查+非工作时间突击检查+日常监督检查”打非新方式，通过制作打非宣传光盘在公交车上播出、打非宣传小册子、固定墙体宣传画、现场宣传等方式强化打非宣传。全年共取缔无证诊所618家次，立案171起，罚款115万元，追究刑责16人，实现五马辖区无证诊所“零存在”，双屿辖区无证诊所明显下降。

【公共场所卫生监管】 2013年，共办理“四类公共场所”卫生许可证1742件，比2012年增加70%，办理公共场所从业人员健康证1.6万件，比2012年增加88%。2013年城区“四小行业”总数2480户，持证2446户，持证率达98.6%。

【学校卫生监管】 2013年，区卫生局组织开展“校园卫生安全健康1号行动”，重点检查学校的传染病防控管理、应急预案、防控措施、因病缺课病因追查制度、学生晨检制度执行情况、生活饮用水卫生管理等情况；开展以学校卫生监测为主的“校园卫生安全健康2号行动”，重点检查中小学校教室的人均面积、采光等教学设施，并监测了二氧化碳、温度、噪声等教室微小气候；开展以学校生活饮用水卫生安全为主的“校园卫生健康3号”行动和“千万学生饮用水放心工程”等专项行动，确保校园卫生安全。

【职业病防治】 2013年，共完成全区5家化工企业和1家制革企业的建设项目职业病危害防护设施竣工验收和职业病危害控制效果评估，完成全区化工行业污染整治后的卫生工作任务。开展健康体检机构规范化建设专项行动，举办《中华人民共和国职业病防治法》宣传周活动，发布职业病防治预警4次。

【放射卫生监管】 2013年，对辖区内19家放射诊疗的医疗机构进行监督检查，放射诊疗许可证持证率达100%。

妇幼保健

【概况】 2013年，切实提升妇幼保健水平，全面实施妇幼保健均等化服务，推进重大公共卫生妇幼项目，建立健全工作机制，全区各医疗机构和社区卫生服务中心全部启用区域妇幼信息网络系统，健全完善信息共享服务体系。加强与各医疗机构的沟通协调联系。全面提高出生人口素质，降低孕产妇和儿童死亡率。10月，区妇幼保健所组织对辖区内包括温医附属第二医院、市中心医院、市人民医院、康宁医院在内的14家助产机构进行妇幼卫生监测质量控制检查。

【孕产妇管理】 2013年，建成妇保规范化门诊18家，建设率81.82%。该年共有产妇人数37757人，其中区籍孕产妇6028人。孕产妇产前筛查13088人，筛查率达74.66%；产前筛查低风险随访率达83.86%，系统管理率达97.31%，住院分娩率100%。上报重症高危孕产妇1217例，已纠正1082例，高危孕产妇管理率100%，住院分娩率100%，全年孕产妇零死亡。

【儿童保健】 2013年，规范辖区所有高危新生儿的筛查、随访和指导工作，做到早发现、早干预、早诊断、早治疗，全区高危儿管理率100%，实现营养性疾病专案管理，营养性疾病儿童管理率100%。辖区内18家助产机构（附一医、附二医除外）新生儿遗传代谢病筛查、听力筛查率和筛查质量得到提升。新生儿疾病筛查26453人，筛查率98.9%，新生儿听力筛查37553人，筛查率达97.6%。在区户籍婴儿死亡率1.79‰，5岁以下儿童死亡率3.09‰；0岁—3岁儿童系统管理率96.36%，0岁—6岁儿童健康管理率97.6%。建成儿保规范化门诊17家，建设率达77.27%。

【婚育服务中心正式挂牌成立】 3月22日，鹿城区婚育服务中心正式挂牌成立，实现“婚姻登记、免费婚前医学检查、免费孕前优生检查”三位一体“一条龙”服务模式，方便了婚前医学检查。该年，婚前免费医学检查实检9008人，婚检率从2012年的83.3%提升到94.01%。

【重大公共卫生服务妇幼项目】 2013年，进一步巩固“预防艾滋病、梅毒和乙肝母婴传播”项目工作示范区创建成果，孕产妇艾滋病、梅毒、乙肝检测率均达100%。继续孕产妇住院分娩补助、增补叶酸预防神经管缺陷、农村孕产妇住院分娩补助等工作并做好育龄待孕妇女的叶酸增补“多点发放”工作。实施“妇女健康促进工程”，扩大城乡妇女两年一次的常见妇科疾病检查和乳腺癌、宫颈癌免费检查范围，并对检查出疾病的患者进行及时治疗，对农村贫困患者实施医疗救助。农村孕产妇住院分娩补助1240例，增补叶酸预防神经管缺陷1567例，宫颈癌检查4495例，乳腺癌检查1228例，任务完成率均超过100%。

【出生医学证明发放管理】 2013年，全区19家出生医学证明签发单位全面使用区域妇幼网络系统进行出生医学证明发放管理和出生信息网络直报。该年，全区活产数38462人，出生医学证明签发数39179人，其中首次签发38123人，当年出生当年签发率达90.63%。

【托幼机构保健管理】 2013年，全区有托幼园所141家，均已达到托幼机构卫生保健合格标准。完成新生入园体检9273人，体检率100%；保教人员体检3904人，体检率100%。

精神卫生

【概况】 2013年，继续推进重性精神疾病管理治疗项目试点区各项工作，全区8个街镇全部建立重性精神疾病患者关爱帮扶小组。对社区卫生服务中心精防人员、辖区民警举行培训4次，培训率95%以上。建立重性精神疾病患者日常筛查机制，发现重性精神疾病4423例，规范管理3714例，规范管理率83.97%。做好重性精神病人危险行为评估，完善社区精神病人随访管理，落实“发病送医院，康复回社区”的双向转诊制度。全年，为贫困精神病患者门诊免费送药4120人次，免费体检479人次，免费收治住院病人300人次，共计免费550.53万元。

爱国卫生

【概况】 2013年，全区深入开展爱国卫生工作。推出“一把手工程”实行区四套班子领衔制，区直部门与结对单位挂钩制、督查和责任追究制、考核奖惩、信息报送反馈通报等系列制度。同时，开展“七大攻坚”行动、“百日攻坚”行动、“创卫攻坚”等行动，全区环境卫生明显改善，居民健康水平进一步提升。

2013年，全区有14个卫生示范社区和44个卫生达标社区通过市级复评验收。

【专项整治】 2013年，着力环卫基础设施工作。强化垃圾坞、垃圾转运站和公厕等环卫设施管理，新增果壳箱3756个，改造垃圾坞2775座、垃圾中转站3座，公厕改造209座，道路维修43.72万平方公里。集贸市场整治有20个农贸市场得到改造，占全区农贸数的71.43%。20个小菜场改造了14个。35个马路市场予以取缔，整改10个临时菜市疏导点。废品（再生资源）收购点整治共280家，持证的256家，整治率达91.4%。规范整治“四小”行业总数2488家，持证率99.68%；小餐饮5716家，持证率95.14%。14个城中村整治已改造完成5个，9个在拆迁中。清理四边垃圾11.4万吨，清除河面垃圾820吨。市容环境整治沿街不规范空调室外机2141台，整治率100%；修复道路破损面积32.3万平方米；完成93条主干道、背街小巷架空管线的整治；洗车店整治率达95.8%；整治黑臭河11条；43个建筑工地标准化率100%。公共卫生整治在全区设置16个传染病监测点，开展对7种重点传染病监测。同时，加强疾病监测预警工作。

志愿者在开展创卫整治活动　区卫生局提供

【健康教育】 2013年，65个社区建立健康教育宣传专栏。发送健康知识宣传短信210万条。发放《健康知识小手册》《健康素养66条》《创卫健康手册》12万份。开展“楼道卫生齐共享”“健康小游园设计”“我们社区最美丽”等活动。开展“小手拉大手，创卫路上一起走”学校宣传活动，向6万多名学生发放创卫倡议书。开展“健康促进学校”创建活动，创成银牌学校6所，铜牌学校16所。各医院、社区卫生服务中心设立固定宣传橱窗，开展电子屏幕滚动健康卫生知识宣传，发放各类宣传资料。各机关单位和企事业单位开展创卫知识宣传和职业病防治知识宣传等。另外，开展“谁家门前最干净”评比活动；举办“中国梦—创卫在行动”文艺巡演10场；举办各类健康教育讲座活动180场。

【除四害工作】 2013年，“灭鼠先进城区”“灭蚊先进城区”“灭蝇先进城区”通过省级复评考核验收。除“四害”工作常态化开展，春秋两季灭鼠活动灭鼠覆盖率98%以上。灭蚊蝇工作除居民区内外环境的消杀外，加强对塘河沿岸的绿化带，坡岸的孳生环境清理和消杀工作以及规范密度监测，科学有效地开展病媒消杀工作。

体 育

综 述

2013年，鹿城区体育事业发展局以科学发展观为统领，坚持体育为社会发展服务的宗旨。全面实施《温州市人民政府关于印发鹿城区全民健身实施计划（2011—2015年）的通知》要求，倡导群众生态健身新理念，完善全民健身服务体系、体育基础设施体系。

2013年，获得国际比赛冠军3次，获得亚洲冠军1次。获得全国性比赛金牌47枚、银牌45枚、铜牌61枚。参加温州市第15届运动会（大众体育部）比赛，获得金牌数和团体总分数第一名。

2013年，公共体育场地设施建设累计1231个。街道（镇）创建浙江省体育先进街道和社区（村）创建省级体育俱乐部工作有序开展。举办各类群众体育比赛活动共40次，参与人数逾1万人次。2月、11月，先后成立鹿城区体育舞蹈协会和鹿城区自行车运动协会，并综合已有的16个协会，成立鹿城区体育社会组织拓展型支部委员会。

2013年，培训二级社会体育指导员100名，国民体质检测3630人次。

2013年，体育市场无安全责任事故发生。10月，鹿城区体育强区创建通过浙江省体育强区复评。

竞技体育

【概况】 2013年，鹿城籍运动员在国际比赛中有2人获得3次世界冠军，在亚洲锦标赛中有1人获得冠军；在第十二届全国运动会上获得金牌11枚，银牌8枚，铜牌17枚，在其他全国性比赛中获得金牌36枚，银牌37枚和铜牌44枚。

【射击比赛】 9月，朱启南在辽宁沈阳举行的全国第十二届运动会男子步枪3×40项目比赛中，以1631环的成绩获得第一名；在男子气步枪比赛中，朱启南以809.9环的成绩获得第三名。

【航海模型】 7月，潘磊与莫衔合作，在比利时举行的世界航海模型动力艇ECO—TEAM项目锦标赛中，以134圈4.92秒的成绩获得团体项目第一名；在模型运动艇F1—EX<1公斤项目比赛中，以10.30秒的成绩获得第二名。

【艺术体操比赛】 9月，蔡彤彤、滕紫彤在辽宁沈阳举行的全国第十二届运动会上。以总分27分的成绩获得团体艺术体操比赛第二名。另外，蔡彤彤在艺术体操集体全能比赛中，以29分的成绩获得第三名。

【游泳比赛】 9月，徐嘉余在辽宁沈阳举办的全国第十二届运动会上，以53秒43和1分56秒67的成绩分别获得男子100米仰泳、男子200米仰泳第一名，吕志武和徐嘉余在男子4×100米混合泳接力赛中与队友合作以3分34秒94的成绩获得团体第一名；吕志武在男子100米自由泳和50米自由泳比赛中分别以48秒60和22

2013年，徐嘉余在沈阳第十二届全运会获男子100米、200米仰泳冠军　　区体育局提供

秒30的成绩获得第二名，在男子4×100米自由泳接力赛中与队友合作，以3分15秒61的成绩获得第一名；何添奇、吕志武与队友合作在男子4×200米自由泳接力中以7分12秒79成绩获得第一名；何雨哲、白安琪与队友合作在女子4×100米混合接力中以4分2秒20的成绩获得团体第三名。10月，徐嘉余在天津举办的第六届东亚运动会中，分别以53秒90和1分57秒45的成绩获得男子100米仰泳和200米仰泳第一名；白安琪在女子200米仰泳中以2分12秒70的成绩获得第一名；徐嘉余在男子4×100米混合泳接力赛中与队友合作以3分35秒43的成绩获得团体第二名。

2013年，吕志武在沈阳第十二届全运会获男子100米、50米自由泳亚军　　区体育局提供

【国际象棋比赛】 5月，丁立人在海南儋州举行的第四届国际象棋超霸冠军赛上，获得男子个人项目第一名。7月，丁立人在韩国举行的亚洲室内运动会国际象棋混合团体赛中获得第一名，同时获得超快棋混合团体赛第二名和个人慢棋赛第三名。12月，丁立人和队友合作，在土耳其举行的世界国际象棋团体锦标赛上，获得男子团体第二名。

【羽毛球比赛】 3月，在上海举办的全国青年羽毛球锦标赛中，诸葛露凯和队友合作获得甲组男子团体和男子双打比赛第一名；郑思维与队友合作在乙组男子双打比赛中获得第一名，在乙组男子单打比赛中获得第二名。7月，郑思维与队友合作在马来西亚举行的亚洲青年羽毛球锦标赛中，获得男子团体和男子双打比赛第一名；9月，张天益与队友合作在浙江宁波举行的全国青少年羽毛球赛乙组男子双打比赛中获得第二名。

【排球比赛】 1月，在2012—2013年全国排球甲A联赛中，李静和邱亚楠参加的省排球队获得第三名。9月，在江苏太仓举行的全国排球锦标赛中，李静和邱亚楠参加的省排球队获得第一名。

【篮球比赛】 2月，在2012—2013年全国篮球甲级联赛中，金安慧参加的省篮球队获得第二名，7月，在河北秦皇岛举办的全国篮球职业俱乐部U16比赛中，陈川与队友合作获得第三名。

【赛艇比赛】 9月，在安徽六安举行的全国青年U—18赛艇锦标赛中，陈俊杰获得男子轻量级个人单桨2000米第一名。

【技巧比赛】 4月，在四川乐山举行的全国技巧锦标赛中，李安以27.550分的成绩获得集体项目团体第三名。11月，在重庆铜梁举行的全国技巧冠军赛中，李安获得集体项目第一名。

群众体育

【概况】 2013年，区体育事业发展局以“浙江省体育强区复评工作”为契机，全面深入实施《温州市人民政府关于印发鹿城区全民健身实施计划（2011—2015年）的通知》要求，在全区开展了“全民健身”为主题的体育健身活动。该年共举办鹿城区机关干部钓鱼比赛、肢残人趣味运动会、体育系统趣味运动会、区机关干部登山比赛等活动40项，参加人数达1万余人次。

2013年，新建12个室内外乒乓球室、5个标准篮球场、5个室外健身苑点、5条健身登山步道、5个体育休闲公园、1个沙土门球场、6个省小康体育村，6个新型农村社区体育休闲广场。另外，投入48.6万元更新维护体育器材390件，维修苑点536个。至年底，全区累计建有健身点（苑）、篮球场等各类公共体育场地设施1231个，已形成10分钟健身圈（步行10分钟即有健身处）。

2013年，五马、松台、滨江、南汇等4个街道积极创建浙江省体育先进街道；双屿街道积极准备浙江省体育强镇（街道）

6月8日，在鹿城区行政会议中心召开鹿城区浙江省体育强区复评工作动员大会
区体育局提供

复评工作；松台街道月湖社区，五马街道马鞍池社区、花柳塘社区积极创建浙江省社区体育俱乐部；藤桥镇选岙村、金岙村、山根村积极创建浙江省村级体育俱乐部。另外，有墨池等46个社区积极创建省体育先进社区。10月，通过浙江省体育强区复评。

【参加温州市第十五届运动会（大众体育部）获金牌数总分数第一】 4月—10月，鹿城区组成400多人体育代表团，参加温州市第十五届运动会（大众体育部）23个项目比赛。共获得金牌49枚、银牌23枚、铜牌30枚。奖牌总数达到102枚，总分958分，金牌数和团体总分数均为全市第一位。

【体育骨干队伍建设】 3月，区体育局承办国家二级社会体育指导员培训班，同时开展区级培训工作，共培训二级社会体育指导员100人。6月—7月，区体育事业发展局派出8人参加国家、省、市一级、二级社会体育指导员培训班。

【鹿城台湾民间体育交流结对活动】 4月，鹿城区游泳、八卦掌（拳）、围棋、龙舟4个协会分别与高雄市成人游泳协会、高雄市武术研究会、台湾围棋教育推广协会、高雄市体育会围棋委员会在鹿城区进行交流和结对活动。

【国民体质监测】 2013年，区体育事业发展局陆续开展国民体质监测工作。全年，共检测3630人次，并为每位受检测人员讲授科学锻炼的知识。

体育市场

【概况】 5月，举办法人法制培训，对鹿城区40家游泳场馆法人代表、经理、负责人共81人进行了法律法规的培训。6月，对辖区经营高危险性游泳项目场所进行一次行政许可前的检查工作，并为38家符合行政许可条件的游泳场所发放了许可证。6月—9月，联合卫生、公安、媒体、救生协会、游泳协会等单位共进行10次游泳场所安全大检查，其中违规约谈五例，停业整改二例。全年，场所开放无安全责任事故发生。

社会事务

社会保险

【概况】 2013年，鹿城区社会保障体系建设进入全面完善、加快发展的新时期。全区已建立覆盖城乡的养老保险制度，包括企事业单位职工、灵活就业人员和城乡居民；已将公务员、城镇职工、城镇居民、农民工、未成年人纳入医疗保障体系，初步构建多层次社会医疗保障体系的基本框架，实现了户籍人口基本医疗保障制度全覆盖。

全年，鹿城区征缴企业基本养老保险基金96369万元，支出51504万元；征缴事业养老保险基金16474万元，支出24717万元；征缴城乡居民社会养老保险485万元，支出4260万元；征缴被征地农民社会保障基金3359万元，支出2098万元；征缴基本医疗保险基金73189万元，支出31567万元；征缴城镇居民医疗保险基金15712万元，支出16238万元；征缴子女统筹基金654万元，支出612万元；征缴工伤保险基金16703万元，支出10850万元；征缴生育保险基金1797万元，支出2456万元。

【扩面工作】 温州市整体经济环境持续低迷，社会保险缴费金额逐年提升。2013年，一名员工社保费用按最低缴费基数缴纳需10968元，企业因负担重参保积极性不够，扩面形势非常严峻。为促进社保扩面，将社保登记证年检与劳动监察书面审查相结合，并通过日常的企业评优评先、从地税数据中比对出社保未登记企业通知参保登记等措施，加强企业参保监管；将市、区下达的年度扩面目标任务数分解落实到各街镇，明确扩面目标责任；以服务企业为宗旨，进企入户进行调查摸底，重点加大对私营企业、民办非企业等单位扩面情况的督查，给予现场指导帮助，进行社保政策宣传。经多方努力，全面扭转第一季度扩面数负增长态势，养老和医疗保险提前完成全年任务数。截至年底，全区参保单位15254家，其中事业单位359家，企业14895家；参加城镇职工基本养老保险271129人，比2010年新增22757人；参加职工基本医疗保险168412人，比2010年新增5798人；参加生育保险120889人，比2010年新增11261人；参加工伤保险257563人，比2010年新增15777人；参加城乡居民社会养老保险58631人，发放养老金30607人；参加被征地农民社会保障53470人；参加城镇居民医疗保险28862人；新型农村合作医疗参合人数共计117674人，参合率达99.24%。

【养老保险】 企业退休人员基本养老保险待遇连续10年逐年提高，被征地农民基本生活保障等待遇水平。截至2013年底，鹿城区企事业单位离退休人员26812人（不包括市本级参保的鹿城区户籍退休老人）；城镇老年居民养老金待遇400元/月，发放人数1807人；被征地农民社会保障待遇发放人数19570人，其中享受生活补贴金17468人，参加基本生活保障2102人；提高城乡居民社会养老金至100元/月，发放人数30607人。

2013年，进一步扩大社会保险个人权益记录单的免费寄送对象，包括企业在职人员、退休人员，单独参加工伤并享受工伤待遇人员，完成寄送人数30.6万人次。继续落实养老保障相关政策，解决历史遗留问题，至12月底，按省221号文件参保（已到账）人数累计4759人。

【医疗保险】 做好定点医疗机构的常规性审核工作，并配合市里重点与不定期开展稽核工作，引导良性医疗消费，确保基金安全。2013年，鹿城区医保定点医疗机构总计112家，其中医院34家（社区站点39家），药店69家。

4月起，鹿城区职工医保住院费在职报销比例由原来的85%、90%统一调整提高为90%，退休报销比例由原来的90%、95%统一调整提高为95%；门诊最高限额由4000元提高到6000元；在职和退休职工医保门诊起付标准分别由800元、600元下调至600元、400元。城乡居民医保门诊统筹就诊范围扩大至更高等级医院和定点零售药店、政策内住院报销比例达75%。

【工伤保险】 在抓好基金征缴的基础上加强待遇支付审核，依法核定待遇资格，维护工伤职工的合法权益。2013年，办理工伤保险待遇支付业务940笔，支付金额1633.41万元。

【生育保险】 完善生育保险办事制度，加强待遇审核，严把支付关，有效保障了女职工切身利益。2013年11月1日，全区国家机关、事业单位职工全部纳入生育保险范围。全年，办理生育保险待遇支付业务3196笔，支付金额2467.41万元。

【社会化管理服务】 2013年，全区共有11万余名企业退休人员和城镇老年居民纳入了社区管理，占全市三区社会化管理服务退休人员的95%以上，管理服务率达98%以上，开展各类文体活动和慰问活动等累计1.3万余次。依托社区平台，加强免费健康体检和养老金领取资格的认证工作。全年，企业退休人员认证率达99.7%，事业退休人员认证率达100%，城乡居民认证率100%，并对未及时进行资格认证的人员予以停止享受待遇，有效杜绝养老保险基金的流失。

【继续推进社会保障·市民卡工程建设】 2013年，实现全区城乡居民医保市域范围就医结算“一卡通”。进一步推进全区市民卡的建设和应用，市民卡充值网点全区实现八大银行基本全覆盖，网点数223家；市区设立市民卡消费网点200多家，全面实现公共交通、修车、购车、加油、保险等应用。11月初，在区社保服务大厅设立了八家银行的市民卡便民服务窗口，实现了市民卡的申办、咨询、圈存以及现场免费采集照片等一条龙服务，日均办卡量超过100张，占市区市民卡中心（市本级、鹿城、瓯海、龙湾）日均办卡量的一半以上。截至年底，全区市民卡发放总数达28.7万张。

民族宗教事务

【概况】 2013年，鹿城区民族宗教事务以“民族和睦、宗教和顺、社会和谐”为目标，加强民族宗教事务管理与服务，突出工作特色，为“创首善之区、建幸福鹿城”做出贡献。

2013年，在区行政中心开设民族宣传栏，图文并茂地介绍鹿城区民族工作成就。开展少数民族知识竞赛活动和“中华民族一家亲、同心共筑中国梦”主题征文比赛，广泛动员各族群众参与活动，进一步提高对少数民族知识和政策法规的认识，为各民族“共同团结奋斗、共同繁荣发展”创造良好的社会氛围。各街道、镇结合辖区实际，深入开展少数民族帮扶行动，真正让少数民族遇到困难摸得着门找得到人，其中南汇街道的做法得到《中国民族报》头版报道。区民宗局配合法院、民政局和行政执法局等，妥善处置2家回民拉面馆拆迁赔偿事宜，确保少数民族群众利益与城市拆迁工作两不误。

【宗教专项工作】 2013年，太平寺温州佛学院（女众部）通过国家宗教局初审。11月19日，区民宗局配合做好永嘉大师圆寂1300周年纪念活动。12月2日，郭公山最胜居士林举办黄淮纪念馆开馆仪式暨少保牌坊奠基仪式。2013年，对台交流实现了宗教先行，基督教“两会”到中国台湾交流学习，台湾佛教到鹿城与妙果寺结对交流活动。启动宗教场所财务代理试点工作。鹿城区佛教协会和道教协会分别成立了场所会计代理中心，有效规范场所账务管理，树立了宗教场所良好形象。12月底，49处佛教场所和83处道教场所分别进入协会会计代理中心。开展教职人员社会保障工作。区民宗局与财政、社保和民政联合下发区级教职人员社保文件，并举办社保知识专题培训，各宗教团体陆续制订了团体和场所的补助方案。深化和谐寺观、教堂创建和星级场所评选活动。2013年，再创26处和谐寺观、教堂，评选四星场所4处，三星场所10处，二星场所30处，一星场所30处。开展“以堂带点”工作。总结藤桥巽岙天主教堂仁地点被市民宗局登记备案试点经验，完善管理办法，推广家庭聚会点“以堂带点”工作。4月，省委统战部宗教处处长倪卫东到鹿城区调研，肯定“以堂带点”创新模式，省民宗委主任建议向全省推广。

11月19日，永嘉大师圆寂1300周年纪念大典暨永嘉大师塑像揭幕仪式在温州市宿觉名山广场举行　　区民族宗教事务局提供

【宗教场所管理】 2013年，实行宗教活动场所消防安全“户籍化”管理，在全市率先出台宗教和民间信仰活动场所火灾隐患排查整治标准，全面开展宗教和民间信仰活动场所“除隐患、保安全”消防专项行动。推进涉及重点项目和“四旧”（旧区、旧居、旧厂房、旧市场）改造的场所拆迁工作。全年完成10个场所拆迁工作。

【民宗慈善工作】 2013年，民宗慈善分会安排了3万余元慰问25户少数民族贫困家庭，受到少数民族群众的赞誉。启动少数民族贫困学生“圆梦工程”，帮助少数民族子女解决就学22人，发放助学金1万余元。引导宗教界开展慈善公益活动。响应全区“慈善一日捐”，募得善款69万元，汇聚宗教慈善正能量。开展十个公益项目，发扬乐善好施优良传统，包括爱心助残捐赠100辆轮椅，慰问聋儿语训部，帮扶南塘社区孤寡老人，资助泰顺民族村建设、千人无偿献血活动等等。

人口和计划生育工作

【概况】 2013年，全区人口和计划生育工作立足中心城区标杆工作定位，坚持以稳定低生育水平为目标，全面推进“强基创优工程”，真抓实干破解计生重点难点问题，积极完善计生利益导向，促进计生公共服务转型升级，全区人口和计划生育整体工作水平得到有效提升。全年（含往年）计划生育率为91.31%，高于市定上限指标（91%）0.31%；出生人口性别比户籍为106.77：100，比市指标（109）低2.23个比值；共掌握当年出生为5868人。婚前医学检测率92.40%，孕前优生检测率100%。

【优质服务】 2013年，积极巩固“省级优质计生服务区”成果，成功创建国家级人口计生优质服务先进区。积极整合卫生资源，构建“1+2+28”（1个区婚育服务中心、2个区计生分站和28个社区卫计服务中心）全覆盖的卫计公共服务体系，3月在全省率先启用集婚姻登记、免费婚检、孕前优生检测“一条龙”服务的人口计生婚育服务中心；开展标准化计生服务中心建设试点，全区28个社区在11月全面完成卫计服务中心建设任务，实现了“免费避孕药具5分钟服务圈”和卫计服务“20分钟服务圈”建设全覆盖。

【依法行政】 2013年，全面推行计划生育行政执法责任制，出台《关于进一步明确违法生育社会抚养费征收工作部门职责的通知》《鹿城区人口和计划生育规范社会抚养费征收行使自由裁量权实施办法》等制度文件，落实社会抚养费取证的工作机制，确保社会抚养费依法足额征收到位。在全市首创对街镇的征收考核中增设当年和往年的报送法院率，通过司法程序，进一步提高当年的征收兑现率，减少往年的遗留尾数。坚持正确执法、文明执法，严格执行“收支两条线”，规范案件移交司法程序，全区无一例案件败诉，没有发生因行政侵权引发的计划生育恶性案件。

【“两非”打击】 “两非”即非医学需要的胎儿性别鉴定、非医学需要的人工终止妊娠。2013年，建立公安、卫生、药监等部门联合查处机制，每季度召开联席会议，充分利用公安部门等技术侦察手段，深挖案源，从严查处。突出把好生育审批关、孕情监测关、终止妊娠关，全面落实出生实名登记、无证产前报告、定点凭证引产等工作制度，严格落实再生育全过程管理责任。

【利益导向】 2013年，积极打造具有鹿城亮点特色的计生失独家庭养老帮扶模式，在全市成立首家东日老人公寓特殊家庭依托中心，出台《关于鹿城区失独家庭扶助办法（试行）》，投入220万元量身定制“老有所养、老有所依、老有所乐”的多元化、人性化的生命全过程关怀服务，在《中国人口报》及省计生刊物上做了典型经验介绍。

【流动人口管理】 2013年，针对鹿城外来育龄妇女超过本地育龄妇女两倍的区情实际，建立专项资金投入公共服务，落实均等化工作经费；开展新居民计划生育规范化服务中心建设，滨江、双屿街道成功创建省级流动人口计生规范化服务中心；发放“关爱新居民，推进均等化”公交IC卡，受益2000个家庭。

老龄工作

【概况】 2013年年底，鹿城60周岁以上的老年人已达14.40万人，占全区总人口的19.5%，80周岁以上的老年人达到21102人。高龄化、空巢化不断加剧，老龄形势十分严峻。

【社会养老服务体系建设】 2013年，出台了养老服务体系建设“1+5”文件。确定了鹿城“9643”的养老框架。其中《鹿城区社区（村）居家养老服务照料中心（站、点）分类管理办法（试行）》创全市之先，《鹿城区社会养老服务体系建设部门工作职责》创全省之先，《浙江民政信息》第10期专刊全文刊发，在全省予以推广。

【社区（村）养老服务照料中心管理】 按照《鹿城区社区（村）居家养老服务照料中心（站、点）分类管理办法（试行）》（温鹿政办〔2013〕78号）将社区（村）居家养老服务照料中心根据硬件设施、功能设置、服务管理和运行机制的不同分为三个星级，每年验收定级，并按照不同星级标准发放相应的补助经费。2013年，对80个社区全部进行检查验收，达到三星级标准的为27家。15个农村社区也建立了居家养老服务照料中心，达到农村社区养老服务的全覆盖。此外，还有6个社区创建了市级居家养老服务照料中心示范点。年底，全区依托社区居家养老服务照料中心建成社区老年电大教学点50家，老年食堂（助餐点）25个，日间照料室55个，让老人们平平安安出门，高高兴兴回家，享受到优质、幸福的晚年生活。

【慈善老龄基金援助】 2013年，慈善老龄基金捐助清风、春秋、横河、花柳塘、安澜、垟岸等6个社区118.49万元。财政的支持和慈善老龄基金的介入为鹿城居家养老服务体系建设提供了坚实的保障。

【政府购买养老服务】 2013年，按照《鹿城区养老服务需求评估办法》和《鹿城区政府购买养老服务补贴制度实施方案》，成立了区—街、镇—社区三级评估小组。并召开评估领导小组会议和评估员培训会议。2013年，共有100多位老年居民提出了政府购买养老服务的申请。经过各街镇、社区（村）对低保家庭60周岁以上人员的失能、失智情况进行入户评估，符合条件的对象为65人。其中58位居家的老人，只要电话“点单”，就能免费享受每年4800元的服务。而另7位入住养老机构的老人，每年政府补贴养老机构12000元，由所在养老机构提供服务，其本人的低保金计入养老服务补贴。区民政局择优确定了养老服务企业，并以街、镇为单位分别与企业签订了购买服务协议。按每人每月400元标准向符合条件的老年人发放服务券。券上印有服务企业的名称、地址、电话等。供应商针对老人不同服务需求制订服务计划，可提供生活照料、家政料理、医疗保健、精神慰藉、文体娱乐、法律咨询等近40项养老服务。由于这项工作开展的深入扎实，受到社会各界的好评，温州各大媒体竞相报道，社会反响十分强烈。

2013年，共为5008名60周岁以上的老年人和4876名70周岁以上的老年人办理浙江省老年人优待证；共审核648名新增的90—99周岁的高龄老人生活补贴，2013年，共有8996人次的老年学员参加了老年电大的学习，并顺利结业。

【《中华人民共和国老年人权益保障法》宣传】 《中华人民共和国老年人权益保障法》于2012年12月28日第十一届全国人民代表大会常务委员会第三十次会议修订通过，2013年7月1日起实行。为了认真学习、宣传、贯彻新修订的《中华人民共和国老年人权益保障法》，区老龄办在老龄工作第一季度和第二季度工作会议上进行了全面部署。在全区范围内组织了两次学习会，100多名老人协会会长参加了学习和培训。区老龄办印制了2000份新修正的老年人权益保障法进行宣传。老龄办负责人到各街道进行老年人权益保障法培训和宣传。“七一”前后在鹿城区府门口电子屏幕上进行宣传。使新老年人权益保障法在7月1日正式施行之前家喻户晓、人人皆知，营造一个尊老敬老爱老助老的良好社会氛围。

【“敬老月”暨“老人节”活动】 为了庆祝全国第四个“敬老月”和10月13日——中国第一个法定“老年节”，鹿城区召开了一系列的庆祝活动和特色活动。“敬老月”期间，鹿城区在区府大院电子屏幕中进行宣传，同时在居家养老服务照料中心中张贴敬老标语，特别是敬老月期间开业的月湖、锦花、横河等社区居家养老服务照料中心，引进“孝”文化，敬老氛围浓厚。借助宣传栏、《鹿城新闻》等媒体和广播进行广泛宣传，提高全社会的敬老意识。10月11日上午，市领导看望鹿城区部分百岁老人和特困老人，并视察了鹿城区居家养老服务照料中心，听取了鹿城区民政局和社区的工作汇报。鹿城区还开展了慰问独居老人和特困老人的活动。七街一镇也对辖区高龄、特困等老年人进行了慰问。

【三老人获“全市十佳”称号】 2013年，鹿城区共选送21名老年人参加全市“十佳老人”参评，最终邓洪如、陈秀英、郑美英等老人被评为“全市十佳老人”。

【举行特色敬老活动】 10月9日上午，贯彻落实老年法暨重阳登山宣传活动启动仪式在松台广场举行。五马、松台2个街道及养老机构的200多位老年朋友在腰鼓队的助威下，顺利登上松台山。

【鹿城区第27届老年人运动会】 10月26日，近300名老年人参加了6个项目的角逐，展示了鹿城老年人积极向上的精神风貌。敬老月期间，鹿城区月湖、翠微、锦花、横河、吕浦等社区居家养老服务照料中心纷纷开业，为“敬老月”献上一份大礼。各服务照料中心也都开展了医疗、咨询、保健、体检、精神慰藉等专业服务，让辖区的老年人过了个开心、热闹的节日。

【“爱心地铁”公益项目暨志愿者社会化招募启动仪式】 10月28日，松台街道为老志愿者协会承办“爱心地铁”公益项目暨志愿者社会化招募启动仪式举行，70余位社区老龄社工、老协会员、为老服务志愿者以及4家爱心商家代表参加了此次活动。通过爱心地铁的“穿针引线”，将辖区各助老服务资源串联整合为一个整体，并借助网络微平台，提升社工服务能力、增强老年人的幸福感。

区关心下一代工作

【概况】 2013年，区关心下一代工作委员会办公室围绕中心，服务大局，发扬“五老”（即老干部、老战士、老专家、老教师、老模范）丹心育人无私奉献精神，主动融入社会管理创新和先进文化建设，突出青少年社会主义核心价值体系建设，坚持不懈地抓组织、抓阵地、抓活动、抓队伍，积极开展有利于青少年健康成长的各类实践活动，为“创首善之区 建幸福鹿城”做出贡献。

2月，区委采取“开门约荐，差额遴选”方式挑选关工委常务副主任。创先争优，动员发动52家申报市级“五好”关工委创建单位。春秋社区关工委、瓯越小学关工委委等19家社区、学校被市评为“五好”关工委创建先进单位，且率全市之先打破商会关工委组织建设为零的空缺，成立了鹿城区金属商会关工委和温州市四川商会关工委组织。建立健全工作机制，完善《街镇条线工作细则考核办法》，促进基层组织建设；联合区工商联出台《关于加强民营企业关心下一代工作的通知》，持续有效地开展工作。

在元宵、清明、端午、“六一”、“七一”等节日，以喜闻乐见形式开展思想道德教育与中华民族传统美德教育，实践活动达100余次。发挥青少年思想道德建设实践活动基地作用，开展生动具体的身心健康活动。5月，下发《关于继续推荐申报鹿城区青少年思想道德建设实践活动基地的通知》，基层各创建单位依旧根据推荐范围、条件和办法，认真按照“有场地、有图书、有计划、有活动”的要求，整合社会资源发动“五老”力量，8个街镇踊跃报名参与创建评选并通过创建验收。

【“五老”关爱工作】 2013年，组织“五老”网吧义务监督队，积极参与省级文明示范城区创建活动，加大监督巡查，制止和劝说20余例未成年人进网吧、160余人在网吧公共场合吸烟，全区现巡查达4100余场次，人数达819人，大力净化社会网吧环境。“五老”关爱未成年人，2013年全区七个街镇19名贫困准大学生得到“福彩助学”、市慈善总会的助学资金9.5万元。关工委对全区对10户特困家庭子女助学1万元；南汇街道上田村关工委自动要求走访慰问10名农村困难家庭学生；结对关爱活动达223次，关爱未成年人数达535人。区“五老”护苗志愿队牵头，在温州市百盈饮食管理有限公司关工委大力支持下，组织了市少艺校华文班师生和结对孩子们，开展了以比萨DIY 形式的“老少同乐”庆“六一”活动，共享感恩之旅。区“五老”讲师团深入开展中共十八大、环保知识、预防未成年人犯罪法、科技小制作、低碳环保生活、企业青年员工心理素质等教学活动，19位讲师团成员共讲座482场次。区关工委结合九九重阳节总结推广“五老”先进典型经验，《温州都市报》晚霞版以《他们是36个穷困孩子的“爷爷”》一文对鹿城区“五老”优秀事例进行报道赞扬。在全市政法系统率先开展未成年人观护行动，与区检察院联合出台《关于未成年人保护组织参与刑事诉讼的若干办法（试行）》，聘请全区街镇、企业关工委工作人员和“五老”人员等52名志愿者担任观护员。积极履行职责，开展教育、监督、沟通、抚慰等行动，切实维护未成年犯罪嫌弃人的权益。响应市政法委开展未成年人观护行动，组织相关观护人员参加学习培训。

【“点亮心愿 圆梦鹿城”主题教育活动】 2013年，区关工委与区文明办、区工商联共同在岠江小学启动了“庆·六一”活动，区金属商会关工委32名志愿者现场为32名新温州人子女实现他们的梦想，为987位学生每人送上一份礼物；与团区委等有关单位共同开展“温州梦、我的梦”活动。

【“小候鸟圆梦六个一”系列活动】 2013年，圆了11所民工子弟学校61名新居民学生的“科技梦、情感梦、交友梦、美食梦、观影梦、诗岛梦”。

【关爱暖心之旅行动】 2013年，成立温州市四川商会关工委，开展关爱暖心之旅行动，为5位四川籍的在温州就读贫困学生进行长期关爱与结对帮扶。

【“学雷锋”主题教育活动】 2013年，开展“学雷锋、心向党、讲品德、见行动”主题教育活动，充分利用社区资源，相继举行了161场次人数达3万多人参与学雷锋道德讲堂、慈善义卖、关爱服务、帮扶解困、启动仪式等一系列活动；各学校在学雷锋纪念月中开展活动达到80多场次。

【“模拟法庭”现场巡演观摩活动】 2013年，加强青少年“六五”普法宣传教育，提高青少年法制意识和自我保护能力，组织开展了让“模拟法庭进社区，普法宣传到家门”的青少年“模拟法庭”现场巡演观摩活动，利用暑假期间先后在8个街镇轮流巡演，参与人数达927人，得到了广大青少年以及家属和街镇的好评。

【孝文化教育】 2013年，松台街道水心社区成立了鹿城区首个“孝文化基地”，并通过“时间银行”志愿者服务模式、居家养老服务中心建设以及系列“孝文化在松台”主题活动，推进孝文化建设。开展“孝力行大行动”，组织青少年与辖区的爷爷奶奶们结对，通过孩子们送《中华人民共和国老年人权益保障法》上门、为爷爷奶奶们送上“孝行”礼物、提供按摩唱歌服务、戴上老花镜感受爷爷奶奶生活等形式，实践青少年“孝文化”。

残疾人工作

【概况】 2013年，鹿城区共有持证残疾人10554人。按类别分，视力残疾792人，听力残疾1931人，言语残疾123人，肢体残疾4140人，智力残疾1455人，精神残疾1690人，多重残疾423人；按等级划分，一级1996人，二级2927人，三级3857人，四级1774人；按性别划分，男性6422人，女性4132人；按户籍划分，农业户籍3157人，非农户籍7397人；按行政区划划分，七都街道130人，滨江街道1247人，南汇街道923人，五马街道3336人，松台街道1888人，仰义街道362人，双屿街道598人，藤桥镇2070人。区残联被评为2013年区考绩先进单位，2013年全市机关、企事业单位档案工作目标管理市级认定单位。

2012年—2013年各类型残疾人数变化

表20

年份	视力残疾	听力残疾	言语残疾	肢体残疾	智力残疾	精神残疾	多重残疾
2012	782	1789	112	4102	1419	1637	421
2013	792	1931	123	4140	1455	1690	423

2012年—2013年各等级残疾人数变化

表21

年份	一级	一级	三级	上级
2012	1971	2885	3848	1558
2013	1996	2927	3857	1774

2012年—2013年各街镇残疾人数变化

表22

年份	七都	滨江	南汇	五马	松台	双屿	仰义	藤桥
2011	119	1170	837	3210	1794	553	304	1963
2012	128	1189	885	3271	1842	567	330	2050
2013	130	1247	923	3336	1888	598	362	2070

【残疾人庇护产品政府优先采购实施方案出台】 2月，鹿城区率全国之先以政府名义印发残疾人庇护产品政府优先采购实施方案。4月，将11家单位30余种产品（服务）列入残疾人庇护产品目录（第一批），并向全区所有财政补助单位印发并说明政府优先采购办法。全区各单位优先采购残疾人庇护产品计65.4万元，温州电业系统优先采购计212.2万元。3月，中国残联向全国原文转发《鹿城区残疾人庇护产品政府优先采购实施方案》，要求积极借鉴推广。

【全省残疾人庇护产品试点和庇护中心建设工作现场会】 11月7日，全省残疾人庇护产品试点和庇护中心建设工作现场会在鹿城区召开，全省各地90余名参会人员参观东日残疾人小康阳光庇护中心、残疾人庇护产品生产单位、残疾人庇护产品（扶贫基地农产品）展示厅。市委常委、区委书记王立彤出席省残疾人庇护产品试点和庇护中心建设工作现场会并致欢迎词，区委常委、副区长黄专途作典型发言。

【鹿城区心灵馨残疾人艺术团成立】 1月18日，温州市鹿城区心灵馨残疾人艺术团正式成立，是由温州市鹿城区残疾人联合会牵头，温州市鹿城区慈善总会援助，温州新洲文化传媒有限公司艺术指导，通过向社会招募有艺术特长的残疾人，组成的特殊艺术团体。心灵馨艺术团现有演艺人员60名，其中社团有乐器社，包括钢琴、小提琴、古筝、葫芦丝、二胡等；舞蹈社，群舞、独舞、双人舞等；音乐社，戏曲、声乐以及表演形式的魔术、小品等。2013年，先后承办“助残日”和“六城九市”联创“中国梦鹿城情”迎国庆文艺汇演及残疾人文化艺术进社区、进学校、进企业、进军营、进农村等活动，协拍《心灵的春天》《触摸阳光》等微电影。

【徐家辉在残奥会上取得好成绩】 8月4日，残疾人运动员徐家晖在保加利亚第22届听障奥运会上获得50米蝶泳金牌，100米蝶泳银牌，4×100米混合泳接力银牌，以及4×100米和4×200米自由泳接力铜牌。

【残疾人协会家庭与律师结对】 2013年，联合区司法局全省率先为残疾人家庭配备家庭律师，精选117名律师与全区650户持证一级残疾人低保家庭717名残疾人结对，确保每户拥有“家庭律师”。指派浙江光正大、震瓯、强盾、高品等四家律师事务所结对鹿城区肢残人协会、聋人协会、盲人协会、精残和智障亲友协会，区、街镇设立残疾人法律维权站为辖区残疾人提供“一站式”法律援助初审和法律咨询服务。

【残疾预防体系建设试点】 8月—12月，在五马街道十八家社区开展全省率先残疾预防试点工作，围绕建立宣传教育、出生缺陷干预、疾病致残防治、生产交通事故防控、药物和环境污染致残防御、残疾人康复六大体系，探索残疾预防与控制工作。

【区残联机关党支部成立】 4月16日，鹿城区残联率全区之先以“公推直选”[①]方式产生机关党支部。区残联党支部14名党员在机关党员大会以无记名投票方式选举产生以叶琍为书记，徐倩霞、陈素伟为委员的第三届支部委员会。

【就业创业】 3月，率全省之先建立第一家服务业福利企业——温州金算盘财务管理有限公司，落实福利企业超比例安置奖励等扶助措施。实施“残疾人就业创业帮扶计划”，落实残疾人自主创业资金补助、贴息贷款、税费减免、养老保险补助、创业培训等政策，为232名残疾人提供创业资金补助，为62户城镇贫困残疾个体户参加基本养老保险提供补贴，为残疾人提供农村种养业实用技术和职业技能技术培训235人次。扶持残疾人扶贫基地16家，安置100名和辐射带动342名残疾人脱贫增收致富。

【专项帮扶】 2013年，1832名重度残疾人享受托（安）养（集中托养304人，居家安养1528人；一级1116人，二级716人），3211名残疾人纳入城乡最低生活保障，2095名重度残疾人全额享受低保金或补助金，426名无劳动能力的困难一级重度残疾人领取生活补助金，996名残疾人享受就业年龄段无固定收入残疾人生活补贴，725名残疾学生和困难残疾人家庭就学子女享受助学生活补助。

【康复工作】 2013年，施行白内障患者免费复明手术123例，为贫困听力残疾人验配助听器105例，为贫困低视力残疾人验配助视器15例，为贫困下肢缺失者装配假肢11条，实施人工耳蜗手术及术后康复1例，脑瘫康复1例，智障康复3例，自闭症康复8例，聋儿语训11例，为125户残疾人家庭改造无障碍设施或配置辅助器具。

【残联组织队伍建设】 完成区残联、4个专门协会、七街一镇残联、221个社区（村）残协换届工作。区残联新设立残工委秘书处、残疾人康复服务中心，增加4个编制2个中层职数。各街镇残联全部配备专职理事长和专职干事，全区64个社区、15个联村社区、144个村，配备专职委员50名，专职联络员294名。

【综合服务设施建设】 位于炬光园区内的规划3700平方米的区级公办残疾人托养中心新建项目已于12月31日开工建设。新建区级残疾人小康阳光庇护中心2家，提升南汇街道南塘残疾人小康阳光庇护中心为市级，全区共有96名中轻度精神、智力残疾人享受庇护服务。

慈善工作

【概况】 2013年，鹿城区慈善工作坚持以人为本，科学发展，以“创首善之区，建幸福鹿城”为载体，开创鹿城慈善工作新局面。全年区慈善总会共收到社会各界捐款1429.99万元，慈善项目投入和各项救助支出1139.72万元，受救助人数30803人次。

【“慈善一日捐”活动】 1月4日，鹿城区2013年“慈善一日捐”启动仪式在行政中心举行。四套班子领导带头捐款，机关大院内的各部门单位的干部职工也纷纷参加捐款活动，现场共募集到善款78580元。

【暖冬救助街头流浪汉行动】 1月9日、16日晚，区慈善总会联合区民政局、《温州商报》、公共民生频道《天天讲闲谈》栏目，针对寒冬在街头露宿的流浪者开展“暖冬行动”。寻访慰问在市区一些偏僻地角落带、桥洞下、建筑工地及寒风凌厉夜间那些露宿街头的流浪者们，工作人员向他们送去包子、饼干、饮料、御寒衣物等，表示慰问。

---

① “公推直选”，是指把组织直接提名和委任，变为党员、群众公开推荐候选人，然后由全体党员直接差额选举产生最终人选的选举形式。

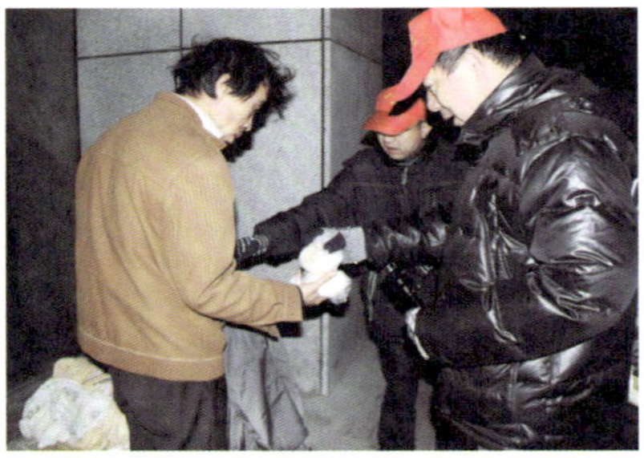

1月9日晚，区慈善总会联合区民政局等单位开展对寒冬在街头露宿的流浪者开展了“暖冬行动” 区慈善总会提供

【慈善老人寒冬岁末送爱心棉被】 1月15日，在新春佳节来临之际，鹿城十大慈善人物之一的耄耋老人张长姆和老伴购置了100条棉被为鹿城区五马、南汇、滨江、松台、七都街道的100多户困难的残疾人家庭送上御寒棉被。

1月15日，鹿城十大慈善人物之一张长姆和老伴购置了100条棉被，为鹿城区100多户困难的残疾人家庭送上温暖

区慈善总会提供

【“鹿城慈善日”活动】 1月23日是第三个“鹿城慈善日”。1月18日，在松台广场举行“2013年鹿城慈善日”活动启动仪式。区司法局、区卫生局、区工商分局、区商务局以及区文联等10多家单位在现场开展为残疾人保障法等法律咨询、医疗服务、保健品药品的鉴定、商品义卖，为残疾人免费理发、题写春联等多项慈善公益服务活动。活动现场鹿城区“心灵馨”残疾人艺术团举行授牌式并进行了慈善义演。

1月18日，松台广场举行“2013年鹿城慈善日”活动启动仪式 区慈善总会提供

【“鹿城十大坚强母亲”颁奖典礼】 1月21日，“禾本小贷之爱”慈善晚会暨“鹿城十大坚强母亲”颁奖典礼在温州广电中心一楼演播厅举行，区委、区府领导及有关部门领导参加典礼。区人大常委会副主任、慈善总会会长林瑞荣，区政府副区长杨德听等领导，出席并担任“鹿城十大坚强母亲”颁奖嘉宾，把“十大母亲”彰显出来。

1月21日，在市广电中心举行“鹿城十大坚强母亲”颁奖典礼 区慈善总会提供

【鹿城慈善日组织百名聋哑人观看影片《泰囧》】 1月23日，是鹿城慈善日，区慈善总会和温州恒隆影院联合组织全区100多名聋哑人观看喜剧电影大片《泰囧》，让聋哑人在无声中感受节日的文化大餐。

1月23日，组织全区100多名聋哑人观看喜剧电影大片《泰囧》 区慈善总会提供

【爱心鹿城·慈善宴活动】 2月1日，在蛇年春节即将到来之际，全区8个街镇同时举行2013年“爱心鹿城·慈善宴”活动，2000多位困难群众代表共赴慈善盛宴。区四套班子领导出席五马美食林慈善宴，为247户家庭447位的困难群众、孤寡老人代表送上慰问品和慰问金，并向他们致以节日的问候。

2月1日，全区2000多位困难群众代表参加2013年“爱心鹿城·慈善宴”活动

区慈善总会提供

【鹿城区新春慈善音乐会】 2月22日，在元宵节来临之前，由鹿城区慈善总会、区残联、区文广新局主办，区文化馆承办的“鹿城区新春慈善音乐会”在温州大剧院举行，全区200多位盲人朋友和肢体残疾朋友高高兴兴在这辉煌、高雅音乐大厅里欢聚一起，共度佳节，享受精神大餐。

2月22日，“鹿城区新春慈善音乐会”在温州大剧院举行，全区200多位盲人朋友和肢体残疾朋友在音乐大厅享受精神大餐

区慈善总会提供

【肝病公益普查村村通工程】 3月18日，是第十四个全国爱肝

日，上午，由温州市鹿城区慈善总会、温州建国医院主办的“2013年肝病慈善公益普查村村通”活动在温州建国医院举行，免费开展肝病检查。该次活动还特别开通了公益普查专线电话，城乡居民通过拨打该专线，即可预约5项肝病的免费检查。活动为期6个月，约6000人次接受免费普查。

3月18日，“2013年肝病慈善公益普查村村通”活动在温州建国医院举行

区慈善总会提供

【首笔助人为善奖金颁发】 4月9日，市区垟儿路塘河里一位七旬老人落水，路过的“胖子哥”顾不得脱去衣服就从三四米高的桥上跳下救人，把老人救上岸后悄悄离开。4月11日，区慈善总会为“胖子哥”送上了2013年首笔助人为善奖金。

4月11日，鹿城慈善总会为“胖子哥”送上了助人为善奖金 区慈善总会提供

【关注心脏健康大型公益活动】 4月14日，由区老龄办、区慈善总会主办，市保健与营养协会、区药业协会、温州德马康之源健康管理有限公司协办的“人人关注心脏健康、人人拥有健康心脏”大型公益活动在松台广场举行。此次活动要在全区65个社区免费宣传和普及公益活动，要达到“三个一万”目标，即动员邀请1万名中老年人参加“关爱心脏健康”科普讲座，免费为1万名中老年人体检，免费向中老年人发放1万份保健品。

4月14日，“人人关注心脏健康、人人拥有健康心脏”大型公益活动在松台广场举行

区慈善总会提供

【援助雅安地震救灾】 4月20日，四川省雅安市芦山县发生7.0级地震，牵动着全国人民的心。一时间，全国上下都将目光集中到了雅安。地震发生以来，鹿城区慈善总会与各分会义工队伍纷纷参与到救灾捐赠活动中，以公益慈善的正能量向雅安人民献爱心。4月25日，区慈善总会共支出赈灾款20万元，援助芦山县升隆学校教学楼和会堂的修建。在考察了芦山县龙门乡敬老院的受灾情况后，又支出15万元，援助该敬老院的修建。至6月30日，区慈善总会共收到24个单位团体和31位个人捐赠的善款33.14万元。

【慈善门诊发卡仪式】 4月28日，鹿城区慈善总会在五马街道墨池社区会议室召开了2013年“爱心鹿城·慈善门诊卡”发放仪式暨座谈会，区人大、民政局、老龄办等领导及受助群众代表40余人参加。这次活动，区慈善总会共出资90万元，为全区1500户家庭发放了慈善门诊卡。

4月28日，鹿城区慈善总会在五马街道墨池社区会议室召开了2013年“爱心鹿城·慈善门诊卡”发放仪式暨座谈会

区慈善总会提供

【感恩母亲邮票首发】 5月11日，在母亲节来临之际，由温州市邮政局、鹿城区慈善总会联合主办，浙江百胜蜂餐饮有限公司协办的“感恩母亲，弘扬孝道文化”暨感恩母亲邮票首发慈善公益活动在松台广场举行。主办单位向市民免费赠送印有“母亲节快乐”的特制明信片，现场填写对母亲的祝福语，直接投进现场设置的邮箱。用“明信片”作为沟通的媒介，通过明信片的鸿雁传书，传递对母亲的感激之情。

5月11日，“感恩母亲，弘扬孝道文化”暨感恩母亲邮票首发慈善公益活动在松台广场举行 区慈善总会提供

【慰问环卫工人活动】 7月25日，区慈善总会举行“情系环卫工、

酷暑送清凉”慰问活动，对在酷暑中坚守岗位的劳模李永皎师傅等3位清洁工及对正在清扫马路的环卫工人进行慰问，并送上慰问品。此外，慈善总会还投入8万多元善款，购置了400台电风扇和430份夏令用品，分别赠送给全区300多位一线环卫工人和100户困难残疾人家庭。

7月25日，区慈善总会举行“情系环卫工、酷暑送清凉”慰问活动　　区慈善总会提供

【五马分会17个社区工作站成立】 7月29日，区慈善总会在五马街道花柳塘社区举行“五马分会17个社区工作站成立暨社区慈善义工活动基地”授牌仪式。区及各街、镇、部门慈善分会分管领导、社区干部、义工代表和媒体朋友100多人参加。

7月29日，“五马分会17个社区工作站成立暨社区慈善义工活动基地”授牌仪式举行
区慈善总会提供

【爱心鹿城】 8月23日，区慈善总会举行“爱心鹿城、结对助学”仪式，活动现场发放救助金3.03万元，共有51位大学生得到资助。

8月23日，区慈善总会举办“爱心鹿城 结对助学”活动　　区慈善总会提供

【7个慈善分会举行“社区慈善工作站”成立授牌仪式】 9月10日—13日，区慈善总会分别在七都街道、南汇街道、滨江街道、双屿街道、仰义街道、松台街道和藤桥镇7个慈善分会举行社区慈善“工作站”成立暨社区慈善义工活动基地授牌仪式。

【鹿城区心灵馨残疾人艺术团迎国庆汇演】 9月22日，由区慈善总会、区残疾人联合会、区文化广电新闻出版局主办的“中国梦·鹿城情”——鹿城区“心灵馨”残疾人艺术团迎国庆汇演在市区东南剧院演出。此次汇演诠释了残疾人身残志坚，自强不息的可贵精神。区四套班子领导和区有关部门、街道、社区干部、学校师生、市边防检查站官兵和广大残疾人朋友等出席了晚会。

9月22日，“中国梦·鹿城情”——鹿城区“心灵馨”残疾人艺术团迎国庆汇演在温州市东南剧院演出　　区慈善总会提供

【重阳“给百岁老人送祝福”慰问活动】 重阳节前夕，区委、区政府、区人大常委会主要领导携区慈善总会工作人员，为鹿城区40位100岁以上老人每人发放1000元慰问金，并赠送米寿桃和鲜花，为他们带去节日的祝福。活动还安排慈善义工摄影师为百岁老人拍摄全家福。

重阳节前夕，区领导和区慈善总会工作人员慰问鹿城区40位100岁以上老人
区慈善总会提供

【2013年唇腭裂医疗慈善救助活动（温州站）正式启动】 11月4日，以“微笑工程、善行天下”为主题的2013年唇腭裂医疗慈善救助活动（温州站）在温州医科大学正式启动。活动为期13天，共为100名贫困唇腭裂患儿提供全方位的医疗救助。美国微笑联盟派遣了由18位外籍医疗专家组成的医疗团队与温州医科大学口腔医院、温州医科大学附属第二医院携手合作，为唇腭裂患儿进行筛查、手术修复及术后康复等系列医疗活动。区慈善总会在启动仪式上捐款10万元用于救助唇腭裂患儿。

11月4日，以“微笑工程 善行天下”为主题的2013年唇腭裂医疗慈善救助活动（温州站）在温州医科大学正式启动　区慈善总会提供

【春秋社区居家养老服务照料中心开业】 12月11日，南汇街道春秋社区居家养老服务照料中心正式开业。当天，社区向老人们提供免费义诊、理发等服务外，还特意邀请银行工作人员为老年朋友讲解金融知识。春秋社区居家养老中心，集阅览室、健身室、活动室、理发室、棋牌室、心理咨询室等为一体，为社区提供日常照料及法律维权，医疗保健等专项服务，形成系列化综合性老年服务场所。区慈善总会关爱老龄基金出资24.96万元，支援春秋社区居家养老服务中心。

区慈善总会关爱老龄基金出资24.96万元，支援春秋社区居家养老服务中心

区慈善总会提供

红十字会工作

【概况】 2013年，鹿城区红十字会围绕中心，服务大局，以“人道、博爱、奉献”的红十字精神为主题，大力开展宣传动员工作，积极推进红十字各项事业，持续开展救灾，帮困和送温暖活动，充分发挥在政府人道救助工作中的助手作用。

【组织建设】 2013年，学校红十字会工作得到加强，区属8所小学教育集团成立红十字会组织。在全区街道（镇）建立红十字会组织的基础上，探索建立社区（村）红十字会组织，加快建成“区—街道（镇）—社区（村）”三级红十字会组织网络，建立12个社区红十字会组织，各街道红十字会均成立红十字志愿者队伍，极大增强了红十字会的救灾救助实力、凝聚力、执行力和公信力。在行业商会，率先建立红十字会组织，成立鹿城区金属商会红十字会。

区属学校成立红十字会授牌仪式

区红十字会提供

【红十字志愿者活动】 围绕“博爱帮困、博爱助学、博爱助残、博爱助老”组织开展各类爱心捐资助学活动、慰问贫困、残疾、孤寡老人。“5·8”世界红十字日、“7·1”活动日，分别在松台广场、南门步行街开展各类义诊、救护知识培训及现场演示、传播红十字知识、分发造血干细胞及遗体器官捐献宣传资料等义工志愿者服务活动，受益人群达1万余人次，在广大群众中宣传普及了“人道、博爱、奉献”红十字精神。

【筹资募捐工作】 2013年，共募得善款46.13万元。特别是“4·20”雅安地震期间，积极开展“情系雅安·爱心募捐”活动，共募得资金23.28万元，为灾区人民送去了温暖。积极开展为困难群众奉献爱心，结合“博爱送万家”、贫困“尿毒症患者”以及“两癌”妇女等活动，出资10.15万元，解决了他们的燃眉之急。11月，区红十字会还出资20万元参与区政府与四川阿坝州的结对援助项目。

【应急救护工作】 现场急救知识的普及被区政府列入2012年的“十大为民办实事”项目，2013年继续推进该项目。全年培训红十字初级救护员4415名，普及培训18426人次，累计培训红十字初级救护员7539名，普及培训26407人次，分别达到户籍人口的1.03%，常住人口的2.04%，救护员培训涉及各行各业。2013年，被省红十字会评为“红十字公益性应急救护培训”民生实事项目先进集体，积极组队参加各项急救技能竞赛，获得市红十字会“应急救护师资教学技能大赛”课件比赛一等奖、首届“康力迪杯”应急救护技能大赛五个单项第二名和团体三等奖。

【关爱生命工作】 无偿献血、造血干细胞捐献、遗体和人体器官捐献工作，是红十字会的核心职能之一。2013年积极宣传动员，多次组织开展宣传、采集等活动，分发相关宣传资料2万余份，完成造血干细胞捐献采样204例，捐献遗体（器官、组织）登记23例。

街道·镇

五马街道

【概况】 五马街道是鹿城区的中心区域，东与滨江街道接邻，南接南汇街道，西邻松台街道，北濒瓯江，占地面积7.24平方公里。2013年，街道被国侨办授予“暖侨敬老”行动示范点称号，获“省级文明街道”“省级生态街道”“省级卫生街道”“省级示范基层侨联”“省级体育先进街道”荣誉及浙江省社区戒毒社区康复示范点等称号。街道办事处驻地：后垟巷89号。

【区划】 街道下辖八仙楼、百里坊、城西街、府前、朔门、墨池、谢池、鼓楼、双莲桥、虞师里、白鹿洲、花柳塘、马鞍池、安澜、十八家、矮凳桥、黎明西路17个社区和丰收、荷花2个股份经济合作社。

【居民】 2013年，街道有户籍78937户，户籍人口234674人，暂住人口51079人。年内，出生1591人，死亡1064人，人口自然增长率5‰。

【工业】 2013年，街道有工业企业34家，工业总产值完成5.84亿元，其中规模以上企业2家，产值1.57亿元。固定资产投资总额30.52亿元，完成任务84.77%，其中项目投资完成额13.08亿元。

【商贸】 2013年，批零贸易、住宿餐饮业销售额538.75亿元，其中，限上批零贸易、住宿餐饮企业170家，销售额256.04亿元。服务业完成产值21.86亿元。

【城乡建设】 2013年，加强“三改”项目落实，丰收葡萄棚地块在全区BT项目中率先完成四证办理，累计投资额达4050万元；银都花苑、双莲、新南等计44.40万平方米的旧住宅区完成综合整治工作；南亚饭店和矮凳桥52弄11幢2处平改坡工程顺利完工；全区首个自主牵头的多层住宅加装电梯项目东门大厦试点，县前大楼C、D幢电梯顺利竣工并投入使用。完成明矾研究所、市城投公司飞霞北路办公用房有机更新；完成天雷巷农贸市场与聚鑫苑农贸市场改造提升，后者已启动创建省级文明示范市场。东瓯王庙一期工程、永楠小学地块、夏承焘旧居等两处文保单位共3个项目率先引入居民监督机制，充分发动群众力量协助拆迁协议签订进程，签订率均100%。联合江滨路鹿城段工程建设指挥部，依法组织联合行动4次，签订协议并拆除疑难户14户，拆除面积约1.11万平方米。全年，街道“两无三化”排名全区第一，“四边三化”排名全区第二。五马街、大南路、人民路、瓯江路获评全市“最美街区”称号。全年拆违3.52万平方米，超额完成市级拆违率503.60%，区级拆违率352.90%；创成无违建小区18个，完成任务200%，领先全市创成无违建社区5个。深化“美丽水乡”建设，充分运用“一河一策”治理理念，建立河道治理档案9个，设立河长制，公开举报电话活跃群众监督体系，完成黑臭河矮凳桥河生态修复工程；活用微信平台，构筑线上线下24小时保洁体系，处置数字城管19170件，处置率99.98%；建设大南路、山前街景观亮化工程，提升五马街等6条精品路的亮化水平，亮化率达100%。五马街东西入口、广场节点改造提升工程、AAAA级景区创建规划均顺利完成。

【计划生育】 2013年，辖区出生人数1591人，其中计划内1497人，符合率94.09%。完成社会抚养费征收155例，计2001.73万

五马街道

五马街道位于鹿城区核心位置，是区政府驻地，2011年按照“区街合一”的管理体制模式，成立了“五马街道”暨“五马中心商贸功能区”。街道面积7.24平方公里。

2013年，五马街道按照建设“商贸五马、文化五马、美丽五马、幸福五马、活力五马”的要求，抓发展、保稳定、惠民生，获“省级文明街道”“省级生态街道”“省级卫生街道”等5个省级荣誉称号，创成“市级卫生强街道”“市级示范党代表工作室”“市级学前教育先进街道”等15个市级荣誉称号，建成温州市首个国侨办授予的“暖侨敬老”行动示范点、社区慈善义工活动基地，全区首个“浙江省社区戒毒社区康复示范点”，“两无三化”排名全区第一，各项工作走在前列。

1

2

3

1. 8月19日，温州市区五马街西入口“温州古城城池坊巷图”三维地雕改造完毕，并进行了开街仪式
2. 10月15日，国家禁毒委员会办公室副主任、公安部禁毒局副局长陈绪富莅临五马，街道主要领导陪同视察
3. 12月11日，鹿城区区委书记王立彤视察五马街道朔门社区街坊党建工作

此版照片由五马街道提供

元。全市首创打造生育关爱幸福吧，落实计生利导对象120余例，举办大型免费公益活动和服务10余次，惠及辖区育龄人群20万人次。全面完成五马、江滨、南门3个社区卫计服务中心建设，创成市级卫生强街道。

【综合治理】 2013年，调处各类纠纷257件，成功率100%。化解百里路过街天桥建设、九洲大厦与东门大厦车库等历史遗留重特大纠纷。完成省、市、区交信访办件11件，办结率91%。新成立绿城公寓、龙泉公寓、南汇锦园等业委会12个，成功换届环东大厦、虞师里大厦等业委会14个。完成华开大楼、人民路“四谊”封闭小区改造建设，组建巡查、治安等基层服务型团队391支。在全省率先开展禁毒工作规范化建设，成功创建国内首家社区戒毒康复服务中心并获评省级示范点。加强反邪教工作，获评市级610工作先进集体。全年累计检查单位、场所11060家，联合辖区站所执法12次，整治各类隐患357处。户籍化管理模式受到省长李强批示认可。在全市率先启动并完成黎明西路等4个片区1703户老旧民房旧线路改造，街道全年火灾率同比下降38%。

【党建】 2013年，全区率先建立街道层级党员代表制度，成功建设市级示范党代表工作室，并召开街道第一次党员代表会议。积极落实辖区3183名在职党员进社区报到服务，推进区域化党建工作。着力开展党员先锋指数测评，构筑街坊志愿服务网络，该项工作获市基层组织建设最富成效项目互学互比一等奖。首创并践行“一人三岗”（科室岗+社区岗+综合岗）理念，打造执行有力的复合型全能干部。公开招录（聘）公务员、事业单位人员10名，积极选拔区管后备干部6名，建立92人的街道后备人才库，推行后备干部挂钩25项重点工程。下派10名后备干部到情况复杂社区担任党委书记，注重一线培养；开展机关中层干部竞聘工作，举行“竞争上岗演讲会”，全面优化干部选拔机制。切实开展“作风纪律整顿月”“学思比创”“会员卡清退”活动，提升七枫巷廉政文化教育基地；妥善处理好新办公楼历史遗留问题，得到部门和群众支持，坚决依法进场，为单位统一集中办公打下基础。

【社科文卫】 2013年，采取发放“答疑解惑”小册子，组织在职党员、志愿者助力选举等创新工作方法，完成下辖17个社区换届工作；开展“幸福社区”建设，梳理社区各项事务，完成街道事务委托社区、委托社会组织、社区事务委托社会组织承接等三个层次的试点，助推“政社分开、善治善政”试点工作。举办街道首届“社工节”，组织在职社工参加全国和市级“社工从业资格”考试，社工队伍中国家级社会工作者持证21人，市级社会工作者持证85人，持证率达30%。八仙楼社区成功无候选人直选社会组织“当家人”，可谓创全国之先河。5月中旬，完成辖区401支社会组织民主选举工作，会员平均参选率78.7%，完成社会组织备案402个。完成8年未换届的荷花经济合作社换届工作，成功选举合作社董事会和监事会。2013年，农村集体资产改制考核居全区第一。

2013年，开展“书香人生，文化五马”读书节活动，举办中共十八大、三中全会、群众路线教育、中国梦主题等内容的党工委理论中心组学习会，机关干部夜学、夜访、夜办，政企对接会等形式多样的学习活动58次，街道班子获市级“学习型”领导班子称号。以“一站两堂”为重点成功建设街道综合文化站及社区道德讲堂17个、文化礼堂5个、文体中心5个，并投入使用。带好市民宣讲员、文体社团领头人、文化礼堂八大员等3支基层文化骨干队伍，坚守五马群众艺术团草根舞台，开展主题文艺演出、全民运动会、街坊故事会等文体活动150次，举办培训讲座1000余场，辐射群众13万人次，形成群众参与、活动繁多的五马群文特色，创成市级学前教育先进街道、市级群众体育先进街道。

【东瓯王庙重修竣工】 4月17日，五马街道辖区举行温州建城2205年暨东瓯王庙修建竣工典礼，市委书记陈德荣及市、区四套班子有关领导、社会各界代表参与了仪式。

4月17日，市委书记陈德荣及市、区四套班子有关领导出席东瓯王庙竣工典礼　五马街道提供

【旧线路改造工程完成】 2013年，五马街道在全市率先启动并完成黎明西路、马鞍池社区的三中后巷、鼓楼社区的纱帽河、墨池社区等1100户旧民居旧线路改造，街道全年火灾率下降38%。

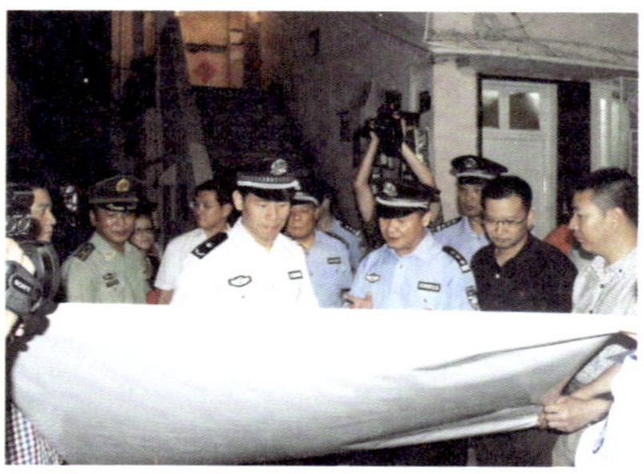

8月15日，市委常委、公安局局长王宝坤夜访三中后巷线路整改情况　五马街道提供

【“最美街区”创建】 2013年，五马街道致力于“一街一品”创建，辖区五马街、大南路、人民路、瓯江路获评温州市“最美街区”称号，系全市获此殊荣最多的街道。

最美街道——大南路夜景　五马街道提供

最美街道——人民路景观　五马街道提供

【辖区社区全面换届】 11月，五马街道采取“发放答疑解惑册子、组织在职党员助力、发动志愿者参与”等创新方法，完成下辖17个社区两委换届工作，选举产生新一届社区党委班子成员147人，平均年龄51岁，较上届降低3.06岁。

9月30日，五马街道矮凳桥社区选举现场　五马街道提供

【首届社工节举办】 3月18日，五马街道首届社工节拉开序幕，活动以“幸福五马，首善社工”为主题，内容涵盖遴选优秀社工开展巡讲、招募慈善义工和志愿

者、开展一条街宣传服务等三大项活动。

3月18日，五马街道优秀社工巡讲活动现场　五马街道提供

【红日亭重建】 9月30日，素称温州慈善地标的红日亭重建工程完工。该工程由五马街道协助建设，占地面积97平方米，总建筑面积132平方米。

9月30日，“红日亭”新址揭牌　五马街道提供

【首届全民健身趣味运动会】 5月23日，五马街道在温二中举行了首届全民健身趣味运动会，辖区23支代表队近400余名运动员参与。

5月23日，五马街道首届全民运动会在温二中开幕　五马街道提供

【综合文化站落成】 12月13日，在五马街道综合文化站召开“五马街道十八家社区文化礼堂暨综合文化站落成典礼”，街道成功打造以“一站两堂”（街道综合文化站、17个社区道德讲堂、5个文化礼堂）为重点的文体宣传中心。

12月13日，在十八家社区举行五马街道综合文化站落成典礼　五马街道提供

七都街道

【概况】 七都街道（七都城市新区）位于鹿城区东北部，是瓯江中四大岛屿之一，东临乐清市北白象镇，南望龙湾区状元街道、蒲州街道，西眺滨江街道，北对永嘉县乌牛街道。与主城区仅一江之隔，随着七都大桥的建成通车，实现了与主城区的“无缝对接”。七都街道距离温州机场仅20分钟，1小时可达台州、福建、丽水、洞头四地。辖区面积23.90平方公里，其中陆域面积12.70平方公里，四周江岸线17.80公里，岛内土地资源丰富，生态环境良好。七都街道是浙南著名的侨乡，旅居世界28个国家和地区的华人、华侨有2.50万人，归侨侨眷有0.70万人。

【区划】 街道下辖七都1个社区和吟州、老涂、樟里、板桥、前沙、上沙6个行政村，办事处驻地：七都街道老涂南路2—3号。

【居民】 2013年，辖区户籍4068户，户籍人口12640人，暂住人口3005人。年内出生54人、死亡81人。人口自然增长率为–0.23%。

【农业】 2013年，街道农业总产值2715万元，其中农业2260万元、畜牧业245万元、渔业210万元；农作物播种面积9311亩、总产量3156吨；畜牧业猪500头、牛100头、家禽出栏4000羽；蔬菜种植面积1610亩、产量2576吨；水果种植面积1200亩、产量940吨。

【工业】 2013年，街道有工业企业7家，工业总产值1.81亿元，其中规模以上企业3家，产值7074万元，全社会固定资产投资9.3亿元。

【商贸】 2013年，街道社会消费品总额完成4532万元。

【城乡建设】 2013年，街道经济总体保持平稳发展。温州中心（筹）城市综合体已于7月17日成功摘牌，项目占地约7.27公顷，总投资达60亿元；中国童鞋第一品牌起步集团在七都注册公司。重点工程如期完成。七都大桥附属配套工程已全部完成；百年一遇标准堤塘的南堤已全面完工，东堤、吟州堤工程即将完工；七都千亩征地等项目安置房与农房集聚区（一期）工程已顺利结顶；纬一路（七都大道）一期工程基本具备通车条件。拆除违章13536平方米，拆违完成率达273.86%，创成无违建小区15个。联合区农林水利局发布公告，坚决制止河边违章行为。推进“绿满七都”行动，辖区新增园林绿化面积6273平方米，高速两侧绿化2500平方米；完成河岸绿化8公里、3600平方米，平原绿化1800平方米，并委托专业绿化

七都街道

七都街道地处瓯江入海口处，是瓯江四大岛屿之一，总面积23.90平方公里。街道原称七都镇，2001年8月由永嘉县划归鹿城区，2011年4月改称七都街道，是温州著名的侨乡。旅居世界28个国家和地区的华人、华侨有2.50万人，归侨侨眷有7000人。

七都镇先后获得省级生态镇、省级非物质文化普查工作先进单位、市教育强镇等称号，创办了全省首个“侨界留守儿童快乐之家”实践基地。撤镇改街道之后，创成省级体育强社区、省级体育强街道及省级街道便民服务中心，获得全国侨法宣传角称号。

作为以“七彩之都、生态之岛、温商家园”为发展目标的七都，将以温州中心城市综合体、温商回归家园等项目为引擎，建设一个市政功能健全、生态环境宜人、公共服务完善，集聚高品质居住区、高档次商务集聚区、高品位都市休闲娱乐区为一体的魅力七都。

1

2

3

1. 2008年5月17日，省委书记赵洪祝视察七都街道百年一遇标准堤塘工程
2. 2013年，七都街道天灯街街景
3. 2012年，温州七都大桥通车暨北汊桥试桩动工仪式举行

此版照片由七都街道提供

养护公司对全岛2.8万平方米绿化面积进行养护。

【计划生育】 2013年，街道年内出生54例，计22男32女，计划内人数52人、计划符合率96.3%；社会抚养费征收12例，总征收金额68.80万元。

【党建】 2013年，街道积极借鉴先进经验，完成各村级组织换届选举工作，完成速度居全区前列。以“快乐之家”侨品牌为契机，突出七都侨乡特色，借势宣传七都。建立由村民组成的安置房建设监督团队，以加强群众对工程的监督；开展“心生莲花，清正廉洁”为主题的廉政文化进农村、社区、机关的系列活动，营造廉政文化氛围；完善“三务公开”信息平台，推进农村基层党风廉政建设。

【社科文卫】 2013年，七都街道有中学1所，学生120人，教职工30人；小学1所，学生396人，教职工30人；幼儿园2所。有卫生院1所，卫生室3个，服务站1个，诊所1个。公共服务逐步提升。在全市首家实行社区家庭医生签约式服务，为辖区60位60岁以上的签约老人提供绿色通道、双向转诊、血压血糖和心电图测量、上门抽血、送药上门等家庭式、连续、便捷的健康服务，得到了群众普遍欢迎；成立和培训了一支包括卫生院医生、志愿者、大学生村干部等在内的60余人居家养老服务员精干队伍；并勇于创新建立项目式双向转诊体系，联合市人民医院、市中心医院在全市范围内率先开展了91例脑卒中、白内障、脑血管、帕金森症双向转诊，为辖区老年人带去关爱，《温州日报》等多家媒体也进行了专版报道。开展七都新建和待建道路命名工作，向社会发布道路命名征集公告，共收到社会各界来电来函200余件；改造提升上沙村文体中心和板桥文化礼堂，引入雪君工作室公益道德讲堂。继续打造侨牌亮点。七都街道留守儿童快乐之家被评为鹿城区十大青年思想道德教育活动基地；七都街道侨联被评为市级先进集体；侨联主席周祥薇当选为新一届中国侨联委员，并获中国侨界十大杰出人物称号。逐步完善社区建设。开展医保工作代办服务，为个别行动不便且沟通有障碍的独居老人提供上门服务，全年累计收送居民报销件300余件。全年，社区便民服务中心为群众代办、办结各项便民服务事项6964件，创成了省级街道便民服务中心和省级体育强社区。

【七都社区开展首届社工节系列活动】 4月8日，七都街道七都社区开展首届社工节系列活动。在前沙村活动现场，社区干部、网格员联合村干部、医疗卫生志愿者为群众提供信息咨询、健康诊疗等民生服务，并向村民宣讲了H7N9禽流感预防知识。在板桥村活动现场，志愿者在为居民提供信息咨询、医疗保健等服务外，还向居民介绍阅读的好处，激发他们的阅读兴趣。

4月8日，七都社区举办首届社工节　七都街道提供

【七都街道商会与台湾花莲港区扶轮社开展结对活动】 4月23日，台湾花莲港区扶轮社嘉宾到七都街道，与鹿城区工商联七都街道商会开展结对交流活动。双方围绕“交流、互信、共赢”的主题，开展热烈的沟通和交流，为今后的全面合作打下坚实基础。

4月23日，七都街道商会与台湾花莲港区扶轮社开展结对活动　七都街道提供

【道路命名活动】 7月25日，七都街道在全市范围内，开展为辖区10条主干道路的征名、研讨和命名工作。

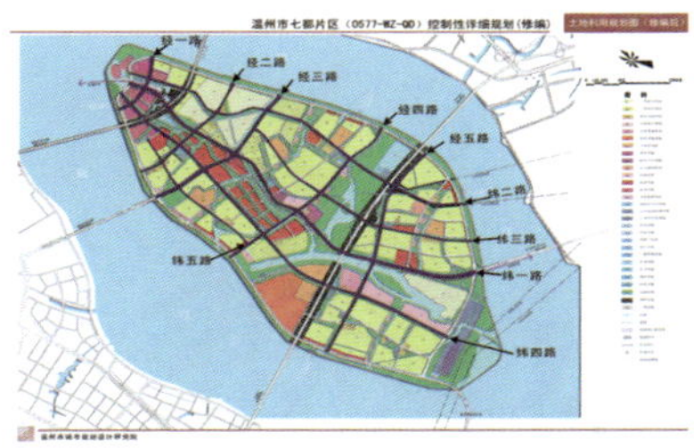

七都街道道路名命名示意图　七都街道提供

【“庆中秋·同心共筑中国梦”晚会】 9月17日，由七都街道主办的“庆中秋·同心共筑中国梦”文艺晚会在吟州老人亭举行。共演出14个节目，除传统的京剧、越剧、歌舞外，还有七都各村、幼儿园选送的节目、川剧变脸、神奇魔术等，特别是温州地方小品《傻子卖蛋》赢得阵阵掌声和喝彩声，晚会受到岛上居民的一致好评。

9月17日，七都街道在吟州村举办“庆丰秋暨同心共筑中国梦”文艺晚会　七都街道提供

【家庭医生签约式服务启动仪式举行】 10月13日，七都社区卫生服务中心联合辖区老人协会与市中心医院举行“老卫民”家庭医生签约式服务启动仪式，活动现场共签约60余名老人。七都社区卫生服务中心联合七都社区、街道民政部门、各村老人协会开展的家庭医生签约式服务，是在全科医师签约服务的基础上，提供的更深入、更优质的服务。活动结合双向转诊平台，实现首个“医养一体化”模式。此模式走在了全市前列。

10月13日，家庭医生签约式服务启动仪式在七都社区举行　七都街道提供

滨江街道

【概况】 滨江街道位于鹿城区中东部，东、北临瓯江与永嘉县三江街道隔江相望，东南与龙湾区蒲州街道接壤，南邻南汇街道，西连五马街道，辖区总面积约16.07平方公里。街道曾获“省科普示范街道”“省级生态街道”“省级城市体育先进街道”“市级学前教育先进街道”“全国人口和计划生育依法行政示范街道”等称号。

【区划】 街道下辖灰桥、洪殿、浦东、横河、蒋家桥、芳园、青园、绿园、蒲鞋市、杨府山、丰汇、新田园、蒲源、陡门、宏源15个社区和黎一、黎二、蒲州、上蒲州、杨府山涂、巽山6个行政村、1个经济合作社。办事处驻地：学院中路191号。

【居民】 2013年，辖区户籍37041户，户籍人口113315人，暂住人口10万人。年内出生890人，死亡242人，人口自然增长率为7.28‰。

【工业】 2013年，街道有工业企业374家，工业总产值42.55亿元，其中规模以上工业企业21家，总产值21.99亿元；全社会固定资产投资累计完成75.13亿元。

【商贸】 2013年，街道有贸易企业1580家，完成销售额161.30亿元，其中限额以上企业104家，销售额95.36亿元。

【第三产业】 2013年，街道有第三产业企业1980家，完成销售额14.99亿元，办理完成“退二进三”企业53家，正在申报“退二进三”企业2家。

【城乡建设】 2013年，街道完成土地报征47.69公顷，累计拆除旧房面积54.16万平方米，新增安置房面积41.2万平方米，累计完成投资额20.92亿元。

全力推进滨江商务区建设，黎明东路延伸段、加洲路及杨府山北片安置区拆迁进入攻坚扫尾阶段；拆除金融地块周转房、搬迁涂田工业区企业，促使CBD地块多幢银行大楼无障碍施工。扎实推进城中村改造，黎二村5号地块基本完成拆迁任务，蒋家桥地块安置区域内旧房全部拆除，依法征收及相关政策处理工作加快开展。稳步推进安置房建设，黎二村10号地块、滨江商务区9号地块进场施工，桩基工程量分别完成80%和60%；拆除黎明电线电缆厂，使拖延5年之久的

滨江街道

滨江街道位于鹿城区东部，区域面积约16.07平方公里。街道办事处驻学院中路191号。

2013年，街道以“经济发展、社会管理、民生工程、社会事业、基层党建”为工作重心，依托“金融商务、生活居住、形象展示”三大功能定位，以滨江商务区建设、城中村改造为抓手，全面推进城市建设；以“退二进三”有机更新为突破口，扎实推动产业转型升级；依托创建国家卫生城市的有利契机，以“两无三化”“四边三化”“五水共治”等工作为重点，着力改善人居环境；以构建社会治安防控体系为切入点，大力推进平安法治建设，积极打造充满活力的现代滨江新城区，促进街道各项事业蓬勃发展，努力为居民营造安居乐业的生活工作环境。

街道先后被评为“全国人口和计划生育依法行政示范街道”“省科普示范街道”“省级生态街道”“省级城市体育先进街道”“市级学前教育先进街道”“省级残联系统先进集体”。

2

3

1

1. “黎明92”文创园
2. 滨江街道办事处办公大楼全景图
3. 司法部部长、党组书记吴爱英在市委书记陈一新，省司法厅厅长赵光君，市委常委、秘书长仇杨均及鹿城区委副书记、区长朱崇敏的陪同下莅临指导司法工作

此版照片由滨江街道提供

洪殿1号地块安置房建设顺利进行；杨府山北片安置房一期一批工程加快建设，确保年底前顺利竣工。全面深化拔钉清障行动，推行“357”工作法拆迁五显观，使拖延4年之久的鹿城广场三期项目顺利进场，温瑞大道一期红线范围和黎一村桥下片安置区块基本拆除完毕，三十六水闸政策处理，多项历史遗留问题得到有序化解。

2013年，街道结合全国文明城市、国家卫生城市创建，大力推进“三改一拆”“四边三化”“两无三化”等工作，共计拆除违建17.3万平方米，完成年任务的119.28%，创建无违建小区12个，完成年任务的200%，新增绿地15.96公顷；拆除整改沿岸违建30处，取缔上陡门老路、思芳路等沿河马路市场，完成蒲州月半湾公园等8个沿河滨水公园9.51公顷提升任务，新建2个0.22公顷的滨水公园；建立河面保洁工作制度，推进6个片区污水管网建设，基本完成岠二横河、杨府山涂河等垃圾河及双井头黑臭河整治；搬迁赤岩道观，促使汤家桥北路9月底全幅通车，打通高田路、拆除惠民北路延伸段民房，缓解城区东片交通压力。

【计划生育】 2013年，街道人口计生工作有序推进。全年辖区出生890人，计划生育符合率94.86%，出生人口男女性别比98：41，生孕信息掌握率94%；社会抚养费征收147例，例数兑现率70.37%；社会抚养费征收1198万元，金额兑现率66.83%；优生“两免”检测婚前检测率97.10%，孕前优生检测率100%；流动人口计生服务管理率100%。

【综合治理】 2013年，街道大力推进平安法治建设，全面构建社会治安防控体系，重点完善网格化信息平台，注重源头防范，强化安全监管基础，有效化解社会矛盾，切实维护社会和谐稳定。加强治安防控体系建设，深化“网格化管理、组团式服务”。联合派出所取缔12家无证照违法经营、群众反映较大的棋牌室；开展“警灯工程”活动，青园社区以扎实的群防工作被列为全省“群众最满意的平安村（社区）”评选候选单位之一；加强“两抢一盗”等犯罪活动的打击力度，在治安乱点区域增设视频监控66只，治安岗亭4个；依托驻格员、网格员将服务触角延伸到街道每一个角落。辖区共有网格211个，网格服务团队211支，社区服务团队368支，服务人员达1309人，录入基础信息16.40万条。

2013年，将日常排查整治和专项行动相结合，强化安全监督管理力度，切实消除安全隐患。按照消防安全“网格化”“户籍化”管理工作要求，修订出台《滨江街道安全隐患排查整治奖惩办法》，定期开展工作督查通报，督促各网格落实消防安全责任，创建具有滨江特色的社区消防工作室；以“三改一拆”、出租房整治、减员增效为契机，开展安全隐患大排查大整治行动，深入开展“三无示范村”和安全文化建设示范企业创建活动，100%完成一般社会单位、村居民宅楼宇消防安全“户籍化”管理创建工作。

2013年，全力做好社会矛盾化解，扎实开展“排查整治、强基促稳”专项活动，上报5个社会风险重点评估项目，有效化解不稳定因素4起，调解10人以上劳资纠纷案件8件，处理民间非法集资案5起，排查化解各类民间矛盾296起，调处成功率100%，滨江司法工作获得国家司法部部长吴爱英充分肯定。化解省、区挂牌重点信访积案7件，其中息访息诉2件、结案5件，积案化解率达100%。

【党建】 2013年，街道中共建设不断加强。以“五型”机关创建为重点，开展中共十八大精神和“中国梦”主题宣传教育活动，组织开展学习贯彻夏宝龙书记、陈一新书记的重要讲话精神活动；搭建滨江党建“微平台”，定期发布基层党建信息，为党员和群众反映问题、表达需求拓展新渠道；强化干部队伍建设，按照干部选拔任用相关规定，选贤举能，干部结构更趋年轻化；严格执行中央八项规定、省委“28条办法”、市委和区委“1+8”实施意见，以住夜访谈、驻企服务员制度等为载体，践行党的群众路线教育实践活动，认真落实党风廉政建设责任制。

深化社区区域化党建，率全区之先一次性完成全部社区换届，创新采用全程录像等方法，圆满完成5个村党组织换届；发挥社区书记主任一肩挑模式的优势，大力推进区域化党建和社区规范化建设，规范化率实现100%；积极培育服务品牌，打造青园公众自治示范社区，4个社区党组织被评为五星级党组织；试点洪殿、绿园社区创设在职党员文体类小组和服务类小组，开展“党徽闪耀在社区”主题活动，充分发挥在职党员先锋带头作用；重视老干部工作，切实为辖区离退休干部提供“四就近”服务，青园社区获得了省级离退休干部“四就近”示范社区称号。

2013年，创新非公、“两新”组织党建，建立华威软件产业园党员发展孵化中心，培育康宏大厦等3个楼宇党建示范点和“黎明92”党建综合体创先品牌，香格里拉大酒店党支部和东瓯智库联合党支部分获市“一企一品”和“一域一群”创建品牌称号。人大的依法监督职能得到切实增强；政协的职能作用得到充分发挥；爱国统一战线进一步壮大，基层统战组织实现全覆盖，对台工作实现新拓展，创成“省级示范性基层侨联”；全面加强党管武装工作；关心下一代、工青妇、侨务、对台、民族、宗教等工作得到强化，全街道上下干事创业、创先争优的氛围更加浓厚。

【社科文卫】 2013年，街道文明创建工作成效显著，创成省级城市体育先进街道、市级学前教育先进街道，“幸福社区”、文化礼堂、省优秀基层科普示范单位等创建工作稳步推进。

人口计生工作持续加强，“计卫一家”服务模式初见成效，创成“全国人口和计划生育依法行政示范街道”，“新滨江人便民服务中心”获省、市两级示范服务中心称号。

民生服务不断优化，巩固“扶残助残爱心街道”创建成果，成为全市唯一获“省级残联系统先进集体”称号的街道；居家养老政府购买服务的成功经验在全区范围内进行推广，积极建设护理型老人院，横河日间照料室广获好评；深化拥军优属工作，成立英雄妈妈罗小双服务队，开展军民互动服务活动；启动新一轮绿色殡葬改革，建立社区殡仪服务点。杨府山西北角地质灾害点整治进场施工；有效做好抗击台风“谭美”“菲特”工作，创成省级气象防灾减灾标准街道。

社会保障体系加快建设，建设市级爱心驿站在全市推广，建立红十字博爱救助金制度，逐步健全社会救助体系；深入开展城乡居民基本医疗保险，社保覆盖面不断扩大；在全区首办街镇级就业困难人员专场招聘会，促进困难人员再就业，取得良好社会效益，群众体育、科协、公共卫生、红十字会、慈善等工作协调发展。

【黎二村10号地块保障房工程开工】 4月28日，滨江街道黎二村10号地块保障房工程举行开工仪式。

4月28日，举行黎二村10号地块保障房建设工程开工仪式　　滨江街道提供

【计划生育文艺汇演】 5月21日，滨江街道计生协会在杨府山公园广场上举办了一场以“增进计生关爱、促进家庭幸福”为主题的计划生育文艺演出活动。市计生委、区计生局领导、街道办事处主任等出席了此次活动。

5月21日，滨江街道计生协会在杨府山公园举行文艺汇演　　滨江街道提供

【汤家桥北路全幅通车】 8月10日，位于汤家桥北路与江滨路交叉口西南角的杨府山涂村赤岩道观顺利拆除。为汤家桥北路施工扫除障碍。

8月10日，拆除赤岩道观　　滨江街道提供

【地质灾害整治项目进场施工】 9月15日，杨府山西北角地质灾害隐患点整治项目顺利进场施工。杨府山四周一直存在地质结构问题，特别是西北角因山体最为松动、人员较为密集，是鹿城区危险系数最高的地质灾害点。该项目的进场施工，能最大限度地消除安全隐患，确保周边居民和游客的生命财产安全。

9月15日，杨府山西北角地质灾害隐患点整治项目顺利进场施工　　滨江街道提供

【15个社区居委会换届选举工作完成】 11月9日，全面同步完成辖区15个社区居委会的选举工作。滨江街道社区换届选举工作于9月23日正式启动，历时47天。正式投票选举产生113名居委会成员，其中主任15人、副主任14人、委员84人。

11月9日，举行村（社区）组织换届工作动员大会 滨江街道提供

【街道文学艺术界联合会成立】 12月19日，滨江街道文学艺术界联合会成立暨"同心艺术团"授牌仪式在滨江街道举行。参加文联大会的有文学、书画、音乐、戏剧界等61位滨江优秀文化工作者。

南汇街道

【概况】 南汇街道位于鹿城区南部，东接龙湾区蒲州街道，南、西与瓯海区梧田、新桥两街道接邻，北接滨江、松台、五马街道，是温州市政府所在地，全市行政文化中心。区域总面积18.9平方公里。

【区划】 街道下辖西屿、开源、十里亭、南塘、桥儿头、火车站、春秋、绣山、吕浦、清风、大自然、三板桥12个社区（居委会）和德政、里垟、葡萄、东屿、龙方、前网、上田、巨一、横渎、龙沈、灯塔、鱼鳞浃、南塘、划龙桥14个行政村。办事处驻地：双龙路199号。

【居民】 2013年，辖区户籍32320户，户籍人口101356人，暂住人口约10万人。年内出生801人（其中计划内742人），死亡226人，人口自然增长率5.67‰。

【工业】 2013年，辖区有工业企业609家，工业总产值45.94亿元，其中规模以上企业50家，产值36.69亿元，全社会固定资产投资62.74亿元。

【商贸】 2013年，辖区有贸易企业2316家，完成贸易额542.71亿元，其中限额以上企业267家，贸易额398.46亿元，年内新增企业24家。

【第三产业】 2013年，辖区有第三产业企业4058家。已完成退二进三企业16家，正在申报退二进三企业33家。

【城乡建设】 2013年，辖区城乡统筹稳步推进，累计完成自建项目固定资产投资额6.7亿元。完成土地报征17宗，总面积60.13公顷。开工建设保障性安置房总建筑面积86.85万平方米，建设规模相当于整个南浦住宅区建筑量。横渎河西片区累计完成投资额2.28亿元，完成率143%。牛山北路实现了主干道通车，德政东路已于8月进场施工，蛟凤北路市政工程完成施工招标。全部完成市域铁路S1线一期工程，鹿城段涉及南汇已明确线位的5个村征地协议书签订。全力攻坚涉及项目建设的30户拆迁"疑难户"，切实解决了宏源路、南塘风貌街、万源路等7个重点工程因房屋、庙宇征收难点而严重影响工程建设的问题，确保南汇辖区的市、区级重点工程顺利进场施工。协助做好影响近期项目建设的民间信仰场所的拆迁改建工作，圆满完成了静福寺、青龙道观等7个庙宇的拆迁工作。2013年，重点建设政府部门完成情况排名第二。

抓环境整治，促形象提升。坚持综合施策、标本兼治，以城乡环境综合整治为抓手，以治水治污为突破口，加快打造美丽浙南水乡。全年拆除违章面积25.10万平方米，累计拆违率为188.10%。创建无违建小区11个，累计完成率220%。完成双屿山河、鱼鳞浃河2条垃圾河、黑臭河的整治工作；完成鱼鳞浃河、划龙桥河2条无违建河道的创建任务，全年实现新增绿地3.86公顷，新建滨水公园3处、小游园3个，改造提升滨水公园14个，迎检道路立体绿化3个，新增屋顶绿化8600平方米。加快推进截污纳管工作，现东屿河、上田村片区已进场施工，鱼鳞浃片区施工准备，城市中心片区完成施工招标。开展沿河农贸市场（马路市场）整治，取缔东屿马路市场。加强环卫基础设施建设，完成9个公厕、2座中转站的改造提升工作。按照自愿原则，逐步开展平改坡改造工作，完成4幢旧住宅平改坡工作。

【计划生育】 2013年，辖区出生801人（其中计划内741人），计划生育符合率 90.53%；男女性别比111：68；死亡226人，人口自然增长率5.67‰。2013年，征收社会抚养费167例，征收金额1569.43万元。

【综合治理】 2013年，街道开展安全隐患大排查大整治行动，突出做好消防安全和安全生产工作。全年与企业签订安全生产与消防安全责任书1265份，出租房责任书11841份；检查企业1729家，查出隐患企业250家，已整改247家；拆除有安全隐患的群租房37家、出租房491家、店面阁楼8家，拆除面积约1万平方米。输入消防平台信息15194条，三级督改输入平台272家，联合执法10次，与社会单位签订自查自纠承诺书6001份。联动推进疑难信访问题化解攻坚，实现了从消极被动的压力维稳向积极主动的改革型维稳的转变，妥善处置龙泱划龙桥自然村因旧村改造项目引起的各类群访性事件，实现了横渎河西片区吴宅地块征地拆迁期间未发生一起伤亡、上访和群体性事件。协调联动推进上田、巨一、灯塔、龙方、德政、里垟6个村历史遗留问题的集中解决。全力遏制了去京赴省上访（包括非正常上访）增长势头，依法严厉打击前网村“北京帮”恶意非访行为；“全景式”排查各类不稳定因素630起，化解530起；全部化解省、市、区三级积案，化解率均达100%。主动跟踪处置万鹰国际服装市场租赁、国脉房开小区车位集体买卖、张宅变电所等涉及金融、民生方面的群体性纠纷事件，全年共计排查调解各类纠纷2312件，调解成功2296件，涉及金额1737.99万元，实现对社会面的有效掌控。较好地完成了中共十八届三中全会期间信访维稳工作。

【党建】 2013年，以深入实施“红色细胞工程”为总载体和主抓手，大力实施“住夜访谈”“三千”等活动，构建以街道党工委为龙头、村居党组织为核心，基层党员为骨干的民情联系服务制度，明确了“划片管理、分组结对、入户联系”等工作要求，形成“点面结合、条块结合、属地管理、块状管理”的工作格局，推动干部党员重心下移、密切党群干群联系。推行机关干部全员考绩，加强街道干部队伍建设、村居党组织书记队伍建设和党员队伍建设，着力锻炼和打造全科能力，培养一批把握政策有水平、服务群众有本领、落实工作有办法，善治疑难杂症的全科式基层组织和基层党员干部。全面完成村居党组织换届选举。完成春秋社区、葡萄村五星级党组织创建。推进区域化党建和“两新”组织党建拓面提质，创建两新组织党建示范点8家，成功打造星际控股集团有限公司“一企一品”党建特色品牌和华盟商务广场楼宇党建示范品牌。

【社科文卫】 2013年，深化完善“网格化管理、组团式服务”，健全落实网格员、驻格员管理服务责任，推动社会服务管理不断向末端延伸。全年建成10家居家养老中心、3家社区爱心驿站及南塘社区残疾人庇护中心。加强社会保障体系建设，养老、救助、新农合医保、慈善、残联等工作取得进展，成立了南塘社区爱心驿站。全面完成“幸福社区”星级创建工作，深入实施社区群众文体提升工程，街道文化站被省文化厅命名为全区第一家浙江省特级文化站。

【南塘吴宅旧房拆迁工作顺利进行】 南塘吴宅需征收房屋建筑面积6.5万平方米，134户、160宗。2013年，已签订临时协议132户，签约率达98.5%，腾空率达100%，拆迁工作顺利进行。

2月26日，南塘吴宅旧房拆除现场

南汇街道提供

【牛桥底安置房完成主体工程】 12月，牛桥底一期安置房已结顶

12月，牛桥底一期安置房施工现场

南汇街道提供

并完成主体砌筑工程，1号和4号楼已完成暗配套管、接线盒埋设及门窗框安装，正在进行外墙施工；2、3号楼进行暗配套管、接线盒埋设及门窗框安装。总建设用地面积12208平方米。计入容积率总建筑面积3.11万平方米。

【华盟商务楼宇党支部开展楼宇讲坛活动】 华盟商务广场作为南汇街道辖区重点楼宇，2013年，楼宇党支部深化“红色推力”，促进党团工作深度融合，凝心聚力打造服务型楼宇党建示范品牌。全力打造楼宇“红色志愿驿站”的同时，集聚楼宇“青春风尚港”，取得明显成效。

华盟商务楼宇党支部开展楼宇讲坛活动

南汇街道提供

【南汇街道召开村级组织换届选举培训会】 10月，街道布置了村级组织换届选举工作任务，要求各村对照村换届选举办法，认真组织实施，确保圆满完成任务，街道全体人员和村两委成员参加了会议。

10月10日，南汇街道三楼大礼堂召开的村级组织换届选举培训会　　南汇街道提供

4月10日，南汇街道开展群众路线活动

南汇街道提供

松台街道

【概况】 松台街道位于鹿城区中西部，北濒瓯江，南临塘河，东抵信河街，西至翠微大道，辖区面积10.11平方公里。辖区水域8条，共计8.5公里，分别为会昌湖1100米、西山河1000米、勤奋河1700米、双桥河400米、十八湾河700米、黄龙泱河700米、九山外河1700米、水心河1200米。辖区主要道路有勤奋路、广化路、过境公路、鹿城路、杏花路等。街道先后被评为全国社区教育先进街道、国家级生态街道、省文明街道、省级卫生街道、省级体育街道、省级侨联示范街道。

【区划】 街道下辖来福门、庆年坊、郭公山、月湖、翠微、广化、双桥、锦花、昌明、水心、桂柑、菱藕12个社区和松台、水心、双桥3个行政村及广化、九山2个股份经济合作社。街道办事处驻地：温州市雪山路75弄33号。

【居民】 2013年，街道户籍42997户，户籍人口124185人；年内出生741人，死亡数738人，人口自然增长率0.20‰；暂住人口68040人。

【工业】 2013年，工业企业90家，工业总产值25.49亿元，其中规模以上企业3家，产值1.23亿元，全社会固定资产投资41.51亿元，同比增长30.60%，完成率全区排名第三，招商引资3.04亿元，完成率101.50%，全区排名第三。

【商贸】 2013年，街道有商业、贸易企业1332家，实现服务业增加值15.41亿元，同比增长5.80%。全社会消费品零售总额124亿元，同比增长7.50%。辖区松台大厦成为税收“亿元楼”。

【城乡建设】 2013年，完成双桥村保障性安居工程的816户旧房丈量工作，意向书赞成率96.10%。其中下桥256户拆迁户，已签订临时协议书202份，腾空201户，拆除旧房面积3.90万平方米。完成双桥村17.78公顷土地报征工作，全年辖区共报征土地20.67公顷。为加快建设进度，按照统筹推进、分块实施的原则，E—30、E—33区块已初步完成可行性研究报告的编制工作。

2013年，完成了九山1号地块改造提升工程的124户入户丈量、未经登记认定、旧房评估、电子城自行拆除及供地办理等工作。已签订临时协议书119份，签订率96%，于11月21日开始腾空旧房，已腾空97户，已拆除80户旧房和3家企业。同时，鹿城路159号临时周转房已结顶，24间旧房修缮并投入使用。

2013年，启动黄龙商贸城北片一期改造工程3户疑难户的司

松台街道

松台街道位于鹿城区中西部，由原广化街道、水心街道和莲池街道于2011年合并而成。辖区面积10.11平方公里，是鹿城区重要的生态休闲文化功能区。山有郭公、松台，水有汇昌、九山，千年古刹妙果寺、江心寺、太平寺香火鼎盛，文化古迹庆年坊、玉皇楼、魁心阁游人不绝。此外，松台公园、星河广场、九山公园等更是市民休闲游玩之地。街道办事处驻雪山路75弄33号。

2013年，街道全面实行网格化管理，不断完善社会治安综合治理工作机制，开展消防和安全生产专项整治工作。全年，完成全社会固定资产投资41.51亿元；完成招商引资3.04亿元；实现全社会消费品零售总额124亿元。街道有工业企业110家，工业总产值25.49亿元；有商业、贸易企业899家，实现服务业增加值15.41亿元。

街道先后被评为全国社区教育先进街道、国家级生态街道、省文明街道、省级卫生街道、省级体育街道、省级侨联示范街道。

1. 2013年6月28日，广化南路开工仪式举行
2. 2013年8月14日，省政协副主席、省委统战部部长汤黎路一行至松台街道调研基层统战工作
3. 2013年1月25日，全区首个企业党委统战部成立

此版照片由松台街道提供

法征收，北片一期E—1地块和C12地块都已进场施工；陶瓷品市场改造提升工程已进场施工；温州四中扩建工程房屋征收率达100%，庆年坊历史文化街区、天都酒店改造提升工程、现代锦绣花苑等重点工程前期工作推进顺利，并完成13幢平改坡工程。同时，大力推进土地低效利用，梳理出17个地块，总占地面积176.37公顷的低效用地再开发项目，并全面完成1.28公顷供而未用土地指标任务。

【计生和劳保工作】 2013年，街道加强人口计划生育“一盘棋”管理，加大计生宣传培训力度，计划生育率93.79%，计生抚养费征收1100万元。辖区新增就业5859人，其中失业人员再就业1385人。共受理欠薪投诉案件118件，追发劳动者工资等金额134.19万元，结案率达98%。

【综合治理】 2013年，高度重视信访工作，建立健全街道班子包案制度和下访、接访制度，信访总量明显下降，初信初访47起，化解率92%；市、区重点信访案件17件，化解率100%，信访形势有所好转。

2013年，全面实行网格化管理，不断完善社会治安综合治理工作机制，加强对归正人员、吸毒人员帮教管理，积极开展“打黑治乱”行动，辖区治安情况得到较好改变。辖区共发刑事案件9111起，同比下降9%；“两抢”案件116起，同比下降29%，盗窃案件3289起，同比下降10%。全面开展消防和安全生产专项整治工作，深化排查，强力整治，消防和安全生产形势好转，共检查生产经营单位2154家，存在隐患205家，已完成整改195家，整改率达95%。检查居住出租房2448户，存在隐患818户，已整改699户，整改率85%。其中，挂牌整治6家，整改率100%。

【党建】 2013年，辖区现有党组织36个（包括46个两新党组织、37个社区企业联合党支部），其中14个党委、6个党总支部、16个党支部，党员3752人。松台街道面对新形势、新特点、新情况，始终坚持执政为民理念，全面力抓党的机制、基层和特色建设。

2013年，在3881名党员中组建“创业型”“服务型”“文艺型”等特色党小组12个，按照网格楼幢成立24家街坊党支部、74家楼栋党支部、12家网络党支部，形成“社区党委—街坊党支部—街坊党员”三级服务网络，党员发展教育管理不断得到加强，全年发展党员35名。积极探索楼宇党建，开展“青春党建”系列活动，进一步探索创新非公党建工作模式。同时，创新党建工作载体，完成党建“十件实事”，提升党建工作水平。

2013年，加大对松台街道创新性、典型性等工作的综合报道。街道在《浙江日报》等主要报纸刊登新闻86条。在鹿城新闻网、温州新闻网等互联网媒体刊登新闻400余条。桂柑社区在全市首创五星级幸福社区示范点，开展“你我携手，向幸福出发”“幸福来敲门”等系列创建活动，并同时通过菱藕、广化、庆年坊等4个四星幸福社区创建验收，在全市领先。同时，获得省级体育先进街道称号，成立全市首个街道文联。

2013年，开展新联会和知联会的联动和资源共享等系列活动。在辖区黄龙集团成立鹿城区首个非公企业党委统战部，在15家非公企业党组织设统战委员。协调促成辖区妙果寺与台湾新北市深坑区万福禅寺结对交流活动，丰富对台工作载体。2012年，统战工作接待省市领导15批次，210人次，并获得省级侨联示范街道称号，桂柑社区获得全国侨办明星社区称号。

2013年，认真落实党风廉政责任制，严格执行中央“八项规定”制度，“三千行动进村入企”等活动深入开展，季度绩效公示制度不断规范，廉政风险防控机制建设不断健全，党风廉政宣传教育长效开展，菱藕社区创成省级“廉政文化”进社区示范点，廉政文化品牌进一步凸显。机关效能建设常抓不懈，12例违反效能规定的工作人员受到通报、处罚，“庸、懒、散”风气得到有效遏制，服务质量、办事效能进一步提高。

【社科文卫】 2013年，街道继续开展未成年人思想道德建设，通过“春泥计划”“孝文化教育”“小手拉大手”等具体载体，培养未成年人从小树立文明意识，形成“文明创建人人有责、创建成果人人共享”的生动局面；以“学雷锋、树新风”“文明鹿城精彩有我”“关爱农民工及其子女”“关爱未成年人”“关爱老人”等为主题，广泛开展环境保护、家园清洁、植树护绿、秩序维护、文明交通、文明服务、扶贫济困、助老扶弱、医疗卫生等服务活动，每周开展一次“文明大行动”。

2013年，在菱藕社区市级居家养老服务示范点基础上，拓展内容，设立各类服务网点25家，典型示范，以点带面，建设桂柑、广化、水心社区居家养老服务中心，为辖区老人提供家政服务、医疗护理、文体娱乐、爱心食堂等特色服务，不断完善居家养老服务体系，在《温州日报》、新浪网、人民网等主流媒体都有报道。同时，注重敬老爱老，12个社区全部通过省老龄工作规范化社区验收达标，桂柑、菱藕等社区被确定为市级老年电大教育示范点，街道被评为市级老龄工作先进街道。

2013年，结合历史文化名城创建工作，大力开展公益性文化活动，扎实推进文化惠民工程。投入115万元建成街道社区综合文化活动中心，完成庆年坊历史文化特色街区诗词院、曲艺院的建设工作，“古韵庆年”文化品牌不断完善；编制完成松台山文化提升规划、庆年坊历史文化街区保护规划。同时，整合社区文化资源，组建腰鼓队、太极扇队、健身操队、武术舞剑队等专项文体团队93支，并在市区比赛中取得较好成绩，进一步提升辖区的文化生活水平，营造了浓厚文化氛围，在文化育人的潜移默化中不断提升市民的文明素质。

【全区首家“时间银行”志愿服务站成立】 2月，在菱藕社区成立全区首家志愿服务时间银行窗口，为全区目前服务项目最多、服务范围最广的综合性志愿服务站，多次被省市主流媒体报道，在中央一台新闻联播中播出。

6月3日，松台街道菱藕社区“时间银行”服务专柜正式对外开放，这是温州市第一个储存“时间”的银行　　松台街道提供

【村居组织换届完成】 精心组织、周密部署、严格程序、依法

选举等阶段，在全区率先完成15个社区（村）级组织换届选举工作，其中翠微社区在全区中最早完成社区党委换届，桂柑、月湖、郭公山成为全区第一批完成城市社区居委会换届的社区。新一届社区班子成员148名，大学文化占54%；新一届村班子成员29人，高中文化以上占95%，平均年龄43岁，优化班子结构，提高班子合力。

11月9日，翠微社区作为全区试点率先完成社区两委换届　　松台街道提供

【“松台速度”成互看互学示范点】 2013年，举全街道之力组建一支善打硬仗的攻坚队伍，连续奋战32天，完成135户拆迁，总拆迁面积3.70万平方米，做到签约率、腾空率、拆迁率三个100%，实现零强拆、零投诉、零上访，零障碍开工，创造了“松台速度”，成为全市“三改一拆”互看互学现场会示范点。

【成立全区区划调整后首个街道文联】 4月，成立全区首个街道文联，对推进街道文化的普及与提高、繁荣与进步起到重要作用。

11月14日，街道文联成立大会

松台街道提供

双屿街道

【概况】 双屿街道位于鹿城区的西部，东临翠微大道，南朝黄龙山脉，西与洞桥山麓接壤，北依瓯江，辖区面积25.50平方公里。经辖区主要交通线有金丽温高速、104国道、330省道、甬台温高铁、金温铁路鹿城段。曾是温州市三十强镇，浙江省百强乡镇，并先后两次被国家统计局评定为全国千强镇。

【区划】 街道下辖营楼桥、瓯浦垟、康龙、黄龙、垟田、牛岭、金竹、鞋都、丁桥9个社区和营楼桥、瓯浦垟、箬笠岙、垟田、牛岭、嵇师、双岙、前陈、屿头、岩门、正岙、潘岙、上伊13个行政村。办事处驻地：温金路138号。

【居民】 2013年，辖区户籍12651户，户籍人口42418人，暂住人口数314567人。年内出生417人，死亡182人，人口自然增长率5.58‰。

【工业】 2013年，街道有工业企业3260家，工业总产值242.70亿元，其中规模以上企业136 家，产值141亿元。规模以上工业企业万元产值能耗降低率7%。社会固定资产投资完成41.20亿元，同比增长121.87%。

【商贸】 2013年，辖区有商业、贸易企业 485家，完成贸易额64.03亿元，其中规模以上企业 24家，贸易额 27.40亿元。批发零售住宿餐饮业全社会销售额（营业额）64.03亿元，零售额26亿元。

【第三产业】 2013年，街道服务业增加值2.76亿元，同比增长7.90%。温州川耕鞋材、温州事达利鞋业等原二产企业“退二进三”，建设中国鞋都鞋革城、温州国际鞋城等三产专业市场。另外，温州电子信息城、交运轻工淘宝城市场项目也将相继建成。

【城乡建设】 重点项目建设提速。由街道承建的进城口改造、中央涂改造、鞋都、总部、双屿综合五大重点项目完成投资10.90亿元。其中，进城口2号地块、郑桥广场等10个项目开工，江滨A线东段、双屿3号安置房等8个子项目竣工，营楼路、卧旗山公园等6个子项目完工。

遗留问题化解提速。面对历时十余年未安置的西进城口项目遗留安置问题，采取现房安置、货币安置、住宅置换相结合的方法，共安置营业房79间、住宅179套，年节省过渡费约550万元。被社会喻为“蜗牛工程”的鞋都三期立交桥工程列入2013年度十件实事内容，时时紧盯进度，在人员、资金、政策处理上予以首先保障，全年完成整个工程近一半投资量，实现主体完工。上伊、潘岙、屿头、箬笠岙、垟田、牛岭6个村的历史遗留问题实行打包解决。

拆征工作推进有力。深入市西片污水处理厂环境敏感点、二高扩建拆违等一线攻坚，启动旧房拆除项目涉及9个行政村（居），拆除旧房面积25.30万平方米。拆除违章52万平方米。其中4月，单月完成330国道双屿段改建工程、岩门制革基地旧片区改造、东瓯王墓公园建设等3个重点项目的旧房拆除，计面积6.50万平方米。

330国道仰义至双屿段进行旧房拆除

双屿街道提供

城乡环境不断改善。突出抓好水环境治理，全面启动8个片区的截污纳管工程，加快开展瓯浦垟河等11条黑臭河治理，完成卧旗山、洞桥山、黄龙山3个山体公园建设任务。深入开展“四边三化”“两无三化”等综合整治，投入经费近3000万元，城乡环境显著提升，全市“两无三化”考核累计排名比2012年上升6名，实现“摘帽进位”。

【计划生育】 2013年，街道年内出生417人，计生符合率为89.2%。共征收社会抚养费112例，其中当年已征45例，往年已征57例，共征收金额665万元。加大了党员干部违法生育查处力度，查处率达100%，完善利益导向机制，使辖区326户计生家庭享受优惠政策，建立了独生子女双份政策和违法生育制约措施，并在村级“三分三改”方案中推行实施。

【综合治理】 2013年，双屿是“温州模式”的发源地之一，工业化发端于民间家庭工业，走的是一条粗放型外延式工业化扩张道路，具有典型的城市转型期和城郊接合部的特征，半城市化、半工业化非常突出，面临着城市、经济、社会等多个层面转型的繁重任务。2013年，深入贯彻落实，结合实际，研究制定《鹿城区双屿综合整治实施意见》，以“治水”和“三改一拆”为突破口，以河水变清、人口减少为重要检验标准，全面开展综合整治“六大行动”。全年实现流动

双屿街道

双屿街道位于温州市区西大门，辖区面积25.50平方公里。办事处驻地温金路138号。街道（功能区）定位：企业总部经济集聚区、城市西部交通枢纽和城市大型生活居住区。辖区有中国鞋都、鹿城工业区两大工业基地，落户企业3300多家，其中规模以上企业136家，拥有康奈集团、东艺鞋业、巨一集团等产值超10亿元企业，2013年工业总产值141亿元，完成社会固定资产投资41亿元。

1

双屿是“温州模式”的发源地之一，工业化发端于民间家庭工业，走的是一条粗放型外延式工业化扩张道路，具有典型的城市转型期和城郊接合部的特征，半城市化、半工业化非常突出，面临着城市、经济、社会等多个层面转型的繁重任务。2013年，街道制定《鹿城区双屿综合整治实施意见》，以“治水”和“三改一拆”为突破口，以河水变清、人口减少为重要检验标准，全面开展综合整治“六大行动”。全年实现流动人口累计减少7.5万人，规上企业万元产值能耗同比下降7%，“减员增效”成效初显。

2

3

1. 11月19日，温州市委书记陈一新专题督查双屿“减员增效”综合整治工作
2. 330国道仰义至双屿段重点建设项目正进行旧房拆除
3. 中央涂A—2地块保障性安居工程正在建设中

此版照片由双屿街道提供

人口累计减少7.50万人，下降率达21.60%，规上企业万元产值能耗同比下降7%，“减员增效”成效初显。

在平安综治建设方面，突出抓好出租房管理、厂中厂整治、无证照整治等突出领域的体制机制创新，集中开展“打黑治乱”、无证关停等“八大会战”。推进5个治安乱点整治，共破获刑事治安案件835起，打击团伙38个。以鹿城工业区整改提升为重点，推进安全隐患整治工作，实现重大安全隐患整改率达100%。应急妥善处置了“7·26”嵇师纵火案、“8·14”非法聚集事件等。全力化解劳资、信访等不稳定问题，1160起劳资纠纷全部妥善处置，51件初信初访化解率达90.20%，17件信访积案化解率100%，包括邵某某与陈某某长达8年的矛盾纠纷案。

【党建】 2013年，注重加强队伍建设，建立双屿街道“月分析、月评比、月奖励”办法，创新性推出“机关干部贡献赋分法”“全员点数管理法”，奖勤赏能、治庸罚懒，进一步激发了干部干事创业热情，提升了破难攻坚的凝聚力和战斗力。

扎实推动村社融合。针对双屿地处城郊接合部、基层基础薄弱、村社难以融合的特殊情况，强化措施，建立健全网格运行机制，对网格进行调整细分，共划分为9个大网格、25个中网格、106个小网格，明确三级责任人，前台与后台双轨运行，实现网格全覆盖、责任无盲区。

完成村级组织换届各项任务，顺利选举产生了新一届村级组织班子。

创新党员志愿服务平台，在鞋都文化广场和黄龙社区建立了2家党员志愿驿站，开展主题活动。成立全区首个以新居民为主要成员的志愿者团体——双屿街道新居民志愿者服务中心，招募新居民志愿者1100余名。

双屿街道党员志愿者驿站　　双屿街道提供

发挥两新组织在区域建设中的能动作用，创新绿化建设模式，大力开展“百家企业认绿，百家工会护绿”活动，105家企业自愿参与，其中62家企业认建认养绿地1.50万平方米，43家企业认捐125万元用于绿化提升。

志愿者开展爱绿护绿养绿活动

双屿街道提供

完善两新党建“分组帮带、轮值主持”机制，每月工作情况考评分档，挖掘片组特色，交流工作经验。以康奈集团党建为龙头，开展10家两新组织“双强”示范点创建活动；打造“一企一品”“一域一群”品牌，打造小微企业“小而美”党建示范群。

【社科文卫】 2013年，积极推进社区规范化建设，营楼桥社区获“全国综合减灾示范社区”称号，黄龙社区获“省级文化示范社区”称号，丁桥社区被评为2013年度城乡社区示范点、黄龙社区社会组织发展与服务协会被评为2013年度温州市优秀邻坊中心。进一步推进幸福社区创建工作，康龙社区创建爱心驿站、黄龙社区创建居家养老示范点。推进殡葬改革，实行骨灰跟踪管理，开展私坟生态化改造并迁移私坟446座。帮扶慰问500余人，合计金额172万元。发动1500余人参加无偿献血。

【黄龙社区获省级文化示范村（社区）称号】 1月，浙江省文化厅命名表彰一批浙江省文化强镇、浙江省文化示范村（社区），双屿街道黄龙社区榜上有名。

【双屿三个山体公园试开园】 2月2日，双屿卧旗山公园、黄龙山公园、洞桥山公园等3个山体公园举行试开园仪式，向市民开放。

【双屿街道获“皮鞋生产基地”优质产品生产示范区称号】 3月22日，温州市质量强市工作领导小组（扩大）会议上，全市仅两家获得优质产品生产示范区称号，其中双屿街道获评“皮鞋生产基地”优质产品生产示范区称号。

【东瓯王墓公园开园仪式暨清明祭扫活动】 4月3日，在双屿街道东瓯王墓公园举行开园仪式暨清明祭扫活动。省委常委、市委书记陈德荣率领市、区四套领导班子，市、区有关部门，社会各界代表、瓯浦垟村村民代表等参加活动。活动仪式由副市长郑朝阳主持。

市委常委、鹿城区委书记王立彤和副市长郑朝阳为东瓯王墓公园开园揭幕，市、区四套领导班子领导、社会各界代表及瓯浦垟村村民向东瓯王墓敬献花篮，并向东瓯王墓三鞠躬。随后，市、区领导在东瓯王墓旁栽树、培土。其间，省委常委、市委书记陈德荣还向瓯浦垟村村民代表赠送感谢信和礼品。

4月3日，在双屿街道东瓯王墓公园举行开园仪式暨清明祭扫活动　　双屿街道提供

【省禁毒文艺巡演在文化广场开演】 5月27日，“远离毒品、共享‘两富’”浙江省禁毒文艺巡演在温州市鹿城区“中国鞋都文化广场”举行首场演出。

【双屿都市经济区第一届全民运动会】 6月1日，双屿都市经济区第一届全民运动会在温州市第二高级中学举行。此次运动会共有机关、辖区站所、企业、社区等30支代表队，近千名运动员以及60名专业裁判参加。运动会设九大竞赛项目，包括集体项目：同舟共济、抗旱救灾接力、拔河；个人项目：定点投篮、乒乓球、足式保龄球、1分钟跳绳；老年项目：飞镖；残疾人项目：夹弹珠。

6月1日，双屿都市经济区第一届全民运动会在温州第二高级中学举行　　双屿街道提供

【“中国梦·创业梦”文艺演出在双屿街道举行】 7月17日，在双屿街道鞋都文化广场举行以“中国梦·创业梦”为主题的文艺演出。整场晚会紧紧围绕“中国梦”主题，既有内涵丰富的舞蹈《追梦》《越来越好》，又有气势磅礴的诗朗诵《走向复兴》，都让人感受到了一份同心奋进的“追梦”力量，在创业者中引发强烈反响。该活动由区委宣传部、双屿街道党工委主办，区图书馆承办，近千名创业者和群众前来观看。

【双屿“新居民志愿者服务中心”成立】 9月30日，双屿街道成立了全区首个以新居民为主要成员的志愿者团体——新居民志愿者服务中心。该中心是鹿城区首个以新居民为主要成员的志愿者团体，下设9个社区新居民志愿者服务站，服务站主要负责新居民志愿者的招募、登记、信息管理、积分管理以及协调和配置辖区内所有公益服务资源，设计和开展志愿服务项目以及培育发展志愿者队伍等工作。

9月30日，双屿街道成立新居民志愿者服务中心　　双屿街道提供

仰义街道

【概况】 仰义街道位于鹿城区中部，东濒瓯江，南连双屿街道，西靠藤桥镇。辖区总面积28.09平方公里。境内有104国道、330国道、金丽温高速公路、金温铁路、温州绕城高速以仰义为枢纽，与金丽温高速相接，其中绕城高速西南线进入前期工作阶段，绕城高速北线已竣工投入使用。街道曾获浙江省群众体育先进单位、浙江省“全民健身与奥运同行”片区“种文化”活动暨全省职工迎奥运健身活动二等奖、省级社会治安综合治理先进集体、浙江省体育强镇（乡）、省第二次全国R&D资源清查先进集体、全省“811”环境污染整治工作先进集体、第二次全国农业普查先进集体、第三届全国食品安全知识竞赛“集体组织奖”、第六次全国人口普查先进集体等省级称号。

【区划】 街道下辖渔渡、后京、前京、河岙、十里、龙川、陈村、澄沙桥、林里、钟山、垟山、馒头驻12个行政村和沿江、临湖2个农村新社区和仰新移民社区。办事处驻地：沿兴路142号。

【居民】 2013年，辖区户籍5751户，户籍人口19894人，暂住人口为6万人。年内出生206人，死亡94人，人口自然增长率为6.20‰。

【农业】 2013年，农业总产值1185万元。农业以种植水稻、蔬菜为主，农副业养殖较为普遍。耕种面积4722亩。建有蔬菜基地1650亩，大棚种植650亩；山区花卉基地249亩；林业用地面积1688公顷，森林覆盖率达48.20%。

【工业】 2013年，辖区有五金、服饰、印刷等工业企业2600余家，实现工业总产值64.88亿元，其中规模以上企业45家，总产值29.09亿元，同比增长12.81%。全社会固定资产投资13.64亿元，其中完成工业性投资2.60亿元。

【商贸】 2013年，街道完成商品销售额9.28亿元，完成任务的117.16%，同比增长31.22%；完成外贸出口额1.26亿美元。

【第三产业】 2013年，街道推进“强三优二”工作，开展“亩产论英雄”活动。完成帮扶企业15家，并协助做好企业技术创新，优化辖区产业结构，推进经济转型发展。辖区有农家乐1家。

【城乡建设】 2013年，辖区重点工程主要包括洞桥制革基地旧片区改造工程、林里片区低丘缓坡利用项目、104国道温州西过境公路改造工程、仰义至双屿段公路改建工程、双屿至藤桥公路建设工程、绕城高速公路西南线工程鹿城段、绕城高速公路北线工程。B—9地块一期已基本完成桩基工程，并进入地下室施工阶段；同时，B—5地块与B—18地块已进入施工图设计及打桩阶段，完成洞桥临时周转房建设并交付使用。2013年，街道城中村改造工作全区排名第三。积极推进林里片区低丘缓坡项目开发建设。完成土地利用总体规划修编审批、规划范围内415公顷地类调查认定及分户面积公示工作；完成林里山上安置房工程前期审批，林里片区道路、河道两个项目列省重点工程包装，林里村周转房工程；开展林里片区1103户的房屋腾空、拆除工作，目前已腾空995户，占总户数的90.21%，拆除旧房8.27万平方米；完成生态公墓项目施

仰义街道

1

仰义街道位于鹿城区中西部，以山地丘陵为主，属于中亚热带海洋性季风气候。辖区总面积28.09平方公里，距温州市中心仅9公里。2011年4月，完成撤乡设街道，正式更名为仰义街道办事处。同年9月，成立仰义都市休闲功能区。同年10月，以104国道为界，将辖区12个行政村联合组建成沿江、临湖2个农村新社区，其中沿江社区下辖渔渡、后京、前京、河岙、十里5个村；临湖社区下辖澄沙桥、龙川、陈村、垟山、林里、钟山、馒头驻7个村。

境内生态资源丰富，建有省级西郊森林公园一座，还建有东方仰义乡村俱乐部、观光农业园等休闲娱乐设施，是都市人休闲旅游的好去处。

2

3

1. 举行青年后备干部培训班开班仪式
2. 渔渡轻工产业小微园一期工程瓯江大桥两侧地段正式进场开工
3. 仰义街道集聚区项目（仰义锦园）一期工程结顶

此版照片由仰义街道提供

工图设计和施工准备工作。

2013年，街道共拆除违章建筑32.40万平方米，新增绿化面积3.44万平方米，其中洞桥山公园188.81公顷。

沿江、临湖两个农村新社区“一社一品牌”创建日显成效，载体落实有效，活动丰富多彩。临湖社区开设“民生剧场”、社区文体活动中心、农家书屋、“阿武工作室”民情收集站等符合群众需求的特色项目，打造“王老伯工作室+党代表工作室”的搭档服务模式；沿江社区开放居家养老日间照料中心、社区文化活动中心、“爱心接力站”、“共享蓝天俱乐部”、“幸福驿站”及服务新居民“七彩小屋”阵地建设工程等，深得群众欢迎，并得到国家民政部部长李立国莅临指导。

【计划生育】 2013年，辖区内出生人数206人，计划内人数182人，计划符合率88.35%，男女性别比为100：114.60，全年征收社会抚养费55例，征收金额278万元。

【综合治理】 2013年，街道加大新居民居住意外险宣传和签约力度，加强安全生产宣传培训工作，同时开展户籍化管理工作，坚持每日一报、一登机制，切实提升安全管理水平。健全综治网格化管理，积极开展“平安三率”提升活动，根据第四季度大学生督查结果，辖区平安建设知晓率达98%，平安建设参与率达96%，群众安全感达100%。2013年，共调处各类纠纷439件，调处率100%。平安综治建设成效明显，获得“2013年度平安创建工作先进单位”称号。

【党建】 2013年，出台《街道重点工作千分制》，设立领导班子亮绩台、科室支部创先争优亮绩台，全面接受群众监督，有效加大工作落实力度。制定领导干部行为规范考核办法，实行一月一通报，并完善激励和关爱机制，设立10个支部兴趣小组，进一步强化工作作风，全面营造健康、愉悦、和谐的工作环境。结合“进村入企大走访”活动，开展夜访夜谈，梳理群众问题186件，解决172件，梳理企业问题61件，解决53件。

【社科文卫】 2013年，街道有中学1所，小学2所，幼儿园6所。2013年，成功创成市二级社区学校，挂牌成立沿江、临湖社区分校，并成功开设仰义一小图书馆分馆。组织开展“阅读有爱”助学公益活动，为辖区的73名学习优秀但家庭困难、单亲家庭、残疾人家庭的学生及贫困新温州人子女，每人送去1张价值300元的蓝登读书卡和1份爱心书包等学习用品，共计发放助学金2.19万元，爱心企业家为辖区50位家庭困难单亲家庭子女送去了价值8000余元的过冬棉衣、手套及精美礼品，并资助10名困难学生一年的学费。

辖区共有1个社区卫生服务中心、2个卫生服务站以及13个村级卫生室，成功创成市级卫生强街道和省级示范社区卫生服务中心。

2013年，共有低保户71户，其中五保三无9户，重度残疾人150人，其中一级残疾人56人，二级残疾人94人，全年共发放低保救助金132万元，重度残疾人补助16万元。2013年，通过“慈善一日捐”募捐活动，共筹集到社会各界人士的善款67.37万元。

【仰义锦园一期工程顺利结顶】 仰义街道集聚区项目（仰义锦园）一期工程总投资4.52亿元，总建筑面积10万平方米，于2011年12月31日开工建设，工期1000天。根据区年初下达的2013年年底完成局部结顶的任务目标，于2013年6月29日完成全部结顶工作。

【渔渡轻工产业小微园一期工程开工】 10月12日，仰义街道渔渡轻工产业小微园一期工程瓯江大桥两侧地段正式进场开工，规划面积约3150平方米，总投资2000万元。小微园以成长型、创业型企业为主，全力打造布局合理，功能齐全，管理规范，运作高效的小微创业园，以实现资源优化配置、土地高效利用、产业集聚发展、生态社会和谐发展，为中小创业型企业提供生产经营平台。

【青年后备干部培训班开班】 3月，仰义街道成立全市首个由街道主管主办的“黄埔军校”，确定31名第一批街道青年后备干部，并开班授课，未雨绸缪培养接班人，推进人才队伍梯度建设。同时，每位后备干部均联系街道重点攻坚项目，开展实战化培训锻炼，全面提升后备干部的综合素质和能力。

【前京村二期二产项目开工】 仰义街道前京村二期二产工程项目占地面积共10万平方米，共分为四个地块，被规划为工业用地。5月31日，该项目中的第三、第四地块正式进场施工，投资额近亿元，拟用一年时间完成建设。项目建成后，将为仰义街道的经济发展开创新的格局，带来新的经济效益。

5月31日，仰义街道前京村二期二产工程正式开工　仰义街道提供

【洞桥山公园开园】 仰义洞桥山公园于2012年11月16日正式进场施工，利用不到三个月全面完成公园入口建设及主园路、次路的周边环境整治绿化，游步道配套设施完善，总投资约2000万元。于2013年5月底全面建成对外开放。

藤桥镇

【概况】 藤桥镇位于鹿城区西部，东接仰义街道，南靠瓯海区，西挨青田县，北临永嘉县，距离鹿城中心区约15公里。主要交通线为330国道、渔藤公路和金温铁路。镇域面积164.57平方公里。境内有岩雅山风景区、红十三军旧址、田塘头爱国教育基地、西坑革命烈士纪念馆、驿头中加友谊馆、老鼠山文化遗址等名胜景观，是自然风光和人文资源兼具的西部生态新区。

【区划】 藤桥镇下辖新藤、藤南、南雅、上戍、戍浦、临江、江南、驿头、双潮、岙底10个社区和樟村、垟岸、后垟、陈良、金马、底山根、北岸、埭马、底垟、油岙、下庄、石垟、桥上、雅漾、上埠头、大潭、大塘、潮济、坑古、潮埠、枫林岙、西湾、前林、竹桥、上桥、外垟、下巨、渡头、周徐、下湾、西洲、金岙、横山、仁地、后支、前盈、巽岙、庄岩、江南上、郑大垟、沙头、驿头山根、驿头岙底、和平、平山、荫溪潮埠、下冯、西坑、利八坑、东坑、东岙、双溪、茅垟、黄茅坪、下冯山、朱下、沈岙、小旦、渡船头、夏家山、下垟、江心田、白脚坳、三新、上皮山、丁埠头、吊降、田塘头、底坦、江池、呈岸、林路、小岙87个行政村。镇政府驻地：藤桥南街183号。

洞桥山公园　仰义街道提供

【居民】 2013年，辖区有户籍26149户，户籍人口85672人，暂住人口3.99万人。年内出生807人，死亡315人，人口自然增长率为5.28‰。

【农业】 2013年，全镇耕地面积3.19万亩（新增耕地478.87亩），林地面积14.80万亩（新增山地造林1500亩），系温州市城乡统筹改革试点镇之一，是鹿城区农业建设的重点镇。2013年，农业产值3.06亿元，农民人均纯收入10364元，同比增长8.10%。农作物播种面积 61797亩，粮食生产播种61797亩；粮食总产量124万吨；肉类总产量9989吨。先后获得省级生态镇、动物防疫示范乡镇、市级粮食生产先进单位、农机示范基地等称号。2013年，藤桥镇以实施农业“两区”建设为引领，完成5920亩粮食功能区和1500亩标准农田建设任务；粮食生产播种3.67万亩；新增土地流转面积4600亩，林权流转面积1300亩；完成温州市种子种苗科技园和雅西现代农业庄园一期建设；省级示范性基层农业服务中心正式挂牌运营。

藤桥镇

1

2

藤桥镇地处鹿城区西部，群山环抱，有瓯江支流戍浦江穿境而过。1984年，藤桥乡改镇。1992年，南雅乡并入藤桥镇。2001年，瓯海区藤桥镇划归鹿城区管辖。2011年，临江镇、上戍乡、岙底乡、双潮乡并入藤桥镇。全镇面积164.57平方公里。镇政府驻藤桥镇南街183号。

近年来，藤桥镇深入实施“农业稳镇、工业强镇、生态立镇、旅游兴镇、民生安镇、文化塑镇、党建固镇”七大战略，经济、社会持续发展，先后获得省级文明镇、生态镇、体育强镇、教育强镇等称号。

3

1. 7月3日，举行让·平祖居开放仪式
2. 双潮爱国主义教育基地
3. 台风“菲特”来临，藤桥镇领导走访转移安置点

此版照片由藤桥镇提供

全镇形成以藤桥玉米、临江瓯柑、双潮杨梅、上戍草莓、岙底毛芋为主的区域化布局、规模化种植和产业化经营的产业格局。具有众多绿色果蔬基地，包括桑葚、番茄、白枇杷、甜橘柚等多种特色品种。藤桥镇名特优农产品众多，如藤桥熏鸡、进兴农业、展宏畜牧、高山农业等知名品牌深受消费者喜爱，全镇有农业专业合作社106家，省级示范性合作社3家、市级示范性合作社8家，农业龙头企业9家，农业龙头企业7家，其中藤桥禽业有限公司获得农业产业化国家重点龙头企业称号，进兴农业、展宏畜牧、高山农业3家企业获得省级龙头企业称号。

【工业、商贸、第三产业】2013年，全镇累计完成固定资产投资额8.81亿元（同比增长14.40%），实现工业总产值74.57亿元（同比下降8.90%），社会消费品零售总额6.04亿元（同比增长14.80%），实现税收3.01亿元，地方财政总收入4721万元。镇政府以项目建设为抓手，食品加工基地、沙头工业园区二期等重点项目快速推进，镇域经济发展速度明显加快。

以泰新街、南街、戍浦南路、临江中心街、岭下等商贸街区为重点，建成商贸、金融、文化、餐饮、社区服务等功能相对齐全的服务网络。

以生态旅游节为契机，编制藤桥旅游总体规划，积极促进都市休闲旅游和生态观光旅游，形成以观光旅游、亲子种植、农家生活、果园菜园采摘为主的现代农业体验园。初步形成以双潮西龙溪、驿头中非文化、岙底丁埠头及岩雅山景区为主线的休闲、人文、红色旅游发展格局。

【城乡建设】 2013年，合力推进水、电、路、气等基础工程。双藤公路、昌源路、轻工园区纵七支路等道路进场施工，金岙隧道完成方案设计及选址认证，进入前期审批阶段。瓯江治理一期工程完成招投标，石鼓山水厂项目进入施工阶段，戍浦江大潭段防洪堤工程即将完工。500千伏温西变施工进展顺利，天然气输配工程温州门站进入土地报批阶段，金丽温、甬台温天然气工程进场施工。三十一中学、三十二中学完成土地征收报批。

2013年，一期农房集聚项目总投资13.85亿元，建筑面积29万平方米，已有24幢顺利结顶，认选置换房源1349套、签订正式协议805户；二期农房集聚项目计划总投资15.47亿元，横山地块、驿头地块总建筑面积8.20万平方米，已进入基础施工阶段。

2013年，完善市政配套设施，新增农村生活污水处理设施10个，建成垃圾转运点61个，清理死角垃圾4500余吨，累计拆除违法建筑25.90万平方米，创成无违建道路21条，无违建小区 41个。成立镇农村联网公路养护与管理应急队，创成省级农村公路养护管理站。先后抓获偷倒车33辆，打击夜间偷倒废土行为。实施洁化、绿化、美化同步推进。新增山地造林100公顷，滨水公园16个，森林绿道5公里，超任务新增绿化3.28万平方米。创成省级卫生村1个、市级卫生村22个。强化殡葬改革举措，完成私坟生态化改造485座。深入实施美丽乡村建设，加快雅漾、呈岸、荫溪潮埠美丽乡村建设步伐，启动历史文化村建设8个。加大生态旅游开发力度，编制藤桥旅游总体规划，双潮西龙溪、驿头中加友谊馆、岙底丁埠头等景区基础配套设施不断完善，游客人数逐年增多。

【计划生育】 2013年，创新人口与计生工作，十项基本指标基本完成，依法加强法院执行力度，社会抚养费征收取得新的突破，全年征收社会抚养费237例，合计征收金额725.46万元。圆满完成计生服务体系建设，在镇本级审批中心和临江分中心、各个社区便民服务大厅均设立计生窗口，受理各类服务办证事项。在各社区建立10个计卫合作中心，实现了20分钟服务圈，缩短服务半径。

【综合治理】 2013年，深化“平安藤桥”建设，完善社区“一办两室一窗口”功能，全面实行综治网格化管理，完善镇、派出所、村联防体系，成功侦破“11·2”重大刑事案件。加大社会矛盾调处力度，累计排查调处各类矛盾纠纷179件，立案查处劳资纠纷案件197起，追回被拖欠工资220余万元，答复信访件38件，签订息访息诉15件。安全生产和消防安全工作落实到位，专职消防队伍进一步优化，全年开展企业安全生产和消防安全检查3116家次，查封取缔涉尘抛光等违法企业54家，排查整治出租房1826家。加强食品药品安全管理，开展“十小”行业整治，宗教场所和民间信仰场所规范化管理成效明显。森林防火、防汛、防疫三大防御体系不断健全，及时妥善做好“菲特”等台风防御和救灾工作，获市抗台救灾先进集体称号。

【党建】 2013年，街道落实党委理论中心组学习、机关干部集中学习等制度，深入学习贯彻中共十八大和十八届三中全会精神，定期召开民主生活会，增强“两代表一委员”参政议政能力。建立班子领导联片、联村、联系老干部和贫困户、重点项目的挂钩联系制度，全面实行“驻镇夜访”“驻镇夜学”等活动。深入开展“村社工作日”和驻企服务等活动。严格规范程序，严肃换届纪律，每日联审分析，举全镇干群之力，圆满完成88个村（居）组织换届工作，新老基层组织平稳过渡。实行党代会年会制、提案制，促进党代表切实履职。开展党组织星级化管理，创成区级“五星”党组织2个。完善机关干部去向牌和亮相牌上墙制度，开展机关干部、科室和社区重点项目建设督查、工作月报和绩效公示。进一步规范招投标中心建设，实行公开透明招投标。认真落实“三务公开”信息平台录入，确保党务、村务、财务等信息公开透明。

【社科文卫】 2013年，坚持把保障和改善民生放在突出位置，协调发展各项社会事业，与人民群众共享发展成果。优先发展教育，实施科技富民强镇专项行动。获全国社区教育示范镇、温州市学前教育达标镇称号，创成浙江省老年电大先进教学点、市级社区学校示范校。改善卫生服务网络，获温州市卫生强镇称号；园区2.13公顷土地被列入社会办医建设规划。大力弘扬传统文化，创成4个村、企文化礼堂，成功举办全市文化礼堂建设现场会。积极开展微舞台、篮球赛、送戏进村、流动图书车进社区等群众性文体活动。全力推进文明创建工作，申报市级文明村8个，区级文明村3个，获浙江省文明镇称号。中加友谊馆、程登云故居、西坑烈士陵园申报市级爱国主义教育基地。镇侨联通过省级示范侨联验收，让·平祖居完成修缮并开馆，双潮华侨纪念馆顺利落成。党外知识分子联谊会完成社区、企业、学校“三进”布局，成立党外知识分子联谊会12个，市级对台宣传基地2个，高山农业与台湾河芳渔业公司成功结对并开展民间合作交流。工青妇等群团组织进一步发挥优势，人民武装工作进一步强化，全年输送兵员58人，超额完成年度任务量。完善社会保障体系，实现低保应保尽保，发放各类救助金1100余万元。开展扶残助残爱心工程，实施白内障复明手术125例，完成托安养224人。全面推进城乡居民社会养老保险，认真做好60岁以上老人养老保险工作，新农合参保率达100%。

【举办“爱心鹿城”迎春慈善宴】 2月1日，藤桥镇政府、镇慈善分会在德昌酒店举办“2013年爱心鹿城·迎春慈善宴”活动，邀请镇辖区100多名五保户及低保户参加，共享爱心盛宴。藤桥镇主要领导出席了活动，并为赴宴的所有困难群众献上了新春祝福，还为每位困难户送上了春节慰问金，与困难群众恭贺新年。

2月1日，藤桥镇政府、镇慈善分会在德昌酒店举办“2013年爱心鹿城·迎春慈善宴”活动　　藤桥镇提供

【开展“四边区域”私坟生态化改造整治行动】 4月15日上午，藤桥镇召开“四边区域”私坟生态化改造专项整治推进会。按照去除坟圈、坟背覆土、绿化植被、保留墓碑、留有坟坦、自然生态等标准，作了改造动员。藤桥镇机关全体干部放弃周末休息时间，联合公安、执法、国土等职能部门，重点对330国道、渔藤公路、金温铁路等四边区域开展私坟生态化专项整治行动，完成坟墓生态化改造5座，改造后的私坟基本实现了土坟化、植被化、小型化、景观化“四化”要求。有效地遏制了“青山白化”回潮的现象。

4月15日，藤桥镇召开“四边区域”私坟生态化改造专项整治推进会　　藤桥镇提供

【驿头文化礼堂建成开馆】 5月28日，驿头文化礼堂建成并对外开馆。驿头文化礼堂以“二堂四馆六廊”（文化廊、民俗廊、民风廊、艺术廊等）形式，展现村史村情、发展历程、先进人物、人文故事等，以此传承传统文化，记录千年驿头。驿头社区将民俗馆、程登云故居、让·平祖居、中加友谊馆串成“四馆”，形成文化综合体，集中展现千年驿头的文脉传承。

驿头文化礼堂　　藤桥镇提供

【二期农房集聚工程开工建设】 5月28日，藤桥镇在临江社区举行农房集聚二期工程开工仪式，镇长张维凯主持仪式，党委书记吴晓贵致辞，副区长杨德听到场并讲话，区委副书记洪文滨宣布开工。

藤桥镇新开工二期两个农房项目分别是临江横山农房集聚工程和临江驿头农房集聚工程，总建筑面积约8.26万平方米，总套数507套，总投资约3.89亿元。

5月28日，藤桥镇在临江社区举行农房集聚二期工程开工仪式　　藤桥镇提供

【电影《给我一双慧眼》在藤桥开机】 6月9日，由国家广播电影电视总局电影卫星频道（CCTV—6）出品的电影《给我一双慧眼》开机仪式在鹿城藤桥举行。这部将在央视电影频道播出的电影，所有场景都取自于鹿城，大部分场景安排在藤桥镇。在简短的开机仪式后，剧组马上就在藤桥展开了拍摄工作。全片拍摄约20天时间。该片主要讲述在全球金融危机给中国制造业带来巨大冲击的背景下，中国南方一家小微企业如何从困境中走出的故事。塑造的是一位年轻的女支书如何通过全村党员干部和群众的力量，

使企业走出困境获得新生。

6月9日，《给我一双慧眼》开机仪式在藤桥举行　藤桥镇提供

【让·平回乡参加祖居开馆仪式】 7月3日上午，前任非盟主席让·平回到故乡驿头，参加祖居开馆仪式。展览陈列区通过相关实物资料、历史文献、图片绘画、模型场景及情景再现等方式，使人们对让·平的家庭背景，成长、从政经历，让·平父亲与加蓬的渊源，以及让·平祖先谱系等有一个清晰的了解。让·平祖居的修缮复原及布展工作，对挖掘历史文化内涵，整合旅游资源，塑造特色形象，促进统筹城乡发展具有十分重要的意义。

7月3日，前任非盟主席让·平回到故乡驿头，参加祖居开馆仪式　藤桥镇提供

【双潮爱国华侨纪念馆顺利完工】 8月29日，投资550万元的双潮爱国华侨纪念馆顺利完工。这是浙江省首个由华侨捐资建设的纪念馆。双潮爱国华侨纪念馆（暨爱国主义教育基地）坐落于藤桥镇双潮社区华侨公园内，占地面积约0.2公顷，总建筑面积2096平方米。主要用于展示双潮华侨及知名人士创业史及爱国爱乡事迹，为双潮籍华侨和知名人士开展商贸洽谈、联谊交流提供功能齐全的活动场所。

8月29日，双潮爱国华侨纪念馆顺利完工　藤桥镇提供

【温州市餐厨废弃物处置基地开建】 9月1日，温州市餐厨废弃物处置基地在藤桥镇沙头工业区奠基。该项目占地1.53公顷，总投资2亿元，共分两期建设。该基地建成标志着温州全面实现垃圾分类和无害化处理又向前迈进了一大步。项目建成投产后，日处理餐厨垃圾可达400余吨，基本实现市区餐厨垃圾的“日产日清”，有效遏制“地沟油”回流餐桌现象。

【抗击台风“菲特”】 受23号台风“菲特”影响，藤桥镇自10月6日7时起开始普降暴雨。恰逢泽雅水库放水和瓯江潮水顶托双重影响，全镇农作物、林牧渔业、工矿企业及村民房屋严重受损。全镇受灾人口共计6万余人，倒塌房屋54.50间，转移人口5500人，直接经济损失1.77亿元。

为切实做好防抗台工作，藤桥镇机关、社区、村居干部采取积极主动措施，第一时间召开防台紧急工作会议，部署防台工作，及时下村入户检查落实防台工作。从10月6日开始，镇、村干部连续48小时坚守在抗台第一线，扎实做好防台抗台各项工作，尽最大努力减少灾后经济损失，确保人民群众生命财产安全。

【市属两所中学顺利开工】 12月25日，温州市第三十一中学和第三十二中学等市本级投资建设的七大教育项目顺利完成施工招投标，举行开工仪式。其中，第三十一中学和第三十二中学属于在藤桥镇开工兴建的两所中学。

人 物

全国优秀工会工作获得者

【陈依慧】 2013年8月，中华全国总工会授予松台街道工会干部陈依慧“全国优秀工会工作者”称号。

作为一名基层干部，陈依慧将工作当做是自己生活的一部分，爱岗、敬业，用责任凝聚力量，用行动凝练精神。她努力实现工会组建形式创新，在鹿城区率先组建社区工会、出租房工会，扩大工会组织覆盖面。在水心辖区桃李社区开设“阳光爱心餐厅”，为辖区内的工会会员提供服务。

就如何做好清洁工等弱势群体的维权问题，她率先提出要成立“松台街道清洁工维权中心”的想法，并于2012年6月成立“松台街道清洁工维权中心”，让松台街道辖区的清洁工们拥有了一个属于自己的“家”。

她关爱清洁工人子女，帮助解决了谢红梅等5位清洁工人子女的在温上学问题。同时，聘请律师帮助清洁工受理合法劳动权益受到侵害的劳动争议案件，提升清洁工人的维权意识。

2012年，陈依慧获“温州市十佳工会干部”称号。

全国环卫优秀工作获得者

【陈静】 2013年2月26日，在全国环卫工作座谈会暨优秀环卫工人表扬会上，鹿城区环境卫生管理处的陈静获“全国环卫优秀工作者”称号。

1978年出生的陈静，现任区环境卫生管理处上陡门垃圾中转站班组组长。她1998年参加环卫工作，从此与美化城市、垃圾收运结下了不解之缘。

在垃圾中转过程中，陈静认真学习岗位知识，扎实掌握操作技能，无论是压块式、压缩式还是吊装式，她都样样精通。她所在的垃圾中转站液压油使用量也比其他站节省，还屡次在环卫处、管理所组织的岗位技能比赛中名列前茅。在她的带领下，上陡门垃圾中转站旧貌换新颜，不仅改变了垃圾中转站环境卫生现状，而且站内职工工作都自主自觉，兢兢业业，获得了社区居民的好评，成为市创建文明城市、卫生城市的窗口。

十五年来，她义无反顾地将自己的青春奉献给了环卫事业。单位岗位轮岗，她总是选择去工作环境最差、工作强度最大的垃圾中转站。她认真工作，钻研技术，耐心、细心指导站里的新职工，整个垃圾中转站的工作氛围团结、和谐。由于出色的工作成绩和优秀的工作作风，她多次被评为市环卫处先进个人，2007年被评为省级十佳城市美容师。

全国无偿献血促进奖获得者

【胡富有】 2013年，温州市“献血大王”胡富有获得全国无偿献血促进奖，成为浙江省唯一获此殊荣的无偿献血者。胡富有是温州市青少年活动中心的一名普通员工。自1992年第一次献血开始，他就成了血站的常客，1998年至今，坚持每半年献一次血。22年来，他一共献了40多次血，总献血量达到1.2万毫升，获得过“全国无偿献血金杯奖”、2008年“感动温州十大人物”。他不仅自己积极献血，还多次以长跑的形式辗转全国各地，宣传无偿献血。

国际比赛金牌获得者

【徐家晖】 2013年8月4日，第二十二届夏季听障奥运会在保加利亚首都索菲亚闭幕，鹿城区听障游泳运动员徐家晖获得1金2银2铜，分别为50米蝶泳金牌、100米蝶泳银牌、4×100米混合泳接力银牌以及4×100米和4×200米自由泳接力铜牌。

徐家晖现就读于浙江财经学院2011级市场营销专业，6岁上幼儿园大班时开始学习游泳，7岁时入选温州体校游泳队开始接受游泳启蒙训练。训练才一年两耳失聪，停止训练。半年后，热爱游泳的徐家晖又毅然回到了训练场。从2002年获得省残运会2项冠军起，徐家晖在全国大学生运动会、全国残运会、亚太区聋人运动会、世界聋奥会等各种大赛中勇摘桂冠。至今，他还保持着听障奥运会男子50米蝶泳的世界纪录。

【潘磊】 2013年8月11日，在比利时战罢的2013年世界航海模型（动力艇）锦标赛上，鹿城选手潘磊夺得ECO—TEAM团体项目冠军和F1E—1KG项目亚军。出生于1974年的潘磊，现为省体育职业技术学院海模队职业教练兼运动员，已4次夺得世锦赛冠军，11次全国冠军，2次打破世界纪录。

全国体育金牌获得者

【朱启南】 2013年9月5日，在全运会男子50米步枪三姿决赛中，奥运冠军、鹿城籍名将朱启南低开高走，在一度落后的情况下，越战越勇，最终以456环夺得金牌。该成绩领先亚军4.1环。

【吕志武】 2013年9月5日晚，鹿城籍游泳名将吕志武和孙杨、楼俊毅、汪顺组成的浙江队，在参加的全运会男子4×100米自由泳决赛中，以3分15秒61的成绩夺冠，并打破3分17秒07的亚洲纪录。1989年出生的吕志武，7岁进温州少体校练游泳，2002年1月进入浙江省体育运动技术学院，2006年入选国家队。先后夺得2007年全国游泳锦标赛男子4×100米自由泳接力冠军，2010年第十六届亚运会男子50米自由泳冠军、男子4×100米自由泳接力冠军，2011年全国游泳冠军赛暨世锦赛选拔赛男子50米、男子100米自由泳冠军，2012年全国游泳冠军赛暨奥运选拔赛男子100米自由泳冠军。

【徐嘉余】 2013年9月6日晚，首次参加全运会的鹿城籍小将、游泳天才徐嘉余，以53秒43的成绩夺得冠军；9月9日，又以1分56秒67的成绩夺得男子200米仰泳冠军。在10月29日结束的全国游泳锦标赛上，徐嘉余在男子50米、100米和200米仰泳比赛中夺得冠军，又和队友合作摘得男子4×100米混合泳接力金牌，成为“四金王”。1995年出生的徐嘉余，7岁进入温州市少体校，2008年入选浙江队，先后获得2011年全国城运会男子100米仰泳季军，2012年全国游泳冠军赛男子200米仰泳亚军。

【何雨哲】 2013年10月26日，在全国游泳锦标赛女子200米个人混合泳决赛中，鹿城选手何雨哲以2分14秒73夺冠。29日，她还和队友合作获得女子4×100米混合泳接力金牌。

文华大奖获得者

【山翀】 2013年10月26日，在第十届中国艺术节暨第十四届“文华奖”颁奖仪式上，温州鹿城籍著名舞蹈家山翀主演的舞剧《铁道游击队》获得文华大奖。1969年出生的山翀，1991年毕业于北京舞蹈学院，分配到中国歌剧舞剧院，是国家一级演员。她在该剧中饰演女一号“芳林嫂”，同时兼任全剧双人舞指导。在当天的颁奖会现场，山翀还应邀压轴表演，一段唯美双人舞重现“芳林嫂”深沉、含蓄的爱情。

文华表演奖获得者

【谷好好】 2013年10月26日，在第十届中国艺术节第十四届“文华奖”颁奖仪式上，上海昆剧团团长、温州鹿城籍名旦谷好好获“2013年中国文化艺术政府奖：文华表演奖”。谷好好1994年毕业于上海市戏曲学校，曾获中国戏剧梅花奖等奖项。其工刀马旦、武旦，基本功扎实，嗓音清亮，扮相俊美，戏路宽广。代表作品有昆曲《挡马》《借扇》《昭君出塞》和京剧《扈家庄》等。此次参评剧目为昆曲《红泥关》，其在剧中饰演女主角东方秀，表演张弛有度、个性鲜明，唱念做打俱佳，充分展示了文武兼备的艺术功底。此外，由谷好好一手抓创排的新编历史剧《景阳钟》获得“文华优秀剧目奖”。

中国戏剧梅花奖获得者

【方汝将】 2013年5月20日，在成都举行的第26届“中国戏剧梅花奖”颁奖仪式上，温州瓯剧团小生方汝将摘得“梅花奖”，成为瓯剧史上首位“梅花奖”得主。这也是温州戏剧界的第二朵“梅花”。方汝将，1977年生，国家一级演员。1991年考入浙江艺术学校瓯剧班。1997年分配到温州市瓯剧团，现任副团长，是瓯剧团的领军人物，代表作有《杀狗记》《洗心记》《高机与吴三春》《东瓯王》等。在该次梅花奖大赛中，他凭借三段折子戏《白蛇传·断桥》《狮吼记·跪池》《双金印·水牢》，展示了全才小生“唱念做打”俱全的实力和功底，征服了现场的评委和观众。

浙江音乐艺术成就奖获得者

【邹跃飞】 2013年11月27日晚，在浙江音乐厅举行首届“浙江音乐奖”颁奖盛典，温州著名合唱指挥家邹跃飞凭借其在合唱领域的突出贡献，获得艺术成就奖。1963年出生的邹跃飞，曾任温州幼儿师范学校培训部、教务处主任，温州大学教育学院音乐舞蹈教研室主任，市群艺馆副馆长，市文化馆馆长，现任温州市文联副主席。他是全国最早一位囊括所有合唱国家级奖的合唱指挥家，也是浙江省获得中国音乐金钟奖第一人。近十年来，邹跃飞倾心投入合唱事业，几乎将业余时间全都奉献给了合唱艺术。在他的引领指挥下，温州市合唱团摘取了中国三大合唱比赛的最高奖项“金钟奖”“群星奖”“青歌赛”。

百岁老人

2013年鹿城区24位百岁老人

表23

姓名	性别	年龄	所属街道（镇）
屈永泰	男	105岁	五马街道
林君延	男	104岁	南汇街道
张招弟	女	104岁	五马街道
李田芬	男	104岁	南汇街道
戴阿香	女	103岁	南汇街道
徐金花	女	103岁	松台街道
诸韵笙	女	103岁	五马街道
蔡秀凤	女	103岁	松台街道
郑加尧	男	103岁	松台街道
郑美英	女	103岁	五马街道
万益昌	男	103岁	五马街道
朱葱妹	女	102岁	五马街道
夏岩翠	女	102岁	藤桥镇
夏玄曼	女	102岁	松台街道
程国清	男	102岁	五马街道
王林氏	女	102岁	仰义街道
郑娟娥	女	102岁	五马街道
诸阿香	女	101岁	藤桥镇

续表23

姓名	性别	年龄	所属街道（镇）
程美娥	女	101岁	藤桥镇
张光媚	女	101岁	五马街道
叶凤娇	女	101岁	南汇街道
殷玉蓉	女	101岁	五马街道
林花媄	女	101岁	五马街道
陈可英	女	101岁	藤桥镇

逝世人物

【张乘健（1944—2013）】 温州鹿城区人。五岁就读于西郊小学，1958年于温州四中初中毕业，因“出身”问题不能继续升学，同年底参加工作。先后在冶金厂、藤桥区供销社、市财政贸易办公室、市商业局、市供销社、市副食品公司、市旧城改建指挥部小南路指挥部等单位工作。1994年，调入原温州师范学院（现温州大学）。

1984年，首次于中国社会科学院权威刊物《文学遗产》发表论文《〈桃花扇〉发微》，获得海内外学术界广泛嘉评和关注。此后，在《文学遗产》《文史》《社会科学战线》《红楼梦学刊》《明清小说研究》《吉林大学学报》《安徽师大学报》《中南民族学院学报》《河南大学学报》《人民日报海外版》以及台北《十方》等学术刊物发表学术论文60余篇。论文《〈大唐三藏法师取经记〉史实考原》《论陆游的道学观旁及其他》获浙江省社科优秀成果奖，专著《红楼梦与佛学》获浙江省教育厅教学科研成果奖，专著《古代文学与宗教论集》获温州市社科成果一等奖。论文《〈长恨歌〉与〈梅妃传〉：历史与艺术的微妙冲突》《感怀鱼玄机》收入海峡两岸《唐代文学研究论著集成》，论文《元剧〈东堂老〉与也里可温教》收入北京师范大学编《元代文化研究》，论文《论墨子的兼》等收入国家重点社科项目《中国墨学史》。

1994年以来，他在原温州师范学院、原温州大学、温州医学院先后讲授中国哲学史、中国思想史、中国古代史、先秦史专题、佛教与中国文学、东方文化与中国文学、红楼梦研究、中西比较文学等课程。是温州大学人文学院副教授，中国红学会会员、《红学通史》特约哲学编委、国际中国哲学会通讯会员。

2013年4月21日中午，因肺癌辞世，享年七旬。

社情逸闻

【九旬老人义务清扫十五载】 1月4日《温州商报》报道：每天清晨或傍晚，在市区吕浦社区孔雀组团15幢附近，总能看到一个头发花白的老人拿起扫帚，把楼院打扫得干干净净。他叫何毅，今年90岁高龄，已经义务清扫15年了。

最近天气寒冷，大楼院子里的垃圾被风刮了一地，老人仍然坚持打扫，拿着扫帚仔细地清扫每一个角落。“整个楼院没有垃圾桶，把垃圾扫成一堆一堆，也方便清洁工清扫。”何毅老人一边仔细地扫地一边和记者说道。

“为居民义务清扫楼院容易，可一做十几年就太不容易了。”谈起何大爷，社区里居民都竖起大拇指。“这位大爷很热心，为街坊邻居做好事，从来都是默默无闻。”邻居陈大妈说，自打1998年搬到这个楼起，他就义务为大家清扫楼院，无论刮风下雨，只要看到楼院不干净，就拿起扫帚清理。而且一天都清扫上四五遍，有时还会将隔壁楼幢一并清扫。

老人年届九旬，虽行动有些缓慢，但仍耳聪目明，身体十分硬朗。他说，一来是为居民做点力所能及的事儿，二来也是锻炼身体。在何毅的影响下，他的老伴也开始和他“并肩作战”。

十五年，老人义务扫地的身影已成为一道熟悉的风景，而他用过的扫帚多到自己都数不清了。剩下扫帚头老人也舍不得扔掉，在每层楼的楼梯口都放一把，方便居民清扫楼道。

在他的带动下，居民自觉了许多，将垃圾堆放整齐，不会乱扔。六楼的蔡阿姨还召集大伙，把旧纸板收集卖掉用来购买公用的扫帚、畚箕等。

何毅老人在清扫小区里的垃圾　　芳　丹摄

【90后保安挺身拦截恶贼】 1月29日《温州都市报》报道：1月20日凌晨2时许，鹿城区双屿街道鞋都三期出入口立交工程工地上，保安缪寿平拦截正要逃离的小偷时，被疯狂的小偷开车撞伤导致肝破裂。经过手术，昨天缪寿平已从市中心医院的ICU病房转到了普通病房。

缪寿平今年22岁，贵州赤水人。他说，事发时，他正在工地上巡逻，忽然听到同事大喊“有小偷”，他随即也发现了小偷的踪迹，就堵在小偷逃离的小路前方，准备拦住小偷。小偷驾驶着面包车，撞倒迎面而来的缪寿平，很快逃离现场。

缪寿平当场昏迷，后经医院诊断系肝破裂。经过7个小时手术，他的部分肝脏被切除。

缪寿平说，当时他没看清到底有几名小偷，被撞后就昏迷，醒来已经在医院，他的父母也已从老家赶过来陪伴他。

缪寿平的同事何林说，他们赶到时，缪寿平倒在路边，面部有血，小偷开着面包车已经逃离。

鞋都三期出入口立交工程的施工方相关负责人说，目前缪寿平住院的所有费用以及他父母来温的费用都由施工单位支出，一切以救人为先，他们希望公安机关早日破案，将小偷抓获。鹿城警方正在调查此案。

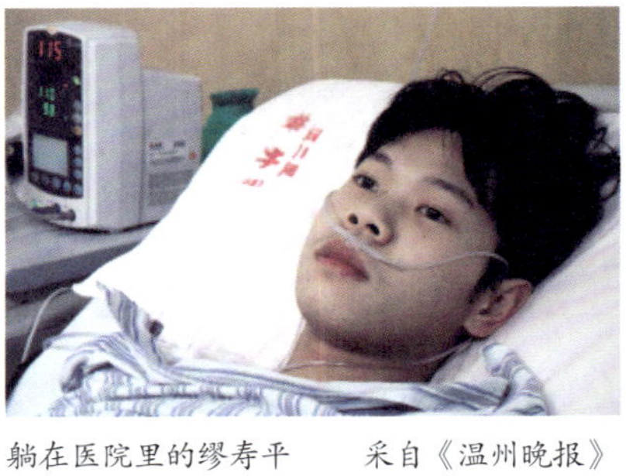

躺在医院里的缪寿平　　采自《温州晚报》

【东瓯王庙月光池挖出鼓状古物】 浙江在线3月6日讯：施工人员在温州市区东瓯王庙挖掘出一个类似鼓状的石质古物。施工人员说，他们前天上午开始在东瓯王庙的月光池进行挖掘施工，昨天上午10时30分许，发现这个青石物品后，两个工人合力将其抬到庙殿的台阶前，并用清水冲洗干净。记者在现场看到，这个鼓状物品为青石材质，近50厘米高，重约150公斤，侧面刻有双龙戏珠的图案，顶部受损较严重，底部刻有文字并有三个支脚，文字有些模糊，隐约可以辨认出"天启二年"等字样，每个支脚上刻有猛兽，做工精湛。

温州市文物保护考古所工作人员说，该物品是一个受损的青石香炉基座，已有近400年历史，有一定的历史文物价值。

昨天下午1时许，挖掘机又在月光池中发现一个顶部是六边形的石质物品，文保工作人员在向领导请示后，决定让该物品留在原地不动，想办法将其附近的泥石清理出来。而在清理过程中，工作人员还发现两个残破的瓦当。

文保人员说，目前还不清楚这个石质物品当时的具体用途，初步判断，它与那两个瓦当均为民国之前的物品，有一定的历史价值。他们先对这些物品进行清洗整理，有可能的话，尽量将这些文物按照原样摆放在原处。

青石香炉基座　　蒋　超摄

【居民自掏腰包组建巡逻队】 3月29日《温州商报》报道：小区居民组成治安巡逻队并不稀奇，但最近刚刚整顿、重新成立的吕浦社区巡逻队每次出场，却总是能吸引不少周边邻居的目光。

"吴婆婆，晚上记得关好门窗，特别注意防小偷哟！""车不能停在楼道门口，请抓紧时间停到车库去。"每周一、三、五上午，巡逻队员们手拿喇叭，走街串巷，守护着社区的安宁。这支巡逻队由离退休职工组建起来，队员15人，年龄最大的72岁，最小的48岁。他们自掏腰包配齐了整身装备：系领带，着正规巡逻服，头戴巡逻帽。在退伍军人章斌队长的带领下，拿着旗帜相当有气势。

章斌介绍，由于小区物业管理一直跟不上治安，于是他们在原先宏景社区巡逻队的基础上，重新整合了巡逻队，希望以此改善社区治安状况。"主要任务是巡视并查问小区附近的可疑人群，有时候也要帮助社区进行政策宣传。巡逻中遇到能解决的问题，我们就会尽力处理。暂时无法解决的，我们便会登记在案，并及时向社区汇报。"

最年轻的队员黄莲花补充："我们15名队员还分别负责宏景社区15幢的突发事件，特别在对老年人的关照上。有一次，孔雀6幢的一名阿婆突然晕倒了，负责6幢的朱小微发现后立即联系队友，在最短的时间内联系到阿婆家人，并且给她做了有效的急救措施。"

自巡逻队成立以来，社区偷盗案件有所减少，居民看见巡逻队员无不竖拇指夸赞。吕浦社区副主任徐丹桂表示，接下来还会有其他小区约40人加入到巡逻队，巡逻时间也将根据派出所提供的案件多发时间段进行调整。

小区居民组成的治安巡逻队
采自《温州商报》

【巷弄里唱起露天卡拉OK】 5月3日《温州商报》报道：皮坊巷老巷弄最近搞起了户外卡拉OK，每天晚上大家都会上去唱两首，有时候还得排队等上一会儿。有位居民唱歌特别好，现在见面打招呼都叫他"歌王"。

昨晚7点半，记者一走进仅300多米长的皮坊巷，就听见歌声传来。在巷弄的中间段有家家电维修小店，店面的有边墙壁被刷白当成银幕，播放的歌曲由投影机投放在墙上。只见一位居民握着话筒，正在深情唱着《母亲》。附近则围坐着不少居民，他们告诉记者，这位姓潘，很爱唱歌，是隔壁丁字桥过来的。

"帮我看看有没有红歌？""原声关一下""还有几个人排队呀？"……不时有居民探头向家电维修店里招呼着。原来，这一墙之隔的家电维修小店里面摆放着设备，户外卡拉OK的"创办人"兼总调配邵建荣一直忙碌着。他说："我这人爱热闹，老巷子基本都是些年纪大的，以前大伙没事就在这地方闲聊。后来我就买了个二手的投影机，墙是‘歌王’出钱刷的，再利用我家修电器的便利搞起来的。”

“歌王”王志弟已经在一旁等着了，下一首《一枝梅》就是他的拿手歌曲。王志弟打趣地说：“平时喜欢听歌，没事在家也哼哼。现在有了这么个‘落实’的地方，一有时间就来唱了，别叫歌王了，挺不好意思的。”

据了解，巷弄卡拉OK已经开张几个月了，每天晚7点先放新闻联播，7点半后就开始卡拉OK轮流唱了。居民从自己家里拿了不少带子过来，基本以老歌为主，个别爱唱越剧的老人还会提前约好，哪天人齐了就搞越剧专场。为了不影响邻里间的休息，巷弄卡拉OK 9点之前一定会结束。

由于正好处在卡拉OK小场地当中，小卖部也成了受益者，店老板刘伯说：“人气很旺呀，我店里的生意都好了不少。”

皮坊巷露天卡拉OK吸引了不少居民参与　碧　瑜摄

【13年的坚持创造爱的奇迹】 5月3日《温州商报》报道：每天早上7点，先为妻子注射胰岛素，接着准备早饭，10点出门买菜，10点半推拿，下午5点再次注射……看似普通的日程，年近八旬的张天长却坚持了整整十三载。这份贴心照料，使得原本中风卧床的妻子，逐渐恢复了基本的自理能力。

“谈不上是什么爱情，她是个勤快人，觉得合适，我们就在一起了。”现家住府东路一幢4层老房内的张天长和叶崇花，与大多数同龄人一样，当初是通过相亲结识彼此的，一路走来便是半个世纪。

结婚后，两人一起创业，并育有三名子女。从小喜爱中医的张天长从1997年开始研究针灸、推拿、人体穴位和中风疗养等知识。三年间，人体300多个重要穴位烂熟于胸，也具备了一定的推拿基础。

2000年的一个下午，叶崇花在家里大扫除。她弓着身子，从四楼的楼梯开始一阶一阶地往下擦，仅剩最后三阶时，突然眼前一黑。用尽最后的力气，叶崇花撑到饭桌旁，就再也站不起来。

送医抢救多个小时后，睁开眼的叶崇花此时已口齿不清，右半边身体瘫痪，诊断结果为重度中风。随着病情的加重，她被推进了重症监护室。张天长丢下手头所有的工作，睡在病房外的过道上终日陪伴，一有看护人员出来，一概截住“盘问”。发现房门虚掩着，他就偷偷推门进去瞅两眼，直到被人“赶”出来。

妻子昏迷一个月，花掉了一大笔费用，不少人劝张天长放手，医生也声称情况不乐观，但执拗的张天长不为之所动。

“又过了3天，护工跑出来告诉我（叶崇花）终于睁眼了！”时隔多年，回忆起那一幕，张天长仍难掩欣喜，“这坚持没白费。”

转入疗养院后，叶崇花开始了烦琐而漫长的护理过程，推拿对其康复治疗有着重要的辅助作用。白天，张天长为妻子擦拭完身体后，便守在推拿师旁仔细观察手法，向其讨教。夜深人静时，他翻书对照，拿自己试验，口中不忘温习各种口诀。记者注意到，其家中案头摆放的近20本医学类书籍，不少书角已经翻烂。

有一回，见推拿师迟迟不来，张天长索性自己上手。20分钟后，推拿师轻拍了一下气喘吁吁的张天长，问他怎么会推拿，手法还挺像模像样。

得到赞许的张天长信心更足，每天，除了推拿师的一次推拿，他自己再为妻子做两次推拿。就这样，四个月后，妻子竟奇迹般地站了起来，“当时真高兴坏了。”

从疗养院将妻子接回家后，张天长仍旧每天两次为其推拿。“推拿这半小时里，我就跟她聊些家长里短，有时还拿孙子的识字卡教她认字”，张天长颇为激动，“100个词组里，现在能蹦出90多个，就连原本一直攥着的右手，现在也能放平与正常的左手一般大了。”

“起初我们也帮着护理，但有时也会烦，没有耐心继续。”大儿子张建荣说，“父亲很要强，从未在我们面前喊过累。”如今，儿子时常会抽空回家为母亲理发，帮父亲分忧，女儿也时常开车带父母亲去郊外散心。

经过13年的推拿和治疗，70岁的叶崇花如今每天能在房间里走四五个来回，总计六七百步，吃饭、上厕所也都能自理，还能与人简单地交谈。

每天上午7点，注射胰岛素，准备早饭，10点买菜，10点半推拿，下午5点再次注射，这是老张近两年的日程。他几乎成了妻子的家庭医师兼保姆。“我家保姆都换了四五个了，就我一个雷打不动。”

“中风病人的康复与家人护理有很大的关系，术后护理是关键，但因为烦琐，很多家庭中途都放弃了。”叶崇花的主治医生、附二医神经外科副主任医师林坚佩服张天长的韧劲：“像他这样十几年如一日的，的确不多，实属难得，而叶崇花目前的恢复状况算是非常好的。”就连熟识张天长的杨府山社区网格员张百忠也感叹：“真是个好男人，他锻炼、演出那么忙，买菜、推拿，却天天都不落。”

面对妻子的进步，张天长满脸笑容。他说，每次推拿，必须从头到脚，一套下来起码需要30分钟，这是个体力活。记者到访那天，大约按了20分钟，77岁的他，就显得有点气喘吁吁了。但停顿了一会儿后，他又认真低头继续。他说，推拿这事儿自己已经习惯了，不累，更不愿意假手于人。

再过一段时间，便是张天长和叶崇花两人的金婚之喜。他说倒是没啥好庆祝的，最困难的时候已经过去了，现在只求妻子能保持现状，和他一起携手到老。

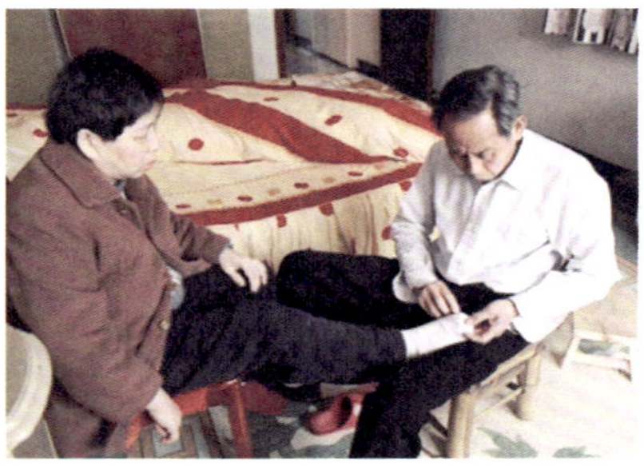

张天长给妻子按摩　　天　瑶 摄

【“公交扎针事件”元凶获刑一年】 6月20日“浙江法治在线”报道：徐某，男，今年24岁，初中文化，湖北武穴人，中等身材，圆脸。来温州已经六七年的徐某是家中的长子。他表示自己平时不怎么上网，也没有其他兴趣爱好，只是偶尔玩一下手机里面的游戏和看武侠小说。因为是家中的长子，两个妹妹都已经结婚了，徐某说，父母一直催着他快点把“终身大事”给办了。

“我在温州市新城站附近做水电散工，性格内向，工作环境中几乎碰不到异性，更别说是心仪的对象了。”

法庭上，徐某交代，他是突发奇想，是不是在公交车上用针扎女孩子的屁股，然后女孩子回头看他的时候就和他交谈，说不定会和他来电从而一见钟情。

于是他带上其母亲补衣服的缝衣针，在乘坐26路公交车上，挑选年龄相当、身材姣好的年轻女性“下手”。徐某说，他都是从背后扎针，很多姑娘，他根本没有来得及机会看到正脸。

公诉机关指控：2012年11月至2013年3月间，徐某以引起女性注意为由，6次在鹿城区26路公交车上，用随身携带的缝衣针扎刺多名女性臀部等处。其中两次是傍晚5点多，其余四次均在晚上7点至8点间作案。

“公交扎针事件”发生之后，很多人传言徐某作案的缝衣针带有病毒，事情越传越恐慌。徐某被警方逮捕时便供认不讳，自己用来扎别人的针是普通的缝衣针，是其母亲平时补衣服所用。徐某的父亲表示，这个缝衣针是商店里常见的针线包里面的那种针。受害年轻女性均未受伤。

根据温州康宁司法鉴定所出具的法医精神病鉴定意见书，徐某在案发期间精神正常，具备完全责任能力。

“我儿子太老实了，不会讲话。”公诉机关在法庭上宣读徐某父亲在公安侦查阶段的谈话笔录，他和老婆是两年前才来的温州，和徐某一起住在出租房里面。每天上午5点便起床出去工作。徐某精神很正常，只是不太和家里人说话。自己和老婆是有让徐某早点娶老婆，他们并不知道徐某拿针扎人的事情。

鹿城区人民法院经过审理后认为，徐某两年内实施多次寻衅滋事行为，情节恶劣，其行为已经构成寻衅滋事罪，应予惩处。鉴于徐某归案后能够如实供述自己的罪行，系坦白，依法可从轻处罚，依照法律，判处徐某有期徒刑一年。

【温州最美女司机】 8月2日《钱江晚报》报道：她叫许小芬，今年50岁，开公交车已经17年了。

“真没什么，我只是做了该做的事。”记者采访她时，许小芬笑着说。

事情发生在前天下午5点多，正值晚高峰，温州市区民航路和锦绣路交叉口附近非常拥堵。许小芬开着40路公交车，穿行在车流之间。

在一个红绿灯路口，她突然看到一名大概80多岁、头发花白的老人，坐在轮椅上，在机动车道上穿行。

“实在太危险了。老人很容易被大车挡住，如果有辆超车的小车，很可能一不小心，就撞上他了。”

许小芬说，当时路口已是绿

灯，但她没多想，将公交车靠了边，拉上手刹，打开双跳灯，跑向老人。

“老伯，那里危险。你要往哪走？”许小芬问道。

老人摆了摆手，指了指前面。许小芬推起轮椅，小跑着穿过车流，到了人行道。她见老人已经到了安全的地方，就回到公交车上。整个过程，不到半分钟。

许小芬说，对于网友的称赞，她有点不好意思。

“其实，是我被感动了。对于我擅离岗位，当时车上的30多名乘客，不但没责怪，还挺支持我，夸我做得好。”许小芬说，“我耽误了大家时间，哪还值得表扬？”

因为要出车，许小芬和记者短短聊了几分钟，就倒上一杯热水，开车驶离了公交站台。

调度室里，许小芬的同事张春丽说，要不是记者来采访，大家都还不知道这件事，“她都抱孙子了，工作起来拼命的样子，还跟年轻时一样。”张春丽告诉我，许小芬是公交集团的模范，光是先进个人荣誉，就已经连拿了8年。

许小芬把老人推到了安全的地方

摘自《钱江晚报》

【90后凌晨醉驾豪车连连撞】 8月6日《温州晚报》报道：今天凌晨4时许，一辆白色的保时捷轿车在市区雪山路撞上了一棵百年大树的护栏，随即又撞上了路边广告牌和道路隔离墩，导致车辆翻倒在地。幸运的是，车内驾驶员只是受了一点皮外伤。然而让交警没有想到的是，这一事故揪出了今年目前为止查获酒精含量最高的“醉驾王”。

记者在现场看到，一辆白色的保时捷轿车四轮朝天翻倒在路边，车身受损非常严重，一个车轮已脱离了车身，躺在了距离车子2米开外的地方，边上数米长的道路隔离墩已被撞倒，路边一个崭新的广告牌灯箱被撞得面目全非，百年榕树的水泥墩护栏也已被毁了一半，围树而立的交警宣传栏也已被撞得不成形。

目击者李先生称，当时他正在附近卸货，只听见猛烈的撞击声，这辆车在撞树后就失控了，后来他赶紧跑过去看人有没有受伤，车内的男子没有说话，当时自己也不敢去扶他，后来他自己慢慢爬了出来，自己才去帮了一把，便报警了。

据交警部门透露，接到路人报警后，他们立即就赶到了现场，车内的驾驶员已自行爬了出来，伤势不是很严重，只是眉角有些损伤，还拒绝了到场120的救治。

经过现场初步排查，该车是从勤奋路开往人民路方向，先是撞上了大榕树的护栏，导致了车辆侧翻，在地上滑行一段距离后撞上了路边的道路隔离墩，接着又撞上了人行道上的广告灯箱停了下来。

另外，现场该驾驶员极为不配合，全身散发着浓浓的酒气。经过呼吸式酒精测试，结果竟然高达340毫克/100毫升，超醉驾标准4倍还多。

随即该驾驶员被交警控制。经查，该男子姓林，瓯海人，1990年出生，父母都在意大利，事故车辆车主为林某的母亲，林某拥有意大利驾驶证和当地十年居留权，目前林某还提供不了中华人民共和国机动车驾驶证。

截至今天上午，交警在对其进一步的审问过程中，该男子依然是醉酒后一派胡言，一会儿嚷着要警察枪毙他，一会儿叫着枪毙民警。初步了解，该男子当晚至少喝了一瓶半的“芝华士”。

目前，交警还在进一步调查。

肇事豪车惨状　　采自《温州晚报》

【“最美阿婆”舍命保护邻家男孩】 9月11日“中国新闻网”报道：9月5日9时，温州市鹿城区蒲鞋市社区一间40多平方米的老房子里，温州阿婆沈小平的遗像就挂在她曾经住过的卧室中。就在两天前，她一大早送邻居家的一个小孩去上学。路上，一辆“路虎”越野车突然迎头撞来，在这生死瞬间，她弯下身抱紧小孩，用女性的柔弱之躯保护了这个6岁男孩的生命。

这几天，沈小平的街坊邻居纷纷前来凭吊这位热心的温州阿婆。鹿城区文明办负责人给沈小平家属送去了“鹿城好人”荣誉证书和慰问金。9月5日，温州市委宣传部授予沈小平“最美温州人”称号。

事情发生在9月3日上午。这是新学期开学的第二天，59岁的沈小平领着6岁的小男孩往学校走。小男孩的父母忙于工作，平时就将孩子上学接送托付给邻居沈小平。

监控视频显示，8时左右，温州市区飞霞南路的小巷里，沈小平和男孩从建行大楼里出来，男孩还一路蹦蹦跳跳，看上去很开心。就在这时，一辆“路虎”越野车从地下车库窜出来，右拐时撞上了停在路边的红色雪铁龙轿车。女司机把油门当刹车，车子突然加速，向沈小平和孩子冲过来……这时，来不及思考和躲避，沈小平立即弯下腰抱紧了男孩。“路虎”越野车将两人顶出一段距离，撞上一辆宝马车，把他们重重地夹在了两车之间。

附近居民赶紧上前帮忙，将“路虎”越野车推开，救出两人。据一名现场目击者称，车子被推开时，沈小平依然紧紧抱住男孩，而她自己全身是血，伤势非常严重。男孩吓得大哭，但没怎么受伤。

沈小平立即被送往温州医科大学附属第二医院抢救。医院的救治报告显示，沈小平的胸腔遭受严重撞击而塌陷，内脏严重受损，送到医院时呼吸和心跳已经停止。

“在事发当时，她能这样做，我一点也不意外。”沈小平的妹妹沈小华说，一直以来，姐姐沈小平就是个“别人在先，自己在后”的热心肠。

蒲鞋市社区主任陈爱飞告诉记者，两个月前，沈小平所住楼房附近一个窨井盖长年失修，楼里其他居民多有抱怨。沈小平特地找到陈爱飞反映此事。当得知需要递交报告上交市政部门后，沈小平马上找人拟好报告，并挨家挨户找邻居签字。“她真是把大家的事当成自己的事来办。”陈爱飞感慨地说。

沈小平被邻居们亲热地称为“大宝阿婆”。市区横河南的伏茶点，她一有空就去帮忙；邻居的女儿生孩子，她几天几夜守在身边；看到一名病人因缺钱无法进行血透时，她把身上仅有的钱拿出。邻居郑微微告诉记者：“有时出个远门，我们会把家中钥匙交给她保管。楼上楼下，大事小事，我们都爱找她帮忙。”

她还是远近闻名的孝女。沈家有7个孩子，她排行老三。“我爸身体一直不好，能活到90多岁，几乎全靠她照顾。”妹妹沈小华流着泪说，天冷时，姐姐会钻进被窝先给父亲暖被；父亲卧床不起时，洗澡的活儿几乎都由她一人操办。

沈小平像　　　　采自“中国新闻网”

【温州市民钓上佛罗里达鳖】 9月20日《温州都市报》报道：9月19日，住市区嘉鸿花园的王茂友在流经小区的山下河里用蚯蚓钓鱼，没想到钓住一只“大甲鱼”。由于鱼竿拉不上来，双方僵持半小时后，王茂友用网将“甲鱼”拉上岸。据介绍，这只“甲鱼”身长约40厘米，宽29厘米，重约4.76公斤。按此大小看，是一般甲鱼个头的四倍左右。因为体型庞大，围观的小孩子都不敢靠近。

经绿眼睛环境组织负责人方明和确认，此“甲鱼”是外来物种，叫佛罗里达鳖。不少市民喜欢买过来当宠物饲养，因为长大后比较生猛，有些市民将它遗弃在河道中。也有不法分子以此冒充百年老鳖，高价卖给市民用于放生。由于外来物种没有天敌，通常成长较快，对河中生物会构成威胁，一般不允许在公共流域放生。

据介绍，山下河流经嘉鸿花园，业主委员会在小区两端河流拦网，对河道进行清理。近几年河道环境改善很多，在河里钓鱼成了小区住户的一项爱好。因为河流两端拦网，这只佛罗里达鳖已被养在小区的河道中。

钓到的佛罗里达鳖　　　　采自《温州都市报》

【看病送红包？这回是医生送病人】 11月7日《温州商报》报道：45岁的田先生和妻子都是安徽安庆人，来温州打工2年。10月，田太太被诊断为胃癌，在温州市肿瘤医院住院，手术中切除了大半个胃。肿瘤病灶被切除了，但术后并发症却没有避免，胃部蠕动功能不畅，术后半个多月来，一直没办法正常进食，依靠空肠营养管补充营养物质。

眼看着住院费的缺口越来越大，田先生整天发愁。这时，主诊医生胡晓清竟给病人包了500元红包，还叮嘱他们要补充营养。

“手术前我们没有给医生送过红包，反过来，手术后医生还给我包了500元营养红包。”田先生不胜感激，颠覆了他之前对医生的印象。

“这位患者经济困难我们都看在眼里，500元对治疗而言只是杯水车薪，不过是暂时应急。”胡晓清透露，如果接诊经济困难的患者，医院、科室、医生都会想办法提供一些经济上或药品上的帮助，但有的帮助属于隐形帮扶，患者可能并不知情。

胡晓清说，该患者住院、手术前后，科室里就有很多人在帮他们“打招呼”。手术前，有医生与手术室的麻醉师、护士进行了沟通，减免了一部分的注射针剂、手术耗材的费用，而手术后由于长期欠费，患者无法从正常渠道拿药，科室医生就拿出了备用药品，让患者顺利服药。此外，他们还与医院联系，希望为其开通绿色通道，帮助该患者早日康复。

目前，对于医院而言，慈善救助行为已成为日常工作的一部分，有的医院还成立了慈善工作委员会，便于快速地为住院病人提供医疗救助。“医院里每天都有贫困的患者，隐形的帮扶其实每天都在进行。”胡晓清称，为个别患者进行募捐，也是家常便饭，而对医生而言，只希望病人可以康复出院。

【四年前仗义救人，四年后受人相助】 12月4日“鹿城新闻网”报道：授人玫瑰，手有余香，这是一个善能量传递的感人故事。于忠海，一名普通的山东籍在温务工人员，四年前，他徒手接住从二楼掉下的小男孩仗义救人。四年后，在他遭遇困难的时候，社会各界爱心纷纷而至，助其渡过难关。

不久前，温州日报的一篇名为《4年前他伸手接住坠楼男孩 谁来帮帮他生病的儿子》的报道，引起了社会的广泛关注，草根英雄于忠海徒手接住坠楼小男孩的事迹受人赞扬的同时，他的孩子因意外生病却没钱医治的情况，更让大家揪心。

区慈善总会和温州市山东商会一行人近日来到于忠海的家里探望孩子病情，并送上新家温州和家乡山东的爱心款，忠厚的于忠海不停地表示感谢，他的妻子怀抱着11个月的儿子，红着眼睛说：“四年前他救人是应该的，如今大家这样帮助我们，真的非常感谢，谢谢你们”。怀里的孩子也好像感受到暖暖的爱意，露出笑容。

据悉，在报道见报后，连日来，一笔笔汇款、一个个电话带着温暖从温州的各个角落汇集。温州市山东商会会长王学杰朴实的话语，却也真实地道出了“好人有好报”的真谛：“社会上有很多有困难的人，我们能力有限，不可能一一去帮助，但是像你这样的好心人，我们是一定会帮助，要让爱心传递下去。”

据于忠海妻子介绍，孩子的病情目前好很多，已没有什么大碍，好心人们也都可以放心了。

附 录

2013年区委重要文件选载

中共温州市鹿城区委关于认真学习贯彻中共十八大精神全面加快“创首善之区、建幸福鹿城”的实施意见

鹿委〔2013〕1号

中国共产党温州市鹿城区第八届委员会第四次全体会议，认真学习贯彻中共十八大精神，按照省第十三次党代会、省委十三届二次全会和市第十一次党代会、市委十一届三次全会以及区第八次党代会的决策部署，研究讨论了全面加快“创首善之区、建幸福鹿城”的重大问题，制定如下实施意见：

一、深刻认识“创首善之区、建幸福鹿城”是贯彻落实十八大精神的具体实践

1. 增强学习贯彻十八大精神的政治责任感。中共十八大对鼓舞和动员全党全国各族人民，

高举中国特色社会主义伟大旗帜，以邓小平理论、“三个代表”重要思想和科学发展观为指导，坚定不移沿着中国特色社会主义道路前进，为全面建成小康社会而奋斗，具有重大而深远的意义。全区上下要把学习贯彻落实十八大精神作为当前和今后一个时期的头等大事，切实把思想和行动统一到十八大精神上来。

2. 深刻领会和全面把握十八大精神实质。深刻领会五年成就和十年历程，紧紧抓住并用好重要战略机遇期，满怀信心地推进鹿城未来发展。深刻领会科学发展观在我们中共指导地位，进一步增强深入贯彻落实科学发展观的自觉性和坚定性，以科学发展观的真理光芒和科学力量引领和推动各项事业向前发展。深刻领会中国特色社会主义是由道路、理论体系、制度“三位一体”构成的，始终高举中国特色社会主义伟大旗帜，坚定道路自信、理论自信和制度自信。深刻领会全面建成小康社会和全面深化改革开放的奋斗目标，顺应全区人民过上更加美好生活的新期待，干在实处，走在前列。深刻领会中国特色社会主义事业“五位一体”总体布局，全面落实有力举措，创造各项事业发展新业绩。深刻领会确保党始终成为中国特色社会主义事业的坚强领导核心，坚持以改革创新精神全面推进中共建设新的伟大工程，不断提高中共建设科学化水平。

3. 奋力推进中国特色社会主义在鹿城的新实践。改革开放以来，鹿城实行市场化取向改革，大力推进工业化、城市化进程，不仅成为温州模式的发祥地之一，还为中国特色社会主义市场经济的发展做出了贡献，其实质就是中国特色社会主义在鹿城的生动实践。但要清醒地认识到，面对宏观环境的新变化和发展阶段的新任务，鹿城发展也存在不少长期积累的结构性素质性体制性问题。通过全区上下近年来的艰苦努力，现在鹿城发展呈现良好态势，尤其是“两海两改”深入实施、新型城市化全面推进、市区体制改革不断深入等等，为鹿城转型发展提供了历史性机遇。在新的时代条件下，我们一定要认清鹿城作为大都市核心区所肩负的龙头重任和引领使命，自觉承担起更大的责任，牢牢把握重大机遇，积极应对各种挑战，加快推进转型发展，全面加快“创首善之区、建幸福鹿城”。

4. 充分认识“创首善之区、建幸福鹿城”是贯彻十八大精神的实际行动。“创首善之区、建幸福鹿城”的决策部署，是贯彻落实科学发展观的具体体现，是彰显鹿城优势特色的现实选择，是满足人民群众新期待新需求的

重大举措，是改革开放以来历届区委提出的发展战略在新时期的传承延续和“十二五”规划的深化推进。“创首善之区、建幸福鹿城”的指导思想、基本要求、目标任务和重点举措，同十八大基本精神是相一致的。我们一定要把它作为贯彻落实十八大精神的最大实践，贯穿于全面建成小康社会和现代化建设的全过程，竭尽全力使美好蓝图成为现实的幸福生活。

二、进一步明确“创首善之区、建幸福鹿城”的总体要求

5.“创首善之区、建幸福鹿城”的指导思想。深入学习和全面贯彻中共十八大精神，高举中国特色社会主义伟大旗帜，坚持以邓小平理论、“三个代表”重要思想和科学发展观为指导，按照省委建设物质富裕精神富有现代化浙江和市委建设“三生融合·幸福温州”的总体部署，以建设“宜商宜居、活力时尚”城区为定位，深入实施“三四五”总战略，全力争当政府转型、社会转型、经济转型“三个领先”，加快打造魅力商城、山水名城、创新智城、和谐鹿城“四个城区”，全面实施强三优二、城乡互融、环境优先、文化引领、改革创优“五大战略”，切实提高中共建设科学化水平，全面加快“创首善之区、建幸福鹿城”。

6.“创首善之区、建幸福鹿城”的基本内涵。“创首善之区、建幸福鹿城”是区委在保持工作连续性的基础上，根据发展变化了的实际而提出的战略目标。建设“宜商宜居、活力时尚”城区是战略定位；争当“三个领先”是战略方针，构建“四个城区”是战略任务，实施“五大战略”是战略举措，三者之间互为依托、互相促进，是今后五年发展的总战略。核心是通过加快转型发展，着力把鹿城建设成为全域同城美、城市建设好，繁华时尚美、城市经济好，文化山水美、城市环境好，创业创新美、城市活力好，大气大爱美、城市风貌好的“五美五好”城区，最大限度地增进民生福祉。

7.“创首善之区、建幸福鹿城”的奋斗目标。按照中央鼓励有条件的地方在现代化建设中继续走在前列的战略部署、省委十三届二次全会和市委十一届三次全会确定的目标，从我区实际出发，分阶段推进现代化建设。第一阶段是到2020年，确保实现全区生产总值、人均生产总值、城镇居民人均可支配收入、农村居民人均纯收入分别比2010年翻一番。第二阶段是在2020年实现“四个翻一番”的基础上，再经过一个时期的努力，把鹿城建设成为具有较强经济综合实力、国际竞争力、可持续发展能力的城区，成为人民群众普遍过上富裕生活、具有较高文明素质的城区，成为人民群众权益得到充分保障、创造活力得到充分发挥的城区，率先基本实现社会主义现代化。

8.“创首善之区、建幸福鹿城”的指导原则。一是转型发展。坚持以科学发展为主题，加快转变经济发展方式，以公共服务型政府建设为核心推进政府转型，以新型城市化为龙头推进社会转型，以环境建设为抓手推进经济转型，切实增强区域综合实力，不断提升城市竞争力。二是幸福导向。坚持把不断提高群众的满意度和幸福感，作为一切工作的出发点和落脚点，作为发展的唯一标准，凝聚各界共识，汇集各方力量，落实在生活富裕、精神富足、公平正义等各个方面，着力破解突出矛盾和问题，使我们的全部工作真正体现广大群众意愿，增进民生福祉。三是统筹推进。坚持把统筹兼顾作为根本方法，把握好发展速度与质量效益、有效投资与创新驱动、增强优势与转化劣势、改革创新与和谐稳定、经济转型发展与群众生活改善的关系，做到加大项目投资与优化投资结构并重、加快发展速度与提升质量效益并重、城市发展与农村发展统筹推进，实现城乡区域、经济社会、对内对外、人与自然的协调发展。四是创新驱动。坚持把改革创新作为强大动力，从顶层设计入手，敢于先行先试，以创新的理念开拓新路，以创新的举措破解难题，不断增强新一轮发展优势，逐步破解体制机制的束缚与障碍，建立健全现代社会发展体制和公共服务型政府治理结构，以改革创新为转型发展提供强有力支撑。五是标杆示范。坚持用典型凝聚合力，用先进激发斗志，把我区放到全国一流城区的位次来考量和谋划发展，学赶杭州下城区、宁波海曙区，比追青岛市南区、厦门思明区，把重大决策部署转化为你追我赶、勇争一流、实干快上的生动实践，奋力开创转型发展的崭新局面。

三、全面推进“创首善之区、建幸福鹿城”的各项工作

9. 构建大都市核心区发展体系。抢抓新一轮城市发展机遇，建设都市型功能区，推进城乡统筹发展，完善基础设施网络，构筑布局合理、功能突出，富有都市特色的网络型组团式发展新格局。构筑大都市框架。立足长三角与海西区之间核心城区和生态型国际性现代化核心区的战略地位，融合全球温商家园、民间金融之城、海西区对台工作中心城区和区域性的时尚消费中心等功能要求，全面提升完善城市发展规划体系，以科学的规划引导城市发展。推进城乡一体化。加快都市型功能区建设，改造提升老城区，拓展都市功能区，建设城市新区和生态新区；加快统筹城乡综合改革，推进城市保障房建设，有序推进农业转移人口市民化。提升城市整体功能。依托温州大都市的架构，把重大基础项目建设作为提升城区功能的重要支撑，加快推进市域铁路、高速公路等重点工程建设，建立现代化立体交通体系。推进市政道路、水利电力、环保设施、地下管网建设，构建基础设施网络体系。

10. 建设现代产业体系。坚持城市化和工业化的互为推动，加快现代服务业和先进制造业的融合发展，引进和培育战略性新兴产业，切实提升产业综合竞争力，建设商气浓厚、时尚引领，富有不夜鹿城特色的魅力商城。优化商城布局。整合提升传统街区和商圈，加快产业集聚区建设，引导产业集聚发展，科学配置商业资源，促进生产要素加快流动，大力发展城市商业综合体，提升现代商业的整体发展水平。升级商城业态。坚持服务业发展总量扩大与质量提升并重，培育新兴服务业与提升传统服务业并举，完善政策机制，强化资源要素保障，打造服务业发展平台，提升服务业发展业态，推动服务业向技术集聚、创意集聚、知识集聚、资本集聚转型，加快推动服务业大区向服务业强区转型。改造商城产业。全面推进城市产业有机更新，加快打造都市型产业集聚区。改造提升传统制造业，推动传统产业向产业链两端延伸，切实提高产品附加值和市场竞争力。深化企业服务活动，切实维护经济金融稳定。加快都市型农业产业化步伐，扩大农业对外招商力度，切实提高对大都市产业的配套协作能力。

11. 建立区域创新体系。推进改革创新，加快发展方式由资源驱动向创新驱动转变，努力建设机制灵活、氛围浓厚、富有活力的创新智城。建设智慧城区。制定相关扶持政策，逐步健全基础设施网络，突出“无线鹿城”“数字鹿城”“智慧社区”等建设重点， 推进网络化、信息化、智能化建设，加快建成互联互通的智慧民生、智慧公共服务、智慧公共管理等智慧应用体系，拓展城区发展的信息化空间。集聚优势资源。 深入实施“科教人才强区”战略， 建立创新型、紧缺型、复合型、实用型人才引进培养使用的创新机制，加强科技文化融合平台建设，提升财富管理服务创新能力，加快“鹿城制造”向“鹿城智造”转型。推进金融服务创新，健全地方金融发展服务体系，使金融业成为推动转型发展的强大动力。突破重要领域。推进投融资体制、行政管理体制、基层社会管理扁平化机制、社会事业和民生领域等改革，建立健全要素市场化配置机制和信用体系，着力构建充满活力和有利于转型发展的体制机制。

12. 进文化大发展大繁荣。文化是幸福城市的价值导向和精神空间，是城市最持久最核心的竞争力。要把文化建设作为实现精神富有的根本途径，加快推进“三体系一名 城”建设，提升文化软实力。加强社会主义核心价值体系建设。大力弘扬“务实、守信、崇学、向善”浙江价值观和新时期温州人精神，着力打造“红日亭”等城市慈善地标和精神高地，挖掘提升鹿城崇善向上文化，凝聚内外鹿城人合力。深化群众性精神文明创建活动，培育知荣辱、讲正气、作奉献、促和谐的良好风尚。加快构建公共文化服务体系。坚持政府主导、市场运作，大力支持社会力量参与公共文化服务，促进公共文化服务方式多元化、社会化，加快完善城乡 一体的公共文化服务体系，促进基层公共文化设施全覆盖。加快创建历史文化名城，加快推进历史文化街区保护开发，挖掘提升拦街福、元宵、清明、端午、中秋等优秀民俗文化，开展群众喜闻乐见的公共文化活动，满足人民群众日益增长的文化需求。加快构建文化产业发展体系。加快文化创意产业园等集聚区的建设，大力发展以文化创意、时尚会展等为重点的文化产业，发展壮大一批具有较强实力和市场竞争力的文化企业。提升企业产品的文化含量、文化品位和文化附加值。

13. 完善公共服务体系。加快推进政府行政管理和社会体制改革，促进社会公平正义，让全区人民共享改革发展成果和现代城市文明。建设公共服务型政府。深化政府体制改革，推进公共部门机构改革，推进部门机构和职能结构性调整，强化部门内部职能整合和流程再造。推进公共财政体制改革，完善财政预算体系及其决策程序和公开制度，优化财政支出结构。推进事业单位改革，加快政事分开。完善公共品生产供给体系。以深化民办教育和社会力量办医为突破口，全面推进社会事业体制改革，形成公共品生产供给体系，谋划推进一批人口计生、教育、医疗健康、体育等重大项目，提高公共品供给能力，扩大和优化公共服务。建立社会公平保障体系。实施就业优先战略，积极鼓励创业，促进就业创业公平。实现城乡居民收入较快均衡增长，促进分配公平。推进城乡社会保障并轨，扩大养老、医疗、失业、工伤、生育保险覆盖面，健全社会保险、福利、救助、优抚、慈善相衔接的社会保障体系，加强住房保障体系建设，促进社会保障公平。

14. 加强和创新社会管理。按照“党委领导、政府负责、社会协同、公众参与、法治保障”的要求，建立健全社会管理体制和运行机制，加快推进社会转型，充分激发社会活力。推进城乡社区建设。进一步健全社区管理和服务机制，完善社区治理结构，在社区平台上整合各项基层社会管理资源和公共服务功能，使社区成为基础性的社会管理服务平台，促进基层从管制型向自治型转变。坚持专职化与兼职化相结合，培育发展社工队伍。加强社会组织培育。完善鼓励社会组织参与社会建设的机制，进一步加大社会组织培育监管力度，大力发展公益性行业性公益组织，加大政府购买社会服务力度，充分发挥各类社会组织整合社会管理服务资源的作用，促进老百姓增强社会归属感，更好地实现自身价值。深化平安鹿城建设。完善社会利益协调和群众利益诉求机制，全面畅通信访渠道，构建社会矛盾纠纷大调解体系。加强社会公共安全管理和突发事件应急联动体系建设，确保重大突发事件和公共安全事件能够得到及时有效处置。正确引导网络舆论，加强和完善信息网络管理。加大严打整治力度，综合整治社会乱点，深入开展消防安全和安全生产隐患治理，加强维稳长效机制建设，确保社会平安稳定。

15. 建立生态文明体系。把生态文明的理念贯穿于发展全过程，加快生态生产生活融合，建设美丽鹿城。全面优化城区环境。深化“六城联创”活动，不断创新工作载体，加强对城市环境和不文明现象的集中整治。加大“四边三化”“两无三化”和城区亮化工作力度，全面推进滨河公园、森林公园、城乡绿道建设，构造城乡一体化的生态绿地系统，全面提升城区环境品质。全面加强生态建设。积极探索生态文明在鹿城的实践形式，把生态建设与生态产业、生态治理结合起来，推进经济生态化、城市生态化、生活生态化，深化资源集约节约利用，大力发展绿色经济、循环经济、低碳经济。全面优化城市管理。更加注重整体建设、精细管理、内涵提升，建立现代城市管理体系，全面提升城区的管理幅度、维养质量和生活品质，提升城区管理的制度化、规范化、智慧化、精细化水平，加快建设精致城区。

四、全面提高中共建设科学化水平

16. 强化党委的领导核心作用。坚持科学执政、民主执政、依法执政，切实加强各级党委自

身建设。支持政府依法行政，进一步改进党的领导方式和执政方式，支持人大及其常委会依法行使好监督、决定等职权，支持政协切实履行政治协商、民主监督、参政议政职能。深入实施党代表大会代表任期制。加强与各民主党派、无党派、工商联和新社会阶层人士的团结合作，巩固和壮大最广泛的爱国统一战线。坚持党管武装，加强人民防空、民兵预备役部队和国防动员建设，巩固发展军政军民团结。充分发挥工青妇等群团组织的桥梁和纽带作用。进一步做好民族、宗教、对台、侨务工作，巩固发展民主团结、安定和谐、开拓进取的良好局面，共同推进城市转型发展。

17. 坚定中国特色社会主义理想信念。加强思想理论建设，深入学习贯彻中国特色社会主义理论体系，用马克思主义中国化最新成果武装头脑、指导实践。建立学习实践科学发展观长效机制，增强走中国特色社会主义道路的自觉性和坚定性。弘扬理论联系实际的学风，深化学习型、服务型、创新型党组织建设。把“创首善、争一流”思想进位大

讨论活动引向深入，主动探索加快大投入大建设大发展的新办法，引导全区上下以更加开阔的视野和创新的思维，破解转型发展中的诸多难题，把全区干部队伍的智慧和力量凝聚起来，争创首善，争当一流。

18. 大力加强领导班子和干部队伍建设。坚持正确的用人导向，深化干部人事制度改革，完善干部考核评价体系，完善考绩择才、赛场挑才、挂牌招才方式，大力选拔“德才兼备、智勇双全、注重实绩、群众公认”的干部，形成以业绩看干部、以成果论英雄的用人导向，引导干部把精力放在推动发展、实干为民上。优化领导班子结构，实施转岗交流制度，重视年轻干部、妇女干部、党外干部的培养选拔。认真做好老干部和关心下一代工作。坚持党管人才，创造良好的创业创新环境，汇聚各方面人才共同推进转型发展。

19. 大力加强基层组织建设。加快构建富有城区特色的基层党建新格局，加强城乡新社区党组织建设，优化基层党组织设置。健全基层组织网络，加快构建区域性党组织、产业型党组织、行业型党组织、联建型党组织等分布合理的新型基层党组织体系，创新“两新”组织党建模式，推动中共工作在各个领域有效覆盖。深入开展基层党组织创先争优活动，扎实推进基层党建先锋工程，不断增强基层党组织凝聚力、创造力和战斗力。把好党员入口关，加强思想上入党教育，建立健全党员 党性分析制度，保持党员干部队伍纯洁。创新党员管理服务模式，健全让党员经常受教育、永葆先进性长效机制和党内激励关怀帮扶机制，发挥党员的先锋模范作用。落实基层党建工作责任制，确保基层党建各项工作落到实处。

20. 大力加强党风廉政建设。深化“互看互学”“互学互比”活动，积极引导各级党组织定发展目标、找工作差距、创一流业绩，以优良的党风政风凝聚党心民心。始终保持党同人民群众的血肉联系，牢记“两个务必”，贯彻落实中央政治局关于转变工作作风、密切联系群众“八项规定”及实施细则，深入开展以为民务实清廉为主要内容的党的群众路线教育实践活动，切实提高做好新形势下群众工作的能力和水平，做到权为民所用、情为民所系、利为民所谋。按照建设廉洁政治和干部清正、政府清廉、政治清明的要求，加强反腐倡廉教育，推进廉政文化建设，全面推行廉政风险防控机制建设，健全惩治和预防腐败体系。严格执行党风廉政建设责任制，加强领导干部廉洁自律建设，提升“三公”改革成果，从体制机制上预防和治理腐败。强化重点领域和关键环节的监管，突出政府性投资项目、农村基层三资管理等领域的专项治理，始终保持惩治腐败高压态势，做到有贪必肃、有腐必反，以反腐倡廉的实际成效取信于民。认真学习贯彻中共十八大精神，全面加快“创首善之区、建幸福鹿城”，是全区各级党组织和广大党员干部的共同责任和光荣使命。我们一定要紧密团结在以习近平同志为总书记的党中央周围，在中共浙江省委、温州市委的正确领导下，进一步解放思想、改革创新，破难攻坚、奋勇争先，为鹿城转型发展和民生幸福谱写辉煌篇章。

中共温州市鹿城区委关于全面实施创新驱动发展战略加快建设创新型城区的意见

鹿委〔2013〕3号

为深入贯彻中共十八大、省委十三届三次全会和市委十一届四次全会精神，根据《中共浙江省委关于全面实施创新驱动发展战略加快建设创新型省份的决定》《中共温州市委关于全面实施创新驱动发展战略加快建设创新型城市的意见》的要求，紧密结合鹿城实际，就全面实施创新驱动发展战略、加快建设创新型城区提出如下意见。

一、总体要求

1. 指导思想坚持以邓小平理论、“三个代表”重要思想和科学发展观为指导，按照省委“八八战略”、“两创”总战略、“两富”总目标和市委深入实施“十大举措”、全力推进赶超发展的总体部署，围绕“创首善之区、建幸福鹿城”总目标，深入实施“三四五”总战略，以创新发展为动力，以加快建设创新型城区为目标，紧紧抓住促进科技与经济紧密结合这一核心问题，始终坚持教育为基础、科技为关键、人才为根本，提升企业自主创新能力和产业核心竞争力，全面提升完善区域创新体系，为鹿城赶超发展提供强大动力和有力支撑。

2. 目标任务到2020年，建立比较完善的区域创新体系，创新人才大量集聚，创新能力显著增强，创新效益大幅提升，各项创新指标达到或超过全省平均水平，基本形成创新驱动发展格局。今后5年，创新驱动发展的主要目标是：实现全区 R&D 经费支出额、研发人员 数、发明专利授权量、规模以上工业新产品产值、高新技术产业产值、 技术市场实现交易额、高新技术企业数和科技型中小企业数等“八倍增”，力促科技进步贡献率、全社会劳动生产率“两提高”。到2015年各项指标增速超过全省平均水平、全市领先，到2017年部分指标进入全省领先行列。分阶段具体目标是：

2013年，R＆D经费支出达到6.13亿元（占GDP1.0%），研发人员数达到0.37万人年，发明专利授权量126件，规模以上企业350家，规模以上工业新产品产值超48亿元，高新技术产业产值超过61亿元，技术市场实现交易额达到0.3亿元以上，高新技术企业数38家，科技型中小企业超过83家；科技进步贡献率达到57%左右，全社会劳动生产率达到9.5万元/年人以上。

2015年，R＆D经费支出达到11.6 元（占GDP1.4%），研发人员数达到0.47万人年，发明专利授权量207件，规模以上企业450家，规模以上工业新产品产值超61.5亿元，高新技术产业产值超过81亿元，技术市场实现交易额达到0.5亿元以上，高新技术企业超过60家，科技型中小企业超过113家；科技进步贡献率达到59%左右，全社会劳动生产率达到10万元/年人以上。

2017年，R＆D经费支出超过16.2亿元（占GDP1.7%），研发人员数达到0.66万人年，发明专利授权量275件，规模以上企业超过500家，规模以上工业新产品产值超83.5亿元，高新技术产业产值超过108.5亿元，技术市场实现交易额达到0.7亿元以上，高新技术企业超过75家，科技型中小企业超过150家；科技进步贡献率达到62%以上，全社会劳动生产率达到13万元/年人以上。

2020年，R＆D经费支出超过20亿元（占GDP2.1%），研发人员数达到1.0万人年，发明专利授权量440 件，规模以上企业530家，规模以上工业新产品产值超132亿元，高新技术产业产值超过163亿元，技术市场实现交易额达到0.9亿元以上，高新技术企业100家，科技型中小企业超过210家；科技进步贡献率达到64%以上，全社会劳动生产率达到14万元/年人以上。

二、坚持创业创新，提升产业核心竞争力

3. 着力培育创新型企业和科技型中小企业发展鼓励科技人员创办科技型中小企业，引导高校

毕业生创业创新。降低创业门槛，简化科技型企业申请注册程序。鼓励支持温商回归创办科技型企业、创新型企业和研发中心回迁。鼓励科技人员以自主科技成果，商标、专利和非专利技术等知识产权出资入股创办企业。引导创业投资机构和社会资本投资科技型中小企业，创业投资企业采取股权投资方式投资未上市中小高新技术企业的，给予一定的所得税优惠。每年开展鹿城区科技创新“十强”企业评选活动，加大对研究与试验发展活动投入多、成效大的企业的表彰、奖励力度。

4. 培育壮大新兴产业

整合各类产业技术发展专项资金，实施科技项目、研发机构、创新人才“三位一体”改革举措，推动新一代信息技术、新能源、新材料、节能环保、智能装备制造等产业，加快发展与培育新兴产业和高新技术产业集群。实施一批产业技术重大攻关专项，努力突破技术瓶颈制约，掌握核心关键技术。大力推动服务业创新发展，着力培育一批新一代信息技术的新兴服务、工程设计、现代物流、科技服务等新业态，加快发展文化创意、动漫游戏、影视视听等创意产业。大力发展网络经济，鼓励闲置工业厂房兴建网络经济服务区，建设5个以上电子商务产业园，积极推动双屿创建省级电子商务产业园。推动企业电子商务应用，加快培训电子商务人才，实现网络经济产值两年倍增目标，争取三年创成浙南首个网络经济产值“百亿区”。

5. 加快传统产业改造升级推动信息化与工业化融合发展，深化信息技术集成应用，加快推动制造业向智能化、网络化、生态化转变。加快中国鞋都产业平台转型升级，推进鞋都设计研发、销售物流、产品展示、技术改造和鞋革材料配套市场、人才公寓建设，打造创新型鞋业产业集群。推进“机器换人”，全面启动现代化技术改造专项行动，大力推进减员、减能、减耗、减污增效，提高劳动生产率和优质品率。坚持促进工业投资与“腾笼换鸟”“空间换地”“电商换市”，

淘汰落后产能等有机结合，按照“亩产论英雄”相关标准和“强三优二”城市有机更新总体规划，加快低效土地二次开发利用和旧厂房、旧市场等改造更新，倒逼企业技改和产业转型。

6. 全面提升“鹿城制造”品牌形象实施品牌创新、质量创新和标准创新工程，提升“鹿城制造”内涵。深入实施品牌战略，推进名企、名品、名家“三名工程”，鼓励和支持出口企业在境外注册商标、质量认证，培育国际知名品牌，推动制造跃向创造。2013年新增浙江名牌1个，温州名牌产品3个，鹿城名牌产品5个；到2015 年，再新增浙江名牌4个，温州名 牌产品10个，鹿城名牌产品12个；到2017年，再新增浙江名牌5个，温州名牌产品12个，鹿城名牌产品15个。实施质量创新和标准化发展战略，鼓励技术先进企业主动参与国际、国家标准修制定，提高标准话语权。

7. 加强农业现代化、新型城市化和民生领域科技创新推进农业“两区”建设，加大农业招商引资力度，推进农业龙头企业集聚发展，大力发展休闲观光农业、生态养老产业及农业产业化，推动现代都市农业发展。加强城乡建设领域科技研发，开展4G城区试点，全力推进以“无线鹿城”、“智慧鹿城”“智慧社区”“智慧景区”“智慧教育”“智慧医疗”等为重点的智慧城区建设。推进民生领域科技创新，围绕人口健康、食品药品安全保障、社会公共安全、生态环境保护等重大民生科技问题，开展自然灾害、突发公共卫生事件、生产安全事故防范和应急处置技术创新，切实增强社会管理科技含量，全面提高健康安全水平和生态环境质量。

三、推进产学研用协同，加快完善区域创新体系

8. 鼓励支持企业成为技术创新主体按照“企业自主、市场运作、政策扶持”的原则，大力发展企业研究院、院士工作站和博士后工作站，对获得国家、省、市级认定的技术中心（或技术研发中心），分别给予不同奖励。力争到2015年，新增市级技术中心（或技术研发中心）20家、省级技术中心（或技术研发中心）5家；到2017年，再新增市级技术中心（或技术研发中心）37家、省级技术中心（或技术研发中心）19家。全面落实研发费用加计扣除、高新技术企业所得税、固定资产加速折旧等税收优惠政策。鼓励申报承担国家和省、市级科技计划项目，积极争取中央和省、市级财政支持，区级财政资金按规定予以配套资助。

9. 鼓励和推动形成创新利益共同体积极推进企业与高校、科研院所以产权为纽带，以项目为依托，形成各方优势互补、共同发展、利益共享、风险共担的协调创新机制。支持科技型中小型企业与高校、科研院所、大企业等联合组建技术研发机构和产业技术创新战略联盟，合力开展产业核心关键技术研究开发、推广应用、共享科技创新成果。

10. 强化创新产品推广应用和市场拓展综合运用政府采购、市场培育、需求创造、风险补助等多种措施，以市场引领创新，以应用促进发展。搭建信息平台，在政府采购和公共资源交易中，不断提高自主创新产品应用比重。加大创新产品推广应用政策扶持力度，对科技成果产业化转换成效明显的要给予一定比例资助。对符合条件的技术转让所得给予企业所得税优惠。支持商业模式创新，加快电子商务发展，打造鹿城电子商务产业园，推动物流、金融等产业与信息化深度融合。

四、加快资源集聚，强化创新发展平台支撑

11. 加快创新平台高水平开发建设加快省级高新园区创建，以鹿城轻工产业园区为主创区，炬光园、原鹿城工业区为拓展区，采取“一区多园”飞地模式创建省级高新园区。加快城市有机更新，结合“退二进二”、“退二优二”、工业土地二次开发、淘汰落后产能和低效用地再开发，在双屿、仰义、藤桥等规划建设小微企业园，用三年时间建设10个、累计1500 亩以上小微企业园和各街镇1家特色产业科技园建设，年内启动小微企业园建设4个以上，把创新驱动发展工作延伸到各街镇。加快建设科技创新大厦，完善园区生产、生活配套项目，打造虚拟物流中心，实现供应链的整合创新。加强企业孵化器等科技创新载体建设，强化创新服务体系，促进科技企业孵化培育和科技成果产业化。

12. 强化科技服务平台建设强化科技公益服务平台的搭建，依托温州知识产权服务园鹿城分园建设，为企业提供知识产权展示、交易、共享、交流等科技活动服务。通过举办专利质押融资银企对接会、大学生创意创新成果推介会等活动，为产学研合作、科技成果转化搭建科技信息和交易平台。大力培育发展一批科技服务业、中介机构和技术经纪人，加快完善中小企业技术创新服务体系，促进科技成果交易、转化。

13. 充分利用创新资源鼓励企业“引进来、走出去”，积极开展科技合作与交流。鼓励企业通过各种方式到区外设立、兼并和收购研发机构，加强技术引进、消化、吸收再创新。鼓励企业收购区外研发机构、品牌营销网络。鼓励企业与高校、科研院所联合培养人才。

五、完善人才激励制度，打造创新人才高地

14. 大力培养引进高层次创新创业人才和创新团队对接省、市各种人才工程，实施领军型创新团队引 进培育计划，加快高层次创新团队建设。对入选省、市的重点创新团队分别给予不同奖励，对产业发展有重大影响、并能带来重大经济社会效益的创新团队，通过“一事一议”给予专项人才奖励和科技扶持资金。到2017年引进培养高层次创业创新领军人物或技术团队10人（个）以上。

15. 大力培养高技能人才结合现代商贸、现代物流、金融证券、旅游会展、研发创意和中介服务等重点产业需求，培养本土高层次人才。抓好文教卫体、农林水利、城建、旅游、交通、环保等重点领域的人才队伍建设。发挥在鹿职业院校和技工院校人才培养优势，加快培养一大批复合型、应用型高技能人才和紧缺急需专业人才。深入实施高技能人才培养计划，到2017年全区高技能人才增至1万名。开展社区教育信息化建设，创新成人培训和职业培训的方式方法，更好地为社区居民、企业员工、新居民等社会群体提供继续教育、实用技能等培训。

16. 优化创新人才评价和激励机制建立以创新质量和贡献为导向的评价机制，改革用人单位对人才和职务成果的管理方法，引导企业提高技术要素在收益分配中的比重。完善企业吸引人才的激励政策，着力解决人才反映比较集中的突出问题，努力做到人才住房优先保障、人才子女教育优先考虑、人才社保待遇优先解决，创造事业留人、感情留人、待遇留人、环境留人的创新环境。深化义务教育招生制度改革，在兼顾公平的前提下，对拔尖人才、引进人才、高学历人才等不同层次的新居民子女在入学时给予政策优惠。

六、促进科技金融结合，建立多元化科技投融资体系

17. 建立健全科技与金融融合发展机制深化金融改革发展，推进科技与金融紧密结合，鼓励引进专业投资机构合作设立创业投资引导基金，对接服务科技型企业。充分发挥民资充裕的优势，以温州民间借贷服务中心、鹿城金融广场为平台，以民间资本管理公司、小额贷款公司为载体，支持和引导民间资金投向科技创新型企业。鼓励科技型企业建立现代企业制度，积极培育区域资本市场，加大股权融资和中小企业私募债等直接融资方式的宣传，着力推进企业股份制改革，引导企业走资本市场之路。

18. 创新财政科技投入方式深入实施《浙江省科技进步条例》，进一步完善财政科技投入稳定增长机制，财政科技投入增长幅度高于同级财政经常性收入的增长幅度4个百分点以上，确保2013 年区财政用于科学技术经费占本级财政经常性支出的比例达到3.5%以上、2015年达到4%以上、2017 年达到5%以上。明确财政科技投入方向和支持重点，优化投入结构，促进管理科学化和资源高效利用。强化创新绩效导向，完善创新投入财政经费监督管理，强化财政资金的整合、统筹和优化配置，着力提高资金使用效率。

七、深化体制机制改革，营造良好创新环境

19. 强化组织领导制定创新驱动发展战略配套措施，分解落实任务，明确工作责任。各有关部门单位和街镇要健全工作体系，强化政策和制度创新，完善配套政策和操作办法。强化绩效考核的导向作用，将科技进步核、科技强区、创新型城区等工作有机结合起来，确保创新型城区建设有计划、有步骤地全面推进。

20. 强化政府服务深化行政审批制度和资源要素市场化等改革。积极推进科技与教育相结合的改革和民办教育综合改革，切实激发学生创新精神和增强创业能力。加快培养一大批科技企业家，鼓励创办一批科技型和创新型企业。积极探索“宽入严管”的企业登记管理制度，优化创办科技型和创新型企业的注册办理手续。

21. 加大知识产权保护力

度实施重点产业集群专利引领工程、自主知识产权优势企业提升工程和重点区域专利促进工程。开展规模以上工业企业专利“清零”行动，强化企业专利示范效应。加强专利服务体系建设，加强知识产权维权援助中心鹿城分中心建设，加大对科技创新活动和科技创新成果的法律保护力度，2013年创成国家知识产权强区工程示范区。

22. 营造创业创新良好氛围　传承鹿城人的创业创新精神，引导企业建立以创新为核心价值观的企业文化，营造敢冒风险、尊重创造、宽容失败、公平竞争的创新文化。实施全民科学素质行动计划，加强科普工作，提高公民科学素养和创新意识。充分尊重群众的首创精神，开展群众性科技创新活动。加强对重大科技成果、典型创新人物和企业的表彰和宣传，营造有利于推动创新创造创意发展的良好氛围。

附件（略）

中共温州市鹿城区委关于开展以“中国梦”为主题的中国特色社会主义宣传教育实践活动推进鹿城转型发展的实施意见

鹿委发〔2013〕48号

各街道党工委、藤桥镇党委，区直各单位党委（党组）：

为贯彻落实中央和省委的决策部署，根据省委《关于开展以“中国梦”为主题的中国特色社会主义宣传教育活动的实施意见》（浙委发〔2013〕17号）、市委《关于开展以“中国梦”为主题的中国特色社会主义宣传教育实践活动推进温州转型发展的实施意见》（温委发〔2013〕57号）的精神，结合我区实际，决定在全区开展以“中国梦”为主题的中国特色社会主义宣传教育实践活动（以下简称主题教育实践活动）。开展主题教育实践活动，是学习贯彻中共十八大和习近平总书记十八大以来一系列重要讲话精神的重要举措，是全面落实省第十三次党代会、省委十三届三次全会、市委十一届三次全会和区委八届四次全会精神，推进“创首善之区、建幸福鹿城”的具体实践，是激励全区人民进一步推进当前工作，创业创新，振兴实体经济，促进转型发展的重要途径。现提出如下实施意见。

一、认真把握主题教育实践活动的总体要求

（一）指导思想

高举中国特色社会主义伟大旗帜，以邓小平理论、“三个代表”重要思想、科学发展观为指导，以企业创大业、百姓创家业、干部创事业和“千名干部进千企解千难”行动为主线，认真学习宣传贯彻中共十八大精神，宣传阐释“中国梦”的真谛要义，充分展示鹿城改革发展的实际成效和美好前景，努力增强全区干部群众的道路自信、理论自信、制度自信，不断凝聚全区人民的智慧和力量，全面推进“创首善之区、建幸福鹿城”，为实现中华民族伟大复兴的“中国梦”做出新贡献。

（二）基本原则

1. 立足当前，着眼长远。实现“中国梦”不能一蹴而就，而是要长期坚持、不懈奋斗。各级党政组织和全体党员干部要立足当前我区实际，认清形势，科学构建“中国梦”在鹿城实践的总体框架、目标任务、重点内容和实施步骤，系统地推进我区经济社会转型发展。

2. 宣教引领，坚定信念。主题教育实践活动要在突出思想内涵、增强认知认同上下功夫，通过开展各种形式的宣传教育活动，不断凝聚人心，坚定信念，达成共识，增强时不我待、比学赶超的危机意识、竞争意识，增强加快发展、科学发展的自觉性、紧迫性。

3. 干在实处，推动转型。主题教育实践活动要在把握实践要求、推动实际工作上下功夫，突出解决全区当前社会经济发展中遇到的困难和问题，不断优化发展环境，振兴实体经济，促进转型发展。

4. 党委领导，各方参与。各级党委要在主题教育实践活动中充分发挥组织领导、统筹谋划、督促落实的作用，切实履行职能，广泛动员和组织广大人民群众投身“创首善之区、建幸福鹿城”，形成共筑国家富强、民族振兴、人民幸福“中国梦”的良好社会氛围。

二、开展主题教育实践活动的主要内容

主题教育实践活动，要根据中央、省委和市委的部署，紧密联系我区改革发展实际和干部群众思想实际，围绕“信念引领梦想”“最美激发梦想”“劳动创造梦想”“实干成就梦想”四大主题，深入学习宣传实现“中国梦”的重大意义、基本内涵和本质要求，深入宣传教育实现“中国梦”必须走中国道路、弘

扬中国精神、凝聚中国力量，深入教育引导全区人民为实现“中国梦”而贡献力量，从而激发各级党员干部和群众的创业创新干事热情，进一步优化发展环境，推进当前重点工作，振兴实体经济，促进鹿城转型发展，共同谱写中国特色社会主义在鹿城生动实践的新篇章。

（一）围绕“信念引领梦想”主题，深入开展宣传教育，努力增强全区干部群众的道路自信、理论自信、制度自信

要创新活动载体，创新方式方法，深入开展以“中国梦”为主题的中国特色社会主义宣传教育实践活动，坚定理想信念，增强发展信心，为推进鹿城改革发展营造良好的舆论氛围。

1. 开展“中国梦”主题学习活动。把以“中国梦”为主题的中国特色社会主义宣传教育纳入各级党委（党组）中心组学习计划，作为干部教育培训的重要内容，组织各级党员干部认真研读党章、中共十八大报告和习近平总书记十八大以来一系列重要讲话以及《中国特色社会主义学习读本》《科学发展观学习纲要》等，不断提高理论素养和能力水平。

2. 开展“中国梦”主题宣讲活动。组建各级各类“中国梦”宣讲团，组织领导干部、专家学者、先进人物、市民宣讲员进机关、进农村、进社区、进企业、进学校、进商会、进部队，生动解读“中国梦”的历史底蕴、时代内涵和根本要求，宣讲鹿城改革发展的辉煌成就和宝贵经验。

3. 开展“中国梦”主题研究活动。立足解疑释惑，结合我区当前转型发展中面临的实际问题，注重发挥理论研究机构的作用，借助高校等学术力量，组织开展一系列以“中国梦·鹿城转型发展”为主题的理论研究活动，推出一批研究成果。

4. 开展“中国梦·我的梦”主题创作活动。唱响时代主旋律，精心组织重点文艺创作和重大文化活动，策划推出一批反映鹿城历史与现实的影视剧、舞台节目、文学、美术、书法、摄影等文艺作品。

（二）围绕“最美激发梦想”主题，着力美化城乡环境，推进“美丽鹿城”建设

要以建设“美丽鹿城”为引领，全面推进“六城九市”联创，增强城市核心竞争力，着力美化城乡环境，为全区人民共创美好幸福生活奠定基础。

1. 把“六城九市”联创作为建设“美丽鹿城”的主载体来抓。按照“既重环境优化、更强素质提升，既重量质并进、更强内涵发展，既重突击会战、更重长效管理”的思路，进一步创新载体内容、创新方式方法、创新体制机制，联动推进“六城九市”创建，确保按期完成任务。

2. 把美化城乡环境作为建设“美丽鹿城”的基础性工作来抓。加快推进“四边三化”行动，全面整治“四边”区域内影响环境的“脏乱差”问题，打造一批环境优美的景观带和风景线。加快推进“三改一拆”，进一步落实“四策合一”，坚持“违必拆、六先拆”，以改带拆、以拆促改、改拆结合，确保全面完成既定任务。把美丽乡村建设作为新农村建设的阶段性目标，以历史文化村落保护利用、城镇保障房建设、幸福社区培育和文化礼堂建设为着力点，强化规划引领，突出城乡互动，注重连线成片，彰显地方特色，全面推进美丽乡村建设，形成点上出彩、沿线美丽、面上洁净的美丽乡村格局。

3. 把争做“最美鹿城人”作为建设“美丽鹿城”的人文品牌来抓。大力弘扬新时期温州人精神，深化群众性精神文明创建，深入开展争做“最美鹿城人”主题系列活动，不断扩大“最美鹿城人”的影响力、感召力，努力使“最美鹿城人”成为我区加强公民思想道德建设、构建社会主义核心价值体系的精神文化品牌，为建设“美丽鹿城”提供人文支撑。

（三）围绕“劳动创造梦想”主题

充分发挥全民积极性，促进企业创新创强、百姓创业致富要积极发扬温州人特别能吃苦、特别能创业的精神，充分发挥企业创新创强和百姓创业致富的主动性和创造性，形成创业激情充分涌流、创新动力竞相迸发的生动局面，促进经济转型升级。

1. 着力推进“企业创大业”。把制度创新作为推动企业转型发展的突破口，深入实施“三转一市”，强化“三保倒逼”，着力完善法人治理结构，推进现代企业制度建设，激发各类市场主体新活力，引导企业做大做强做精。坚持企业技术创新主体地位，全面落实优惠政策，加大财政对企业技术创新支持力度，推进企业主导的产学研协同创新机制建设，鼓励企业实施“四换四减”，增加研发投入，提升自主创新能力和市场竞争

力。加快城市有机更新，推进旧工业区连片更新提速提效。积极推进传统优势产业低碳化改造，大力培育和发展现代服务业和低碳化的战略新兴产业，坚决淘汰落后产能和落后用能设备。大力推进无证照生产型企业综合整治，维护正常市场经济秩序。落实扶工兴贸各项举措，加快培育大企业大集团，扶持优质企业在境内外上市。进一步完善人才激励机制，加大人才引进力度，切实满足企业发展的人才需求。加强行业协会的培育发展，充分发挥行业协会在加快行业发展、行业经济运行分析及预测、行业区域品牌打造、政策宣传解读以及加强行业自律、维护行业权益等方面的积极作用。

2. 着力推进“温商创新业”。充分利用世界温商大会、异地温州商会等平台，深入实施“温商回归”工程，不断创新招商引资模式、谋划招商引资项目、加强招商智力支持，形成层次分明、结构合理、特色互补的温商创业创新空间格局。扎实推进招商引资，通过开展“中国梦·家乡情”宣传教育活动，引导温商把发展实体经济作为自己的重要使命，不断汇聚资源、开拓进取，切实在航空、新能源汽车、电子信息、新能源新材料、先进装备制造业、临港产业、现代农业、文化产业和健康休闲旅游等领域取得新突破。

3. 着力推进“百姓创家业”。围绕“百姓创家业”的要求，广泛收集和展示“百姓梦想”，着力解决一批群众反映强烈的突出问题和社会关注的民生难题，确保“十大民生实事”落到实处。加大劳动力培训力度，通过就业创业培训、学历教育培训等方式，提升百姓创业就业能力。进一步优化创业环境，通过政策扶持、经济补贴、素质培养、平台建设、公共服务等措施，引导、鼓励和支持高校毕业生进行创业就业。深化村级组织“转并联”，深入开展“幸福社区”星级创建，提升社区居民自我服务、自我管理水平。

（四）围绕“实干成就梦想”主题，切实强化政府服务，推进经济转型升级

各级党委政府和广大党员干部要大兴实干之风，结合中央部署的群众路线教育实践活动的要求，深入开展“千名干部进千企解千难”专项行动、“经济发展平台提升”行动、“破难攻坚”行动，切实解决群众关注、企业关切的问题，打通政府服务基层、服务企业的“最后一公里”。

1. 组织开展“千名干部进千企解千难”行动。按照全市“万名干部进万企解万难”行动统一部署，在全区范围开展“千名干部进千企解千难”行动，组织900多名干部结对900家企业，送政策、送服务、送信心，切实帮助解决企业在用地、人才、融资、审批、创新等方面的问题，有效推动服务企业的长效机制建设，切实为企业提供优质高效的服务。

同时，按照省委、省政府和市委、市政府的部署要求，在全区范围开展科技服务专项行动。科技服务专项行动要突出服务高新技术产业发展、技术成果交易、引进创新人才、推进科技型小微企业创业以及教育服务创业创新、“机器换人”、专利战略推进、科技人员服务企业等重点内容，与“千名干部进千企解千难”行动联动推进，通过千名干部进企排摸梳理企业在科技创新方面的问题，借助高校、科研院所的科研人员和科技工作者攻关解决，帮助提升企业科技创新能力。

2. 深入实施“经济发展平台提升”行动。一是提升创新发展平台。贯彻落实省委十三届三次全会精神，全面实施创新驱动发展战略，完善区域创新体系，大力推进创新型城区建设。着力推进省级高新技术产业园区和市级特色产业科技园创建，打造有特色的产业集聚区、科技园、孵化器。深入实施知识产权战略，促进知识产权与产业、金融等政策的有机融合。二是提升空间拓展平台。扎实推进城镇低效用地再开发试点工作，促进拆违后土地和零星地、边角地、插花地的再开发利用，大力实施转而未供、供而未用及闲置土地清理，提高土地利用效率。加快建设科技孵化器等小微企业创新创业园，促进科技型小微企业创新创业，着力解决小微企业用地难问题。三是提升银企对接平台。根据当前经济发展形势和企业需求，加强银企对接，不断创新金融产品，降低企业融资成本，实现银企双方共赢。完善风险企业帮扶和银行不良贷款处置机制，深入研究企业融资担保链中存在的风险和问题，建立政府化解处置的应急机制，促进企业健康发展和银行不良贷款率下降。

3. 大力推进“破难攻坚”行动。加快推进项目建设拔钉清障，着力解决投资项目在政策处

理、审批、招投标等环节存在的问题，进一步掀起大投入大建设大发展热潮。加快推进城市交通拥堵治理，有效破解行车难、停车难问题，促进城市交通可持续发展。加快推进历史遗留问题化解，采取全面排查、滚动梳理，按类处置、逐级化解，责任到人、限时办结的办法，突出解决城市建设中存在的安置提速，二、三产返回地问题和企业改制中的历史遗留问题以及信访积案。

三、加强领导，确保主题教育实践活动扎实推进

（一）高度重视，强化组织。主题教育实践活动联动性强、覆盖面广，全区各单位要把这项工作摆上当前和今后工作的重要位置，精心组织，周密部署，安排专门力量，落实工作措施，确保活动顺利推进、不断引向深入。区级专门成立主题教育实践活动领导小组，由市委常委、区委书记担任组长，区长、区人大常委会主任、区政协主席担任副组长，区委常委、区人大常委会有关副主任、区政府副区长、区政协有关副主席为成员。领导小组下设综合办公室及若干专项办公室。各街镇和部门单位也要建立相应工作机构，切实加强对主题教育实践活动的组织领导。

（二）科学设计，统筹推进。要紧密联系本辖区、本部门、本单位工作实际和干部群众的思想实际，根据不同的群体和对象谋划设计不同的方式方法，制订工作方案，做到既统一部署、全面覆盖、全党动员、全民发动，又重点突出、贴近实际、强化实践、注重实效；既在宣传教育上创新载体、讲究方法，又要在实践环节结合实际、解决问题，努力增强主题教育实践活动的吸引力、感染力和生命力，达到凝聚共识、激励人心、鼓舞干劲、推动工作的效果。

（三）转变作风，狠抓落实。要按照中央关于开展群众路线教育实践活动的部署要求，做好调查研究、方案谋划等前期准备工作，并把为民务实清廉的要求体现到主题教育实践活动中。坚持问需于企、问计于民，切实掌握企业最需要解决的政府职能范围内的问题，分门别类、区街（镇）联动，有针对性地加以解决。大力弘扬实干精神，突出领导带头作用，按照“块上反映问题、条上解决问题”的要求，实行党委、人大、政府、政协领导与分管部门工作任务相捆绑，进一步落实区领导联系挂钩责任，形成一级抓一级、层层抓落实的工作局面。各级干部在深入基层、深入企业过程中，要坚持清正廉洁，严格执行“八项规定”的有关要求，轻车简从，简化形式，不给基层和企业增加负担。

（四）注重长效，建立机制。要通过主题教育实践活动，建立健全干部思想教育长效机制，不断提升党员干部政治觉悟和大局意识；建立健全企业转型发展中存在问题的发现、反馈、解决、评价机制以及企业规范化统计制度，切实推进企业转型发展；建立部门联动机制，充分发挥各部门单位职能，加强统筹协调，注重配合协作，形成齐抓共管工作合力。同时，对主题教育实践活动实行“六督联查”，将其工作绩效与年度考绩相结合，做到督考与奖惩相挂钩，形成责任明确、奖优罚劣的激励机制。

附件（略）

中共温州市鹿城区委
温州市鹿城区人民政府关于进一步加快实体经济发展的意见

鹿委发〔2013〕62号

各街道党工委、办事处，藤桥镇党委、人民政府，区直各单位：

为深入贯彻落实省委“八八战略”和“两创”总战略及市委十一届四次全会精神，按照区委八届五次全会的总体部署，围绕“赶超发展、再创辉煌”的战略目标，进一步优化实体经济环境，争创鹿城经济发展新优势，现就进一步加快实体经济发展提出如下意见。

一、重要意义

实体经济是我区经济社会发展的根基，是社会财富、综合实力和改善民生的基础。加快发展实体经济，坚定不移推动实体经济做优做强，是落实市委、市政府提出全面实施创新驱动战略，加快工业强市建设的要求，也是破解产业结构“低小散”等素质性结构性矛盾，推进鹿城经济转型升级，促进产城联动，提升城区整体竞争力的紧迫任务。

二、总体目标

力争到2015年底，全社会工业增加值达到180亿元，年均增长6%，其中高新技术产业增加值占规上工业比重达到20%；培育一批总部型、品牌型、高新型、产业联盟主导型“五型”龙头企业和成长型、科技型小微企业；三年累计完成工业投资80亿元，在全区建设一批产业链相配套、公共服务相支撑的小微企业创业园，引导小微企业入园发展；加快推进鞋业省级现代产业集群示范区建设，力争鞋业产业集群产值超400亿元；培育传统制造业电子商务行业联盟公共服务平台、独立运营电子商务平台企业和专业行业门户网站各5个；引导企业加大投入，力争研究与开发投入（R&D）占GDP的比重达到1.4%，培育认定省级以上企业技术（研发）中心6家，市级企业技术（研发）中心30家。到2015年底，基本形成以企业集聚、产业集群、技术集成“三集”发展的实体经济发展新格局，使我区产业机构、创新能力、综合实力再上一个新台阶。

三、政策举措

（一）强化企业创新驱动。着力推进企业制度创新和科技创新，提高企业核心竞争力。积极引导企业“三转一市”，加快推进现代企业制度建设，提升鹿城企业在制度层面的竞争力，再创体制改革红利。符合条件的“三转一市”企业，根据《温州市鹿城区人民政府办公室关于印发振兴实体经济专项行动“1+X”相关政策的通知》（温鹿政办〔2012〕126号）及《温州市鹿城区人民政府关于进一步加快建立现代企业制度推进区域资本市场建设的指导意见》（温鹿政发〔2013〕109号）文件规定，享受税收返还、融资续贷、公共服务平台等扶持政策。鼓励企业与高等院校、科研院所联合，着力培育创新型创业和科技型中小企业发展，培育壮大新兴产业，建设企业技术（研发）中心、检测中心，加快传统产品二次创新，推动传统产业改造升级，加快推进“两化”深度融合，引导企业加快信息技术在传统产品的二次创新，引导企业加快信息技术在传统制造业领域的推广应用，促进我区产品由产业链低端向产业链高端提升。

（二）加快发展网络经济。加强扶持网络经济发展力度，加快“电商换市”步伐。实施企业电子商务大军培训计划，培养一批网络销售大军。培育一批网络经济示范企业，引导龙头企业牵头建立电子商务平台，鼓励小微企业依托上游企业及第三方电子商务平台，实施商业模式的创新和提升。加快网络经济集聚区建设，鼓励规模以上工业企业建立电子商务平台，建成率达到80%以上，实现线上线下融合发展。可根据《鹿城区促进网络经济发展扶持办法（试行）》（见附件1）规定，享受租金补助、税收返还等优惠政策。

（三）扩大工业有效投资。深入实施“温商回归”工程，围绕产业链关键环节，引进一批关联度大、带动力强的好项目。落实项目代办审批，解决政策处理等问题，加快推进重点工业项目开工建设和竣工投产。围绕鞋业、服装等传统产业，加大项目补助力度，组织实施一批重点技改项目，引导企业进行机器换人现代技术改造，实现劳动生产率和增加值双提升。符合条件的机器换人现代化技改项目，可根据《鹿城区进一步加大企业技术改造力度促进机器换人的实施意见》（见附件2）规定及区有关技术改造政策，享受技改补贴等优惠政策。

（四）加快产业发展平台建设。充分发挥示范区的带动作用，打造一批功能健全、基础设施完善、技术支撑平台完备、管理服务高效、产业链配套的现代产业集聚区。按照产城联动、优化配套的要求，通过一区多园的模式，推进鹿城轻工产业园区、炬光园、中国鞋都的扩容改造提升，形成一批产业规模大、特色鲜明、竞争力强的产业优势平台。抓住鹿城作为城镇低效用地再开发试点的机遇，利用工业用地二次开发和“三改一拆”腾出的空间以及低效利用土地，实行“拆建用”结合，加快小微企业园建设，促进一批成长性强、科技含量高、市场前景好的小微企业集聚发展。符合条件的小微创业园项目，根据《鹿城区加快推进全区小微企业创业园实施意见》（见附件3）规定，享受税费减免、产权分割流转等优惠政策。

（五）推进产业结构优化。加大产业培育力度，引导战略性新兴产业、传统优势产业和生产性服务业同步发展。引进培育一批装备制造业、新能源、新材料等战略性新兴产业重大项目。依托鞋业传统优势产业集群，重点抓好区域品牌打造、商业模式转变、现代企业制度建设等工作，提升传统产业产品附加值和整体竞争力。以治水为突破口，淘汰落后产能，实现“腾笼换鸟”，做优做强生产性服务业。

（六）实施城市有机更新，促进产业转型升级。实施“三种模式”、推行“五大创新”，按照实施主体、运作方式、土地功能等不同，在全区老工业区因地制宜实施三种城市有机更新模式，改造主城区内利用率低的旧厂房，大力发展文化创意、科技与信息服务、教育培训等鼓励类产业。实现企业具体运营、资源市场配置，园区整体保持原貌、产业业态转型升级、园区品质改善提升、周边环境和谐统一。

（七）支持企业做大做优做强。积极实施龙头企业创建工程和小微企业成长“小巨人”扶持计划。按照省政府“三名工程”的具体部署，制定企业综合评价体系，从税费优惠、宣传企业品牌、提高企业家政治待遇等方面加大扶持力度，树立一批转型升级典型示范企业，表彰一批振兴实体经济突出贡献企业家，引导企业创建总部型、品牌型、上市型、高新型、产业联盟主导型等“五型”龙头企业，给予相应的奖励。符合条件的总部企业，可根据《鹿城区促进总部经济发展办法（试行）》（见附件5）规定，享受财政补助和奖励等优惠政策。符合条件的获得质量奖和品牌称号的企业，可根据《鹿城区质量与品牌创建奖励办法》（温鹿政发〔2010〕19号）规定，享受财政奖励等优惠政策。符合条件的高新企业，可根据《中华人民共和国企业所得税法》、《国家税务总局关于印发企业研究开发费用税前扣除管理办法（试行）的通知》（国税发〔2008〕116号）规定，享受抵扣或减收企业所得税等优惠政策。落实暂免征收部分小微企业增值税和营业税政策，加快小微创业园等创业孵化基地建设，引导金融机构发展小微企业信贷专营业务，重点培育和发展成长性好、竞争力强、技术优势明显，具有较强自主创新能力和发展潜力的成长型中小企业，促进中小企业上规模、上档次、上水平。

加快推进企业整合重组，鼓励引导行业龙头企业和中小企业的联合、兼并和重组，实现优势互补，提升竞争力。各街镇要加强对企业整合重组的前期指导，经信、税务、工商等部门成立专项工作服务组，全程指导整合重组工作，符合条件的整合重组企业，可根据《鹿城区关于进一步鼓励企业整合重组的若干意见》（见附件4）规定，享受税费减免等优惠政策。

四、工作要求

（一）加强组织领导。成立区振兴实体经济领导小组和办公室，由区委、区政府主要领导任组长，区分管领导任办公室主任，区经信局主要负责人任办公室常务副主任。各街镇要明确专门机构，配备专人负责协调推进实体经济相关工作，形成区、街镇齐抓共管实体经济的格局。同时，建立完善实体经济发展评价指标体系，加强督查，定期通报各街镇指标完成情况，严格考核奖惩，将实体经济发展绩效纳入各街镇和区直有关部门单位领导班子和领导干部考评的重要内容，作为干部提拔任用的重要依据。

（二）强化土地支持。优先保障工业用地，确保全区每年都要有一定比例的新增建设用地用于工业。鼓励以各种方式开展工业用地清理促产；支持企业“零土地技改”，对企业利用低效地块“二次开发”扩大产能，实缴税收超过上一年基数的地方留存部分，全额返还给街镇专项用于扶持产业转型升级。

（三）加大信贷支持。加快推进落实金融支持实体经济发展的“双十条”措施，积极争取各上级银行的支持，引导银行业金融机构充分运用表内、表外两种资源和间接、直接两种融资手段，着力保障对实体经济的融资供给，鹿城农商银行全年贷款增量确保达到20亿元，力争30亿元，全年新增贷款企业200家，争取300家。结合“三转一市”工作，鼓励驻鹿银行业金融机构对符合条件的企业给予贷款规模的倾斜和贷款利率的优惠，创新还款方式，拓宽担保范围。尽快出台《鹿城区行业协会（商会）应急转贷资金运作指导意见》，加大对各行业企业的资金帮扶力度，化解企业的转贷难题。支持金融机构开展金融产品和服务方式创新，加强对信贷产品、抵（质）押方式的研发和推广，适当放宽条件为企业办理信用贷款，对生产经营稳定的企业，开展订单、存货和应收账款等方式融资。建立企业资金风险预判和分类评估机制，创新市场化处置方式，加强与省内国有资产管理公司和民间资本管理公司的合作，提高不良贷款处置效率。

（四）加强人才保障。对符合条件的企业引进人才，可根据《中共温州市鹿城区委 温州市鹿城区人民政府关于进一步加强高层次人才引进和重点创新团队建设的若干规定》（鹿委发〔2012〕56号）文件规定，享受优惠政策。深入实施重大人才工程，加大对创新创业人才的支持力度。对接国家“千人计划”、浙江省“千人计划”及温州市“580精英计划”等人才工程，对入选“国千”、“省千”及“市

580”的海外高层次人才，分别给予100万元、50万元和30万元的专项人才奖励。加快高层次创新团队建设，实施领军型创新团队引进培育计划，对入选省、市和区的重点创新团队，分别给予20万元、10万元与5万元的专项奖励。实施更加灵活的柔性引才引智政策，鼓励更多创业创新人才以讲学、创办企业、技术合作、技术入股、短期聘用、人才租赁等方式为我区经济发展服务。

完善人才住房保障政策，通过“租售并举、实物与货币化相结合”的办法，加强各层次人才的住房保障工作。完善培训教育、落户、医疗、子女就学、配偶安置等服务，切实营造具有竞争力的人才引进环境。进一步加强企业人才子女入学服务工作，按照同城待遇、企业属地原则，对符合条件的企业高层次人才，其子女在义务教育公办学校优先安排入学；对符合条件的企业引进人才的子女，可根据《鹿城区企业人才子女入学暂行规定》（温鹿教〔2013〕101号）规定，在指定义务教育公办学校统一调配入学。

（五）优化企业服务。建立驻企服务员制度，搭建政府与企业之间的快速沟通渠道，帮助企业了解政策、减轻负担、代办项目、解决难题，为企业发展保驾护航，具体可见《鹿城区驻企服务员制度》（鹿驻企办〔2013〕1号）。开通招商引资和企业投资绿色通道，利用“一事一议”“协调会”“现场办公”等形式，积极帮助解决企业遇到的困难和问题。各职能部门要对招商引资和企业投资“开绿灯”，减少办事环节，简化审批程序。全面集中审批服务内容，推进部门内部审批职能整合，强化限期审批、联合审批、网上审批，实体经济项目审批在当前承诺办结时限的基础上提速20%（法律法规规定的项目公示时间除外）。实行工业企业行政许可手续限时办结制度，企业办理营业执照，手续齐全并符合法定条件的，主管部门必须自受理之日起5个工作日内办结；凡涉及法定行政性前置审批的行业，相关审批部门必须自受理之日起5个工作日内做出批准或不予批准的回复。按照《关于严明纪律确保涉企优惠政策落实到位的通知》（鹿纪〔2013〕56号）要求，严格执行涉企优惠政策，强化部门责任，健全政策扶持机制，加强落实情况监督检查，确保涉企政策得到落实，激发企业发展活力。

（六）营造良好氛围。加大舆论引导力度，大力宣传实体经济优惠政策，通过新闻媒体、网络平台、入企宣讲等多种方式送政策到企业，帮助和指导企业充分用好、用活、用足各项扶持政策。开展温商回归功勋人物、典型人物的评选活动，实施关爱企业家健康工程，通过树立光荣榜等方式，表彰为鹿城发展做出贡献的功勋企业家和优秀企业家，鼓励企业家以实业立身、以品牌立世、以品质取信，把企业做实，把实业做好。不断提振企业创业创新信心，努力营造脚踏实地、勤劳创业、实业致富的社会氛围。

附件：

1. 鹿城区促进网络经济发展扶持办法（试行）

2. 鹿城区进一步加大企业技术改造力度促进机器换人的实施意见

3. 鹿城区加快推进全区小微企业创业园建设的实施意见

4. 鹿城区进一步鼓励企业整合重组的若干意见

5. 鹿城区促进总部经济发展办法（试行）

6. 鹿城区促进企业“减员增效”的实施意见

7. 鹿城区工业企业效益综合评价和分类管理暂行办法

8. 鹿城区商贸服务业企业效益综合评价和分类管理暂行办法

9. 鹿城区规范涉企检查行为的实施方案

10. 鹿城区驻企服务员制度

附件1

鹿城区促进网络经济发展扶持办法（试行）

为促进以电子商务为主的网络经济加速发展，全面实施“电商换市”，将电子商务作为促进市场转型升级的“一号新产业”，给予在鹿城区注册纳税企业的配套政策扶持，在温州市促进网络经济发展扶持政策的基础上，结合鹿城实际，特制定本办法。

一、培育壮大网络经济主体

（一）培育网络经济小微企业。对租赁经营办公场地的网络经济企业，在鹿城注册纳税，且运营满一年的，按照实际租赁的用于网络经济经营办公的面积（以租赁合同、房屋产权证为依据，不包括仓储用房面积），给予租金补助。网络经济经营办公面积在200平方米（含）以下的，给予企业每平方米20元/月的租金补助；办公面积超出200平方米以上部分，给予每平方米10元/月的租金补助。租金低于补助标准的，按照实际价格予以补助。单个企业每年享受的补贴金额不超过10万元。享受此政策期间，不得将自用经营办公用房出租、转租或改变其用途；违反上述规定的，需退还已经获得的全部补助资金。（按《温州市促进网络经济发展扶持办法》第一条第一款执行）

（二）壮大网络经济成长型企业。对在鹿城注册纳税的网络经济企业，前三年新增实缴税款地方留成部分予以全额奖励，后两年按50%予以奖励。对网络经济的关键共性技术研究项目，按不高于项目实际投资额的20%给予资助。（按《温州市促进网络经济发展扶持办法》第一条第二款执行）

二、鼓励建设网络经济集聚区

鼓励网络经济企业向园区（楼宇）集聚。规划若干区域开发建设网络经济产业园区（楼宇），为发展网络经济提供公共配套服务。对用于网络经济经营办公使用面积在1.5万平方米以上的园区和经营办公使用面积在5000平方米以上的楼宇，吸纳网络经济企业数达50家以上的，在市级奖励的基础上再一次性给予运营主体20万元的补助。园区和楼宇内网络经济企业上年度实缴税款地方留成部分总额首超500万元的，在市级奖励的基础上再一次性给予运营主体20万元的奖励。

三、支持发展网络经济公共平台

（一）支持行业、专业市场、特色街区组建电商联盟，建立电子商务运营中心。相关行业商（协）会或主管单位授权，运营满1年以上的，上年度实缴税款地方留成部分首超100万元的一次性给予运营主体50万元的奖励。在此基础上，联盟企业（经营户）数达到50家以上，经区网络经济主管部门、财政部门认定，再一次性给予运营主体20万元的补助。

（二）鼓励和支持电子商务第三方交易平台（企业自建平台）做大做强。对网络经济第三方交易平台（企业自建平台）运营满1年以上的，上年度实缴税款地方留成部分首超100万元的一次性给予运营主体20万元的奖励。在此基础上，吸纳网络经济企业、零售门店100家以上入驻交易的，经区网络经济主管部门、财政部门认定，再一次性给予20万元的补助。

（三）鼓励建立电子商务物流公共服务平台。对电商联盟、电子商务产业园区（基地、楼宇）中物流场地面积2万平方米以上，能够为网络经济企业提供物流服务、仓储用地、物流信息发布等功能的，经区网络经济主管部门、财政部门认定，给予20万元的补助。

四、优化改善网络经济发展环境

（一）树立网络经济典范。每年在全区范围开展示范企业、龙头企业、领军人物的评选，对获得“示范企业”“龙头企业”“领军人物”称号的企业（或个人）分别给予3万元、2万元和1万元的奖励。

（二）打造“网络经济大军”。每年安排专项资金用于开展网络经济专题技术研究、宣传普及和业务培训，营造推进网络经济发展浓厚氛围。

1. 理念普及培训。对具备一定师资力量、场地设施、培训规模的培训机构（学校），经区网络经济部门、区人力社保局等有关部门进行认定后，并与区政府签订委托协议的，给予培训机构（学校）每人次50元补助。

2. 网络实战技能培训。对通过网络经济实战技能培训并获得网络创业专项证书的，经区网络经济部门、区人力社保局等有关部门进行认定后，给予培训机构（学校）每人次200元补助。

五、附则

（一）同一企业的同一项目或参照同一补助考核依据的项目，区级各项优惠政策不重复享受；对获得上级补助奖励的，不再重复享受，以最高额为准，不足部分给予补足。

（二）当年度发生侵犯、欺诈、商业贿赂或较大以上生产安全事故的企业，取消享受优惠政策的资格。

（三）本办法由区网络经济主管部门和财政部门负责解释。

（四）本办法自发布之日起一个月后试行。

附件2

鹿城区进一步加大企业技术改造力度促进机器换人的实施意见

为贯彻落实《浙江省人民政府关于促进企业技术改造实施意见》（浙政发〔2013〕30号）和《温州市人民政府关于进一步加大企业技术改造力度，促进机器换人的实施意见》（温政发〔2013〕

78号）精神，加大企业技术改造力度，促进机器换人，结合我区实际，现提出如下实施意见。

一、指导思想和主要目标

（一）指导思想。深入贯彻落实科学发展观，按照创新驱动发展战略要求，以现代产业集群发展和提升区域竞争力为目标，以技术升级、安全生产和节能减排为方向，采用先进设备和柔性技术，积极促进企业机器换人，提高企业自动化水平，提高资源利用水平，实现我区工业经济的提升发展、安全发展与和谐发展。

（二）主要目标。争取到2015年，全区工业投资增长率高于固定资产投资增长率，全区技术改造投资占工业投资的比重达到60%以上，设备投资占技术改造投资比重提高10%，进一步优化投资结构；全员劳动生产率年均提高10%以上；完成区政府下达的节能和环保目标任务。

二、重点工作

（一）以产业提升发展为主线，通过技术创新推进技术改造。引导和支持企业建立研发机构，鼓励自主研发或引进消化国内外先进技术。组织实施技术成果产业化项目，通过工艺改造、设备更新等措施，提高生产设备精度、性能，加强制造过程控制能力，降低生产成本，提高产品的优质品率。支持企业对制约行业发展共性和关键技术进行攻关，特别是针对高能耗、高污染和工人密集等生产环节进行创新突破，促进产业提升发展。通过技术创新示范企业的典型引导，培育一批“专、精、特、新”型优秀企业，打造我区制造业发展的技术优势。

（二）以“两化”深度融合为着力点，通过智能化提升推进技术改造。积极推进信息化与工业化融合，深化信息技术在研发设计、生产制造、营销管理、节能降耗等环节的应用；加快推广应用现代生产管理系统等共性技术，支持企业普及制造执行、资源计划、供应链、商业智能等管理信息系统的应用和综合集成。积极引导鞋革、服装等传统产业采用工业机器人、自动化生产线及信息采集、分析、管理等技术，提升劳动生产率和竞争力。推进信息技术在机械等装备产品中的嵌入式应用，发展成台（套）、智能化和自动化设备，提高我区工业产品的竞争力。

（三）以“腾笼换鸟”和“空间换地”为切入点，通过提升土地使用效率推进技术改造。各街镇要积极推进“腾笼换鸟”和“空间换地”，提高土地使用效益，解决企业发展空间不足问题。生产企业要采用先进生产技术和设备，替换落后陈旧生产方式，通过技术改造，向低能耗、零排放、主要吸收当地人员和中高端人才就业的产业发展；不适宜本区生产的企业要进行搬迁，实施异地技术改造。低效利用土地企业，要切实按照“亩产论英雄”的要求，通过厂房改扩建，提高容积率，增加生产设备，进一步挖掘存量土地的使用效率，提升亩均产出效率。

（四）以淘汰落后产能为倒逼机制，通过节能减排推进技术改造。各单位要紧紧围绕节能减排目标任务，鼓励企业以提升工业能效、清洁生产、资源综合利用为方向，通过节能改造、发展工业循环经济、合同能源管理等措施，实施技术改造，培育一批资源节约型、环境友好型示范企业。推广先进节能、节水、节材技术和生产工艺，提高能源资源利用效率。要根据淘汰落后产能工作部署的要求，加快对印染、化工、造纸、制革、电镀等行业中能耗高、污染重企业的落后设备与工艺淘汰，推进行业兼并重组，倒逼企业加快节能减排技术改造，提高资源利用效率。

三、扶持政策

（一）加大财政支持力度。

1. 凡在鹿城区范围内依法登记注册，具有独立法人资格，财务制度健全，合法经营、依法纳税（税收隶属本区）的工业企业，设备投资额在100万元（含100万元）以上1000万元以下（不含1000万元）的技术改造项目，按照项目实际完成投资额（不含税，下同）的5%—8%予以补助，单个项目补助额最高不超过200万元。

2. 列入省级（含省级）以上技改重点项目的，按项目实际设备投资额8%予以补助；战略性新兴产业、“两化”（工业化和信息化）融合项目、先进装备制造业项目、基础关键环节项目，按项目实际投资额8%予以补助。

3. 列入市级技改重点项目的，按项目实际设备投资额7%予以补助。

4. 省级（含）以上品牌企业、省级（含）以上高新技术企业技改项目补助标准视同省重点技改项目；市级品牌企业、市级高新技术企业技改项目补助标准视同市重点技改项目。

5. 区功勋、工业50强企业技术改造项目，按设备投资额7%予以补助。

6. 其他技术改造项目，按设

备投资额5%予以补助。

7. 列入省、市技术创新项目计划、技术贸易壁垒、产学研项目计划，并通过验收的分别给予10万元、5万元补助。

8. 对列入国家级、省级新产品试制计划项目，通过鉴定的，分别给予8万元、5万元补助。

（二）落实国家税收优惠政策。企业购进或者自制机器设备发生的增值税进项税额可按规定从销项税额中抵扣。企业固定资产可按规定缩短折旧年限或加速折旧。企业实际购置并实际使用符合规定的环境保护、节能节水、安全生产等专用设备的，该专用设备投资额的10%可从企业当年应纳税额中抵免，当年不足抵免的，可以在以后5个纳税年度结转抵免。企业为开发新技术、新产品、新工艺发生的研究开发费用，未形成无形资产计入当期损益的，在按照规定据实扣除的基础上，按照研究开发费用的50%加计扣除，形成无形资产的，按照无形资产成本的150%摊销。符合条件的技术转让所得免征、减征企业所得税。经认定的高新技术企业可享受15%的所得税优惠税率。对企业自行开发生产的用于工业产品、成套设备、自动化生产线和信息系统改造的软件产品，按17%税率征收增值税后，对其增值税实际税负超过3%的部分实行即征即退。对国家鼓励发展的项目，其进口设备在规定范围内免征关税；对国家支持发展的重大技术装备进口的关键零部件及原材料，享受进口税收优惠。

（三）加大金融扶持力度。区直有关部门单位要加强与区金融办的沟通与协调，加强产业政策与信贷政策的衔接，全面推进银企、银项合作，建立重点项目与资金联动机制。鼓励融资性担保、再担保机构与金融机构开展互信合作，促进银行业金融机构加大对企业技术改造的信贷支持。促进股权投资基金发展，支持有条件的企业采用股权融资和发行股票、债券、短期融资券、中期票据、中小企业集合票据等直接融资方式筹集项目建设资金。

（四）强化土地要素保障。要优化配置土地资源，科学合理规划各类用地，加快批而未供、供而未用土地消化利用，加大城镇低效用地再开发力度，每年新增建设用地要有一定比例用于工业。要按照“储备一批、建设一批、投产一批”的思路，建立区技术改造项目库，进一步优化供地序列，对用地少、效益好、见效快的技术改造重点项目，优先安排土地，优先入驻小微企业创业园。

四、工作要求

（一）加强组织领导。技术改造工作应在区振兴实体经济领导小组统一领导下推进。各街镇要将企业技术改造工作列为重要议事日程，把技术改造作为促进工业有效投资、推进工业转型升级的有效手段，定期研究重大事项，统筹重大项目的协调推进。

（二）提升服务水平。区直有关部门单位要加强协调配合，强化工作指导，创新服务方式，确保各项工作落到实处。区审管办要牵头相关部门，对项目前期审批和竣工验收等环节进一步优化程序，开辟绿色通道。区发改局、区经信局等部门要帮助企业争取国家、省级技术改造财政专项资金和节能改造、循环经济财政专项资金。区财政局、区国税局、地税鹿城分局等部门要落实技术改造有关税费减免和财政补助政策。区人才办、区教育局、区人力社保局等部门要加大科技型人才引进力度，积极发展与新型工业化相适应的各类职业技术教育，切实提供人才保障。

（三）完善考核评价。区经信局要会同区督考办，将技术改造工作列入区委、区政府年度工作目标责任制考核，列入工业有效投资考核的重要内容。区工业转型升级领导小组将每月一次对各单位技术改造工作情况进行排序通报。区里将按照各单位的工作进展情况，由区督考办牵头，不定期对各单位技术改造工作开展督查检查，推动各单位抓好抓实技术改造。

（四）营造宣传氛围。围绕“建名企、出名品、育名家”三名工程建设，通过广播、电视、报纸、网络等新闻媒体，大力宣讲支持技术改造，促进机器换人的政策措施，宣传企业机器换人的优秀案例和先进经验，组织营造全社会重视、关心、支持、参与技术改造的浓厚氛围。

附件3

鹿城区加快推进全区小微企业创业园建设的实施意见

为贯彻落实市政府出台的《关于在全市加快小微企业创业园建设的实施意见》精神，破解小微企业创业创新中的空间制约，激发小微企业创业活力，助推全区小微企业实现“创业梦”，结合我区实际，制定本实施意见。

一、指导思想

深入贯彻落实科学发展观，依托主要产业集聚区，以“企业集聚、产业集群、要素集约、技术集成、服务集中”为原则，以解决小微企业发展空间为目的，根据城乡规划和土地利用规划要求，形成土地利用高效，主导行业突出，功能配套齐全，管理服务规范的小微企业创业园（以下简称小微园），打造老百姓创业致富和企业创新发展的孵化器，成为助推小微企业转型升级的主平台，促进我区经济社会的持续健康快速发展。

二、目标任务

从全区实际出发，重点培育以创业为主的传统产业集聚区。计划启动创建10个小微园，用三年时间开发总用地面积1500亩，其中年内启动4个以上小微园。力争建成小微园配套设施完善、产业布局合理、功能齐全、管理规范、运作高效的创业体系。

各街镇要紧紧抓住我区推进城镇低效用地再开发试点的有利时机，根据《温州市人民政府关于加快推进市区工业用地二次开发进一步促进工业有效投资的实施意见》（温政发〔2012〕76号）精神，利用当前“三改一拆”活动腾出的建设用地；利用转而未供、供而未用土地，结合周边的零星地、边角地、夹心地、插花地、厂间道路，进行再开发利用，建设小微园。小微园要建立健全公共服务平台及基础配套设施，为入驻企业提供全方位服务，帮助企业降低创业成本。

三、扶持政策

（一）优化土地利用。每年新增建设用地要确保一定比例用于工业，并优先保障小微园建设用地需求。国土资源鹿城分局要积极向上级争取新增建设用地指标，同时要结合城镇低效利用土地再开发试点工作、土地清理工作，开展小微园建设。小微园建设项目可根据行业实际情况，在安全允许、规划合理范围内尽可能提高容积率。允许统一建设行政和研发大楼、公共服务平台大楼及相关后勤配套设施。

（二）引导企业集聚。各小微园要根据行业特色，招引成长型、科技型企业入驻，主导行业入驻企业数要求达到70%以上。对申报市创业创新基地，产业特色明显、管理规范的小微园，经信、财政等部门论证合格后，给予园区管理单位50万—200万元的资金补助，用于行业公共平台建设、共性技术开发等。

（三）鼓励多种形式开发。坚持政府主导，科学规划，市场主体多元参与，投资公司、龙头企业以及抱团联合开发企业团体等，可根据相关部门的要求，取得开发建设资质，开发建设小微园。旧厂房地块的原土地使用权人、同一开发区块内的原土地使用权人联合体、收购相邻多宗地块的市场主体开发建设小微园项目，可以享受工业用地二次开发、城镇低效用地再开发等相关优惠政策。

（四）允许产权分割。小微园的生产厂房、办公设施和生活服务设施可以通过分割出售或出租的形式，提供给小微企业使用。房管鹿城分局、国土资源鹿城分局等单位根据小微园的规划验收、土地出让合同和开发合同等资料，予以办理分割房产证和土地证。产权登记先由房管部门予以办理房产证，再由国土资源部门以建筑占地面积分割办理土地证。项目用地内的道路、绿化等公共用地不予分割登记，作为小微园内各产权人的共同共有部分。

（五）加大财政税收支持。对小微园建设项目，予以免缴城市市政基础设施配套费。购置厂房所产生的交易税归属于地方部分，经区经信局和区财政局等部门核准，报请区政府同意后，由区财政局按企业技术更新改造的投资额度标准，给予全额返还。

（六）强化融资支持。积极协调金融机构与小微园建设单位建立战略合作关系，引导银行业金融机构给予足够的授信额度，并给予利率优惠。鼓励小微园发行园区建设债券，为小微园提供可持续的建设和发展资金保障。争取市产业引导基金，优先支持区小微园建设。

（七）允许园区业主自主管理。允许园区业主单位建立联合管理委员会，统一园区后勤、环保、研发、检测等公共配套设施的使用和管理。管理委员会相关规则由业主单位共同制定，报区政府（产业集聚区管理委员会）、住建部门和小微园建设管理办公室备案。

四、实施步骤

根据全区小微园总体布局，各有关街镇要迅速启动小微园调研摸底、地籍调查、规划方案设定，产业定位，因地制宜编制切实可行的建设方案。

（一）调研阶段。围绕小微园创建前期工作进行全方位彻底的调查，主要包括明确四至范围、规划覆盖情况、规划功能、用地现状、土地性质、产业定位以及基础设施情况等，为小微园建设提供科学依据。

（二）规划设计和土地报批阶段。在调查摸底的基础上，开展规划修编和功能调整，委托规划设计单位，编制小微园的控制性详细规划或建设方案，报规划部门审批。同时，要积极向省、市争取小微园建设的用地指标，开展土地报批和征收工作。

（三）项目入园阶段。根据小微园的入园条件，开展招商引资工作，促进项目落地。

（四）项目建设阶段。要加快推进小微园的基础设施建设，达到“六通一平”要求，督促入园企业同步建设。

五、保障措施

（一）加强组织领导。各有关街镇和区直有关部门单位要把小微园建设摆上重要位置，精心组织，周密部署，建设一批产业链相关联、服务链相支撑的特色小微园。小微园建设在区振兴实体经济领导小组统一领导下开展工作，区小微园建设管理办公室设在区经信局，负责小微园建设的任务部署、产业引导、准入把关、协调督查和考核考绩等工作。小微园建设管理以有关街镇为实施主体，各有关街镇要建立以书记或主任（镇长）为组长、分管负责人为副组长的小微园建设管理工作领导小组，抽调专人组建工作班子，成立办公室负责小微园建设管理工作。

（二）科学规划引导。按照“起点高、配套齐、效益好”的要求，科学制定小微园建设规划，确保每个小微园土地利用高效，主导行业突出，符合产业延伸规划，能形成较完整的产业链。各有关街镇要立足辖区产业特点，认真谋划，科学布局，出台《小微企业创业园建设布局方案》和《小微企业创业园建设方案》，报区小微园建设管理工作领导小组综合评审后启动。

（三）完善服务优化。各有关街镇要根据小微园建设计划，加快小微园的土地政策处理、农转用手续和基础设施建设等前期工作。建立小微园对外招商或招租初审制度，规范园区产业、环保、能耗、投资强度等管理。区审管办要牵头规划、土地、住建、环保、消防、安监等部门，简化审批、验收流程，加快建设进度。区财政局要按现行财政体制的要求，落实本意见中涉及的财政补助及税费减免等内容。

（四）强化考核督查。区小微园建设管理办公室联合区督考办，将小微园建设工作列入年度考绩目标，根据各有关街镇小微园项目规划、立项、供地、开工、竣工和入驻等关键环节，进行通报和督查，促进工作进度。区政府每年对推进小微园工作突出、表现优异的单位与个人进行表彰。

附件4

鹿城区小微企业创业园名单

表24

序号	街镇（功能区）	创业园区位选址	面积（亩）	建设模式（政府投资、村集体投资、企业联建、龙头企业建设、风险投资）	主导产业	存在的困难（要细化具体，比如土地指标类型、亩数）	需要市里解决的问题	备注
1	双屿	鞋都三期铁路沿线23—1地块至30—1地块	172	拟集体投资	轻工业	部分在建		屿头95亩、营楼40亩、上伊37亩（年内启动）
2		双岙村铁路沿线B04至B22地块	162	拟集体投资	轻工业	已批未建		
3		鞋都二期铁路沿线（嵇师村54地块、50—1地块、温化装备厂）	100	拟集体投资	轻工业			嵇师村60亩、温化装备厂24亩及周边其他土地（年内启动）

续表24

4	仰义	仰义渔渡村（瓯江大桥下）	550	抱团联合开发	轻工业			年内启动
5		前京、十里制革区	150	抱团联合开发	轻工业	控规调整、旧厂房拆建		2014年开始启动
6	藤桥	藤桥镇沙头园区二期	100	企业联建	装备制造业、教具手表			年内启动
7		藤桥镇下岸村涂滩	110	企业联建	五金鞋革	土地界限不清，缺启动资金	瓯江岸线未定	2014年开始启动
8		藤桥镇外垟村涂滩	100	企业联建	农产品加工	土地界限不清，缺启动资金	瓯江岸线未定	2014年开始启动
9	藤桥	藤桥镇轻工产业园区一期	451	企业联建	装备制造业、高新技术产业、传统优势产业	拆迁、道路未通、老河道未回填	无	2014年开始启动
10		藤桥镇岭下村门前山	202	企业联建	物流业	土地界限不清，缺启动资金	山坡地整治需建设资金3000多万元	年内启动

鹿城区进一步鼓励企业整合重组的若干意见

为鼓励企业通过债务重组、股权收购、资产收购、合并、司法重整、产业链延伸、品牌联盟等形式实施整合重组，做强做大，促进我区经济转型升级，营造“赶超发展、再创辉煌”的良好发展环境，现就进一步鼓励企业整合重组提出如下意见。

一、企业在整合重组中办理土地房产及其他资产合并过户时，相关税费的地方留成可用部分将给予全额补助用于技术更新改造，并免收房屋转移交易费。资产暂未合并的企业，子公司租赁母公司厂房开展生产经营活动，按规定征收房产税，对纳税确有困难的，按规定权限报经地税部门批准给予减免。涉及区重大整合重组项目，有关房产税、营业税等事项，采取一事一议的办法予以研究解决。

二、整合重组企业，继续享受原企业（包括被整合企业）的有关优惠政策，并可合并被并购企业的用水用电和排污容量；整合重组项目涉及基建审批、环评、安评、能评等相关批准文书，按更名方式直接办理。整合重组后，与控股、参股企业有资本或品牌关联度的荣誉、统计数据、税款入库数等，经批准备案后可以统一纳入集团公司管理与共享。

三、企业通过整合重组后，上缴税收地方财政留成部分比上年度新增部分（重组第一年为实缴税金减去上一年度整合重组前各企业实缴税金之和），由同级财政予以50%奖励，连续实行3年。对负债率高、严重资不抵债的企业实行承债式并购重组的，自并购重组年度起，并购重组企业新增税收地方留成部分，由同级财政连续三年给予全额奖励（以并购重组实际承债额为限）。

四、纳税人在资产重组过程中，通过合并、出售、置换等方式，将全部或部分实物资产以及相关联的债权、负债和劳动力一并转让给其他单位或个人，不属于增值税的征税范围，其中涉及的货物转让不征收增值税。

五、企业在兼并、新设、折资入股时；被重组的企业所占土地性质属于行政划拨的，由被重组方在并购重组前按规定办理出让手续；按标定地价的40%方式补交土地出让金，按规定完税后，再由并购重组方按规定向国土资源部门申请办理变更土地登记手续。

六、企业整合重组，对其因技术进步、产品更新换代较快的固定资产以及常年处于强震动、高腐蚀状态的固定资产，可以采取缩短折旧年限或者采取加速折旧的办法。整合重组期间技改项目按照《鹿城区进一步加大企业技术改造力度促进机器换人的实施意见》规定给予财政补助支持；相互之间在辖区内移用受海关监管的减免税进口货物和进口设备的，经批准可继续免交关税。

七、企业整合重组在吸收合并后的存续企业性质及适用税收优惠的条件未发生改变的，可以继续享受合并前该企业剩余期限的税收优惠政策，其优惠金额按存续企业合并前一年的应纳税所得额（亏损计为零）计算。整合重组企业关于出口货物退（免）税的类别认定，按参与重组各出口企业重组前的分类管理类别从高确定。

八、整合重组企业的利益相关方自愿申请司法重整的，由司法部门给予司法辅导帮扶重组，鼓励优秀的会计师事务所、律师事务所等社会中介机构积极参与司法重组，属于司法部门收取的相关费用按有关规定经批准后予以减免，同时在整合过程中若符合税收（费）优惠条件按规定可享受有关税费优惠政策。

九、在整合重组过程中，对依法妥善处置好劳动关系和社会保险关系的企业，经申请同意可按《浙江省社会保险费征缴办法》（省政府第188号令）的规定，参照困难企业享受缓缴社会保险费等优惠政策。

十、对整合重组企业，各有关职能部门要切实加强指导服务，开辟绿色通道，在办理相关手续等方面给予优先安排和支持。整合重组企业涉税业务由相关部门对企业做好税收政策辅导工作，按规定落实税收有关优惠政策，尽可能地降低企业重组成本。金融机构要大力支持企业整合重组，加大信贷授信额度和并购贷款支持力度，简化信贷程序，进一步优化结算服务。

十一、鼓励行业协会（商会）或行业龙头企业牵头，对行业内关停倒闭企业或资不抵债困难企业实施整合重组，促进行业整合提升。对整合重组工作积极、成效显著的行业协会（商会），给予一定金额的资金奖励。

十二、本意见适用于整合重组后企业注册登记地仍在鹿城区域内的企业。涉及外商投资企业和境外投资者对我区企业的整合重组按国家有关规定执行；涉及国有、集体资产的，须严格按相关程序办理。

附件5

鹿城区促进总部经济发展办法（试行）

第一条　为进一步增强“蓄水养鱼、做大税源”意识，建立健全涵养税源服务激励机制，加强选商引资、吸引各类总部型企业入驻我区发展，做大做强我区总部经济，促进我区经济社会全面发展，根据《温州市人民政府关于促进市区楼宇经济和总部经济发展的若干意见》（温政发〔2011〕51号）、《温州市人民政府办公室关于印发市区总部企业和重点商务楼宇认定及管理暂行办法的通知》（温政办〔2011〕121号）及《中共温州市鹿城区人民政府关于印发鹿城中心城区功能转变和产业结构优化试点工作实施方案的通知》（温鹿政发〔2010〕10号）文件精神，特制定如下办法。

第二条　本规定所指的总部型企业是指具有独立法人资格，在鹿城区税务登记，实现统一核算，并在我区汇总缴纳企业所得税，符合我区产业发展政策的企业。

第三条　总部型企业的认定

申请的总部型企业若达到《温州市人民政府关于促进市区楼宇经济和总部经济发展的若干意见》中的认定条件，则按照该办法进行奖励和扶持。若未达到该文件的认定条件，则应分别符合以下条件：

（一）新引进区外总部企业：上年度纳税额200万元（含200万元，下同）以上，其中从区外汇总到区内纳税额占60%以上。

（二）本地现有制造业总部企业：上年度纳税额800万元以上，其中从区外汇总到区内纳税额占60%以上。

（三）本地现有现代服务业总部企业：上年度纳税额400万元以上，其中从区外汇总到区内纳税额占60%以上。

（四）本地现有建筑、房地产业总部企业：上年度纳税额800万元以上，其中从区外汇总到区内纳税额占60%以上。

第四条　认定工作程序

（一）拟申请认定的总部型企业需提供以下有效证明材料

1. 法定代表人签署的申请报告、鹿城区总部企业认定申请表和法定代表人身份证复印件（新引进的区外总部型企业还需提供企业迁入鹿城区的相关材料）。

2. 企业营业执照副本及复印件、税务登记证副本及复印件。

3. 本区税务部门出具的本企业上年度的纳税证明原件及复印件（包括从区外汇总到区内纳税额占60%以上的证明）。

4. 经会计师事务所审计的本企业上年度财务审计报告及财务报表、验资报告等材料的原件及复印件，以及申报前的月度财务报表复印件。

5. 接受总部管理和服务的企业名单（附企业工商、税务注册登记证明复印件、批准证书和营业执照复印件）。

6. 统计部门出具的企业上年度报送的有关统计数据证明材料。

7. 其他可证明其总部功能性质的文件。上述文件除注明为

复印件的外，需提供正式文件。

（二）申报认定程序

1. 申报。区经信局于每年3月1日在鹿城政府门户网站（www.lucheng.gov.cn）发布申报公告，符合条件的总部企业于每年3月上旬填写申请材料（相关申请表在鹿城政府门户网站下载），向企业所在街镇提出申请。

2. 审核。各街镇根据《温州市人民政府关于促进市区楼宇经济和总部经济发展的若干意见》及本办法进行初审，于每年3月中旬出具初审意见，符合条件的，统一报区总部经济发展领导小组办公室审核；不符合条件的，应当书面答复并说明理由。

成立鹿城区总部经济发展领导小组，领导小组办公室设在区经信局，负责日常工作。区领导小组办公室于每年3月下旬召集相关部门对上报的材料进行审核，出具审核意见，符合条件的，统一报区总部经济发展领导小组；不符合条件的，应当书面答复并说明理由。

3. 会议讨论。区总部经济发展领导小组召开会议，对领导小组办公室提请认定的企业名单进行讨论，对符合《温州市人民政府关于促进市区楼宇经济和总部经济发展的若干意见》的企业，由区政府于每年4月份前统一上报市领导小组办公室。

4. 社会公示。将确定的企业名单在鹿城政府门户网站和《温州日报》等媒体上公示，公示期为7日。

5. 批准认定。公示无异议的，报请区政府批准认定，由区

政府以公告形式在鹿城政府门户网站和《温州日报》等媒体上刊发，并向经认定的总部企业颁发证书。每年5月份前认定完毕。

第五条 财政扶持政策

（一）本办法实施后，新引进经认定的区外总部企业，自认定之日（每年5月份前认定完毕，下同）起5年内，前3年按其在鹿城区纳税地方留成部分的60%给予奖励，后2年按其在鹿城区纳税地方留成部分的50%给予奖励。

（二）经认定的本地现有总部企业，自认定之日起5年内，以该企业上年度在鹿城区纳税地方留成部分为基数，前3年按其在鹿城区纳税地方留成部分比上一年度增长超过10%部分的100%给予奖励，后2年按其在鹿城区纳税地方留成部分比上一年度增长超过10%部分的50%给予奖励。奖励总额不超过其当年在鹿城区纳税地方留成部分的50%。

（三）总部企业获得的财政奖励资金原则上应用于企业自身发展。

第六条 为入驻的总部型企业提供全方位的配套服务

（一）帮助解决引进人才的居住问题。对符合入住人才公寓条件的，同等条件下将优先考虑。

（二）切实解决企业法人及相关人员的子女就学问题，优先安排在鹿城区属初中、小学、幼儿园等学校入学；免费享受优先照顾入学名额。

（三）开设新入住总部型企业办理注册登记的绿色通道，提供全程代理服务，区审管办、所在街镇指派专人负责全程代理。

（四）加大金融支持，优先推荐给金融机构以获得信贷支持。鼓励金融机构对符合信贷条件的企业优先安排授信。

第七条 企业法人或相关人员还享受以下奖励

对符合条件的总部型企业法人或相关人员可以优先考虑评先评优、优先考虑给予政治荣誉或精神奖励。

第八条 管理与调整

（一）经认定的总部型企业，每年3月份进行核查。

（二）总部型企业应承诺在享受本暂行办法规定的财政补助和奖励后在鹿城区范围内经营期限不少于10年，且10年内不减少注册资金。

（三）总部型企业发生更名、重组等重大调整的，应在办理相关手续后10个工作日内将相关情况报送区总部经济发展领导小组办公室，汇总后报区领导小组审核确认，并公告和重新换发

认定证书。

第九条 财政扶持奖励资金的兑现由区财政部门负责。本规定涉及的各项优惠政策与本市、区其他文件的优惠政策属于同类型的，按照“就高不就低”的原则奖励，不再重复享受。

本办法自发布之日起实施，原规定与本办法若有冲突，以本办法为准，具体由区总部经济发展领导小组办公室负责解释。

附件6

鹿城区促进企业“减员增效”的实施意见

为进一步促进产业转型升级，走资源节约型、质量效益型、创新驱动型的新型工业化发展道路，增强产业核心竞争力，现就促进我区企业“减员增效”提出如下意见。

一、指导思想

以科学发展观为指导，以“创首善之区、建幸福鹿城”为目标，以加快转变经济发展方式为主线，以企业为主体，以管理创新、技术改造、品牌运作和信息化为手段，大力支持企业应用各类先进管理模式、先进研发制造技术、先进生产装备、先进信息化系统，推动企业科学化管理、业务流程再造以及“两化”融合进程，促进企业装备自动化、智能化及柔性化程度明显提高，员工队伍素质逐年提高、结构更趋合理、总数相对减少、人工总成本得到有效控制，劳动效率和经济效益较大幅度提高，产业竞争力不断增强，产业结构不断优化升级。

二、工作目标

力争到2015年底，全区开展技术改造规模以上企业达90%以上，技术改造投资年均增长18%以上；工业企业信息技术应用率达到90%以上，企业生产管理科学化、自动化和智能化程度明显提高；全员劳动生产率平均提高10%以上，劳动密集型生产企业平均人员减少20%以上。

三、工作任务

（一）实施宣传推广工程。利用今日鹿城、鹿城公务网等载体大力宣传我区“减员增效”的总体思路、工作目标及扶持政策等，对取得显著成效的企业，制作专题短片并由温州电视台安排播放；不定期组织召开现场推介会，推广不同行业或企业应用先进技术、先进设备和先进管理模式促进“减员增效”的先进经验，在全区营造良好氛围，推动“减员增效”工作成为企业自觉行动。

（二）实施试点示范工程。在鞋革制造、机械制造、服装制造、金属制品等优势传统产业中，选择若干试点企业，开展“减员增效”活动试点示范工程。在试点示范工程取得成效的基础上进行总结推广，形成以企业带动行业、以行业带动产业的长效模式。

（三）实施技术改造工程。鼓励企业加大技术改造力度，利用高效节能环保工艺代替落后工艺，利用数字化、自动化、智能化技术改造落后的生产装备，提升现有生产流程的自动化、智能化水平，提高生产效率；鼓励企业扩大先进技术装备、关键零部件的进口，淘汰落后设备，对传统生产设备通过换“芯”换“线”，提高生产过程的自动化水平，减少对人员的依赖，节约人工开支，促进企业“减员增效”。

（四）实施信息化技术应用工程。组织实施工业行业信息化应用提升等一批重大“两化融合”项目，支持企业开展信息化建设工程总体规划、基础网络环境搭建和信息标准化工作，大力引入信息化技术系统、信息管理系统（MIS），鼓励具备条件的企业开展计算机集成制造（CIM），实现工业化与信息化的深度融合。重点推进在计算机辅助设计制造（CAD/CAM）、产品数据管理（PDM）、网络化协同设计、供应链管理（SCM）、制造执行系统（MES）、制造资源计划（ERP）、商业智能（BI）等系统的应用推广。

（五）实施先进制造模式应用专项工程。鼓励企业学习应用行业国内外标杆企业先进制造模式或系统，如准时生产制、用户驱动生产、并行工程、精益生产、敏捷制造、绿色制造、智能制造、大规模定制、精简—灵捷—柔性制造、虚拟制造以及全球制造等。通过管理创新和业务流程再造，促进企业制造模式转型升级，向制造模式集成化、全球化、网络化、柔性化、绿色化方向发展，力争产品开发周期及生产周期尽可能短、产品制造的质量水平尽可能高、产品制造的成本尽可能低、产品的售前及售后服务尽可能好、产品制造的资源消耗尽可能少、产品制造对环境的负影响尽可能小，多维度目标协调最优。

（六）实施绩效管理专项

工程。鼓励企业开展组织架构重构，建立扁平式、虚拟矩阵式等组织架构，缩短决策上传下达执行周期，开展跨部门项目合作；鼓励企业开展以绩效计划、绩效辅导、绩效考核与绩效反馈为主要内容的绩效管理系统建设，企业与员工共同制定职业生涯规划，创新股权期权等薪酬激励机制，为员工创造更广阔的发展空间，最大限度调动员工主观能动性，实现员工与企业共同发展的双赢局面。

四、保障措施

（一）加强组织领导。成立区企业“减员增效”工作领导小组，由区长担任组长，分管副区长任副组长，区经信局、区科技局、区财政局、区人力社保局、区城管和执法局、区环保局、区安监局、工商鹿城分局、质监鹿城分局、公安消防鹿城分局等单位主要负责人，各街镇主任（镇长）为成员。领导小组办公室设在区经信局，对“减员增效”工作实行统一部署和组织协调，把握工作方向和重大决策，指导、监督和检查“减员增效”工作进展情况，贯彻落实相关政策。各街镇也要落实领导分工联系制度和领导责任制度，切实加强对“减员增效”工作的领导。各街镇按照本实施意见的目标任务，制定相应措施，加强指导和扶持，及时研究解决实施过程中的问题，把“减员增效”工作落到实处。

（二）加大财政扶持力度。区财政每年安排200万元资金作为支持企业“减员增效”专项资金，用于扶持鞋革制造、机械制造、服装、金属制品等行业“减员增效”的试点示范企业、重点项目以及“减员增效”宣传推广工作。试点示范企业重点项目扶持资金根据需要可采取竞争性分配方式“多中选好、好中选优”。

（三）落实税收政策。贯彻落实国家发改委《产业结构调整指导目录》，给予鼓励类内资项目进口设备免关税、符合规定的重大技术装备和产品进口关税与进口环节增值税等优惠政策。企业引进先进技术和设备，符合减免税条件的，区直有关部门单位优先为企业办理相关手续。企业在开展“减员增效”活动中开发新产品、新技术、新工艺发生符合条件的研究开发费用，按有关规定享受研发费用税前加计扣除政策。

（四）发挥行业中介组织桥梁纽带作用。加强鞋业、机械、电子信息、服装等行业协会、商会建设和规范管理。支持行业中介组织以行业标杆企业为参考，制订发布我区行业“减员增效”的动态规范和标准。支持行业中介组织开展与“减员增效”相关的商务考察、咨询培训等服务工作。

（五）加强专业人才培养服务。加强与高等院校机械工程、管理科学与工程、工业工程、物流工程、人力资源管理、信息化管理等相关专业学科的合作，完善继续教育和职业教育体系，鼓励建立校企联合办学、合作培训、教育实习基地等长效机制，大力培养促进“减员增效”需求的专业技能人才。鼓励企业引进急需的管理人才、专业技术人才及技术工人，各街镇和区直有关部门单位要按照相关规定做好人才落户以及子女入学等服务。

附件7

鹿城区工业企业效益综合评价和分类管理暂行办法

根据区委、区政府加快发展工业经济的有关精神，营造企业优胜劣汰的竞争环境，实行整合资源、分类管理、规范运作，全力提升企业的综合效益，全面掌握企业发展信息，为企业评优、融资授信和政策扶持的相关依据，特制定工业企业效益综合评价和分类管理暂行办法。

一、总则

（一）指导思想：以科学发展观为指导，深入实施区委、区政府振兴实体经济专项行动，建立健全企业效益综合评价和分类管理体系，进一步改善发展环境，促进产业转型升级，振兴实体经济。

（二）评价原则：企业的效益评价，以经济效益指标为评价重点，突出企业的经济规模和经济效率，以高效运用生产要素获取产出最大化为原则，设定产值、税收、劳动生产率等为主要指标。企业效益评价原则上一年一次，每年1月份开展，实行动态管理。

（三）评价对象：鹿城区域内的独立核算法人工业企业以及地税在鹿城区的市属企业。

（四）评价范围：各街镇负责所属企业的效益综合评价和分类管理，并及时将评价和分类结果报送到区直有关部门单位汇总和审核。

二、评价内容

企业效益综合评价总分为100分。以工业产值、缴纳税费、生产资料利用率、劳动生产率、创新能力、品牌建设等指标进行测评。

汇总计算各企业的总评得分，按高到低进行排序，依次选取排名前十位作为优秀类企业，排名最后10%的作为帮扶类企业，其他企业作为提升类企业。

参评企业若存在违反有关政策或规定，属一票否决的，则不予评优和享受优惠政策。

三、分类管理

（一）重点扶持优秀类企业

1．建立重点服务机制。区工业企业效益综合评价领导小组根据企业的效益综合评价得分前十名的工业企业，设立“十佳企业”，并建立区领导对接跟踪服务机制，定期走访，了解企业生产经营状况，协调解决企业发展中的困难和问题。

2．优先保障企业用地需求。优先保障优秀类企业在节约用地、提高亩产效益的基础上，扩大生产用地需求。

3．鼓励企业开展挖潜节地。对优秀类企业实行零土地技改，在原厂区新建、改建工业厂房的，减免相关行政事业性收费和配套费，由审批部门按照“优先办理、提前办结”的原则办理相关手续。对未批已改造或搭建的厂房，符合消防、安全生产及鹿城区控制性详细规划规定的，免于行政处罚，由规划部门补办相关手续。

4．加大企业资源倾斜力度。加大在政策、各种要素资源等方面对优秀类企业的倾斜力度，确保资金信贷、有序用电、人才引进、市场准入、品牌建设、技术创新、上市发展等给予优秀类企业以优先保障和优先安排。在优秀类企业实施整合重组，发展生产性服务业，优先予以支持，并减免各类行政事业性收费和相关配套费。

5．提高企业负责人的政治待遇。优秀类企业的董事长、总经理、党组织书记可优先推荐安排担任党代表、人大代表、政协委员和工商联等人民团体的相关职务，优先作为各类先进评选的推荐对象，优先参加政府组织的考察、学习和招商引资等各项活动。

6．加强企业宣传推广。在主要新闻媒体开设报道专栏，对“振兴实体经济”活动进行宣传，并配合市政府加大对优秀类企业的宣传与推广力度，营造强大的“亩产论英雄”、奋勇争先的社会舆论氛围，不断提升优秀类企业的美誉度和知名度。

7．严格执法检查。按“涉企检查制度”中的程序执行。

8．健全服务绿色通道。优秀类企业享受绿色通道待遇，各相关部门单位在年检、工作例行检查、项目申报与审批、银行信贷、质量抽检以及各项服务等执法方面给予优先安排和支持。

（二）重点指导提升类企业

1．促进企业亩均税费提升。帮助企业制定具体的亩均税费提升计划，并加大跟踪与督查力度，促进企业提升亩均税费。设立亩产提升奖，每年对提升类企业评选出亩均税费提升幅度最大的10家企业，给以通报表彰，并参照优秀类企业的优惠扶持政策予以重点扶持。

2．加强服务指导力度。加大对提升类企业的服务和指导力度，在融资、用电、招工等方面给予适当的支持，帮助企业提升亩产效益。

3．鼓励企业提高亩产效益。鼓励提升类企业在符合城市规划、确保安全的前提下，实行零土地技改，在原厂区新建、改建工业厂房的，免收基础设施配套费。

4．鼓励企业整合重组。对提升类企业通过兼并、收购、合并、转让及出租厂房等方式，进行整合重组，盘活闲置厂房，取得存量土地的企业，符合相关规定的，可继续享受原企业（包括整合内企业）的各种优惠政策，并可接收被并购企业的用水、用电和排污容量。对在辖区内相互之间移用受海关监管的减免税进口货物和进口设备的，经批准可继续享受。

5．鼓励企业发展生产性服务业。鼓励提升类企业逐步退出生产加工环节，发展生产性服务业。支持企业建立总部经济园，加大研发设计、商务展示、品牌营销以及销售中心、售后服务、检测检验等。鼓励企业建立技术中心，积极与大学、科研机构联合建立研发中心，进行产学研合作。

（三）重点监管帮扶类企业

1．实施重点监管。对进入帮扶类的企业下发抄告单予以警告，责令其制定亩均税费整改提升方案，限期完成整改提升。相关部门单位要将帮扶类企业列为拉闸限电、环境整治等重点对象，对企业实施重点帮扶与监管。

2．执行差别电价政策。对帮扶类企业，可按国家和省有关加价政策提高其电价。

3．加大企业淘汰力度。对

未按时完成整改提升的帮扶类企业，有关部门单位可利用淘汰落后产能、节能减排、税收稽查等多种手段，促使企业加快淘汰。

4. 依法收回企业用地。根据《闲置土地处置办法》（国土资源部令第5号）规定，属闲置土地应依法收回的，必须依法收回企业用地。对非闲置土地，主动要求政府回购、调剂出土地的企业，可给予享受相关的收购优惠政策。

5. 推进企业转型升级。鼓励帮扶类企业实施转型升级，对已制定企业转型升级计划的，在整改时限上给予适当延迟，在政策优惠与资源配置上给予一定的倾斜。

四、组织保障

建立区工业企业效益综合评价领导小组，由区长任组长，分管经济副区长任副组长，区府办、区经信局、区科技局、区监察局、区公安分局、区财政局、区人力社保局、区城管与执法局、区统计局、区环保局、区安监局、区食品药品监管局、区国税局、地税鹿城分局、工商鹿城分局、国土资源鹿城分局、规划鹿城分局、鹿城供电分局、质监鹿城分局等单位主要负责人为成员。领导小组办公室设在区经信局，区经信局主要负责人兼办公室主任，区经信局分管负责人为办公室副主任。

区工业企业效益综合评价领导小组负责组织、指导区工业企业评先评优工作，协调解决效益综合评价管理中出现的各类问题，督促和检查有关扶持政策的落实情况，部署阶段性工作。

附件8

鹿城区工业企业效益综合评价评分细则

表25

项目	分值	细则
一、企业经济规模（60分）		
工业产值	20	根据企业年度工业总产值计分。得分=工业产值/最高工业产值×20
税费总额	25	根据企业年度缴纳税费总额计分。得分=税费总额/最高税费总额×20
亩均税费	15	根据企业年度亩均税收计分。得分=亩均税费/最高亩均税费×15
二、企业经济效率（40分）		
企业效益	10	根据企业经营效益能力进行排名，即企业利润总额/工业产值。第一名得满分10分，每降低一名则按照总分的2%递减
劳动生产率	10	根据企业平均每位员工的产值创造进行排名，即企业工业产值/员工总人数。第一名得满分10分，每降低一名则按照总分的2%递减
单位产值能耗	5	根据企业万元产值能耗进行排名，第一名得满分10分，每降低一名则按照总分的2%递减
创新能力（1. 技术中心建立，2. 研发人员配备，3. 研发经费投入，4. 知识产权、专利授权量，5. 新产品增加值）	10	1. 市级以上企业技术中心或研发中心，得1分；省级以上企业技术中心或研发中心，得3分。2. 获得企业创新荣誉、高新技术企业、专利等知识产权方面荣誉的，一项加1分，对获得国家、省、市级创新荣誉的企业再分别加3、2、1分。3. 根据企业R&D投入占企业总收入的比值进行排名，第一名得满分4分，每降低一名则按照总分的2%递减。4. 根据企业新产品产值进行排名，第一名得满分4分，每降低一名则按照总分的2%递减
“三名”建设	5	申请获得名企、名品、名家等荣誉的，一项加1分；对获得国家、省、市级品牌荣誉的再分别加3、2、1分；获得市、区级企业荣誉的，分别加2、1分

鹿城区商贸服务业企业效益综合评价和分类管理暂行办法

根据区委、区政府加快发展实体经济的有关精神，营造企业优胜劣汰的竞争环境，实行整合资源、分类管理、规范运作，全力提升企业的综合效益，全面掌握企业发展信息，为年度企业评选提供考核依据，特制定商贸服务业企业效益综合评价和分类管理暂行办法。

一、总则

（一）指导思想：以科学发展观为指导，深入实施区委、区政府振兴实体经济专项行动，建立健全企业效益综合评价和分类管理体系，进一步改善发展环境，促进产业转型升级，振兴实体经济。

（二）评价原则：企业的效益综合评价，重点突出企业的经济规模和经济效益，以税收、销售额为主要指标；兼顾企业信用、社会公益、制度保障、党建工作等社会效益指标。企业效益综合评价原则上一年一次，每年1月份开展，实行动态管理。

（三）评价对象：鹿城区域内的独立核算法人商贸企业及地税在鹿城的市属商贸企业。

（四）评价范围：各街镇负责所属商贸企业的效益综合评价和分类管理，并及时将评价和分类结果报送到区直有关部门单位汇总和审核。

二、评价内容

企业效益综合评价总分为100分。

（一）企业经济规模评价共85分。以销售总额、税费总额指标进行测评。

（二）企业经济效率评价共15分。以企业创新能力、品牌建设等指标进行测评。

汇总计算各企业的总评得分，按高到低进行排序，依次选取排名前10%的作为优秀企业，其他企业作为提升类企业。

参评企业若存在违反有关政策或规定，属一票否决的，则不予评优和享受优惠政策。

三、分类管理

（一）重点扶持优秀类企业

1. 建立重点服务机制。区商贸服务业企业效益综合评价领导小组根据企业的效益综合评价得分前十名的商贸企业，设立“商贸十佳企业”，并建立区领导对接跟踪服务机制，定期走访，了解企业生产经营状况，协调解决企业发展中的困难和问题。

2. 优先保障企业用地需求。优先保障优秀类企业在节约用地基础上为扩大销售的用地需求。

3. 鼓励企业开展电商换市。对优秀类企业加大电子商务应用，在财政、税收、用地、人才等方面提供政策扶持。

4. 加大企业资源倾斜力度。加大在政策、各种要素资源等方面对优秀类企业的倾斜力度，确保资金信贷、人才引进、市场准入、品牌建设、技术创新、上市发展等给予优秀类企业以优先保障和优先安排。对一、二、三产企业中分离发展服务业（商贸业）在财税政策上予以支持，并减免各类行政事业性收费和相关配套费。

5. 建立企业问题协调解决机制。对优秀类企业反映的各类困难问题，由区商贸服务业企业效益综合评价领导小组办公室统一负责受理，并以督办单形式要求相关部门单位限时解决。

6. 提高企业负责人政治待遇。优秀类企业的董事长、总经理、党组织书记可优先推荐安排担任党代表、人大代表、政协委员和工商联等人民团体的相关职务，优先作为各类先进评选的推荐对象，优先参加政府组织的考察、学习和招商引资等各项活动。

7. 加强企业宣传推广。在主要新闻媒体开设报道专栏，对振兴实体经济活动进行宣传，并配合市政府加大对优秀类企业的宣传与推广力度，不断提升优秀类企业的美誉度和知名度。

8. 严格执法检查。按“涉企检查制度”中的程序执行。

9. 健全服务绿色通道。优秀类企业享受绿色通道待遇，各相关部门在年检、工作例行检查、项目申报与审批、银行信贷、质量抽检以及各项服务等执法方面给予优先安排和支持。

（二）重点指导提升类企业

1. 促进企业税费提升。设立税费提升奖，每年对提升类企业评选出税费提升幅度最大的10家企业，给以通报表彰，并参照优秀类企业的优惠扶持政策予以重点扶持。

2. 加强服务指导力度。加大对提升类企业的服务和指导力度，在融资、招工等方面给予适当的支持，帮助企业提高销售规模。

3. 鼓励企业深化电子商务应用。鼓励传统零售业拓展网上销售渠道，促进网络零售加快发展；鼓励大型商场、购物中心和中华老字号企业应用电子商务，实现实体店和网上商店的有机融合。

4. 鼓励企业整合重组。对提升类企业通过兼并、收购、合并、转让等方式，进行整合重组，盘活闲置房产，符合相关规定的，可继续享受原企业（包括整合内企业）的各种优惠政策。对在辖区内相互之间移用受海关监管的减免税进口货物和进口设备的，经批准可继续享受。

5. 鼓励企业分离发展服务业（商贸业）经济实体，调整优化产业结构，推进企业转型升级，在财税政策上予以支持。

6. 支持企业以总部形式，进行研发设计、商务展示、品牌营销以及销售中心、售后服务、检测检验等。

四、组织保障

建立区商贸服务业企业效益综合评价领导小组，由区长任组长，分管经济副区长任副组长，区府办、区纪委、区委组织部、区委统战部、区委政法委、区委农办、区经信局、区科技局、区公安分局、区财政局、区人力社保局、区卫生局、区统计局、区环保局、区安监局、区金融办、区国税局、地税鹿城分局、工商鹿城分局、国土资源鹿城分局、规划鹿城分局、质监鹿城分局等单位主要负责人为成员。领导小组办公室设在区商务局，区商务局主要负责人兼办公室主任，区商务局分管负责人为办公室副主任。区商贸服务业企业效益综合评价领导小组负责组织、指导区企业评先评优工作，协调解决效益综合评价管理中出现的各类问题，督促和检查有关扶持政策的落实情况，部署阶段性工作。

鹿城区商贸服务业企业效益综合评价评分细则

表26

项目	分值	细则	备注
一、企业经济规模（85分）			
销售总额	40	根据企业年度销售总额计分。得分=销售总额/最高销售总额×40	
税费总额	45	根据企业年度税费总额计分。得分=税费总额/最高税费总额×45	
二、企业经济效率（15分）			
创新能力	9	1. 推进企业机制创新，建立和完善现代企业制度。应用现代化管理手段和方法，开展业态创新、营销创新、管理创新、模式创新，得1分；成效显著的，再加1分。 2. 推进产业转型升级，开展“电商换市”，得1分；成果显著的，再加1分。 3. 企业通过创新驱动获得“龙头”、“示范”、“商贸重点流通”、“星级”等省、市、区级荣誉的，分别得3、2、1分。 4. 商贸企业被认定为“总部经济”的，得1分 。 5. 一产、二产、三产企业分离发展服务业（商贸）企业的，得1分。	
品牌建设	6	对获得国家、省、市、区级品牌荣誉的，分别得4、3、2、1分；获得市、区级企业荣誉的，分别得2、1分。	

鹿城区规范涉企检查行为的实施方案

为进一步贯彻落实《中共温州市委 温州市人民政府关于加快产业转型升级促进实体经济持续健康较快发展的意见》（温委发〔2012〕58号）精神，控制和规范涉企检查行为，减轻企业负担，营造企业发展的宽松环境，现就规范涉企检查行为提出如下实施方案。

一、报批范围

凡是对下列企业进行检查的，行政执法单位均需进行登记核准或备案。

（一）规模以上工业企业；

（二）限额以上商贸业企业；

（三）二级及以上资质建筑企业和房地产开发企业；

（四）其他需要登记审批的鹿城区重点企业。

对于省、市、区有明文规定的例行检查，或涉及安全生产、消防安全等执法检查以及群众投诉举报或突发性事件，不需要核准。

二、基本流程

各行政执法部门的涉企检查行为，须经部门单位主要负责人审批，并报相应的驻企服务员做好对接。具体审批办法可由各部门单位自行制定。

三、检查方式

（一）凭证上岗，文明执法。需登记核准或事前备案的涉企检查，实施检查的部门单位执法人员需凭执法证件或工作证进入企业检查，不得超越检查范围越权检查。多个部门单位联合对企业实施检查行为的，由牵头部门单位负责向企业做好登记。

（二）灵活处置，解决问题。企业如有重大违法行为，行政执法部门接到群众举报，需要突击进行检查的，可先入企检查，并在3个工作日内报单位主要负责人进行审批。

（三）主动登记，接受监督。检查部门应在入企检查的同时，主动配合企业做好登记，并接受企业对部门入企检查行为进行监督。

四、处置办法

（一）检查部门应立足对企业进行服务指导，促进企业经济发展；对检查结果做出反馈说明。

（二）对需要整改的企业，依照以下程序处理：（1）先发放整改通知书，告知并指导企业自行整改；（2）对未按时整改的，发放黄牌警告；（3）对限期整改不整改的予以依法处置。

（三）部门要在处置前及时与属地街镇沟通，做到街镇、部门思想统一，步调一致，形成合力；对入企检查的相关档案应做好整理备案，作为事后督查的相关依据。

五、企业反馈机制

企业针对执法部门的涉企检查行为，若存在异议的，可通过涉企检查系统向区监察局（效能办）进行反映。区监察局（效能办）牵头对反映的问题进行核实，核准后不论有无存在问题，均向有关企业做好反馈；对存在违反涉企检查相关规定的行为，进行问责处理。

六、企业问题收集机制

在“三千”行动基础上建立企业帮扶长效机制。通过鹿城公务网“政府服务平台”栏目向全区所辖企业提供反映问题的渠道。全区企业均可针对日常生产经营过程中存在的重点问题、难题，通过该系统进行上报，由区经信局、区商务局、区住建局进行整理，根据问题涉及的部门单位进行分类，发送至相关部门单位受理解决并做好跟踪服务。

七、工作要求

（一）加强领导，强化保障。成立区规范涉企检查领导小组，分管副区长为组长，区府办、区经信局、区监察局、区商务局等单位主要负责人为副组长，区委办（区督考办）、区发改局（区服务业发展局）、区经信局、区监察局、区住建局、区商务局、区法制办、区审管办、区金融办等单位分管负责人，各街镇分管经济工作负责人为成员，领导小组办公室设在区经信局。

（二）高度重视，认真落实。规范涉企检查，是落实区“三千行动”的重要举措之一，各部门单位要把此项工作作为扶工兴贸、振兴实体经济的重要载体来抓，落实工作责任，明确承办科室和承办人，严格执行涉企检查审批制度，以检查促服务，为我区企业发展营造良好环境。

（三）转变思路，强化服务。以全区经济社会和谐发展为目标，以“服务型政府”为工作作风，尽可能避免不必要的涉企检查，不干扰企业正常生产经营秩序，严禁以罚款为目的的乱检查。建立评估机制，强化责任追究，由区纪委（区监察局）对各部门单位执行涉企检查效果进行效能评估；对违反规范涉企检查有关规定的单位与个人，进行问责处理；构成犯罪的，移送司法机关。

附件10

鹿城区驻企服务员制度

为深入推进“服务保障实体经济发展”专项行动，切实帮助企业解决发展中遇到的困难和问题，决定在全区范围内建立驻企服务员制度。

一、目标要求

以振兴实体经济为主要目标，通过建立驻企服务员制度，努力实现干部与企业结对全覆盖，帮助企业化解最迫切且应由政府解决的发展难题，切实解决政府服务企业“最后一公里”问题。

二、工作任务

（一）宣讲扶企政策，当好“宣传员”。驻企服务员要主动向企业宣传区委、区政府振兴实体经济的决心和我区投资环境改善、各项惠企政策和转型升级成果，切实把政策优势转化为企业发展动力。指导企业用足、用活、用好政策，积极主动把各涉企部门的重点扶持政策送到企业、宣传到人。引导企业特别是暂时有困难的企业进一步增强信心、振奋精神、攻坚克难、抢抓机遇、加快发展。

（二）代办项目服务，当好“代办员”。驻企服务员要认真学习项目申报流程，尤其对手续烦琐、流程复杂、专业性强的项目，通过无偿代办、全程跟踪等方式，帮助协调解决有关问题，切实加快项目实施进度，为企业提供优质高效服务。

（三）化解企业难题，当好“协管员”。驻企服务员对企业转型升级中遇到的土地、资金、技术、人才、市场等方面问题要及时分析原因，研究对策，帮助解决。在化解难题时，要坚持逐个研究、按类梳理，积极对接职能部门，寻求解决办法，尤其是涉及区级层面的共性问题，要主动上报区里研究出台相应政策。

（四）搞好效能监察，当好“监督员”。驻企服务员要牢固树立主人翁意识，搞好效能监察，当好“监督员”，重点监督涉企职能部门和干部服务企业、践行中共群众路线的情况，特别是在“四风”方面存在的问题。

三、结对方式

在保持“三千”行政干部结对企业和市“三万”行动结对

企业不变的基础上，按照鹿委办〔2013〕3号文件的部门单位联系街镇（功能区）的总原则，采取“一对一、一对多”的方式做好结对工作。由区府办牵头联合涉企部门做好全区企业名单的梳理，并提出结对企业标准，按照工业企业、商贸业企业、服务业企业、农业企业、建筑业企业等五个类型，由区经信局、商务局、发改局、农林水利局、住建局等职能部门对不同规模的企业提出具体结对意见。要统筹安排各单位的结对干部数，并做好相关结对工作，各单位要做好结对干部的人员落实，结对干部如调离现单位，派出单位要及时安排人员做好替补工作。

四、组织保障

区经信局、商务局、发改局、农林水利局、住建局等五个涉企部门要成立专项组驻企服务员工作办公室，并确定联系各个街镇的联络员，做好驻企服务的指导工作；各街镇和区直有关单位作为干部派出单位也要成立相应的工作机构，确定工作分管领导和联络员。联络员要同时做好信息报送工作，及时反馈驻企服务员的工作动态和企业的所思所想所盼、难题化解进度等信息。驻企服务员在选派期间要做好驻企服务手记，记录驻企服务情况和企情民意。区委组织部要会同专项组对驻企服务员的工作进行考核，并把考核结果作为干部考察、年度考核定档、评先评优和提拔使用的重要依据。

建立健全以“干部进企联责化、难题攻坚项目化、干部管理立体化，问题收集直通制、难题化解捆绑制、部门联动互比制、干部破难考评制”为主要内容的“三化四制”，严格执行难题交办、限时办结、难题销号、考核问责和效能监督、舆论监督等制度，并不定期开展驻企服务督查工作，在全区形成服务企业的长效机制，确保驻企服务工作取得实效。

中共温州市鹿城区委温州市鹿城区人民政府关于印发《鹿城区美丽浙南水乡建设实施方案》的通知

鹿委发〔2013〕81号

各街道党工委、办事处，藤桥镇党委、人民政府，区直各单位：

《鹿城区美丽浙南水乡建设实施方案》已经区委、区政府同意，现印发给你们，请认真贯彻执行。

中共温州市鹿城区委员会
温州市鹿城区人民政府
2013年12月8日

鹿城区美丽浙南水乡建设实施方案

为贯彻落实省委、省政府关于治水工作的重要决策部署以及市委、市政府提出的建设美丽浙南水乡实施意见，以治水为突破口，打造美丽浙南水乡，改善鹿城环境，推进转型升级，现就大力开展美丽浙南水乡建设提出如下实施方案。

一、总体思路、目标和基本原则

（一）总体思路

按照科学发展观要求，以“治源控污、截污纳管，强塘固堤、防洪保安，引水入城、清淤疏浚，建库保源、筑坝蓄淡，活水入园、人水和谐”为抓手，大力实施以污染源治理、防洪保安、水源地保护、河网综合整治、瓯江引水、水乡文化提升为主要内容的“水乡建设”，不断提高科学治水、蓄水、调水、用水的水平，切实修复水生态、美化水环境、保障水安全、提升水功能、储备水资源、强化水管理、弘扬水文化，努力把水“蓄起来、连起来、活起来、净起来、美起来、亲起来”，加快打造“湖库相连、江河相通、山水相融、林水相映、城水相依、人水相亲”的美丽浙南水乡，为鹿城“赶超发展、再创辉煌”创造水优势。

（二）总体目标

到2014年，五马街道建成美丽水乡示范街道；到2015年（规划近期）全面消除垃圾河、黑臭河，完成7个街道和藤桥镇中心片区截污纳管，全面建成污水、垃圾处理系统，城区水环境、水生态得到明显改善；城区防洪能力基本达到100年一遇标准，防洪减灾能力显著提高；建成一批美丽浙南水乡特色示范社区（村）和示范项目，水乡文化得到明显提升和展现。

到2020年底（规划远期），基本完成各项规划建设任务，美丽浙南水乡基本建成；到2030年底，全面建成独具鹿城地域特色和文化风采、人水自然和谐相处、经济社会持续健康发展的美丽浙南水乡。

1. 让水蓄起来。通过建设水库、开挖河道湖泊等，增加可利用水资源总量。远期增加蓄水量1500万立方米，全区水面率提高到6%以上。

2. 让水连起来。通过打开卡口、贯通盲河，建设渠道、引水入河，形成渠库相连、河湖相通的大水网，改善水生态、提升水环境。

3. 让水活起来。实施市级“活水畅江河”，建设引调水工程，加大生态调水量，增强水体流动性。

4. 让水净起来。近期水质主要指标逐年下降，瓯江水环境功能区达标率为100%，平原河网全面消除河道黑臭现象，主要水质指标达到Ⅴ类标准；全区污水处理率和生活垃圾无害化处理率达100%。

5. 让水美起来。实施拆违建绿工程，2015年底前基本实现无涉河违章，平原河道保洁率达100%，河岸绿化美化率达90%以上。

6. 让水亲起来。近期新建、改造、提升滨水公园，建设水乡文化宜居社区、村镇，建设生态文化园，全面提升广大群众对水的亲近感和水乡生活的幸福感。

（三）基本原则

1. 坚持科学治水。充分遵循自然规律、生态规律、经济规律，充分考虑水资源和水环境承载能力，充分利用现代工程技术、生态技术、信息技术，坚持科学规划、科学论证、科学实施，坚持统一规划、分级实施、分期治理，急而不躁、稳扎稳打。

2. 坚持源头治水。始终坚持先治污、后调水，先截污、后蓄水，先陆域、后水域，先保安、后美观；在工程建设时序安排、资金投入统筹协调等方面，要以污染源治理工程、防洪保安工程、水源地保护工程以及黑臭河垃圾河治理等为先、为重、为急。

3. 坚持系统治水。以总体规划统领相关专业规划和各地治水规划，做到水中岸上立体治理、大河小河统筹治理、近期远期持续治理、城市农村全域治理、保安全亲水景协调治理，实现洪水、潮水、污水、饮用水“四水共治”。

4. 坚持生态治水。按照环境先行、生态优先的要求，综合运用清淤疏浚、盲河贯通、岸坡整治、生态修复、生物治污、拆违建绿、生态调水等措施，注重发挥水生动植物的天然净化作用，改变传统的硬质护岸和渠化河道方式，保持和修复河流自然形态和风貌。

5. 坚持铁腕治水。按照建管并举的要求，既要重在建设，在工程措施上下功夫，从根本上提高美丽浙南水乡建设的硬件基础；又要重在管理，在非工程措施上见实招，从长效管理和行政执法上提高软件支撑和制度保障。

6. 坚持全民治水。始终坚持民主决策，建立公众参与机制，充分发挥人民群众的主体作用和首创精神，夯实美丽浙南水乡建设的群众基础。

二、主要任务

（一）实施污染源治理工程

建设美丽浙南水乡，“治污”是根本，总体要求是达到“三个100%”，即：2013年底前城市生活垃圾无害化处理率达100%；2014年底前城镇污水应收尽收、应处尽处，处理率达100%；2015年底前农村生活污水治理设施行政村覆盖率达100%。

1. 加快城镇污水收集、处理设施全覆盖。近期重点建设污水收集、处理项目，加强城区新建道路配套的污水管道等基础设施建设，加快西片污水处理厂二期、藤桥镇临江污水处理厂等工程建设，全力推进七都街道、双屿街道、仰义街道、藤桥镇等街镇截污纳管工程建设，到2015年底前，所有城镇污水处理设施稳定达标排放。（牵头单位：区住建局、区城管与执法局、区环保局、区温瑞塘河保护管委会，责任单位：市公用集团、七都街道、双屿街道、仰义街道、藤桥镇）

2. 农村污水处理设施建设。改造、提升、新建农村生活污水处理设施，采取纳入城镇污水处理厂或村域自建生态化治理设施的办法，提高农村生活污水治理的覆盖率；或者分散建设生活污水净化沼气工程，就地处理农村生活污水，实现达标排放。至2015年底实现农村生活污水处理设施建设覆盖率100%，接管率50%以上。〔牵头单位：区委农办（区农林水利局）、区住建局、区环保局；责任单位：市公用集团、各街镇〕

3. 生活垃圾处理。近期建设一批垃圾中转站、生活垃圾填埋场等垃圾处理设施；加快温州市厨余垃圾处置工程建设；进行全天候的河道保洁，保证河面和河岸基本无垃圾、漂浮物；着力构建多元化乡村环卫运作体系，全面消除非正规生活垃圾堆放点并完成生态修复；做好工业固体废弃物处置，加强建筑泥浆入河管理。（牵头单位：区住建局、区城管与执法局、区环保局；责任单位：各街镇）

4. 农业面源污染防治。于2014年3月底前完成编制生态畜牧业规划和调整畜禽养殖禁限养区，划定畜牧业生产功能区。到

2015年底按农牧紧密结合要求配套消纳耕地，确保实现规模养殖场粪污零排放，畜禽排泄物综合利用率达到97%以上。畜禽禁养区（及水源保护地）和离主干河道50米以内的养殖场，一律予以拆除清理。2013年力争完成年出栏生猪500头规模场的生态化、设施化改造。2014年6月底前完成病死动物无害化处理设施建设。

推行测土配方施肥和减量增效技术，积极引导和鼓励农民使用生物农药或高效、低毒、低残留农药，推广病虫草害综合防治、生物防治和精准施药等技术。〔牵头单位：区委农办（区农林水利局）；责任单位：七都街道、双屿街道、仰义街道、藤桥镇〕

5. 行业污染整治提升工程建设。按照“淘汰一批、入园一批、转型一批、升级一批”的思路，全面推进电镀、造纸、印染、制革、化工、合成革等重点污染行业整治提升，到2015年底前，实现产业结构和区域布局明显优化，污染物排放总量大幅下降。大力发展小微企业园区，积极引导江河沿岸小微企业入园生产，实行园区统一管理、污水集中处置。严格环境准入标准，凡不符合生态环境功能区要求的建设项目，一律不予审批；凡不符合排污总量削减、替代比例条件的建设项目，一律不予审批。（牵头单位：区环保局、区经信局，责任单位：各街镇）

6. 江河两岸污染源监管。一是加强排水许可证发放管理，2015年底前完成已截污纳管区域排水户排水许可证发放工作，加大对无证排水和超标排水行为的执法监管力度，建立健全排水管理的长效机制。二是严格环境执法监管，坚持环境违法行为为“零容忍”，严格实行涉水污染源管理“五个一律”：沿岸各类非法企业一律予以取缔；对恶意环境违法企业一律实施高限处罚；对破坏环境构成犯罪的违法行为一律移送司法机关处理；工业企业、餐饮业和各类服务业有纳管条件的，一律予以限期纳管；所有向水体直接排污的企业一律要求做到稳定达标排放，目前尚不能做到稳定达标排放的，必须立即开展整治提升。三是加强泥浆、废土入河管理，开展建筑泥浆、废土专项整治行动，建立河道联合巡查制度，推行建筑泥浆、废土行业诚信考核办法，完善泥浆、废土管理机制，有效防止泥浆、废土非法入河。〔牵头单位：区环保局、区城管与执法局、区温瑞塘河保护管委会、区委农办（区农林水利局）；责任单位：各街镇〕

（二）实施防洪保安工程

全面推进瓯江流域综合治理，加快独流入海治理中央项目〔鹿城区瓯江治理一期工程、鹿城区戍浦江河道（藤桥至河口段）整治工程〕、鹿城区瓯江绕城高速至卧旗山段海塘工程、温州市城区郭公山至解放路口标准堤等重点防洪保安工程建设，拟建玉林水库。

全面推进温瑞塘河水系、丰门河水系、七都内河河网和戍浦江流域防洪排涝能力建设，全面建成鹿城北排工程、丰门河整治工程等骨干项目，切实提高重点内涝区域的防洪排涝能力。〔牵头单位：区委农办（区农林水利局）、区温瑞塘河保护管委会；责任单位：各街镇〕

（三）实施河网综合整治工程

1. 修复生态河道。以温瑞塘河为重点，开展水生态修复工程。采取人工修复和自然修复相结合，通过保护、种植、养殖、繁殖不同的生物和微生物，实施“小鱼治水”，改善生物群落结构和多样性，增加水体的自净能力，减轻水体污染，提高河道美学价值，创造优美的水生态景观。加强市区新开发区域的河道整治和配套污水管网建设，达到美丽水乡建设要求。〔牵头单位：区委农办〈区农林水利局〉、区温瑞塘河保护管委会、区环保局；责任单位：市城投集团、各街镇〕

2. 建造滨水公园。结合河道整治、“三改一拆”、“两清行动”、美丽乡村建设，开展滨水公园、小游园等项目建设，3年内建15个示范性滨水公园。〔牵头单位：区城管与执法局、区住建局、区委农办（区农林水利局）；责任单位：各街镇〕

3. 建沿河景观带。以温瑞塘河、丰门河、卧旗大河等绿化为重点，建成塘河生态文化森林旅游景观带，加强江岸绿化，建成江岸森林生态景观带。同时建设滨河（江、湖）慢行系统（绿道），在适宜地段设置滨河（江、湖）休闲、康体、运动、游览设施，进一步丰富拓宽涉水旅游目的地（景观）。〔牵头单位：区委农办（区农林水利局）、区温瑞塘河保护管委会、区交通运输局、区体育局；责任单位：各街镇〕

4. 改造城中村。以“六城九

市”联创、“三改一拆”、“四边三化”等工作为载体，深化开展拔钉清障、“违必拆”、“六先拆”等专项行动，大力推进城中村改造，加快滨江商务区9#地块、南塘村吴宅地块等旧村改造。〔牵头单位：区府办（区村房办）、区城管与执法局、区住建局；责任单位：各街镇〕

5. 拆三级河道违章建筑。深入开展“三改一拆”整治活动，进一步强化沿河违章建筑拆除和绿化景观建设，努力拆除48条河道沿线违法建筑。区、街镇两级河道一律按照标准，拆除沿河违章，同步实施绿化、美化和游步道建设等工程。〔牵头单位：区城管与执法局、区住建局、区委农办（区农林水利局）；责任单位：各街镇〕

6. 实施活水畅江河及水乡信息化工程。在污染源治理基础上，提高生态环境调水总量，实施活水畅江河工程，加强平原河网的水力调控，完善调度方案，提高调水效率，促进水体流动，减少水流盲区，改善河网水质。同时开展水乡信息化建设和水乡重大课题研究，为美丽浙南水乡建设提供科技支撑。〔牵头单位：市温瑞平水系管理局、区委农办（区农林水利局）、区温瑞塘河保护管委会、区环保局、区科技局；责任单位：各街镇〕

（四）实施市级瓯江引水工程

参与研究论证市级瓯江引水工程的实施方案，充分利用区域内外的主、客水资源，不断增加近远期用于改善生态环境的水资源总量。〔牵头单位：区委农办〈区农林水利局〉〕

（五）实施水源地保护工程

加强岙底玉林溪、仰义水库、戍浦江流域水源地水源涵养林和水土保持林建设，加强低效林改造，增强水源涵养和水土保持等森林生态效能。〔牵头单位：区委农办〈区农林水利局〉、区环保局、区卫生局；责任单位：藤桥镇、仰义街道〕

（六）实施水乡文化提升工程

挖掘鹿城水乡的文化特色，构建以瓯江、温瑞塘河为主脉的水乡文化长廊。近期建设功能健全、景观优美、富有都市水乡文化特色的宜居社区、村镇；建设以水源保护区、生态湿地为重点的生态文化园；建设具有水乡文化特色的滨水广场、主题公园、亲水观光平台、游船码头等滨水开发空间；加强江河及沿岸文化遗产保护力度，着力推进温瑞主塘河百里民俗文化走廊的建设；建设一批森林村庄，努力形成具有地域水乡风光特色的森林植物景观带。〔牵头单位：区委农办（区农林水利局）、区温瑞塘河保护管委会、区文广新局、区城管与执法局、区住建局；责任单位：各街镇〕

三、保障措施

（一）统一思想，加强领导。区里成立美丽浙南水乡建设领导小组，由区委主要领导任组长，区政府主要领导任第一副组长，相关领导任常务副组长、副组长，区有关部门单位和各街镇主要负责人为成员。领导小组下设办公室，具体承担区美丽浙南水乡保护、整治、建设、管理工作的组织、协调、监督和考核工作，统筹区级相关机构涉及水乡建设的项目和工作。各街镇也要参照区里模式，建立健全领导机构和办事机构，加强对美丽浙南水乡建设工作的领导。〔责任单位：区委组织部、区编委办、各街镇〕

（二）多方筹集，保障资金。按照分层、分期、分类、多源的原则，科学制定多元化资金保障方案。一是统筹治水资金，加强财政投入。对各部门、各行业分散投入的治水资金进行梳理和整合，统筹使用各类治水资金，切实加大政府财政资金的投入力度。二是利用现有平台，加大融资力度。以政府财政投入为引导，以整合利用现有国有企业为主体，打造水乡建设投融资平台；承建辖区内市本级项目，资金由市级负责解决，区级项目根据性质和类别分别由现有融资平台融资，并承担项目前期、建设、运营等业主职责。三是创新项目包装，争取上级支持。认真研究上级部门的关注点和政策动向，加强与中央和省级、市级水利、建设、交通、环保等部门的汇报沟通，打破行业归口的限制，加强各部门合作，共同谋划一批重点项目，做大项目规模、提升项目档次，全力争取列入国家、省级重点工程，积极争取上级资金、政策、技术支持。四是策划招商引资，拓宽筹资渠道。突出美丽浙南水乡建设招商项目的特色优势和竞争力，策划包装一批招商项目，充分发挥市场主体作用，以温商回归为契机，吸纳社会资金，集中社会力量，推进美丽浙南水乡建设。〔责任单位：区财政局、区发改局、区经合办，各街镇〕

（三）研究政策，创新机制。一是严格治水项目退出机制。已经列入总体规划的项目，必须严格按计划组织实施；经深入论证确需调整实施计划的项目，须经区水乡建设领导小组或区水乡办同意。二是创新项目管理模式。将环保、水利等基础设施和工程项目实施物业化管理，纳入政府购买服务指导性目录。三是落实河道“河长”制度。实行全区范围“河长”全覆盖，由各街镇主任（镇长）任“河长”，对管辖区域内河道水环境质量负总责。四是实行最严格水资源管理制度。建立水资源开发利用总量控制、用水效率控制、水功能区限制纳污“三条红线”控制指标体系，科学调配水资源。五是落实重点污染企业联系制。为全区重点污染源企业配备环保联络员，定期上门开展“送法律、送技术、送服务”；建立环境监察“一企一档”，做到“服务到家、监察到位、执法到底”。六是完善重污染企业关闭、搬迁和集中园区建设等方面的鼓励扶持政策。七是实行项目建设领衔制度。完善“一项工作，一位领导，一个小组，一抓到底”的区领导领衔和街镇部门挂钩工作机制，并实行捆绑式考核。〔责任单位：区委办（区委政研室）、区委农办（区农林水利局）、区环保局、区财政局、区经信局，各街镇〕

（四）加强监督，严格考核。制订考核办法，将美丽浙南水乡建设列入区委、区政府对各街镇及区有关部门单位年度工作绩效考核重点内容，建立科学的考核评价机制。建立全程督查考核机制，由区委办（区督考办）、区纪委（区监察局）、区委组织部牵头组织开展美丽浙南水乡建设工作督查，查找工作中存在的问题，及时提出督查、整改意见，确保各项工作真正得到落实。建立考核结果运用体系，并建立约谈机制，将美丽浙南水乡考核成果作为对各街镇、各有关部门单位相关负责人奖惩的重要依据。〔责任单位：区委办（区督考办）、区纪委（区监察局）、区委组织部、区发改局〕

（五）强化科研，提供支撑。开展鹿城区“水体污染控制与治理”重大科技专项研究，为建设美丽浙南水乡提供强有力的科技支撑。三年完成多项科研项目及课题研究，在污染源控制与监管方法、污染水体整治及生态修复技术、管网建设工艺等方面取得新的突破。〔责任单位：区科技局、区委农办（区农林水利局）、区环保局、区温瑞塘河保护管委会、区住建局〕

（六）加大宣传，营造氛围。充分利用报纸、广播、电视、网络等新闻媒介，采取各种方式，大力宣传建设美丽浙南水乡的重大意义，统一思想，达成共识，积极营造推进美丽水乡建设的浓厚舆论氛围。建立爱水护水机制，充分发动社会公众积极参与，树立治水工作的先进典型。区直机关工委和工青妇等部门单位要发挥各自优势，研究提出发动干部群众参与美丽浙南水乡建设的具体方案，吸引全社会关心、支持、参与美丽浙南水乡建设。〔责任单位：区委宣传部、区广电新闻中心、区直机关工委、区总工会、团区委、区妇联、区工商联、区科协〕

附件（略）

2013年区政府重要文件选载

温州市鹿城区人民政府关于印发鹿城区全民健身实施计划（2011—2015年）的通知

温鹿政发〔2013〕33号

各街道办事处、藤桥镇人民政府，区政府直属各单位：

《鹿城区全民健身实施计划（2011—2015 年）》已经区人民政府研究同意，现予印发，请认真组织实施。

温州市鹿城区人民政府

2013年4月22日

鹿城区全民健身实施计划（2011—2015年）

为进一步发展全民健身事业，广泛开展全民健身运动，构建惠及全区人民的全民健身服务体系，根据国务院《全民健身条例》《全民健身计划（2011—2015年）》《浙江省全民健身实施计划（2011—2015 年）》和《温州市全民健身实施计划（2011—2015年）》，结合鹿城实际，制定本实施计划。

一、指导思想

深入贯彻落实科学发展观，坚持全民健身事业公益性，强化政府履行体育公共服务职能，推进体育公共服务均等化，逐步完善全民健身政策和配套制度，建立符合区情、覆盖城乡和可持续发展的全民健身公共服务体系，保障人民群众参加体育健身活动的合法权益，提高全区人民的身体素质、健康水平和生活品质，促进人的全面发展，推动社会和谐文明进步，形成全社会共同参与全民健身事业的良好局面，巩固浙江省体育强区创建成果，积极为创建省体育强市和建设“创首善之区、建幸福鹿城”做出更大贡献。

二、主要目标

到2015年的总体目标是：群众体育普及程度明显提高，广大群众的体育健身意识进一步增强，经常参加体育锻炼人数明显增加，全民身体素质和健康水平不断提高，基本实现体育公共服务均等化，形成亲民、便民、利民的全民健身公共服务体系。具体目标是：

（一）体育公共服务职能进一步加强。将全民健身事业纳入鹿城国民经济和社会发展规划，将全民健身事业经费纳入财政预算，并随着国民经济的发展逐步增加对全民健身的投入。年人均体育经费达20元以上。

（二）经常参加体育锻炼人数逐步增加。全区居民体育意识和科学健身素养普遍增强，体育健身成为更多人的基本生活方式。经常参加体育锻炼人数（每周参加体育锻炼活动不少于3次、每次不少于30分钟、锻炼强度中等以上）达到全区总人口的47%以上。

（三）公共体育设施建设有交大发展。继续推进体育“惠民工程”建设，形成功能齐全、布局合理的区、街镇、社区（行政村）三级公共体育设施网络，人均体育场地面积达1.7平方米以上。

（四）全民健身组织网络更加健全。形成遍布城乡、规范有序、富有活力的社会化全民健身组织网络。全区各街镇建有体育总会及各类体育社团组织，城市社区和农村新型社区实现体育组织全覆盖。

（五）全民健身活动内容更加丰富。各街镇、各行业系统积极开展群众喜闻乐见的全民健身系列活动，充分利用重大活动和传统节庆等时间节点，举行形式多样、内容丰富、主题突出、特色鲜明的群众体育活动。全面推广广播操，不断丰富全民健身活动内容。

（六）基层体育骨干队伍建设不断加强。大力开展社会体育指导员和非奥项目教练员、裁判员 等基层体育骨干培训，到2015年，全区培训基层体育骨干1000人以上，其中社会体育指导员人数达到总人口的2‰以上。

（七）青少年体质进一步改善。全面实施《国家学生体质健康标准》，学生体质优秀和良好率有明显上升。

（八）体育创强争先工作深入开展。到2015年，在通过浙江省体育强区复评的基础上，积极向浙江省体育现代化县（市、区）目标迈进。

（九）国民体质监测制度不断完善。每年测定不同人群不同年龄人数，不少于总人口的2‰，定期向社会公布国民体质检测结果，建立和完善区国民体质基础数据库。国民体质合格率达90%以上。

三、工作任务

以实施群众体育“七大工程”为重点，推进全民健身公共服务体系建设。

（一）健身组织网络构建工程。全部街镇建有体育联合会或体育总会以及各类体育社团，区级单项体育协会总数达到20 以上，街镇单项体育协会达到6个以上。在各街镇建设文体站或体育辅导站，配备专门体育管理人员，农村社区管理机构设专兼职体育辅导员，70%以上的城市社区和60%以上的农村新型社区建有社区体育健身俱乐部，行政村建有各类运动队。大力发展社区体育、农村体育、职工体育、老年人体育、残疾人体育和幼儿体育。各街镇全部建有老年体育协会；积极推动社区体育健身俱乐部、村级体育俱乐部、老年体育活动中心（俱乐部）、职工体育俱乐部、青少年体育俱乐部建设，创新群众体育组织形式，不断满足各类人群的需求，适时构建体育健身超市等新型群众体育组织形式，为群众参加全民健身提供便利条件。

（二）体育设施惠民工程。加快群众身边的健身设施建设，打造10分钟健身圈，方便群众健身锻炼。遵循“实用、美化”的原则，因地制宜打造沿江防洪堤工程建设健身漫步道，沿塘河两岸的休闲健身步道，沿九山河的自 车健身专用道，打造藤桥石垟山、支岙山、双潮西坑村、临江金村山、岙底呈岸村、仰义洋山等登山健身步道，推进农村社区体育休闲公园建设，到2015年，力争全区80%以上的农村社区建有体育休闲公园，实现行政村（城市社区）基本体育设施全覆盖。完善社区体育设施配套，力争在每个街道的大型居住区建设1个社区体育运动中心，功能包括2个篮球场、1个乒乓球室、门球场等，拥有综合健身房和社区体育指导中心等。提高现有游泳场所利用率，合理开发公共天然水域，加快市区拆装式泳池的开发建设，力争完成2个拆装式游泳池，缓解游泳场馆不足的压力。努力实现各类体育设施向社会开放，公办学校体育设施开放率达到70%以上，机关企事业单位体育设施逐步开放。

（三）健身活动品牌工程。打造品牌赛事和活动，积极承办中华龙舟大赛（温州站）、迎元旦鹿城区机关干部登山比赛等；着力推动龙舟、南拳等具有地方特色传统体育项目发展，逐步形成“一街镇一品牌、一社区（村）一特色”的全民健身活动新局面；全面配合温州市保持全国游泳之乡、国际象棋之城等国家级体育金名片；鼓励扶助各类健身活动品牌，积极打造全国性体育健身品牌。

（四）健身人才培育工程。建立体育人才数据库，规范对优秀教练员、运动员、裁判员、社会体育指导员和基层体育骨干的科学化、网络化管理。每年新注册运动员150名、培训新增各级社会体育指导员150名，2015年前全区各级社会体育指导员达到1800名，同时培养大量非奥运动项目体育人才；大力推进全民健身志愿者服务活动，形成组织落实、结构合理、覆盖城乡、服务到位的全民健身志愿服务队伍；搭建群众体育展示平台，鼓励优秀选手参加各层级赛事，培养大众体育竞技人才。

（五）科学健身服务工程。加快区级国民体质监测与健身指导中心建设，并探索采用“体卫结合”的方法在各街镇卫生院设立国民体质监测站，构建区、街镇二级国民体质监测网络。定期开展国民体质监测活动，每年测定不同人群不同年龄人数不少于全区总人口2‰，将国民体质监测指标纳入社会发展综合统计指标，向社会公布国民体质监测结果。经常性开展国民体质测定服务和科学健身指导工作，确保国民体质健康状况，特别是中青年人群的体质健康水平逐年提高。积极推行《普通人群体育锻炼标准》，努力营造崇尚体育健身的社会氛围。

（六）“阳光体育”推进工程。坚持健康第一的指导思想，把增强学生体质作为学校教育的基本目标和重要评价内容，健全学校体育工作制度，提高体育教学质量。推进学校“阳光体育”，重视幼儿体育，保证中小学生每天一小时的体育锻炼时间，使学生掌握游泳等1至2项终身受益的体育技能，并养成经常锻炼的习惯。在校学生普遍达到《国家学生体质健康标准》的基本要求，耐力、力量、速度等体能素质明显提高。积极开展学校大课间体育活动，创建省级青少年体育俱乐部1至2个。

（七）体育创建工程。推动浙江省体育先进街道、体育强镇创建工作，到2015年，全部街镇进入省级体育先进街道、强镇行列，省级体育先进社区创建率达62%以上。

四、主要措施

（一）加强全民健身法制建设。深入贯彻落实《中华人民共和国体育法》、《公共文化体育设施条例》、《全民健身条例》以及我省有关体育法规、规章，进一步强化政府体育公共服务职能，加强和创新体育社会管理模式，大力推进全民健身服务体系建设，努力实现体育公共服务均等化，切实保障公民健身权利，定期会同有关部门对全区开展全民健身计划实施情况进行评估。根据我区全民健身发展的实际需要，制订和完善相关的群众体育工作规范性文件，为我区全民健身事业的持续健康发展提供完善的法制保障。

（二）加大群众体育宣传力度。不断增强群众的体育意识，形成浓厚的体育氛围，使体育锻炼成为广大群众自觉的活动。促进体育健身与旅游、休闲、娱乐有机结合，推动体育健身向体育旅游、体育休闲、体育娱乐升级发展。

（三）加大对全民健身事业的投入。按照《全民健身条例》要求，将全民健身事业纳入本地区国民经济和社会发展规划，将全民健身工作所需经费纳入本级财政预算，在经费、机构和人员等方面给予支持，加大公共财政对全民健身公共服务体系建设的投入力度，并随着国民经济的发展逐步增加。留归体育部门使用的彩票公益金，应根据国家有关规定主要用于全民健身事业，专款专用。鼓励自 然人、法人或者其他组织对全民健身事业提供捐赠和赞助，并依法享受税收优惠政策。

（四）加快各类公共体育设施建设。将公共体育设施建设纳入本地区国民经济和社会发展规划，加大对农村地区和城市社区基层公共体育设施建设的投入。充分利用公园、绿地、广场等公共场所和山川湖海等自然条件，建设室外公共体育设施和户外运动场所。积极推动藤桥镇全民健身活动中心建设，重点支持社区健身广场（体育休闲公园）建设

（五）不断提高各类体育设施利用率。努力实现各类体育设施向社会开放，建立和完善经费补偿、体育设施责任保险等制度，创造条件开放机关企事业单位的体育设施。进一步强化政府公共服务职能，积极推进学校体育设施向社会开放，力争开放学校（校区）达到50所，区财政对向公众开放体育设施的学校给予经费补贴，并为学校办理有关责任保险。

（六）加强全民健身信息、科研工作。加快全民健身公共信息服务网络建设，提高全民健身公共信息服务能力。整理并印发一批全民健身科普图书、培训教材、音像制品，提高公民体育健身的科学素养。做好民族民间传统体育项目的发掘整理和传播推广工作。完善全民健身基础数据统计体系，做好国民体质监测和全民健身活动状况调查工作。积极研究、推广适合不同人群特点的体育健身新项目。

五、组织实施

（一）加强领导。成立区实施全民健身计划领导小组，由区政府分管负责人任组长，区政府办公室联系副主任、区体育局局长任副组长，区委宣传部、区委农办、区直机关工委、区文明办、区广电新闻中心、区发改局、区教育局、区民宗局、区民政局、区公安分局、区财政局、区人力社保局、区住建局、区文广新局、区卫生局、区统计局、区体育局、区法制办、国土资源鹿城分局、规划鹿城分局、区总工会、团区委、区妇联、区残联、各街镇分管负责人为成员，领导小组下设办公室在区体育局，区体育局局长兼办公室主任。区实施全民健身计划领导小组及其办公室要切实加强对推行全民健身实施计划工作的组织领导，各成员单位要根据职责分工落实相关责任，强化统筹协调，督促检查全民健身实施计划的落实，推进全民健身事业发展和全民健身公共服务体系建设。各街镇、相关部门、各行业要结合实际，制订相应的《全民健身实施计划》，并认真组织实施。

（二）狠抓落实。各街镇要建立健全全民健身工作领导机构，切实加强组织领导，按照《全民健身计划（2011—2015年）》和本实施计划，结合实际，制订本行政区域的《全民健身实施计划》，并认真组织实施；要把全民健身工作列入议事日程，定期听取汇报，及时研究解决工作中的困难和问题，落实政策保障、人员配备、资金投入和奖励等事项。

（三）广泛宣传。充分利用广播电视、报刊和互联网站等媒体，开办专栏、举办讲座、播放公益广告等，普及全民健身知识，提高科学健身素养。同时，结合“全民健身日”、重大体育赛事及各类体育活动加强宣传。倡导健康生活方式，开展全民健身运动，在全社会形成崇尚体育健身的良好氛围。

（四）督促检查。建立健全全民健身计划实施效果评估考核机制。区体育局要会同有关部门不定期对《全民健身计划（2011—2015年）》和本实施计划实施情况进行检查指导，并在2014年对实施成效进行全面评估，评估报告报区人民政府。定期对各街镇贯彻实施《全民健身计划（2011—2015年）》和本实施计划有关情况进行检查。

温州市鹿城区人民政府关于进一步加快建立现代企业制度推进区域资本市场建设的指导意见

温鹿政发〔2013〕109号

各街道办事处、藤桥镇人民政府，区政府直属有关单位：

为深入推进鹿城金融改革创新工作，进一步加快建立产权清晰、治理完善、财务健全、管理科学的现代企业制度，推进区域资本市场建设，根据《温州市人民政府关于加快建立现代企业制度推进区域资本市场建设的指导意见》（温政发〔2012〕87号）、《温州市人民政府关于加快建立现代企业制度推进区域资本市场建设的补充意见》（温政发〔2013〕53号）精神，结合我区实际，现提出如下指导意见：

一、总体要求

通过政府引导，运用市场化手段，鼓励全区优质企业进行股份制改造，规范经营管理，完善法人治理结构，建立健全财务会计制度，缓解中小企业融资难、融资贵，拓宽直接融资渠道，培育企业上市后备资源，推进中小企业转型升级。

二、推进原则

（一）坚持统筹规划，分类推进。统筹当前和长远，统筹区域和行业，深入挖掘成长型的优质企业资源，辅导一批，股改一批，挂牌一批，上市一批。

（二）坚持点面结合，重点推进。做好战略性新兴产业、高新技术、先进制造业和现代服务业等领域成长型优质企业的股份制改造工作，加强对重点优质企业的培育与扶持，争取部分经股份制改造的优质企业挂牌交易或辅导上市。

（三）坚持整合资源，稳步推进。发挥与国内各主要交易所战略合作优势，积极引进一批优质的中介服务机构，为股份制改造企业提供优质服务。

三、措施和步骤

（一）筛选试点企业。

由区金融办牵头，联合区经信局、区商务局、区科技局等有关单位对全区注册资金500万元以上未改制企业区域分布情况进行调查摸底，在此基础上，将任务分解下达到各街镇，由其按要求推荐未改制企业，最后由区金融办梳理汇总，形成备选企业名单。在培训动员后，结合企业自身意愿，形成首批试点企业名单。

（二）改制与规范。

1. 培训辅导。依托与国内各主要证券交易所的合作优势，由区金融办牵头，在全区范围内开展业务培训，帮助试点企业了解现代企业制度基本知识、资本市场法律法规、监管要求及发展动态。

2. 综合服务。选择5家左右专业中介机构，为首批股份制改造试点企业提供财务顾问、法律服务、审计评估等方面服务工作。同时，有关部门要简化流程，为企业办理证照提供“绿色通道”。

3. 跟踪落实。由区金融办牵头，督促试点企业与中介机构、证券公司进行对接，制定各项计划，上报股份制改造时间表，并协调解决股份制改造过程遇到的困难和问题。

4. 改造规范。根据《中华人民共和国公司法》及相应法律法规，对试点企业进行股份制改造。试点企业应当依法制定公司章程，依法建立兼顾公司特点和公司治理机制基本要求的股东大会、董事会、监事会制度，确保所有股东享有平等地位。试点企业应当强化内部管理，按照相关规定建立健全会计核算体系、财务管理和风险控制制度，确保公司行为合法合规、财务报告真实可靠。会计师事务所出具试点企业内部控制鉴证报告和财务审计报告。

5. 组织验收。股份制改造完成后，试点企业提交公司章程、内部控制鉴证报告和财务审计报告。由相关部门根据《中华人民共和国公司法》及相应法律法规，对试点企业的公司治理和财务规范组织验收。

（三）托管挂牌。

试点企业在完成股份制改造并通过验收后，进入温州股权营运中心托管登记，并享受一系列优惠扶持政策。托管企业也可直接申报进入拟上市企业名单，由证券公司等保荐机构推荐上市。同时，引导一批优质企业，在股权交易市场挂牌交易或开展定向增资、股权质押融资等业务。

（四）持续辅导。

试点企业在改制规范验收完成后3年内，每年向相关部门提交由会计师事务所出具的年度财务计报告。

四、优惠政策

（一）对于开展股份制改造的企业实行5年财政扶持政策。在企业股份制改造完成当年起3年内，以该企业完成股份制改造前3年企业应纳所得税的平均数作为基数，超过部分的企业所得税地方留成部分由同级财政给予全额奖励；后2年按50%予以奖励。

（二）企业在开展股份制改造的过程中，以未分配利润和盈余公积转增注册资本金，按相关规定所缴纳个人所得税的地方留成部分，同级财政给予全额奖励。

（三）企业在开展股份制改造过程中，为扩大资本规模，引进风险投资者，发生股权转让所缴纳所得税的地方留成部分，同级财政予以全额奖励。

（四）企业因股份制改造需要而进行合并、分立，将全部或者部分实物资产及相关联的债权、债务和劳动力一并转让给其他单位的，其中涉及的不动产、土地使用权平价转让的，暂免土地增值税（房地产企业除外）；涉及土地使用权变更和房屋所有权转移登记的，相关部门按规定给予减免过户费用，简化办事环节。合并后公司原投资主体存续，或分立后公司不改变原企业投资主体的，承受原企业土地、房屋权属，免征契税。符合财税〔2009〕59号文件和国税总局2010年第4号公告规定的特殊性重组条件的，企业所得税可以按特殊重组业务进行税务处理。

（五）企业开展股份制改造的过程中，原划拨的土地使用权，在规划许可和不改变土地用途的前提下，以协议出让方式给予补办土地出让手续，土地出让金按一类地区（滨江街道、南汇街道、五马街道、松台街道）每亩50万元收缴；二类地区（七都街道、双屿街道）每亩40万元收缴；三类地区（仰义街道、藤桥镇）每亩30万元收缴。

（六）鹿城农商银行对于完成股份制改造的企业给予贷款规模倾斜和贷款利率优惠，创新还款方式，拓宽担保范围；对于拟股改的企业给予一定的支持。企业在变更为股份有限公司后，办理银行基本账户开户许可证、贷款卡变更的相关事项，主管部门应予以开辟“绿色通道”。区金融办优先帮助股份制企业和启动股份制改造的企业协调融资难问题。

（七）企业注册资本为500万元以上，且不存在股东以非货币资本出资的，经审计后净资产不低于公司注册资本的，该公司在股份制改造过程中，以原有资本账面价值1∶1折股，在工商部门注册登记时，可以审计值予以认可，不需进行评估。

（八）工商鹿城分局、国土资源鹿城分局、房管鹿城分局、质监鹿城分局等部门应当为企业股份制改造工作开辟“绿色通道”，给予政策倾斜，优化程序审批，优先审核发证。有限责任公司变更为股份有限公司的办理流程可由公司所在地登记机关初审，工商鹿城分局要积极予以行政登记指导。企业股份制改造的相关业务流程，需咨询和代办的，区金融办全程予以服务。原有限责任公司转型升级为股份有限公司后，工商鹿城分局应存留备份登记资料，积极与市工商部门协调依据备份资料办理相关证明的出具、档案查阅等业务。

（九）非上市股份公司，通过证券机构保荐，在股权营运中心挂牌，并发生实质性交易的，由区财政给予交易企业20万元的奖励， 每年前6家挂牌交易企业再补助10万元（省政府奖励另计）。

（十）完成股份制改造规范并在股权营运中心托管的企业，优先列入上市后备企业名 单，进行重点培育和扶持，创造条件上市；已进入上市实质性程序的企业，享受《关于进一步加强企业上市工作的意见》（温政发〔2011〕20号）规定的各项鼓励政策；拟上市企业进场挂牌交易，具备条件的可缩短辅导期限。挂牌企业符合转板条件的，可根据证监会有关规定申请转板。

（十一）相关部门在同等条件下，对试点企业优先安排和申报专项资金及高新技术企业认定等鼓励措施。

（十二）在法律、法规及政策允许的范围内，股份制改造企业可享受以下优惠：1.存在历史违章的建筑，可以按照温鹿政发〔2013〕93号文件补办相关手续；2.优先安排企业发展用地；3.企业负责人优先推荐为党代表、人大代表、政协委员、工商联执委等，鼓励其积极参政议政；4.优先列入区四套班子和部门挂钩联系企业；5.完成股份制改造的企业技改补贴优先考虑，并适当上浮贴息比例。

（十三）上述政策措施的支持对象仅限于2013年至2015年期间开展股份制改造工作或挂牌的企业（不包含小额贷款股份有限公司、 民间资本管理股份有限公司等金融、类金融行业企业）。

（十四）本措施执行期间，中央、省或上级有关部门若出台更优惠股份制改造政策的，执行中央、省及上级有关部门政策。

五、组织领导

建立区企业股份制改造规范工作领导小组，区政府分管领导为组长，区发改局、区经信局、区科技局、区财政局、区城管与执法局、区商务局、区金融办、区国税局、地税鹿城分局、工商鹿城分局、国土资源鹿城分局、规划鹿城分局、房管鹿城分局等单位分管负责人为成员，负责推进全区企业股份制改造规范工作，确定企业股份制改造规范工作总体规划，协调有关各方出台相关扶持政策， 协调解决股份制改造规范工作中遇到的重大问题。

各成员单位要加强日常沟通，建立信息共享机制，及时掌握企业股份制改造规范动态，加强工作协同，协助解决企业股份制改造工作过程中遇到的实际困难。区有关部门和各新闻媒体要切实做好推荐、宣传工作，引导企业积极主动开展改制规范工作，在股权营运中心托管挂牌。

六、其他事项

（一）试点企业改制规范验收完成后 3 年内，如出现重大违法违规行为或经财务审计发现重大问题，经有关部门认定，已给予的政策性奖励和补助予以收回。

（二）新设的股份制有限公司在投产后满会计年度一完整年后可开始享受本文的第四点第（一）款优惠政策，以投产后完整会计年度的第一年企业应纳所得税为基数。新设的股份制企业同时可享受本文的其他优惠政策。

（三）本意见由区金融办负责解释。

温州市鹿城区人民政府关于进一步加快我区商贸市场提升发展的实施意见

温鹿政发〔2013〕139号

各街道办事处、藤桥镇人民政府，区政府直属各单位：

为加快推进我区商贸市场（包括网络市场，下同）提升发展，根据《浙江省人民政府关于进一步推进商品交易市场提升发展的意见》（浙政发〔2012〕65号）和《温州市人民政府关于进一步加快我市商贸市场提升发展的实施意见》（温政发〔2013〕44号）精神，结合我区实际，提出如下实施意见。

一、总体目标

按照加快转变经济发展方式的要求，立足我区产业基础，"规划新建一批、改造提升一批、整合撤并一批"，加快促进全区商贸市场向规模化、专业化和现代化市场转型。力争通过5年努力，全区商贸市场年成交总额超200亿元，其中年成交额10亿元以上的市场达8个以上；四星级以上市场4个以上。力争通过10年努力，使我区成为浙江省乃至全国知名的市场强区。

二、主要任务

（一）完善商贸市场规划布局。按照科学规划、合理布局、与城市和区域发展相协调、与经济和社会发展相统筹的要求，结合城市发展格局，根据商贸市场功能定位、特色优势和交易商品辐射力等因素，确定市场建设的规模和档次，引导市区同类商贸市场实行差异化经营，避免同质化竞争。并逐步引导城市内圈商贸市场向城市外圈转移。

（二）推进市场功能创新提升。拓展市场综合服务功能，建立以产业为基础，市场为依托，集仓储、物流、配送、购物于一体的市场服务综合体。鼓励建设物流中心、检验检测中心、研发设计创意中心等公共服务平台，积极支持市场争创驰名商标、著名商标、知名商号，提升品牌知名度，鼓励品牌企业在市场设立总经销、总代理、特约经销等

（三）推动发展现代交易模式。大力支持和扶持我区网络市场健康有序发展，鼓励发展适合市场自 身商品特点的网上交易模式，鼓励网络市场通过建设电子商务园区、物流体系等多种途径，强化与我区经济的联系，实现网络市场与我区产业、企业、实体市场的融合创新，引导商贸市场积极培育和引 进网商落户，使市场成为网商采购平台和实物体验平台。加强互联网、物联网、云计算等技术的应用，完善信息采集、物流配送、交易支付、安全认证等支撑体系，促进有形市场与无形市场融合发展，提升市场软实力。

（四）新建一批商贸市场。根据我区产业发展实际和区位优势，按照"政府引导、企业主体、特色经营、注重实效"的原则，明确商贸市场发展目标。"十二五"期间，首批重点推进建设温州电子信息城、中国鞋都鞋革城、温州国际鞋城等3 个商贸市场。

（五）改造提升一批商贸市场。根据我区产业发展实际和区位优势，按照"政府引导、企业主体、特色经营、注重实效"的原则，明确商贸市场提升发展目标。对继续保留发展的商贸市场，在硬件和软件上不断进行改造提升，完善交通和仓储物流等基础设施。"十二五" 期间，首批重点改造提升温州市钢材市场等商贸市场。

（六）搬迁撤并一批商贸市场。对不再适合在城市中心区发展或难以就地改造的市场，要进行同类市场整合或异地迁建。"十二五"期间，首批重点搬迁撤并温州市生猪肉品批发交易市场、温州市锦绣路农贸市场、温州鞋料市场、温州电子元件城等6个商贸市场。

三、扶持政策

（一）加大财政投入。根据《温州市人民政府关于进一步加快我市商贸市场提升发展的实施意见》（温政发〔2013〕44号）规定，对新认定的省重点市场、五星级文明规范市场，奖励100万元；对新认定的四星级文明规范市场，奖励30万元；对新增加的年交易额100亿元（含）以上的市场，奖励50万元。对省重点市场，以上年实缴地税为基数，每年上缴地税增速超过10%部分作为奖励返还。对当年实缴税收（含进场经营户所缴税金）首次达到

500万元、1000万元、2000万元、4000 万元的，分别给予奖励10万元、20万元、30万元、40万元。以上奖励不重复执行。

（二）加大税费优惠。对列入年度重点扶持的商贸市场，纳税有困难的，经地税部门批准，可酌情减免房产税、城镇土地使用税，对市场内经营户视情给予一定期限的有关税收方面的优惠。优化网上市场征税流程，避免资金第三方监管过程中一次交易两次征税。在开发建设过程中的地方性行政规费给予适当优惠。对于有经济实力、经营能力强的国内外知名市场投资商，经区商贸市场开发领导小组确认后，可按招商引资政策采取“一事一议”的方式，给予政策优惠。

（三）加大用地支持。对列入重点扶持的商贸市场，所需新增建设用地指标在同等条件下优先予以安排，优先规划安排市场发展用地和仓储、物流等配套设施用地。鼓励利用存量土地“退二进三”发展商贸市场，在不改变用地主体、不重新开发建设等前提下，利用工业厂房、仓储用房等存量房产、土地资源建网上市场的，其土地用途可暂不变更。原工业用地申请改变土地用途的，参照我区相关“退二进三”政策执行。

（四）加大金融支持。利用金融综合改革契机，搭建商贸市场金融合作与资本运营平台，拓展商贸市场融资渠道，构建有利于商贸市场提升发展的金融支持服务体系。鼓励金融机构与重点市场建立战略合作关系，加大对重点市场的授信额度，并在利率上给予一定优惠。各金融机构要积极创新市场商位使用权质押、货物质押等融资担保方式，开发适合市场经营户的小额、短期融资产品，在市场增设服务网点，为市场经营户提供优质、高效的金融服务。

四、保障措施

（一）加强组织领导。区商贸市场开发领导小组负责商贸市场开发建设的组织领导和统筹推进工作。领导小组下设办公室在区商务局，负责研究协调解决商贸市场提升发展中遇到的困难和问题。领导小组各成员单位要各司其职，区商务局负责加强对新建市场布局的谋划以及相关政策措施的研究制定。区商品交易市场提升发展工作领导小组负责商品交易市场提升发展的指导、组织和协调工作。领导小组下设办公室在工商鹿城分局，负责加强对传统市场整合、改造和提升。领导小组各成员单位要各司其职，合力推进商贸市场提升发展工作。

（二）健全规划引导。在编制土地总体规划和城市总体规划时，要充分考虑市场发展用地及相关道路交通的规划安排，以及产业发展、区位优势、服务半径等因素，优化市场布局，加强市场发展规划与土地利用规划、商业网点规划、服务业规划的衔接。要加强商贸市场规划布点落实情况的检查督促，确保市场规划落实到位。未纳入商贸市场规划布局及未经市区商贸市场开发领导小组规划论证的，不予审批。

（三）重视人才培养。建立一套规范、系统的市场经营管理人才培训机制，鼓励市场引进懂经营、善管理、具有开拓精神的高级管理人才，鼓励大专院校、中职院校、社会培训机构与市场合作，加强对市场经营户的经济、管理、金融、外贸、法律、外语、电子商务等知识的教育培训，努力打造一支适应国际化、现代化发展需要的市场经营者队伍。

（四）强化信用建设。广泛开展诚信宣传教育，积极倡导诚信经营的现代商业文明理念。开展诚信经营户创建工作，完善市场经营户信用体系建设，建立健全信用档案，实施诚信奖励和失信惩戒制度，提升经营户信意识与自律能力。开展诚信市场、星级文明规范市场等创建活动，不断提升市场信用水平，构建持续创新、包容共赢、诚信公平、和谐生态的市场文化

（五）营造良好氛围。充分发挥市场协会、网商协会、民营协会等行业协会的桥梁纽带作用，提高协会指导、管理和服务水平。加强商贸市场党建工作，发挥党员经营户的模范带头作用。加大对商贸市场的宣传推介力度，提升商贸市场在全省乃至全国的知名度和影响力，形成全社会关心、支持、参与商贸市场提升发展的良好氛围。

重要文件目录

2013年中共温州市鹿城区委重要文件目录

表27

文号	文件标题
鹿委1号	关于认真学习贯彻中共十八大精神全面加快“创首善之区、建幸福鹿城”的实施意见
鹿委2号	关于印发《中共温州市鹿城区委2013 年工作要点》的通知
鹿委3号	关于全面实施创新驱动发展战略加快建设创新型城区的意见
鹿委发1号	关于命名表彰第十五批鹿城区文明单位、第五批鹿城区文明服务示范点 第十一批鹿城区文明村并授予温州市鹿城保安公司等16家文明创建先进单位称号的通报
鹿委发2号	关于2012年度鹿城区民主评议作风效能建设满意和不满意单位活动结果的通报
鹿委发3号	关于表彰2012年度落实党风廉政建设责任制先进单位的通报
鹿委发4号	关于进一步激发干部干事创业活力的实施意见
鹿委发5号	关于同意召开中共温州市鹿城区藤桥镇第十三届代表大会第三次会议的批复
鹿委发6号	关于表彰党管武装工作先进单位、“党管武装好书记”和“优秀专武干部”的通报
鹿委发7号	关于2012年度考绩结果的通报
鹿委发8号	关于刘俊等同志职务任免意见的函
鹿委发9号	关于林芹等同志职务任免征求意见的函
鹿委发10号	关于调整区关心下一代工作委员会成员的通知
鹿委发11号	关于撤销区委党校（区行政干部学校）的通知
鹿委发12号	关于调整区城乡统筹综合改革领导小组成员
鹿委发14号	关于同意周晓之等同志任职的函
鹿委发15号	关于表彰2012年度鹿城区“创首善、争一流”荣誉单位的通报
鹿委发16号	关于表彰2012年度人口和计划生育工作先进单位和先进个人的决定
鹿委发17号	关于表彰2012年度社会管理综合治理先进集体和先进个人的通报
鹿委发18号	关于表彰2011—2012年度鹿城区信访工作先进集体和先进个人的通报
鹿委发19号	关于调整充实区委人才工作领导小组成员的通知
鹿委发20号	中共温州市鹿城区委关于调整区委党建工作领导小组成员的通知
鹿委发21号	温州市鹿城区残疾人联合会第六次代表大会及第六届主席团第一次会议选举结果的批复
鹿委发22号	关于征求高广跃同志免职意见的函
鹿委发23号	关于表彰2012年度鹿城区精神文明建设先进集体和先进个人的通报
鹿委发24号	关于共青团鹿城区第九届委员会委员、候补委员及常委、书记、副书记候选人建议名单的批复
鹿委发20号	中共温州市鹿城区委温州市鹿城区人民政府关于表彰 2011年度鹿城区城乡统筹综合改革和扶贫工作先进集体和先进个人的通报
鹿委发25号	关于2013年区委中心组理论学习的意见
鹿委发26号	关于张忠等同志职务任免的请示
鹿委发27号	关于建议鹿城区市管领导干部2012年度考核等次的报告
鹿委发28号	关于共青团鹿城区第九次代表大会和共青团鹿城区第九届委员会第一次会议全体会议选举结果的批复

续表27

文号	文件标题
鹿委发29号	关于温州市鹿城区文学艺术界联合会三届四次全委会选举结果的批复
鹿委发30号	关于印发《2013年度街镇（功能区）考绩办法、《2013年度区直单位考绩办法》和《2013年度在鹿市属单位考绩办法》的通知
鹿委发31号	关于贯彻《中国共产党和国家机关基层组织工作条例》的实施意见
鹿委发32号	关于开展“2013破难攻坚大行动”的实施意见
鹿委发33号	关于同意召开鹿城区第六次妇女代表大会的批复
鹿委发34号	关于调整区突发公共事件应急管理委员会成员的通知
鹿委发35号	关于张胜等同志任职的请示
鹿委发36号	关于成立区“三改一拆”行动领导小组的通知
鹿委发37号	关于进一步加强街镇干部队伍建设的实施意见
鹿委发38号	关于开展2013年度民主评议作风效能建设满意和不满意单位活动的实施意见
鹿委发39号	关于进一步推进“六城九市”联创的实施意见
鹿委发40号	关于成立鹿城区美丽乡村建设领导小组的通知
鹿委发41号	关于表彰2012年度“平安鹿城”建设先进集体和先进个人的通报
鹿委发42号	关于表彰2012年度法治创建工作先进单位的通报
鹿委发43号	关于办理李建花同志退休手续的请示
鹿委发44号	关于同意张杰尔同志免职的函
鹿委发45号	关于印发《2013年鹿城区“考绩择才”工作方案》的通知
鹿委发46号	关于成立鹿城区城镇低效用地再开发试点工作领导小组的通知
鹿委发47号	关于开展鹿城区机关事业单位在编不在岗人员清理规范工作的实施意见
鹿委发48号	关于开展以“中国梦”为主题的中国特色社会主义宣传教育实践活动推进鹿城转型发展的实施意见
鹿委发49号	关于同意欧永元等同志任职的函
鹿委发50号	关于同意徐国平等同志免职的函
鹿委发51号	关于鹿城区妇联第六届执行委员会委员、常务委员、主席、副主席候选人建议名单的批复
鹿委发52号	关于成立鹿城区电子商务工作领导小组的通知
鹿委发53号	关于夏宝龙书记在温重要讲话精神学习贯彻落实情况的报告
鹿委发54号	关于成立“2013江心屿金秋文化节”组委会的通知
鹿委发55号	关于同意温州市鹿城区第六次妇女代表大会和温州市鹿城区妇联第六届执行委员会第一次全体会议选举结果的批复
鹿委发56号	关于印发《全区开展“八大行动百日攻坚”活动总体方案》的通知
鹿委发58号	关于方新云等同志职务任免的函
鹿委发59号	关于同意周小侠等同志免职的函
鹿委发60号	关于同意赵晓敏同志任职的函
鹿委发61号	关于成立鹿城区2013年村（社区）组织换届工作领导小组的通知
鹿委发62号	关于进一步加快实体经济发展的意见
鹿委发63号	关于表彰第八批农村指导员工作先进单位、优秀农村工作指导员和农村指导员工作先进个人的通知

续表27

文号	文件标题
鹿委发64号	关于印发《完善2013年度街镇（功能区）考绩办法的实施意见》、《完善2013年度区直单位考绩办法的实施意见》和《完善2013年度在鹿市属单位考绩办法的实施意见》的通知
鹿委发65号	关于成立区抗灾救灾工作指导组的通知
鹿委发66号	关于成立鹿城区文化产业领导小组的通知
鹿委发67号	关于进一步改善和优化发展软环境的若干意见
鹿委发68号	关于调整地方志编纂委员会的通知
鹿委发69号	关于给予郑建西等546名优秀公务员奖励的决定
鹿委发70号	关于同意林日海等同志职务任免的函
鹿委发71号	关于建设引领赶超发展干部队伍的若干意见
鹿委发72号	关于进一步强化抓基层党建工作责任制的实施意见
鹿委发74号	关于加快推进鹿城区社会组织培育发展的意见
鹿委发75号	关于组织赴深圳、广州等地考察招商的请示
鹿委发76号	关于推进基层民主协商议事工作的指导意见（试行）
鹿委发77号	关于给予李翔开除公职处分的批复
鹿委发78号	关于成立鹿城区宣传思想文化工作领导小组的通知
鹿委发79号	关于深入学习宣传贯彻中共十八届三中全会精神的通知
鹿委发80号	关于成立鹿城区“美丽浙南水乡”建设领导小组的通知
鹿委发81号	关于印发《鹿城区美丽浙南水乡建设实施方案》的通知
鹿委发82号	关于召开区委常委会专题民主生活会的报告
鹿委发83号	关于建议徐丹同志为温州市第十二届人民代表大会代表候选人的通知
鹿委发84号	关于推荐温州市鹿城区第八届人民代表大会常务委员会委员候选人的函
鹿委发85号	关于同意林发中等同志职务任免的函

2013年鹿城区人大常委会重要文件目录

表28

文 号	文件标题
温鹿人大常1号	关于施文明等职务任免的通知
温鹿人大常2号	关于林秀春等职务任免的通知
温鹿人大常3号	关于方刚祖等免职的通知
温鹿人大常4号	关于刘俊等职务任免的通知
温鹿人大常5号	关于林芹等职务任免的通知
温鹿人大常6号	温州市鹿城区人民代表大会常务委员会关于接受金浙瓯等请求辞去区人大常委会委员职务的决定
温鹿人大常7号	关于印发《温州市鹿城区人大常委会2013年工作要点》的通知
温鹿人大常8号	温州市鹿城区人民代表大会常务委员会关于调整温州市鹿城区人大常委会工作机构的决定
温鹿人大常9号	关于张琳玮职务任命的通知

续表28

文号	文件标题
温鹿人大常10号	关于白琼璟等职务任命的通知
温鹿人大常11号	温州市鹿城区人大常委会关于同意区人民政府为横渎河西A—37a—1的款工程建设进行融资并列入区级财政预算的决议
温鹿人大常12号	关于黄专途等职务任免的通知
温鹿人大常13号	关于批准2012年区级财政决算的决议
温鹿人大常14号	关于同意区人民政府将温州鞋革职业中等专业学校融资租赁项目回购资金列入区级财政预算的决议
温鹿人大常15号	鹿城区人民代表大会常务委员会关于同意区人民政府将浙江浙大网新建设投资有限公司出资承建的重点水利BT项目回购资金列入区级财政预算的决议
温鹿人大常16号	鹿城区人民代表大会常务委员会关于同意区人民政府将长江岩土工程总公司（武汉）出资承建的重点水利BT项目回购资金列入区级财政预算的决议
温鹿人大常17号	鹿城区人民代表大会常务委员会关于同意区人民政府将中国建筑国际集团有限公司出资承建的保障房BT项目回购资金列入区级财政预算的决议
温鹿人大常18号	温州市鹿城区人民代表大会常务委员会关于接受李秀峰等辞去温州市鹿城区第八届人民代表大会代表职务的决定
温鹿人大常19号	温州市鹿城区人民代表大会常务委员会关于接受季洪杰辞去温州市鹿城区第八届人民代表大会代表职务的决定
温鹿人大常20号	温州市鹿城区人民代表大会常务委员会关于同意区人民政府将温州市林里片区低丘缓坡利用项目的投资及回报资金列入区级财政预算的决议
温鹿人大常21号	温州市鹿城区人民代表大会常务委员会关于增加温州市鹿城区人民法院人民陪审员名额的决定
温鹿人大常22号	关于林莹免职的通知
温鹿人大常23号	关于江红文任职的通知
温鹿人大常24号	关于甘卫康等职务任免的通知
温鹿人大常25号	关于印发温州市鹿城区人民代表大会常务委员会公告（第三号）的通知
温鹿人大常26号	温州市鹿城区人民代表大会常务委员会关于补选温州市鹿城区第八届人民代表大会代表的决定
温鹿人大常27号	温州市鹿城区第八届代表大会代表补选办法
温鹿人大常28号	关于同意建立温州军分区补选工作领导小组的通知
温鹿人大常29号	关于同意建立区人武部补选工作领导小组的通知
温鹿人大常30号	关于同意建立温州市武警支队补选工作领导小组的通知
温鹿人大常31号	温州市鹿城区人民代表大会常务委员会关于召开温州市鹿城区第八届人民代表大会第三次会议的决定
温鹿人大常32号	温州市鹿城区人民代表大会常务委员会关于调整温州市鹿城区人大常委会工作机构的决定
温鹿人大常33号	关于柳晓忠等任职的通知

2013年鹿城区人民政府重要文件目录

表29

文 号	文件标题
温鹿政发1号	关于公布2012年度鹿城名牌产品的通知
温鹿政发2号	关于温州市源荣鞋业有限公司“10·17”电梯安全事故调查报告的批复
温鹿政发3号	关于表彰2012年区政府质量奖获奖企业的通报
温鹿政发4号	关于意万达鞋业有限公司“8·15”触电事故调查报告的批复
温鹿政发5号	关于温州市蒙拉妮鞋业有限公司“11·13”高处坠落事故调查报告的批复
温鹿政发6号	关于鹿城新海家具厂“11·13”物体打击事故调查报告的批复
温鹿政发7号	关于温州市县学前阿文鱼丸店“11·10”燃气爆炸事故调查报告的批复
温鹿政发8号	关于给予温州市公安局鹿城区分局集体嘉奖的决定
温鹿政发9号	关于对温州市核心片区南门单元（0577—WZ—HX—13）A—01至A—03地块范围内国有土地上房屋实施征收的决定
温鹿政发10号	关于对温州市吴滨巷地块安置房建设工程范围内国有土地上房屋实施征收的决定
温鹿政发11号	关于对温州市东瓯王庙保护及环境整治工程范围内国有土地上房屋实施征收的决定
温鹿政发12号	关于同意温州市鹿城区藤桥镇新农村建设投资有限公司要求增加注册资金的批复
温鹿政发13号	关于同意对温州市鹿城城市发展有限公司及其下属子公司承建的基础设施项目进行集中回购的批复
温鹿政发14号	关于同意温州市鹿城城市发展有限公司及其下属子公司土地整理开发收入归属的批复
温鹿政发15号	关于印发鹿城区残疾人庇护产品专产专营和政府优先采购实施方案的通知
温鹿政发16号	关于同意鹿城区土地储备中心隶属温州市国土资源局鹿城分局的批复
温鹿政发17号	关于温州市晟皓建筑拆除有限公司“12·23”高处坠落事故调查报告的批复
温鹿政发18号	关于对鹿城区中央涂A—2安置地块建设工程范围内国有土地上房屋实施征收的决定
温鹿政发19号	关于下达2013年鹿城区政府性投资项目计划的通知
温鹿政发20号	关于在全区开展第三次经济普查的通知
温鹿政发21号	关于同意建立鹿城区价格调节基金的批复
温鹿政发22号	关于批转鹿城年鉴（2012年版）编纂工作意见的通知
温鹿政发23号	关于表彰2012年度鹿城区法治政府建设工作先进单位和先进个人的通报
温鹿政发24号	关于同意鹿城区环境保护科学设计研究所改制方案的批复
温鹿政发26号	关于印发鹿城区加快推进社会资本举办医疗机构的实施意见
温鹿政发27号	关于同意温州市鹿城区土地整治规划（2011—2020年）的批复
温鹿政发28号	关于印发鹿城区养老服务体系建设实施意见的通知
温鹿政发33号	关于印发鹿城区全民健身实施计划（2011—2015年）的通知
温鹿政发34号	关于印发鹿城区失独家庭扶助办法（试行）的通知
温鹿政发35号	关于印发鹿城区行政审批第三方监督回访实施办法（试行）的通知
温鹿政发36号	关于同意藤桥镇枫林岙村等六村五个垦造耕地项目立项的批复
温鹿政发37号	关于同意藤桥镇金马村、樟村标准农田建设项目立项的批复
温鹿政发38号	关于同意仰义街道钟山村垦造耕地项目立项的批复
温鹿政发39号	关于推行行政规范性文件“三统一”制度的通知

续表29

文 号	文件标题
温鹿政发40号	关于横渎河西A—37a—1地块工程采用融资方式建设相关事宜的批复
温鹿政发41号	关于鹿城区双屿街道“2·21”爆燃事故调查报告的批复
温鹿政发42号	关于同意温州市鹿城城市发展有限公司法定代表人变更的批复
温鹿政发43号	关于对鹿城区南汇街道横渎河西地块改建一期项目建设范围内国有土地上房屋实施征收
温鹿政发49号	关于对鹿城区南汇街道南汇牛山综合体工程建设范围内国有土地上房屋实施征收的决定
温鹿政发50号	关于同意温州市鹿城区南汇街道城市改建办公室法人代表变更的批复
温鹿政发55号	关于同意组建温州鹿城教育投资有限公司的批复
温鹿政发58号	关于印发2013年度行政规范性文件制定计划和“十二五”行政规范性文件制定项目库的通知
温鹿政发59号	转发温州市人民政府关于认真做好第一次全国可移动文物普查工作的通知
温鹿政发60号	关于成立温州市鹿城区水利建设投资有限责任公司的通知
温鹿政发61号	关于印发鹿城区旧城区改造范围内房屋征收补偿暂行办法的通知
温鹿政发62号	关于批转2013中国（温州）世界吉尼斯高空钢丝争霸赛活动方案的通知
温鹿政发63号	关于同意鹿城区保安公司脱钩改制方案的批复
温鹿政发64号	关于印发鹿城区药品安全责任制与责任追究制的通知
温鹿政发65号	关于同意双屿街道社区调整方案的批复
温鹿政发77号	关于调整温州市鹿城区塘河改造与建设开发有限责任公司成员的通知
温鹿政发80号	关于对鹿城区双屿街道温州市滨江广场项目三期工程范围内国有土地上房屋实施征收的决定
温鹿政发81号	关于印发鹿城区信用管理示范企业和信用管理先进企业认定管理暂行办法的通知
温鹿政发84号	关于温州市成达厨具有限公司“4·27”物体打击事故调查报告的批复
温鹿政发97号	关于温州木材市场“6·15”高处坠落事故调查报告的批复
温鹿政发98号	关于府院联动三项考核情况的通报
温鹿政发99号	关于温州振华建设有限公司“5·17”高处坠落事故调查报告的批复
温鹿政发101号	关于南亚都市花园燃气爆炸事故调查报告的批复
温鹿政发102号	关于调整区政府班子成员分工的通知
温鹿政发109号	关于进一步加快建立现代企业制度推进区域资本市场建设的指导意见
温鹿政发110号	关于表彰2013年鹿城区教育工作先进个人的通报
温鹿政发111号	关于同意调整温州市鹿城区七都综合建设开发有限责任公司成员的批复
温鹿政发112号	关于授权质监鹿城分局负责温州市利步达鞋业有限公司“9·3” 人员坠落电梯井道事故调查处理工作的通知
温鹿政发113号	关于同意温州市鹿城第二实验小学、温州市双屿实验小学更名的批复
温鹿政发114号	关于温州鹿城第一建筑工程公司“7·4”高处坠落事故调查报告的批复
温鹿政发115号	关于南汇大自然一二期间闲置空地“7·8”触电事故调查报告的批复
温鹿政发116号	关于同意鹿城区中心幼儿园等7所原区属非教育部门办幼儿园更名的批复
温鹿政118号	关于顾云红挖掘机“7·18”物体打击事故调查报告的批复
温鹿政发119号	关于同意区级重大火灾隐患单位摘牌的批复
温鹿政发120号	关于印发鹿城区食品安全工作责任制的通知

续表29

文 号	文件标题
温鹿政发发130号	关于公布第七届鹿城区名牌商标的通知
温鹿政发131号	关于同意为温州鞋革职业中等专业学校融资租赁项目提供担保单位的批复
温鹿政发132号	关于同意鹿城区戍浦江河道（藤桥至河口段）整治工程可行性研究报告阶段建设征地搬迁安置规划的批复
温鹿政发133号	关于完善区对街道（虚拟）、镇财政体制的补充通知
温鹿政发134号	关于完善鹿城区土地出让收入使用暂行规定的补充通知
温鹿政发135号	关于同意温州鞋革职业中等专业学校融资租赁项目的批复
温鹿政发136号	关于温州市汇昌河葡萄居住区项目建设的批复
温鹿政发137号	关于同意给予朱成武开除处分的批复
温鹿政发138号	关于印发温州市鹿城区国家知识产权强县工程示范区工作方案（2013—2016年）的通知
温鹿政发139号	关于进一步加快我区商贸市场提升发展的实施意见
温鹿政发155号	关于同意撤销鹿城区妇联下属两所二类事业法人单位的批复
温鹿政发156号	关于温州市利步达鞋业有限公司“9·3”人员坠落电梯井道事故调查报告的批复
温鹿政发157号	关于对仰义（洞桥）与双屿（岩门）制革基地改造工程建设范围内国有土地上房屋实施征收的决定
温鹿政发163号	关于对鹿城区黎二村10号地块（洪殿单元B—36号地块）城中村改造建设工程范围内国有土地上房屋实施征收的决定
温鹿政发164号	关于对温州牛山国际城市综合体三期工程范围内国有土地上房屋实施征收的决定
温鹿政发165号	关于印发鹿城区开展国家免费孕前优生健康检查工作实施方案的通知
温鹿政发166号	关于转发温州市设施农用地管理实施细则的通知
温鹿政发167号	关于认定浙江科视电子技术有限公司等5家企业为2013年度鹿城区专利示范企业的通知
温鹿政发168号	关于同意温州市鹿城区林地保护利用规划（2010—2020）年的批复
温鹿政发169号	关于命名2013年度鹿城区级生态村的通知
温鹿政发170号	关于同意成立鹿城区福利彩票发行有限公司的批复
温鹿政发171号	关于王晓岚同志免职的通知
温鹿政发177号	关于温州市得尔乐南塘大酒店有限公司（筹）“8·25”触电事故调查报告的批复
温鹿政发178号	关于同意温州市西郊森林公园投资建设服务有限公司法定代表人变更的批复
温鹿政发179号	关于表彰在第十五届市运会上做出突出贡献的鹿城籍优秀教练员、运动员的通报
温鹿政发180号	关于表彰2009—2012年鹿城区体育工作先进单位和先进个人的通报
温鹿政发181号	关于公布浙江禾本科技有限公司等10家企业整治提升验收结果的通知

索 引

一、本索引采用分析索引方法，按索引条目首字笔画数多寡排列，笔画数相同的，按起笔笔形顺序归类，首字笔划数、起笔笔形相同，则按第二字笔画数和起笔笔形顺序归类，以下依次类推。

二、标引词后的阿拉伯数字，表示内容所在页码。

三、数字索引按阿拉伯数字的大小顺序排列。

四、本年鉴的“特载”“特辑”“大事记”“机构及其负责人”“附录”均未作索引。

主 题

1画—2画

3画

8画

9画

10画

11画

12画

13画

14画

15画—19画

数 字